中国哲学史（第二版）

A HISTORY OF CHINESE PHILOSOPHY

北京大学哲学系中国哲学教研室 著

北京大学出版社
PEKING UNIVERSITY PRESS

图书在版编目(CIP)数据

中国哲学史/北京大学哲学系中国哲学教研室著. —2 版. —北京：北京大学出版社，2003.10
(博雅大学堂·哲学)
ISBN 978-7-301-04930-3

Ⅰ.①中… Ⅱ.①北… Ⅲ.①哲学史—中国 Ⅳ.①B2

中国版本图书馆 CIP 数据核字(2001)第 26535 号

书　　名	中国哲学史（第二版）
	ZHONGGUO ZHEXUE SHI
著作责任者	北京大学哲学系中国哲学教研室　著
责任编辑	田　炜
标准书号	ISBN 978-7-301-04930-3
出版发行	北京大学出版社
地　　址	北京市海淀区成府路 205 号　100871
网　　址	http://www.pup.cn　新浪微博：@北京大学出版社
电子邮箱	编辑部 wsz@pup.cn　总编室 zpup@pup.cn
电　　话	邮购部 010-62752015　发行部 010-62750672　编辑部 010-62750577
印刷者	三河市北燕印装有限公司
经销者	新华书店
	965 毫米×1300 毫米　16 开本　32 印张　560 千字
	2003 年 10 月第 2 版　2023 年 8 月第 30 次印刷
定　　价	68.00 元

未经许可，不得以任何方式复制或抄袭本书之部分或全部内容。
版权所有，侵权必究
举报电话：010-62752024　电子邮箱：fd@pup.pku.edu.cn
图书如有印装质量问题，请与出版部联系，电话：010-62756370

目录

第一编　先秦时期的哲学/1

第一章　中国哲学的萌芽与产生/7
第一节　殷周时代的宗教思想/7
第二节　朴素辩证法思想的萌芽/9
第三节　朴素自然观的萌芽/12
第四节　无神论观念的兴起/14

第二章　孔子/16
第一节　正名思想/16
第二节　仁学思想/18
第三节　认识论思想/21
第四节　中庸之道/23
第五节　天命论/25

第三章　老子/27
第一节　"小国寡民"的政治思想/27
第二节　"道"生万物的哲学体系/28
第三节　朴素的辩证法思想/29
第四节　神秘主义认识论/31

第四章　孙武/33
第一节　富国强兵的思想/34
第二节　"不可取于鬼神"与"知彼知己"/35
第三节　军事辩证法思想/36

第五章　墨子/39
第一节　社会政治思想/39
第二节　经验论的认识论/43
第三节　宗教思想/46

第六章　前期法家的社会历史观和告子思想/49
第一节　前期法家的社会历史观/49

第二节　告子的思想/51

第七章　孟子/53
　　第一节　"仁政"学说/53
　　第二节　"性善"论/55
　　第三节　"良知"说和"劳心者治人"/57

第八章　《管子》书中《心术》等四篇的思想/60
　　第一节　法、礼结合的社会政治思想/60
　　第二节　"精气"说/61
　　第三节　"静因之道"的认识论/62

第九章　庄子/66
　　第一节　逍遥游的人生观/66
　　第二节　相对主义和不可知论/67
　　第三节　"自本自根"的道论体系/70

第十章　惠施和公孙龙/72
　　第一节　惠施的"合同异"说/72
　　第二节　公孙龙的"离坚白"说/75

第十一章　后期墨家/79
　　第一节　社会历史观/79
　　第二节　认识论/80
　　第三节　逻辑理论/82

第十二章　《易传》/86
　　第一节　关于《易传》/86
　　第二节　《易传》的体系/87
　　第三节　《易传》的朴素辩证法思想/88

第十三章　荀子/91
　　第一节　社会政治历史观/91
　　第二节　"性恶"论/93
　　第三节　自然观/95
　　第四节　认识论和逻辑思想/97

第十四章　韩非/102
　　第一节　法、术、势/102
　　第二节　认识论/105
　　第三节　自然观和无神论思想/108

第二编　汉—唐时期的哲学思想/110

第一章　汉初的哲学思想/114
　　第一节　汉初的黄老学派/114
　　第二节　陆贾/115
　　第三节　贾谊/117

第二章　董仲舒/121
　　第一节　"大一统"的政治理论/121
　　第二节　"天人感应"的神学目的论/123
　　第三节　"事各顺于名"的认识论/126
　　第四节　历史观和性三品说/127

第三章　扬雄和桓谭/129
　　第一节　扬雄的哲学体系/129
　　第二节　扬雄的认识论和辩证法思想/131
　　第三节　扬雄的人性论与社会政治思想/133
　　第四节　桓谭的形神论和对谶纬迷信的批判/134

第四章　谶纬和《白虎通》/136
　　第一节　谶纬和象数之学/136
　　第二节　《白虎通》的宗教神学/140

第五章　王充/144
　　第一节　自然观和无神论/144
　　第二节　认识论/148
　　第三节　历史观和人性论/150
　　第四节　命定论思想/152

第六章　王弼/154
　　第一节　"名教"本于"无为"/155
　　第二节　"天地万物皆以无为本"的本体论/156
　　第三节　"得意在忘象"的认识论/158
　　第四节　"治众者至寡"的英雄史观/159

第七章　裴頠和欧阳建/161
　　第一节　裴頠等反对玄学贵无论的历史背景/161
　　第二节　裴頠的"崇有论"思想/162
　　第三节　欧阳建"言尽意论"的认识论/164

第八章　郭象/167

第一节　"独化"说/167
第二节　因果各自成体的形而上学/171
第三节　"冥然自合"认识论/173
第四节　社会政治理论/174

第九章　东晋南北朝时期的佛教哲学思想/177

第一节　佛教的传入和盛行/177
第二节　慧远的佛因果报应论和神不灭论/178
第三节　僧肇的佛教哲学思想体系/183

第十章　范缜/190

第一节　范缜"神灭论"思想产生的历史背景/190
第二节　范缜的无神论学说/195

第十一章　东晋南北朝隋唐道教哲学的发展/201

第一节　道教的形成和概况/201
第二节　葛洪和陶弘景的道教哲学思想/203
第三节　成玄英、王玄览、司马承祯等人的
　　　　道教哲学思想/207

第十二章　隋唐时期佛教哲学思想的发展/213

第一节　隋唐佛教概况与儒、佛、道三教的纷争和融合/213
第二节　玄奘与唯识宗/220
第三节　法藏与华严宗/223
第四节　慧能与禅宗/226

第十三章　韩愈和李翱/231

第一节　韩愈的哲学及其反佛教思想/231
第二节　李翱的哲学及其反佛思想/235

第十四章　柳宗元和刘禹锡/238

第一节　柳宗元的社会历史观和元气自然观/239
第二节　刘禹锡的"天人交相胜"思想/242

第三编　宋元明清时期的哲学发展/248

第一章　李觏与王安石/252

第一节　李觏的自然观/253
第二节　李觏的社会伦理思想/254

第三节 王安石的五行学说和认识论/256
第四节 王安石的人性论和历史观/259

第二章 周敦颐和二程/263
第一节 北宋时期道学的产生/263
第二节 周敦颐的太极动静说/264
第三节 二程的天理论/266
第四节 二程的人性论和道德学说/270

第三章 张载/272
第一节 气一元论的自然观/273
第二节 辩证的宇宙观/277
第三节 唯理论的认识论/279
第四节 人性问题与道德学说/280

第四章 朱熹/283
第一节 理一元论/283
第二节 "格物穷理"论/288
第三节 思想方法论/291
第四节 人性论伦理学说与历史观/294

第五章 陆九渊/297
第一节 "心即理"的主观唯心主义/297
第二节 反省内求的认识论和道德修养方法/299
第三节 朱陆之争/301

第六章 陈亮与叶适/303
第一节 陈亮、叶适功利学派的社会背景/303
第二节 陈亮的哲学观点与功利思想/304
第三节 叶适的哲学思想/306
第四节 叶适的功利思想及其对各派哲学思想的批判/308

第七章 元代的哲学思想/311
第一节 元代初期的社会文化/312
第二节 许衡的思想/313
第三节 刘因的思想/315
第四节 吴澄的思想/319

第八章 王守仁/323
第一节 "心外无理"与"心外无物"/324

  第二节 "致良知"与"知行合一"/326
  第三节 唯心主义的伦理学说/328

第九章 罗钦顺/331
  第一节 "理只是气之理"的气本论思想/331
  第二节 关于心、性的理论/333
  第三节 对陆王心学和佛教的批判/335

第十章 王廷相/338
  第一节 "理在气中"/338
  第二节 对于先验认识论的批判/342
  第三节 人性问题与历史进化观点/344

第十一章 王艮与泰州学派/346
  第一节 王艮的格物说和良知说/346
  第二节 泰州学派的发展/349

第十二章 李贽/351
  第一节 对封建礼教的批判/351
  第二节 世界观和真理学说/353

第十三章 方以智/357
  第一节 论"通几"与"质测"的关系/357
  第二节 方以智的自然观/359
  第三节 辩证思想/362
  第四节 对于理学和佛教禅宗的批判/364

第十四章 黄宗羲/366
  第一节 明清之际的社会矛盾和黄宗羲的思想倾向/366
  第二节 对于封建专制主义君权论的批判/367
  第三节 以学校为议政机关的政治思想/369
  第四节 "气外无理""心即是气"的哲学思想/370

第十五章 王夫之/372
  第一节 "气者理之依"/373
  第二节 "日新之化"/375
  第三节 "能必副其所"和"知以行为功"/377
  第四节 人性论与理欲论/380
  第五节 历史观/381

第十六章　颜元/384
　　第一节　"理气融为一片"/385
　　第二节　习行格物/389
　　第三节　功利主义/391

第十七章　戴震/394
　　第一节　清代前期的社会情况与戴震的学术倾向/394
　　第二节　"气化即道"/395
　　第三节　"血气心知"/397
　　第四节　"理存于欲"/399

第四编　近代中国哲学的发展/401

第一章　龚自珍和魏源/405
　　第一节　龚自珍"平均"论的变法革新思想/405
　　第二节　龚自珍的哲学思想/407
　　第三节　魏源"师夷之长技"的革新思想/410
　　第四节　魏源的哲学思想/412

第二章　洪秀全/416
　　第一节　原始的社会主义空想/417
　　第二节　对封建神权和传统名教的批判/419
　　第三节　基督教神学思想的影响/421

第三章　康有为/423
　　第一节　康有为与19世纪末资产阶级改良主义运动/423
　　第二节　托古改制和大同思想/425
　　第三节　进化论思想/429
　　第四节　"仁爱"哲学/431

第四章　谭嗣同/434
　　第一节　批判封建名教,宣扬人道主义/434
　　第二节　"破对待"的相对主义理论/437
　　第三节　"仁学"的哲学体系/440

第五章　严复/444
　　第一节　批判封建君权,宣传民主自由/444
　　第二节　"物竞天择"的进化论/449
　　第三节　机械的自然观/453

第四节　经验主义的认识论和方法论/455

第六章　梁启超/462
　　第一节　心物论/462
　　第二节　天授与自成/464
　　第三节　英雄与时势/464
　　第四节　新民论/466
　　第五节　良知自由/469

第七章　章炳麟/471
　　第一节　资产阶级的民主革命论/472
　　第二节　对孔教的批判及其局限性/474
　　第三节　从宣传无神论到鼓吹"无神教"/476
　　第四节　从唯物主义到唯心主义/481

第八章　孙中山/486
　　第一节　革命民主主义者/486
　　第二节　三民主义的学说/488
　　第三节　进化论思想/492
　　第四节　"行易知难"的知行学说/496
　　第五节　二元论和民生史观/500

修订后记/502
再版后记/503

第一编
先秦时期的哲学

我国是世界文明发达最早的国家之一,有将近四千年文字可考的历史记载。据考古发掘,在陕西蓝田县发现的"蓝田猿人"化石,是生活在距今约六十万年以前的人类,北京周口店发现的"北京猿人"化石,是生活在距今约五十余万年前的人类。1965年在云南元谋县,又发现了"元谋猿人"的两枚门齿,据鉴定,其生活年代可能比"蓝田猿人"和"北京猿人"更早。"蓝田猿人"和"北京猿人"均处于原始群时期,约在二三十万年前开始由原始群向氏族制度转化。中华民族经过了长期的原始社会生活,约在公元前两千多年开始进入奴隶制社会。

劳动创造了人本身,同时推动了人类思维能力的发展。原始社会的人们在劳动生产中,在征服自然的斗争中,发展了他们的思维认识能力。我国古代流传的神话和传说,例如,女娲补天、羿射九日、神农尝百草等等,反映了我国古代人类思维发展的原始状况。马克思说:"任何神话都是用想象和借助想象以征服自然力,支配自然力,把自然力加以形象化;……"(《〈政治经济学批判〉导言》,《马克思恩格斯选集》第二卷,第113页)我国古代流传的这些神话和传说,反映了人类征服和改造自然的积极意义,但它是在想象中并通过想象来表达的,终究是不切实际的。

在原始社会中,由于生产力水平低下,人们虽然想尽办法企图克服自然力带来的灾祸,但人类的力量是有限的,因此产生了对捉摸不定的自然力和自身构造的各种错误、幻想的观念。魔鬼、神怪、灵魂不死等即是这种幻想观念的一部分。据我国考古发掘发现原始社会的墓葬中已有随葬物品,这说明原始社会人们相信人死后还继续其生前的生活,所以用生产工具和生活用品随葬。同时由于当时人们对梦境也不能正确理解,所以认为有离开肉体而存在的灵魂。灵魂不死的观念或灵魂崇拜是最原始的哲学唯心论的萌芽。

另一方面,原始社会的人们在生产实践中和在与自然界的斗争中,也逐渐地积累了一些实际经验,对自然界的一些简单规律、物质现象也有一些朴素的了解，对客观世界在一定程度上采取现实的态度。这可以说是无神论、唯物主义思想发展的萌芽。

原始社会后期，随着生产力的发展，社会开始出现分化。据考古工作者在山东发掘的这一时期墓葬中，发现随葬品悬殊很大，最多的随葬品达160件，其中包括贵重的消费品，如玉环等。这说明当时已有了贫富分化。氏族首领利用权力对氏族成员进行剥削才可能获得这些奢侈品。原始社会共同劳动、共同消费的原则遭到破坏，出现了人剥削人的现象，形成了阶级的对立。公元前两千多年，我国建立了最早的奴隶制国家——夏王朝，从此我国进入了阶级社会。我国奴隶制经过夏、商，到西周时期（约公元前11世纪至公元前770年）得到了高度的发展。

我国奴隶制的经济特点是奴隶主贵族占有土地和奴隶，通过井田制和分封制分给各亲族和同盟的民族或部落，建立许多大小不等的诸侯国，以保卫整个奴隶制的经济制度。到了周代，在政治上则是采用以血缘关系为纽带的宗法世袭制度，实行奴隶主贵族世卿世禄的等级制。各级奴隶主享有种种经济、政治、法律上的特权。夏王朝最后一个国王桀被受压迫的奴隶们咒骂说："时日害（曷）丧，予及汝偕亡。"（《尚书·汤誓》）意思是太阳哪一天毁灭，我们情愿和你一同消亡！这里透露出被压迫者对奴隶主统治的不满。又如周王朝起兵打商王朝时，被商王朝驱使到前线作战的上万名奴隶举行起义，从而摧毁了商王朝的政权，这也说明了奴隶社会中阶级矛盾的激烈和尖锐。

在阶级社会中，哲学往往被打上阶级的烙印。夏代的奴隶主为了论证自己统治的合理性，声称自己的政权是得之于"天命"的。如《尚书·召诰》记载说："有夏服（受）天命"等。到商代更抬出了一个至高无上的神，叫做"帝"或"上帝"，形成一种与巫术密切结合的早期宗教。这种宗教认为"上帝"是整个自然、社会的主宰。奴隶主贵族统治者经常利用"天罚"来威吓人民，假托神意来迫使奴隶等去从事战争、耕作和贡纳财物。西周统治者对这些传统的宗教又有所发展，他们用统治者的道德行为作为补充，以说明"上帝"不断更换统治者的理由，总之，这时的宗教已不同于原始社会的迷信了，它已经发展成为奴隶主统治阶级的思想意识形态。

在奴隶制社会中，随着生产力的不断发展，人们对自然界的现象和规律也有进一步的认识，发展起了初步的自然科学知识。夏代已有了纪年的历法，商代在夏代历法的基础上，已有了隔若干年置闰月来调整季节的办法，而且采用干支纪日法。在数学上商代已采用了十进位，并且有了"规""矩"等字，说明当时数学的发展情况。在农业上商代人已懂得培土壅苗、流水灌溉等，还有了酿酒、缫丝、绩麻等生产技术。到西周时期，在农业生产上发明了轮流休耕，保护土地肥力的"三圃法",初步懂得了施肥、中耕、治虫、选种等。在天文方面建立了专职人员,《诗·小雅·十月之交》中记载的一次日食,是世界公认的最早的日蚀记录。生产发展促进自然科学知识的丰富,为哲学思想的发展提供了有力的思想资料。

西周末年,奴隶制开始崩溃。从公元前770年至公元前403年,史称春秋时期,是我国奴隶制向封建制转变的过渡时期。这一时期由于生产工具的改革,特别是铁器农具的使用和用牛耕田,生产力进一步得到发展,同时由于奴隶们的不断起义反抗和大量逃亡,旧奴隶制生产关系已成了生产力发展的桎梏。这时在一些诸侯国中奴隶主为了招徕奴隶劳动力,获得更多的财富,在原有的分封地之外,又强迫奴隶开荒扩大耕地面积,这样私田大量出现,封建依附关系也开始出现和发展起来。新的封建生产关系逐渐形成。公元前594年,鲁国的"初税亩"是我们历史上第一次承认实行按亩收税的制度,承认分封地之外的私田的合法性。也可以说是新的地主阶级第一次得到合法承认,并登上历史舞台。随后,齐、晋、郑等几个大诸侯国都进行了类似的改革,封建地主阶级逐步在政治上和经济上取得了优势,经过长期的反复斗争,我国封建制的正式确立是在战国时期。

春秋时期,新兴封建地主势力和奴隶主贵族势力之间的矛盾逐渐激化。在这个社会大转变的斗争中,新兴地主阶级主要是依靠和利用了奴隶和平民的力量才战胜奴隶主贵族的。他们采用各种方法,如减轻赋税,灾年贷粮,论功行赏等以争取逃亡的奴隶,笼络人心,扩大自己的政治和经济实力。如齐国的田氏,从公元前532年至公元前475年的近60年中,依靠人民的力量,经过三次武装搏斗,才最后灭掉高、栾、鲍、崔、庆等十余家旧奴隶主贵族的势力,在齐国掌握了政权。在晋国,新兴地主阶级也经过多次努力,才形成韩、赵、魏三个封建国家。

春秋时期经济的发展,农业、商业、手工业及科学的进步以及复杂而尖锐的阶级矛盾、社会矛盾,推动了哲学的发展。奴隶主统治者为了维护其统治,竭力鼓吹有意志的天,要人们听从于"天命"的安排。新兴地主阶级及其同盟者小生产者则运用当时自然科学的成就,结合本阶级的利益,开始对"天命"论的宗教有神论展开批评,掀起一股强劲的人文主义思潮。这时哲学上的主要代表有:以孔子为代表,提出"仁"与"礼"的学说及"中庸"观念,发展了殷周及春秋以来的传统哲学思想及伦理观念,建立了中国历史上第一个学术流派儒家。以老子为代表,提出"道"和"无为"的学说,开创了中国古代哲学中宇宙论的传统,以及影响深远的道家学派。以墨子为代表,提出"兼爱""非命"等十大主张,在一定程度上修正了以孔子为代表的儒家思想,代表了小生产者的利益和愿望。此外,春秋末年还出现了我国古代的军事理论家孙武,在他所著的《孙子兵法》一书中,总结了我国古代的作战经验,包含有丰富的古代朴素军事辩证法思想。

战国时期(前403—前221),是我国封建社会形成和确立时期。战国初期至中期在多数诸侯国中已建立了地主阶级的政权,正在为巩固新政权而斗争,而尚有部分诸侯国则正处于新兴地主阶级夺取政权的过程之中。随着广大奴隶群众反抗奴隶主的斗争、平民反对贵族的斗争的进一步深入,各诸侯国新兴地主阶级向奴隶主统治者展开了激烈的斗争。公元前403年,韩、赵、魏三家分晋,建立了封建制国家。公元前386年齐国地主阶级的政治革命也最后获得胜利。较晚进入封建制的是秦国。公元前359年至350年秦孝公任用商鞅变法,宣布了封建制在秦国的确立。我国由奴隶制向封建制的转变,经历了近二百年的反复、激烈的阶级斗争。到战国后期,在广大黄河流域地区形成了秦、齐、楚、燕、韩、赵、魏七个强大的封建国家,为建立统一的中央集权制的封建王国打下了基础。秦国封建制度的确立虽然比较晚,但由于它对旧奴隶主势力打击比较坚决,对旧奴隶制制度改革比较彻底,并且重视和积极发展生产、扩充土地等,所以在政治、经济、军事等力量上却成为当时最强盛的国家,以至最后由它完成了统一全国的历史任务。

战国时期是社会大动荡、大转变的时期,当时的阶级矛盾十分尖锐复杂。

地主阶级是新生产关系的代表者。这个阶级来源比较复杂,有的是从工商业或手工业者、自由民转化来的,有的是因军功受赏而上升来的,有的是从旧奴隶主贵族中转化来的。由于这些人原来的政治、经济地位不同,因此,他们对这场社会变革的态度也有所不同。有的主张用激进的暴力的办法打击奴隶主阶级,建立封建制度;有的则主张用缓和的改良的办法解决问题。

在这复杂的阶级斗争中,作为各阶级思想上的代言人,知识分子阶层也十分活跃。他们不是独立的一个阶级,而是按其政治、经济地位和思想倾向,依附于各个不同的阶级。奴隶和农民在剥削制度下,完全被剥夺了学习和掌握文化的权利,他们的政治、经济要求和思想状况很难得到系统的完整的表现,或者只能片断地在当时剥削阶级思想家的著作中反映出一些来。

当时,各个阶级乃至一个阶级中的不同阶层,面对这一社会大变革的形势,都要起来表明自己的态度。因此,在这一时期中,围绕着新旧生产关系、社会制度、文化教育的斗争,以及通过什么办法来建立封建制等问题,在思想战线上展开了激烈的斗争,产生了各种不同的思想派别,形成了我国历史上有名的"百家争鸣"的局面。齐国地主阶级政权建立后,新统治者田氏为了招纳为地主阶级服务的人材,在国都临淄的稷门下设立学宫,招徕了各国不同学派的知识分子到这里讲学、著书,成了当时"百家争鸣"的一个中心。

战国时期由于生产力的发展,自然科学也相应地发展起来。这对古代唯物主义哲学的发展有很大影响。当时,对天文、地理、物理、医学等方面的知识都有相当高度的科学总结。例如,天文学上有甘德的《天文星占》,石申的《天文》,后世合称《甘石星经》,记录了星象的方位,是当时世界上最早的恒星表。地理学上则有专著《禹贡》和邹衍《大九洲》的学说。在后期墨家著作中,记载了不少关于物理、力学、光学等科学知识。《考工记》一书是我国最早的手工业手册。医学上的成就也很突出,重视全面诊断,提倡预防、养生之法。名医扁鹊根据病人的气色、声音、形貌诊断病症。此外,战国末出现的《吕氏春秋》一书中收录了许多战国时有关天文、历法、农业、物理等方面的自然科学成就。这些自然科学的成果,为唯物主义反对宗教迷信、唯心主义的斗争,提供了一定的科学根据,促进了唯物主义的发展。

战国时期反映各阶级利益斗争的思想界的"百家争鸣",大致情况如下:

代表新兴地主阶级不同阶层的思想家分为许多派别,但主要有两派:

一是新兴地主阶级的激进派代表。这主要是部分自由民因军功获得土地,或由工商业、手工业转化过来的那部分地主阶级的代表,他们在政治上主张通过暴力、战争推翻奴隶主的统治,废除奴隶主的"世卿"制,提出以军功论爵位,用"严刑峻法"建立地主阶级的专政。在经济上主张剥夺奴隶主贵族的特权,废除无功受禄的奴隶制财产分封制度。提出按军功和开垦土地的贡献重新分配土地、财物、劳动力,保护和发展体现封建生产关系的土地私有制。在世界观上,要求打破传统观念的束缚,比较注重客观实际的经验,是朴素的唯物主义。这一派的主要代表人物有商鞅、孙膑、《管子》书中《心术》等四篇的作者、后期墨家、荀况、韩非等。

另一派是地主阶级改良派的代表。这主要是旧奴隶主贵族转化过来的那部分地主,他们在政治上主张用"仁义"等说教来感化奴隶主,笼络劳动人民,实现向封建制的过渡,反对使用暴力。在经济上,主张在一定程度内承认封建地主经济的合法性。在世界观上,倾向保守,片面强调主观精神的作用,鼓吹主观唯心论的先验论和英雄史观。这一派的主要代表有孟轲等。

此外,还有一些知识分子,在社会大变动面前,感到无所适从,故对社会或作消极反抗,或潜心思考寻找精神上的寄托。他们面对阶级地位的大变动,社会财富的再分配、传统观念的遭破坏,感觉到"世道""无常"、祸福、是非一切变动不定。在他们的著作中反映出了一些朴素的辩证法思想因素,但由于他们看不到这些转化的客观原因,而且对这种转化既厌恶又无能为力,因此终于走向了取消祸福、是非,甚至取消一切差别的相对主义、怀疑论。他们的主要代表人物有老子、庄子等。

战国时期哲学思想有很大的发展,这表现在此一时期政治思维水平的提高,因此进一步制造更为精致的哲学体系,如老子提出"道"的学说,企图建立新的哲学体系。在认识论方面,孟子唯心论的特点是片面夸大人的主观能动性,鼓吹"良知""良能"的主观唯心主义,庄子则走向根本否定人的认识能力、取消认识的怀疑论和不可知论。唯物主义在与唯心主义的斗争中,坚持了客观物质世界第一性和无神论的原则,在认识论上则进一步发展了反映论。后期墨家克服了墨子的狭隘经验论倾向,对理性认识给以适当的地位。荀况是先秦哲学的总结者,他在承认自然界有自身固有的运动秩序的前提下,提出了人定胜天的思想,达到了先秦哲学的最高峰。

在激烈的思想斗争中,战国时期对逻辑学也有了很大的发展,后期墨家、荀况等在与公孙龙、惠施等人的辩论中,建立起中国最早的在唯物主义认识论基础上的逻辑理论。当时辩证法思想也得到了发展,惠施、公孙龙的学说中都含有一定的辩证法的因素。《老子》《易传》的思想中则富有更多的辩证法思想。

战国时期是中国古代哲学发展的一个重要阶段。

第一章
中国哲学的萌芽与产生

第一节　殷周时代的宗教思想

夏王朝的建立是我国社会进入奴隶社会的开端。社会进入了奴隶社会，便产生了阶级，人和人之间的关系发生了根本的变化。奴隶主贵族为了维护和巩固自己的统治地位，便把原始的宗教加以提高和改造。这时的宗教已经不再是自然宗教，而成为反映社会阶级压迫的宗教。

公元前17世纪末，商汤灭夏，建立了奴隶制的商王朝。随着统一君主的出现，宗教也就必然要炮制出一个具有新特点的至上神。正如恩格斯所指出的那样，地上没有一个统一的君，永远不会有统一神。统一神是统一东方暴君的副本。商奴隶主贵族，为了论证其统治的合理性，炮制了一个天上和人间、社会和自然的最高主宰"帝"或"上帝"。商的奴隶主贵族说："帝立子生商。"（《诗经·商颂》）这就是说其祖先是"帝"或"上帝"的儿子。实际上也就是宣称他们自己是"帝"或"上帝"的子孙，商最大的奴隶主——王，就是这至上神"帝"或"上帝"在人间的代理人。他们的政权则宣称是"上帝"赐给的，因而也是永恒的；他们的一切言行都宣布是"上帝"祖先指命的，鬼神庇佑的，谁违背了他们的意志，就是违背了上帝和祖先的指命，那就要大难临头。据说，上古时代的"皇帝"，"乃命重黎，绝地天通"（《尚书·吕刑》），即将沟通"上帝"和人间的关系限制在巫、祝、史的手中，而国王就是这些巫、祝、史的首领。商代人不仅经常祭天祀祖，乞求降福禳灾，而且在事事之前都必须进行占卜，如作战、筑城、开河、种获等，都要烧灼龟壳和兽骨，观其裂纹（兆），来预定凶吉，决定行动。

商人不仅炮制这个最高主宰"帝"或"上帝"，而且还垄断了上帝和下帝及人间的联络。这样，商奴隶主贵族就可以为所欲为了。为了自己的享受，商的奴隶主贵族不仅在活着的时候要敲诈奴役大批的奴隶，而且在死后，还要用几十几百甚至上千的奴隶进行殉葬和祭牲。他们把这一切都看做是受命于"帝"或"上帝"的。在他们看来,奴隶的生存就是为着让奴隶主奴役享受。奴隶们稍有反抗,他们则大声叱咤:"予迓续乃命于天。"(《尚书·盘庚中》)意思是说,你们的生命,是我从上天那里给保留下来的,如果你们不服从我,"帝"或"上帝"及我的祖先就要大大的降罚你们,那时候,我就要把你们斩尽杀绝,灭子绝孙。

公元前12世纪末,周部落在今陕西的渭水流域兴起,先后灭掉了周围若干的戎族,成为商王朝的一个强大藩国。后经周武王东征,并在商奴隶前线倒戈的帮助下,灭掉了商王朝,建立了周王朝。周王朝的建立,意味着奴隶制度国家的高度完成。周王朝的奴隶主贵族承袭了商奴隶主贵族祭天祀祖、敬事鬼神和政权神授的宗教迷信思想,并在商奴隶主贵族的这些思想的基础上,使宗教迷信思想更加系统化,理论化。周灭掉了商,为了加强对被征服种族的统治,周奴隶主贵族首先把"上帝"和祖先分开,加强了"上帝"这个至上神的绝对权威,从而提出了"天命"说(天的意志或天的命令),来论证自己统治的合理性。

周灭掉了商,这是对商奴隶主贵族原先所宣扬的对某一固定统治者的"政权神授"永恒化理论的一种致命打击。周奴隶主贵族为了维护自己统治的永恒性,为了从思想上征服商奴隶主贵族,于是周奴隶主贵族抬出了"德"和"以德配天命"的理论。《尚书·召诰》中说:"惟王其疾敬德,王其德之用,祈天永命",这就是说,做国王的要认真崇尚德政,用德行事,才可以求得永保天命。周奴隶主贵族所说的德,具体内容仍是"从天命、劝人事"。这样他们就在理论上说明了,商王朝之所以灭亡,是由于商的后代不能修明其德以从天命。周先祖因为能修明其德配天命,所以上天就改变了他的大儿子,授命于周。周奴隶主贵族周公旦就曾对商奴隶主贵族讲:"非我小国,敢弋殷命,唯天不畀。"(《尚书·多士》)

被称为大圣人的周公旦,是西周初期最著名的政治家和思想家。他是周武王的弟弟,周成王的叔叔。为了巩固周王朝的统治,他采取了一系列的措施,发表了一整套思想统治的言论。他不仅提出了"德",也提出了"孝",制定出一套制礼作乐的规则。礼,本来是婚、丧、衣、食、住、行的规则,但经周公整理和后人的修饰,礼便成了奴隶社会的等级名分制度,乐也成了为这种等级名分制度服务的工具。周公由于亲自参加了武王东征和亲自平定了殷贵族的叛乱,看到了由于奴隶的前线倒戈使殷王朝灭亡的事实,从中吸取了一定的教训,看到了人民的力量不可忽视,产生了对"天"的一些新认识。他提出了"天命靡常"(《诗经·大雅·文王》)和"天视自我民视,天听自我民听"(《孟子》

引《泰誓》)的思想。在这些思想的基础上,他还提出了"保民"才能"享天之命"(《尚书·多方》)。"保民"也就是告诫统治者要勤于人事,要注意统治之术,好好地保护奴隶不让他们逃亡和失散,才能保住自己的统治地位。

商周的宗教迷信是维护奴隶主贵族阶级统治的思想武器。它随着奴隶社会的产生、发展和衰落不断地变换着形式,但其本质就是政权神授。奴隶主贵族阶级的政权离不开神来保驾,封建地主阶级的政权也离不开神来保驾,因而"政权神授"这一理论,后来又发展成为我国两千多年巩固封建专制统治的思想支柱之一。

第二节 朴素辩证法思想的萌芽

随着商周奴隶社会经济、政治、文化的发展,人们开始注意到自然界变化发展和人类社会政权交替、祸福转化等现象。对于自然界和人类社会的变化,人们是有不同看法的。如对周代殷商政权这一政治事件,就有两种不同的看法。相传,当周文王征伐黎国,进入殷地界内,殷纣王的臣子祖伊惊惧地去报告纣王说,天(上帝)将终止殷命(政权)了,怎么办?纣王却回答说:"呜呼!我生不有命在天。"(《尚书·西伯戡黎》)相反,周公旦在周取代殷政权后,即总结出"天命靡常"(《诗经·大雅·文王》)的思想。这里虽然两者都是以"天命"为最终依据,但从一个承认变化,一个否认变化这一点上讲,还是有所不同的。

人们在对自然界和人类社会的观察、分析和解释中,逐步萌发了古代朴素辩证法的思想。但我国古代朴素辩证法的思想,最初是在宗教神学的体系下萌芽发生的。现存《周易》一书中《易经》部分,原是周人问吉凶的卜筮之书,但其中却包含着某些原始而可贵的朴素辩证法思想的萌芽。

现存《周易》包括两个部分,一部分是所谓《经》,记录了六十四卦的卦象和周人卜筮的部分卦辞和爻辞;另一部分是所谓《传》,记载后人对卦爻辞的各种解释和理论上的发挥。关于《易传》思想,本书稍后有专门论述,本节只就《易经》部分中所包含的朴素辩证法思想萌芽作一概要的介绍。

《易经》成于何时,历来有各种不同的说法。司马迁在《史记》中说:"伏羲至纯厚,作易八卦",又说"西伯(周文王)拘羑里演周易"(《自序》)。所谓伏羲画八卦,文王演周易(重叠八卦成六十四卦),只是一种传说,到目前还没有可靠的证据。但据《易经》部分卦、爻辞中记载有一些殷末周初的历史故事看来,此书的一些基本内容可能在西周初就有了。另外,由《国语》《左传》等书中多处引用《易经》卦、爻辞以解释时事看,似乎《易经》到西周末,已编辑成为一部典籍了,因而为人们所引用。

《易经》中已经包含了某些关于"对立"和"物极必反"的朴素辩证法思想的萌芽。

首先,《易经》中六十四卦是由八卦重叠演变出来的,而八卦又是由阴(--)、阳(—)两爻,排列组合而成的。所以,《易经》是把阴、阳两爻作为两个最基本的"对立"势力来看待的,《易经》中所有卦象的变化都归结为阴、阳两爻的变化。周人运用六十四卦占问祭祀、战争、商旅、婚姻、生产等事情的吉凶祸福,而据以判断吉凶祸福及其变化,则均视六十四卦中阴阳两爻的变化而定。这也就是说,自然界和人类社会的变化,最终归结为阴、阳两种势力的消长。这正是最原始的关于"对立"面及其变化的思想。

据《易传·系辞》解释说,八卦作者"仰则观象于天,俯则观法于地","近取诸身,远取诸物"而作八卦。所以,《易经》关于阴阳的观念,很可能是从观察天象、地理的变化或人类男女两性,禽兽雌雄的不同中概括出来的。但是,在《易经》中并没有把阴阳作为某种具体事物的两种对立性质,而是把阴阳当作一切具体事物共同的、最基本的两种对立性质提出来的,并用--、—两个抽象的符号表示。这是由《易经》作为占筮之用的宗教神学体系决定的。所以,《易经》中关于阴阳的概括,不可混同于把阴阳解释为阴阳之气的朴素唯物主义思想。不过,《易经》对于阴阳的概括,在人类的认识史上还是有重要意义的。它的这种概括,反映了古代人们抽象思维能力的提高。如19世纪德国著名哲学家黑格尔在讲到我国《易经》思想时曾说:"中国也曾注意到抽象的思想和纯粹的范畴。古代的《易经》(论原则的书)是这类思想的基础。《易经》包含着中国人的智慧(是有绝对权威的)。"(《哲学史讲演录》第一卷)

其次,《易经》中关于"对立"的思想,也反映在某些卦象相反的卦的吉凶对立上。如,泰卦(䷊)和否卦(䷋),两卦的上下卦象恰好相反,是两个对立的卦。泰卦卦辞为:"小往大来,吉亨。"意思是说,所得大而所失小(或说,由小利而变为大利),因此大吉大利。而否卦卦辞则为:"不利君子贞,大往小来。"又如,剥卦(䷖)和复卦(䷗),也是两个相反的卦。剥卦卦辞为:"不利有攸往",意思是不利于出门。而复卦卦辞则为:"利有攸往。"

再次,《易经》在一些卦中,包含有一些由低向高的变化发展思想和"物极必反"的思想。如乾卦,初九的爻辞为"潜龙,勿用"。九二的爻辞为:"见龙在田,利见大人。"九三的爻辞为:"君子终日乾乾,夕惕若。厉,无咎。"九四的爻辞为:"或跃在渊,无咎。"九五的爻辞为:"飞龙在天,利见大人。"上九的爻辞为:"亢龙有悔。"对于"龙"的解释,历来有不同说法,有的认为"龙"是古代原始部落图腾崇拜物,象征统治者。有的认为"龙"指龙星。但撇开具体字义解释不论,爻辞借"龙"所处地位的不同,说明由低至高的发展变化过程,则是明白易见的。又如,在渐卦(䷴)中,也以"鸿"(水鸟)所处地位的不同,说明由低至高的变化发展。如初六爻辞说:"鸿渐于干(山涧)。"六二爻辞说:"鸿渐于磐(崖岸)。"九三爻辞说:"鸿渐于陆(平地)。"六四爻辞说:"鸿渐于木(树木)。"九五爻辞说:"鸿渐于陵(山陵)。"上九爻辞说:"鸿渐于阿(大陵,'阿'字原作'陆',与九三爻辞重,据王引之等说改)",等等。

《易经》在描述由低至高的变化发展情况中,也表露了一些转化的思想。如以上述乾卦为例,它在讲由低至高的发展中,"龙"由"潜"到"飞"都是吉利的,然而到了上九,则"亢龙,有悔"了。这是说,发展到了顶点,就会由吉变凶,转向反面。这里多少包含着一些"物极必反"的辩证法思想的萌芽。再如,泰卦九三的爻辞中,有这样一句话:"无平不陂,无往不复。"这句话也可以作多种解释,或解释为:没有平地也就没有斜坡,没有去也就没有回。或解释为:平总要转变为不平,去了的总要回转来。但无论何种解释,都说明《易经》在这里把平与陂(不平),往与复这两种对立的事情或概念联系了起来,而且认为两者之间可以转化。

《易经》中所包含的这些朴素辩证法思想的萌芽是十分可贵的。但是,他把事物的"对立"和转化抽象化,神秘化,认为人们对于事物的变化发展是无法认识和驾驭的,而只能乞求于神的启示,然后再来决定人们的行动。因此,《易经》的这些朴素辩证法思想因素,带有严重的宗教神秘主义色彩。

到了春秋时期,社会变动十分激烈。在社会生产力的进一步发展,和社会政治大变动的过程中,一些进步的政治家、思想家,也表露出了一些朴素的辩证法思想因素,如晏婴对齐景公(前547—前490)论"和""同",其中所谓"和"就包含有对立双方相济相成的朴素辩证法因素。如他举例说:"君所谓可,而有否焉,臣献其否,以成其可。君所谓否,而有可焉,臣献其可,以去其否。"(《左传·昭公二十年》)这里就是把"可""否"两种对立的意见,看成是相济相成者。又如,公元前510年,晋国的史官史墨,在评论鲁国季氏赶走鲁昭公这一事件时,曾提出了"物生有两","各有妃耦(配偶)"的观点。他认为,"天生季氏,以贰鲁侯,为日久矣"。不仅如此,这种对立是会转化的,所以说:"社稷无常奉,君臣无常位,自古以然。"(《左传·昭公三十二年》)史墨在这里虽然只是就季氏出鲁君一事而论,而且对"物生有两"的观点也没有作更多的阐发。但在他的论述中所表露出的关于事物不是固定不变,对立双方地位可以发生转化等思想,却包含着可贵的朴素辩证法因素。

《易经》中关于阴阳对立,"物极必反"的思想,晏婴关于"相济相成"的思想,史墨关于"物生有两"的思想等,虽然都还是十分简单,只是朴素辩证法思想的一些萌芽,但在中国古代朴素辩证法思想的发展进程中,是有着重要意义的。

第三节 朴素自然观的萌芽

商周时期,虽然宗教迷信占统治地位,但由于生产的发展和文化的进步,朴素唯物主义和无神论的思想也向前发展。冶铸技术的提高及青铜器的广泛使用,生产工具有了很大的改革。出土的商代兵器,农具,器皿就达数以万计之多。商代后期的后母戊大方鼎,重达875公斤,通耳高133厘米,横长110厘米,宽78厘米,形状雄伟,花纹精美,是世界青铜器中所罕见的。后母戊大方鼎足以说明当时冶铸的水平。农业实践的深入,人们在和自然的斗争中,积累了较为丰富的农业知识。天文历法的推算及计算方面的需要,使商周人都具有了一定的数学知识,已经从整数的计算进到了分数的计算。经过世代的创造,商代已经有了文字。从殷墟中发现,甲骨文已有三千多个单字,这些都是适应当时社会生产和社会生活的需要而产生的。

随着奴隶社会阶级斗争的日趋尖锐,"天"在地上的代理人——天子权威的下降,"天""上帝""鬼神"的观念也逐渐动摇,在自然知识积累的基础上,产生了古代朴素唯物主义自然观的萌芽。

当时有对世界万物由"五行",即五种物质元素构成的朴素唯物主义思想。在《尚书·洪范》篇中曾提到"五行"这一名称,以指水、火、木、金、土,似乎周初已有五行的思想。但《洪范》这篇著作经后人考证,可能是战国时期作品,因此,我们不能肯定作为唯物主义观点的五行思想已在周初出现。但据《国语》记载,西周末史伯对郑桓公的一次谈话中说,"和"则生物,"同"则不继,意思是一种元素和另一种元素掺和,就能产生新的东西并得到发展,假如用同一种元素相加,则既不能生物又不会有发展。又说,"故先王以土与金、木、水、火杂,以成百物"。从这个谈话中我们可以看出,史伯把金、木、水、火、土作为构成万物的五种元素,这不能不说是具有朴素唯物主义的因素。此外,宋国的大夫子罕也曾说:"天生五材,民并用之,废一不可,谁能去兵。"(《左传·襄公二十七年》)子罕说的"五材"就是指金、木、水、火、土。他认为这些元素都是自然而生的,对人民有重大作用,缺一不可。这和史伯讲的用金、木、水、火、土构成万物的意思是一样的。史伯在谈话中提到了"和"与"同"两个概念,什么是"和",什么是"同"呢?他有一个简要的说明,"和"是"以他平他","同"是"以同裨同"。春秋时齐国的晏婴对"和""同"作了一些具体的比喻和解释。他说,如果在水中再加上水,那味道还是水的味道;如果弹琴,相同的音调,也不会产生乐声,还是单一的音调,这就是"同"。如果在水中加上鱼、肉和各种作料，再加以烹调，这样就可以做成一种与水味完全不同、味道鲜美的汤；音乐也是这样，只有清浊、大小、短长、疾徐、哀乐、刚柔、迟速、高下、出入、周疏等声音相成相济，才能成为一曲动听的乐曲，这就是"和"。从晏婴的两个比喻中，我们可以看出，所谓的"同"，就是简单的重复；所谓的"和"，就是有对立面的掺和。就其对立而掺和为物来言，包含着一些辩证法因素，有一定的道理，但史伯和晏婴所谓的"和"，归根结底还只是一种调和。

"阴阳"说是在观察天文气象、时节变化的基础上萌发的。周人用两种不同性质的阳气和阴气来解释四季的变化和万物的繁茂与凋衰。他们认为，在冬去春来之际，气从地下向上蒸发，万物便出苗生长；如果沉滞不能蒸发，农作物便不能茁壮地生长。阴气的性质是沉滞下降的，阳气的性质是蒸发上升的，这阴阳二气相互协调，配合有序，流转正常，就风调雨顺，否则就要发生灾难。周幽王时的伯阳父，曾用阴阳二气的失调来解释当时在今陕西地区发生的地震现象。他说："阳伏而不能出，阴迫而不能蒸，于是有地震。"（《国语·周语上》）这就是说，阴阳二气的流转是有一定秩序的，如果发生秩序紊乱的现象，阴阳二气各失其位，就要产生地震。又如，周内史叔兴在解释陨星现象时也说是"阴阳之事"，而且认为这种现象与吉凶无关（《左传·僖公十六年》）。伯阳父和叔兴等用自然现象或自然知识来解释自然的变化，是具有唯物主义因素的。这些观点之所以称之为朴素唯物主义自然观的萌芽，是因为它们用对自然现象的直观或猜测去解释自然现象本身的规律性。这和当时占统治地位的"帝""神""天命"的观念是完全对立的。

阴阳五行观念的产生，是和当时的生产实践和积累的自然知识相适应的，但它还不是建立在正确科学知识的基础上的。特别是由于当时生产力很低下，人们的自然知识很狭窄，再加上提出这些观点的人，又往往是贵族出身的史、巫、祝等，因而它有很大的局限性，带有很大程度的神秘色彩。史伯虽然认为，土与金、木、水、火相杂以成万物，但他又搬出了先王，先王成了造物主了。伯阳父把地震发生的最终原因归结为人事，并以此论证周王朝将要覆亡。这就把自然的规律神秘化了，又用以附会人事，最后就不可避免地倒向天人感应的神秘主义。

春秋末年的范蠡，参加过越王勾践灭吴的兼并战争，后又弃官经商。在这些活动中，他初步认识到人和自然的一些关系。他对"天道"做了符合唯物主义思想的解释。他认为自然现象的变化是有"恒制"的，也就是说有经常不变的法则。世界上各种现象的变化就像"日困而还，月盈而匡"（《国语·越语》），也就是说像太阳一样，升到正中就要降落，像月亮由圆到缺，由缺到圆，及四季更替一样，发展到顶点，就要向它的反面转化。他还对人和自然的关系做了下述三点说明:(一)他说:"时不至不可强生,事不究不可强成。"这是说事物变化需要条件,在条件不具备或不成熟时,不能盲动。否则,"强索者不祥"(同上),也就是说盲动就会失败。(二)人的主观努力和自然客观条件是互相为因的,必须互相配合好,也就是说天时和人事的条件都具备了,事情才能获得成功。他说"夫人事必将与天地相参,然后乃可以成功"(同上)。(三)客观条件也是在变化的,成熟可以变成不成熟,具备可以转化为不具备,因而必须及时抓住条件成熟的时机。他说:"得时无怠,时不再来",因此"从时者犹救火、追亡人也,蹶而趋之,唯恐弗及"。不然"天予不取,反为之灾。赢缩转化,后将悔之"(同上),这就是说错过了时机反要受害。从以上几点可以看出范蠡的这些思想是和有意志的"天"和"天命"观念相对立的,具有唯物主义因素。但范蠡的发展变化观点,基本上是循环论。

第四节　无神论观念的兴起

周王朝的建立,经过短短的"成康之治"以后,就每况愈下。奴隶主贵族对奴隶、平民的统治和野蛮掠夺,使阶级矛盾日趋激化。在思想上,奴隶和平民首先对奴隶主贵族不劳而获进行了指责。他们说:"不稼不穑,胡取禾三百廛兮？不狩不猎,胡瞻尔庭有悬貆兮？"(《诗经·魏风·伐檀》)对地上的国君、奴隶主贵族进行诅咒,接着便是对"天"的责难。他们说,上天啊,你为什么连饭都不给我们吃？为什么逼得我们走投无路。责难的发展就变为对"天"的怀疑,他们就说,灾难并不是上天降下的,而是由人造成的。思想上的解放往往是行动的前奏和继续,奴隶们不堪忍受奴隶主贵族的压迫与剥削,首先是用逃亡来反抗,接着便参加平民的反抗斗争,公元前841年,国人利用奴隶的反抗心理,联合了奴隶把周厉王给驱逐了,从而出现了历时十四年的"周召共和"局面。

在春秋这个新旧社会更替的过程中,无神论的兴起是历史之必然。随国的季梁说:"夫民,神之主也,是以圣王先成民而后致力于神。"(《左传·桓公六年》)这里"主"是凭借、寄托的意思,是说"民"是"神"所凭借、寄托的所在。所以他认为圣王应先治民后祭神。虢国的史嚚也说,"吾闻之:国将兴,听于民;将亡,听于神。神聪明正直而壹者也,依人而行"(《左传·庄公三十二年》)。这是说听老百姓话的国家就兴盛,听神的话的国家就要灭亡,那聪明正直的神,是按民意而行的。从人是神之主的观点来看,虽然还没有否定神的存在,但已强调了人的重要性,肯定民是神的寄托之处。公元前645年,宋国发现了陨石,又出现了六只叫做鹢的水鸟倒飞的奇特现象,于是有人说这是灾祸之兆。周内史叔兴则说:"是阴阳之事,非吉凶所生也,吉凶由人。"(《左传·僖公十六年》)叔兴把自然现象看做是自然本身产生的,它和人的吉凶祸福无关;吉凶祸福是人为的,这和神的赏罚警告毫无关系。在围绕着建周城的问题上,宋与薛两国展开了一场争论。宋人以鬼神为据,薛人以人事为证,弥牟在评论这场争论时说:"薛征于人,宋征于鬼,宋罪大矣。"(《左传·定公元年》)从叔兴和弥牟的评论中,我们可以看出,当时的唯物主义思潮对人和神的关系,不仅认为人是神之主,而且在人和自然的关系中,还要把神完全驱逐出去,这样人的地位就得到一定程度上的提高。

春秋之时具有无神论倾向的还有一个郑国的子产(公孙侨),他最早公布了刑书,可以说是法家思想的先驱。他在驳斥裨竈通过对星辰出没的观察而断定郑国将发生大火灾时说:"天道远,人道迩,非所及也,何以知之?竈焉知天道?是亦多言矣,岂不或信?"(《左传·昭公十八年》)子产把天道和人道作了比较,认为天道是虚无缥缈的,人道才是切近具体的,只有用人道来解释吉凶祸福才是合理的,可信的。他还反对祭龙,他说:"吾无求于龙,龙亦无求于我"(《左传·昭公十九年》),龙人无关,何必去祭呢!

春秋末叶的无神论者,有些是当时进步势力的思想家,郑子产就是其中的思想代表。在社会急剧变革的过程中,他们把吉凶祸福的根源归结到人事方面来,表明他们对神的怀疑态度。在一定程度上他们看出了,社会生活中的问题都是人与人之间的关系问题,而不是"天""神"与人的关系问题。这是和他们当时所处的地位,争取民心与奴隶主贵族对抗的政治斗争相一致的。这在客观上,起到将人从"天""神"权威下解放出来的作用。

第二章
孔子

孔子,名丘,字仲尼,生于公元前551年,卒于公元前479年。他的祖先是殷人后代,宋国的贵族,后来逃亡到鲁国,父亲叔梁纥做过鲁国的陬邑宰。他早年当过管理仓库和看管牛羊的小吏,以后主要是从事帮助贵族办理丧事赞礼的"儒"的职业,快到晚年时做过鲁国的司寇三个月。他曾两次流亡到其他各诸侯国,力图实现他复兴周礼的政治理想。但是,诸侯国的统治者并不采纳他的政治主张。

孔子和那些只会办丧事混饭吃的"儒"有所不同,相传他为了复兴周礼,曾积极整理历史文献,建立一套系统理论,并且私人招收弟子传授这些知识,成为中国古代儒家学派的创始人。他的言论由他的弟子及再传弟子记载下来,保存在《论语》一书中,这是研究孔子思想的主要材料。

第一节　正名思想

孔子把春秋时代,看做是"礼坏乐崩",臣杀君,子杀父,"邪说暴行"不断发生的很糟的大乱局面。例如,公元前607年,晋赵穿杀了晋灵公。公元前548年,齐崔杼杀了齐庄公。虽然晋灵公和齐庄公都是极端暴虐的统治者,但臣杀君,在孔子看来就是犯上作乱的"暴行"。又如,公元前559年卫献公被赶出国外,晋师旷曾议论说:"天之爱民甚矣,岂其使一人肆于民上,以纵其淫?"(《左传·襄公十四年》)这就是说,暴君荒淫,作威作福,被驱逐出国是罪有应得。公元前510年,鲁昭公被三桓(季孙、叔孙、孟孙三家)赶出国外后死亡,晋史墨也议论说:"鲁君世从其失,季氏世修其勤,民忘君矣,虽死于外,其谁怜之?社稷无常奉,君臣无常位,自古以然。"(《左传·昭公卅二年》)这就是说,鲁君一代代放纵,这样的国君流亡死去,谁会怜悯!国君的位子本来就不是固定的。这些议论照孔子看来,就是鼓励杀君杀父,犯上作乱的"邪说"。他慨叹说:"天下有道,则礼乐征伐自天子出;天下无道,则礼乐征伐自诸侯出……天下有道,则政不在大夫。天下有道,则庶人不议。"(《季氏》)这就是说,天下太平,周王朝就能按照周礼的权威掌握全国政治军事的最高权力,现在天下大乱,诸侯大夫都可以不顾周礼的规定,不服从周天子的权威,擅自执掌大权,老百姓也议论纷纷,简直不成体统了。

孔子认为要制止上述各种"邪说暴行"的流行,就必须恢复周礼的权威,重新肯定宗法等级制度的秩序,而其要害就是要正名。他说:"名不正则言不顺,言不顺则事不成,事不成则礼乐不兴,礼乐不兴则刑罚不中,刑罚不中则民无所措手足。"(《子路》)这就是说,只有正名,才能挽救秩序的崩溃,促进周礼的复兴;也只有正名,才能恰当地运用刑罚,制止邪说暴行的产生和流行。

所谓"周礼",就是西周统治者制定的一整套经济、政治制度和道德规范、礼节仪式等。其中心内容就是以血缘关系为纽带的等级制、分封制和世袭制。这套制度,在孔子看来是最完美的,即所谓"郁郁乎文哉,吾从周"(《八佾》)。他一生的梦想就是要复兴这个"周礼",这就是他所说的,"如有用我者,吾其为东周乎"(《阳货》)。至于正名的具体内容,就是他所说的:"君君,臣臣,父父,子子"(《颜渊》)。即处在君这个地位的人,应该具备君这个名称的人所应有的品行,得到君这个名称的人所应有的对待。处在臣这个地位的人,应该具备臣这个名称的人所应有的品行,得到臣这个名称的人所应有的对待等等。然而当时的实际情况已不是如此,孔子就想提出这个理想标准的"名",来纠正那些不符合周礼情况的"实"。孔子这种用名以正实的观点,就是后来所谓的"名教"。

孔子提出正名思想,以求恢复周礼所制订的世袭宗法等级制度。就君臣关系来说,对于君,就应强调君应该享受的权利,对于臣,就应强调臣应该尽的义务。例如,鲁昭公娶同姓女为妻,本来违反周礼,孔子也明知道这一点。但当别人问他时,他却说鲁昭公"知礼",故意替鲁昭公掩饰。季氏有些僭越的行为,这在当时已经是相当流行的现象了,孔子却特别愤慨:"是可忍也,孰不可忍也!"(《八佾》)

孔子要求复兴周礼,但不是完全因袭周礼。因为完全因袭已不再能充分地发挥周礼的作用了,所以,他对周礼有一定的补充和发展,这就是他所说的对周礼的"损益"。他对周礼的补充和发展的第一点就是上面所说的,将周礼的根本归纳为正名思想,这样,就使周礼的指导思想更集中、更明确、也更理论化了。他特别提出要掌握周礼的这种思想实质,他说:"礼云,礼云,玉帛云乎哉?"(《阳货》)这就是说,对周礼的了解不要停留在玉石丝帛这一类礼的形式上,虽然他对有些具体仪式和形式也是很重视的。

其次,他对周礼的补充和发展表现在强调道德教化。他说:"道之以政,齐之以刑,民免而无耻;道之以德,齐之以礼,有耻且格。"(《为政》)这就是说,用政令和刑罚这些办法进行统治,只能惩罚犯上作乱于事后,即使可以一时避免犯上作乱的事继续发展,但是人民并不认识这类事件的罪恶而感到羞耻,这类犯上作乱的事仍旧有一天可能爆发出来。如果运用礼治德化和政令刑罚相辅而行,就可以预防犯上作乱于事前,引导他们不敢想和不会想犯上作乱的事,人心自然归服了。这也就是加强人们对自身行为的道德感和人的自觉行为,反对专以政令、刑罚治国。他说:"上好礼,则民易使也"(《宪问》),只要统治者作出表率,自觉地遵守礼制,人民也就好治理了。孔子提出的与政令刑罚相辅而行的礼治德化的两手办法,成为以后历代统治者一贯使用的统治手法。

再其次,周礼的世袭宗法等级制度完全是"亲亲"的,孔子主张在维持周礼亲亲的原则下,在一定程度内实行"贤贤"作为补充,这种"举贤才"的思想是他对周礼补充和发展的另一点。他赞扬晋国的魏舒在任命县大夫时"近不失亲,远不失举",这虽然只是指选拔贵族中有能力的贤才而言,但孔子希望统治者能吸收一些庶人中有才能的人做官。

最后,孔子为了复兴周礼,对周礼的再一个补充和发展就是提出"仁"作为礼的内容。他说:"人而不仁如礼何"(《八佾》),这就是说,一个不仁的人是不能真正理解周礼和实行周礼的。这也就是用德化来进一步充实和加强礼治,而仁就是所谓德化的具体内容。孔子关于仁的思想的系统发挥,构成其思想体系的核心,也是他的思想最具有特色的地方。

第二节 仁学思想

孔子关于仁的论述相当多,其中比较全面的论述是与颜渊的一段对话。颜渊问什么是仁,孔子回答说:"克己复礼为仁。一日克己复礼,天下归仁焉。为仁由己,而由人乎哉?"颜渊进一步追问具体条目,孔子说:"非礼勿视,非礼勿听,非礼勿言,非礼勿动。"(《颜渊》)

孔子在这里首先说明仁的基本性质和内容,这就是约束自己的行为使其符合于礼的规范,一旦能做到这一点,天下的人都会公认他做到了仁。其次说明仁的一个特点,这就是求仁完全是自觉的,是由自己决定的,并不依靠他人。最后进一步说明求仁的具体条目,也就是仁的另一个特点,这就是要达到仁必须在视、听、言、动各方面全面地符合礼,这也就是说,仁是一种全面的道德行为。

孔子说仁的基本性质是约束自己的行为使其符合于礼的规范,其特点是突出强调了从政治的角度理解仁,即只有恢复礼制、巩固礼所制订的政治秩序的行为才能叫做仁。作为统治者,他们的行为具备哪些具体的特点才能达到仁的标准呢?《论语》记载:"子张问仁于孔子,孔子曰:'能行五者于天下,为仁矣',请问之,曰:'恭、宽、信、敏、惠。恭则不侮,宽则得众,信则人任焉,敏则有功,惠则足以使人'。"(《阳货》)这就是说,一个"仁"人要具有五种品德:保持一定的尊严和恭敬,这就不会招到侮辱(恭则不侮);待人要宽厚些,支使百姓,却使百姓不怨恨,以团结更多的人(宽则得众);言出令从,具有威信,这样别人才愿意为你任用(信则人任焉);善于思考,行动果断,这样在工作中可以取得具体的成绩(敏则有功);善于给人们带来实惠和好处,这就可以使人尽力地工作(惠则足以使人)。因此,对统治者这方面来说,即要保持统治贵族的尊严与权威,所谓恭、信、敏正是从这一方面说的。同时又要善于使用人民,不使矛盾尖锐化,所谓宽、惠正是就这一方面说的。仁在这两方面的作用也就是礼的作用。所以他又说:"上好礼,则民莫敢不敬;上好义,则民莫敢不服;上好信,则民莫敢不用情。夫如是,则四方之民襁负其子而至矣。"(《子路》)由此可见,孔子所鼓吹的所谓"使民""利民""安民""教民"等等说教,其实质是强调统治者只有这样全面地驾驭人民,才可以稳定地长期地巩固贵族的统治秩序,也只有这样,才算是达到了仁的标准。孔子也正是从这个角度说:"君子而不仁者有矣夫,未有小人而仁者也。"(《宪问》)这就是说,贵族才有仁这个品德,即恭、宽、信、敏、惠等,而被统治的奴隶和其他劳动人民根本谈不上这个品德。

　　孔子将恢复和巩固周礼的统治秩序叫做仁。周礼是建筑在宗法制度"亲亲"的基础上,所以他非常重视孝、悌,强调培养人们具有孝悌的品德是最基本的:"弟子,入则孝,出则弟。"(《学而》)孔子的弟子有若体会孔子关于仁的思想时说:"孝弟也者,其为仁之本与!"(《学而》)这就是说,孝和忠是统一的,孝于宗族长辈,就是忠于国家朝廷。实行了孝,因此也就是"为政",实现了仁的基本要求。孔子自己更明确地谈到孝悌与仁的关系:"君子笃于亲,则民兴于仁。"(《泰伯》)这就是说,统治者能身体力行孝悌一类对父母亲族忠诚的品德,被统治的人民就竞相争取具备仁的品德,无形中就消灭了犯上作乱的现象。所以有若概括孔子这种思想说:"其为人也孝弟,而好犯上者鲜矣!不好犯上,而好作乱者,未之有也。"(《学而》)

　　孔子所说的仁的另一个特点是为仁由己而不由人,即具有仁的德性的行为是自觉的、主动的。他说:"仁远乎哉,我欲仁,斯仁至矣。"(《述而》)又说:"有能一日用其力于仁矣乎?我未见力不足者。"(《里仁》)这就是说明仁的自觉性的特点,实现仁依靠本人的决定和努力,是每个人完全可以做到的。孔子强调实行仁的自觉性,目的是要人们自觉地去使自己的行为符合礼的规范。他说:"人而不仁如礼何?"(《八佾》)这也就是说,一个人如果没有具备仁的品德,又如何能去实行礼呢?所以,孔子宣扬为仁的自觉性,也就是把"礼"这种外在的约制,通过"仁"的德性修养,完全变成一种内在的、自觉的道德规范。你如果不遵守"礼",不仅要受到刑罚的制裁,而且要受到社会道德舆论和自己内心的谴责。从这方面说,"仁"是一种主观化的道德修养,一种主观的道德标准。一个人如何自觉地实现仁呢?孔子提出了实现仁的简易方法:"夫仁者,己欲立而立人,己欲达而达人,能近取譬,可谓仁之方也已。"(《雍也》)这是从积极方面说,自己有某种要求需要满足,也要推想他人也有这种要求需要满足,这也就是所谓"忠"。如果再从消极方面说,"己所不欲,勿施于人"(《颜渊》),即我不愿他人如何对待我,我也就不要这样对待他人,这就是所谓"恕"。忠恕的综合是为仁之方,也是仁的本身,所以曾参说:"夫子之道,忠恕而已矣。"(《里仁》)实现了忠恕之道,也就是实现了对他人的爱,所以孔子也说仁就是"爱人"。

孔子这里所谓的爱人,字面上虽然是泛指,但实际上并不是指抽象的人,而是指在奴隶社会中处于各种阶级关系中的人,例如君臣、父子、朋友等等。孔子在这里并不是说,他愿意做贵族,因此推己及人,愿意奴隶或庶人也成为贵族;他不愿做奴隶或庶人,因此能近取譬,也不愿奴隶或庶人老是做奴隶或庶人。恰恰相反,孔子在这里是要肯定世卿世禄的宗法关系,而且通过忠恕之道来教育人、启发人自觉地遵守这些关系。孔子说:"君使臣以礼,臣事君以忠。"(《八佾》)这就是说,臣愿意君对他以礼相待,他就应推己及人,自觉地"事君以忠"。而君愿意臣对他尽忠,他也应自觉地"使臣以礼",这就是孔子所谓忠恕之道的具体意义。所以,孔子所谓的"忠恕之道"或"爱人"都是有鲜明的阶级内容的。其实,孔子对什么样的人才具有仁的品德,什么样的人不可能具有仁的品德是区分得十分清楚的。他说:"君子而不仁者有矣夫,未有小人而仁者也。"(《宪问》)因此,如果说孔子所谓的仁就是肯定当时的贵族和庶人、平民和奴隶等等之间有一定的平等地位,或者说,孔子的仁发现了人,是不够准确的。

孔子的仁的又一个特点是说仁的行为必须在视、听、言、动各方面全面地符合周礼,这是讲仁的品德的全面性,也是说仁是一个人的生活的最高准则,是一个人的世界观的全面修养的成果。孔子对于哪些品德近于仁,哪些品德不合乎仁、不属于仁都有明确的论述。如他认为"巧言令色鲜矣仁"(《学而》),对其弟子子路、冉求、子华的政治才能,令尹子文的忠诚,陈文子的清高,也都不称许以仁的品德(见《公冶长》)。如他认为,能行"恭、宽、信、敏、惠"五者于天下,"为仁矣",能做到"刚(刚强)、毅(果断)、木(朴实)、讷(言语谨慎),近仁"(《子路》),能够"博学而笃志,切问而近思",则"仁在其中矣"(《子张》)。至于具备了仁的品德以后,孔子认为这样的人就将没有忧惧而具有无尚的勇气。这就是他说的:"仁者不忧","仁者必有勇"(《宪问》)。因此他要求每一个人不管在怎么匆忙仓促和颠沛流离的情况下,都要时时刻刻追求这种成果:"君子无终食之间违仁,造次必于是,颠沛必于是。"(《里仁》)有时还应该用生命来实现和保卫仁,所以他说:"志士仁人,无求生以害仁,有杀身以成仁。"(《卫灵公》)这个意义上的仁,孔子也叫做"道",所以说:"朝闻道,夕死可矣。"(《里仁》)达到这个程度,这个人就可以自觉地全面地为恢复周礼巩固周礼而献身。

第三节　认识论思想

孔子是中国最早的比较系统的先验论的鼓吹者,他明确提出:"生而知之者上也,学而知之者次也,困而学之又其次也。"(《季氏》)这就是说,有一种人的知识是生来就有的,是先于经验、先于实践而存在的,这种人就是他所谓的尧、舜、文王、周公一类的圣人。孔子自己虽然有时也说:"吾非生而知之者";有时也像很谦虚:"若圣与仁,则吾岂敢"(《述而》),似乎并不以"生而知之"的圣人自命,实际上并完全如此。例如,他的弟子子贡说他"固天纵之将圣,又多能也"(《子罕》),他听到后,对他所以多能的原因有所说明,但对说他是圣人这一点并没有否认,可以看出他的真实思想。他自己有时也明显地自负说:"文王既没,文不在兹乎!"(《子罕》)可见他也是明确以继承文王做圣人自命的。

孔子的先验论,不仅表现在承认有不同于一般人的圣人的生知上,而且也表现在他关于仁的学说上。我们前面已经说明,孔子认为具有仁的德性的行为是自觉的、主动的,即实现仁依靠本人的觉悟和努力,是个人的独立的自由的意志的表现,并不受别人或外界条件的影响。而孔子这种关于仁的行为的自觉性、主动性的特点,又是以仁的先验性为基础的。例如,他提出的达到仁的途径是"己所不欲,勿施于人",这当然只有假定"己"的心都是善良的,都是先验地认识什么是善良的,这个情况下,"己所不欲,勿施于人"才能具有道德的价值,成为达到仁的途径。因此,孔丘所说的:"仁远乎哉?我欲仁,斯仁至矣",即是说仁的行为具有自觉性和主动性,也是说仁的德性和认识具有先验性。

孔子关于仁的先验论的思想,以后为孟轲所继承和发挥,提出了每个人都天生具有仁、义、礼、智萌芽的人性论，并且还提出"人皆可以为尧舜"的思想。但就孔子来说，他的思想并不完全是如此。照孔子看来，一方面有天生的先知先觉的圣人，另一方面又有天生的不知不觉的愚人，这两种人都是天生的，因而是不可改变的，下愚的人并不能变为尧舜，所以他说："唯上智与下愚不移。"(《阳货》)他所谓的愚人就是指一般的劳动群众，他认为对这种人进行教育是白费气力："中人以上，可以语上也。中人以下，不可以语上也。"(《雍也》)这种人虽然不可教育、不可改造，却是可以作为统治者的驯服工具："民可使由之，不可使知之。"(《泰伯》)当然，对这种人不是完全不进行教育，而是不进行"可以语上也"的教育，不能把他们造就成为统治者的贤才。孔子认为，统治的贵族应该对他们进行服从统治的教育，他们也一定会接受这种教育的，他说："君子之德风，小人之德草，草上之风必偃。"(《颜渊》)这就是说，一般劳动群众和奴隶跟着贵族统治者的教导跑，就像顺风倒的草一样，因此，教导他们服从贵族的统治还是必要的，他说"小人学道则易使也"(《阳货》)，即这种教导可以使他们成为更驯服的工具。

孔子肯定"生而知之"的认识只有某些人具有，这些人就是圣人。

孔子还肯定有"学而知之"的人，同时又从事教育工作，因此，他也不能不肯定，一个人要求获得知识，就要取得直接的经验，也要善于吸取他人传授的间接经验。他说："多闻阙疑，慎言其余，则寡尤；多见阙殆，慎行其余，则寡悔。"(《为政》)这就是说，要多听多看，对有怀疑的地方要保留，在言行中这样谨慎就可以少犯错误。他也强调重视推理的思考，"举一隅不以三隅反，则不复也"(《述而》)。这就是说对一件事说明了一个方面，就应该多去推想其他方面的情况。

在教育思想和教育方法上，也因为他长期从事教学实践，曾自许为"学而不厌，诲人不倦"(《述而》)，总结出一些符合人们心理认识活动的经验。他提出，学习时首先应该采取虚心的实事求是的老实态度："知之为知之，不知为不知，是知也。"(《为政》)因此他反对缺乏事实根据的道听途说，甚至批评这样的行为是不道德的："道听而途说，德之弃也。"(《阳货》)其次，他主张学习的知识面要广泛，学习的途径也要多样化。对过去流传下来的典籍，固然要"学而时习之"，同时还要"每事问"，要"不耻下问"。他说："三人行，必有我师焉。择其善者而从之，其不善者而改之。"(《述而》)这就是说，他是可以向任何人学习的。别人的长处，他当然要作为良好的经验加以吸收；别人的缺点，也可以作为客观的教训加以对照，如果自己也有，就努力改正。由于他这种"学无常师"的方法，结果在当时就得到了"博学"的称誉。稍后的墨家，虽然反对他的哲学思想，但也不能不承认他"博于诗书，察于礼乐，详于万物"

(《墨子·公孟》)。最后，在教学方法上，他提倡学与思结合，说："学而不思则罔，思而不学则殆。"(《为政》)这是说，只学习前人传授的知识而自己不进行思考，将仍旧停留在混沌迷惘的阶段而不会有真正的创获；只凭空思考而不学习和利用前人的知识经验，也可能走向危险的斜路而一无所成。因此，他极力提倡"温故而知新"(《为政》)。在具体的教学过程中，他也主张多用启发式："不愤不启，不悱不发"(《述而》)，即不到学生苦思苦想之后仍有所不理解时，不去进行启发诱导。因此，他教学生时，能根据各人不同的特点，回答问题，因材施教。

第四节　中庸之道

孔子在认识论上主张"生而知之"的先验论，在思想方法上则宣扬"中庸"思想。他说："中庸之为德也，其至矣乎，民鲜久矣。"(《雍也》)这就是说，中庸是一种最高的德性，人们很久都不具备这种道德了。所谓"中庸"，后来北宋的程颐加以解释说："不偏之谓中，不易之谓庸。中者，天下之正道。庸者，天下之定理。"(《遗书》卷七)这是说，不走极端和稳定不变，是一切事物正当不移的道理。这一解释，在一定程度上说明了孔子中庸思想的要点。

孔子认为，维持和巩固他所谓"道"的最好方法是采用中庸的方法。他很推崇尧告诉舜"允执其中"(《尧曰》)的教导。他在认识事物时，要求通过研究这个事物在可能的发展趋势中，就其不及和过头两个极端之间找出适中合宜的地方。如他说："吾有知乎哉？无知也。有鄙夫问于我，空空如也，我叩其两端而竭焉。"(《子罕》)他在处理事物时，要求不要偏袒于某一种倾向，或与某一种人完全同一，而认为应该调和不同的倾向，在各种不同的人之间进行适当的调和。不然，就不能成为德性高尚的君子，而会沦为偏激的小人。他说："君子和而不同，小人同而不和。"(《子路》)根据这个思想方法或根本态度，他交朋友就极力找善于掌握中庸思想的人，只有在"不得中行而与之"，即找不到这种人的时候，才与偏向于进取的"狂"者或偏向于有所不为的"狷"者相交往。他指导弟子时，总是设法引导他们走中庸的道路。子张放肆，过了头；子夏拘谨，常有所不及，他批评二人的偏向同样不好，都不符合中庸的原则。所以说："师也过，商也不及"，"过犹不及"(《先进》)。他并且认为，对于不好的处境要能容忍，对于不好的人也要能有所迁就，采取过激的办法，就会出乱子："子曰，好勇疾贫，乱也；人而不仁，疾之已甚，乱也。"(《泰伯》)

他这种中庸调和的方法论，要求不偏不倚，有时的确表现出非常全面而又灵活。例如他说："质胜文则野，文胜质则史，文质彬彬，然后君子。"(《雍也》)这是说,做事只考虑实际的质朴以至胜过文采,则显得粗野;做事只考虑外表的文采以至胜过质朴,则显得虚浮;只有质朴和文采全面兼顾,不偏于一面,才是做得恰到好处的君子。他又说:"虞仲、夷逸,隐居放言,身中清,废中权。我则异于是,无可无不可。"(《微子》)他认为像虞仲、夷逸这些人,过着隐居缄默的生活,保持清高的节操,退隐得合乎时机,这当然也好。但他自己却不然,而要根据具体情况采取更为灵活的态度,即所谓"无可无不可"。他还明确提出"绝四"的态度:"毋意,毋必,毋固,毋我"(《子罕》),即不要主观猜测,不要武断和不留余地,不要拘泥和固执成见,不要自以为是和以我为核心。他要求这样灵活,甚至特别注重避免主观,具有一定的辩证法精神。无怪乎孟轲称赞他这样灵活,"可以仕则仕,可以止则止,可以久则久,可以速则速"(《公孙丑上》),完全是一个"圣之时者也"(《万章下》)。

但是,我们如果深入地考察一下,就可以发现,他这种中庸的灵活性,完全服从于他所要达到的道义原则。他说:"君子之于天下也,无适也,无莫也,义之与比。"(《里仁》)这就是说,君子对于任何的事或人,好恶取舍,都没有固定的成见与办法,"无可无不可",但必须服从于道义的标准,这是不能含糊的。他还说明,有时必须采取权宜甚至表面相反的方法,但这正是维护道义的最好方法,因而这种灵活性是完全必要的。他说:"可与共学,未可与适道;可与适道,未可与立;可与立,未可与权。'唐棣之花,偏其反而,岂不尔思?室是远而。'"子曰:"未之思也,夫何远之有?"(《子罕》)这是说,唐棣树开花与其他花先开后合的情况相反,是先合后开,然而相反正以相成,用不同的方式正是为了更好地达到同一的目的。

具体说来,他所谓的道义原则,系指礼而言,即周朝奴隶社会的统治秩序与规章制度。他认为中庸的灵活方法,必须完全以周礼作为指导的原则;另一方面,他认为周礼的主要精神,其可贵处又正是不走极端和反对偏激。因为,借此可以保持和巩固先王流传下来的统治秩序。这就是所谓:"礼之用,和为贵,先王之道斯为美。小大由之,有所不行。知和而和,不以礼节之,亦不可行也。"(《学而》)不用周礼作为指导原则,只为调和而调和,也是不行的。因此他要求治国时,不但要"导之以德",同时也应"齐之以礼"(《为政》)。他教导弟子学习时,虽然首要"博学于文",但也必须在这基础上"约之以礼",才不致违背他所谓的道(《雍也》)。总之,在他看来,任何德性都必须以礼作为指导,才能真正成为恰到好处的德性,不然,这种德性就会转化成为偏执的过错了,所以他说:"恭而无礼则劳,慎而无礼则葸,勇而无礼则乱,直而无礼则绞。"(《泰伯》)

孔子中庸思想所具有的灵活性,就其目的是维护不变的道来说,这种思想带有形而上学的特点。程颢说:"中则不偏,常则不易,惟中不足以尽之,故曰中庸。"(《遗书》卷十一)程颢在这里正说明了中庸思想所包含的"不易"这一形而上学特点的重要性。但孔子中庸思想的着重点仍在于强调其方法上适度与平和的性质,及运用这种方法时所必须具有的灵活性。

孔子的道中庸的思想,子思曾专门加以发挥,到宋明时期,更为理学家所宣扬和崇奉,成为儒家道统思想的核心。同时,它也是中国哲学史上一种有代表性的理论,在中国社会上产生了广泛的影响。

第五节 天命论

殷周的贵族为了巩固自己的统治,都塑造了人格神的天,宣扬政权神授,作为他们统治的精神支柱。他们把"天"人格化、神圣化,把它打扮成一个操纵人间万物命运的活灵活现的主宰,他们自己则扮演着受命于天,从天命而行的角色,是天在人间的代理人。春秋时期,虽然有意志的人格神的天的观念开始动摇,但仍旧是具有强大力量的宗教迷信思想。孔子站在对周礼继承和改革的立场,把恢复周礼作为终生志愿,因此他在天命问题上,也持有两重性。孔子说:"获罪于天,无所祷也。"(《八佾》)他有时还自诩说:"天生德于予,桓魋其如予何!"(《述而》)也就是说,天把美德给了我,桓魋能把我怎么样!他也是受命于天的。有一次孔子路过匡这个地方,匡人误认孔子为阳虎,拘禁了孔子五天,孔子生气说:"文王既没,文不在兹乎?天之将丧斯文也,后死者不得与于斯文也;天之未丧斯文也,匡人其如予何?"(《子罕》)这就是说,天把文化给了周文王和他,他要是死了,天下从此就不会有文化。现在天把保存和传播文化的使命给了他,匡人能把他怎么样!他有时发誓:"吾谁欺,欺天乎?"(《子罕》)有时又慨叹说:"天丧予!天丧予!"(《先进》)等等。这一切都说明,孔子虽然没有把天描绘成能直接发号施令的最高主宰,而将天的人格神的外貌丢掉了,但却保留着天具有最高意志能主宰一切的权威。他说:"天何言哉?四时行焉,百物生焉,天何言哉?"(《阳货》)这就是说,天虽然不言不语、无声无息,却不但主宰着人间的一切生死祸福,而且操纵着自然界四时的变化和万物的生灭,所以孔子心目中的天虽然已不是殷周以来人格神的天,但还保留了天命的主宰性和必然性。

春秋时期,在唯物主义和无神论思想的冲击下,天这个人格神的观念已经无法维系人心。孔子一方面丢掉了天的人格神的外貌,保留着其具有最高意志的权威,另一方面又企图以不可认识的必然性去解释天的意志和主宰性,这样就留有天命论的尾巴,甚至把天命论引向一种神秘主义的命定论,宣扬命运之天决定人间的贵贱,这就是孔子的"富贵在天"的"天命论"。孔子说:"道之将行也与,命也;道之将废也与,命也。"(《宪问》)这就是说,他的使命和政治主张能否实现,完全是由命运决定的。孔子的学生子夏也谈到孔子说过:"死生有命,富贵在天。"(《颜渊》)在孔子那里,贫富、贵贱,由天决定,死生、祸福,由命决定。这样,他既否定了事物具有本身内在的规律,又在神秘天命的支配下否定了人的主观努力的作用。

孔子宣扬天命论,但并不限制他本人挽救奴隶制灭亡的主观努力。在这里,他并没有对天命的权威加以限制的意图,也没有将天命和人力划出不同势力范围的思想,而是认为他的主观努力正是天给予他的使命,从这一点说,他也对人力的作用予以一定的地位。他认为,他愈致力于复兴周礼,为世袭的宗法等级的奴隶制尽力,他的行为就愈符合天命。他自述他是经过许多曲折和艰苦努力才使自己的行为逐渐符合天命,他说他"五十而知天命,六十而耳顺,七十而从心所欲不逾矩"(《为政》)。这就是说,五十岁他才了解天命,六十岁可以顺着天命做事,到七十岁才终于达到一言一行从不偏离天命了。

孔子对于鬼神的存在上,也采取一种两可的态度,不议论鬼神,却又不否定鬼神的存在。这也是放弃鬼神具有人格神的外貌,保留鬼神的权威。例如,子路问他有关鬼神的事,他说:"未能事人,焉能事鬼。"(《先进》)因此,有些弟子就说他不谈论神奇鬼怪。在形式上他是肯定鬼神的存在的。他说:"非其鬼而祭之,谄也。"(《为政》)这就是说,祭鬼不祭你应该祭的本宗族的鬼,这就是谄媚,可见他对鬼所属的宗族都要严格区分清楚,并不是主张无鬼。但他认为不能采取收买的态度祭祀鬼神,而应该抱着虔诚的态度祭祀鬼神,就像面对着鬼神降临一样。他主张事鬼敬神不要停留在形式上,而要在对祖先的忠孝的实际行动上多下功夫。周朝本来就有这种对待鬼神的传统:"周人尊礼尚德,事鬼敬神而远之。"(《礼记·表记》)他认为继承这个传统能够起到教化百姓的作用,同样达到巩固统治的目的,因而是一种聪明的办法:"敬鬼神而远之,可谓智矣。"(《雍也》)

第三章
老子

老子,又称老聃,姓李,名耳,楚苦县厉乡曲仁里人(今河南鹿邑县)。与孔子同时而稍早,孔子曾经向他请教过关于礼的一些问题。老子早年做过周王室的守藏史,后来辞官隐居,著有《老子》一书。该书又称《道德经》,共五千多字。1973年湖南长沙马王堆三号汉墓曾出土两本抄在帛书上的《老子》,与通行本大同小异。1993年湖北荆门郭店一号战国楚墓又发现抄在竹简上的部分《老子》内容。可以认为,《老子》一书基本上为老聃自著,在流传过程中也有一些变动。

第一节 "小国寡民"的政治思想

老子十分注意处理统治者和老百姓的关系,他看到了人民与统治阶级的矛盾,看到了人民所以贫困和起来反抗的某些原因。他说:"民之饥,以其上(此"上"字,帛书《老子》甲、乙本均作"取")食税之多,是以饥。""民之轻死,以其上求生之厚,是以轻死。"(《七十五章》)这是说,人民生活的贫困和不怕死地起来反抗,主要原因是统治者贪得无厌地剥削造成的。他对当时一些统治者,只顾自己享受,穿好的,吃好的,搜括大量财货,而根本不管政治腐败,土地荒芜,粮仓空虚的现象进行了批评。他甚至骂他们是强盗头子。他有时借广大人民的口吻,向统治者发出一些反抗和威胁的言论,如"民不畏死,奈何以死惧之?"(《七十四章》)但由于其局限,他的政治思想的中心内容是要求实现"无为而治"。

老子的所谓"无为而治"就是认为,统治者在表面上应该少一点欲望,少一点作为,对人民听其自然,这样做,统治才能巩固,得到更多的好处。所以在《老子》一书中总结了一套统治术,例如他说:"将欲夺之,必固与之。"(《三十六章》)又说:"古之善为道者,非以明民,将以愚之。"(《六十五章》)

老子对当时的社会变化和社会现实有一套自己的看法,他认为,社会之所以混乱，互相争夺，原因就在于人们欲望的过分，法令的繁多，知识的追求和讲究虚伪的仁义道德等等。老子对仁义道德也进行了某些批评和揭露，他指出，所以要讲仁义忠孝那一套，都是因为大道废弃，六亲不和，国家昏乱。因此，他认为，要使天下太平，没有争夺，就要取消知识，取消道德，取消新颖的器具和财货。他说："绝圣弃智，民利百倍；绝仁弃义，民复孝慈；绝巧弃利，盗贼无有。"(《十九章》)老子指出，要使老百姓自然而然的生活，就不应搞什么知识，追求什么巧利等等；只有去掉了这些，老百姓才会各得其所。

在老子看来，最理想的社会和政治是："小国寡民，使民有什伯之器而不用，使民重死而不（帛书《老子》甲、乙本均无"不"字）远徙。虽有舟舆，无所乘之；虽有甲兵，无所陈之，使民复结绳而用之。甘其食，美其服，安其居，乐其俗。邻国相望，鸡犬之声相闻，民至老死不相往来。"(《八十章》)这是说，国要小，民要少，有了器具、车船、武器，都不使用，甚至连文字也不要。使人民看重生命，不到处搬迁，有吃有穿，安居乐俗。相邻的国家，鸡狗的叫声都能互相听得到，但人民到老死也不互相往来。

老子这种消极无为的政治态度，决定他对人生的看法也是消极无为的。在老子心目中，圣人应该是一个表面上处处不与人争，不为人先，守柔处下，少私寡欲，绝学弃智，浑浑噩噩，像初生婴儿那样，完全处于自然状态的人。他认为，只有这样才能在这复杂的现实斗争中保全自己的生命，无忧无虑，达到精神上的最高境界。

第二节　"道"生万物的哲学体系

老子哲学体系的核心是"道"，整个世界万事万物都是从"道"那里派生出来的。他说，"道冲而用之或不盈。渊兮似万物之宗，……湛兮似或存。吾不知谁之子，象帝之先"(《四章》)。这是说，"道"这个东西，空虚无形，可是用它却永远用不尽。它十分渊深，就好像万物的根本，它是那样深暗，却好像是实存的。不知道它是由谁产生的，好像是在上帝之前。这里老子虽然都是用"好像"（"似"）的字眼，其实是肯定了道是万事万物的根本（"宗"）。所以，他进一步具体地说："道生一，一生二，二生三，三生万物。"(《四十二章》)"一"在这里是指具体万物形成之前的一种统一状态。但在老子体系中，他把这种具体万物形成前的统一状态推崇为一种抽象的最高的"自然"原则，或"无为"原则，这样的"一"也就成为"道"的同义语。所以他说："天得一以清，地得一以宁，神得一以灵，谷得一以盈，万物得一以生，侯王得一以为天下贞（正）。"(《三十九章》)"一"成了形成和产生万事万物的根本原则了。老子这里讲

"道生一",既有指具体万物形成前的统一状态的意思,又有道使万物获得统一原则的意思。有了这一统一的状态和原则,然后分化为天、地(阴、阳),通过阴阳变化又产生和气,阴、阳、和三气化合再产生出万物来。

老子描述"道"这个东西的情况是:"道之为(帛书《老子》甲、乙本均无'为'字)物,惟恍惟忽。忽兮恍兮,其中有象;恍兮忽兮,其中有物。窈兮冥兮,其中有精,其精甚真,其中有信。"(《二十一章》)这里说"道"是一种恍忽不定,深邃幽远不可捉摸的东西。在恍恍忽忽的情况中,好像有某种形象,又好像有某种实物;在幽远深邃的情况中好像有某种细微的东西,而且还很实在。但是,这一切都是"道"恍忽幽深的情况。其实,"道"这个东西是"视之不见名曰夷,听之不闻名曰希,搏之不得名曰微"(《十四章》),即无声、无形、无体,既看不见,也听不到,摸不着。老子对"道"还有一段描述说:"其上不皦,其下不昧,绳绳不可名,复归于无物。是谓无状之状,无象之象,是谓恍忽。迎之不见其首,随之不见其后。"(《十四章》)这段话的意思是说,"道"是无法给它一个确切的名称的,因为他是分不清上下,也看不到前后的一种本来就无分别的状态,因此,它最终实际上是归结到什么也没有("复归于无物")。上面所讲到的,好像有某种形象,某种实物,这都是指的一种没有具体事物的,抽象的形状("无状之状,无象之象"),所以说是"恍忽"。对于这样一种无形无体,恍忽幽深不可名状的东西,老子说:"吾不知其名,字之曰道,强为之名(或说当作'容')曰大。"(《二十五章》)这就是说,对这样一种东西,根本没法叫他什么,只能给它一个名字叫"道",勉强形容一下它的情况叫做"大"。由此可见,老子所讲的"道"是一种十分抽象的东西。

老子认为,具体的事物都是可以用名称来表示的,天地以下都是具体事物,所以说:"有名,万物之母。"(《一章》)天地是从"道"那里产生出来的,道是无形无体的,没法用名称来表达,所以说:"无名,天地之始。"(同上)归根结底,老子认为:"天下万物生于有,有生于无。"(《四十章》)这就说明,老子所谓的"道"也就是"无",它是不具有任何具体物质属性的东西。古代素朴唯物主义的特点都是把世界的统一性归结为几种或某一种具体的物质,如水、火、气等,而老子这里讲的是没有任何具体规定性的"无"或"道",并把它作为宇宙的本原、万物的老根,似乎看到了世界的统一性,不能是某一具体的有规定性的东西,加深了对世界统一问题的理解。

第三节 朴素的辩证法思想

"道"在老子那里同时也指规律。老子从激烈的社会变动中,感到每个人的贵贱、祸福地位并不是固定不变的,而是不断地在变化着。所以他从这里也认识到一些事物变化的规律。他说:"反者,道之动。"(《四十章》)这是说,一切事物都要向它的反面变化。在老子思想中,有朴素的辩证法因素。

老子看到一些相对立的事物和概念,都是互相依赖的关系。如他说:"有无相生,难易相成,长短相形,高下相倾,音声相和,前后相随。"(《二章》)进一步,他认识到,对立的一面,如果它的特点达到一定程度,就会表现出对立的另一面的特点。如他说:"明道若昧(暗),进道若退,夷(平坦)道若纇(不平),上德若谷(俗),大白若辱(黑),广德若不足,建(刚健)德若偷(怠惰),质真(直)若渝(变),……"(《四十一章》)又如:"大成若缺","大直若屈","大巧若拙","大辩若讷"(《四十五章》),等等。在这些认识的基础上,他认为,对立的双方是会互相转化的。他说:"祸兮福所倚,福兮祸所伏。……正复为奇(异),善复为妖(灾)。"(《五十八章》)老子这些朴素的辩证法思想,在古代是很可贵的,对促进人类认识的发展有积极作用。

但是,老子的这些辩证法思想有很大的局限性,甚至有许多错误的东西。在他那个时代,对对立面的依存和转化不可能有科学的说明。因此,老子这些变化的观点,都是一些直观的感受,他把这些对立和转化都当作是无条件的,自然而然的。

老子不可能懂得这种对立转化的条件性,所以他笼统地、离开一定的条件讲凡事要从反面着手。例如他讲,"将欲歙之,必固张之;将欲弱之,必固强之;将欲废之,必固兴之;将欲夺之,必固与之。是谓微明"(《三十六章》)。意思是说,你想要收敛它,必须暂时扩张它;你想要削弱它,必须暂时强大它;你想要废除它,必须暂时兴盛它;你想夺取它,必须暂时给予它。老子说,这就叫做"微明",即认识了"道之动"(规律)的微妙见识。在这里老子虽说看到了对立面互相转化,但是他讲这些转化都是不讲条件的,因此,这样的转化是不可能的,它实际上只是为老子守柔处下,明哲保身,在政治上消极无为作论证而已。老子认为,只有委曲,才能求全,只有不与人争,别人也就没法与你争。他说:"曲则全,枉则直,洼则盈,敝则新,少则得,多则惑,……夫唯不争,故天下莫能与之争。"(《二十三章》)他对事物对立的了解是要人们"知其雄,守其雌","知其白,守其辱(黑)",也就是要人们少说少动,甘居屈辱的地位等等。因此,老子思想中的一些辩证法因素带有消极的成分。

由于老子辩证法思想有较大的局限性,所以,他所讲的对立面的变动,也都只是指一些具体事物的暂时现象,而从"道"的高度看,"静为躁君"(《二十六章》),即静是动的根本,静支配动。他说,各种具体事物纷纷纭纭,都是变动的,但回到它的根本("归根")来看都是静止的。"夫物芸芸,各复归其根。

归根曰静,静曰复命,复命曰常。知常曰明,不知常,妄作凶"(《十六章》)。这就是说,静止才回复到事物的天赋本性"命",这也就是事物恒常的规律。人们只有认识到这种静止的恒常规律,才可以称为"明",如果不认识这一点,轻举妄动,那就要遭受危险。

第四节　神秘主义认识论

老子在哲学上认为世界本源是"道"、是"无"的理论,在政治上主张无为而治,乃至在人生观上表现出一定的消极态度,使他对外界物质生活的接触持否定的态度。他说:"五色令人目盲,五音令人耳聋,五味令人口爽。"(《十二章》)这是说,过多地追求物质生活,享受各种颜色、声音、味道等,会使人眼瞎耳聋,口味败坏。这种情况反映在老子的认识论上,就是排斥感性认识。

老子认为,对事物的认识不应到客观世界中去求,认识不是从实践中来的。他说:"不出户,知天下;不窥牖,见天道。其出弥远,其知弥少。"(《四十七章》)这就是说,你越是深入到客观实际中去,你得到的认识就越少,相反,足不出户,眼不看窗外,天下万事万物和其总的规律就都能被我认识得清清楚楚了。所以他认为,"圣人不行而知,不见而名,不为而成"(同上),圣人是不用实践就有知识,不用观察就可作出判断,不用实地去干就可取得成果的。他主张一种"塞其兑(耳目口鼻),闭其门"(《五十六章》),即闭目塞听的神秘主义的内心直观。

老子把这种神秘主义的内心直观,比喻成一面最深妙的镜子,他称之为"玄览"。他说,你"涤除玄览,能无疵乎"(《十章》),就是说,你能够把这面最深妙的镜子("玄览",也就是"心"),打扫得干干净净,没有一点灰尘吗?也就是说,不沾染一点点外物吗?如果能够做到这点,保持内心的最大空虚,最确实的安静,这样万物就都会呈现在面前,我就可以抓住它们的本来状况去认识它们。这就是他所说的:"致虚极,守静笃,万物并作,吾以观复。"(《十六章》)

在老子看来,人和万物都同出于他的最高精神实体("道"),都是"道"的体现。所以,从最高精神实体的角度来看,人与万物都是一样的。这拿老子的话来讲,就叫做"玄同"。什么叫"玄同"? 老子说:"塞其兑,闭其门,挫其锐,解其纷,和其光,同其尘,是谓玄同。"(《五十六章》)这个"玄同"的道理,就是叫人闭目塞听,消除事物的锋芒和纷杂,混和事物的光彩和形迹,一句话就是去掉事物各自具体的特殊性,使它们都合同于抽象的"一",也即老子讲的"道"。那样,主观世界与客观世界在绝对精神世界("道")那里就合而为一了,万事万物也就都为我所认识了。老子这种"玄同"的思想,以后就发展成庄子"齐万物而为一"的相对主义。

因此,老子对知识采取了一种否定的态度。上面已经提到,他主张"绝圣弃智","绝学无忧"。他是把知识看成人精神上的一种负担,造成社会纷争的原因之一。所以他明确地说,他求的"道"和一般所谓的求"学"不一样。"为学日益,为道日损,损之又损,以至于无为"(《四十八章》)。这是说,一般的学习,总是要不断地增加知识,可是他追求的"道"却是要日益减少知识。因为在老子看来,知识的增加也就是欲望的增加,知识的减少,欲望也才可能减少。这样,求"道"就是要使知识、欲望减之又减,减到最后以至于一无所知,因而也就无所追求,无所作为了,于是就达到了精神上彻底解放的最高境界。

第四章
孙武

孙武的生卒年月已不可考。据宋人邓名世《古今姓氏书辩证》记载，孙武，字长卿，大约与孔子同时。他的祖父是齐国的大夫田书，因为与莒国打仗立了功，赐姓孙，并以乐安(今山东惠民)作为他的封地。后因齐国内乱，孙武一家逃到吴国。吴王阖闾当政时期(前514年—前496)，他由伍员推荐，被吴王重用为将，带兵三万与楚兵二十万相战(刘向:《新序》)，几次打败楚国，终于在公元前506年，攻陷楚国的都城郢(今湖北江陵)。当时吴国"西破强楚入郢，北威齐晋，显名诸侯，孙子与有力焉"(《史记·孙吴列传》)。

孙武所著《孙子兵法》十三篇，《汉书·艺文志》已有著录:"吴孙子兵法八十二篇，图九卷。"八十二篇中一部分及图，后来都散失了，但其中主要部分十三篇，即汉人所说"兵法五千言"，仍一直保存下来，其他有些部分还保存在杜佑的《通典》中。但自南宋叶适以来，一直不断有人怀疑孙武的存在和孙子兵法十三篇的作者是否就是孙武。1972年山东临沂银雀山汉墓出土的竹简中，发现孙子兵法三百余枚，近三千字，其中二千多字，与今本《孙子兵法》十三篇大致相同，其余部分似亦为《吴孙子兵法》八十二篇其他各篇文字。临沂汉简中还另发现《孙膑兵法》四百余枚，约一万一千字，这是《汉书·艺文志》著录的《齐孙子兵法》八十九篇的一部分，因此，历史上长期关于《孙子兵法》的作者和写作年代的争论，终于解决。

《孙子兵法》这部书，总结了这个时期丰富的战争经验，阐述了"以正守国，以奇用兵"(《汉书·艺文志》)的战略战术，探讨了一些战争发展的一般规律，是我国古代一部光辉的军事著作，一直到近代还受到国际上的重视和赞扬。同时，这部书在总结战争经验中，还反映出了孙武的一些朴素唯物主义观点和辩证法思想，因而也是一部值得重视的哲学著作。

第一节　富国强兵的思想

从新发现汉简的《吴王问》中，我们可以看到，孙武是一位站在新兴地主阶级立场上的军事家。他拥护封建制度，主张进一步实行封建制的革命，以求富国强兵。本来，周朝奴隶制的土地制度，土地属于周天子所有，诸侯以下的奴隶主对土地只有使用权，没有所有权，奴隶主所使用的土地，建立井田制，田亩都有一定的经界，井田的经界不容错乱。自春秋中后期鲁国"初税亩"以后，晋国的六将军即六卿也相继破坏经界，实行新的田亩制度和农业税收制度，成为封建性的地方政权，不再受晋公室奴隶主政权的约束了。当吴王问孙武："六将军分守晋国之地，孰先亡？孰固成？"孙武不但根本没有惋惜周礼的崩溃，没有想维护晋公室奴隶主政权正在消失的权威和力量，反而认为在这六家中，哪一家对过去的制度改革得最彻底，哪一家就应该而且能够取得最后的胜利。他说："赵是(氏)制田，以百廿步为婉(畹)，以二百卌步为吻(亩)，公无税焉。公家贫，其置士少，主金(俭)臣收，以御富民，故曰固国，晋国归焉。"这就是说，赵氏实行以二百四十步为标准的大亩制，不但破坏了晋公室的井田制及旧经界，比六将军中其他各家分别以百六十步至二百步为亩的情况来说，也破坏得更彻底，从而容许和鼓励新兴地主多占田，农民多种田。其次，赵氏实行的无税制，对土地只征收赋而不征收税，其他各家除赋外，都征收五分之一的税，因此，赵氏这个措施虽然使"公家贫"，却使以赵氏为代表的整个地主阶级更为富裕，有利于促进农业生产的发展，最后造成了"主俭臣收，以御富民"的局面。孙武认为，这一切最终将巩固和发展赵氏政权的力量，而"晋国归焉"。

孙武还认为六卿政权的存亡，除了田亩制度和税收制度等农业经济制度的原因外，还取决于军事制度的优劣。其他各家"置士多"，即相对于耕地的多少来说，征调的军赋和兵士太多，超过了耕地数量的生产所能供应的限度，最终也必然不能强兵。赵氏政权"置士少"，经济基础稳固，军队的供应就能充足，这种制度反而可以达到精兵强兵的目的。

孙武认为实行"富民少士"，可以富国强兵，还由于实行这些经济方面制度的改革，就能在政治上取得人民普遍的支持。吴王阖闾在听到孙武对晋国政治发展趋势的分析后说："王者之道(明矣)，厚爱其民者也。"（汉简《吴王问》）这里所谓"厚爱其民"的王道，当然不是这些封建统治者会从人民的利益出发考虑问题，而只是说明，赵氏能比其他各家在更大程度上满足整个新兴地主阶级各阶层的愿望和要求，吴王才因此认为赵氏在政治上将取得最后的胜利。

孙武认为，进行战争时要取得胜利，需要政治、天时、地利诸方面的条件。因此他提出了五个方面的条件，这就是"一曰道，二曰天，三曰地，四曰将，五曰法"等"五事"。"五事"中居于第一位的"道"，就是"令民与上同意也"（《计篇》），这正是指政治条件。他还说："善用兵者，修道而保法，故能为胜败之政。"（《形篇》）这也是说，善于领导战争的人，修明政治，确保法制，就能掌握胜败的决定权。所谓"天"，即指"阴阳、寒暑、时制"，也就是气候、时令等方面的条件。所谓"地"，就是指作战时的地形、地势的条件。将领方面则要选择有智有勇的人担任。所谓"法"，即指各种军事管理制度。只有具备了这五个方面的条件，才能在战争中取得胜利。

孙武很看重战争，他反对轻率的用兵，主张要在战争前充分考察和估计用兵的利害："故不能尽知用兵之害者，则不能尽知用兵之利也"（《作战篇》），对战争采取"非利不动，非得不用，非危不战"（《火攻篇》）的态度。因为战争是关系到国家存亡和人民生死的大事："兵者，国之大事，死生之地，存亡之道，不可不察也"（《计篇》），而"亡国不可以复存，死者不可以复生"（《火攻篇》）。因此，对于用兵决不可轻率从事，而应该深思熟虑，极端慎重。只有"合于利而动，不合于利而止"（《火攻篇》），才是"安国全军之道"。他预测晋六卿中其他各家敌不过赵家，其中原因之一就是其他各家"急功数战"。

孙武这些富国强兵思想和对战争的看法，是完全符合当时新兴地主阶级实行兼并战争、称霸诸侯的要求的，在当时具有一定的进步意义。《汉书·刑法志》说："世方争于功利，而驰说者以孙、吴为宗。"这就是说，春秋战国时代，功利主义的富国强兵思想开始流行，提倡这种思想的人都崇奉孙武等人。孙武正是后来战国时期兵家和法家的先驱，战国中期的军事家孙膑和法家吴起等人的思想则是孙武思想的直接继承和发展。

第二节 "不可取于鬼神"与"知彼知己"

孙武的朴素的唯物主义思想，是在他总结战争经验的过程中所表现出来的，其内容也是很丰富的。

孙武的朴素唯物主义思想，首先表现在他反对相信鬼神灾异的无神论思想，而主张从实际出发，主张"知彼知己，百战不殆"这一科学真理上。他提出指导战争要建立在"知彼知己"的基础上，要靠人调查研究，弄清敌我双方的真实情况；决不能靠祈求和相信鬼神，也不能依靠占卜和星象。所以他说："故明君贤将，所以动而胜人，成功出于众者，先知也。先知者，不可取于鬼神,不可象于事,不可验于度,必取于人,知敌之情者也。"(《用间篇》)在用兵的时候,他认为要禁止迷信和谣言的流行,即"禁祥去疑"(《九地篇》)。这都是他在战争的指导上要求实事求是,从实际出发的结果。在这里明显地表现出了他的朴素唯物主义的观点。至于"知彼知己,百战不殆"这一战争经验的总结,则更是反映了战争取得胜利的一般规律的,是具有唯物主义反映论思想的一句军事名言。

孙武一面要求在战争中"知彼知己",根据客观实际的情况去决定自己的行动;另一方面还强调要在了解客观实际情况的基础上,充分发挥主观能动性。他认为全面掌握了敌我双方力量的对比,不论这个对比的具体情况暂时是否对我有利,都可以主动创造对己有利对敌不利的形势,以取得胜利。他所说的"善战者,致人而不致于人"(《虚实篇》),"古之善战者,先为不可胜,以待敌之可胜"(《形篇》),就是要求充分做到这一点,以争取战争中的主动权,控制战争的发展趋势。怎样在战争中做到争取主动呢?他提出了两个主要的办法:一个办法是"避实而击虚"(《虚实篇》)。在整个作战过程中,敌人总会有弱点暴露出来的,"备前则后寡,备后则前寡,备左则右寡,备右则左寡。无所不备,则无所不寡"(《虚实篇》),只要全面地掌握敌人的真实情况,就一定可以找到敌人的薄弱环节进行攻击。他所提出的:"攻其无备,出其不意"(《计篇》),"避其锐气,击其惰归"(《军争篇》),"以治待乱,以静待哗","以近待远,以佚待劳"(同上)等等,都是在各种不同情况下实现这一办法的概括。另一个办法是"以患为利"(《军争篇》),即变不利甚至患害的情况为有利。例如,在战斗中,敌众我寡的情况是经常可以遇到的,我们决不可用不利的条件对抗敌人有利的条件,"以少合众,以弱击强"(《地形篇》),而应该变不利的条件为有利,想各种可能的办法使敌人兵力分散。这样,"我专而为一,敌分而为十,是以十击其一也",结果,虽然"我寡而敌众",却"能以寡击众"(以上见汉简《实虚》)。这就是说,发挥主观能动性,创造条件使敌人兵力分散,在战术上"以十击一",就能在战略上达到"以一击十"的目的,战胜优厚兵力的敌人。

第三节 军事辩证法思想

孙武在朴素的唯物主义思想指导下,在研究战争经验的过程中,还表现出了极其丰富的军事辩证法思想。

首先,他要求指导战争必须从全面的观点出发,反对形而上学的片面性。他主张既要了解我方,也要了解敌方,只有这样全面地看问题,才能指导战争取得胜利。他认为要做到这点,就必须对决定战争胜负的五事,即道(政治条件)、天(天时)、地(地利)、将(将帅)、法(各种制度规定)五个方面,从敌我双方做详尽的了解和分析。他说:"知吾卒之可以击,而不知敌之不可击,胜之半也。知敌之可击,而不知吾卒之不可以击,胜之半也。知敌之可击,知吾卒之可以击,而不知地形之不可以战,胜之半也。"(《地形篇》)意思是说,只知其一方,而不知其另一方,这样是不可能得到全胜的。因此,他的最后结论是"知彼知己,胜乃不殆;知天知地,胜乃可全"。(同上)"不知彼而知己,一胜一负;不知彼不知己,每战必殆"。(《谋攻篇》)这就是说,全面地具体地掌握敌我双方的情况与动态,就能指导战争取得胜利,不然就会失败。

孙武还主张从一件事物的内在矛盾中,分析事物的性质和发展,争取矛盾的转化。前面已经谈到,他要求决定对战争的态度时,既要看到用兵的益处,也要看到用兵的危害。从利与害的矛盾中考察,就可以从有利的方面提高信心,从危害的方面采取预防措施。正因为他认识到每一事物都存在着矛盾,他研究战争的发展规律时,就能从对立的范畴出发,从治乱、主客、众寡、强弱、分合、攻守、进退、奇正、虚实、动静、勇怯等出发,分析这些矛盾的性质和相互转化的条件,建立一整套战略战术的理论。例如,他说:"乱生于治,怯生于勇,弱生于强"(《势篇》),指出了治乱、勇怯、强弱的相互转化。因此,他强调利用矛盾相互转化的特点指导战争:"投之亡地而后存,陷之死地而后生。"(同上)他还提出发挥主观能动性,努力创造条件促使矛盾转化以打败敌人。从而他提出了一套促使敌方情势转化的措施,如:"敌佚,能劳之;饱,能饥之;安,能动之"(《虚实篇》),"怒而挠之,卑而骄之,佚而劳之,亲而离之"(《计篇》)等等。

孙武军事辩证法思想中,谈矛盾转化的问题,最突出最有创造性的部分是关于战势的奇正相生,奇正转化的问题。战争的变化运动,与其他许多社会现象比较,更为迅速和不可预料。虽然如此,战争仍是一种必然的运动,仍是矛盾的变化发展,关键是战争的指挥者要善于发现和促使矛盾的转化。孙武说:"战势不过奇正,奇正之变,不可胜穷。奇正相生,如环(环前循字,据汉简删)之无端,孰能穷之。"(《势篇》)这就是说,战争的态势或奇或正,奇正相生,变化无穷,像无端的环一样,是很难完全掌握和穷尽的。这里所谓正,即指战争态势方面一般的正规的形式;所谓奇,即指其多变的特殊的形式。但高明的将领就在于识别和利用奇正的态势的变化取得胜利。他说:"凡战者,以正合,以奇胜,故善出奇者,无穷如天地,不竭如江河。"(同上)"兵无常势,水无常形,因敌之变化而取胜者,谓之神"(《虚实篇》)。这也就是说,要充分发挥战争指挥者的主动灵活性,利用矛盾相互转化的原理,根据敌军态势的变化,随时变更战略战术,以出奇制胜。他又说:"微乎微乎,至于无形,神乎神乎,至于无声,故能为敌之司命。"(《虚实篇》)这是说,用兵如神如能达到无形无声,使敌军不能察觉,这样就能够牵着敌军的鼻子走,完全掌握敌军的命运。此外,孙武还提出了许多有名的战术思想,例如,在进行攻守时:"善攻者,敌不知其所守;善守者,敌不知其所攻"(同上);在打仗时:"始如处女,敌人开户;后如脱兔,敌不及拒"(《九地篇》),"易其事,革其谋,使人无识;易其居,迂其途,使人不得虑"(同上)等等,都是他出奇制胜思想具体运用的实例。

孙武的军事辩证法思想为以后战国时期的兵家所继承和发展,孙膑的军事辩证法思想就是孙武思想的直接继承和发展。孙膑强调"形胜之变,与天地相敝而不穷",所以不能"以一形之胜胜万形"(《孙膑兵法·奇正》)。这就是说,事物的相生相克,变化万千,不能机械地以一种不变的办法去适应万变的客观现实。他还将形胜的思想与奇正的思想结合起来,认为"形以应形,正也;无形而制形,奇也"(《同上》)。他又认为:"同不足以相胜也,故以异为奇。是以静为动奇,佚为劳奇,饱为饥奇,治为乱奇,众为寡奇,发而为正,其未发者奇也。奇发而不报,则胜矣。"(《同上》)这就是说,不能用与敌人同一种态势与敌人相对抗,而应以不同的态势相对抗,这就是出奇,敌人来不及想法对付,就可取得胜利了。所有这些思想都是对孙武奇正相生、出奇制胜思想的继承和发展。在这种出奇制胜的思想指导下,孙膑曾为齐将田忌提出了一个赛马时的取胜方法说:"今以君之下驷与彼上驷,取君上驷与彼中驷,取君中驷与彼下驷"(《史记·孙吴列传》),就是具体运用这种原则的有名故事。

最后,我们也应该看到,孙武主要是一个大军事家,《孙子兵法》主要也还是一部兵书,他是在研究军事问题上表现出来的哲学思想,因此,他的哲学观点缺乏系统性,他的唯物主义思想是朴素的、直观的,他的辩证法思想也是不彻底的,而且最后陷入了循环论。这也就是他所谓的"终而复始,日月是也;死而复生,四时是也"(《势篇》)。在军事思想上,不能正确地区别正义与非正义的战争,更不能了解战争的真正根源;对于作战中士卒群众的作用,他不但没有足够的认识,而且还有愚兵思想,说什么"愚士卒之耳目使之无知"(《九地篇》),而对于将帅的作用则过分夸大,认为"知兵之将,生民之司命,国家安危之主也"(《作战篇》),等等。所有这些,都是他的阶级局限性和时代局限性所造成的,对此我们应给以历史的客观的评价。

第五章
墨子

墨子，名翟，鲁国人，大约生于公元前475年左右，死于前395年左右。他做过宋国的大夫，在宋国活动的时间较长。

现存的《墨子》这部书的主要部分是墨子本人的思想和活动的可靠记载，由墨子的弟子或再传弟子记录整理的，其中有一部分是战国末期墨者的著作，对墨子的思想有所发展，在反对当时的诡辩论的斗争中起过重要的作用。还有一部分是汉初墨者研究攻守战术的作品。

墨子本人曾是一个个体劳动生产者，做过工匠。他有时自称为"贱人"，有时自比为农村依附的农民（"宾萌"）。看来他做工匠的时间不短，因此有比较高明的技术造诣。他从事政治活动时，还利用他的高超技术，赛过了当时最著名的工匠公输般（鲁般），为他的政治主张服务。墨子后来由工匠上升为知识分子的"士"，并成为墨家的创始人。

墨子本人博通当时历史文化的典籍，他的弟子接受他的教育后，不但组成了一个思想统一的学派，并且成为一个组织严密的社团。这些弟子被墨翟推荐到各国参加政治活动后，严格遵守墨子的思想原则。社团的每个成员都能为了实现其主张"赴火蹈刃，死不旋踵"。墨子死后，这个社团仍存在了一段很长的时期，社团的头目叫做"巨子"。

第一节　社会政治思想

墨子从小生产者的利益出发，以"兴天下之利，除天下之害"，作为衡量一切思想和行为的价值的标准。他所谓的"利"就是"国家之富，人民之众，刑政之治"（《尚贤上》），也就是国家的富足，人民的繁庶，政治的清明。做到这一点的人，他们就认为是"仁人"，破坏这种事业的人就是"恶人"或"贼人"。

墨子认为，人民不但要求生存和温饱，而且要求子女的繁庶和幸福。但是当时许多统治者，对内役使人民很劳苦，剥削人民很厉害，使无数的人民饿死冻死,对外发动侵略战争,兼并其他国家的土地,使无数的人民病死战死。这些统治者又极端荒淫,"大国拘女累千,小国累百"(《辞过》),霸占青年妇女,使天下许多男子不能结婚、生育子女。这一切就破坏了人民的繁庶和幸福。

人民穷困不堪,死亡相继,天下异常混乱。"国之与国之相攻,家之与家之相篡,人之与人之相贼。君臣不惠忠,父子不慈孝,兄弟不和调"(《兼爱中》),这种国与国、人与人之间相互残杀争夺的政治局面又进一步造成人民的穷困和死亡。因此,政治上的"交相恶"的混乱局面,即"强之劫弱,众之暴寡,诈之谋愚,贵之傲贱"(《兼爱下》)是一切祸害中最大的祸害。

墨子认为,解决这个最大祸害的混乱局面的根本办法,就是提倡"兼相爱,交相利"。因为"天下兼相爱则治,交相恶则乱"(《兼爱上》)。这就是墨子的"兼爱"思想,是他整个思想体系的核心。墨子提倡的"兼相爱"是以"交相利"作为基础的,也是以"交相利"为具体内容的。他认为,只有"有力者疾以助人,有财者勉以分人,有道者劝以教人"(《尚贤下》),才能真正实现兼爱的原则。因为"爱人者,人必从而爱之,利人者,人必从而利之"(《兼爱中》),人人相爱相利,社会上相互残杀争夺的现象就自然消灭,也就达到了天下太平的大治局面。

墨子将他的兼爱也称为仁、义,他说:"兼即仁矣、义矣。"(《兼爱下》)但墨子所谓的仁义是注重效果,以利人作为具体内容的,所以他说:"以此亏夺民衣食之财,仁者弗为也"(《非乐上》),又说:"而义可以利人,故曰义,天下之良宝也。"(《耕柱》)当别人谈到义时,墨子也追问:"子之所谓义者,亦有力以劳人,有财以分人乎?"(《鲁问》)因此,墨子虽然也用了孔子所提出的仁义这个范畴,但他却是直接反对孔子以恢复周礼为仁,以注重主观动机的忠恕为仁的标准的。他直接讥笑孔子这一派的人说:"今天下之君子之名仁也,虽禹汤无以易之;兼仁与不仁,而使天下之君子取焉,不能知也。"(《贵义》)这就是说,有些人口口声声叫喊仁,但拿一件具体的事情让他去认识与肯定,这些人却根本就不懂得什么叫做仁。

孔子虽然也说仁是"爱人",但却根本不承认"小人"具有仁的德性,说什么"君子而不仁者有矣夫,未有小人而仁者也"(《论语·宪问》)。墨子则认为虽然是"贱人",只要不以"兵刃毒药水火以交相亏贼",实行了兼爱,也就是"仁矣、义矣"。孔子主张"亲亲有术,尊贤有等",也就是爱人有亲疏厚薄的区别。而墨子主张爱人应该"远施周遍",不应有亲疏厚薄之分,因为"必吾先从事乎爱利人之亲,然后人报我以爱利吾亲也"(《兼爱下》)。孔子以"孝弟""为仁之本",强调下级对上级的绝对服从关系,墨子虽然从来不认为上下贵贱的等级可以取消,但却肯定其关系应当是相互的。因此,他一方面说:"臣子之不孝君父,所谓乱也"(《兼爱上》),同时他也强调说:"虽父之不慈子,兄之不慈弟,君之不慈臣,此亦天下之所谓乱也。"(《兼爱上》)可见墨子在实质上是针锋相对地反对孔子克己复礼为仁的思想的。

墨子的兼爱思想,代表小生产者的要求,具有一定的进步作用。但所谓兼爱实际上也是主张所谓"人类之爱"的一种抽象形态。虽然他在具体要求上注重效果,而不仅仅是注重动机,但其根本出发点仍旧是从观念出发,因而是错误的、不可能实现的。

在政治混乱中为害人民最大的事情,墨子认为是侵略战争,因此,他特别提倡"非攻"。而他一生中比较突出的政治活动也是从事反对侵略战争,并且还研究制止侵略战争的战术。他认为,侵略战争为害最大,却最不容易为人所认识,一般人认识到偷盗杀人是不义的,却不认识侵略战争的不义。这样就不能分辨义与不义,甚至混淆黑白,以不义为义,为侵略战争辩护。

他批判从事侵略战争的国家都是"攻伐无罪之国",并且对被侵略的国家"燔溃其祖庙,劲杀其万民"(《非攻下》)。这样,一方面固然使被侵略国家的人民生命和财产遭到极大的破坏,但另一方面由于发动侵略的国家,也是"夺民之用,废民之利"(《非攻中》)去从事战争的,加上在战争中因饥寒、疾病、战斗而伤亡的人民也是不可胜数,计算起来"其所得,反不如所丧者之多"(《非攻中》)。因此,墨子认为在战争中并没有胜利者,只有受害者。

墨子说,有些国家认为发动侵略战争,可以开拓疆土,进行兼并,因而有利可图。但是分析一下看,绝大多数发动侵略的国家都是人口不足而土地有余。只是由于君主好大喜功,因而去进行侵略。这样,即使取得暂时的胜利,也是"亏不足而重有余",完全得不偿失。所以,墨子说发动侵略的国家对被侵略的国家,"无罪而攻之,不可谓仁","杀所不足,而争所有余,不可谓智"(《公输》)。这种不仁不智的好战国家有如舍弃家中的"粱肉",却去偷窃邻家的"糟糠",可以说是得了"窃疾"的战争狂。

墨子主张"非攻",在理论上他并不是笼统地反对一切战争。他说一个国家为了兼并,兴师动众,侵略"无罪之国",这叫做"攻",应该加以非难谴责。但有道讨伐无道的暴君,这叫做"诛",应该加以支持赞扬。如果混淆了"攻"和"诛",就是混淆不同性质的事物的区别,在逻辑上是"不知类"。但是在具体分析中,他认为"今天下好战之国,齐、晋、楚、越",所进行的每一次战争都是属于"攻"而不是属于"诛",希望这些国家维持现状,等待上天选择一个具有兼爱思想的人统一全国。因此,墨子在对当时战争的具体分析上,并不是将好坏的界线划在战争的正义性(诛)和非正义性(攻)的区别上,而是划在战争的"攻"和"守"的分别上。他的"非攻"实质上的重点仍是"非战",这与他的兼爱思想是完全一致的,并且也是他的兼爱思想的最集中最突出的具体要求。他的非攻思想反映了幻想过安居乐业生活的小生产者的要求,对封建地主之间所从事的兼并战争也存在一定程度的不满。从这一点说,墨子既不具有当时有些小生产者用暴力反抗统治者的觉悟,也不同于当时致力于用暴力进行统治和兼并的封建主,而是一些保守的小生产者的幻想和软弱无力的表现。他的非攻的主张在当时的现实政治中可能取得一时的个别的成就,例如他曾说服了楚国不去攻打宋国。但总的说来是不可能实现的,他的非攻的其他实际活动,如劝齐国不要攻打鲁国等的失败,完全证实了这一点。

墨子又提出"尚贤"作为实行他的兼爱思想的组织保证。他认为对于有才能的人,"虽在农与工肆之人,有能则举之"。这就是说,即使出身或原来的地位是贫贱的工农,也应该安排在重要的岗位上,没有才能的人,即使是统治者的亲属或贵族,也不应任用,这就可以造成"官无常贵,而民无终贱,有能则举之,无能则下之"(《尚贤上》)的局面。

墨子的"尚贤",虽然并没有要求缩小贵族与平民之间的等级差别,更不是取消宗法等级制度本身,但却是反对世袭的等级制度。孔子也提出过"举贤才",但孔子的举贤才的具体要求是"亲亲有术,尊贤有等",以举贤才作为"亲亲有术"的补充,使官可常贵,以更好地巩固世袭特权。而墨子的尚贤,明确提出"贵贤罚暴,勿有亲戚弟兄之所阿"(《兼爱下》),完全根据贤不贤选择统治人才,代表了劳动小生产者的政治要求,直接反对孔子所维护的贵族等级制度中的世袭特权。

墨子在尚贤的基础上又提出"尚同",认为最高的统治者也应由贤者来担任,全国在这种情况下,就要"尚同而不下比",即要根据最高统治者所制订的共同标准,反映情况,统一是非,整饬纲纪,惩罚淫暴。墨子还从国家起源的理论来论证这一点,说古代人民开始共同生活时没有共同遵守的思想标准和统治者,"天下之乱也,至如禽兽然"(《尚同中》)。后来在实际生活中了解这种情况的恶果以后,"是故天下之欲同一天下之义也,是故选择贤者,立为天子"(《尚同下》)。因此,天子应该保护被统治者的利益。但是,实行"尚同"的结果,实际上只是对最高统治者有利,以最高统治者所谓的是非为是非,加强了统治者的专制统治,使被统治者"皆恐惧振动惕慄,不敢为淫暴"(《尚同中》),这是墨子作为保守的小生产者的代表,希望有一个贤者作为他们的保护人的幻想。

墨子也从功利主义出发,主张"节葬"。他认为,当时流行的厚葬久丧,使已生产出来的财富被埋葬,使能够从事生产财富的人长期不能参加生产活动,甚至限制"男女之交",使人口也不能繁殖,这对国家和人民都是十分不利的。

他特别提出:"天子杀殉,众者数百,寡者数十,将军大夫杀殉,众者数十,寡者数人,处丧之法,将奈何哉!"(《节葬下》)这是对当时尚存在的杀殉的残酷行为进行最直接的揭露和控诉。

墨子也用同样的理由"非乐",认为音乐的盛行妨碍男耕女织,"以此亏夺民衣食之财"(《非乐上》),应该禁止。他还从提倡音乐所造成的政治后果论证这一点:"乐逾繁者,其治逾寡,自此观之,乐非所以治天下也。"(《三辩》)他更反对与乐有不可分割的联系的周礼:"俯仰周旋威仪之礼……诸加费不加民利者,圣王弗为。"(《节用中》)他的后学也集中攻击提倡周代礼乐的孔子:"孔某盛容修饰以蛊世,弦歌鼓舞以聚徒,繁登降之礼以示仪,务趋翔之节以观众。"(《非儒》)这就是说,孔子提倡礼乐,就是为了讲究排场,蛊惑人心,宣扬周礼。因此,墨子的"非乐""节葬"虽然是从功利主义的观点出发,实际上也是墨子从政治上对孔子进行斗争的一个重要方面。

(1)孔子提倡仁,仁的思想即以唯心主义先验论为基础的忠恕之道,只重动机,不重效果;墨子主张兼相爱、交相利,而爱无差等,注重从经验中的实际效果判断行为的善恶,实际上反对孔子爱有差等的仁。(2)孔子提倡举贤才,"亲亲有术,尊贤有等";墨子主张尚贤,要求"官无常贵,而民无终贱",反对孔子以维护世袭宗法等级制度为目的的举贤才。(3)孔子以继承制礼作乐的周公自任,维护周代世袭宗法等级制度的礼乐;墨子"背周道而用夏政",主张强本节用,反对周代世袭宗法等级制度的礼乐。墨子在这一系列思想斗争中显然代表了当时劳动小生产者的政治要求,希望为劳动小生产者取得一定的政治地位以保护其经济利益。

但墨子所提倡的兼爱也是一种"人类之爱"的思想,这种思想在当时大动乱的时代,又起着调和阶级矛盾的作用。他所要求的是劳动小生产者能饱食暖衣,安居乐业,过太平日子的生活,他所希望和祈求的是高高在上的统治者"王公大人"能发善心,实行兼爱,保护他们的利益。他主张由智者贤者统治贱者愚者,维护等级制度,因此在客观上主要是对当时的封建统治有利。

第二节 经验论的认识论

墨子在先秦各派思想家中明确提出要重视辩论,并开始对认识论问题做初步的自觉的探讨。他认为只有"厚乎德行,辩乎言谈"(《尚贤上》)才能称为贤者,也就是说,只有既是仁者,又是智者,才可当统治者。所以他又说:"是故选择天下贤良圣知辩慧之人,立以为天子。"(《尚同中》)他从"辩乎言谈"的要求出发,在辩论中提出衡量一种学说的是非的标准,这就是他所谓的三表:"言必有三表。何谓三表,子墨子言曰,有本之者,有原之者,有用之者。于何本之,上本之于古者圣王之事。于何原之,下原察百姓耳目之实。于何用之,发以为刑政,观其中国家百姓人民之利。"(《非命上》)墨子认为这三表就是衡量一种言论的真伪是非的三个标准。

他所谓的第一个标准:"上本之于古者圣王之事",就是以过去的间接经验作为衡量真伪是非的标准。过去的经验记载流传下来,这就是历史。墨子很重视历史,他在辩论中论证一个问题时,经常引用《诗》《书》及各国《春秋》中所记载的事迹,作为建立他的观点的根据。他强调要通过历史的实际找出深刻的教训:"君子不镜于水而镜于人,镜于水,见面之容,镜于人,则知吉与凶。"(《非攻中》)墨子虽然将间接经验提高到真理标准之一的地位,但却主张多在直接经验上下功夫,所以他说:"吾以为古之善者则述之,今之善者则作之,欲善之益多也。"(《耕柱》)从这一点上说,墨子是更注重直接经验的。

他所谓的第二个标准:"原察百姓耳目之实",这是以直接经验作为真理的标准。他所谓的直接经验并不是指个别人的经验,因为个别人的经验容易夹杂许多主观的成分,而是指"百姓""众人"即多数人的经验。只有多数人的经验,才能作为真假和有无的标准:"是以天下之所以察知有与无之道者,必以众人耳目之实,知有与无为仪者也。"(《明鬼下》)他还将这个认识论的观点直接应用到政治上,提出一个统治者必须运用众人的经验,了解情况,判断是非,决定措施,他说一般人认为古代的天子的视听的能力非常神奇,实际上只是他们运用了众人的经验,并不是什么神奇:"非神也,夫唯能使人之耳目,助己视听……助之视听者众,则其所闻见者远矣。"(《尚同中》)在三个标准中,这个标准是最主要的,因而是墨子的经验论的最根本的观点。

他所谓的第三个标准:"发以为刑政,观其中国家百姓人民之利",注意从社会政治的效果方面检验知识的真假和言论的好坏,这是他的认识论上比较有特色的地方。他认为一种好的学说不可能是在实践中不能运用的。他说:"用而不可,虽我亦将非之,且焉有善而不可用者。"(《兼爱下》)因此,在实践中不能运用取得效果的学说,就是不能成立和不值得提倡的。但他也是主张重视动机的,提倡从志(动机)与功(效果)的统一去观察行动,因此所谓效果并不局限于立竿见影的眼前利益。例如巫马子曾反对他说:"子兼爱天下,未云利也。我不爱天下,未云贼也,功皆未至,子何独自是而非我哉?"墨子回答说:"今有燎者(着火)于此,一人奉水,将灌之,一人掺火,将益之,功皆未至,子何贵于二人?"巫马子回答说,我赞成泼水的,不赞成加火的。墨子说,那我也赞成兼爱的,不赞成不兼爱的(《耕柱》)。

墨子所提出的三个标准是统一的。在这三个标准中,第二个标准即直接经验的"耳目之实"是最基本最主要的。因为第一个标准所注重的间接经验最后是以直接经验为基础;而比较起来,墨子又是更重视直接经验的。第三个标准也是以直接经验为基础,强调任何真理都是通过可以直接经验的效果而得到检验,是第二个标准的进一步具体化。

孔子肯定有些人"生而知之",这种人就是圣人。墨子则肯定一切知识来自"耳目之实"的闻见。墨子并不否认圣人的存在和作用,并且还说:"义不从愚且贱者出,必自贵且智者出"(《天志中》),这是墨子思想的落后面。但墨子却没有肯定圣人有与众人不同的"生知",并且还说,这些圣人只是因为"能使人之耳目,助己视听",所以他的视听具有神奇的能力。可见这种视听神奇的能力与众人只有程度的不同,却并没有性质的区别。孔子肯定"唯上智与下愚不移",墨子则肯定"染于苍则苍,染于黄则黄,所入者变,其色亦变"(《所染》),强调了后天环境的影响对人的贤良圣智起着决定的作用。

墨子还运用他的唯物主义经验论直接反对孔子"以命为有"的命定论。孔子认为"唯上智与下愚不移","死生有命,富贵在天",这就是以智、愚、富、贱都是生来如此,由命决定。墨子批判这种命定论说:"我所以知命之有与亡(无),有闻之,有见之,谓之有。莫之闻,莫之见,谓之亡。"(《非命中》)这就是说,在经验中不能看见或听到命的具体表现,就不能肯定命的存在。孔子这些儒者肯定先天的命定论,却又提倡后天的学习。墨子也揭露这种矛盾说:"教人学而执有命,是犹命人葆而去其冠也。"(《公孟》)这就是说,肯定先天的命运而又教人学习,这就好像去掉人的帽子又叫人把头发包起来一样。墨子对孔子的这些批判是鲜明有力的。

墨子认为感性闻见的经验是最基本的,但他并不完全否认任何抽象的概念或认识的存在和重要性。他只是认为任何抽象的概念或认识,应该以感性认识作为来源,并且可以通过感性认识进行检验。实际上,正是墨子首先自觉地对概念、判断、推理等认识活动进行了初步的探索,而后为后期墨家发展成为比较系统的逻辑学说,这在中国哲学史上是具有独特的成就的。

墨子首先提出了"类"的概念。他对公输般说:"义不杀少而杀众,不可谓知类。"(《公输》)这就是说,杀很少的人,叫做不"义",你现在发动战争,企图杀大量的人,如果不认识这是不"义",这就是不知"类"。这个"类"是后期墨家所进一步分析的类名,即类的概念。墨子提出了类名的存在和重要性,并在"名"和"实"或"取"的关系中,强调"实"是第一性的,要根据"实"来定"名"。他说:"瞽者不知黑白者,非以其名也,以其取也。"(《贵义》)这就是说,没有具体的感性认识做基础的抽象概念,不能算是真正的认识。因为名是由实决定的,只有根据实来理解名,这样关于名的认识才是真正的认识。因此,盲人也可以具有黑白的不同概念,但在实践中是不能分辨黑白,这样的关于黑白的概念就是空洞的,没有根据的,就不能算是真正理解黑白:"此譬犹盲者之与人同命白黑之名,而不能分其物也,则岂谓有别哉。"(《非攻下》)墨子提出的名实关系问题,实际上也是反对孔子的。孔子认为"名"是决定"实"的,指责"实"不符"名",企图用"名"来纠正"实",提倡"正名"。墨子指出,正是由于孔子这些所谓的君子颠倒了名实的相互关系,所以才造成人们认识上的混乱。

墨子还提出"故"这个概念:"仁人以其取舍是非之理相告,无故从有故也,弗知从有知也。"(《非儒》)这就是说,一件事情的取舍和是非,总是可以找到原因或理由("故")的。他又提出推理是从已知推到未知,从明显的表面看到隐晦的内部:"谋而不得,则以往知来,以见知隐。谋若此,可得而知矣。"(《非攻中》)这就是说,如果能进行这样的推理就可以得到真正的知识。

墨子以感性认识作为认识的来源和真理的标准,这是一种朴素的经验论。墨子对感性认识的分析有些地方不很明确,特别是在运用中还有明显的错误,例如以此证明鬼神的存在,就是一个突出的例子。墨子对抽象思维的分析也很零碎,特别是他不理解也不可能理解认识和实践的辩证关系。他说:"言足以迁行者常之,不足以迁行者勿常。不足以迁行而常之,是荡口也"(《贵义》),这是说一个有德行的人应该言行合一。正如他也说过:"务言而缓行,虽辩必不听"(《修身》),意义完全相同。这里根本不是谈的认识论上的知行关系问题。过去有人说什么墨子对于知行问题的解决,"是作为唯物论的解决的,是唯物论的知行合一的初步解决",这完全是将墨子所谓道德上的言行关系混同于现代认识论上的知行关系。

第三节 宗教思想

墨子的"尚同",提出"上同而不下比",各级统治者逐级上同于天子,但他还提出,天子要上同于天,只有天的意志才是最高的意志,是衡量一切事物的最高和最后的标准。因为"天之行广而无私,其施厚而不息,其明久而不衰"(《法仪》),这就是说,天具有最高的智慧,最大的能力,赏善罚恶,没有偏私。有时他还讲到,天子就是天所立的。因此,墨子的天基本上继承了过去宗教思想中关于上帝的品性,是主宰一切的有意志的天。

墨子肯定天志作为衡量一切事物的标准,有如"轮人之有规,匠人之有矩"(《天志上》)。但天志的具体内容却要求人们兼相爱交相利,特别是要求贵不傲贱、强不凌弱:"天之意不欲大国之攻小国也,大家之乱小家也,强之暴寡,诈之谋愚,贵之傲贱,此天之所不欲也。"(《天志中》)他并且把天志制裁的重点放在对天子的言行上。他说,一般人都容易认识到不能得罪统治者,更不能得罪天子,却不易认识到天子也受天志的规范,"今天下之士君子,皆明于天子之正天下也,而不明于天之正天子也"(《天志下》)。

墨子认为,天子违背天志,也要"得天之罚",叫做"天贼"。他并且还说,天对于人间的长幼贵贱没有偏心,一律赏善罚暴。他说:"天下无大国小国,皆天之邑也,人无幼长贵贱,皆天之臣也。"(《法仪》)这并不是说国与国、人与人在天的面前都是平等的,似乎墨子已具有近代资产阶级天赋人权的思想萌芽。他只是说,大小贵贱的等级是应该肯定的,不能改变的;但在肯定大小贵贱的等级差别下,要求大不欺小,贵不傲贱。如果违反这个要求,天对他们的处罚是一律实行,不会有偏心的。

墨子还肯定鬼神的存在,他说:"古之今之为鬼,非他也,有天鬼神,亦有山水鬼神者,亦有人死而为鬼者。"(《明鬼下》)他甚至引用当时各国史书的记载来证明这一点。他认为鬼神也是无所不知:"山林深谷,鬼神之明必知之。"(《明鬼下》)鬼神的明智与圣人的明智相比,就像一个耳目聪明的人与聋子瞎子相比一样,相差是很悬殊的。鬼神又能协助主宰一切的有意志的天,实行赏善罚暴,因为鬼神的能力也是超越一切常人的:"勇力强武,坚甲利兵,鬼神之罚必胜之。"(《明鬼下》)在这方面,他几乎完全继承了原始的宗教思想,不但是有神论,而且是多神论。

墨子虽然主张天是有意志的,同时也提倡"非命",坚决反对命定论。他认为人民的贫富、国家的治乱,根据历史的教训和现实的经验,都决定于力而不决定于命。他说:"强必富,不强必贫,强必暖,不强必寒"(《非命下》),劳动人民日常工作的经验就证明这一点。他又说:"世不渝而民不易,上变政而民改俗,存乎桀纣而天下乱,存乎汤武而天下治"(《非命下》),人民还是这样的人民,环境还是这样的环境,由坏人统治,天下就大乱,由好人统治,天下就大治,历史的事实也证明这一点,"则夫岂可谓有命哉?"(《非命下》)

"命"不但与"力"是对立的,也是与"义"对立的:"覆天下之义者,是立命者也。"(《非命上》)这就是说,主张命定论的人,实际上是企图推翻一切道德的原则。因为父慈子孝,君惠臣忠,这些以兼爱为基础的道德要求,本来是"上之所赏,而百姓之所誉也"(《非命上》)。假如肯定命运决定一切,则赏是命所赏,不是因贤得赏,罚是命所罚,不是因暴得罚,因而是非不明,赏罚不公,实际上是鼓励社会上不慈不孝、不惠不忠的行为。可见命定论完全是"暴王所作",是为他们的罪行开脱责任的,而决不是"仁者之言",鼓励人民的道德行为,引导国家达到大治的目的。墨子从这方面反对孔子一派命定论是有力的,同时也是对天命的权威的一种修正和限制。

墨子尊天事鬼,一方面,他以鬼神作为实行兼相爱交相利的具体保证,希望上天能限制贵族的特权,对包括天子在内的各级统治者,都能根据庶民的利益,实行公平的赏罚,否认人的贵贱智愚由生来就具有的命运决定而不可改变。从这一方面说,他对传统的以天命为中心的宗教思想有所修正,反映了劳动生产者从事生产劳动以求饥者得食、寒者得衣的要求,幻想上天限制贵族对他们的过度剥削和压迫,为他们选择一个好天子保证他们过安居乐业的生活。另一方面,墨子又肯定上天主宰一切,多方面证明鬼神的存在,天子为天所命,代天治民,为下民设立等级森严的统治者,因而这种等级制度也具有神圣不可侵犯的性质,人们对一切剥削和压迫,只能虔诚地祭祀上天和鬼神,并借上天和鬼神的威力,祈求和说服各级统治者保护他们的利益。从这一方面说,他没有脱离以天命为中心的宗教思想,具体肯定了君权神授的理论,麻痹劳动人民的斗志,有利于贵族的剥削和统治者的专制压迫。这是墨子的哲学思想体系中最荒谬的一部分,反映了当时小生产者的一些落后面,与孔子的天命观又有某些共同点,在当时的思想斗争中起着消极的作用。

第六章
前期法家的社会历史观和告子思想

第一节　前期法家的社会历史观

战国初期和中期,涌现了一批政治家和思想家。他们在各诸侯国实行社会改革(即所谓"变法")。其中主要代表人物有:李悝、吴起、商鞅、申不害、慎到等,一般称他们为前期法家。这里简略介绍一下李悝、吴起、商鞅的思想。

李悝,战国初期魏人,曾任魏文侯相,实行变法。公元前403年韩、赵、魏三家分晋,李悝在魏文侯支持下,以"食有劳而禄有功"的原则,代替了奴隶制无功受禄的"亲亲"宗法原则;以封建官僚制度,代替了奴隶制世卿世禄制度。李悝还把土地分给农民,抽取"什一之税",实际上使这些农民成为自耕小农。据史书记载,李悝曾为魏文侯作"尽地力之教",内容是讲如何"合理地"收租、"合理地"调整谷价,以巩固新兴的封建生产关系,促进生产力发展。李悝在文中讲到"一夫挟五口,治田百亩"的生产方式,是封建的小农生产方式。他认为,在这种生产关系下,"岁收"多少,谷价如何是很重要的。如果谷价太贵了,会损害一般市民的利益;谷价太贱了,又会损害农民的利益,影响他们的积极性。因此,他详细地提出了丰年,歉收,好地,坏地应收的租谷数量和谷价,以便做到:"虽遇饥馑水旱,籴(指谷价)不贵而民不散,取有余补不足也。"(《汉书·食货志》)另外,李悝还著有《法经》六篇,规定了各种法律制度,据说以后秦、汉都沿用了其中的一些条令。魏国实行了李悝的改革,新建立的封建制国家很快就富强起来了。

吴起,战国初期卫国人。他先在魏与李悝一起搞改革,晚年到楚国帮助楚悼王进行社会改革。他同时又是战国初期著名的军事家之一,善于用兵。楚国在当时是比较落后的国家,旧奴隶主贵族掌握着实权。吴起到楚国后,首先主张废除奴隶主贵族的世卿世禄制。他说,这些旧贵族三世以后就应该取消他们的爵位和俸禄。同时他立即采取措施,把一些奴隶主贵族迁移到边远地区去开荒。吴起还废除了许多不必要的官吏,改变了一些旧官吏的俸禄和地位,代之以比较精简有力的封建官僚制度。这些都是沉重打击旧奴隶主贵族势力的措施。所以当时楚国的旧奴隶主贵族对吴起十分仇恨,在楚悼王死后,旧贵族势力就进行了反攻,把吴起搞死。

商鞅,战国中期卫人,先在魏相公叔痤手下干事,公叔痤临死前曾推荐给魏惠王,未被起用。所以公叔痤死后,商鞅就跑到秦国去了。商鞅在秦国实行封建制的改革,虽然在时间上较晚,但在内容上是比较彻底的。

商鞅对改革奴隶制的态度是十分坚决的,他曾对秦孝公说,实行变法不能犹豫不决,犹豫不决是不能成功的。商鞅推行变法的理论根据之一是他的进步的社会历史观。他坚决反对守旧复古的思想。他认为,社会的制度是随着社会的变化而变化的,没有固定不变的法和礼。他说,"当时而立法,因事而制礼"(《商君书·更法》)。意思是,礼和法都是因时因事而制定的。因此,他明确提出:"不必法古","反古者不可非"。他说,"治世不一道,便国不必法古"。只要有利于封建制度的发展和巩固,能够强国,就"不法其古",只要有利于民(争取劳动力),就"不循其礼"(《史记·商君列传》)。他还说,如果"时移而法不变",即时代发展了而制度还不变革,那国家的统治就危险了。

据此,商鞅在政治上比较彻底地取消了奴隶制世卿世禄制度。他在变法中明文规定,旧宗室贵族没有现实军功的,不许再列入宗室的姓名册。在经济上,他又明文规定,"开阡陌封疆,而赋税平"。这是说,打破奴隶制的井田制土地界线,取消奴隶主的经济特权,一律收取租税。同时,他鼓励积极开垦荒地,扩大可耕种土地面积,承认土地私有和自由买卖的合法性,根本改变了奴隶制的土地所有制。在国家行政组织、赏罚等制度方面,他都作了相应的变革。设立郡县,君主集权,严刑峻法,把权力都集中到封建的中央政府手中。

商鞅为了发展生产力,扩大耕种土地,巩固封建制度,积极提倡"农"("耕")和"战"两件事。他规定了"重农"和"军功"的政策,有"军功"者,可以"受上爵";努力从事农业生产,获得较多粮食、布匹者,可以"复其身",即免除其各种徭役。他认为,人都是好利的,统治者就应该从"耕"和"战"两方面去引导人们求利。这样人们都会来为统治者效劳,新的封建制就能得到发展和巩固。

商鞅这些变法措施,沉重打击了奴隶主贵族的统治。他本人最后遭到了奴隶主贵族势力的杀害。但历史向封建制发展的规律是改变不了的。秦国通过长期内部斗争和对外的兼并战争,终于完成了统一全国,建立统一的中央集权制封建社会的历史任务。

商鞅这些推翻奴隶制的颇为激进的变革措施,也遭到了地主阶级内部改良派的思想代表孟子等的反对。当他在秦国实行变法时，也正是孟子在各国进行游说，推行其政治主张的时候。孟子所见的梁惠王，也就是被商鞅打败，最后迁到梁去的魏惠王。梁惠王当时很希望孟子教他一些"有利于吾国"的办法，孟子却说："王何必曰利，亦有仁义而已矣。"（《孟子·梁惠王上》）商鞅等所主张的"耕""战"办法，遭到孟子的极力反对。他说，善于讲打仗的应该处以最重的刑罚，主张开垦荒地的应该处以次一等刑罚，等等。这里，反映了地主阶级内部不同集团之间的激烈斗争。

第二节 告子的思想

告子是与孟子同时而略早一些的一位具有朴素唯物主义思想的哲学家。关于告子的生平事迹已不可详考。他的思想材料保存下来的也不多，主要就是《孟子》一书中关于"人性"问题的一些论述。另外，孟子也曾提到过告子比他早做到"不动心"，可能当时告子还有关于道德修养方面的论述，但详细内容已不得而知了。

"人性"问题是战国时期思想家们激烈辩论的一个重要问题。孟子是坚持唯心主义的天赋"性善"论的。告子则反对孟子的天赋"性善"论。

告子反对把"性"说成是一种具有先天道德观念的东西。他认为，"性"是生来具有的一种生理本能，就像吃东西，两性关系等这些本能。所以他说："生之谓性"，"食、色，性也"（《孟子·告子上》）。对于本能来讲，告子认为无所谓好坏善恶等区别，也可以说，本能就像一种原材料，而人的道德观念则完全是后天人为加工和环境影响所形成的。他举例说："性，犹杞柳也；义，犹桮棬也。"又说："性，犹湍水也，决诸东方则东流；决诸西方则西流。"（《孟子·告子上》）这是说，"性"就好像是"杞柳"的枝条，"仁""义"就好像是弯曲加工制成的"桮棬"（一种盛食物用的器具）。"性"又好像急流的水，从东边打开缺口，它就往东流；从西边打开缺口，它就往西流。告子进一步又说，"性"没有天生来"善""不善"的分别，也就像流水本来没有东西之分一样，其所以有"善""不善"的分别，全在于以后的引导。如果硬把人性说成天生来就具有"仁""义"等道德观念，这也就好像把"桮棬"等同于"杞柳"。告子的结论是："性无善无不善也。"（同上）

孟子对告子的说法进行了反驳。例如他说，你告子说"生之谓性"，是否就是说，白之所以称之为白呢？告子说：是。孟子又反问道，这是不是说，白羽毛的白与白雪的白一样，白雪的白与白玉的白一样呢？告子又说：是。接着，孟子就下了一个武断的结论："然则犬之性犹牛之性，牛之性犹人之性也？"孟子以为用这种逻辑推理可以一下子把告子问住。其实,这是根本推不出的。前面讲的白羽、白雪、白玉,是就这些物都是白的这一具体属性来讲,它们的"白"是相同的,而不是讲羽、雪、玉的所有属性或它们之所以为羽、雪、玉的本质属性是相同的。孟子把"白"这一具体属性,偷换成"性"这个一般、本质属性,企图迫使告子承认"犬之性犹牛之性,牛之性犹人之性"这个结论,也就是要告子承认自己的理论是十分荒谬的。这是孟子强加给告子的。

告子把"人性"看做是人的一种本能或原材料,同样也是一种抽象的人性论,是错误的。这是由于时代和阶级地位的限制,他不可能懂得人的真正本质是一切社会关系的总和,也就是人的阶级性这个科学真理。但从认识论的角度看,他反对把"人性"看做是一种先天道德观念是有其进步意义和朴素唯物主义因素的。他看到了道德是后天加给人的,是由外在关系决定的。他说,譬如拿尊敬长者来讲,那是"彼长而我长之,非有长于我也"(同上),意思是,因为那个人是长者,所以我尊敬他,并不是因为先有个尊敬的观念存在于我心中。

但是,告子也讲到"仁,内也,非外也;义,外也,非内也"(同上)。他举例说,我的弟弟就爱他,秦人的弟弟就不爱,这是以我为爱的标准的,所以叫做"内"。尊敬楚人的长者,也尊敬我们这里的长者,这是以长者为尊敬的标准,所以叫做"外"。告子这里把"仁""义"两种道德观念作了"内""外"的区别,而且把"仁"看做完全是主观感情,这就是仍然肯定有一种主观的道德观念。所以他反对孟子的天赋道德观念说是很不彻底的。他这种说法同样是错误的。后来后期墨家批判了告子的这一说法,他们说:"仁,爱也;义,利也。爱利,此也。所爱所利,彼也。爱利不相为内外,所爱所利亦不相为内外。"(《墨子·经说下》)这是说"爱利"("仁义")等道德观念都是客观对象("所爱所利")的反映,不能分为内外。这就纠正了告子的错误。

孟子在理论上并未驳倒告子,最后只能痛斥告子是"率天下之人而祸仁义者,必夫子之言矣"(《孟子·告子上》)。可见告子的朴素唯物主义思想,在当时对孟子的唯心主义先验道德观、"人性论"是一个有力的打击。

第七章
孟子

孟子,名轲,驺国人(今山东邹县),生卒年不详,大约为公元前385—前304年。孟子是孔丘孙子子思学生的学生。他自称学习孔丘是他毕生的愿望,以孔丘思想的继承人自居。他的言论思想保存在《孟子》一书中。

孟子所处的时代,在当时的思想意识领域里,主要是杨朱学派和墨家学派影响为最大。所谓"杨朱墨翟之言盈天下,天下之言不归杨则归墨"。(《孟子·滕文公下》)杨氏主张"为我",墨家主张"兼爱",他们都反对儒家亲亲、仁爱的原则。所以孟子说:"杨墨之道不息,孔子之道不著,是邪说诬民,充塞仁义也。"(同上)孟子自己就以"距杨墨"为己任的。当时攻击儒家学说最激烈的是墨家学派,所以孟子也就把墨家当作思想战线上斗争的主要对象,反对墨子的"兼爱""互利"思想,使得儒墨之争成为这一时期思想战线上的主要内容之一。

第一节 "仁政"学说

孟子发展和改造了孔丘的"礼治"和"德政"的理论,提出了"仁政"学说。这是他政治思想的中心。孟子"仁政"的政治主张,是针对当时地主阶级激进派推行的"严刑峻法"的政治措施而提出来的。他对当时新兴地主阶级改革家商鞅主张积极开垦土地、鼓励私人占有土地、招徕劳动力等变革措施表示反对。他认为,这样就会造成互相争夺,出现"私肥于公"的情况。所以,他主张用他自己设想的"仁政"措施,通过"井田制"的形式来推行封建制度。孟子设想的"井田制"就是国家把土地分给各级官僚地主,即所谓"分田制禄"。然后,由地主把土地出租给农民耕种。具体来讲,"方里而井,井九百亩"(《滕文公上》),即每平方里划分为九百亩,中间一百亩为公田,其余八百亩为私田,分给八家农民,每家种一百亩,八家共同耕种一百亩公田,先把公田种好了,然后才能种自己的私田。这种生产方式也就是后人所谓的"以私养公"的劳役地租的剥削方式,它是封建制初期带有农奴制色彩的剥削方式。孟子一方面希望用这种土地制度来限制由军功、垦荒等上升而来的新兴地主阶级扩大土地的占有;另一方面又企图用这种剥削方式来束缚农民,把农民牢牢地固定在土地上,以供封建领主的剥削。这就是孟子"井田制"的实质。新兴地主阶级当时通过土地自由买卖、开垦荒地和实行实物地租的剥削方式来不断扩大私产,这是当时在推翻奴隶制后,封建经济得到蓬勃发展的必然现象,是有利于封建制的巩固与发展的。孟子要限制新兴地主阶级暴发户的经济发展,反对土地买卖、反对开辟荒地、反对实物地租、主张劳役地租等,显然是一种保守的思想。

孟子还把他这种通过正经界,"八家皆私百亩,同养公田"(《滕文公上》)的主张,称之为"制民之产",意思是要分配给农民固定的土地,使他们"死徙无出乡"(同上)。他认为:"无恒产者无恒心"(同上),就是说,必须把劳动人民束缚在土地上,否则劳动人民就可能逃亡和起义反抗。孟子把他这种"制民之产"的"仁政"描绘成是一种最美好、最理想的社会制度。孟子经常称道的每家给予"五亩之宅","百亩之田",使五十岁的人有丝绸衣服穿,七十岁的人有肉吃,八口之家可以不饿肚子;就是他对封建小农经济的一种具体设想。战国初,李悝在魏国改革时就曾设想过"一夫挟五口,治田百亩"的方案,孟子"制民之产"的设想与它有相似之处,只是他把这种封建农奴式的剥削制度进一步理想化、美化而已。

孟子虽说反对开辟荒地扩大私产,然而对于发展农业生产也还是比较重视的。他提倡"薄赋敛、深耕易耨",要人们"不违农时"地进行生产。并且主张要给老百姓以一定的生活上的满足,认为只有这样才能"使民养生丧死无憾",也只有做到了这点才是"王道之始"(《梁惠王上》)。不然的话,老百姓连最起码的生活条件都得不到满足,那么"此惟救死而恐不赡,奚暇治礼义哉?"(同上)这种重视生产,主张给老百姓以一定的生活上的满足的思想,对于当时发展封建经济,巩固封建秩序具有重要意义。

孟子的仁政学说,在政治上还主张采用"以德服人"的办法。孟子说:"以力服人者,非心服也,力不赡也;以德服人者,中心悦而诚服也。"(《公孙丑上》)这是说,用"力"不能使人心服,只有用"德"才能使人"心悦诚服"。这是公开地反对暴力,主张仁义说教的感化政策。而他所谓的"以德行仁者王"(同上)的"王道""仁政",实际上是要继续保持住由奴隶主贵族转化过来的封建贵族的原有特权的。所以他说:"为政"要"不得罪于巨室"(《离娄上》)。对于当时地主阶级激进派和代表小生产者利益的墨子等把实际功利放在第一位,而使"义""礼"等道德规范服从于实际功利的思想,孟子则竭力加以反对。

他认为,统治者根本不应当讲"利",不应当把"利"放在第一位。他说,"上下交征利而国危矣"(《梁惠王上》),意思是如果人人都去追求"利",那就会损害整个统治阶级的利益。所以,他说必须把"仁""义"放在第一位,也就是说要从思想意识上使臣民们都自愿地为最高统治者效力。孟子曾说:"仁之实,事亲是也;义之实,从兄是也。"(《离娄上》)这是说"仁"和"义"的本质是"事亲"和"从兄"。从这点出发,孟子又说:"未有仁而遗其亲者也,未有义而后其君者也。"(《梁惠王上》)原来,孟子通过提倡"仁""义"的根本目的,是要人们不后其君,企图用宗法观念以维护封建制的统治秩序。当时关于"义""利"关系的辩论,从哲学上讲,也就是主观动机和客观实际(或效果)哪个在先的问题。孟子否认"利",只讲"义",就是宣扬了动机论。

同时,孟子也激烈地反对墨子的"兼爱"思想和杨朱的"为我"思想。孟子认为,"兼爱"和"为我"这两种思想都是破坏封建阶级的统治基础的。孟子说,讲"兼爱"就会破坏以"孝""弟"等为基础的封建宗法等级制度,而讲"为我"则会无视"君主",破坏整个地主阶级的利益。所以,他骂"兼爱"是"无父","为我"是"无君",既不仁,且不义。由此可见,孟子所讲的"仁""义"的主要内容,就是君臣、父子、统治者与被统治者那套封建等级制度。这是从理论上为封建统治的合理性作论证。

不过孟子在一定程度上也看到了人民的力量,如他说:"民为贵,社稷(土地、政权)次之,君为轻。"(《尽心下》)当然在这里他丝毫也没有认为民比君更尊贵,要君主去尊敬民的意思。而只是说,如果得不到人民的支持,国家政权、君主的统治地位都将落空。这也正如他明确说过的:"无野人,莫养君子"(《滕文公上》),即如果没有劳动的老百姓,也就没有人来养活统治者了。因此,他要求统治者重视人民,不要无视人民的力量,这在当时来说,是一种具有进步意义的思想。

第二节 "性善"论

孟子用来论证"仁政"学说的理论基础,是他的抽象的天赋道德的"性善"论。孟子认为,人生来都有一种最基本的共同天赋本性,这就是"不忍人之心",或者说对别人的"同情心"。孟子举例说:人突然看到小孩子要掉到井里去,都会有惊惧和同情的心情。这种同情心,并不是为了要讨好这小孩子的父母,也不是要在乡亲朋友中获得个好名声,也不是讨厌小孩子的哭叫声,而完全是从人天生的本性中发出来的,这就是"不忍人之心"。由此,孟子作出结论说,他的"仁政"就是根据这种"不忍人之心"提出来的。他说:"人皆有不忍人之心。先王有不忍人之心，斯有不忍人之政矣。以不忍人之心，行不忍人之政，治天下可运诸掌。"(《公孙丑上》)这就是说，"仁政"来源于"不忍人之心"的道德观念。古代的帝王所以有"仁"政，那是因为他有"不忍人之心"，有了这种"心"，行了"仁政"，那么治理天下就十分容易而且不会失去。

"不忍人之心"孟子也叫做"恻隐之心"。除此以外，孟子认为人人生来都有的天赋本性还有"羞恶之心""恭敬之心"(或叫"辞让之心")、"是非之心"。这四种"心"，就是孟子说明天赋道德观念和论证人性本善的根据。孟子说："恻隐之心，仁之端也；羞恶之心，义之端也；辞让之心，礼之端也；是非之心，智之端也。"(《告子上》)这是说，人最基本的四种道德品质仁、义、礼、智，是从这四种天赋的"心"发端的，也可以说就是这四种心："恻隐之心，仁也；羞恶之心，义也；恭敬之心，礼也；是非之心，智也。"(同上)所以，孟子得出结论说："仁义礼智，非由外铄我也，我固有之也，弗思耳矣。"(同上)意思是，这些"心"，这些道德品质，并不是由外面强加给我的，而是人生来本身就固有的，只不过没有好好想罢了。这也就是他所谓的"恻隐之心，人皆有之；羞恶之心，人皆有之；恭敬之心，人皆有之；是非之心，人皆有之"(同上)。

孟子甚至说，人跟禽兽的差别极其微小，仅仅在于人是有这些"心"和"仁义"等道德观念。因此，如果没有这四种"心"，就不能算作人。他说："无恻隐之心，非人也；无羞恶之心，非人也；无辞让之心，非人也；无是非之心，非人也。"(《公孙丑上》)孟子这些论述认为，人的本性是可以为善的，所以也可说就是善的。如果说为人而不善，那完全不是他本性的问题，而是由于他自己舍弃了这些本性，没有很好地保持住它，绝不能说他本来就没有这些"善"的本性。

孟子从他的天赋"性善"论出发提出了一套修养办法。他认为，人要达到他所讲的这些道德的标准，根本问题在于本人的主观方面，即"反求诸己而已"(《公孙丑上》)，也就是在于主观的反省，注意保存天赋的那四种"心"。修养这四种天赋的"心"的最好办法，就是少与外物接触，尽量减少自己的各种欲望。拿孟子的话讲就是"养心莫善于寡欲"(《尽心下》)。同时，孟子认为，还要培养一种由"义"的道德观念和行为集合(积累)起来的、充塞天地之间的、有巨大力量的、神秘的"浩然之气"。他说："我善养吾浩然之气"，"其为气也，至大至刚，……是集义所生者。"(《公孙丑上》)有了这种气，人的每一念头、每一行为就都能理直气壮，符合封建道德标准的要求。

人如果有了违背封建道德的思想和行为，孟子认为，那就应该闭门思过，检查自己主观上是否放弃了那些天赋的"心"，努力把这些"心"找回来，恢复人的本性。这就是孟子所谓的"求其放心"。同样，如果反省自己，一切都合乎天赋的道德观念,那就是最大的快乐。这也就是孟子所谓的"反身而诚,乐莫大焉"(《尽心上》)。

关于"人性"问题,在孔子那里只讲了"性相近也,习相远也",没有更多的发挥。孟子在中国思想史上第一个系统地阐述了"人性"问题,提出了"性善"论。孟子讲的"性善",表面上说是人人都具有的普遍的共同的"人性"。其实,他所讲的"人性"只不过是把封建地主阶级的"仁、义、礼、智"等道德观念,把封建地主阶级的阶级性,加以抽象化,硬说成是全人类的"人性"而已。所以,孟子虽然在口头上说"性善"是人人一样,"人皆可以为尧舜"。但在实践中,他严格区分"君子"和"小人",认为"仁、义、礼、智"这些善性,只有"君子"能保存、能恢复,而"小人"是不会保存,也不可能恢复的。因此,孟子的性善论仍是一种抽象的人性论。

第三节 "良知"说和"劳心者治人"

与天赋"性善"论相一致,孟子提出了一整套先验论的认识论和英雄史观。

孟子讲的知识、才能,主要是地主阶级的道德观念和地主阶级的统治才能。上面已经讲到,他认为道德观念都在人"心"中,都是人生来在本性中就固有的,而不是后天获得的。他称这种不用学习,不用思虑就具有的知识、才能为"良知""良能"。他说"人之所不学而能者,其良能也;所不虑而知者,其良知也"(《尽心上》)。

所以,孟子认为,"学问之道无他,求其放心而已矣"(《告子上》)。这是说,求知识、才能没有别的途径,而只要把他放弃(散失)掉的天赋本性找回来就行了,也就是说,不必要到实际上去实践、学习。他还说:"尽其心者,知其性也;知其性则知天矣。"(《尽心上》)意思是说,人只要充分发挥天赋的那四种"心",就可以认识自己的本性(即"性善"),进而了解"天"的意思,掌握"天"给人们安排好的"命运"。"尽心"也就是孟子所谓的"思诚"。在孟子看来"诚者天之道也","诚"是天的根本法则,而"思诚者人之道也",忠实地实行"诚"是做人的根本法则。"诚"的中心内容是"善","思诚"的中心内容也就是要"明乎善"。他说:"不明乎善,不诚其身矣。"所以"思诚"或"诚其身",也就是"尽心",也就是要恢复和保持"良知""良能"。能够做到"尽心","诚其身",也就可以达到"万物皆备于我矣。反身而诚,乐莫大焉"。(同上)即世界上万事万物都具备于我心中。自己确实是做到了诚其身,因此没有比这更快乐的了。"万物皆备于我","反身而诚,乐莫大焉",这是孟子天赋道德观念论在认识论上的必然结论。一切不必依赖于客观存在,而只要主观上做到"诚",即"明乎善",那么万事万物就都具备于我心中了,同时也就与"天之道"的"诚"完全相符合了。这在孟子看来,也就是具备了一切做人的知识和才能。

与墨子强调感性认识相反,孟子十分轻视感性认识,特别强调抽象的神秘的理性认识。他说:"耳目之官不思,而蔽于物。物交物,则引之而已矣。心之官则思,思则得之,不思则不得也。此天之所与我者。"(《告子上》)这是说,耳目感官没有思虑作用,所以它接触外物要受到外物的蒙蔽,至多也只能给你一点印象。"心"是思维的,要真正了解事物的本性,只有用"心"去思想,否则就得不到,这是天赋予我的能力。因此,在孟子看来,用感官去认识外物只能受外物的蒙蔽,因此也就是"小人",而用"心"去得到事物的本性才是"大人"。他说,圣人("大人")最伟大的地方,就在于"正己而物正者也"(同上)。也就是说,他能够端正自己的"心"从而使别人也能随之而端正。

孟子片面夸大了人的主观理性思维作用,同时也宣扬了宿命论。这在他的体系中是一致的。因为在他看来,人的理性思维能力是天赋的,理性思维的任务是认识天的意志("天命")。孟子说:"莫非命也,顺受其正。"(《尽心上》)这是说,一切都是由"命"决定的,人只能接受天给你安排好的"命"。人的一切主观努力,都是为了如何不违背"天命",而能够得到一个恰如其分的结果,这就叫"正命"。譬如,孟子说,一个懂得"命"的人,他就不去站在将要倒塌的墙下,以免死于"非命"。

据《孟子》书中记载,当时孟子还曾与一位个体农业小生产者的代表许行,进行过辩论。许行主张:"贤者与民并耕而食,饔飧而治。"(《滕文公上》)意思是,君主必须与人民一起耕种,然后才可取得粮食,自己动手做饭,同时治理国家。他还主张实物交易,物品在数量上、重量上相等者,价格相等。许行的这些思想反映了小生产者反对统治者不劳而获的剥削行为,有它的进步性。但他们从平均主义和否定分工的角度来提出解决阶级对立的矛盾,是不符合当时历史发展的规律的,它反映了小生产者思想的局限性。孟子揭露了许行这一局限性,他从社会分工在一定历史阶段的合理性出发,把分工看作是社会发展的必然结果。认为,从政治和经济地位看,人生来就分为"君子"和"小人","劳心者"和"劳力者"。他说:"无君子莫治野人,无野人莫养君子";"或劳心,或劳力。劳心者治人,劳力者治于人。治于人者食人,治人者食于人,天下之通义也。"(《滕文公上》)这就是说,"君子""劳心者",生来就是统治"小人""劳力者"的,他们是受供养者。而"小人""劳力者",则生来就是应该被统治、被剥削的,他们的任务就是供养"君子""劳心者"。孟子强调指出,这种生来就决定的统治者与被统治者的等级关系,正是社会分工的结果,是天下共同的道理,是不可更易的。

从知识、才能来看,孟子认为人生来就分为"先知先觉"和"后知后觉"。他借古人伊尹的话说:"天之生斯民也,使先知觉后知,使先觉觉后觉。"(《万章下》)这是说,"天"生下人类来,就是要使先知先觉的人去开导启发后知后觉的人。孟子认为历史的发展,就是靠那些明君、良臣、圣人的先知先觉的智慧和才能。他对古代一些所谓的圣人都十分推崇,其中特别崇拜孔子,他认为孔子是圣人中的集大成者,是"出乎其类,拔乎其萃。自生民以来,未有盛于孔子也"(《公孙丑上》),把孔子说成是自有人类以来最伟大的人物。

孟子还认为,"五百年必有王者兴"(《公孙丑下》)。同时,也一定会有有才干有智慧的良臣、圣人出现。他计算了一下,从周取天下以来,已过了七百多年了,根据这个数字和当前的形势,应该有圣人出现了。孟子是以孔子为榜样,自负很高的,认为自己是当"数"的圣人。因此,他说,"夫天未欲平治天下也。如欲平治天下,当今之世,舍我其谁也"(同上)。意思是,现在是老天爷不想使天下太平,治理得好,如果想使天下太平,治理得好,那除了我还有谁呢?孟子一生周游各国的目的,就是希望寻找一个"圣明"的君主,能够采用他的"智慧",实现他"平治天下"的理想。

第八章
《管子》书中《心术》等四篇的思想

《管子》一书是战国中后期各家著作的论文集。其中《心术》上下、《白心》《内业》四篇，内容相关、颇为重要。从这四篇的内部关系看，《心术上》的后半部是对前半部作的解释，《心术下》是对《内业》作的解释。从内容上看，这四篇一方面继承了老子学说的思想资料，另一方面又批判或改造了老子的哲学体系，对后来荀子和韩非的哲学思想产生了重要的影响。

第一节 法、礼结合的社会政治思想

这四篇对法和礼都作了解释。《心术上》解释礼说："礼者，因人之情，缘义之理，而为之节文者也。故礼者谓有理也。理也者，明分以谕义之意也。故礼出乎义，义出乎理，理因乎宜者也。"这是说，顺乎人的情欲并用来表明等级身份差别的就是礼。这同后来荀况讲的"礼义文理之所以养情也"的观点，基本上是一致的。这个观点，肯定礼不能脱离人的情欲，同孔子讲的"礼"有一定区别。关于法，《心术上》解释说："法者，所以同出不得不然者也。故杀僇禁诛以一之也。"这是说，法是人们共同遵守而带有强制性的东西，并通过刑罚来统一人们的言行。所以《白心》说："天不为一物枉其时，明君圣人亦不为一人枉其法。"就是说，任何人包括贵族都应受法的约束。关于法的来源，《心术上》说："事督（察）乎法，法出乎权，权出乎道。"权指权势或权柄，道指无为。后两句是说，法来源于君主的权势，而权势又来源于君主的无为。所以《白心》又说："名正法备，则圣人无事。"这同后来韩非所讲的"圣人执要，四方来效，虚而待之，彼自以之"（《韩非子·扬权》）的观点，基本上是一致的。这些观点是说，君主只要掌握了法，就可以驾御臣民，具体的事情让臣民去做，这就是"无为"。这同老子讲的"无为"是有区别的，其目的在于巩固或加强君主集权的统治。《管子》四篇的作者对礼和法都作了肯定，企图将二者结合起来，以作为国家统治的工具。

《管子》四篇还为当时的封建统治者提出一套统治臣民的方法,这就是所谓"心术"。"心术"这一术语,后来被荀子继承下来。《管子》四篇讲的"心术"的大意是,君主要"恬愉无为,去智与故"(《心术上》),就是说,不要有私欲,要去掉巧智和故意造作,要按着臣民的实际情况去治理臣民。他们说:"心术者,无为而制窍者也。"(同上)这是说,君主心中没有私欲,耳目感官就能正确地考察臣民的言行,施行法治,任免官吏,就可以做到"无私",这样,天下就能治理好了。所以他们说:"心治是国治也。"(《心术下》)后来韩非发挥这种思想说:"圣人之道,去智与巧"(《韩非子·扬权》),"虚则知实之情"(《韩非子·主道》)。可见,《管子》四篇的哲学观点,是为加强君主集权服务的。

第二节 "精气"说

《管子》四篇的基本哲学思想资料是由老子那里吸收来的,但他们对老子的哲学体系进行了改造。

他们从老子那里吸收了"道"的概念,但与老子那种神秘的精神性的"道"是根本不同的。他们把"道"也叫做"精",而"精"是一种物质,即最精细的"气"。《内业》篇说:"精也者,气之精者也。"在《管子》四篇看来,"道"也是一种物质,只不过是一种最精细的物质——"精气"。这种"精气"是和"形气"(一种较粗糙的气)相比较而言的。他们认为,"凡人之生也,天出其精,地出其形,合此以为人"(《内业》)。这是说,人的产生是由"精气"和"形气"两种气相合而成的。《管子》四篇还进一步具体指出,这两种气相合,必须适当,才能产生人,否则就不能生成。这就是他们说的:"和乃生,不和不生。"(《内业》)"和"就是两气相合适当。同样,下至五谷,上至列星,世界上的万事万物也都由精气所构成,"凡物之精,比(合)则为生,下生五谷,上为列星"。(《内业》)

《管子》四篇也认为"道"或"精气"是无形无声的,但他与老子恍惚不可捉摸的"道"又是根本不同的。他们认为,"道"或"精气"是构成天地万物的基本元素。他们描述"道"的情况是:"道在天地之间也,其大无外,其小无内,故曰不远而难极也。"(《心术上》)这是说,"道"大到无所不包,小至不断可分,也就是说,道无所不在。所以,"道"既不能说离得很远,而也很难说达到了它的极点。他们还说:"道满天下,普在民所,民不能知也。"(《内业》)这就明确说明,"道"是充满于天下,普遍存在于人民之中的,只不过大家自己不知道罢了。因此,"道"虽然"谋('漠')乎莫闻其音,卒乎乃在于心,冥冥乎不见其形,淫淫乎与我俱生"(《内业》)。这就是说,"道"虽然寂寞而听不到它的声音,但最终就在你心中,虽然溟暗而看不到它的形象,但不断地与我一起生长。由此而论,《管子》四篇讲的"道"并不是不可捉摸的虚无,而是"卒卒乎其如可与索"(《内业》),即就其终极讲还是可以摸索到的。

《管子》四篇还认为,"道"和具体事物的属性"德"是"无间"的,即不能截然分开的。他们说,"德者,道之舍,物得以生生"(《心术上》)。"德"是"道"居留的地方,"德"与"道"结合,就形成具体的物和它的属性,使得这个物之所以成为这个物。所以说,"道之与德无间,故言之者不别也"(《心术上》),意思是,道和德不能截然分开,讲道和德的人也不能把它们说成是截然不同的两种东西。因此,《管子》四篇虽然也讲"天之道虚其(而)无形",却并不是像老子那样把"道"看成是虚无或神秘莫测的。《管子》四篇对"虚而无形"的解释是:"虚则不屈(竭),无形则无所位〔低〕赶(抵触),故遍流万物而不变。"(《心术上》)这是说明,"道"是不可穷尽的,无所抵触的,因而"道"能够遍布于万物而不变化,也就是讲"道"是万物的统一根源。

《管子》四篇认为:精神、智慧也是"道"或"精气"构成的。"道"或"精气"居住到人的形体中("心"中),就产生人的精神、智慧。他们说:"气道〔通〕乃生,生乃思,思乃知,知乃止矣。"(《内业》)意思是说,"精气"与形体沟通了就产生人,然后有思想,有知识,有知识可说是达到了顶点。《管子》四篇这里讲到了形体与精神的关系问题。他们把精神也归结为一种物质,把精神看做是散在天地之间的"精气"或"道"居住到形体中去的结果,而不是物质形体所具有的一种属性,这就在理论上造成了很大的漏洞。它保留了精神不灭的神秘主义,而且可导致"形""神"二元论。这些错误是受到当时科学水平的局限所造成的。后来,后期墨家提出:"知,材也",指明精神是一种能力,就比他们进了一步,到荀子提出"形具而神生"的唯物主义命题则又进了一步。

第三节 "静因之道"的认识论

《管子》四篇在认识论上,反对老子否定知识,排斥与外物接触的内心直观法的神秘主义认识论。他们认为,认识要有认识对象("所知")和认识主体("所以知")。认识主体是重要的,仅有对象没有主体也是无所谓认识的。他们说,"人皆欲知,而莫索其所以知。其所知,彼也;其所以知,此也。不修之此,焉能知彼?"(《心术上》)这是说,人都想要有知识,但不能了解他怎么才能获得知识。我们认识的是那个对象,而去认识的是这个主体。不把这个主体修养好,怎么能认识那个对象呢?他们在这里强调了主体的修养对认识的重要性。但这并不是说他们主张主观主义的认识论,相反,他们是反对主观主义的认识论的。

《管子》四篇说:"上圣之人,口无虚习也,手无虚指也,物至而命之。"(《白心》)这就是说,人不能口说无凭,手指无实,而必须等事物到来才给以称呼。因此,他们指出,认识必须与客体相符合。这就是所谓"名当",或"名实不爽('爽'——过的意思)"。《管子》四篇认为"名"不是纯粹主观的东西,而是客观事物本身就具有的特点的反映。他们说:"凡物载名而来,圣人因而财(裁)之。"(《心术下》)这是说,"名"是反映客观事物本身所固有的特点,人只是根据事物固有的不同属性,加以分类,给予名称。

《管子》四篇十分强调"因"的道理。所谓"因"就是根据事物本来面目的意思。他们说,"以其形,因为之名,此因之术也"(《心术上》)。这是说,"名"是人用来条理万物的("名者,圣人之所以纪万物也"《心术上》),但这种"名"必须根据事物本身的形状来命名,这就是"因"的道理。为什么一定要"因"呢?他们说这是因为"物固有形,形固有名。此言名不得过实,实不得延名"(《心术上》)。即事物本身都有一定的形状,一定的形状都有一定的名称。所以说,"名"不能超过它所代表的事物,事物也不能有虚出它本身的"名"。《管子》四篇甚至明确认为:"名当谓之圣人"(《心术上》),就是说,必须做到"名"与"实"符合,这是达到"圣人"的一个条件。在"名"与"实",即概念与客观事物,哪个是第一性的问题上,《管子》四篇坚持了"实"是第一性的观点。

《管子》四篇讲的认识主体,分成思维器官("心")和感觉器官("耳、目"等九窍)两类。他们认为"心"是统率"耳、目"等九窍的。他们说:"心之在体,君之位也,九窍之有职,官之分也。心处其道,九窍循理。"(《心术上》)这是说,心在人体内处于"君"的地位,九窍则是各有专职的"官"。心能够把握总的规律,九窍也就能够按照一定的规律行动。《管子》四篇强调的是"心"的统制作用,他们认为,心如果被各种欲望充塞住,那么外物经过你面前,眼睛也看不见,声音到你耳边,耳朵也听不见。所以,《管子》四篇讲的主体修养,主要是讲"心"的修养。

《管子》四篇讲"心"修养的主要内容有:"虚""一""静""因"。

关于"因"上面已提到,就是去掉主观成见,遵循事物的本来面目去认识事物。他们讲,"因也者,舍己而以物为法者也"(《心术上》),就是这个意思。所以,"因也者,无益(增加)、无损(减少)也"(同上),就是说不作任何主观的增加或减少。"因"是《管子》四篇认识论的一个根本原则。而要做到能用"因"的原则去认识事物,必须保持"心"的"虚""一""静"。同时,也只有懂得"道贵因"的道理,才能做到"心"的"虚""一""静"。

所谓"虚",就是没有事先存于心中的主观成见。他们说:"虚者,无藏也。"(《心术上》)《管子》四篇认为,"心"是智慧居住的地方,只有把"心"打扫干净,去掉主观的好恶成见,也就是只有保持心的"虚",智慧才能居住进来。所以说:"虚其欲,神将入舍。"(同上)他们说,"心"如果能保持"虚",那就不会自满,才能接受外来的事物。相反,"不虚则忤于物",即如果"心"不保持"虚",就会与将要接受的事物发生抵触。《管子》四篇讲的"虚",并不是"心"的绝对空虚,它与老子讲的"无知""无欲""绝学弃智"不一样。他们所讲的"虚"是从"因"的原则出发的,即不要用先有的主观成见去妨碍将要认识的事物的本来面目。所以,他们说:"物至则应,过则舍(舍弃)矣。舍者,言复所于虚也。"(《心术上》)这就是说,事物到来就与它相呼应,过去了就舍弃掉。不使这种认识存在于心中去妨碍以后的认识,这就是回到"虚"的意思。后来,荀子讲的"心未尝不臧也,然而有所谓虚","不以所已臧害所将受,谓之虚"(《荀子·解蔽》),就是继承和发展了《管子》四篇的这一思想。

"一"有两重意思:一是说,要"正",即不偏不倚,对万物一律看待,没有偏好,也就是没有主观成见的意思。一是说,要专心一意地集中在一个事物上。《管子》四篇认为,认识事物做到专心一意是很重要的。他们说,能不依靠卜筮而知道吉凶吗?能不求于别人而自己得到吗?这是能够的,办法就是专心一意的思考。他们说:"思之思之又重思之,思之不通,鬼神将通之。非鬼神之力也,精气之极也。"(《内业》)意思是说,思考、思考、再三地思考,还不能想通,"鬼神"(游散的"精气")就会来帮助你沟通。其实这也并不是"鬼神"的力量,而是"精气"的最高作用,亦即不停地专心一意地思考的结果。所以,只要"耳目不淫,心无他图,正心在中,万物得度"(《内业》)。也就是说,只有耳目不到处乱看乱听,心不是想着这个时又去想别的东西,而是保持不偏不倚,那么万事万物就能得到恰当的认识尺度。而且能达到"虽远若近",即很远的事物,也就像在你身边一样。所以说:"执一不失,能君万物"(同上),只要把握住"一"而不丢失,那就不管万物如何千变万化,也能把握住它。

"静",就是不要在事物到来之前就急躁妄动,而要"无为""寡欲",安静地等待外物自己来,然后与物相感应。这就是他们说的"毋先物动者"(《心术上》)和"静身以待之,物至而名之"(《白心》)。《管子》四篇认为,不要在事物到来之前急躁妄动,为的是要观察事物的法则。"心"是统制感官的"君"位,如果一急躁妄动,就失去了它应处的地位。这样,事物就要扰乱感官,感官就要扰乱心,也就不能观察事物的法则了。他们说,"静乃自得"(《心术上》),即只有保持心的"静",才能有所得。《管子》四篇认为,情欲过多是不能保持心"静"的主要原因。因此,要保持"静"必须去掉过多的欲望。他们说:"去欲则寡(原作"室",据郭沫若说改),寡则静,静则精,精则独,独则明,明则神矣。"(《心术上》)意思是说,如果去掉过多的欲望,使欲望寡少,那就能保持心的"静"。"静"就能专心,专心就能一意,一意就能头脑清明,头脑清明就能得到至高的智慧。

《管子》四篇所讲的"虚""一""静""因"是互相联系的,是从各个方面说明一个认识的道理,即在认识事物的时候,要去掉主观成分,而要等待接触事物之后,根据事物的本来面目去认识它。所以他们总结说:"感而后应,非所设也,缘理而动,非所取也。过在自用,罪在变化。自用则不虚,不虚则忤于物矣。变化则为(伪)生,为(伪)生则乱矣。故道贵因。"(《心术上》)这是说,感触事物以后再与之相应,并不是事先有所设想。根据事物的规律,然后再去动作,并不是事先有所肯定。过错就在于妄用主观,罪状就在于随意变化。妄用主观就不能"虚",不能虚就要与将接受的事物相抵触。随意变化,就要产生假象,假象一产生那就混乱了。所以说,"道"是十分注重"因"的原则的。

《管子》四篇关于认识主体修养的这些思想,为以后荀子和韩非所继承和发展。荀子把这种认识归纳称之为"虚一而静"。

《管子》四篇肯定认识必须"感而后应","缘理而动","舍己而以物为法","无益无损"等,这是在充分吸收老子哲学的基础上提出来的。但是,这种朴素的唯物主义有很大的缺陷。它过分地强调了"因"的原则,否定人的主观能动性,说"人不倡不和,天不始不随",从而使人的认识陷于被动的地位。同时,他又过分强调理性认识的作用,强调保持心的"虚""一""静",有时也竟然说:"虚者,万物之始也"(《心术上》),而且只要"心"修养好了,就能够"万物毕得,翼然自来"(《心术下》)。这就带有神秘主义的色彩了。

第九章
庄子

庄子,名周,宋国蒙人(今河南、安徽交界处),生卒年不详,约在公元前369—前286年,与孟子同时而稍后。他曾做过管漆园的小官,生活贫困。现存《庄子》一书,内容复杂,是经过后人整理而成的,分为内篇、外篇和杂篇。其中包括庄周本人及其后学的作品。历来研究者对哪些篇是庄子本人的作品,有不同看法。但传统的多数意见认为,"内篇"七篇基本上代表了庄子的思想体系。本书主要以内七篇来分析庄子的思想。

庄子思想是继承老子的,并对老子的思想作了进一步的发展。

第一节 逍遥游的人生观

庄子对战国时期剧烈的政治斗争,采取批判与回避的态度。据记载,当时楚威王听说庄子很有学问,派人带了大量钱财去请他作相,但被他拒绝了。他对来请他的人说:千金、卿相确实是重利尊位,但这好比祭祀用的牛一样,养了多少年,还给它披上漂亮的衣裳,但目的是为了送入太庙当祭品。到那时虽然想做一只自由自在的小猪,也不可能了。你快走吧,不要玷污我!我宁愿像一头小猪,在污泥中自得其乐,绝不为帝王们所束缚。我一辈子也不当官,以达到我自得其乐的志愿。(见《史记·老子韩非列传》)

庄子消极厌世,对人生取虚无主义的态度,幻想摆脱一切外物和肉体的束缚,追求一种个人精神上绝对自由的境界。庄子认为,人所以不自由,一方面是由于外界物质条件的束缚,另一方面则是由于自身肉体的束缚。用庄子的话来讲就是"有待"和"有己"。

庄子在《逍遥游》中说,大鹏的飞翔要靠大风和长翅膀,走远路的人要带许多干粮,这都是有所"待"。因为,没有大风、长翅膀、干粮等条件,就飞不了,走不成。他还说,传说列子能乘着风飞行半个月之久,这比起一般人要走路来讲,是自由多了。但是列子也还是要受风的束缚,没有风他还是飞不了,所以也不能说是真正的自由。真正的自由是一切条件都不需要依靠,一切限制都没有,在无穷的天地之间自由地行动,这叫做"无待"。这是讲的要摆脱外界条件的限制和束缚。同样,受自己的肉体以至精神的限制和束缚,也不能得到真正的自由。所以各种主观条件也要摆脱,以达到"无己"。庄子理想中的最高尚的人,都是能做到"无己"的。例如,庄子在《大宗师》中描写的"真人"的情况是:睡觉时不做梦,醒来时无忧虑,吃东西也不感到特别香甜。这种人对生不感到特别喜欢,对死也不感到特别厌恶。总之,他们是自然而生,自然而死,也就是说一切听任自然,毫不计较个人得失。这就叫"无己",可以得到精神上的绝对自由。

庄子认为,要达到这种幻想的境界,其办法是"坐忘"。所谓"坐忘",就是彻底地忘掉一切。庄子说:"堕肢体,黜聪明,离形去知,同于大通,此谓坐忘。"(《大宗师》)这就是说,不仅要忘掉外界物质世界,而且要忘掉自己的肉体、感官,排除形体、知识,使自己与整个自然混为一体。据庄子说,达到了"坐忘"的人,他们是形同槁木(干枯了的树木),心如死灰(熄灭了的炭灰),无思无虑,无生无死,精神上得到了彻底的自由,也就是完全恢复了人的所谓"天然"本性。

从这种虚无主义的人生观出发,庄子对当时统治者制定的各种制度,竭力加以反对。他认为当时的各种道德制度,是违反人的本性的,是造成当时社会争斗、混乱的原因之一。因此,他对当时统治者所宣扬的仁、义、礼、智等道德规范进行了尖锐的批判。他认为那些宣扬仁义道德的人是专门祸害人的,而其结果是自作自受,害了自己。

庄子对提倡仁义和是非,看做是加在人身上的刑罚。他说:"黥汝以仁义,而劓汝以是非。"(《大宗师》)意思是说仁义就是一种黥刑(古代在犯人脸上刺字的刑罚),是非就是一种劓刑(古代将犯人鼻子割去的刑罚)。庄子一派对儒家仁义道德的批判,在某种程度上揭露了当时统治者用仁义等道德说教欺骗人民,掩盖其剥削、压迫的虚伪性。但就庄子一派来看,他们主要是追求个人精神绝对自由的境界。所以庄子理想的统治者是什么也不问不闻的人。他在《应帝王》中所推崇的统治者,如伏羲氏,就是一个睡时安安稳稳,醒时无思无虑,叫他牛也好,叫他马也好,随人怎么称呼都可以浑浑噩噩的人。他所推崇的统治方法,就是不用心思,顺应自然。

第二节 相对主义和不可知论

庄子虚无主义的人生观,使他根本取消客观事物的一切是非和差别,排斥人的认识的可能和必要,从而陷入了怀疑论、不可知论和相对主义。

作为庄子认识论的出发点,是他对客观物质世界的相对主义理论。庄子对老子的某些朴素辩证法思想加以夸大,发展了老子"玄同"的思想,根本取消事物的"彼""此"差别,得出了"齐万物而为一"的相对主义结论。

他说,事物的彼此差别都是相对的,从"道"的角度来看,此也是彼,彼也是此,没有确定的界线。举例说:"莛与楹,厉(古代传说的丑人)与西施(古代传说的美人),恢恑憰怪,道通为一。"(《齐物论》)意思是说,细小的草茎("莛")与粗大的屋柱子("楹"),丑的与美的,宽大、狡诈、奇怪、妖异等等,从"道"看来,都是一样的,没有任何差别。又例如,"自其异者视之,肝胆楚越也,自其同者视之,万物皆一也"(《德充符》)。这是说你从事物相异的方面看,就是肝与胆,也会像楚国与越国那样相去遥远。但如果你从它们相同的方面看,那是毫无区别的,都是一个东西。这个例子也说明,庄子认为事物的差别根本没有客观标准,也就是说,不是客观事物本身的性质所决定的,而完全是由人的主观决定的,随人的观察角度不同而区别的。

《庄子·外篇·秋水》篇中,有一段话比较概括而充分地说明了庄子这种相对主义观点。《秋水》篇说,"以道观之,物无贵贱。以物观之,自贵而相贱"。这是说从"道"的观点来看问题,物是没有贵贱分别的,然而从"物"的观点来看问题,那总是以为自己贵而别物贱的。所以庄子说,你从事物大的方面去看它的大,那么万物没有不是大的;你从事物小的方面去看它的小,那么万物没有不是小的。同样,事物的有和无,是和非,也都决定于人从哪个角度去观察它。于是庄子得出结论说:最小的东西,像兔子身上毫毛的尖,也可以说是天下没有再比它大的东西了,而泰山反而可以说是小的了。历来传说中最短命的殇子,也可以说是最长寿的人,而传说中活了七八百岁的彭祖反而可以说是短命的了。天地是先我而有的,但也可以说"天地与我并生"。万物是与我不同的,但也可以说"万物与我为一"(《齐物论》)。总之,一切客观标准都不存在,一切都是随主观而转移,是相对的。

庄子认为,认识没有任何标准可以遵循。他说,人睡在潮湿的地方就要得腰病,半身不遂,难道泥鳅也是这样吗?人爬到树梢上就发抖、害怕,难道猴子也是这样吗?那么,人、泥鳅、猴子三者,究竟谁懂得恰当的居住地方呢?又说,人吃牛羊猪肉,麋鹿吃草,蜈蚣爱吃蛇,鸱鸟和乌鸦喜欢吃老鼠,这四者究竟又是谁最懂得好的味道呢?再说,毛嫱、丽姬(都是古代传说中的美女),人都以为美,可是鱼见了赶紧游到深水中去,鸟见了赶紧高高飞走,麋鹿见了也赶紧跑掉,这四者究竟是谁懂得真正的美呢?(见《齐物论》)这就是说,一切都是相对的,人究竟能不能获得正确的认识,是值得怀疑的。

不仅如此,庄子认为甚至人究竟是在做梦还是醒着,人究竟是否可能有认识,也都是值得怀疑的。庄子讲了一个著名的寓言说:"昔者庄周梦为蝴蝶,栩栩然蝴蝶也。自喻适志与!不知周也。俄然觉,则蘧蘧然周也。不知周之梦为蝴蝶与?蝴蝶之梦为周与?周与蝴蝶,则必有分矣,此之谓物化。"(《齐物论》)这是说,庄子做梦变为蝴蝶,飞来飞去很得意,真像一只蝴蝶,可是一醒来还是庄子自己。庄子对此发生了疑问,究竟是庄周做梦变为蝴蝶?还是蝴蝶做梦变为庄周?他认为这个问题是没法解决的,当然他也不得不承认庄周与蝴蝶是有区别的,但他说这种区别只是一种物的变化("物化")。实际上,梦也好,醒也好,庄周也好,蝴蝶也好,究竟是什么根本不必去追求,因为从"道"的角度看,什么都一样。这就根本否定了客观事物的标准和人的认识。

庄子说,像这样的问题是任何人永远也搞不清楚的,是非是无法判断的。因此,他的结论是不可知。他在《齐物论》中论证说:我与你两个人进行辩论,怎么能肯定你说的一定对,而我说的一定错呢?同样,也怎么能肯定我说的一定对,而你说的一定错呢?我与你是没法判定的,即使请出第三个人来,也没法判定。因为,如果他的意见相同于你我任何一方,他就没法判定谁是谁非,而如果他的意见与你我都不相同,或者都相同,那他也没法判定谁是谁非。所以说,无论谁也没法判定究竟谁是谁非,是非永远也搞不清楚。

这种否定是非的诡辩论,只不过是庄子主观上的愿望而已,现实生活中的是非斗争他是不可能完全避开的。那么对于现实生活中的是非斗争如何对待呢?庄子提出了两个办法:一个是随声附和,别人怎么讲自己也就怎么讲,以求在复杂的斗争中保全自己;一个是调和是非,不分是非,听其自然。

最后,庄子完全否定了认识的可能和必要。他说:"吾生也有涯,而知也无涯,以有涯随无涯,殆已。"(《养生主》)这是说,我的生命是有限的,而知识是无穷的,以有限的生命去追求无限的知识,那就必然要失败。所以,你如果一定要去追求知识,搞清是非,那就是"道"的亏损,使自己陷入无穷的喜怒哀乐的烦恼中去。这也叫瞎操劳自己的精神("劳神明"),而不知道客观事物都是相同的,根本无所谓是非区别。他还举例说:"劳神明为一,而不知其同也,谓之朝三。何谓朝三?狙公赋芧,曰:朝三暮四。众狙皆怒。曰:然则朝四暮三?众狙皆悦。名实未亏,而喜怒为用,亦因是也。"(《齐物论》)这里说,所谓"劳神明"就像一个养猴子的老人,他对猴子说,每天早晨给三个橡子,晚上给四个橡子,怎么样?猴子听了都发怒。养猴子老人又说:那么早晨给四个,晚上给三个,怎么样?猴子听了都高兴。其实这里名称内容一点也没有变,可是产生了一喜一怒。这原因就是"不知其同也"。

庄子认为,万物的"自然"本性是没有任何感觉器官,不分是非,无知无觉,无思无虑,混沌一团的。你硬要它用感官去思虑,去分是非,那反而是害了它。他又用了一个寓言来说明这一点。在《应帝王》中,他说,南海的帝叫儵,北海的帝叫忽,中央的帝叫混沌。有一次儵和忽一块儿到混沌那里聚会,混沌招待他们很好。临别之时,儵和忽想报答一下混沌。他们商量说:人都有七窍,用来看、听、吃、呼吸,混沌独独没有,我们给他凿一下吧。于是他们两人一天凿一窍,七天以后七窍凿成,而混沌也就死了。这个寓言说明,庄子对认识问题的基本思想,那就是根本取消认识,这样才可以得"道",保全生命,以尽天年。

第三节 "自本自根"的道论体系

庄子和老子一样,认为世界的本源是神秘主义的精神实体"道"。就这点来讲,庄子与老子有相同之点。庄子在《知北游》中明确地讲:"有先天地生者,物邪?物物者非物。"这就是说,产生物质的东西是非物质的。庄子认为,没有比"道"再根本的东西了。他说:"夫道有情有信,无为无形,可传而不可受,可得而不可见。自本自根。未有天地,自古以固存。神鬼神帝,生天生地。"(《大宗师》)这就是说,"道"在天地之前,自古以来就独立自存的。它产生天地,使鬼神和上帝显示作用,它是无始无终,无边无际,无时不有,无处不在的。它确实可以体会得到,但它又是无形无为,看不见,摸不着的。它始终在传递着,可是它又不能被具体接受。因此,这样神秘的"道"既不能用感性来觉察它,也无法用理性认识来把握它,而只能靠主观直觉去体会它的存在。

庄子认为,如果把世界看成是物质的,那就必然要有所区别,这样就会产生是非,引起互相竞争,辩论不休。因此,他说:"古之人其知有所至矣!恶乎知?有以为未始有物者,至矣、尽矣,不可以加矣。"(《齐物论》)意思是说,只有把世界看成从来就没有物质的,才可以说是对世界最高、最完善的认识了。庄子接着还讲到,其次的认识就是认为有物,但还没有区别;又其次的认识是认为有区别,但还不分是非;而那种斤斤计较于分清是非,是最下等的认识了,是"道"体的亏损。就这点来讲,庄周关于"道"的看法,与老子又有了区别。在老子那里,"道"是一种客观独立自存的精神实体,而在庄子这里,"道"则是主观认识上的东西了。

庄子进一步从相对主义出发,对客观世界的是否真实存在也采取了根本怀疑和否定的态度。他甚至认为老子"有生于无"(《老子》四十章)的说法,对于客观世界也还否定得不够彻底。他说:"有始也者,有未始有始也者,有未始有夫未始有始也者。有有也者,有无也者,有未始有无也者,有未始有夫未始有无也者。俄而有无矣,而未知有无之果孰有孰无也。"(《齐物论》)这段近乎绕口令的话,主要意思是说,世界在时间上是推不出一个开始的,因为开始前总还有一个没有开始的阶段,推上去甚至还有没有开始的没有开始的阶段,所以你就没法知道世界是什么时候突然产生的。我们说世界有"有",有"无",那么在有"有"和"无"之前又是什么状况呢?应该说是没有"有"和"无"。如果再往上推,那就是连没有"有"和"无"也还没有。现在你突然之间说,世界有了"有"和"无",那究竟是真有呢?还是真无?简单说来,庄子的意思就是:关于世界存在的问题,根本是个不可知的问题。即使像"有生于无"这样的话也不能说。你知道什么时候是"无",什么时候又生出了"有"呢?这样,庄子就陷入了绝对的怀疑主义。

庄子用世界在时间上是无限的,来否定客观物质世界的存在。我们知道,世界在时间上是无限与有限的辩证统一。作为整个宇宙来讲,在时间上是无始无终,亦即无限的,而作为每一具体事物来讲,在时间上又都是有始有终,亦即有限的。客观物质世界在时间上正是这种无限和有限的辩证统一。庄子既否定了客观世界的物质性,他就不能认识每一具体事物的发生、发展和消灭的具体过程。因此,他就从世界在时间上的无限性,否定了每一具体事物在一定阶段,亦即有限时间内存在的客观实在性。

庄子用他的相对主义怀疑论不仅否定了客观物质世界的存在,并且也否定了作为客观精神实体的"道"的存在。因为庄子讲的"道",往往是把它当作一个超越是非界线、泯灭一切差别的主观标准来看待的。如他认为,每一个事物都是从自己的立场去看,才有彼此的差别("以物观之,自贵而相贱");如果是从"道"的观点去看,那么一切都是无差别的("以道观之,物无贵贱")。因此,他所谓的"以道观之",实际上就否定了事物的客观实在性,而以事物各自的主观观念为转移。

第十章
惠施和公孙龙

从春秋到战国,是一个剧烈的社会大变革时期。当时,社会上许多名物制度都发生了急剧的变化,常常是原来的名称与新的实际不相符合。不仅诸侯国的统治者称王称霸,周天子形同虚设,甚至卿、大夫也有把旧诸侯推翻而掌握政权的。这样,旧有的等级名称与现实的政治关系已经不相符合了。所以,许多政治家、思想家对"名"(名称、概念)与"实"(内容、实际)的关系问题都发表自己的看法,他们之间进行了长期的争论。

孔子对春秋时期"名""实"不符的现实已提出了"必也正名乎"(《论语·子路》)的主张,主要还是着眼于一些具体事物的"名实"关系。而到战国时期,则进一步发展到对概念的规定和分类、判断、推理等逻辑问题的研究。当时,出现一些被称为"辩者"或"名家"的学者,他们主要从事于辩论中逻辑问题的研究。其中的主要代表有名家惠施和公孙龙,后期墨家也参与了这一辩论。

第一节 惠施的"合同异"说

惠施,战国中期宋国人,生平已不可详考,约生于公元前370年,死于公元前318年。惠施曾做过魏国的相,与庄子经常辩论问题。他的著作已全部散失了,现在仅能根据《庄子》《荀子》《韩非子》《吕氏春秋》等书中的片断记载,对他的思想进行分析研究。

据说惠施很博学。《庄子·天下》篇说:"惠施多方,其书五车。"不知这五车书是他的著作,还是他读过的书。他也很有辩论的才能。当时,有一个叫黄缭的人曾问他关于天地所以不坠不陷的道理,据说惠施不假思索,滔滔不绝地遍讲了万物的道理,还觉得不够。

惠施在政治上曾为魏国立新法,"示诸民人,民人皆善之。献之惠王,惠王善之。"(《吕氏春秋·淫辞》)但由于一些大臣的反对,而未能实现。他还提出"王齐王",拥护齐国统一天下。另外,据《吕氏春秋·爱类篇》记载,惠施还主张"去尊",但详细内容没有记载,已不得而知。惠施还鼓吹"泛爱万物"和"偃兵"等说教,不主张用暴力来解决统一的问题。

根据《庄子·天下》篇记载,惠施经常和别人进行争论的哲学和逻辑思想,主要有十个命题:

(1)"至大无外,谓之大一;至小无内,谓之小一"。
(2)"无厚不可积也,其大千里"。
(3)"天与地卑,山与泽平"。
(4)"日方中方睨,物方生方死"。
(5)"大同而与小同异,此之谓小同异;万物毕同毕异,此之谓大同异"。
(6)"南方无穷而有穷"。
(7)"今日适越而昔来"。
(8)"连环可解也"。
(9)"我知天下之中央,燕之北,越之南是也"。
(10)"泛爱万物,天地一体也"。

关于这十个命题,没有更详细的记载,很难给予确切的解释。但从中可以看出惠施的主要思想倾向。

第一个命题是讲空间的无限性和相对性的问题。《管子·心术上》中曾讲到"道在天地之间也,其大无外,其小无内",是具体形容"道"的无所不在。惠施这里可能是对《管子》的说法作一逻辑上的概括,而成为讲空间的无限性和相对性问题。"至大无外"是讲大到无所不包;"至小无内"是讲小到能不断有所分割。这两个命题本来含有宇宙空间的大与小都是无限的意义。但是由于惠施离开具体的大、小而只从抽象的大、小概念上来论证,这样他所谓的"无外"和"无内",同时也就可能意味着"至大"之外再没有大了,"至小"之内也再没有小了。因此,这也就在实际上又否定了宇宙空间大、小的无限性。其次,惠施从论证空间大、小无限性中也看到了大、小有相对性的一面。因此,他给"至大无外"下定义叫"大一",给"至小无内"下定义叫"小一",说明同是"一"从不同角度看就有大、小之别。这具有辩证法的因素。但也由于他是脱离具体事物的大小来论证大、小的相对性,因此又陷入了把"至大""至小"都抽象地命名为"一",这就有可能导致否定大与小之间的质的差别,以至为相对主义开了后门。

第五个命题是讲事物的"同""异"关系。惠施认为,事物有"大同",也有"小同","大同"则小异,"小同"则大异,"大同"小异和"小同"大异是不同的,但无论这种不同如何,它都只是"小同异"而已。因为,不管事物之间是"大同"小异还是"小同"大异,也不管"大同"与"小同"之间又有什么不同,这些"同"或"异"都只是具体事物之间在互相对比之中的"同""异"。如果从事物的根本上来讲,万物既可以说是"毕同",也可以说是"毕异",这才是事物的"大同异"。这个命题的思想方法与第一个命题的思想方法是相通的。从"至大"到"至小",事物没有一个是大小相同的,这就是说万物"毕异",然而不论"至大"还是"至小",又都是"一",这就是说万物"毕同"。惠施这一思想与庄子"齐万物为一"的思想有一致的地方。《庄子·德充符》就讲:"自其异者视之,肝胆楚越也;自其同者视之,万物皆一也。"但是,惠施的万物"毕同""毕异"的命题与庄周根本否定事物的差别的观点还不完全相同。他在一定程度上是讲同和异的相互联系,讲同异之间有统一性。所以后人称惠施这种对同异的看法为"合同异"。

第十个命题是说,万物既然有"毕同"的方面,那对万物就应当同等看待,无差别地、普遍地爱一切东西,这就与庄子在《齐物论》中讲的"天地与我并生,万物与我为一"的说法相似。

上述三个命题是惠施哲学的主要命题,其余那些命题都是由此推演出来的。

其中,二、三、六、九等四个命题是讲空间上的相对性;四、七等两个命题是讲时间上的相对性;命题八则是对当时流传的连环不可解说法的一种反驳。据《战国策·齐策》记载一个故事,有一次秦昭王派使者送一玉连环给齐君王后,并说,齐国智士很多,能解这个连环吗?齐君王后把玉连环给各位大臣看,大家都不知怎么解。齐君王后就用锥子把玉连环一下子打破了,交给秦国使者说,就这样解了。惠施可能根据这种事实认为,这也不失为解连环的一种办法,以说明没有绝对不可解的东西,可解与不可解也是相对的。

惠施在这些命题中,从观察事物的角度不同,说明高低、大小、中央与四周等事物的空间关系都是相对的。如"天与地卑,山与泽平","无厚不可积也,其大千里","我知天下之中央,燕之北,越之南也"等等。从事物不断的变化中,说明生死、今昔等事物的时间关系都是相对的。如"日方中方睨,物方生方死","今日适越而昔来"等等。

惠施这些思想含有一定的辩证法因素,他在一定程度上直观地猜测到了事物运动中包含着矛盾。惠施关于"日方中方睨,物方生方死"的命题正是对于机械位移和生命运动本身就是矛盾的一种直观的猜测。这一思想在古代来说是难能可贵的,它对发展人的认识,促进人们正确认识事物的发展、变化,弄清概念含义的条件性,是有一定意义的。但惠施并不能全面地了解事物的同和异的关系,他片面夸大事物和认识的相对性,而不谈事物和认识在一定范围之内的绝对性,这样,又陷入了相对主义。而且由于惠施抽象地来谈论事物和认识的相对性,有些命题就成了诡辩。

荀子批判惠施是"蔽于辞而不知实"(《荀子·解蔽》),即专在概念上兜圈子,而不管客观实际的情况。荀子又说,"山渊平"(即"山与泽平")这种提法是"惑于用实而乱名"(《荀子·正名》),就是说,根据一、二个个别事实(例如,某个高原上的湖泊可能与某个平原上的高山一样高低),而混淆了概念的确定含义(因为"山"表示"高"的意思,而"渊"或"泽"是表示"低"的意思)。这些批评,都有合理的一面。

第二节 公孙龙的"离坚白"说

公孙龙,战国中期赵国人,约生于公元前325年左右,死于公元前250年左右。曾做过赵国平原君的门客。他的著作一部分失散,现存《公孙龙子》一书共有六篇,其中第一篇《迹府》是后人编集的有关公孙龙的事迹。其余五篇:《白马论》《指物论》《通变论》《坚白论》《名实论》基本可信是公孙龙的作品。

公孙龙的思想,据《淮南子·齐俗训》分析是"别同异,离坚白"。所以,他与惠施"合同异"的思想是有区别的。惠施通过事物相对性的分析,强调事物的"毕同""毕异"。公孙龙则通过对事物的性质和概念的分析,强调它们之间的差别和独立性。他的主要思想就是"离坚白"。

公孙龙所谓的"离坚白",就是说"坚"和"白"两种属性不能同时联系在一个具体事物之中,"坚"和"白"是两个各自独立的性质或概念。他在《坚白论》一文中,举了具有"白"和"坚"两种属性的"石"为例,专门论述了这个观点。

按照一般人常识的见解,一块既坚又白的石头,我们就可以称它为"坚白石"。因为"坚"和"白"同时都是这一具体石头的属性,而这两种属性在这一具体石头中是与石互相联系在一起的。可是公孙龙却不这样看,他认为"坚"与"白"是有差别的,所以不能同时都是石的属性。他说:"视不得其所坚而得其所白者,无坚也;拊不得其所白而得其所坚者,无白也。"(《坚白论》)这是说,你用眼看石时,得不到"坚",而只能得到"白"的感觉,这时是没有"坚";同样,你用手摸石时,得不到"白",而只能得到"坚"的感觉,这时是没有"白"。他还说,当见到"白"时得不到"坚",那是"坚"自己隐藏起来了("自藏"),摸到"坚"时得不到"白",那是"白"自己隐藏起来了。这种藏与不藏,见与不见的情况,他叫做"一一不相盈",即"白"与"坚"是互相不渗透的。于是,他得出结论说,不能把这块石头称为"坚白石",因为"坚""白"是互相分离的。这就是"离坚白"的基本观点。

他看到坚和白作为事物的共性或一般的概念是有差别的,但他割裂感官与感官,感官与感觉,感觉与感觉之间联系的论证方法是错误的。因此,当时就有人反驳他说,眼虽然得不到"坚"的感觉,手虽然得不到"白"的感觉,但绝不能说这时没有"坚"或没有"白"。这只是感官的职能不同,不能互相代替而已。"坚"与"白"同是这块石头的属性,同时包含在这块石头中,怎么能说是"离"呢? 这是对公孙龙"离坚白"观点的一个致命驳难。公孙龙回答这一驳难时说:"物白焉不定其所白,物坚焉不定其所坚。不定者兼,恶乎其石?"(同上)意思是说,我们说物"白",那不是定死了就是某一个物的"白",说物"坚",也不是定死了就是某一个物的"坚",这种不固定在一物上的性质,它可以兼为其他物所具有,怎能说一定就在"石"里呢? 所以,他得出结论说:"坚未与石为坚而物兼,未与物为坚而坚必坚。其不坚石物而坚,天下未有若坚而坚藏。"(同上)这里,他认为,"坚"的性质既可以不与"石"联系在一起,而为其他物所具有,甚至也可以不与一切物联系在一起而为独立自存的"坚"。不与一切石或物联系在一起的"坚"的性质,纯粹是一个抽象的概念。这种"坚"的概念是不能为人所感觉到的。因此,他说,这就好像天下从没有这种"坚"的性质。其实,这种"坚"是自己隐藏起来了。关于"白"的情况也是如此。

公孙龙在这里片面夸大了事物的差别,终于把具体事物各属性之间的联系绝对割裂开来,而且把一般与个别,也就是把共性和个性截然割裂开来,进而又把一般说成是脱离个别而存在的独立实体。本来,就一般人的常识而言,如果离开任何具体的事物,就无所谓"白"和"坚"。作为一般属性的"白"和"坚",或"白""坚"的概念,是从一切具有"白"或"坚"属性的具体事物中概括出来的,是一种理性思维的抽象。公孙龙只看到一般和个别的差别,看不到二者的联系,结果得出了一般先于个别而存在,一般能脱离个别而独立自存的结论。

公孙龙还把"离坚白"的命题,上升到哲学一般原理上来加以论证。这就是他在《指物论》中所做的工作。他在这篇文章中,一开始就明确提出:"物莫非指,而指非指。"公孙龙所谓的"指"就是指事物的共性或概念、名称。这句话是说,事物都有共性或概念(指),而每一共性或概念则不必依赖于别的共性或概念。他认为,"指"这种共性或概念,是不能为人所感觉到的,它与具体事物能感觉到不一样。所以说:"指也者,天下之所无也;物也者,天下之所有也","指"既感觉不到,所以也可以说是天下没有的,而物是能感觉到的,所以也可以说是天下存在的。但是,紧接着公孙龙就说,共性是一切物所共有的,虽说我们不能感觉到共性,可不能说物是没有共性的。其实"物"都只是一些共性("指")。所以说:"天下无指,物无可以谓物",这就是说,世界上如果没有了各种共性或概念,物也就无法说明它是什么样的物了。

那么,是如何由"指"到"物"的呢?公孙龙承认有尚未表现为任何具体事物的属性,或尚未与任何事物结合在一起的属性,即纯粹抽象的独立自存的属性,他称为"指",而把那些已表现为具体物的一个个属性,叫做"物指"。"物指"又称为"非指"。他说:"且夫指固自为非指,奚待于物,而乃与为指?"意思是说,由"指"到"非指"完全是"指"的自我转化,"指"绝不需要依赖于具体的物而才成为一种共性。这里,"指"不仅是独立自存的,而且是独自转化的,它不但不依赖于物,相反,物只是它的自我表现。所以,公孙龙的结论是,由各个独立自存的"指"组成一个"概念世界",然后又自我转化为各个具体的"物指"和"物"。

公孙龙还有一篇《白马论》,通过论证"白马非马"这个命题,专门论述了概念与概念之间的关系。

公孙龙认为,事物和概念都是有差别的,所以概念与概念之间是绝对没有相联系之处的。在他看来,"白马"与"马"这两个概念是不同的,因此它们之间是毫无联系的,所以,"白马"不是"马"。他说,"白马"这个概念是既名"色"又名"形"的,而"马"这个概念是名"形"的,"命(名)色者非命形也",所以说:"白马非马。"从"白马"和"马"这两个概念的内涵和外延来讲,它们是有区别的,"马"概念的内涵小,"白马"概念的内涵大,但是"马"这个概念的外延比"白马"这一概念的外延广,它包含了"白马"在内的所有的马。这两个概念在逻辑上说有类属关系(即蕴涵关系),在哲学上有一般与个别辩证统一的关系。从一般和个别的关系说,马和白马是有区别的,一般不等于个别,任何一般都是个别的一方面或本质。但"白马"是与"马"相联系而存在的,"马"只能通过具体的"白马""黄马""黑马"……而存在,离开了这些具体带色的马,是找不到一个抽象的"马"的。公孙龙看到马和白马的区别,就这一点说,他的"白马非马"的命题含有辩证法的因素。但由此否认二者的联系,否认"马"对"白马"来讲有着逻辑上的蕴涵关系。这当然是错误的。

公孙龙证明"白马非马"的另一条论据是:"求马,黄黑马皆可致;求白马,黄黑色不可致。"这里后一点是对的,求白马,送上黄黑马是不行的。但是,在前一点中,公孙龙故意不说,求马,送上白马也是可以的。他的结论是:"故黄黑马一也,而可以应有马,而不可以应有白马。是白马之非马审(明白)矣。"这后一句话就流于诡辩了。

公孙龙的"白马非马"这个命题,就其指出一般和个别的差别,指出由于内涵和外延的不同,应当区别概念的不同,这在逻辑上对明确概念这点来讲是有意义的。但就其排斥概念之间的联系来讲,则是违背客观实际的。

《名实论》则是公孙龙专门讨论名实关系的著作。《名实论》认为:"名,实谓也。"即是说,名是实的称谓。又说:"知此之非此也,知此之不在此也,则不谓也。"这就是说,如果知道这个名称不是指这个事物,这个事物不应当用这个名称,那就不应当用这个名称去称谓这个事物。从这点看,公孙龙强调名与实必须一致的思想,是有其合理的成分的。但公孙龙过分强调概念(名)的独立自存,夸大事物与事物、概念与概念之间的差别,他的思想最终陷于形而上学诡辩论。这样,他在如何达到名实一致的问题上,就走上了以"名"正"实"的唯心主义道路。他说:"其正者,正其所实也,正其所实,正其名也。"这是说,所谓"正",就是正客观实际存在的事物,正了实,名也就正了。

据《庄子·天下》篇记载,公孙龙一派的"辩者",还提出了许多"离坚白"一类的命题,其中有些命题富有辩证法的思想。如"飞鸟之景未尝动也"。这是说,动中有静,又动又不动。但这一命题的缺点是又片面地夸大了静止的一面。又如"一尺之棰,日取其半,万世不竭"。这是说,一尺长的棍子,每天取其一半,万世也取不完。这是认为物质是可以无限分割的。其中也有些命题,属于诡辩,如"鸡三足"等。

第十一章
后期墨家

墨翟一派的思想,在墨翟死后分成许多流派,对墨翟的思想有不同的解释和发展。现存《墨子》一书中《经上》《经下》《经说上》《经说下》《大取》《小取》等六篇著作,是形成于战国中、后期,墨家后学们的作品。现统称这些作品的作者们为后期墨家。

在这些作品中记述了许多自然科学知识,积极地发展了墨翟的唯物主义思想。后期墨家抛弃了墨翟哲学中关于天志、鬼神等宗教意识,在一定程度上克服了墨翟的狭隘经验论倾向和错误。特别是后期墨家在批评惠施、公孙龙等名家的某些错误观点中,发展了墨翟的唯物主义认识论,建立了一套相当完整的逻辑学理论,这在中国哲学史上是有很重要意义的。

第一节 社会历史观

后期墨家继承了墨翟的"兼爱""尚同"等政治思想,其中特别强调讲实际功利。他们反对孟子所宣扬的"义",认为讲"义"是不能离开"利"的。"义"不应当只是主观的动机,而同时也应该是客观效果上的"利"。所以,他们说,"义"和"利"应该是统一的,"义,利也"(《经上》),"义"即是"利",离开了实际的"利"也就无所谓"义"。他们也反对一切离开实际"利"去宣扬空洞的"忠""孝"等道德观念。后期墨家认为,"忠,以为利而强低(当作'君'字)也"(《经上》);"孝,利亲也"(同上)。这是说,讲"忠",就是要做有利的事以使君主强盛;讲"孝",就是要有利于父母。后期墨家这种强调实际功利的道德理论,是与孟子宣扬的天赋道德观念根本对立的。

后期墨家还反对永远不变的"义"。他们认为历史是发展的,随着古今社会的变迁,过去所讲的"义"和今天所讲的"义"的内容是不同的。他们说,人们常常称道尧的"义",其实"尧之义也,是声也于今,所义之实处于古"(《经说下》)。意思是说,讲尧的"义",只是说它的名称与今天所讲的"义"一样,而尧的"义"的客观对象和实际效果那是在古代。"尧之义也,生于今而处于古,而异时,说在所义"(《经下》)。尧的"义"名称虽在今天,而实际内容却在古代,所以,时代的不同("异时"),"义"的客观对象("所义")和内容也是不同的。尧的"义"只能适合于古代社会,不能适合于今天。

后期墨家根据这些理论,批判了历史倒退论的观点。当时一些守旧复古的人总认为历史一代不如一代,喜欢称道尧的"善治"。后期墨家说,讲尧善治,那是就尧根据当时情况治理社会比较好而已。历史发展到今天社会的情况已经不同了,如果"自古在之今,则尧不能治也"(《经说上》)。这是说,把古代的治理原则用到今天已经变化了的社会中来,那即使是尧也是治理不好的。治理今天的社会必须根据今天社会的情况,也就是说,没有一个固定不变的"善治"标准。这是以发展的观点来看待历史的,有进步意义。

第二节 认识论

后期墨家根据当时自然科学的知识,对一些重要的哲学范畴作了唯物主义的说明。例如,他们对时间、空间、运动等范畴,都有比较深刻的见解。对于时间范畴,他们说:"久(时间),弥(包括)异时也。"(《经上》)《经说上》又解释道:"久,合古今旦莫(即'暮')。"即是说,时间范畴是包括一切具体的时间,如古今早晚等。关于空间范畴,他们说:"宇(空间),弥异所也。"(《经上》)《经说上》解释道:"宇,蒙(包括)东西南北。"即是说,空间范畴是包括一切具体的场所,如东西南北等。至于运动则是事物在时间和空间中的变迁,运动离不开时间和空间。他们曾举人行路这种运动为例来说明运动范畴的内容。他们说:"行者,必先近而后远。远近,修也(距离);先后,久也(时间)"(《经说下》)。这就是说,运动必然有先后、远近的变化,是在一定的时间和空间中的运动。后期墨家在这里讲的虽然还只是最简单的运动形态,即机械运动,但他说明了运动与时间、空间的统一关系,这在古代是十分可贵的朴素唯物主义思想。

后期墨家发展了古代唯物主义的认识论。他们充分肯定人是能够认识客观世界的。他们认为,人的生命就是形体与精神活动的相结合,"生,刑(形)与知处也"(《经上》)。人的认识活动,是人所具有的一种能力,即所谓"知,材也"(《经上》)。进一步,后期墨家明确指出,仅有这种认识能力,还不能形成人对客观事物的认识。《经说上》说:"知,材也。知也者,所以知也,而不必知。"这是说,人具有认识的能力,只是可以有认识事物的主观条件("所以知"),但不一定能达到对事物的认识。他们举眼睛的例子说,眼睛有看东西

("明")的功能,如果你没有去看东西,那就达不到"明"的认识。所以,人的认识能力还必须与外界事物接触以后,才可能形成人的认识。从这个意义上来讲,后期墨家说:"知,接也"(《经上》),即认识就是与外界事物相接触。而且,这是形成认识的更主要方面。后期墨家在这点上继承了墨翟重视感觉经验的特点。他们说:"惟以五路(五官)知。"(《经说下》)即一切认识必须通过感官的感觉才能得到。即使有些知识不是由当前感官的感觉得到,那也是由于经验积累的结果。例如,《经下》说:"知而不以五路,说在久。"《经说下》解释说:"智,以目见,而目以火见,而火不见。惟以五路智。久,不当以目见,若以火见。"这是说,对时间("久")的认识,不是用"目"这样的感官所直接得到的,而是经验积累和概括得到的。

根据这一思想,后期墨家把知识来源分为"亲知"、"闻知"、"说知"三类。"亲知",就是亲身通过感觉得到的知识。"闻知",是由传授得来的知识,这里又分为直接传授("亲闻")和间接传授("传闻")。"说知"则是指用推理的方法得到的知识。

后期墨家没有停留在感性认识阶段上,他们认为,感觉经验只是认识的一个方面。他们说:"知也者,以其知遇物而能貌之"(《经说上》),意思是说,感觉经验是通过人的认识能力得到事物表面形象("貌")的认识。这种认识是很不够的。因此,后期墨家提出,必须"循所闻而得其意"(《经上》),也就是说,要根据感官得到的感性认识,深入一步去认识事物。这种深入一步的认识,后期墨家认为要依靠心的思虑作用。"心"的思虑作用不是凭空而来的,他们说:"虑,求也"(《经上》),即思虑也是对外物的一种考察。后期墨家把这种认识称为"恕"。他们说:"恕,明也"(《经上》),"恕也者,以其知论物,而其知之也著(明白)"(《经说上》)。这是说,"恕"这种认识,是用人的认识能力,综合考虑事物("论物"),这样,就能使认识更加明白,透彻。这种"恕"的认识,接近于理性认识。后期墨家坚持了唯物主义经验论的认识论,同时在一定程度上克服了墨翟的狭隘经验论倾向和错误。这对古代唯物主义认识论的发展有着重大的意义。

后期墨家在当时自然科学的基础上,对睡眠、做梦等现象也作了朴素的唯物主义解释。他们说:"卧,知无知也"(《经上》),意思是,睡眠是知觉能力暂时停止活动的状态。又说:"梦,卧而以为然也"(《经上》),这是说,做梦是把睡眠时产生的幻觉当作是真实的。

在真理标准问题上,后期墨家强调认识必须是"名"与"实"相"合"(或"相耦"),"志"(主观动机)与"行"(或"功"即客观效果)相一致。他们认为,一种认识的正确与否,要表现在实践中能否对事物作出实际的鉴别。也就是要在客观实践中"取去俱能之"(《经说下》),即分辨出对实际事物的知和不知。

后期墨家对庄子等否定认识的客观标准,取消是非的相对主义,进行了尖锐的批判。庄子曾说过"彼亦一是非,此亦一是非",认为没有任何客观标准,一切认识、理论都是不可靠的,没有用的。后期墨家尖锐地指出:"以言为尽,悖。"(《经下》)这是说,把一切认识、理论都看做是荒谬的,不可靠的,那才是真正的荒谬。他们还说,即使从这句话本身来讲也是不能成立的。因为你既然认为一切言论、理论都是荒谬的,那么你说的这句话是对的呢?还是荒谬的呢?如果你认为你下的这个结论是对的,那就说明还是有对的言论和理论。所以就不能"以言为尽悖"。如果你这个结论是错的,那就"以言为尽悖"的结论根本不能成立。所以,说这样的话在认识论上和逻辑上都是根本荒谬的("悖")。他们反对庄子笼统地反对一切辩论。他们认为,辩论就是要把是非搞清楚,否定任何批评、辩论,那也是荒谬的。对于一种理论的批判,也不能以批判的多少来判定这种理论是否正确,而是要看它是否应当批判。所以说:"诽之可否,不以众寡,说在可非。"(《经下》)此外,后期墨家对于真理标准的理论,也克服了墨子"三表"思想中的狭隘经验论,杜绝了墨子由"三表"法证明鬼神存在的错误思想。

第三节 逻辑理论

后期墨家在批评惠施、公孙龙等逻辑理论的错误中,进一步发展了中国古代的逻辑理论。

后期墨家认为,辩论的根本目的是要"明是非之分","明同异之处"以"决嫌疑"(《小取》)。因此,辩论必须以客观事实为根据,遵循一定的逻辑原则。在《小取》篇中,后期墨家对辩论的一些基本逻辑原则作了说明。

第一条是:"摹略万物之然,论求群言之比。"这是说辩论时必须了解所辩论的事物的情况,符合客观实际,同时要充分了解对所辩论事物的各种意见的同异。

第二条是:"以名举实,以辞抒意,以说出故。"这是说,使用的名词或概念,必须要能反映客观的实际内容,命题或判断("辞")要正确地表达其含义(意),论证("说")要有充分的根据("故")。

第三条是:"以类取,以类予。""类"是表示同类事物的共同概念。这是说,在辩论时要遵守类概念的原则,在同一类概念中选取已知部分提出例证("取"),同样依据同一类概念进行推论("予")。后期墨家很重视逻辑上的类概念,认为只有同类才能相比、相推。把不同类的事物或概念硬拉在一起相比或进行推论,这叫做"狂举",是根本错误的。

第四条是:"有诸己不非诸人,无诸己不求诸人。"这条要求辩论者不要把自己的意见强加于人。自己所承认的不可非难别人承认,自己不承认的也不可要求别人承认。

在此基础上,后期墨家对概念、判断、推理等逻辑学上的一些基本范畴作了深入的研究。

关于概念,后期墨家首先用唯物主义观点肯定,概念是表示客观事物的。他们认为:"所谓,实也;所以谓,名也。"(《经说上》)这就是说,"实"是客观对象,是第一性的;名词,概念是表达客观对象的,是第二性的。上面说到的"以名举实",所谓"举",《经上》说:"举,拟实也",就是摹拟客观对象的意思。后期墨家还认为名词、概念所反映的事物属性,只能存在于事物之中,而不能离开具体事物独立存在。因此,他们批判了公孙龙所谓事物属性或概念可以独立"自藏"的客观唯心主义。他们反对"离坚白"的观点,认为"坚""白"是"相盈"(联系)的。他们说,"坚""白"两种性质,只有分别在不同的事物中才是互相分离的,如果同在一块"石"中,那"坚""白""石"是一个统一的整体。他们批判公孙龙"自藏"的观点说,所谓得"白"时无"坚",得"坚"时无"白",那只是由于感官的不同,因而得到的感觉不同。这对某一感官来讲,只有"知"与"不知"的区别,而绝没有存在或不存在的区别。

后期墨家对概念的分类也作了研究。他们把概念分为三类:"达""类""私"。"达"是指最高最普遍的名词或类概念,如"物"这个名词或概念,包括了所有的事物。"类",《经说上》说:"命之马,类也,若实也者,必以是名也。"这是说,"类"是指一般的同类事物的共同概念,例如马这个概念包括一切马。"私",《经说上》说:"命之臧,私也。是名也,止于是实也。"这是讲的专指某一事物的专有名词或个别概念。例如,"臧"这个名词或概念,就是专指某一个奴隶的"私名"。这种不同等级的类概念,后期墨家认为是有类属关系的。所以他们批判公孙龙"白马非马"。他们说:"白马,马也。乘白马,乘马也。骊(黑色)马,马也。乘骊马,乘马也。"(《小取》)这是说,不管马的颜色是白的还是黑的,都包括在马一类中,所以马的概念的外延应当包括白马、黑马、……即一切马在内,乘白马也好,乘黑马也好,应该说都是乘马。后期墨家概念分类的思想,对以后荀况的逻辑思想有很大的影响。

关于判断,后期墨家认为,判断是用来表达客观事物或思想的确定含义的,即所谓"以辞抒意"。他们对判断也进行了初步的分类。例如提出"尽""或""假"等几类判断。"尽",在《经上》中说:"尽,莫不然也。"这相当于形式逻辑中的全称判断,或选言判断中的穷尽形式。"或",《小取》篇说:"或也者,不尽也。"这相当于形式逻辑中的特称判断,或选言判断中的不尽形式。关于"假",《小取》篇说:"假者,今不然也。""今不然"是指目前还不存在的情况,也就是一种假设,相当于形式逻辑中的假言判断。

后期墨家还认为,要得到正确的判断,必须有充分的理由,正确的推理,即所谓:"夫辞以故生,以理长,以类行。"(《大取》)"故"是指判断的理由、原因。后期墨家认为,"故"有两类,"大故"和"小故"。《经说上》说:"小故,有之不必然,无之必不然。"这是说,有了这个条件,并不一定就产生那种现象,但是没有这个条件,则一定不能产生那种现象。这是说的事物或现象产生的必要条件。"大故",《经说上》说,"大故,有之必然,无之必不然。"这是说,有了这个条件,就必然产生那种现象,没有这个条件,就必定不能产生那种现象。这是讲事物或现象产生的既必要又充分的条件,或各种条件的总和。上述《大取》中讲的"以理长","以类行"都是作判断过程中要遵循的正确推理方法。

关于推理,后期墨家有相当细致的研究。除前面已提到的"以类取,以类予","有诸己不非诸人,无诸己不求诸人"等原则外,他们在《小取》篇中还提出了"效""辟(譬)""侔""援""推"等几种推理方法。

"效",《小取》说:"效者,为之法也,所效者,所以为之法也。"就是树立一个标准或公式("法"),其他事物根据这个标准或公式去仿效,进行推论。例如,《经说下》说,"或木或石,不害其方之相合也。尽类犹方也,物俱然"。这是说,只要是"方"的东西,不管是木还是石,都可以包括在其中。按照这种办法去推论,凡是结果符合大前提的,就叫做"中效",这个判断就是有效的;反之,就是"不中效",其判断则无效。这种推论方法相当于形式逻辑中"三段论"式的演绎推理。

"辟",就是譬喻。即用另外一个具体事物来说明这个具体事物。《小取》说:"辟也者,举也(他)物而以明之也。"

"侔",《小取》说:"侔也者,比辞而俱行也。"即用两个相等的判断进行直接对比而得出结论的一种推理方法。相当于形式逻辑中的直接推理。

"援",《小取》说:"援也者,曰,子然,我奚独不可以然也。"这是引用对方与自己相同的论据作为前提,进行推论的方法,也有援例作论证的意思。

"推",《小取》说:"推也者,以其所不取之同于其所取者予之也。是犹谓他者同也,吾岂谓他者异也。"这是从已知事物推出尚未知事物的办法。"不取"是未知事物,"取"是已知事物,"予之"是进行推论。拿未知事物与已知事物进行"同""异"的反复比较,推论出"同"或"异"的结论。这相当于用类比法进行的归纳推理。关于"推"的方法,历来有各种不同的解释,有些学者认为是演绎法,有些则认为是演绎和归纳的综合应用等。

后期墨家还讲到,在推论的过程中经常会遇到各种复杂的情况,例如,有时结论是相同的,而论据则不一定相同;有时观察的是同一个事物,而得出的结论却不一定相同;有时前提和结论是一致的;有时则前提和结论是不一致的;等等。所以,他们认为,在运用逻辑推理时,必须十分注意,防止产生离开事物或论题的本旨而转向诡辩。

但是,后期墨家虽然提出了这些注意的问题,而当他们在运用这些逻辑推理时,也还产生了许多的错误。如他们虽然批判了公孙龙"白马非马",而他们自己却又得出了"杀盗非杀人"的错误结论。这正如荀况批评的是犯了"惑于用名而乱名"的错误,还是掉到了脱离实际的纯概念游戏中去了。

第十二章
《易传》

第一节 关于《易传》

《周易》是周代人问吉凶的卜筮之书。现存《周易》一书中,包括两个部分,一部分是所谓《经》,大体记载周人卜筮的卦辞、爻辞;另一部分是所谓《传》,记载后人对《经》文的解释,和阐发《经》的基本思想等。《易传》共有十篇,传统称为"十翼"。其中,《彖传》上、下两篇是说明每一卦的基本思想,解释卦辞。《象传》上、下两篇,一部分是说明如何按照卦的基本思想去行动(又称为"大象"),一部分是解释爻辞的(又称为"小象")。《文言》是专门论述乾、坤两卦的基本思想的。《系辞传》上、下两篇是总论《经》的基本思想的。《说卦传》是总述八卦代表的各类事物及其原理、变化等。《序卦传》是对六十四卦排列次序的说明。《杂卦传》是说明各卦之间的关系的。

关于《易传》的作者和形成时代,有各种不同说法。但根据《易传》各篇内容来考察,它既不可能出于一人之手,也不是同一时代的作品,即使同一篇,也可能经过前后许多人的讲述、整理,最后才成为今天所见到的这个样子。根据现有史料判断,《易传》十篇大概是战国末至西汉初一些研究《易经》的学者的作品。1973年长沙马王堆三号汉墓出土文物中有一部《周易》,除《经》外,包括《传》的《系辞传》部分和几篇佚文。其中《系辞》不分上下,前半部与今本上篇基本相同,后半部则与今本下篇出入较大,今本《系辞》中有些段落,则存于帛书《要》篇之中。此外,今本《说卦》首三节文字,存于帛书《系辞》后半部中。由此可见,今本《系辞》和《说卦》的基本内容大约形成于战国末,而《彖》《象》《文言》《序卦》《杂卦》等也可能是战国后期的作品。

第二节 《易传》的体系

上面讲到，《易经》是记载向神秘主义的"天"或鬼神问吉凶的卜筮之书，它的基础包含着一些迷信成分。《易传》在解释《易经》时，吸收了一些当时的自然科学知识和唯物主义思想家对自然现象的解释等，包含有一些朴素的辩证法思想。《易传》的作者是把这些朴素辩证法思想纳入到《易经》的整个体系中去。

在《系辞传》中，对《易经》中的神秘主义作了发挥。《系辞传》作者认为"圣人"设立八卦，观察卦象，使人们与神秘的"天"沟通起来。他们认为，"天垂象，见吉凶"，即"天"通过各种隐秘细微的迹象来暗示事物的变化、吉凶。"天"又专门生出一种"神物"——蓍草和龟，供给"圣人"用以探索这些隐秘细微的迹象。因此，他们说："夫易，圣人之所以极深而研几也。唯深也，故能通天下之志；唯几也，故能成天下之务。"意思是说，"易"是"圣人"用来穷尽深远的道理，研究微妙的变化的。正因为它是深远的道理，所以能够沟通整个世界的意志；正因为它是微妙的变化，所以能够成就整个世界的事务。这也就是说，《易经》的体系是"圣人"认识世界，处理事物的万能法宝。

《系辞传》作者在讲到八卦产生过程时说：古代包牺氏（伏羲氏）统治天下时，上观天象，下察地理，观察鸟兽的花纹，近以自身为样式，远以万物为样式，于是创造了八卦，用它（八卦）来表达世界变化的性质，表示万物的情况。在这段论述中，《系辞传》作者虽然讲到八卦是从观察事物、模仿事物中创造出来的，但它把这些观察都看做是对天地隐秘细微的道理和变化的探求。其结果是把世界变化的情况归结为一个神秘的八卦体系。

《系辞传》作者明确地讨论了一般原则（"道"）和具体事物（"器"）之间的关系问题。他们认为，"道"是没有具体形体的，所以叫"形而上"；具体事物是有形体的，所以叫"形而下"。在他们看来，"形而上者谓之道"的"道"就是"易"的八卦体系，"形而下者谓之器"的"器"是由"道"派生出来的。紧接上述讲包牺氏创造八卦的那段话之后，《系辞传》作者就明确把那个神秘的八卦体系，作为人认识世界、创造各种器具的出发点和模式。例如，他说，人们用绳编结成各种网来打猎捕鱼，是按照"离"卦的原则（"离"是附著的意思）；制造耒耜（农具）是按照"益"卦的原则（"益"是丰富的意思）；建筑房屋是按照"大壮"卦的原则（"大壮"是宏伟壮大的意思）等等。他们把《易经》看成是包罗万象，总括了天地之间一切事物及其规律的永恒绝对真理。他们说："易与天地准，故能弥纶（包括）天地之道"（《系辞上》），就是说"易"与天地一样是万物的准则,所以它能包括整个天地的规律。又说:"夫易开物成务,冒(尽)天下之道,如斯而已者也。"(同上)即"易"的作用就是开创各种器物,成就各种事物,包括尽天下的所有道理,如此而已。

《易传》作者区别所谓"天尊地卑",说八卦中乾、坤的高、低地位确立了,社会上的"贵""贱"地位也就随之确定不移了。《易传》作者还认为,只有"圣人"才能探测天地万物的秘密,才能"观象设卦","通天下之志","定天下之业","断天下之疑",才能创造出各种器物"以为天下利"。"圣人"通过"易"来与神秘的世界沟通,同时也通过"象"来表达自己的意思。《系辞上》借孔子之口说:"圣人立象以尽意,设卦以尽情伪,系辞焉以尽其言,变而通之以尽利,鼓之舞之以尽神。"就是说,圣人通过画卦象来体现他的意思,通过设卦爻来体现人们的所作所为,通过对卦和爻的说明来表达他的思想,通过卦爻的变化使各种事物充分发挥它们的作用,用生动活泼的言语来体现神妙的作用。

《易传》的哲学体系,对以后历代哲学思想影响极大。其中讲到的"道""器"关系问题,也是以后哲学争论的一个中心问题。

第三节 《易传》的朴素辩证法思想

《易传》作者在论述"道""器"关系的同时,还着重论述了"易"的"变"和"通"的思想。他们说:"一阖(合)一辟(开)谓之变,往来不穷谓之通。"(《系辞上》)所以在《易传》的体系中也包含了一些朴素的辩证法思想。

《易传》作者认为,"易"的一个基本观念就是"变","日新之谓盛德,生生之谓易"(《系辞上》),"易"就是说不断发生,不断日新的道理。《系辞下》还说:"易之……为道也屡迁,变动不居,周流六虚(位),上下无常,刚柔相易,不可为典要,唯变所适。"这是说"易"卦所讲的规律、原则("道")是经常变迁的,不固定的,它体现在整个卦的六爻位置("六虚")的变化之中,上下没有固定地位,刚柔互相变易,所以不能有一种不变的标准,唯一的是适应变化。至于卦中的各爻,更是各种变化的具体体现。所以《系辞上》说,"爻者,言乎变者也"。

《易传》作者充分肯定变革的作用。他们在《革》卦《彖传》中说:"天地革而四时成,汤武革命顺乎天而应乎人。革之时大矣哉!""革"是变化的意思,这是说,天地发生变革,才有一年四季的形成;商朝成汤革夏桀的命,周朝武王革殷纣的命(这里"命"是指"天命",夏商都自称为是接受"天命"而当统治者的,汤和武取桀、纣而代之是体现了"天"改变其"命令"的意思。"汤武革命"的"革命"一词的原义与现在讲的"革命"一词含义是不同的)也都是合乎天和人的要求的,所以说,变革时期的作用是十分伟大的。

《易传》认为,一切事物的形成和变化都是由阴阳、刚柔、动静这些对立面的消长、交感、相摩、相荡所引起的。他们认为,"易"的整个体系就是一层层地分化为两个对立面的。《系辞上》说:"易有太极(包括对立两面的统一体),是生两仪(天地或阴阳),两仪生四象(四时),四象生八卦。"所以说,"天地絪缊（交合),万物化醇(纯),男女构精,万物化生"(《系辞下》);"二气(阴阳二气)感应以相与(彼此交接),……天地感而万物化生"(《咸·彖传》);"天地交而万物通也,上下交而其志同也"(《泰·彖传》)。这些都是说明万物的产生、变化都是由于两个对立面的交配、交合、交接的结果。于是《系辞上》总结说,"一阴一阳之谓道","刚柔相推而生变化"。这里把"道",即最根本的规律,概括为一阴一阳两种对立因素的互相作用,这是我国古代的"两点论",十分可贵的朴素辩证法思想。

《易传》作者还具体讲到日、月的推移,形成白天、黑夜;寒暑的推移,构成一年四季。《系辞下》说:"日往则月来,月往则日来,日月相推而明生焉。寒往则暑来,暑往则寒来,寒暑相推而岁成焉。"从这里也可以看到,《易传》作者已认识到,日月、寒暑这些相反的两个方面,既互相对立,又互相依赖,然后才能构成"一天""一年"这样的事物。在《睽》卦的《象传》中,更明确地说明了这种既对立又依赖的关系。"睽"是背离、相反的意思,《睽》卦☰,上面☰是表示火,下面☰是表示泽,是两个互相背离、相反的东西。《象传》作者对这种现象解释说:"天地睽而其事同也,男女睽而其志通也,万物睽而其事类也。睽之时用大矣哉!"这是说,天地虽然相反,但他们的事功是相同的;男女虽然相反,但他们的志趣是相通的;万物虽然相反,但他们的功用都是相类似的。所以说"睽"(相反)的作用是很大的。

《易传》作者在一定程度上也看到了对立两方互相转化的关系。例如,《序卦传》对在《泰》卦之后为什么接着就是《否》卦作解释说:"泰者,通也。物不可以终通,故受之以否。"意思是说,"泰"是通达的意思,事物不可能永远都是通达的,到一定限度就要变为不通达了,所以《泰》卦后面要继之以《否》(阻塞)卦。又如,《剥》卦和《复》卦的关系也是如此。"剥"是剥落的意思,"复"是反本的意思。《序卦传》说:"剥者,剥也,物不可以终尽剥,穷上反下,故受之以复。"这是说,事物不可能都剥落净尽,到一定程度就要"上反下",走向反面,回到它的本原。所以在《剥》卦之后要继之以《复》卦。《序卦传》作者,对六十四卦中两两相对的卦象,大致都作了类似的说明。尤为突出的是在对最后两卦《既济》和《未济》的解释中,透露了他们认为事物发展不可穷尽的辩证思想。"既济"是已完成的意思,"未济"是尚未完成的意思。《序卦传》

作者认为,六十四卦的最后一卦所以是"未济",那是因为"物不可穷也,故受之以未济终焉"。这是说,事物发展变化是不可能有完成、穷尽的时候。

《易传》作者还认为,事物变化都是从微小的变化开始,逐渐积累起来形成巨大的变化。他们说:"善不积,不足以成名;恶不积,不足以灭身。"(《系辞下》)微小的变化是吉凶的先兆,所以必须重视微小的变化。他们说:"君子见几(微小的变化)而作,不俟终日。"(同上)这是说,一个君子见到一点点微小的变化,就要立即行动起来,不等一天都过去了再去行动。

据此,《易传》作者提醒统治者要注意对立两方的转化关系。他们借孔丘之口说,"危者安其位者也,亡者保其存者也,乱者有其治者也"。这是说,所以有危险,那是因为只安于已得的地位;所以有丢失,那是因为只注意保住已得的东西;所以有混乱,那是因为只看到已取得的治理。因此,他们说,作一个统治者,应该"安而不忘危,存而不忘亡,治而不忘乱"(《系辞下》),时时注意对立双方的转化。

《易传》中所讲的变化、发展大部分是抽象的,有的甚至是牵强附会的,只有一部分是有朴素辩证法思想的意义。而且由于受到它解释神秘主义八卦体系的局限,就是这一部分辩证法思想,也不能贯彻到底,以至被其体系所扼杀。例如,他说:"易无思也,无为也,寂然不动,感而遂通天下之故。非天下之至神,其孰(何)能与于此?"(《系辞上》)这是说,"易"的"卦"本身是不会思维,也无所作为的,它是"寂然不动"的,但是受了"感"应之后就能对于天地间的万事万物无所不通。他认为这是一种十分神秘的"至神"的作用。

例如,他们又说:"易,穷则变,变则通,通则久。"(《系辞下》)意思是说,易的道理是到了尽头就要变化,变化了就通畅,通畅了就能够长久保存。这样,他们就对原来讲的"易""为道也屡迁,变动不居……"作了自我否定。结果,他们要求适应时势,应付环境的变化。如《艮·彖传》说:"时止则止,时行则行,动静不失其时,其道光明。"而天地的根本规律,则是恒久不变的。这就是《恒·彖传》中讲的"天地之道,恒久而不已也"。由此可见,他们虽然着重变化,但最终的希望还是要达到"久",也就是不变。

此外,《易传》对发展、变化的看法,还归结为"终则有始"(《恒·彖传》)"无往不复"(《复·彖传》)这样一种循环论。他们赞叹《复》卦"无往不复"的思想说:"复,其见天地之心乎!"赞叹《恒》卦"恒久""终则有始"的思想说:"观其所恒,而天地万物之情可见矣!"这就把循环往复当作发展、变化的根本原则。

第十三章
荀子

荀子，名况，也叫孙卿，战国后期赵国人。荀子的生卒年不详，主要政治、学术活动时间约在公元前298—前238年间，曾到齐国的稷下讲学，后又做过楚国的兰陵令，晚年在兰陵著书，并死在兰陵。他的著作保存在《荀子》一书中。

第一节 社会政治历史观

荀子在政治思想上为建立统一的封建专制政权作了理论准备。他十分注重建立新的封建等级制度。荀子提出"隆礼""重法"的主张，大讲"礼"和"法"的重要。但他讲的"礼"已经不是孔子所讲的"礼"了，而是经过改造，有了新的内容的封建等级制度。荀子在一定程度上看到了社会物质生活与社会政治制度的关系。他认为，人生来都有物质欲望要求，如果这种欲望要求没有度量，就要发生争夺，造成社会混乱。统治者为了防止争夺、混乱，所以制定"礼义"和"法度"等社会政治制度。荀子把"礼"等政治制度看成像检验尺寸的法度，检验重量的权衡，检验曲直的绳墨，检验方圆的规矩。因此，荀子认为"礼"的中心内容是"分"和"别"，即区别贵贱、长幼、贫富等等级。

荀子说："礼者，贵贱有等，长幼有差，贫富轻重，皆有称（恰当）者也。"（《荀子·富国》）"礼"就是要使社会上每个人在贵贱、长幼、贫富等等级中都有恰当的地位。这种等级制度，不是完全按照宗族血缘关系的世袭等级制了，而是根据新的封建生产关系，按照地主阶级的政治标准建立起来的等级制。荀子明确地说："虽王公士大夫之子孙也，不能属于礼义，则归之庶人。虽庶人之子孙也，积文学，正身行，能属于礼义、则归之卿相士大夫。"（《王制》）这是讲，即使是王公士大夫的子孙，如果不符合新的政治和道德标准的，那只能当普通老百姓。相反，一般老百姓的子孙，如果努力积累学识，搞好政治、道德修养，能够符合新的政治和道德标准的，那就可以让他们当卿相士大夫各级官吏。荀子的这一思想打破了"世卿世禄"的宗法等级制。所以荀子在这里讲的"礼义"已经包含了按照新的封建生产关系重新确定等级关系的思想了。荀子还认为礼是法的根本原则,法的基础。他说"礼者,法之大分、类之纲纪也"(《劝学》)。在他看来,法应是根据礼的准则来制定的。

荀子反对简单地把人等同于其他自然物,他企图从社会道德关系、政治制度等方面来分析人的特点。荀子认为,人与其他物或物类是有区别的。这种区别的主要点就在于人是有组织的"群"。他说:"(人)力不若牛,走不若马,而牛马为用,何也?曰:人能群,彼不能群也。人何以能群?曰:分。分何以能行?曰:义。"(《王制》)这是说,人气力不如牛,走路不如马,但为什么人却能够使用牛和马呢?这是因为人能够结成"群",即组织起来了。然而为什么人能够组织成"群",而牛马等不能呢?那是因为人能够"分",即有一定的等级区分和职业分工。至于人之所以能够实行"分",那又是因为有一定的社会政治制度和道德规范("义")保证和约束它。

荀子把人之所以能组织起来成"群",归结为由于一定的社会政治、道德关系,这比他以前的思想家是有所前进的。但他同样根本不能了解当时的"分工"完全是一种阶级关系,是由社会生产关系所决定的这一历史唯物主义的根本原理。因此,他认为,社会的不平等完全是天经地义的事,而且比之为是符合自然规律的。他说,如果贵贱都一样,就不能制约、役使;权势都一样,就不可能达到权力的统一。这样,必然产生争斗,造成社会混乱。所以说,社会贵贱等级是必需的。只有建立起这种社会等级制度,社会才能治理好,地主阶级的统治才能巩固。

荀子对历史的看法也比较注重当前的现实。他反对孟子那样言必称"三代"(夏、商、周),盲目崇拜"先王"的历史观。荀子大讲"法后王"。所谓"后王"是指近代之王,即周的文王、武王,他根据新兴地主阶级的政治需要改塑了周文王、武王的面貌。荀子强调的是应该"以近知远",他说:"天地始者,今日是也;百王之道,后王是也。君子审后王之道,而论于百王之前。"(《不苟》)也就是说,要从今天的社会现实出发,去考察过去的历史。这种注重现实的历史观是进步的。

荀子从历史的教训中,在一定程度上也看到了下层人民的作用。他引用古代的传说,"君者,舟也;庶人者,水也。水则载舟,水则覆舟"(《王制》),告诫统治者说,如果下层人民对政治不满,统治者的地位就不能安定了。这就像水和船的关系一样,水虽能够承载船,但是一旦掀起巨浪,就能把船吞没。所以,他说,统治者要搞些小恩小惠,使下层人民安于统治,这样统治者的地位就可以稳定了。

荀子这些历史观和社会政治思想,在当时有一定的进步意义。但由于阶级地位的局限,他的整个历史观,仍然是唯心主义和形而上学的,目的是要巩固封建地主阶级的统治。例如,他说:"君臣、父子、兄弟、夫妇,始则终,终则始,与天地同理,与万世同久……"(《王制》)。这就是说,君臣、父子、兄弟、夫妇这样一些封建等级制度和道德关系,是至高无上的,永远循环往复,与天地同样运行不息,与万世同样长久。

因此,在荀子看来,那些制定封建制度、道德规范的统治者、"圣人",也就成了社会治乱历史发展的至高无上的决定者了。所以,他说:"君子者,治之原也。"(《君道》)不仅如此,荀子还认为统治者的一言一行都是人民的表率和规范,人民只能按照统治者的言行去行动。他说:"君者,民之原(源)也,原清则流清,原浊则流浊。"又说:"君者,仪也;民者,景也;仪正而景正。君者,槃(盘)也;民者,水也;槃圆而水圆。"(《君道》)这就是说,人民完全是一种消极的力量,一切都是由统治者的"清""浊"和"仪""槃"的如何来决定社会治乱及发展方向的。荀子根据这些理论,最后作出结论说:"天地生君子,君子理天地。君子者,天地之参也,万物之总也,民之父母也。"(《王制》)这就是说,天地生下统治者,就是为了要他治理天地,总管万物,做人民的父母的。"君子"(统治者)与天地是同等地位的("君子者,天地之参也")。荀子把统治者提高到与天地同等的地位,这是为封建统治的等级制度、剥削制度的合理性作理论上的论证。

第二节 "性恶"论

荀子十分重视和强调人对自然和社会的改造作用。他认为"礼义""法度"等政治制度、道德规范,都是由圣人、君主制定出来,教育、约束人和处理各种社会关系的,它是人为的东西。所以,他反对孟子宣扬的天赋道德观念的"性善"论,并且提出了与孟子根本对立的"性恶"论。

荀子首先明确"善""恶"的含义。他认为,一般所谓"善",就是一切行为都符合封建的道德规范,服从封建礼义制度;所谓"恶",就是用心险恶,行为不正,犯上作乱,破坏封建统治秩序。因此,他认为,就这种"善"的含义来讲,在人的本性中是没有的。人不可能一生下来就自然地符合封建的道德规范和政治制度。相反,人生来就好利、嫉妒、喜声色,如果不加克制,发展下去就会产生争夺、犯上、淫乱,而辞让、忠信、礼义等这些道德也就没有了。所以,事实上人生来的本性是"恶"的。正因为如此,才需要圣人、君主对臣民的教化,需要礼义等制度和道德规范去引导人们。荀子说,这就像弯曲的木头必须经过修整才能直,钝刀必须经过磨才能锋利一样。如果像孟子讲的人性本善,那还要君主、圣人和礼义等制度和道德规范作什么用呢？

荀子说，"人之性恶，其善者，伪也"（《性恶》）。意思是说，人的本性是"恶"的，所以有"善"，那是人为的结果。他批判孟子没有把本性与人为两者区别开来，因此也就不能正确了解两者的关系，不能了解圣人、君子的重要作用。他在《礼论》中详细地论述了本性和人为两者的关系。他说："性者，本始材朴也。伪者，文理隆盛也。无性，则伪之无所加。无伪，则性不能自美。性伪合，然后圣人之名一。天下之功，于是就也。"这是说，人的本性，只是一种原始的质朴材料，而人为（"伪"）则是用礼义道德加工后的成品。没有原始的材料，礼义道德也就没有加工的对象；没有礼义道德的加工，人的本性也不能自己变得完满美好。"圣人"的重要作用就在于把"性"和"伪"很好地结合起来。这样封建统治秩序就可以成功地建立起来了。

荀子明确表示，礼义与法制等制度和道德规范是与人的本性对立的，是由圣人、君子为了巩固社会统治秩序强加给人的。他说："故圣人化性而起伪，伪起而生礼义，礼义生而制法度。"（《性恶》）又说："故古者圣人以人之性恶，……故为之立君上之势以临之，明礼义以化之，起法正以治之，重刑罚以禁之，使天下皆出于治合于善也。"圣人通过对自然本性的教化，而制定出人为的道德和法律制度，有了这些道德和制度，随之也就可以制定出各种具体的规章制度，以此来维护封建的等级秩序。所以，荀子反对孟子把学习说成是为了恢复人的"良知""良能"，保持"善"性的天赋道德论。

荀子说："今人之性，饥而欲饱，寒而欲暖，劳而欲休，此人之情性也。今人饥，见长而不敢先食者，将有所让也；劳而不敢息者，将有所代也。夫子之让乎父，弟之让乎兄；子之代乎父，弟之代乎兄，此二行者，皆反于性而悖于情也。而孝子之道，礼义之文理也。"（《性恶》）按照人生来的本性，饿了就想吃饱，冷了就想穿暖，累了就想休息，这是人的本性的真实表露。现在人们饿了看见长辈就不敢先吃，要有所谦让；累了不敢要求休息，将要为长辈代劳。这种子让父，弟让兄，子代父，弟代兄的行为都是违背人的本性的。所以所谓孝子之道，实际上是一种外加的礼义制度、道德规范的表现。

荀子的"性恶"论，反对孟子的天赋道德观念，提出道德规范，礼义制度等是后天才有的，这种思想有唯物主义的因素，有一定的历史进步意义。黑格尔曾认为，主张性恶比主张性善深刻得多。恩格斯指出，"在黑格尔那里，恶是历史发展的动力借以表现出来的形式。这里有双重的意思，一方面，每一种新的进步都必然表现为对某一神圣事物的亵渎，表现为对陈旧的、日渐衰亡的、但为习惯所崇奉的秩序的叛逆，另一方面，自从阶级对立产生以来，正是人的恶劣的情欲——贪欲和权势欲成了历史发展的杠杆"（《路德维希·费尔巴哈和德国古典哲学的终结》,《马克思恩格斯选集》第四卷,第 233 页)。但是,荀子的"性恶"论,仍然是一种抽象的人性论。他把人的好恶欲望归结为人的生理要求,感官的自然本能,这是错误的。他所要论证的,是封建等级制度、道德规范的必要性和通过什么途径来建立和巩固封建统治秩序。他和孟子一样,也不可能认识人的好恶欲望是社会生产关系的体现。这个问题只有到马克思主义产生后才给予了科学的说明。马克思在《关于费尔巴哈的提纲》中说:"人的本质并不是单个人所固有的抽象物。在其现实性上,它是一切社会关系的总和。"(《马克思恩格斯选集》第一卷,第 18 页)

孟子讲"人皆可以为尧舜",荀子则讲"涂之人可以为禹"。但是他这也只不过是把地主阶级的人性说成是普遍的人性而已。孟子讲"性善"只有圣人、君子才能保持,而荀子讲"性恶"只有圣人、君子才能去掉。他们所谓"性善""性恶"的含义,其实都是统治阶级的标准。荀子讲的"涂之人可以为禹",是从人都有这种可能性来讲的,至于是不是每个人都能达到,那不一定。"小人"可以成为"君子",但荀子说,"小人"不肯去做,那又有什么办法呢?同样,"君子"也可以变为"小人",但荀子说,"君子"是绝不会这样去做的。所以,这在荀子的心目中是有明确的阶级界限的。

第三节 自然观

荀子在重视社会人事的基础上,吸收了古代的唯物主义无神论思想和当时的自然科学成果,建立起他的唯物主义自然观。

他首先批判了传统的"天命"决定人事、"君权神授"的唯心主义观点,指出要区别自然界的规律与社会人事的变化,即所谓"明于天人之分"(《天论》)。他说:"天行有常,不为尧存,不为桀亡。"(同上)这是说,天地自然有自己的运行规律("常"),天既不因为有尧这样的好统治者而正常地运行,也不因为有桀这样的暴君而改变其运行规律。同样,"天不为人之恶寒也辍冬,地不为人之恶辽远也辍广"(同上)。自然界的天绝不会因为人怕寒冷而废除冬季,地也不会因为人怕辽远而缩小它的面积。他还对尧、桀时代的自然情况和社会治乱情况进行了对比。他说,尧时的日月星辰等自然现象,春生夏长,秋收冬藏的自然规律,与桀时的情况是一样的,可是尧与桀的治与乱就大不一样。所以,荀子说,人事的吉凶和社会的治乱,完全决定于统治者的治理措施是否恰当,它与自然界的变化没有必然联系。

荀子对自然界的一些少见现象,作了唯物主义的说明。例如,对于陨星、木鸣、日蚀、月蚀、风雨不适时等自然现象,唯心主义者拿来宣扬"天命"意志,说这是上天的警告等等。一般人看到这些现象也都感到恐惧。荀子说:"星队(坠)木鸣,国人皆恐,曰:是何也?曰:无何也,是天地之变,阴阳之化,物之罕至者也。"(《天论》)荀子用自然界本身的变化来说明陨星、木鸣等少见("罕至")的自然现象,认为这里没有什么特别的原因,没有任何神秘性。如果因为这些现象少见,感到奇怪是可以的,然而如果把这些现象说成是上天的谴告,并由此产生恐惧,那就错误了。

因此,荀子说:"上明而政平,则是(指星坠木鸣等)虽并世起,无伤也。上暗而政险,则是虽无一至者,无益也。"(《天论》)这是说,如果统治者清明而政治措施平允,那么这些奇怪的自然现象即使一块儿出现,也没有任何伤害。相反,统治者昏暗而政治混乱,那么即使一点奇怪的自然现象都没有出现,也没有任何益处。他认为,最可怕的倒是像农业生产的破坏、政治的昏暗、社会等级制度、道德关系的混乱等等这些"人祅"(人为造成的灾祸)。所以,荀况得出结论说:"强本而节用,则天不能贫。""本荒而用侈,则天不能使之富"(《天论》)。只要努力搞好农业生产("本"),而又节制使用,那天就不能使人贫困,如果荒废生产而又奢侈浪费,那天也不能使人富裕。

荀子在以上的论述中,虽然还不能科学地解释那些自然界发生的特殊现象,但他反对把那些自然界特殊现象看成是"天"的有意识的活动,是"天"对人事的干预等"天命论"思想,而把它看成是自然界天地、阴阳等本身变化的结果,这正是朴素唯物主义的主要特征。他有力地批判了孔子、孟子等所宣扬的"死生有命,富贵在天"的天命决定论,同时也批判了老庄消极无为的神秘主义自然观。

荀子在批判了有意志的"天"和不可知的"天"以后,正面阐明了他的唯物主义观点。他把自然界看做是物质的东西,自然界的变化是物质本身固有的规律,没有任何神秘的色彩。他说:"列星随旋,日月递炤,四时代御,阴阳大化,风雨博施,万物各得其和以生,各得其养以成,不见其事而见其功,夫是之谓神。皆知其所以成,莫知其无形,夫是之谓天。唯圣人为不求知天。"(《天论》)这是说,星宿的运转,日月的出没,四时的交替,阴阳的变化,风雨的普降,万物的产生、成长,这些都是自然界本身变化的规律。这就叫做"神"或"天",圣人是不去勉强要求知道"天"的。人只要按照这些规律去行动,就可以管理天地、支配万物。相反,违背这些规律去行动,则将是"大凶"。

荀子反对人在自然界规律面前无所作为、消极被动的思想,提出了光辉的"制天命而用之"的思想。他认为人应当发挥主观能动性,去控制和利用自然界的万物。他说:"大天而思之,孰与物畜而制之?从天而颂之,孰与制天命而用之?望时而待之,孰与应时而使之?因物而多之,孰与骋能而化之?思物而物之,孰与理物而勿失之也?愿于物之所以生,孰与有物之所以成?故错人而思天,则失万物之情"(《天论》)。这一大段话的意思是说:把天(自然界)想象得很伟大而期待它的恩赐,不如通过畜养万物来制裁它。顺从天而颂扬它,不如掌握天命(自然规律)来利用它。看着四时的来往而坐待其成,不如根据四时的变化来运用它。听任万物自然而赞美它,不如发挥人的能力而加以变革。幻想占有万物,不如动手去治理万物,使它实际上为人所控制。只寄希望于万物的自己发生,不如改造万物使它成为有用的东西。最后,荀况的结论是,放弃人的主观努力而一心等待自然的恩赐,这是违背万物本性的。

荀子这一朴素的"人定胜天"的唯物主义思想,是在与天命论和消极无为的天道观的斗争中总结出来的,它对古代朴素唯物主义哲学的发展,有着十分重要的意义。

但是,荀子的唯物主义自然观也还有不彻底的地方。例如,他一方面批判了神秘主义的宗教迷信,认为祭祀而下雨和不祭祀下雨没有什么区别。而另一方面,他又主张需要保留祭祀、卜筮等宗教仪式,认为这是体现封建统治制度的必要仪式。同时,在他的思想中也还残留着关于天的神秘主义观念。如他说:"皇天隆物,以示(施)下民,或厚或薄,帝(应作"常")不齐均。"(《赋》)意思是说,老天爷生长万物,施给老百姓,或多或少,总是不能平均的。这里,就还是把"天"看做是有意志、有目的的"天"。

第四节 认识论和逻辑思想

荀子按照其唯物主义自然观,明确提出了先有人的形体,然后才有人的精神活动的唯物主义观点。他说:"形具而神生,好恶喜怒哀乐臧焉。"(《天论》)他还指出,人的精神活动必须依赖于"耳目鼻口形(身)"五种感觉器官和"心"这个思维器官。荀子也十分肯定地认为:"凡以知,人之性也;可以知,物之理也。"(《解蔽》)人是具有认识的能力的,客观事物是可以被认识的。

人如何才能认识客观事物,掌握知识、才能呢?荀子对此回答说:"所以知之在人者,谓之知(认识能力);知有所合(接触)谓之智(知识)。所以能之在人者,谓之能(掌握才能的能力),能有所合谓之能(才能)。"(《正名》)这是说,人的认识事物和掌握技能的能力,只有与客观事物相接触("合")才能构成知识和才能。这里,荀子肯定了知识、才能来自客观,是后天获得的。

荀子反对天赋观念的"生而知之",反对主观内求的"良知""良能"。他认为人的认识分为两个阶段。首先是通过感觉器官与客观事物接触,获得初步的认识。例如,通过眼辨别事物的形状、颜色;通过耳辨别声音的清浊、高低;通过口辨别味道的甜咸、苦淡、酸辣;通过鼻辨别气味的香臭、腥臊;通过身辨别痛痒、冷热、轻重,等等。荀子十分重视这种与客观事物接触的实际活动。他曾说:光是白天黑夜地冥思苦想,不如认真学习一会儿的收获大;光是踮起脚来看,不如登上高山看得广博。所以他认为,"学至于行之而止矣"(《儒效》),学习必须进入到实际行动中去,才可算好。荀子也很重视经验知识的积累。他说:"故不积跬(半步)步,无以至千里,不积小流,无以成江海。"(《劝学》)不从半步半步积累起来,就不可能达到千里之远;不从一条条小河流汇拢起来,就不可能成为大江大海。知识、才能的取得也必须从一点一滴开始,逐步积累起来。

荀子进一步认为,仅由感官得到的初步认识还不行。一则,每种感官的功能都只是一个方面的,它只能分别接触事物的一方面特性,只有通过"心"的思维作用,才能加以综合、分类、区别真伪。再则,五官的接触外物都要受到"心"的支配,如果"心不使焉,则白黑在前而目不见,雷鼓在侧而耳不闻"(《解蔽》)。所以,荀子认为,"心"的认识作用比感官的认识要深入一步,它有统率感官,检验感觉,得到正确认识的作用。荀子称为"心有征知"。"征"就是检验的意思,"征知"是说感觉到的东西还要经过心的作用加以辨明、证明。

"心"的"征知"如何才能达到呢? 首先,荀子认为不能脱离感性认识,也就是要依赖于感官与外物的接触。他说:"然而征知,必将待天官(五官)之当薄(接触)其类(外物),然后可也。"(《正名》)这在上面已经讲到了。其次,荀子认为,妨碍人正确认识客观事物的情况,就是受到局部现象或主观成见的蒙蔽,因而不能统观事物的全体和总的规律。万物的不同,都能造成各据一个部分而互相蒙蔽的情况。所以,要得到正确的认识,必须使"心"保持"虚壹而静"。这是荀子从《管子·心术》等四篇那里吸收来而加以发展了认识方法。

荀子讲的"虚壹而静"与老、庄讲的绝对"空虚"、绝对的"静"是根本不同的。他首先作了这种区别。他说:"心未尝不臧也,然而有所谓虚;心未尝不满(或说当作'两')也,然而有所谓一;心未尝不动也,然而有所谓静。"(《解蔽》)这就说明,荀子所讲的"虚壹而静"是在有"臧",有"满(或'两')"和有"动"的基础上来讲的,不是虚无或绝对的静。所以,他说,所谓"虚",就是"不以所已臧害所将受谓之虚",也就是不要为已有的认识(知识)妨碍将要接受的认识。所谓"壹",就是"心生而有知,知而有异,异也者,同时兼知之;同时兼知之,两也;然而有所谓一,不以夫一害此一谓之壹"。也就是说,人可能同时有两种不同的认识。"壹"则要求人不要使同时接受的不同认识互相妨碍。所谓"静",就是"不以梦剧乱知谓之静",也就是说,不要使幻象、假象扰乱正确的认识。对于"虚壹而静"的作用,他举例说,站在高山上看牛,就好像羊那样小,但找羊的人一定不会下来牵它,因为他用心思考一下,就知道这是由于距离远而造成感觉上的大小变化。同样站在山下望高山上十丈高的大树,就好像筷子那么短,但找筷子的人一定不会上去拿它,因为用心思考一下,就知道这是由于位置高而造成感觉上的长短变化。

所以,荀子认为保持"心"的"虚壹而静"十分重要,这样,就可以达到头脑的"大清明",而不为主客观的片面性所蒙蔽。他说:"虚壹而静,谓之大清明。万物莫形而不见,莫见而不论,莫论而失位。"(《解蔽》)这样,万物就都可以为人所看到,都可以加以说明,得到正确的结论。而且,发挥了"心"的思虑作用,还可以由已知的认识,推论出未知事物的知识。"坐于室而见四海,处于今而论久远,疏观万物而知其情,参稽治乱而通其度,经纬天地而材官万物,制割大理而宇宙里(理)矣"(同上)。即坐在屋内就可以推论出四海的情况,处于今世而可以论述今后长远的变化,通观万物可以认识它们的性质;考察检验社会的治与乱,可以了解它的规律;管理天地而恰当地利用万物,掌握和运用普遍的规律,宇宙也就可以有条不紊地得到治理了。

荀子重视理性认识,看到理性认识要比感性认识更深刻和正确,这对古代唯物主义认识论的发展是有积极意义的。他同时也就克服了墨子认识论中经验主义的缺陷。但是,在这里荀子又不免过分夸大了理性认识的作用,片面强调了心对感官的统率作用,表现出唯物主义唯理论的倾向。例如,他说:"心者,形之君也,而神明之主也。出令而无所受令。自禁也,自使也,自夺也,自取也,自行也,自止也。故口可劫而使墨(默)云,形可劫而使诎(屈)申(伸),心不可劫而使易意,是之则受,非之则辞。"(《解蔽》)这是说,"心"是形体和智慧的统治者,"心"只发布命令,而不接受命令。一切行动都是自己做主。嘴可以用外力使它说话或者不说,身体可以用外力使它伸展或蜷曲,然而外力不能改变"心"的意志,它认为正确的就接受,它认为错误的就不接受。这样,荀子就把思维的作用夸大了。

荀子用他的唯物主义认识论理论,批判了春秋、战国以来各家思想的片面性。例如,他批评墨子是:"墨子蔽于用而不知文"(《解蔽》),即只强调实际内容的用处,而不懂得礼乐形式的重要。他批评庄子是:"庄子蔽于天而不知人"(同上),即盲目崇拜天道的作用,片面强调自然无为,而不懂得人的主观能动性的重要作用。特别是荀子对"名"家的一些诡辩的批判,进一步用唯物主义观点发展了古代逻辑理论。

荀子对诡辩论者制造各种奇谈怪论,混淆是非,造成人们认识上的疑惑和混乱十分痛恨,认为诡辩的罪恶十分大。所以他提出,必须根据事实使概念含义明确,并为此研究了概念、判断、推理等思维形式。

荀子认为,名词或概念("名")是用来说明客观事物("实")的。他说:"名闻而实喻,名之用也"(《正名》),这就是说,名词的作用就在于一听到名词就明白它指的是什么事物。不同的名词或概念反映不同类的事物。因此,每个名词或概念必须与它所表示的某类事物相符合。如果名实不符,那么是非就无法分清,行动就没有准则,甚至思想也无法明确表达,就会造成极大的混乱。他说:"凡同类同情者,其天官之意物也同,故比方之疑似而通。是所以共其约名以相期也。"(《正名》)这是说,人与人是同一性质的事物,人的感官对外物的感觉也相同。所以经过各人感觉的类比沟通,认为是大致相似的,于是约定给以一个名称以表示某一事物或一类事物。荀子认为,名称是根据感官对各类客观事物的接触所得到不同的感觉,而"约定俗成"的。这种"约定俗成"的名称,得到大家的公认,使人们讲到一个名词时,都知道指的是什么,这样才能表达思想,交流思想。荀子这里也是讲的"正名"问题,但他明确肯定了客观事物是第一性的,名词、概念是第二性的。

荀子也分析了概念的分类。他继承和发展了后期墨家概念分类的思想。他说,根据事物类的不同情况,有的可以用单称名词(即一个字)来表达,有的则要用复称名词(即几个字)来表达。事物的类有大小、种属关系,所以概念也有大小、种属关系。荀子把概念的基本种属关系分为两级:高一级的类概念,他称为"共名",低一级的类概念,也就是一类中的一部分,他称为"别名"。但这两级的区别也只是相对的。因为"共"上还有"共",一直可以推到最高最普遍的类概念——"大共名"。荀子认为"物也者,大共名也"(《正名》)。"物"的概念,就是最高的类概念。同样,"别"下也还有"别",部分中还可以有部分一直可以分下去,以至于不可再分。事物的一个大类的名称叫做"大别名"。例如"鸟兽"就是"大别名"。荀子整个关于概念分类的思想是建立在唯物主义认识论基础上的,而且包含有认识到事物和概念有相对性意义的朴素辩证法因素。

荀子也研究了判断与推理的性质和作用。他说:"辞(命题或判断)也者,兼异实之名,以论一意也。辩说(推理)也者,不异实名,以喻动静之道也。"(《正名》)意思是说,判断是用几个不同概念来表达一种意思,推理是用前后一致的概念来反复说明事物的情况,得出一个正确的结论。

荀子根据唯物主义逻辑思想,指出了当时流行的诡辩中的三大谬误。他认为,诡辩论逻辑上的第一个谬误是:"惑于用名以乱名"(《正名》),就是说混淆概念之间的关系。例如,当时后期墨家有一个逻辑错误的命题"杀盗非杀人"。这里,"杀盗",当然不是杀一切的人,但"人"这一概念的外延是包含着"盗"这一概念的外延的,"杀盗"应该说是"杀人"的一部分。把"杀盗"完全排斥在"杀人"这个概念的外延之外,逻辑上的错误就是把两个不同外延而关系从属的类概念截然对立起来,从而否定概念之间的类属关系。诡辩论的第二个谬误是"惑于用实而乱名"(同上),就是说,用个别事物的相对现象,否定或混淆概念的确定含义。例如惠施的一个诡辩说:"山渊平"(高山与深渊一样高低,惠施命题的原话是:"天与地卑,山与泽平")。在事实上,可能有这样的情况,即高原上的深渊与平原上的高山同在一个水平线上,但作为"山"与"渊"这两个概念的一般含义来讲,"山"是表示高,而"渊"是表示低,这里包括了实际事物中的相对性,两者的含义是确定不移的。把"山"和"渊"这两个不同的概念的含义硬说成一样,逻辑上的错误就是混淆概念的内涵。诡辩论的第三个错误是:"惑于用名以乱实"(同上),就是说用概念的不同否定事实。例如,诡辩论者说:"有牛马非马。""牛马"这一概念与"马"的概念是不同的。但事实上有"牛马",包括了有"马"。硬说有"牛马"而不是"马",这在逻辑上的错误与第一个诡辩论的谬误一样,也是否定了概念的类属关系。荀况是从在实际应用中的不同指出其错误的性质,第一个错误,重点在于指出它是混淆概念关系的错误,这里则重点在于指出它是混淆概念与事物的关系的错误。

总起来讲,荀子认为诡辩论的根本错误是在于颠倒名实关系,只重视概念的抽象逻辑推理,而看不到客观事物的实在性,即所谓"蔽于辞而不知实"(《解蔽》),不知道用客观事物来验证概念、推理是否符合事实。所以荀子强调,必须"稽实定数"(《正名》),也就是说要考察("稽")客观事物,然后来证实、确定("定")概念、名("数")的含义。荀子对诡辩论的批判,在一定程度上击中了它的要害,这对古代认识论的发展是有重要意义的。

荀子是先秦哲学思想的总结者,对先秦各派哲学都进行了分析、批判,为建立统一的封建专制政权作了理论上的准备。同时,他的哲学思想对以后唯物主义思想的发展起了积极的作用。汉代的王充、唐代的柳宗元、刘禹锡等都继承和发展了他的唯物主义思想。

第十四章
韩非

韩非,韩国人,生年约为公元前280年,死于前233年。他曾与李斯(秦始皇时丞相)同学于荀况门下,著有《五蠹》《孤愤》《显学》等五十五篇。秦始皇看到韩非的著作,十分赏识他的才识,曾慨叹:"寡人得见此人与之游,死不恨矣!"并设法把他招到秦国,但不久即为李斯等陷害入狱,被迫自杀。他是战国末期各家学说特别是法家学说的总结者之一,著名的政治家和思想家。他的著作保存在《韩非子》一书中。

战国末期,建立统一的封建地主阶级政权的条件已经成熟。秦始皇二十六年(前221),秦最后打败齐国,统一了全中国。韩非的思想反映了这一时期地主阶级建立统一封建专制政权的要求。他代表地主阶级中的激进派,在政治上主张通过暴力、战争统一地主阶级政权,宣扬政令、刑法、赏罚都只能出自君主一人之手的极端专制集权制,反对孟子所宣传的"仁政"。在经济上,他主张"重农",大力保护和积极发展农业生产。在思想上,则主张排斥各种矛盾、抵触的学说,确立一种统一的思想。他总结前期法家的学说,提出了法、术、势相结合的法治思想,坚持进步的历史观。在认识论上,他注重参验,在自然观上继承和发扬了唯物主义和无神论传统。韩非许多主张以后都为秦始皇所采用,成为秦统一封建政权的理论基础。

第一节 法、术、势

韩非子继承了荀子的"性恶"论,反对孟子的天赋"性善"论。韩非企图从经济关系中来说明人与人之间的各种关系。但由于时代和阶级的局限,他不可能正确了解社会的经济关系。他从地主阶级的立场出发,把人与人之间的关系看成是赤裸裸的自私自利的关系。他认为,人人都有一种为自己打算的"自为心"。人的一切道德、感情、行为都决定于对自己有没有"利",根本无所谓天赋的忠、孝、仁、义等道德观念。他曾举例说:做车子的人希望别人富贵,做棺材的人希望别人早死,这不能说做车子的人就"仁",做棺材的人就坏。因为人不富贵,车就没人买;人不死,棺材就没人买,这都是他们的"利"之所在,不能说做棺材的人生来就憎恶别人。

韩非认为,诸如君臣、父子、地主与雇工这些人之间的关系也都是为了各自的"利"。他说,君主所以给臣民以高官厚禄,因为他知道这样做臣民们就可以为他服务,达到他的"利"。臣民们所以为君主卖力打仗,也是因为他们知道这样就可以得到高官厚禄,并不是从什么抽象的"忠"出发的。地主与雇工的关系也是各自为了自己的利益。他说,地主雇用雇工来为他耕种土地,做好的给雇工吃,选好的货币付工资,并不是因为"爱"雇工,而是认为这样做,雇工可以给他耕得深,耘得好。同样,雇工所以用力快耕细耘,想法把田畦播得整齐,也不是因为"爱"主人,而是认为这样做可以得到好吃的,好的货币。父子之间的关系也不是抽象的"孝",而是父养子,子供父,互相计算的关系。如果供养不好,父子之间也照样吵架、怨怒。

韩非从人都是为了"利"的观点出发,根本反对用仁、义等说教来治国,而主张通过"严刑""重罚"来治国。他认为,统治者要治理好臣民,只要掌握赏(德)、罚(刑)两种权力。臣民们作出的成绩,必须恰如其分地完全符合君主交代的事情和命令,才给予赏赐;有任何一点过分或不及的都要严加处罚。赏和罚两者之中,特别是罚必须"严"和"重"。韩非并且明确指出,无论赏或罚,都只能由君主一人来掌握,否则君主反要受制于臣下了。所以韩非所讲的统治术,都是为极端的君主集权制设立的。

韩非比较了前期法家各派的学说,综合出一套以"法"为主,"法""术""势"相结合的君主集权制的统治术。关于"法",他说:"法者,宪令著于官府,刑罚必于民心,赏存于慎法,而罚加乎奸令者也。"(《定法》)"法"是统治者公布的统一法令、制度,这些条文由官府公布,实施办法要让民众都知道,遵守法令的就赏,违反法令的就罚。关于"术",他说:"术者,因任而授官,循名而责实,操杀生之柄,课群臣之能者也。"(《定法》)"术"也就是统治者任免、考察、生杀官吏的权术。关于"势",就是统治者占据的地位和掌握的权力。韩非认为这三者是相辅相成的,是构成统治术中缺一不可的,但运用时的具体情况是不一样的。例如,"法莫如显"(《难三》),就是要公开、明白,写成明确的条文,存之于官府,公布于民众,即所谓"法者,编著图籍,设之于官府,而布之于百姓者也"(同上),这样,就可以使上下都有所遵循。至于"术",他认为必须"术不欲见",要"藏之于胸中",这样才可以使群臣猜测不到统治者的想法,而可以"潜御众臣者也",暗地里操纵生杀、任免、考察大权。

韩非还总结了前期法家在运用"法""术""势"方面存在的问题。他说,商鞅治理秦国用"法",赏赐丰厚而讲信用,刑罚严重而必行,所以很快使秦国国富而兵强。但是商鞅不注意"术",不能辨别官吏的"忠""奸",结果这种富强只加强了大臣们的实力,以至使秦几十年还不能统一天下。他又说,申不害虽然懂得"术",教韩国君主用权术统御官吏,但他不注意"法"。结果新、旧法令相反,前后法令相悖,使得臣民们能够各取所需为自己的行为辩护,韩国搞了七十年还达不到霸主的地位。因此,韩非认为,"法"和"术"是"不可一无"的。

同时,韩非也吸收了慎到"重势"的思想,认为"势"也是统治术中不可缺的。他说,虎豹所以能比人利害,能抓其他野兽,是因为它的爪牙利害。如果它没有爪牙,人很容易就可以制服它。"势"就是君主的爪牙。君主所以能够发号施令,统治臣民,那是由于他所处的地位、所掌握的权力决定的。他还举例说,桀(夏暴君)当君主,能够统制天下,并不是因为桀有高尚的品德和才能,而是因为他的地位、权力,即"势重"。尧(传说中的圣君)如果只是一个一般老百姓,就是三家他也不能管理好。这也并不是尧没有才能,而是因为没有地位、权力,也就是没有"势"。所以,韩非说,如同鱼不能离水一样,君主也不能一刻离开"势",而必须"抱法处势",只有牢牢地掌握和巩固政权,才能推行其"法"和"术"。

韩非为了论证他的法治思想,对孟子的颂古非今、宣传"仁政"的政治历史观点也进行了尖锐的批判。他认为历史是发展变化的。

韩非把古代历史分为三个阶段:上古之世,中古之世,近古之世。他说,上古时代的人口少而财物多,男的不耕种,草木果实也够吃的;妇女不纺织,野兽的皮毛也够穿的。所以人民没有争夺,政治上不必用厚赏重罚,人民自己就治理得很好。可是现在人口多而财物少,工作劳累而得到的供养少。因此,人民就要互相争夺,即使加倍的赏赐,多次的惩罚,也不能免于社会的混乱。所以说,仁义只适用于古代,而不适用于现在。

韩非批判孟子等宣传的所谓古代帝王如何仁义谦让,现在人民如何争夺不义,认为道德一代不如一代的说法。他认为这都是由生活条件决定的,不能作抽象的道德比较。他说,古代尧为帝王的时候,住的是没有修剪过的茅草屋,吃的是野菜糙粮,穿的是粗布兽皮,而现在犯人的吃穿住都不比他差。再如,禹为帝王的时候,手拿农具干活在人民之前,大小腿上的毛都磨光了,而现在奴隶的劳累都不比他苦。由此可见古代帝王让出帝王的地位,实际上是去掉犯人的吃穿、奴隶的劳累而已。所以那时并不以世代传位为重。可是现在生活情况不一样了。一个县令,即使他死了,子孙好几代还是有车坐,所以大家都十分看重,不肯轻易地让掉县令的职位。这都是由于古今所得利益多少不一样,权力、地位的轻重不一样造成的。不能说古代帝王就有谦让的高尚品德,现在人争做官吏就是品德低下。

同样,韩非认为,古代人所以看轻财物,也是因为那时财物多,而不是因为古代人"仁义";现在人好争夺,也不是因为现在人卑鄙,而是由于财物少。因此,韩非认为,治理国家刑罚轻不能说就是慈爱,杀戮严也不能说就是暴戾,而要根据社会具体情况而论。

韩非概括古今的不同,得出结论说:"世异则事异","事异则备变","故事因于世,而备适于事"(《五蠹》)。时代不同了("世异"),社会的事情也不同("事异");社会事情不同了,采取的措施("备")也就应该变化。总之,社会情况随时代而变化,措施要适合于社会具体情况。因此,一定要反对循古守旧的思想。他说:"是以圣人不期修(循)古,不法常可,论世之事,因为之备。"(同上)即是说,圣人不期待因循古代,不认为有一种永远可行的法则,而主张根据当今时代的实际情况,然后采取相应的治理措施。韩非尖锐地批评那种循古守旧,主张用古代帝王的办法来治理当今社会的人,就像"守株待兔"一样愚蠢可笑。

韩非并不能正确地解释历史发展、变化的真正原因。他把历史变化归结为人口多少与财物多少的矛盾。其实这只是一种极其表面的现象。但也应该肯定,他这种厚今薄古,注重发展的历史观,反映了当时新兴地主阶级改革旧制度,建立新制度的进步政治要求。这是符合历史发展趋势的,对当时地主阶级建立封建统一政权的斗争是起了积极作用的。

第二节 认识论

韩非在认识论上主要继承了荀子的思想。韩非与荀子一样,充分肯定人的认识能力。他认为:"聪明睿智天也,动静思虑人也。人也者,乘于天明以视,寄于天聪以听,托于天智以思虑。"(《解老》)这是说,聪明智慧这些认识机能是人的自然属性,运用这些认识机能去看、听、思考则是人的认识活动。所谓人的认识活动,就是人运用明的认识机能去看,凭借聪的认识机能去听,依靠智慧的认识机能去思考,等等。

韩非认为人要得到认识,必须接触客观事物,遵循事物规律。他明确反对离开客观事物规律冥思苦想的唯心主义认识论。他曾批判一种叫做"前识"的唯心主义先验论的理论。他说:"先物行先理动之谓前识。前识者,无缘而忘(妄)意度也。"(《解老》)意思是说,那种在没有接触事物之前就行,在没有了解规律之前就动,叫做"前识"。"前识"这种东西,是毫无根据

("缘")的妄想、臆测。

韩非举了一个具体的例子来批判这种"前识"论。有一天詹何(战国时道术家)与他弟子在一起,听到门外牛叫声。他弟子说,这是一只黑牛,而蹄是白的。詹何说,是一只黑牛,但是角是白的。派人出去一看,果然是一只黑牛,而角上裹了一块白布。韩非评论这件事说,以詹何这种办法去博取人们的心,乍看起来非常了不起,实际上却是害人的。其实,像这种事情即使叫一个很笨的小孩子亲眼去看一下,他会立即认识到是一只黑牛而角上裹了一块白布。詹何坐在屋里,煞费苦心地猜测,与一个笨小孩亲眼看一下的结果一样。所以詹何的这种认识方法,完全是一种"苦心伤神"的最愚蠢的办法。

韩非提出了与这种完全凭主观妄想猜测的"前识"论相对立的"缘道理"的唯物主义认识论。韩非认为,自然有总的规律("道"),每个具体事物又各有自己的具体规律("理")。人的认识应当"因天之道,反形之理,督参鞠之,终则有始,虚以静后,未尝用己"(《扬权》),即根据自然的总规律,联系到具体事物的规律,由始到终,由终到始,反复进行考察比较,虚心以待,静随事物,绝不用主观成见或猜测。他认为:"夫缘道理以从事者,无不能成"(《解老》),就是说,如果按照上述认识办法去从事活动,没有不成功的。

对于真理标准问题,韩非提出了注重"参验"的检验方法。他认为,认识的内容是客观的事物与规律,因此必须考察认识、言论与客观事物是否符合,才能确定是非,只有比较各种言论、判断,才能确定哪种言论或判断是正确的。所以他说:"循名实而定是非,因参验而审言辞。"(《奸劫弑臣》)据此,他提出了检验认识的办法:"参伍之验"。所谓"参伍之验",就是"偶参伍之验,以责陈言之实"(《备内》),即把各种言论、判断集合起来进行比较研究,看它是否符合客观事实。他说:"言会众端,必揆之以地,谋之以天,验之以物,参之以人。四征者符,乃可以观矣。"(《八经》)这是说,要确定某一认识的正确与否,必须会合各种说法,并以天、地、物、人四方面的实际情况加以比较、检验。只有符合这四方面的实际情况的认识,才说得上是正确的。所以,韩非总结说:"无参验而必之者,愚也;弗能必而据之者,诬也。"(《显学》)一种学说,如果没有经过"参验"的检查就肯定它,这是愚昧;不能肯定的学说,而拿来作为行动的根据,其结果必然是错误的。

在考察和比较中,韩非特别注重以实际功效来检验认识的正确与否。他认为,许多言论和事物光凭它的外表是无法作出正确判断的。如果到实际中去用一下,那就立刻能作出正确的判断。例如,他说,大家都闭着眼,你就不知道谁是瞎子;大家都不说话,你就不知道谁是哑巴。但只要叫大家都睁开眼看东西,提出问题让大家回答,那谁是哑巴,谁是瞎子一下子就判断出来了。又比如,光凭剑的颜色,即使冶剑专家也很难一下子判断出是否锋利,但如果拿剑去砍一下东西,那么一般人都能判断出剑的利钝了。特别是对一个人的判断,韩非说:"观容服,听辞言,仲尼不能以必士;试之官职,课其功伐,则庸人不疑于愚智。"(《显学》)光凭人的外貌、服装、光听人的言谈论说,即使孔丘也不能判断这个人一定是个能干的人。但只要用一定的官职试用他,责成他做出一定的成绩和效果来,那么平常人也能毫不怀疑地判断出这个人是愚笨还是聪明能干。

韩非不仅注重以实际功效来检验认识,而且还十分强调认识必须以实际功用为目的。他说:"夫言行者,以功用为之的彀(箭靶)者也。"(《问辩》)任何一种言行,都必须以一定的实际功用为目的。他举射箭的例子说:一个人毫无目标地乱射,即使箭箭都射中最细小的东西,也不能说他是一个好射手。如果设一个五寸大的靶,十步(八尺为一步)远的距离,那就非好射手是不容易射中的,因为它有一定的目标。同样,任何一种言行,如果不以一定的实际功效作为目标,即使讲得再明白,做得再坚决,也像乱射箭一样没有用处。这就是韩非说的"今听言观行,不以功用为之的彀,言虽至察,行虽至坚,则妄发之说也"(《问辩》)。

韩非对当时各派学说的评判、取舍也是以是否切合社会的实际情况和功用为标准的。他认为当时各种相反的学说,各有各的议论和主张,但他们不可能同时都是切合客观实际功用的。因此,必须把那种经过"参验"检验不合实际的"愚诬"知识,"恍惚""微妙"的空谈清除出去,确立一种切合实际功用的统一学说。否则,人们就没有规矩可遵循,而造成社会思想、行动的混乱。韩非把不同学说的根本对立,提高到逻辑学上的矛盾律来说明。他第一次在哲学意义上使用了"矛盾"这个词。他用了一个寓言来说明"矛盾"一词的含义。他说:"楚人有鬻盾与矛者,誉之曰:吾盾之坚,物莫能陷也;又誉其矛曰:吾矛之利,于物无不陷也。或曰:以子之矛陷子之盾,何如?其人弗能应也。夫不可陷之盾与无不陷之矛,不可同世而立,矛盾之说也。"(《难一》)攻不破的盾和没有什么攻不破的矛是不能同时并存的。韩非说,这就叫"矛盾"之说。

韩非对老子朴素的辩证法思想也有所改造和发展。他在一定程度上看到事物转化的条件性。例如,他认为事物都有一定的"量"的界限,超过了适当的量就会走向反面。他说:"道譬诸水,溺者多饮之即死,渴者适饮之即生。"(《解老》)这是说,道就像水,掉到水里去的人由于过多地喝了水,所以就死亡,然而口渴的人适当地喝水,却得以生存。又如,他在讲到"祸""福"转化时,也注意到一定的条件性。他说:"人有祸则心畏恐,心畏恐则行端直,行端直则思虑熟,思虑熟则得事理。行端直则无祸害,无祸害则尽天年。得事理则必成功,尽天年则全而寿,必成功则富与贵。全寿富贵之谓福,而福本于有祸。故曰:'祸兮福之所倚'。""人有福则富贵至,富贵至则衣食美,衣食美则骄心生,骄心生则行邪僻而动弃理。行邪僻则身死夭,动弃理则无成功。夫内有死夭之难,而外无成功之名者,大祸也,而祸本生于有福。故曰:'福兮祸之所伏'。"(《解老》)这里韩非看到由于祸或福所引起的人在主客观上的懈怠、骄心,或畏恐、思虑,以至行端直或行邪僻等,构成了祸、福互相转化的条件。韩非这一对矛盾转化的一定条件的认识,虽然也还是直观的、朴素的,但在发展古代朴素辩证法思想上,也还是值得重视的。

第三节 自然观和无神论思想

韩非在自然观上也继承了荀况的唯物主义和无神论思想。同时,对老子哲学中的一些思想资料作了唯物主义的改造和吸取。

韩非发扬了历史上无神论的传统,对当时社会上流行的鬼神迷信思想进行了尖锐的批判。他曾列举大量历史事实来驳斥迷信鬼神的荒谬。例如,他说,当初赵国准备攻打燕国,用龟筮问吉凶,得兆大吉。同时,燕国准备攻打赵国,也用龟筮问吉凶,得兆也是大吉。可是打的结果,燕国弄到兵败国危的地步。这难道能说赵国的龟就灵验,燕国的龟就骗人?比如又一次赵国胁迫燕国跟他一起抗拒秦国,卜筮也是大吉。可是结果赵国弄得地失兵败,而秦国却扩大了地盘,又获得救燕国的好名声。这难道能说秦国的龟就灵验,而赵国的龟就骗人?韩非认为,鬼神龟筮是不能保证取胜的,要取得胜利必须依靠采取恰当的政治措施和笼络人民。他举越王勾践复国的故事来说明。他说,越王勾践起先依靠神灵的龟卜跟吴国打仗,结果惨遭失败,连自己和臣民都做了吴国的奴仆。回国后,勾践丢掉乌龟壳,致力于改革法令、亲近人民,然后对吴国进行报复,结果吴王夫差反被俘虏。所以,韩非说:"龟筮鬼神不足举胜,……然而恃之,愚莫大焉!"(《饰邪》)意思是说,龟筮鬼神是不能保证取胜的,想要依赖它来取胜,没有比这再愚蠢的了。

韩非从无神论的观点出发,还否认有意志的"天"。他说:"若天若地,孰疏孰亲?"(《扬权》)"非天时,虽十尧不能冬生一穗。"(《功名》)这里他继承了荀子"天行有常,不为尧存,不为桀亡"的思想。这是说,天地对谁亲对谁疏呢?离开了自然的天时条件,即使有十个尧,也不能使冬天生长出一颗穗来。他认为无论社会和自然界都没有任何神秘的力量。社会的治乱主要靠人的努力,统治者政治法令措施的得当。而对于自然界的治理,则要顺着自然界本身的性质和规律,因势利导。他说:"夫物有常容,因乘以导之,因随物之容。故静则建乎德,动则顺乎道。"(《喻老》)意思是说:任何事物都具一定的形态、规范,根据这个来引导它,顺着事物自己的规范,所以一动一静都能合乎自然界的总规律和事物的性质("德")。

根据这些思想,韩非对老子的神秘主义的"道"进行了唯物主义的改造。在韩非的哲学思想中,"道"只是指自然界万事万物的本来面目,自然界或治理社会的总的规律。"道"不是什么精神主宰,没有任何神秘色彩。他明确地讲:"道者,万物之所然也,万理之所稽(合)也。"(《解老》)道这个东西,就是指万物本来的那个样子,是适合于各种具体规律("理")的一般规律。

韩非把"道"看做是自然界的一般本质,而每一具体事物的特殊性质他称之为"德"。他论述"道"与"德"的关系,认为"德"是体现"道"的。同时,韩非第一次把自然界的规律分为"道"和"理"。他说:"理者,成物之文也;道者,万物之所以成也。"(《解老》)这就是说,"理"是构成每一具体事物的具体规律,而"道"是使万物所以成为那个样子的一般规律。他还说,事物由于"理"而得以区别开来,例如,可以区分成方圆、短长、粗糜(细)、坚脆等。韩非在阐明"道"和"理"的关系问题时说,"道"不是在万"理"之外的另一种规律,"道"就在万"理"之中。例如,他说:"道"与尧、舜在一起就体现为"智",与接舆(相传春秋时楚国的一个隐士)在一起就体现为"狂",与桀、纣在一起就体现为"灭",与汤、武在一起就体现为"昌"。所以,"道"这个东西,你以为近,可是它体现在四面八方;你以为远,可是它又经常体现在你身边。总起来讲,韩非说:"凡道之情,不制不形,柔弱随时,与理相应。"(《解老》)"道"这个东西的真实情况是:它既不制裁任何东西,也不创造什么东西,而是柔弱顺从,随时变化,存在于所有具体事物的具体规律之中。因此说,"万物各异理,万物各异理,而道尽稽万物之理"(《解老》)。万物的"理"各不相同,也就是说,万物各有自己的"理",然而"道"却完全适合于万物的理。韩非还认为,"理"是"有存亡,有死生,有盛衰"的,而道又是"柔顺随时,与理相应"的。因此,他反对老子所谓的那种"与天地之剖判也俱生,至天地之消散也不死不衰"的永恒不灭,不能言说的"常道"。他认为,他所说的"道"是"无常操"的,是可以"执其见功以处见其形"的,也是可以论说的。这就是他说的:"圣人观其玄虚,用其周行,强字之曰'道',然而可论。"这样,韩非也就和老子那种神秘主义的精神本体的"道"区别了开来。

韩非发挥了"理"这一哲学范畴,并论证了"理"和"道"的关系,即万物的具体规律与自然一般规律的关系。这反映了人们对客观物质世界及其规律性的认识不断在提高,因而在理论上的说明也更加深入细致了。韩非关于"理"的思想,在以后中国哲学史上是有很大影响的。

第二编
汉—唐时期的哲学思想

公元前221年,秦国消灭了战国以来其他六个诸侯国家,建立起封建专制主义的统一的大帝国——秦王朝,结束了战国时期封建割据的状态,开始进入我国封建社会的前期发展阶段。

在前期封建制度发展阶段,农业与家庭手工业相结合的自然经济占支配地位,地主、贵族和皇帝拥有最大部分的土地,而农民则很少有土地,或者完全没有土地。农民被束缚在土地上,没有人身自由。封建地主阶级对农民进行农奴和半农奴式的剥削,受剥削的农民对地主有强烈的人身依附性质。这部分农民,汉代称为"徒附",魏晋南北朝称为"荫户",所谓"父子低首,奴事富人,躬率妻孥,为之服役"(崔寔:《政论》)。此外,封建地主阶级还使用大量的奴隶("奴婢")从事农业和手工业生产,所谓"耕当问奴,织当访婢"。小农破产后,不是沦为依附农民,便是沦为奴隶。土地和社会财富高度集中在地主阶级上层手里。这个阶层,汉代称为"强宗豪族",又称为"豪强",魏晋时期称为"门阀士族"。东汉的政论家仲长统说:"豪人之室,连栋数百,膏田满野,奴婢千群,徒附万计。"(《后汉书·仲长统传》)前期封建制的各王朝,主要依靠这个阶层建立起地主阶级对农民的统治。

由于地主阶级的残酷剥削和压迫,从秦朝开始,爆发了多次大规模的农民起义和农民战争,严重地打击了封建统治阶级。秦朝末年爆发了以陈胜、吴广为首的农民起义,推翻了秦王朝。西汉末年爆发了新市、赤眉和铜马等农民大起义,东汉末年爆发了黄巾农民大起义,又推翻了汉王朝。在晋王朝统治的时期爆发了以杜弢和孙恩为首的农民起义。参加起义的农民,除破产的小农以外,还有大批的依附农民和奴隶。农民起义的锋芒在于打击封建专制主义的统治和地主阶级的残酷剥削。被打击的主要对象是以强宗豪族和门阀世族为首的封建势力。东汉末年的农民大起义,烧官府,杀官吏,攻破地主阶级的坞壁,严重打击了豪族强宗的统治。农民在反对门阀世族专制统治和地主阶级剥削的斗争中,杀了一批大封建主、官僚和恶霸,减少了一大批坐食人民膏血的寄生虫。在斗争中,他们有的获得了土地,有的打碎了农奴的枷锁,取得了人身自由,有的奴隶获得了人身的解放。劳动者的生产兴趣提高了,生产工具和生产技术得到了改善,从而推动了社会生产力的发展。所以每次大规模的农民战争以后,尽管胜利果实被地主阶级篡夺,经过几年或上百年,封建经济又繁荣起来,在封建经济发展的基础上,科学和文化又得到了新发展。

  在前期封建制发展阶段,每次大规模的农民起义以后,新建的封建王朝,为了巩固封建专制主义的统治,防止农民革命的再起,为了替强宗豪族和门阀世族这个封建特权阶层的利益做辩护,总之,为了加强地主阶级对农民的专政,在文化思想战线上又建立起官方的占统治地位的封建主义的思想体系。西汉的封建地主阶级,经过秦末农民大起义打击后,一方面继承了秦王朝的政治制度,另一方面又大力提倡起儒家学说,抬出了孔子,鼓吹纲常名教,推行"阳儒阴法"或"阳德阴刑"的两手政策。从此,孔子学说成了封建社会的正统思想。他们把孔子说成是"神"的化身,大肆宣扬天命鬼神、灾异、符瑞等迷信,总之,提倡儒家神权论,以巩固封建专制主义的统治。西汉的地主阶级当权派,抛弃了战国以来地主阶级在革命时期的无神论和唯物主义的传统,走上了鼓吹神学唯心主义的道路。以鼓吹"君权神授""天人感应"唯心主义目的论为核心的今文经学,成了当时占统治地位的官方意识形态。到了魏晋时期,经过汉末农民大起义的打击,新起的门阀世族,又感到汉王朝推行的礼法名教之治和唯心主义"天人感应"目的论不灵了,于是在礼法两手之外,又从战国时代的思想武库中搬来了老庄学说,大肆宣扬起虚无主义和愚民哲学,建立了唯心主义的玄学体系,为士族的腐朽生活作辩护,另一方面,也是主要的一面,作为统治劳动人民的思想武器。这样,魏晋玄学又成了当时占统治地位的官方意识形态。西晋末年,社会危机加深了,一部分门阀世族感到老庄玄学不足以挽救当时的社会危机,于是又大力提倡佛教和道教。当时的道教作为贵族的宗教,是对农民起义的反动。佛教在印度是为奴隶制和农奴制作辩护的宗教,从汉末传入中国后,一直受到豪强大族的支持。门阀世族在当时的社会大动荡中,又把佛教和道教作为巩固封建专制统治并为自己的封建特权作辩护的工具。这样,东晋以后,佛教和道教又流行起来,成了当时占支配地位的意识形态。

  在前期封建制发展阶段,除农民和地主阶级这一主要矛盾外,还存在着地主阶级内部矛盾。土地兼并是封建社会发展的一个规律。在土地兼并的过程中,一部分地主阶级拥有大量的土地,占有大量劳动力使之成为依附农民,形成了地主阶级上层,他们是地主阶级的当权派,封建王朝的统治权力掌握在这个集团手中。他们在经济、政治和文化上都享有种种特权。强宗豪族和门阀士族就是这样一个阶层。他们享有霸占土地和劳动力以及免税和免役的特权,有优先做官和受教育的特权,甚至有世代为官的特权。东汉政论家王符评论说:"以族举德,以位命贤","贡荐则必阀阅为前。"魏晋时期实行了"九品中正"制度,朝廷依据门第的高低任用官吏,连皇帝都不能侵犯高级士族做大官的特权,所谓"举贤不出世族,用法不及权贵",这样,士族们在经济上的特权又进一步得到了保障。他们手下的依附农民可以不向国家纳税和服徭役,而只向他们服役。总之,他们是前期封建制的特权阶层,也是一个阻碍社会进步的腐朽的阶层。在土地兼并过程中,还有一部分地主,拥有少量土地,对农民的剥削一般采用实物地租的形式,要向国家纳税,甚至要服一定的徭役,他们在没有爬上统治阶级上层以前,没有士族那样的特权,常遇到士族集团的排挤,形成了地主阶级下层。他们被称为"庶族",门第比较"微贱",家境比较"清寒",这个阶层出身的知识分子,被称为"贫贱之士"或"寒士"。在魏晋时期,士庶的区别比较严格,所谓"上品无寒门,下品无世族"。在一般的情况下,庶族不容易爬上统治阶级上层,他们必须依靠豪族和士族的提拔才能做官。在前期封建制发展的过程中,这个阶层的势力逐渐扩大,特别是在农民大起义后,由于打击了豪族和士族的势力,这个阶层在经济上和政治上都有所发展。他们不像豪族和士族那样腐朽,比较关心生产,在土地兼并激化的时期,由于他们的经济利益受到了豪族和士族的排挤,他们同豪族和士族集团开展了斗争。汉代的"党锢之祸"即带有这种性质。在农民革命风暴到来前夕和阶级矛盾激化以及王朝的危机加深时期,庶族地主阶层的代言人,以抨击朝政的姿态出现,揭露封建王朝政治上的腐败现象,谴责豪族和士族集团对人民的压迫,为提高自己的经济地位和政治地位而斗争。但是他们同样反对农民起义,维护封建的统治秩序,而且当农民大起义到来时,又多半同豪族和士族集团联合在一起,共同来镇压农民起义。他们同豪族和士族的斗争,归根结底,是反对统治阶级上层的封建特权的斗争。他们同豪强和士族的矛盾是受农民和地主阶级这一主要矛盾制约的。

由于地主阶级内部存在着一定的矛盾,所以在汉—晋时期,又出现了与当时官方的正统思想具有不同倾向的封建学术和文化。例如,在汉代出现了与今文经学相对立的古文经学,在魏晋时期形成了与玄学和佛教神学相对立的注重实际致用的学派。在自然科学和生产技术方面,出现了一批总结劳动人民生产斗争经验的著名的农学家、天文学家、数学家、机械制造家和医学家。他们多半出身微贱,为我国古代科学和技术的发展做出了贡献。所有这些,都和庶族地主阶层的发展有着密切的关系。

庶族地主阶层在反对强宗豪族和门阀世族的斗争中,在哲学上,则举起了无神论和唯物主义的旗帜,同封建王朝的官方意识形态——封建神学和唯心主义展开了斗争。

在汉代出现了宣扬"天人感应"目的论的唯心主义的哲学家董仲舒,大肆鼓吹天命论先验论和"天不变,道亦不变"的形而上学,为皇权和豪族的特权作辩护。与此相对立,出现了一批无神论和唯物主义哲学家,同汉代官方的唯心主义哲学进行了斗争,庶族地主出身的无神论和唯物主义者王充就是其中著名的代表。魏晋时期,又出现了唯心主义玄学家王弼和郭象,抛弃了汉代神学唯心主义的形式,鼓吹带有思辨性的唯心主义玄学,为门阀世族的专政作辩护。与此相对立,唯物主义者裴頠提倡崇有论,唯物主义和无神论者杨泉提出元气说,同玄学唯心论开展了斗争。两晋之际道教学者葛洪宣扬神权论为门阀世族的统治作辩护。

在封建社会中农民战争不仅在经济上和政治上打击了以豪族和士族为首的封建势力,而且在一定程度上也冲击着当时官方倡导的唯心主义和形而上学体系,迫使后来的地主阶级当权派不得不改变唯心主义的形式,给唯心主义披上新的外衣。而庶族地主阶层的唯物主义者,也往往在农民大起义的风暴中,感觉到豪族和士族倡导的唯心主义的虚妄,从而在批判官方的意识形态的斗争中,走上了唯物主义的道路。其次,唯物主义的形成和发展,还要凭借社会生产力的提高和科学技术的进步。在每次大的农民起义以后,封建社会的矛盾总有一段时期的暂时缓和,生产关系也会有部分的调整,因而社会生产力得到了一些发展,科学和生产技术也取得了某些新的成就,这也就为这个时期的唯物主义的发展奠定了物质基础和思想基础。这个时期的唯物主义者,他们大多数对自然科学具有浓厚的兴趣,其中天文学和医学的进步,对他们的唯物主义的形成产生了深刻的影响。例如,东汉著名的唯物主义者王充就具有广博的自然科学知识,并据此深刻揭露了神学目的论的虚妄。此外,杨泉的元气说和水为万物之本的思想,也都和当时的自然科学有密切的关系。因此,封建时代的唯物主义,作为封建文化中的优良部分,都是与劳动人民的阶级斗争和生产斗争实践分不开的。

庶族地主阶层并不是一个新的阶级。他们同样具有剥削和压迫农民的封建性,他们的阶级本性和豪族、士族没有本质的区别。他们的唯物主义的锋芒仅在于打击豪族和士族的封建特权。因此,他们的唯物主义不可避免地又打上了封建阶级的烙印,具有防止农民革命的意图。所以,他们反对唯心主义的斗争是不可能彻底的。在反对官方的意识形态的斗争中,他们都在不同程度和不同方面,保留了不少唯心主义的因素,企图作为麻痹农民革命意识的工具。因此,他们的唯物主义,无论在自然观和认识论方面,都存在着比较严重的缺点。

第一章
汉初的哲学思想

第一节 汉初的黄老学派

汉代初年,存在着百家争鸣的余波,秦代对思想界的高压政策被解除了,儒家和道家又重新活跃起来,而法家也还有一定势力。当时汉代统治集团面临着选定统治思想的迫切任务。秦代统治者以法家学说为统治思想,但是仅仅十几年的时间,就被农民大起义的浪潮推翻了。这对于新起的汉代统治者,不能不是一个必须严肃注意的经验教训。汉代初年,一度选取了道家学说作为统治思想。汉初几十年间,黄老之学受到当时朝廷的尊崇。

黄老之学的经典是《黄帝书》和《老子》。《汉书·艺文志》记载的《黄帝书》有:《黄帝四经》《黄帝铭》《黄帝君臣》。班固自注:"起六国时,与老子相似也。"这些书都是战国时人写作的,假托黄帝,而内容与老子相近。这些书后来都失传了。1973年长沙马王堆三号汉墓出土的帛书《经法》等《老子》卷前四篇古佚书可能就是《黄帝书》的重要部分。这些书中的思想属于道家,但也采纳了一部分法家的思想和儒家的观念。其中"当断不断,反受其乱"等语句,经常为汉初人所引用。

汉初黄老学派的主要代表有盖公和曹参。曹参于汉惠帝初年任齐相,《史记》叙述曹参的事迹说:"参尽召长老诸生,问所以安集百姓,如齐故俗。诸儒以百数,言人人殊。参未知所定。闻胶西有盖公,善治黄老言,使人厚币请之。既见盖公,盖公为言治道贵清静而民自定,推此类具言之。参于是避正堂,舍盖公焉。其治要用黄老术,故相齐九年,齐国安集,大称贤相。"(《曹相国世家》)盖公和曹参的主要思想是主张"清静无为"。后来曹参又任汉相国,也是采取这个办法。司马迁称赞曹参说:"参为汉相国,清净极言合道。然百姓离秦之酷后,参与休息无为,故天下俱称其美矣。"(同上)所谓清静无为,所谓与民休息,即是对于地主阶级的活动,对于自耕农民的生活,尽量不加干涉,任其自然发展,这在当时对于受到战争破坏的封建经济的恢复,起了一定的积极作用。汉初用黄老之学为指导思想,就是因为经过多年战争,生产遭受破坏,又鉴于农民起义推翻秦朝的教训,首先要安定人民生活,缓和阶级矛盾,所以采取了清静无为的方针。

汉文帝、窦后以及汉景帝,都尊崇黄老之术。景帝时,发生了儒者辕固生与道家黄生的争论。《史记》叙述说:"辕固生……与黄生争论景帝前。黄生曰:'汤武非受命,乃弑也。'辕固生曰:'不然。夫桀纣虐乱,天下之心皆归汤武。汤武与天下之心而诛桀纣。桀纣之民不为之使而归汤武,汤武不得已而立,非受命为何?'黄生曰:'冠虽敝,必加于首;履虽新,必关于足。何者,上下之分也。今桀纣虽失道,然君上也;汤武虽圣,臣下也。夫主有失行,臣下不能正言匡过以尊天子,反因过而诛之,代立践南面,非弑而何也?'辕固生曰:'必若所云,是高帝代秦即天子之位,非邪?'于是景帝曰:'食肉不食马肝,不为不知味;言学者无言汤武受命,不为愚。'遂罢。"(《儒林列传》)黄生是当时黄老学派的一个代表,司马迁的父亲司马谈曾经"习道论于黄子"(《史记·太史公自序》),黄子即黄生。老子学说本来倾向于"无君",黄生却强调君臣上下之分,这是一个变化,足见汉代黄老之学与先秦道家学说有所不同。辕固生宣扬汤武受命,有利于为汉代秦位辩护,黄生强调君臣之分,有利于汉朝政权的继续巩固。两者都是为汉朝统治阶级提供理论根据的。

汉初虽然尊崇黄老之学,但儒家学说也很流行,出现了兼综儒道学说的思想家陆贾和贾谊。

第二节　陆贾

陆贾(约前240—约前170)是汉初著名的著作家,思想家,是汉高祖刘邦的一个谋士,著有《楚汉春秋》和《新语》。关于《新语》的著作缘起,《史记》叙述说:"陆生时时前说称诗书,高帝骂之曰:'乃公居马上而得之,安事诗书!'陆生曰:'居马上得之,宁可以马上治之乎?且汤武逆取而以顺守之,文武并用,长久之术也。……向使秦已并天下,行仁义,法先圣,陛下安得而有之?'高帝不怿而有惭色,乃谓陆生曰:'试为我著秦所以失天下,吾所以得之者何,及古成败之国。'陆生乃粗述存亡之徵,凡著十二篇,每奏一篇,高帝未尝不称善,左右呼万岁,号其书曰《新语》。"(《郦生陆贾列传》)《新语》的主要内容是总结秦亡汉兴以及历史上兴亡成败的经验,为汉代统治提供一个治国方针。他所提供的治国方针以儒家的"仁义"为主,而以道家的"无为"为最高理想,又为仁义无为的思想提出了一个简单的唯物主义理论根据。

陆贾以为,万物是天地所生成的,有了人类,然后有所谓"道术"出现。他说:"天生万物,以地养之,圣人成之,功德参合,而道术生焉。……故在天者可见,在地者可量,在物者可纪,在人者可相。……故知天者仰观天文,知地者俯察地理,跂行喘息,蜎飞蠕动之类,水生陆行,根著叶长之属,为宁其心而安其性,盖天地相承,气感相应而成者也。"(《新语·道基》)这里是说,有天有地然后有物有人,万物和人类都是天地间"气感相应"而生成的,至于道术乃是有了圣人之后才出现的。因此,天地万物和人类都是可以被认识的。这是一种唯物主义的观点。

陆贾区别了天道和人道,并且讨论了天人关系问题,他说:"尧舜不易日月而兴,桀纣不易星辰而亡,天道不改而人道易也,……故世衰道亡,非天之所为也,乃国君者有所取之也。"(同书《明诫》)这是说,天道和人道是有区别的,社会的治乱兴衰,是由统治者的政治措施造成的,与天无关。这是荀况"天行有常"和"明于天人之分"学说的继承。但是,陆贾又以为,人事也能影响天。他说:"恶政生于恶气,恶气生于灾异,螟虫之类,随气而生,虹蜺之属,因政而见,治道失于下,则天文应于上,恶政流于民,则虫灾生于地。"(同上)所谓恶政会引起恶气,恶气就引起灾异的说法是不科学的,带有神秘主义的色彩。但他这里所讲的恶政与灾异的联系是一种机械的因果联系,并不是天意、天命的体现,这和以后董仲舒宣扬的天人感应学说还是有所不同的。

陆贾从唯物主义的自然观出发,还批评了当时流行的求长生不死的神仙思想和宗教迷信。他认为,人们"苦身劳形,入深山,求神仙"和"背天地之宝,求不死之道",都是"非所以通世防非者也"(同书《慎微》)。这是说,求仙祈长生对于世事毫无补益。他尖锐批评那些鼓吹宗教迷信的人:"不学诗书,行仁义,尊圣王之道,极经艺之深,乃论不验之语,学不然之事,图天地之形,说灾变之异,乖先王之法,异圣人之意,惑学者之心,移众人之志,指天画地,是非世事,动人以邪变,惊人以奇怪,听之者若神,视之者如异,然犹不可以济于厄而度其身。"(同书《怀虑》)他认为那些"不验之语","不然之事"都是不可讲不可听的,那些"邪变""奇怪"的事情都是不可信的,宣扬这些迷信不会有良好的结果。

陆贾强调仁义的重要,他说:"危而不倾,佚而不乱者,仁义之所治也。……守国者以仁坚固,佐君者以义不倾,君以仁治,臣以义平。"(同书《道基》)仁义是定危拯乱的方法。陆贾所谓仁义也就是先秦儒家所谓的仁义,他以仁义为最高的道德准则。

陆贾认为,政治的最高理想是无为。他说:"夫道莫大于无为,行莫大于谨敬。何以言之? 昔虞舜治天下,弹五弦之琴,歌南风之诗,寂若无治国之意,谟若无忧民之心,然天下治。"(同书《无为》)孔子也曾说:"无为而治者,其舜也欤"(《论语·卫灵公》),陆贾赞扬无为,即是企图把先秦道家思想与儒家思想糅合在一起。他指斥秦代的过分有为说:"秦始皇帝设为车裂之诛以敛奸邪,筑长城于戎境以备胡越,征大吞小,威震天下,将帅横行,以服外国,蒙恬讨乱于外,李斯治法于内,事愈烦,天下愈乱,法愈滋,而奸愈炽,兵马益设而敌人愈多。秦非不欲为治,然失之者,乃举措暴众而用刑太极故也。"(同上)秦代统治之所以不能维持,迅速崩溃,就是由于过分违背了无为的原则,对人民压榨太甚。陆贾讲无为的境界说:"君子之为治也,块然若无事,寂然若无声,官府若无吏,亭落若无民,闾里不讼于巷,老幼不愁于庭,……老者息于堂,丁壮者耕耘于田,在朝者忠于君,在家者孝于亲。"(同书《至德》)由此可见,陆贾所谓无为就是主张朝廷和官吏对于人民的生活不要进行过多的干涉,以便恢复战乱后的封建经济。因此,他认为,这样的"无为"也就是"有为"。

陆贾宣扬无为,与当时的黄老之学有一致之处,但他既讲无为,也讲仁义,就与道家学说不同了。陆贾是兼综儒道的思想家。

第三节　贾谊

贾谊是汉初著名的政论家,文学家,思想家,洛阳人,生于公元前200年(汉高帝七年),死于公元前168年(汉文帝十二年)。贾谊总结了秦朝统治被农民起义推翻的经验教训,向汉文帝提出了缓和阶级矛盾,巩固中央政权,削弱诸侯王地方割据势力,抵御异族侵略等有关政策方针的一系列建议,对汉代政权的巩固和文化的发展起了重要的积极作用。他的议论文章,后人编为《贾谊新书》,班固摘选其中最重要的部分录入《汉书·贾谊传》中。贾谊还写了《鵩鸟赋》等文章,其中也表述了他的哲学观点。

在《鵩鸟赋》中,贾谊继承、发挥了先秦时代的朴素辩证法思想和朴素唯物主义观点。他首先肯定了变化的无穷无尽,他说:"万物变化兮,固无休息。斡流而迁兮,或推而还。形气转续兮,变化而嬗。沕穆无间兮,胡可胜言!"(《汉书·贾谊传》)这里说万物变化,就是形气转续,是永远不会停止的。他还指出:变化是对立双方的相互转化,一切对立双方都必然相互转化,"祸兮福所倚,福兮祸所伏;忧喜聚门兮,吉凶同域。彼吴强大兮,夫差以败;越栖会稽兮,句践伯世。……夫祸之与福兮,何异纠缠!"对立双方不断相互转化,所以可以说是"聚门""同域","聚门""同域"就是统一的意思。万物变化的根源何在?他解释说:"万物回薄兮,震荡相转。云烝雨降兮,纠错相纷。大钧播物兮,坱圠无垠。天不可与虑,道不可与谋。迟速有命兮,乌识其时?且夫天地为炉兮,造化为工,阴阳为炭兮,万物为铜,合散消息兮,安有常则?"这里提出了天地、阴阳、大钧、造化在世界生成中的作用。天地好比炉,阴阳好比炭,造化即是大钧,是变化的动力。大钧、造化是什么?他没有明说。但值得注意的是,这大钧或者造化是无"虑"无"谋",即没有意志没有目的的,是一种无意识的动力。因此,也就是说,万物是在那里自然变化着的。从这一点看,贾谊表现了唯物主义的倾向。

贾谊还著有《道德说》《六术》等篇,讲"德有六理。何谓六理?曰道德性神明命,此六者德之理也。"(《道德说》)在这里,贾谊认为"德"是具体万物以至仁义道德的根源。他说:"德之所以生,阴阳、天地、人与万物也","仁者德之出也,义者德之理也。"一切变化也从德中产生,所以又说:"德者,变及物理之所出也。"但是,"德"又是从"道"中来的,以"道"为本。这就是他说的"变及诸生之理,皆道之化也,各有条理以载于德。德受道之化而发之各不同状"。又说:"物所道(导)始谓之道,所得以生谓之德。德之有也,以道为本。"(同上)关于"道"的性质贾谊没有详细的论述,只是说:"道者无形,平和而神",但就他说"德者离无而之有"的意义看,他关于所谓道与德的说法,显然是渊源于老子并受韩非《解老》篇思想的影响。《六术》篇强调"以六为度",当是受了秦朝"以水德王,数用六"的影响。后来贾谊向汉文帝建议"改正朔,易服色",主张"色尚黄,数用五"(《史记·贾生列传》)。《道德说》《六术》等篇以六为基本数,显然是贾谊二十岁以前写的。《道德说》文字很晦涩,思想内容不明确,是贾谊早年不成熟的作品,他后来所写的《鵩鸟赋》中,就比较明确地表达了朴素唯物主义的思想。

秦吞并六国,统一海内,表现了强大的力量,但是仅仅十几年的时间,秦朝就被人民推翻了,这证明人民的力量比秦更强大。贾谊深刻考察了人民推翻秦朝统治的历史事实,在一定程度上认识到人民力量的巨大,得出了"与民为敌者,民必胜之"的结论。他指出,民是国家的根本:"闻之于政也,民无不为本也。国以为本,君以为本,吏以为本。故国以民为安危,君以民为威侮,吏以民为贵贱。此之谓民无不为本也。"(《新书·大政上》)他以战争为例,战争的胜败是由民心决定的:"故率民而守,而民不欲存,则莫能以存矣;故率民而攻,民不欲得,则莫能以得矣;故率民而战,民不欲胜,则莫能以胜矣。"(同上)民心起决定的作用,"故夫灾与福也,非降在天也,必在士民也。"(同上)民虽然是被统治者,而国家的兴衰,君主的安危,都是由人民决定的。"故自古至于今,与民为仇者,有迟有速,而民必胜之"。(同上)贾谊认为这是从古到今的一种必然性。

贾谊仍然认为民是没有知识的,他说:"夫民之为言也,暝也;萌之为言也,盲也。故惟上之所扶而以之,民无不化也。"(《大政下》)他把人民看成群氓。但他认为,这些群氓却是不可侮的。"故夫民者,至贱而不可简也,至愚而不可欺也。"(《大政上》)贾谊认识到人民的力量,这是贾谊的进步思想。

贾谊所谓民,不仅指劳动人民,也包括没有作官吏的地主阶级中下层,凡受国君和官吏统治者都是民。

贾谊考察了秦代兴亡的过程,分析了秦亡的原因。他认为秦朝迅速灭亡的原因在于不行"仁义"。他说:"然秦以区区之地致万乘之势,序八州而朝同列,百有余年矣。然后以六合为家,崤函为宫。一夫作难而七庙堕,身死人手,为天下笑者,何也?仁义不施,而攻守之势异也。"(《过秦论上》)又说:"秦王怀贪鄙之心,行自奋之智,……焚文书而酷刑法,先诈力而后仁义,以暴虐为天下始。夫并兼者高诈力,安危者贵顺权,推此言之,取与守不同术也。"(《过秦论中》)贾谊认为攻(取)与守需要不同的方法,攻是进行兼并战争,可以用"诈力";守是巩固统一政权,必须用"仁义"。他所谓仁义主要是安定人民的生活,使人民能安居乐业。贾谊认为,统治者必须照顾人民的生活,"凡居上位者,简士苦民者是谓愚,敬士爱民者是谓智"(《大政上》)。"故有国畜民施政教者,臣窃以为厚之而可耳。"(《连语》)对待人民,要从宽从厚。他认为必须重视人民的衣食,"管子曰:'仓廪实,知礼节;衣食足,知荣辱。'民非足也,而可治之者,自古及今,未之尝闻"(《无蓄》)。足民然后才能治民。

贾谊着重论述了礼与法的区别和联系。他认为法固不可不用,而礼更为重要。他说:"夫礼者禁于将然之前,而法者禁于已然之后,是故法之所用易见,而礼之所为生难知也。若夫庆赏以劝善,刑罚以惩恶,先王执此之政,坚如金石,行此之令,信如四时,据此之公,无私如天地耳,岂顾不用哉?然而曰礼云礼云者,贵绝恶于未萌,而起教于微眇,使民日迁善远罪而不自知也。"(《汉书·贾谊传》引《治安策》)所谓礼是道德教育,让人民从思想上服从统治。他认为礼有保民的作用。"礼者,所以固国家,定社稷,使君无失其民者也。"(《礼篇》)礼的内容就是人与人的关系的规范。"君仁臣忠,父慈子孝,兄爱弟敬,夫和妻柔,姑慈妇听,礼之至也。"(同上)能实行礼,封建的统治秩序就巩固了。

贾谊比较了礼与法的效果,他说:"以礼义治之者积礼义,以刑罚治之者积刑罚。刑罚积而民怨背,礼义积而民和亲。……道之以德教者,德教洽而民气乐;驱之以法令者,法令极而民风哀。哀乐之感,祸福之应也。"(《汉书·贾谊传》引《治安策》)以"礼义"治民,可以达到"民和亲"的效果;以"刑罚"治民,就会发生"民怨背"的危险。贾谊更从商周年代久长,秦朝年代短促来论证礼与法的效验:"汤武置天下于仁义礼乐,而德泽洽,……累子孙数十世,此天下所共闻也。秦王置天下于法令刑罚,德译亡一有,……祸几及身,子孙诛绝,此天下之所共见也。是非其明效大验邪?……今或言礼谊之不如法令,教化之不如刑罚,人主胡不引殷周秦事以观之也?"(同上)殷周的历史有许多复杂的情况,而周代比较重视德教,秦代比较重视刑罚,也还是明显的。贾谊就从这一方面来论证礼法的优劣。但贾谊也认为法制是必要的。他说:"仁义恩厚,此人主之芒刃也;权势法制,此人主之斤斧也。……今诸侯王皆众髋髀也,释斤斧之制,而欲婴以芒刃,臣以为刃不折则缺耳。"(《新书·制不定》)这是说,对于当时的诸侯王割据势力,只用仁义去牢笼他们是不行的,还是需要用权势法制加以处理。贾谊认识到,仁义和法制都是统治的工具。

荀况兼重礼法,认为礼比法更重要,但关于礼法的关系讲得不够清楚。贾谊提出了关于礼(道德教育)与法(法律制裁)相互关系的比较明确的说明。这在中国伦理学史和政治思想史上是有重要意义的,是先秦以来"礼治"和"法治"的争论的一个总结。

《史记》说贾谊"颇通诸子百家书",从贾谊的思想体系来看,可以说他的思想是以儒家为主而兼采了道家和法家的一些见解。他的哲学观点基本上是唯物主义的。

第二章
董仲舒

董仲舒生卒时间约在公元前179年(汉文帝元年)至公元前104年(汉武帝太初元年)。他是西汉重要的思想家和哲学家。

董仲舒的著作遗留下来的有他向汉武帝所作的《对策》(见《汉书·董仲舒传》,又称《天人三策》)及《春秋繁露》一书。

董仲舒是将儒家思想改造成为维护中央集权封建专制统治的思想体系的重要代表人物。儒家思想被确立为西汉封建地主阶级的统治思想,是经历了一段历史过程的。汉初统治者曾经提倡过黄老之学。汉武帝时代,中国早期封建社会进到一个强盛时期,随着生产力的发展和国家的统一,封建专制主义中央集权空前加强,黄老之学又不适用了。为了进一步强化对人民的思想统治,董仲舒提出了以儒家思想为主而糅合一些法家思想的封建思想体系。

第一节 "大一统"的政治理论

董仲舒的全部哲学思想都是为汉王朝封建专制统治创立理论上的根据的。

为了适应当时已经形成的封建一统的政治局面,董仲舒认为"一统"是古今社会共同的要求,为了巩固"一统",在政治上就必须推行君主的专制统治,这叫做"尊君"。他认为秦王朝覆灭之速,推行法家"严刑峻法"是重要原因之一,因此提出"任德不任刑",企图用刑德两手加强对劳动人民的统治。他还认为:为了防范劳动人民造反,要让他们"自觉"地接受统治阶级的统治,从思想上服从统治。同时,他还把"君权神授"理论化,以论证"君权"和"神权"的关系,创造了一个庞大的神学体系。

董仲舒认为要巩固封建一统的专制统治,就必须"尊君",即要建立起君主的权威,他说:"唯天子受命于天,天下受命于天子","春秋之法以人随君,以君随天。"(《汉书·董仲舒》)在董仲舒看来,"天"是最尊贵的、至高无上的,君主"受命于天",因此他的意志也就是绝对的。这是与当时巩固封建一统的专制统治相适应的。在当时的政治斗争中,存在着复杂的矛盾,一方面是农民反对地主的斗争,这往往集中表现在反对保护封建地主阶级利益的政权上;另一方面是地方豪强势力反对中央政权。董仲舒为了加强中央集权来解决上述矛盾,这样就不得不提高君主的地位。他说什么:"人主立于生杀之位,与天共持变化之势","天地人主一也。"他甚至在一个"王"字上也大作文章,说:"古之造文者,三画而连其中谓之王。……取天地与人之中,以为贯而参通之,非王者孰能当。"(《王道通三》)这些话现在看来十分荒谬,但在当时却起到了抬高皇帝的权威,抬高封建专制统治政权权威的作用。

董仲舒总结秦王朝覆灭的教训,认为秦朝行申不害、商鞅、韩非的法治,刑罚苛重,以及过重的徭役和赋敛,造成上下严重对立,贫富极端悬殊,是激起农民起义的重要原因。他要统治者采取德治和法治两手,并着重以封建的仁义道德去教化人民。他说:"天道之大者在阴阳,阳为德,阴为刑,刑主杀而德主生。是故阳常居大夏而以生育养长为事,阴常居大冬而积于虚空不用之处,以此见天之任德不任刑也。"(《汉书·董仲舒传》)董仲舒把阴阳看成是"天"的两种基本因素,德、仁爱、生育等等都是"天"的阳这一方面的表现;刑、杀等则是"天"的阴这一方面的表现。"天意"欲生不欲杀,以示"天"之仁爱之心。君主上法于天,政当以"德化为本",故应"任德不任刑"。这些话都反映了董仲舒强调儒家德治的思想。当然,董仲舒鼓吹"德化",也不可能根本去掉刑法。所以董仲舒也主张在"德化"的基础上,要推行宽猛相济、威惠并施的政策,他说:"国之所以为国者,德也;君之所以为君者,威也。"这就是说,"德"固然必要,而"威"也不可少。

为了巩固封建统治的长远利益,他还提出"限民名田"的主张,限制豪强贵族过分地兼并土地,以便防止因土地兼并剧烈再激起新的农民起义。

董仲舒为了适应当时一统的封建专制统治的要求,他在向汉武帝的《对策》中提出了一个重要的问题,即统一思想的重要性,要求封建统治者"罢黜百家,独尊儒术",把以孔子为代表的儒家思想定为封建社会的统治思想。他说:"春秋大一统者,天地之常经,古今之通谊也。"他是引申发挥《春秋公羊传》关于大一统的意义,将一统说成天经地义,不可更改。(所谓春秋大一统,是说《春秋》一书特别重视一统,这里"大"字是动词。)他认为,要保持这种一统的局面,就必须要有一个统一的思想,作为最高统治者的指导思想。他提出:"诸不在六艺之科、孔子之术者,皆绝其道,勿使并进。"即对于不符合儒家思想的各种思想,都宣布为非法。并认为有了统一的思想就可以做到"邪辟之说灭息,然后统纪可一,而法度可明,民知所从矣"(以上均引自《汉书·董仲舒传》)。尽管董仲舒的某些政治主张如"盐铁皆归于民",对匈奴和亲等,与汉武帝的现行政策有一定的矛盾,但他所提出的"罢黜百家,独尊儒术"的主张、他的整个思想体系却适应了汉武帝对人民加强思想统治的需要,因而被汉武帝采纳。

从董仲舒开始,将孔子神化,孔子被推为素王,在封建社会中具有教主的意义。从此以后孔子被封建社会奉为圣人,具有绝对的权威。儒家思想也取得了意识形态中主流派的正统地位。

第二节 "天人感应"的神学目的论

董仲舒继承了西周以来关于"天道""天命"的唯心主义世界观,吸收了春秋战国以来阴阳五行家的神秘主义思想,通过解释发挥《春秋公羊传》的"微言大义",来完成他的神学目的论体系。

董仲舒把汉代的封建统治说成是"天道""天意"的体现。他说:"王者承天意以从事。"这是说皇帝是按照天的旨意来推行其封建的政治的,例如尧舜汤武都是受天命而为天子的:"天以天下予尧舜,尧舜受命于天而王天下。"(《春秋繁露·尧舜汤武》)这样就给了封建中央集权专制以宗教神学的理论根据。这样的"天"是宇宙间至高无上的主宰,他说:"天者,百神之大君也。"(《郊祭》)宇宙万物都是"天"有意识创造的:"天者,群物之祖也,故遍覆包函而无所殊,建日月风雨以和之,经阴阳寒暑以成之。"(《汉书·董仲舒传》)自然界的万物及其变化,都是天的意志的体现,这样的"天",当然是虚构出来的,它实际上是地上的封建统治者的化身,是地上的统治者按照自己的面貌塑造出来的一个偶像。

董仲舒讲"天"有意志,不是简单地重复先秦以来关于"天"是有意志的人格神,他主要是通过对阴阳五行学说的歪曲以及对于自然界现象随意比附、解释来论证天有意志的,他把阴阳五行和自然季节的变化都说成是天的有意志有目的的活动。他提出"天数右阳而不右阴"(《阳尊阴卑》),即是说,"天"始终把阳当作主导的方面,而把阴当作次要的附属方面,阳主万物的养育生长("阳常居大夏"),阴主万物的收藏("阴常居大冬");阳体现天的恩德,阴体现天的刑罚,天尚德不尚刑,因此,阳为主,阴为从,阳尊阴卑。由阴阳而产生的季节变化,他也说成是天的意志活动,如说:"喜气为暖而当春,怒气为清而当秋,乐气为太阳而当夏,哀气为太阴而当冬。"(《阳尊阴卑》)把春夏秋冬的季节变化说成为天的喜怒哀乐的表现。总之,他认为,"阳气仁而阴气戾","恶之属尽为阴,善之属尽为阳"(《王道通三》)等等。董仲舒的这些观点,实质上是把阴阳二气伦理化了。关于"五行",董仲舒通过对"五行相生""五行相胜"和"五行顺逆"等论述,把木、火、土、金、水的次序说成是"天次之序也"(《五行之义》),即"天"所安排定的次序。他认为,这种"相生"的次序,也就是"父子之序",而人类则"就天之制"以为社会之制,因此,"五行者,乃孝子忠臣之行也"(同上)。在"五行"之中,董仲舒又特别重视"土",认为"土者,五行之主也","天之股肱也"(同上)。"土"所表现出来的最大德性是顺从天意,或者说:"至忠厚信,以事其君。"(《五行相生》)所以,他认为:"圣人之行,莫贵于忠,土德之谓也","事君,若土之敬天也,可谓有行人矣。"(《五行之义》)董仲舒的这些思想对东汉《白虎通》的神学思想有极大影响。

董仲舒肯定有意志的"天",除了为"君权神授",抬高皇帝的权威造舆论外,也是为了进一步论证"天人感应"的理论。原来荀子的唯物主义主张"明于天人之分",一方面把自然的天看成是客观存在的世界,认为它的发展变化是有规律的,"天行有常";另一方面提出了人可以"制天命而用之"的观点。而董仲舒与荀子相反,他讲"天人感应",用他自己的话说就是"天人相与之际"的问题。

董仲舒从物类的机械感应推出"天人感应",他说:"琴瑟报弹其宫,他宫自鸣而应之,此物之以类动者也。"接着他就引《尚书传》说:"周将兴之时,有大赤乌衔谷之种而集王屋之上者。武王喜,诸大夫皆喜。周公曰:茂哉!茂哉!天之见此以劝之也。"(《同类相动》)本来事物之间确实存在着相互联系的关系,在当时科学所能达到的水平,已经知道在声音之间有"共鸣"或"共振"的现象;在医学上也注意到自然环境对人身体的影响;在农学中看到了天象的变化和作物生长之间的关系等等。董仲舒利用并曲解了这些现象,创造出他的"天人感应"理论,认为"帝王之将兴也,其美祥亦先见;其将亡也,妖孽亦先见"(同上)。

如果说物类相应的原因之一是因为它们是同类的东西,那么天和人并不是同类的东西,在他们之间怎样能存在董仲舒所说的神秘的感应关系呢?为了证明这一点,他除了把"天"说成是和人一样有意志的之外,还提出了"人副天数"的著名命题。他把人说成天的副本,用来论证他的天人感应的目的论。他说:"人之为人,本于天,天亦人之曾祖父也。"(《为人者天》)人的模样与天的模样一样,从形体说,人有骨节,天有时数:"天以终岁之数成人之身,故小节三百六十六,副日数也;大节十二分,副月数也。"(《人副天数》)人有五脏,天有五行;人有四肢,天有四时;人有视(醒)瞑(睡眠),天有昼夜。从人的感情意识来说,人有好恶,天有暖晴;人有喜怒,天有寒暑;至于人的道德品质,更是"天意""天志"的体现。因为人和天具有相同的生理的和道德的本质,这就证明了天与人是合一的,天与人可以交感。天创造人是要人来实现天的意志。因此,人的行为符合天意,天就喜欢;违反天意,天就震怒。为此,董仲舒说:"天人相与之际,甚可畏也。国家将有失道之败,而天乃先出灾害以谴告之;不知自省,又出怪异以警惧之;尚不知变,而伤败乃至。以此见天心之仁爱人君,而欲止其乱也。"(《汉书·董仲舒传》)统治者如果违反天意(失道),天就会出现灾异现象加以警告,使其觉悟,如果不省悟,就会带来严重的后果。他又说:"五行变至,当救之以德,施之天下,则咎除。不救以德,不出三年,天当雨石"(《五行变救》)。这是企图用怪异现象规劝统治者施行德治。这种谴告说似乎是利用宗教迷信对人君的"失道"加以限制,但从维护封建社会的根本利益来说,这也是体现天对人君的一种爱护。这是从另一角度论证君权神授的。封建统治者因为有君权神授这一护符,可以随意地对一些自然现象穿凿附会,来为自己的腐败政治进行粉饰或开脱。统治者绝不会用什么"谴告"说来限制束缚自己的手足、动摇自己的统治的。例如,董仲舒写文章讲灾异,被人偷去给汉武帝看了,几乎杀掉他的脑袋,使他以后不敢再讲灾异,这也说明了"谴告"说的破产。董仲舒的天人感应思想,为汉代后来谶纬迷信的兴起开了先河。以后历代封建统治者,都注意吸收董仲舒的天人感应思想作为神道设教、君权神授的理论根据。

董仲舒在向汉武帝的《对策》中提出:"道之大原出于天,天不变,道亦不变。"所谓"道",就是封建社会的根本法则,它总结了封建的道德、政治、教化、习俗等等。董仲舒把这个"道"和神秘的"天"结合起来,扩充为整个宇宙的根本规律,得出了他的唯心主义形而上学体系。

封建社会的道和天一样,都是永恒的不可改变的。如果说有变化,也只是形式上枝节上的变化,而不会有实质的根本变化。道永远是完美无缺的,只在偏离道的时候才出现弊病。因此,变化也只是对"失道"的纠正和弥补。他说:"道者万世亡弊,弊者道之失也。"(《汉书·董仲舒传》)

由于古代朴素的辩证法已经提出关于事物发展变化的理论,现实生活中这种现象也是普遍存在的,要根本否认这一点是很困难的。因而董仲舒就针对这个问题提出来所谓"经"与"权"的思想。所谓"经"就是指经常,也就是说通常的情况;所谓"权"(或称为"变")是指异常,也就是说非常的情况。董仲舒承认"权"也是必要的,在非常的情况下可以有所变通,但是这种变通决不能超出"道"的范围,即决不能超出封建制度所允许的范围,他说:"权虽反经,亦必在可以然之域。不在可以然之域,故虽死亡,终弗为也。"(《玉英》)这就是说,在非常情况下在一些枝节问题的处理上可以和经常的情况下有所不同,但是这种不同只能在被允许的范围之内,如果要超出这个范围就是死也不能干。从这里看,董仲舒所说的"经"和"权"都包含在所谓"道"之内,而道是不可改变的,这也就是他所说的:"王者有改制之名,无易道之实。"(《楚庄王》)

董仲舒为了把封建的统治秩序说成是神圣不可侵犯的,他还用所谓"阳尊阴卑"的理论,把封建的伦常关系绝对固定化起来。他说:"君臣父子夫妇之义,皆取诸阴阳之道。君为阳,臣为阴;父为阳,子为阴;夫为阳,妻为阴。"(《基义》)这就是说,阴阳两个对立面,阳始终处于主导地位,阴始终处于从属的地位,阴为了配合阳才有存在的价值;因此,君、父、夫永远应该处于统治的地位,而臣、子、妻则永远应处于被统治的地位,统治和服从的关系就像阴阳的关系一样是天经地义的。这样他把对立双方的地位绝对固定起来,否认对立面有地位和性质的转化。这成为他"天不变,道亦不变"的形而上学的理论根据之一。

第三节 "事各顺于名"的认识论

董仲舒的认识论是服务于他的天人感应的神学目的论的,因为天创造人是要实现天意的,因此,人的认识主要是认识天意。他说:"天不言,使人察其意;弗为,使人行其中。"(《深察名号》)这是说,天虽然不言语,但要人领会它的意志,天虽然不行动,但要人按照它的意志去行动。这也是说人的认识和行动的标准就在于是否能够与天意相符合。因此,在董仲舒看来认识就是认识"天意",体会"天意"。怎样来体认"天意"呢?他认为,一方面由于"天"与"人"有感应的关系,可以从"天"的各种表示来体察"天"的意志,并据此以付诸实践,所以他说:"天亦有喜怒之气,哀乐之心,与人相副。以类合之,天人一也。……故为人主之道,莫明于在身之与天同者而用之,使喜怒必当义乃出,如寒暑之必当其时乃发也。"(《阴阳义》)这就是说,"天"的意志通过四时表现出来,统治者必须认识这一点,而且要根据"天意"来行事。另一方面,董仲舒又提出体会"天意"要通过内心的体验去认识,他说:"道莫明省身之天"(《为人者天》),意思是说,没有比向内反省更加能认识"天意"的了。因为,在董仲舒看来,"天"与"人"本来是合一的,"天"具有的道德品质,在人内心本来就有。这样,董仲舒在认识论上便倒向了神秘主义。

当然,认识"天意"并不是董仲舒的目的,他的目的是要人们在思想上牢牢地树立起封建伦理道德观念,并把它贯彻到实践中去。怎样贯彻到实践中去呢?这就是他的"正名"思想。董仲舒认为,名是决定是非的标准,是非应该由"名"来决定,他说:"名之审于是非也,犹绳之审于曲直也"(《深察名号》),是非曲直不在客观事实,而看它是否与"名"相符合。他又说:"事各顺于名,名各顺于天"(同上),事由名决定,名由"天"决定,"名"就是圣人代表"天意"给事物起的名称:"鸣而施命,谓之名。"(同上)

"正名"的思想在董仲舒这里和在孔子那里一样,都是为了维护上下尊卑的等级制的。孔子的"正名"的核心就是"君君,臣臣,父父,子子";董仲舒的"正名"就是他所说的:"受命之君,天意之所予也,故号为天子者,宜视天如父,事天以孝道也。号为诸侯者,宜谨视所侯奉之天子也。号为大夫者,宜厚其忠信,敦其礼义,使善大于匹夫之义,足以化也。士者,事也。民者,瞑也。"(《深察名号》)他要求封建制各个等级都根据"名"来确定其地位,处理相互之间的关系,这无非是为着封建等级制的巩固而已。这种基于"名"是实际事物的标准和名的神圣不可侵犯的性质的"正名"学说,构成我国封建"名教"思想的理论基础。

与这种事顺于名的认识论相联系的就是董仲舒的英雄创造历史的唯心主义历史观。照他看来,只有圣人能体察天的意志,并代天命名,圣人的认识是不受任何实践的制约的,所以他说:"圣人者,见人之所不能见者也。故圣人之言,亦可畏也。"(《郊语》)这就是说,圣人具有超乎常人的认识能力,他们是一些能"知天地鬼神"、知"人事成败"、知"古往今来"的先知先觉。因此,圣人的地位同于天,"圣人之道,同诸天地"(《王道通三》)。这样一来,圣人对自然界和人类社会就可以任意穿凿附会、随心所欲地作解释。这种先验主义和神秘主义的认识论,正好在认识论方面为天人感应寻找根据。同时,又是在认识论方面为封建最高统治者树立绝对权威,证明应该由这些先知先觉的圣人来进行统治。

第四节　历史观和性三品说

董仲舒的历史观是复古主义的循环论,他为了论证汉王朝统治的必然性和合理性,提出"三统""三正"的学说。

"三统"就是黑统、白统和赤统。"三正"就是夏以寅月(农历正月)为正月,商以丑月(农历十二月)为正月,周以子月(农历十一月)为正月。寅月以黑色为上色,因此夏为黑统,丑月以白色为上色,商为白统,子月以赤色为上色,周为赤统。历史的变化,就是三统的周而复始。汉代继周而起,应以寅月为正月,这就叫做"改正朔,易服色"。用这种办法表示一个新的朝代统治者重新受天命,所谓"新王必改制"就是指履行这种类似宗教的仪式。很明显,"三统三正"是一种历史循环论,但同邹衍的"五德终始"说的意义不同。邹衍的五德终始说强调"尊今",而"三统"说则强调"治古",他说:"若其大纲、人伦、道理、政治、教化、习俗、文义尽如故,亦何改哉?故王者有改制之名,无易道之实。"(《楚庄王》)历史上虽然朝代更替了,但封建制度的根本原则是没有任何变动的,封建社会的生产关系是不能有任何触动的。历史的每一循环,都不过是复古的表现,所以他又提倡"奉天而法古",他说"春秋之于世事也,善复古,讥易常"(同上)。这种复古主义的历史循环论,论证了封建制度的永恒性和不可侵犯。

董仲舒在人性论问题上,提出了性三品说,把人性分为上、中、下三等,即圣人之性、中民之性和斗筲之性,圣人之性是天生的善,斗筲之性是天生的恶,都是不可改变的,因此也可以不叫做性。只有中民之性,可以经过教化成为善性,可以叫做性。中民之性是指多数人的人性能够接受封建统治者的教化而言,他认为人性虽包含了善的素质,但不经过教化还不能成为善,他说:"禾虽出米而禾未可谓米也,性虽出善而性未可谓善也。"(《实性》)因此,要达到性善,必须经过统治者的教育,他说:"卵待覆而为雏,茧待缲而为丝,性待教而为善。"而担当教育者的责任的就是封建统治者,他说:"王承天意,以成民之性为任者也。"圣王的任务是"继天成性",即奉天命教化百姓,使百姓成为善良的人。因为在他看来,"民之号取之瞑也"(《深察名号》)。把"民"说成"瞑",侮蔑劳动人民都是昏昏沉沉冥顽不灵,必须经过统治者的教化才能觉醒。

董仲舒还根据儒家的伦理思想提出"三纲""五常"的学说。儒家伦理道德思想讲君君、臣臣、父父、子子,讲仁、义、忠、信等。董仲舒在这种伦理道德的基础上提出所谓"王道之三纲",即以后所说的"君为臣纲","父为子纲","夫为妻纲"。"五常"即仁、义、礼、智、信。"三纲"和"五常"都是"天"的意志的表现,三纲的主从关系是绝对不可改变的。五常是用来调整这种关系的一些基本原则。董仲舒用"天意"来解释社会伦理道德,在三纲之上加上了"天",用来论证三纲、五常的合理性和永恒性。这样就在君权、族权和夫权之上又加了神权,为中国封建社会的四大绳索提供了理论根据。

第三章
扬雄和桓谭

扬雄,字子云,蜀郡成都人,生于公元前53年(汉宣帝甘露元年),死于公元18年(王莽天凤五年),是西汉末年著名的文学家、思想家。少壮时以写赋闻名,中年以后专门研究有关宇宙人生的理论问题。主要哲学著作是《太玄》和《法言》。《太玄》是模仿《周易》的,《法言》则模仿《论语》。《太玄》的大部分词句非常晦涩,文义不明确;《法言》则比较简明。

扬雄的哲学思想是复杂的。他的哲学体系中含有一些唯物主义的内容,但是在唯物主义的内容之上,安置了一个笼罩一切的神秘的绝对观念"玄",从而使他的哲学体系成为一个客观唯心主义的体系。

桓谭,字君山,沛国相人,约生于公元前40年前后,死于公元32年前后,是西汉末年东汉初的唯物主义思想家、天文学家。主要著作是《新论》,原书久已散佚,清代以来有辑本。

第一节 扬雄的哲学体系

扬雄的思想表现了一定的唯物主义倾向,他注意研究天文学,本来主张盖天说,后来被桓谭所说服,改信浑天说。他曾赞扬浑天说道:"落下闳营之,鲜于妄人度之,耿中丞象之。几乎几乎!莫之能违也。"(《法言·重黎》)这里简要叙述了浑天说的历史,汉武帝时落下闳开始制造浑天仪,鲜于妄人加以测度推算,宣帝时耿寿昌制成了浑天的仪象。扬雄认为浑天说是极其精妙的天文学说,凡是讲述天文观象的都不能违背它。扬雄企图以当时的天文历法的知识为根据建立一个说明世界万事万物的体系,这就是《太玄》。

扬雄在《太玄》中提出了一个世界图式,这个世界图式是模仿《周易》的,而又与《周易》不同。《周易》基本上采用二分法,八卦重为六十四卦,每卦六爻,共三百八十四爻,以此为事物变化的公式。《太玄》基本上采用三分法,又分四层,即方州部家。一玄分为三方,一方分为三州,共九州;一州分为三部,共二十七部；一部分为三家，共八十一家。他说："一玄都覆三方，方同九州，枝载庶部，分正群家。"（《太玄图》）与八十一家相应，《太玄》分为八十一首，每首九赞，共七百二十九赞。这就是《太玄》的体系，他认为这个体系包括了世界万事万物的变化公式。

扬雄试图以八十一首来表现一年四时的变化，所以说："八十一首，发事咸贞"（《太玄·玄测都序》），又说："始于十一月，终于十月，罗重九行，行四十日。"（《太玄图》）每一首约表述四十日的情况。扬雄把一年四季分为九段，一段称为一"天"，一年共九"天"。"九天：一为中天，二为羡天，三为从天，四为更天，五为睟天，六为廓天，七为减天，八为沈天，九为成天。"（《太玄数》）《太玄》的八十一首分为九节，第一首至第八首属于中天，第九首至第十七首属于羡天，以此类推。扬雄更以阳气消长状况和万物盛衰状况来说明九天的变化过程："诚有内者存乎中，宣而出者存乎羡，云行雨施存乎从，变节易度存乎更，珍光淳全存乎睟，虚中弘外存乎廓，削退消部存乎减，降队幽藏存乎沈，考终性命存乎成。"（《太玄图》）阳气闭藏于内是中天，植物开始萌生是羡天，云雨滋润万物是从天，植物变化繁多是更天，植物茂盛结实为睟天，植物渐渐变为外强中干为廓天，植物衰减为减天，植物降落覆藏为沈天，万物完成结束为成天。扬雄的这些思想，虽然在一定程度上总结了当时历法与农学的一些知识，但是他把这些天象、自然的变化过程，完全用他主观设计的图式去套，其结果只能是牵强附会而已。不仅如此，扬雄在《太玄》中，把一切事物的变化发展，都企图用以"九"为基数的格式把它们框起来。除上面讲到他把一年四季分为"九天"外，同样，他也认为地有"九地"，人分"九等"，人体有"九体"，"九窍"，宗族关系有"九属"等等。

《太玄》的最高范畴是"玄"。玄是世界的最高本原，是一切事物的最初根本。扬雄说："玄者，幽摛万类而不见其形者也，资陶虚无而生乎，规摑神明而定摹，通同古今以开类，摛措阴阳而发气。"（《太玄摛》）这段话说明"玄"是无形的，它在无形之中开展出万类，是天地阴阳之所从出。（这里所谓神明指天地而言，他说："夫天，宙然示人神矣；夫地，佗然示人明矣。"）扬雄十分强调玄的无形，他说："夫玄晦其位而冥其畛，深其阜而眒其根，攘其功而幽其所以然者也。故玄卓然示人远矣，旷然廓人大矣，渊然引人深矣，渺然绝人眇矣！"这样幽微深奥的"玄"使人无法捉摸它。他又说："仰而视之在乎上，俯而窥之在乎下，企而望之在乎前，弃而忘之在乎后，欲违则不能，默则得其所者，玄也。"（同上）这是说"玄"又是无所不在的，任何人也离不开它。

扬雄在讲玄和阴阳的关系时说："莹天功明万物之谓阳也，幽无形深不测之谓阴也，阳知阳而不知阴，阴知阴而不知阳，知阴知阳，知止知行，知晦知明者,其唯玄乎!"(同上)这是说玄包括了阴阳,动静,晦明。玄是一个统一体,不偏于一个方面。玄超越了阴阳的对立。

如此深奥神秘的玄,究竟是什么呢?扬雄说:"天道成规,地道成矩,规动周营,矩静安物。周营故能神明,安物故能聚类。类聚故能富,神明故至贵。夫玄也者,天道也,地道也,人道也,兼三道而天名之。"(《太玄图》)天道圆而动,地道方而静,综合天道地道人道,就是玄。这玄就是包括了天道地道人道在内的最高的道,也就是最高原理。《易传》说:"天玄而地黄。"玄是天的特点,玄兼含三道,而是以天的特点来命名的。

玄是最高原理,它不是物质性的,而是一种非物质性的绝对,也就是绝对观念。扬雄肯定绝对观念为世界的根本,所以他的哲学具有客观唯心主义倾向,这种倾向表现于两点:一是他提出了一个世界图式,二是他又认为这个世界图式包含于一个绝对观念"玄"之中。

扬雄在一些文章中也谈到元气。他写的《覈灵赋》说:"自今推古,至于元气始化。"(《太平御览》卷一引)这是肯定元气是物质世界的根本。他又写《解嘲》,其中说:"既而作太玄五千文,……深者入黄泉,高者出苍天,大者含元气,纤者入无伦。"(《汉书·扬雄传》)但他没有明确说明玄和元气的关系。从"大者含元气"来看,似乎是认为玄是在元气之上。又从他所谓"摛措阴阳而发气"来看,他是认为玄是气的根源。

扬雄仿照《周易》的"元亨利贞",提出"罔、直、蒙、酋、冥"的观念,用以说明事物从发生到消灭的过程。他说:"罔、直、蒙、酋、冥:罔,北方也,冬也,未有形也;直,东方也,春也,质而未有文也;蒙,南方也,夏也,物之修长也,皆可得而载也;酋,西方也,秋也,物皆成象而就也;有形则复于无形,故曰冥。"(《太玄文》)罔是未有,直是物始生有质无文,蒙是延长,酋是完成,冥是消归于无。他又将四方四时与前四种状况结合起来。"罔直蒙酋冥"的说法表现了扬雄喜欢独创生词的作风,他自己随意创造的新词对于后世的思想完全没有发生影响。

第二节 扬雄的认识论和辩证法思想

扬雄也谈到认识论的问题。他首先肯定世界是可知的,人类有认识客观事物及其规律的能力。《法言》说:"或问神,曰心。请问之,曰:潜天而天,潜地而地。天地,神明而不测者也。心之潜也,犹将测之。况于人乎?况于事伦乎?"(《问神》)天地和人都是可知的,事物的条理秩序都是可知的。心(思惟)有这样的神妙的作用。

扬雄认为,应该认识天地和人,对于自然界和人类生活无所不知。他说:

"通天地人曰儒,通天地而不通人曰使"(《法言·君子》),既要了解自然规律,也要懂得人类生活。

扬雄强调,言论必须有证验,即有感性经验的根据。他说:"君子之言,幽必有验乎明,远必有验乎近,大必有验乎小,微必有验乎著。无验而言之谓妄。君子妄乎?不妄。"(《法言·问神》)关于深远的广泛的问题的言论,必须有切近的浅显的经验作为根据,没有经验证明的言论是谬误的。扬雄这种注重经验的观点,具有唯物主义的因素。

扬雄主张,著作必须遵循事物的客观情况,客观情况是什么样子,就要写成什么样子,不可有所增加或减少。他说:"夫作者贵其有循而体自然也。其所循也大,则其体也壮;其所循也小,则其体也瘠。……故不攫所有,不强所无。譬诸身,增则赘而割则亏。故质干在乎自然,华藻在乎人事也。其可损益与?"(《太玄莹》)所谓自然即客观事物的实际情况。他主张依照客观世界的本来面貌来认识世界、说明世界。

扬雄在认识论方面表现了唯物主义倾向。但他过分夸大了圣人的认识,如说:"人心其神矣乎!操则存,舍则亡。能常操而存者,其惟圣人乎!"(《法言·问神》)他认为圣人的心常操而存,所以就能无所不知,无所不晓。他认为圣人就是"是非"的标准,而他所谓圣人就是孔子。《法言》说:"学者审其是而已矣。或曰:焉知是而习之?曰:视日月而知众星之蔑也,仰圣人而知众说之小也。"(《学行》)这样,以所谓圣人作为判断是非的最后标准,这就离开了唯物主义了。

扬雄继承了《周易》《老子》中的辩证法思想,在一些方面有所发挥。他说:"观大易之损益兮,览老氏之倚伏。省忧喜之共门兮,察吉凶之同域。暾暾者乎日月兮,何俗圣之暗烛?……雷隆隆而辄息兮,火犹炽而速灭。自夫物有盛衰兮,况人事之所极?"(《太玄赋》,这是《太玄》以外的一篇文章,见《古文苑》)这就是说,一切事物都是变化的,对立的两方面互相转化,因为互相转化,所以是互相联结,互相统一的。所谓"共门""共域"即统一的意思。这是从贾谊所谓聚门、同域来的。扬雄认为,对立的统一是非常显著的,而一般人都不能理解,圣人则有清楚的认识。

扬雄看到许多对立,他说:"出冥入冥,新故更代,阴阳迭循,清浊相废;将来者进,成功者退;已用则贱,当时则贵;天文地质,不易厥位。"(《太玄文》)又说:"天地相对,日月相刿;山川相流,轻重相浮;阴阳相续,尊卑不相黩。"(《太玄告》)在这些对立中,有些是相互转化的,彼此相互代替,也有的彼此不相转化,如"天文地质,不易厥位","尊卑不相黩"。这"尊卑不相黩"的思想反映了扬雄的地主阶级立场。

扬雄强调物极则反,事物在一个方向上变化发展,到达一定限度,就会一转而为其相反。他认为,如果没有达到一定限度就不会转化。他说:"阳不极则阴不萌,阴不极则阳不芽。极寒生热,极热生寒。信道致诎,诎道致信。其动也日造其所无,而好其所新;其静也日减其所为,而损其所成。"(《太玄摛》)阴阳、寒热、屈伸,都是相互转化的。事物在上升阶段,时时增加新的内容;在下降阶段,就减少原来所有了。扬雄认为,事物的转化以到"极"为条件。在这一点上,扬雄的辩证思想比《老子》《周易》有所发展。

扬雄把阴阳的变化分为九段,"一到九者,阴阳消息之计邪?"(《太玄图》)他把人事的成败盛衰的变化过程也分成九段。他说:"故思心乎一,反复乎二,成意乎三,条畅乎四,著明乎五,极大乎六,败损乎七,剥落乎八,殄绝乎九。"(同上)一至三是从起念到决定,四至六是实现所想以至于极盛,七至九是衰损以至于绝灭。他又说:"夫一也者,思之微者也;四也者,福之资者也;七也者,祸之阶者也。三也者,思之崇者也;六也者,福之隆者也;九也者,祸之穷者也。……数多者见贵而实索,数少者见贱而实饶。息与消乱,贵与贱交。"(同上)从一到九,也就是成败祸福转化的公式,他没有认识到事物转化的每一步骤都有其具体的条件。

扬雄没有摆脱循环论,他说:"一判一合,天地备矣。天日回行,刚柔接矣。还复其所,始终定矣。一生一死,性命莹矣。"(《太玄摛》)一分一合,一生一死,一切都要回到原来的出发点。最终还是循环,不是发展。

第三节　扬雄的人性论与社会政治思想

先秦时代,孟子讲性善,荀子讲性恶。扬雄调和孟荀的人性论,提出性善恶混的学说。他说:"人之性也善恶混。修其善则为善人,修其恶则为恶人。"(《法言·修身》)这是说,人性中既有善也有恶。而为善为恶的关键在于修善还是修恶。因此,扬雄特别重视后天的学习。他说:"学者,所以修性也。视听言貌思,性所有也。学则正,否则邪。"(《法言·学行》)又说:"习乎习;以习非之胜是,况习是之胜非乎!"(同上)他强调视听言动思都要学习正确的,说明学习对于一个人的善恶起决定的作用。

在社会政治思想方面,扬雄注重教化,反对法家的重刑思想。他说:"民可使觌德,不可使觌刑。觌德则纯,觌刑则乱。"(《法言·先知》)他批评申韩说:"申韩之术,不仁之至矣!若何牛羊之用人也!"(《法言·问道》)申韩之术,把人民仅仅看作可利用的工具,不把人当人看待,扬雄给以猛烈的攻击。

扬雄谈到制度改革问题,他认为有因有革,应该因袭的就因袭,不应该因袭的就须改革。《法言》说："或问道有因无因乎？曰：'可则因，否则革。'"（《法言·问道》）又说："或问新敝。曰：新则袭之，敝则益损之。"（同上）不失为新的东西，还要沿用；已经敝旧的就要加以增减修改。他还说："夫道有因有循，有革有化。……故因而能革，天道乃得；革而能因，天道乃驯。夫物不因不生，不革不成。故知因而不知革，物失其则；知革而不知因，物失其均。革之匪时，物失其基；因之匪理，物丧其纪。因革乎因革，国家之矩范也。矩范之动，成败之效也。"（《太玄莹》）扬雄在这里从自然讲到政治。他以为新旧事物之间，有因袭的一面，又有变革的一面。新事物是从旧事物生出来的，"不因不生"；但是如果无所改革，新的也就不成其为新的了，"不革不成"。知因而不知革，就违反了新旧交替的规律，"物失其则"；然而知革而不知因，破坏一切事物，就会失去平衡，"物失其均"。改革一定要合乎时宜，否则就会失去原来的基础，"物失其基"。因袭一定要合乎道理，否则就违反了变化的秩序，"物丧其纪"。因革的道理就是国家必须遵循的原则。

扬雄讲因革，这表明了他的政治态度，他要求进行一定程度的改革。西汉末年，汉朝的统治发生了危机，阶级矛盾日益激化，统治阶级内部也是矛盾重重，人民的生活日益陷于苦难之中。在这种情况之下，扬雄站在中小地主阶层的立场上，要求对当时的政治进行一定程度的改革，以挽救当时的社会危机。扬雄的辩证思想以及他所有的唯物主义观点与客观唯心主义体系之间的矛盾，正是当时社会政治情况和他所处的阶级地位的反映。

第四节　桓谭的形神论和对谶纬迷信的批判

西汉末年至东汉初年，谶纬流行，王莽和汉光武帝刘秀都利用图谶来夺取政权。桓谭对于当时的谶纬迷信进行了长期的坚决的斗争。王莽统治时期，"天下之士，莫不竞褒称德美，作符命以求容媚，谭独自守，默然无言"（《后汉书·桓谭传》）。他以沉默来抵制王莽提倡图谶的活动。刘秀作了皇帝，也利用图谶作为巩固专制统治的工具。桓谭屡次上书，提出反对的意见。有一次上书说："臣前献瞽言，未蒙诏报，不胜愤懑，冒死复陈。……凡人情忽于见事，而贵于异闻。观先王之所记述，咸以仁义正道为本，非有奇怪虚诞之事。……今诸巧慧、小才、伎数之人，增益图书，矫称谶记，以欺惑贪邪，诖误人主，焉可不抑远之哉？"（同上）指出当时的图谶都是骗人的，不可凭信。后来有一次刘秀要建立一个观测天象的灵台，和大臣讨论灵台应建在什么地方，问桓谭说："吾欲谶决之，何如？"桓谭沉默了很久，说："臣不读谶。"刘秀问为什么？桓谭就"极言谶之非经"，刘秀大怒，说："桓谭非圣无法"，要对他判处死刑,桓谭只好"叩头流血",虽然免除死刑,仍给以贬职的处分。其后,桓谭"忽忽不乐",不久就死了。

桓谭在《新论》中也从理论上对谶纬迷信进行了批判,他指出:"谶出河图洛书,但有兆朕而不可知。后人妄复加增依托,称是孔丘,误之甚也。"(《启寤》)当时的谶纬,有的编造孔丘的故事,把孔丘说成神人,有的托称孔丘撰写的,这都是非常荒谬的。桓谭认为,所谓灾异也是常有的事情,不应恐惧害怕,"灾异变怪者,天下所常有,无世而不然。逢明主贤臣,智士仁人,则修德善政、省职慎行以应之,故咎殃消亡而祸转为福焉。"(《谴非》)出现灾异,应提高警惕,改善措施。他的这些话没有彻底摆脱天人感应的观点,但基本上是对宗教持批判态度的。

桓谭对于神学目的论也提出了批判。当时有人说:"天生杀人药,必有生人药也。"桓谭批判说:"钧吻不与人相宜,故食则死,非为杀人生也。譬若巴豆毒鱼,矾石贼鼠,桂害獭,杏核杀猪,天非故为作也。"(《祛蔽》)很多毒药能杀人,并不是天有目的地生出来的。

桓谭的这些思想对于王充有深刻的影响。

桓谭最重要的贡献是提出了唯物主义的形神关系论,批判了精神不死的迷信思想。

桓谭"以烛火喻形神"。他认为,形好比烛,神好比火,烛尽火灭,形毙神亡,没有独立存在的精神。所以说:"精神居形体,犹火之然烛矣。……烛无,火亦不能独行于虚空。……犹人之耆老,……则气索而死,如火烛之俱尽矣。"(《新论·形神》)

他的烛火之喻,主要意思是以烛火俱尽来比喻形神俱灭,人身体死了,精神也随之灭亡。否认独立存在的精神,这是唯物主义观点。

桓谭虽然论证了精神不能脱离身体而独立存在,但他还不能说明形神关系究竟是一种什么关系,还不能说明精神是形体的作用或属性。这个问题后来经过王充,到范缜才得到解决。

桓谭论证了形死神灭,同时又批判了当时关于长生不死的迷信,论证人必有死。他也用烛火来比喻,如"烛半压欲灭",加以"扶持转侧",火可以"复明",但是烛烧完了,也就不能再点燃了,"及本尽者其无以燃。"人老了,如能注意保养,"或能使堕齿复生,白发更黑,肌颜光泽",这就像"转烛"一样,但是最后也必然会死,"至寿极亦独死耳"。桓谭指出,生必有死是自然规律:"生之有长,长之有老,老之有死,若四时之代谢矣。"(以上《新论·形神》)

桓谭的"以烛火喻形神"的学说对于后来无神论的发展有重大影响。"人死如灯灭"的无神论命题一直是后来反对灵魂不死迷信的健康常识。

第四章
谶纬和《白虎通》

第一节 谶纬和象数之学

西汉末年,由于社会危机的严重,谶纬迷信宗教思想开始盛行。到了东汉初年,统治集团发现谶纬对加强封建专制统治极为有利,因而大力提倡,使之一度成为占有统治地位的官方宗教神学。

谶是一种"诡为隐语,预决吉凶"(《四库全书总目提要》卷六《易纬》下)的粗俗迷信,用模棱两可的文字假托神的预言,为现实政治斗争服务。早在春秋时期就曾出现过赵谶、秦谶,秦始皇时期更在燕齐一带的方士中流行。例如,秦始皇三十二年派方士燕人卢生入海求神仙,卢生回来时据说带来一本图书,上面写着"亡秦者胡也"。秦始皇断定这个"胡"就是北方的匈奴,派了卅万人北征,夺取了河套地区。但是后来秦朝却亡在秦二世胡亥手里,所谓"亡秦者胡也"的"胡"据说就是指胡亥,从而证实了这个谶语的预言很准确。又如秦始皇卅六年,有一个使者从关东来,路过华阴时有人送了一块璧给他,还告诉他"今年祖龙死"。不久,秦始皇南游时就死在路上,据说这句话也是一个应验的谶语。从这些谶语流行的过程可以看出秦始皇统治末期老百姓中普遍流行的不满情绪。

西汉初期,社会比较安定,这类谶语也少。到了西汉末年,各种谶语又与纬书结合在一起,逐渐流行。据说光武帝早年就听到过"刘秀当为天子"的谶语。王莽统治的末期,他割据一方,在带兵镇压铜马农民起义军后,势力大振。他的僚属劝他做皇帝,而这时恰好他有个老同学送来所谓《河图》《赤伏符》,上面说道:"刘秀发兵捕不道,四夷云集龙斗野,四七之际火为主"(《后汉书·光武帝纪》),于是他就以此为受天命应做皇帝的启示,宣布即皇帝位。此后,他在军事统一的过程中,又用《西狩获麟谶》来做征服四川公孙述的宣传武器。统一全国后,他还利用谶纬作为施政用人的根据。其实,刘秀自己也知道这类谶语并不足信,甚至有些谶语本来就是在他示意之下制造出来的。他大力提倡这种迷信,将这些极端荒谬的东西赋予绝对的权威,无非是为了树立他本人的绝对权威而已。东汉后来的皇帝都继承他宣扬谶语的传统,这与东汉时期政治上日益黑暗的发展趋势有关。从这个历史现象看,即使完全没有事实根据和违背思想发展趋势的荒谬东西,只要统治者有意大力提倡,它是可以得到一些支持的,甚至在一定时期内可能在该社会中占有统治地位。马克思说:"统治阶级的思想在每一时代都是占统治地位的思想"(《德意志意识形态》),这一论断在这个特殊的历史现象中可以找到特别显著的例证。

纬是"经之支流,衍及旁义"(《四库全书总目题要》卷六《易纬》下),即对经而言,是由儒生用阴阳灾异之说来解释、演绎和附会儒家经典的著作,例如有七经就有七纬,易有易纬,书有书纬等。这些纬书的名字都很怪诞,如易纬有《乾凿度》《稽览图》等,书纬有《考灵曜》《刑德放》等。此外还有大量有关河图、洛书一类的纬书则是附会易经河出图、洛出书的说法而来,如《稽曜钩》《灵准听》之类。据说这些纬书显示经书中隐藏的思想秘密,因此,一时纬书的地位反在经书之上,一些士大夫以"博通五经,尤善图纬"(《后汉书·方术传》),受到赏识,而那些"士之赴趣时宜者,皆驰骋穿凿争谈之也"(同上)。当时称图谶和纬书为内学,原有的经书为外学。纬书中除了受到朝廷特别重视和利用的一些与谶语类似的神灵故事外,也包括一些典章制度、历史地理、天文历数等,还夹杂一些具有哲学意义的理论。实质上,这是比董仲舒天人感应说更为怪诞的,将儒家经典加以神秘化和宗教化的极为粗俗的宗教神学。

纬书中所包含的具有一些哲学意义的理论主要是易纬中的象数之学。易传中本来包含有象和数,其中最基本的象是阳爻(—)和阴爻(--),及由其组成的卦象。最基本的数是所说的奇偶,天一地二、天三地四,大衍之数五十等。数中的奇偶与象中的阳、阴相应。易纬及当时与易纬相呼应的周易注,专门发展易传中这方面的思想,构成一个世界图式,成为所谓象数之学。这些书大部分都没有完整地流传下来,但从保存得比较完整的易纬《乾凿度》,还可以看出这种象数之学的主要观点。

易纬《乾凿度》说:"昔者圣人因阴阳定消息,立乾坤,以统天地也。夫有形生于无形,乾坤安从生?故曰:有太易,有太初,有太始,有太素也。太易者,未见气也。太初者,气之始也。太始者,形之始也。太素者,质之始也。气形质具而未离,故曰浑沦。浑沦者,言万物相混成,而未相离。"这里所谓太易,是"未见气"即没有开始有气的阶段,因而也就是什么也不存在的"无"的阶段。易纬《乾坤凿度》更说:"易起无,从无入有,有理若形,形及于变而象,象而后数。"这里提出"易"是由无开始,从无生有,然后产生形、象和数。这段话可做前面《乾凿度》所说的"太易"的更为明确的解释。然后,到了"太初"的阶段,才开始有气;到了"太始"的阶段,气凝集成形;再发展到太素的阶段,才由形具体化而成为各种事物的质。在这个阶段,虽然有气、有形、有质,因三者尚未分离,所以叫做"浑沦":"气、形、质具而未离,故曰浑沦。"

《乾凿度》又说:"视之不见,听之不闻,循之不得,故曰易也,易无形畔。易变而为一,一变而为七,七变而为九。九者,气变之究也,乃复变而为一。一者形变之始,清轻者上为天,浊重者下为地。物有始、有壮、有究,故三画而成乾。乾坤相并俱生。物有阴阳,因有重之,故六画而成卦。三画以下为地,四画以上为天,物感以动,类相应也。"这是由气的变化来说明周易卦象的形成和作用,由卦象的作用说明宇宙间事物相感相应的变化发展。易是不能感知的、没有形状的。由无变有,就是由易变而为一,这个一是太初的气。再变而为七、为九,这是表明阳的发展共有一、七、九等三个阶段。此外,阴的发展是二、八、六等三个阶段。与数的这个发展相应,万物都有发生(始)、发展(壮)、结束(终)三个阶段。每一卦有六画即六爻,这些爻就组成卦象。这些数与象具有神秘的作用,是宇宙一切事物的产生和变化的根源和力量。

对于易系辞中所讲的"大衍之数五十",《乾凿度》发挥说:"五音、六律、七变,由此作焉。故大衍之数五十,所以成变化而行鬼神也。日十干者,五音也。辰十二者,六律也。星二十八者,七宿也。凡五十,所以大阆物而出之者也。"这是进一步具体说明五音配甲乙等十干,六律、六吕配子丑等十二辰,四方中每一方有星宿七,共二十八宿。三者相加构成大衍之数五十。这个大衍之数的五十,具有"成变化而行鬼神"的力量,音律和星宿就是这个数生出来的。

《乾凿度》又说:"阳动而进,变七之九,象其气之息也;阴动而退,变八之六,象其气之消也,故太一取其数以行九宫,四正四维,皆合于十五。"这是说,东、南、西、北是四方,东南、西南、东北、西北是四维。一年之中,阴阳之气在四正四维及中央共九宫中运行,有消(衰微)和息(盛长)的过程。这九宫有九个数目字代表,即二九四、七五三、六一八。在这个数目字的组合中,横、竖、斜相加,都是十五。这样的数字组合图形很奇巧,具有特殊的意义,显示了宇宙的秘密。后来宋朝人认为这就是易传中所说河出图、洛出书的河图或洛书。

《乾凿度》关于世界观的理论体系并不是前后完全统一的,例如在另一处又说:"易始于太极,太极分而为二,故生天地,天地有春、秋、冬、夏之节,故生四时。四时各有阴阳刚柔之分,故生八卦。八卦成列,天地之道立,雷风水火山泽之象定矣。"这里完全继承《易传》"太极生两仪,两仪生四象"的说法,但以四象为四时,同时却以八卦配入四方和四时,成为一个时空与八卦相配合的世界图式。震、离、兑、坎在东、南、西、北四方,巽、坤、乾、艮在东南、西南、东北、西北四维。《乾凿度》接着又说:"八卦之气终,则四正四维之分明,生长收藏之道备;阴阳之体定,神明之德通,而万物各以其类成矣,皆易之所包也。至矣哉,易之德也。孔子曰,岁三百六十日而天气周,八卦用事,各四十五日,方备岁矣。"这又是以八卦所表示的阴阳消长说明四时寒暑的变化。阴气和阳气在这个宇宙间架中运行正常,则每一卦用事四十五天,每年的寒暑变化就很规律,万物的生长变化也就很顺利了。

易纬《乾凿度》还认为人的仁、义、礼、智、信五种道德品质也是与八卦相应的。它说:"人生而应八卦,体得五气以为五常,仁义礼智信也。"因此以八卦配五常,例如以东方的震卦配仁:"夫万物始出于震,震、东方之卦也。阳气始生,受形之道也,故东方为仁。"用类似的理由,以南方的离卦配礼,西方的兑卦配义,北方的坎卦配信,以统摄四方的中央配智,等等。总之认为:"故道兴于仁,立于礼,理于义,定于信,成于智。五者,道德之分,天人之际也,圣人所以通天意,理人伦,而明至道也。"这是认为在这个宇宙的间架中,阴阳之气具有道德的属性,八卦的方位具有道德的目的,天与人相感应,圣人应掌握这个规律,认识天人之际的至道,通过天意以端正人伦。易纬《乾凿度》的神秘主义在这里表现得更明显了。

上面说明易纬《乾凿度》将八卦配入四方四时,易纬《是类谋》《稽览图》和京房则将六十四卦皆配入四时,并将四时细分为二十四节气和七十二候。例如易纬《是类谋》说:"冬至日在坎,春分日在震,夏至日在离,秋分日在兑。四正之卦,卦有六爻,爻主一气。余六十卦,卦主六日七分,八十分日之七。岁十二月,计三百六十五日四分日之一。六十而一周。"这是将历法中具有科学根据的冬至、夏至及春分、秋分等二十四节气及物候学中的七十二候,纳入六十四卦的图式中。这些是当时易学中具有科学意义的合理因素,但是,从整个思想体系来说,卦气说仍是以唯心主义的阴阳灾变说为主导思想的。

易纬以外其他纬书,大都是将儒家经典宗教化、神秘化,将儒家推崇的帝王、圣人神灵化。例如尚书纬《璇玑钤》说:"尚书篇题号,尚者上也,书者如也。上天垂文象,布节度,书也如天行也。"这是说尚书具有代天立言的神秘意义,是永恒不变的真理。又如春秋纬《演孔图》说,孔子首类尼丘山,长十尺,大九围,在端门受命,上帝派他为汉代刘家立法等等,将孔子描绘成神,将儒家思想变成一种极端粗俗的宗教神学。

易纬中的象数之学,以象和数作为宇宙的形成和发展的根源。这种神秘主义的思想体系与古希腊毕达哥拉斯学派有相似的地方。毕达哥拉斯学派认为从一产生二,再产生各种数,由数产生形,由形产生质,再产生万物:"万物的始基是一元(一),从一元产生出二元(二),二元是从属于一元的、不定的质料,一元则是原因。从完满的一元与不定的二元中产生出各种数目,从数目产生出点,从点产生出线,从线产生出平面,从平面产生出立体,从立体产生出感觉所及的一切物体,产生出四种原素:水、火、土、空气"(《古希腊罗马哲学》第34页)。这与象数之学所谓"形由象生,象由数设"的观点相似。毕达哥拉斯学派的神秘主义体系中,包含有天文、数学、音乐等科学知识,其中有些人是古代希腊的科学家。中国的象数之学也包含中国古代一些天文、历法及物候学的科学知识,这种情况也与希腊有类似之处。但从主要思想来说,二者都是一种神秘主义和唯心主义的体系。这种唯心主义的哲学与科学相结合的情况,不但古代存在,在现代也仍然存在。即使对这种神秘主义思想,我们也不能采取形而上学的办法,一律加以肯定或一律加以否定,而应该根据具体情况和历史条件,给予适当的分析和估价。

第二节 《白虎通》的宗教神学

东汉建初四年(79),为了进一步加强思想统治,减省当时经学中的"章句烦多",汉章帝在白虎观亲自主持召集了一个会议以"正经义",这就是所谓"讲论五经同异"的白虎观会议。参加会议的有许多官僚、诸儒和诸生,规模庞大,历时甚久,讨论发言的情况,模仿西汉宣帝的石渠阁会议,编成《白虎议奏》。汉章帝还命班固编辑整理他对《白虎议奏》所做裁决的定论成为《白虎通义》,或简称为《白虎通》。《白虎通》继承和发展了董仲舒的天人感应的世界观,直接引用谶纬的文字作为立论的根据,使谶纬具有国家法典的地位。这样,《白虎通》就进一步使经学神学化,并成为总结当时今文经学的一部简明扼要的百科全书。

在世界观上,《白虎通》继承了纬书从无生有的唯心主义思想。它说:"万物怀任交易,变化始起。先有太初,然后有太始,形兆既成,名曰太素,混沌相连,视之不见,听之不闻。"(《天地》)《白虎通》还引用易纬《乾凿度》"太初者,气之始也"解释这个观点,可见,这同样以气的开始叫做太初。太初以前,气不存在,实质上也就是认为由无生出太始。发展到太素阶段,仍旧是不能闻见的混沌状态。关于混沌以后的状况,《白虎通》叙述说:"然后剖判,清浊既分,精曜出布,庶物施生,精者为三光,为五行。"(同上)这是说,太素混沌状态分裂以后,就生成日、月、星三光和金、木、水、火、土五行。在这个宇宙发生论的具体过程上,《白虎通》不同于易纬。易纬以八卦为主,而《白虎通》却直接继承了董仲舒的理论,以五行为主。

《白虎通》还认为五行就是在天的支配下,金木水火土五气的运行。对天而言,土是服从于天的,正如臣僚服从君主一样,所以说:"五行者,何谓也?谓金木水火土也。言行者,欲言为天行气之义也。地之承天,犹妻之事夫,臣之事君也,其位卑。卑者亲视事,故自同于一行,尊于天也。"(《五行》)但土对其他四行而言,又是最尊贵的,居于中央,不居于四方中任何一方,不属于四季中任何一季。所以又说:"土在中央,中央者土。土主吐含万物,土之为言吐也。何知东方生?《乐记》曰:'春生,夏长,秋收,冬藏'。土所以不名时者,地,土之别名也,比于五行最尊,故不自居部职也。"(《五行》)《白虎通》也引用纬书《元命苞》做根据,认为土虽不像其他四行一样,不担任某一具体职务,但却具有支配其他四气的能力,主管万物的变化:"《元命苞》曰,'土无位而道在',故大一不与化,人主不任部职。"(《五行》)董仲舒曾说,土为五行之主,土事天要竭其忠,但对其他四行而言,却又是促成其他四行发生作用的力量:"土者,五行之主也。五行之主,土气也,犹五味之有甘肥也,不得不成。是故圣人之行,莫贵于忠,土德之谓也。"(《春秋繁露·五行之义》)在这里,《白虎通》继承了董仲舒的观点,用社会伦理的关系说明自然界五行的关系,但阐述得更为明确。

五行之间,有相生相克的关系,董仲舒继承了战国以来的思想,已有明确的说明:"行者,行也。其行不同,故谓之五行。五行者,五官也,比相生而间相胜也。"(同上《五行相生》)这是基本上按照《礼记·月令》所列的木、火、土、金、水的次序中,以其间相胜比者相生,即木生火,火生土,土生金,金生水等;相间隔者相克,即木隔火胜土,火隔土胜金,土隔金胜水,金隔水胜木等等。但董仲舒对相生相克的理由说明得不够充分,《白虎通》则具体阐述其相生的理由说:"木生火者,木性温,暖伏其中,钻灼而出,故木生火。火生土者,火热故能焚木,木焚而成灰,灰即土也,故火生土。土生金者,金居石依山,津润而生,聚土成山,山必生石,故土生金。金生水者,少阴之气,温润流泽,销金亦为水,所以山云而从润,故金生水。水生木者,因水润而能生,故水生木。"(《白虎通疏证》转引《五行大义》引《白虎通》)这是从物理方面的性能加以说明,使人比较容易了解和接受。《白虎通》同样对五行相克的理由加以分析说:"五行所以相害者,天地之性,众胜寡,故水胜火也;精胜坚,故火胜金;刚胜柔,故金胜木;专胜散,故木胜土;实胜虚,故土胜水也。"(《五行》)因而在这方面,《白虎通》对董仲舒的观点有具体的发挥,表现得更为完整。

《白虎通》虽然从物质的性能上对五行相生相克的理由有所说明,但从根本点说,《白虎通》仍然继承了董仲舒的观点,主要以社会伦理关系解释五行之间的相互关系,肯定五行的运行及其关系具有伦理的性质和道德的目的。《白虎通》对水胜火说:"火,阳君之象也;水,阴臣之义也。臣所以胜其君何?

此谓无道之君,故为众阴所害,犹纣王也"(《五行》);又对火烧木解释说:"木生火,所以还烧其母何?曰,金胜木,火欲为木害金。金者坚强难消,故母以逊体助火烧金,此自欲成子之义。"(同上)因此,《白虎通》的五行说,从根本观点说,同样将五行的运行伦理化,以便为封建社会伦理秩序的合理性与永恒性提供世界观的根据。

《白虎通》还进一步发挥了董仲舒的天人之际的思想,对社会上的一切关系都用五行之间的关系加以说明。它认为人们的一切行为都是以五行的运行作为模仿的标准。如说:"父死子继何法?法木终火王也。兄死弟及何法?法夏之承春也。善善及子孙何法?法春生待夏复长也。恶恶止其身何法?法秋煞不待冬也。主幼臣摄政何法?法土用事于季孟之间也。子之复仇何法?法土胜水,水胜火也。子顺父、妻顺夫、臣顺君何法?法地顺天也。男不离父母何法?法火不离木也。女离父母何法?法水流去金也。娶妻亲迎何法?法日入阳下阴也。"(《五行》)《白虎通》在这方面列举的事实很多,实质上就是要将汉代封建社会所实行的具体制度和所颁布的法令,一律纳入五行关系的间架中,使其具有不能违抗的神圣意义和永恒性质,更好地为加强东汉豪强地主专政服务。

在社会伦理的关系中,《白虎通》又继承了董仲舒和礼纬《含文嘉》的思想,特别强调"三纲"的重要意义。它说:"三纲者,何谓也?谓君臣、父子、夫妇也。六纪者,谓诸父、兄弟、族人、诸舅、师长、朋友也。故《含文嘉》曰:'君为臣纲,父为子纲,夫为妻纲'。……何谓纲纪?纲者张也,纪者理也。大者为纲,小者为纪,所以张理上下,整齐人道也。……君臣、父子、夫妇,六人也。所以称三纲何?一阴一阳谓之道,阳得阴而成,阴得阳而序,刚柔相配,故六人为三纲。"(《三纲六纪》)这里说明纲纪是维护统治秩序的关键。在极为错综复杂的社会关系中,整顿了纲纪,就可稳定上下统属的秩序,巩固社会的伦理关系。三纲中一方对另一方的关系,正如天道中阴阳的关系一样,虽然相反相成,但主次分明,阳尊阴卑,阳绝对统摄阴,阴对阳只能绝对服从。这就将过去《易传》中认为阳阴是对立面的矛盾统一的辩证法因素改造成了形而上学思想。《白虎通》还特别说明夫妇的关系说:"男女者,何谓也。男者任也,任功业也。女者如也,从如人也。在家从父母,既嫁从夫,夫殁从子也。《传》曰'妇人有三从之也焉'。夫妇者,何谓也?夫者扶也,扶以人道者也。妇者服也,服于家事,事人者也。"(《嫁娶》)这也是继承过去《礼记》的观点,用"妇者服也"的说教,突出宣扬束缚妇女的三从思想,把妇女完全捆在封建主义的夫权下。总之,《白虎通》将董仲舒的形而上学思想发展到极端,把封建等级制度说成是自然界"阳尊阴卑"关系在社会生活中的表现,特别宣扬三纲思想,从而使所谓纲常名教在中国以后的长期封建社会中,更明确更集中地发挥了压制人们的四大绳索的作用。

《白虎通》的唯心主义观点在另一方面的表现是更具体地宣扬了天命论。《白虎通》将人的命运加以区分,认为有三种不同的命:即决定人的寿数的"寿命",决定遭受祸患的"遭命",对人的行为的善恶做相应报答的"随命",而这三种命都由上天所决定。这种唯心主义的命运论比孔子的天命论更为具体和细致,曾在汉代得到广泛的传播流行,一直到王充才给予了初步的批判。

在历史观上,《白虎通》继承了董仲舒的"三统""三正"说,但理论的分析上更为细致。例如,《白虎通》在说明为什么有"三正"时说:"正朔有三何?本天有三统,谓三微之月也,明王者当奉顺而成之,故受命各统一正也,敬始重本也。朔者,苏也,革也,言万物革更于是,故统焉。"(《三正》)又在说明新王受命为什么要改正朔时说:"王者受命必改朔何?明易姓示不相袭也。明受之于天,不受之于人,所以变易民心,革其耳目,以助化也。"(同上)《白虎通》根据三统三正的思想,说明历史的演化就像连环那样,周而复始。它认为,这种王朝的替代虽然是承天地,顺阴阳,符合天命的,但还是必须在改正的时候加强思想教化,承衰救弊。它说:"王者设三教何?承衰救弊,欲民反正道也。三正之有失,故立三教以相指受。夏人之王教以忠,其失野。救野之失莫如敬。殷人之王教以敬,其失鬼。救鬼之失莫如文。周人之王教以文,其失薄。救薄之失莫如忠。继周尚黑制,与夏同。三者如顺连环,周则复始,穷则反本。"(《三教》)因此,《白虎通》继承了董仲舒的历史循环论,并且将这种天命论的三统历史观发展得更为完备。

第五章
王充

王充,生于公元 27 年(东汉光武帝建武三年),卒年大约在公元 100 年前后(东汉和帝永元年间)。

王充是我国东汉时期重要的唯物主义哲学家,在我国哲学史上有重要地位。他的著作保存下来的只有《论衡》一书,是一部富有战斗性的唯物主义无神论著作。

王充在《论衡·自纪篇》说他出身于"细族孤门","以农桑为业","以贾贩为事"的家庭,属于小地主阶层。他年轻时做过小县吏,晚年生活贫困,"贫无供养,志不娱快"。他的哲学、政治思想反映了寒门庶族地主的进步要求。

《论衡》一书对当时的豪强贵族和官僚地主进行了尖锐的揭露和批判,《论衡》批判的矛头,不仅指向天人感应、谶纬迷信,而且也指向腐朽的封建官僚政治。王充一生由于贫困和接触下层人民,对人民的疾苦有一些同情的言论。

王充所处的时代,封建社会内部的矛盾已日益尖锐化,东汉王朝的统治者在精神上更加需要宗教唯心主义,西汉后期发展起来的谶纬迷信,经东汉光武帝刘秀的提倡,这时已成为官方的统治哲学。

在这种历史条件下,王充高举"疾虚妄"的旗帜,对当时已经成为官方哲学的谶纬迷信进行了坚决有力的批判,通过这种批判建立起他的唯物主义无神论思想体系。

第一节 自然观和无神论

王充的唯物主义自然观是"气"一元论,他提出"元气"为天地万物的原始的物质基础。气是和云烟相似的物质,是没有意志的。他说:"天地,含气之自然也。"(《论衡·谈天篇》)又说:"天覆于上,地偃于下,下气蒸上,上气降下,万物自生其中间矣。"(《自然篇》)气的属性是"自然","无为"。自然就是说本来如此,无为是针对有为(有目的有意志)而言。这也就是说,自然界按照它自身的规律运动变化着,是不以人的意志为转移的。这里王充不仅明确地说明了天地万物是由物质性的"气"构成,而且针对着唯心主义目的论特别强调天地万物的构成是没有目的的,不是由有意志的天所决定的。王充花了很大力气论证"天道自然无为"的观点。

王充批判地吸取了老子哲学中自然无为的思想。他说:"谓自然无为者何?气也,恬澹无欲无为无事者也。"(《自然篇》)王充强调气的自然无为,正是和董仲舒以来的神学目的论针锋相对的。天人感应的目的论,把天说成有意志的人格神,把自然界万物说成是天有意创造的。王充强调自然无为,正是要打破这种关于"天"的神秘观点。他说:"儒者论曰,天地故生人。此言妄也。夫天地合气,人偶自生也。犹夫妇合气,子则自生也。"(《物势篇》)这是说,儒者所说天地是有目的地产生人类,都是没有根据的。天地的气相交合,人类自然而然地就产生出来了;就像夫妇的气相交合,孩子就自然地生出来一样。这也就是说,天不能有意志地创造人,因为天地都是气,气是无意志的。天既然不能有意志地创造人,当然也不能有意志地创造万物,他又说:"夫天不能故生人,则其生万物亦不能故也,天地合气,物偶自生矣。"(同上)自然界万物的生成死灭,都是物质元气自己变化的结果,事前根本没有什么神意的安排。

这里,王充对"天地故生人""天地故生万物"的唯心主义目的论的批驳,当然是很简单的,但是可以看到一个特点,他是根据事实来批驳的。王充认为,既然人不是天地故生的,那么人也就和其他东西一样是由"元气"构成的,他说:"人,物也,而物之中有智慧者也;其受命于天,秉气之元,与物无异"(《辨祟篇》);又说:"人之生,其犹水也,水凝而为冰,气积而为人;冰极一冬而释,人竟百岁而死。"(《道虚篇》)这里王充肯定,人和其他万物一样都是由元气构成的;其他东西有成有灭,人也有生有死;人和其他东西的不同之处仅仅在于人是万物之中有智慧的东西而已。从这里,王充进一步说明:"人,物也;物,亦物也。虽贵为王侯,性不异于物。"(《道虚篇》)在两汉,唯心主义目的论者为了论证"天人感应",把人说成是天的副本,说天和人具有同样的感情和意志,天和人可以互相感应,因此人在万物中是最高贵的。王充则认为人和自然界的其他东西一样,在其自然属性上并没有本质的差别,都是由气构成的,就是贵为王侯也是一样。因此,他又说:"然则人生于天地也,犹鱼之于渊,虮虱之于人也,因气而生、种类相产。"(《物势篇》)王充把人看成是在自然本质上和鱼、虮虱一样的东西,并明确指出包括人在内的动物之类都是"因气而生","种类相产"的,这样就根本否定了在天与人之间有什么神秘的感应关系。

王充指出，天人感应论者抹杀了天和人的差别，鼓吹"天人合一"，但是天是客观存在着的自然界，根本没有意志；而人是动物中具有智慧的东西，有感情欲望，因而才能进行有意志有目的的活动。他说："何以〔知〕天之自然也，以天无口目也。案有为者口目之类也，口欲食而目欲视，有嗜欲于内，发之于外，口目求之，得以为利欲之为也。今无口目之欲，于物无所求索，夫何为乎？"（《自然篇》）这就是说，天为什么是无目的无意志的自然无为的客观自然界呢？因为天没有什么像人一样的口目。只有有口目的东西，才是有意志作为的。口要吃东西，目要看东西，这是由于他内心有欲望，欲望表达到外面来，口目就去寻找，寻找到了，才使它满足，这都是欲望的所作所为。然而天没有像人一样的口目的欲望，对于外物没有什么要求，怎么能说它有意志有目的呢？所以，王充认为，说天和人一样是有意志的，天人因此能相互感应，是没有根据并违背生活常识的。

王充还说天人感应论者认为"天生五谷以食人，生丝麻以衣人"，是把天当成"农夫桑女之徒"了，是完全和天道自然无为的观点相违背的。他认为，天地化育万物的力量就在于万物都能在天地之中自然而然地生长。他说："天者，普施气万物之中，谷愈饥而丝麻救寒，故人食谷衣丝麻也。夫天之不故生五谷丝麻以衣食人，由其有灾变不欲以谴告人也。物自生而人衣食之，气自变而人畏惧之。"（《自然篇》）这话的意思是说，天把气普遍地散布在万物里面，五谷可以充饥，丝麻可以御寒，所以人吃五谷，穿丝麻。但天不是有意地生出五谷丝麻给人作食物和衣服的，就像自然灾害变异并不是天有意识地谴告人一样。就在《自然篇》中，王充对这个问题又说："春观万物之生，秋观其成，天地为之乎？物自然也。如谓天地为之，为之宜用手，天地安得万万千千手，并为万万千千物乎？"自然的万物是那样多样、复杂和丰富，如果说是天有意识制造的，那是难以想象的。"天动不欲以生物而物自生，此则自然也；施气不欲为物而物自为，此则无为也。"（《自然篇》）王充这种天道自然无为的思想，肯定了自然界的物质性以及自然界的发展变化的规律性。

王充还以唯物主义自然观为武器，对建立在天人感应目的论基础上的"君权神授"等谶纬迷信进行了尖锐的批判，发展了无神论思想。

两汉以来，皇帝和豪强地主都用谶纬迷信之类来论证"君权神授"，企图以此巩固封建专制的统治。如当时有刘邦是龙的儿子的说法，王充批驳了这种传说，他说："《高祖本纪》言：'刘媪尝息大泽之陂，梦与神遇，是时雷电晦冥，太公往视，见蛟龙于上，已而有身，遂生高祖。'其言神验，文又明著，世儒学者莫谓不然。如实论之，虚妄言也。"（《奇怪篇》）王充指出，只有同种同类的动物才能互相交配，像龙属于兽类，怎么能和人交配？他说："今龙与人异类,何能感于人而施气?"(同上)王充还根据自然常识,指出"子性类父",如果刘邦是龙的儿子,传说"龙能乘云",刘邦也应当会乘云,事实上这是不可能的。刘邦是汉代统治者的祖先,关于他的神话传说,王充都敢于加以批驳,这在当时是有重要的政治意义的,这是对于"君权神授"进行的公开的挑战。

天人感应论者说,人君的喜怒能够影响到气候的寒温,所谓"人君喜则温,怒则寒"(《寒温篇》)。王充反驳时指出,寒温气候属于自然季节的变化,不是人事所能决定的,他说:"寒温,天地节气,非人所为。"(同上)如果说人君的喜怒决定气候的寒温,那么自然界的规律就无法解释了。例如,战国时期,秦汉之际,诸侯互相攻伐,可是当时天下并未常寒。唐(尧)虞(舜)之时,天下太平,人君常喜,可是当时天下并未常温。因此"寒温之至,殆非政治所致",天道自然无为,寒来暑往是自然规律,根本与人君的喜怒无关。

天人感应宣扬善有善报,恶有恶报,例如宋景公时荧惑守(在)心,火星出现在宋国上空,认为是不吉利的,宋国的太史子韦劝宋景公嫁祸于宰相或人民,宋景公不干,说了三句好话,因此天给宋景公延寿二十一年。这就是善有善报(见《变虚篇》)。又如有人给别人不洁净的食物吃,天就要差雷公来惩罚,使其中雷身死。这就是恶有恶报(见《雷虚篇》)。王充批驳说,火星在宋国上空出现,纯是自然现象,与宋国的政治没有关系,如果宋景公说三句好话就能延寿二十一年,那么"尧舜宜获千岁,桀纣宜为殇子"。其实不然,因为"天道当然,人事不能却也"(《变虚篇》)。火星的出现,不会因为人君说了好话就消失的。对于雷公击死人的说法,王充亲自观察过被雷击死的人,"须发烧燋","皮肤灼爟","临其尸上闻火气"(《雷虚篇》)。他断定人被雷击死是被天火烧死的,根本无所谓雷公惩罚。

王充对董仲舒以来所宣传的"谴告"说也进行了批判,他说:"血脉不调,人生疾病;风气不和,岁生灾异"(《谴告篇》),说明灾异和人生病一样,都是自然现象,与政治无关,灾异现象背后没有神秘的主宰,他又说:"夫天自然也,无为,如谴告人,是有为,非自然也。"(《谴告篇》)自然界是无意志的,所以自然无为,只有人事才是有为的,二者不能混淆。他进一步从政治上揭露"谴告"说,他说:"末世衰微,上下相非,灾异时至,则造谴告之言矣。"(《自然篇》)由于统治者政治上的没落、腐败,因而制造出"谴告"说。这种批判是尖锐的,一针见血的。

王充对于一般的社会迷信如卜筮、祭祀、相信鬼神等,也进行了批判。他否定了灵魂不灭、人死为鬼的说法。他指出人的精神依靠身体,精神不能脱离身体单独存在,因此人死后不会变成鬼。他说:"人死血脉竭,竭而精气灭,灭而形体朽,朽而成灰土,何用为鬼?"(《论死篇》)人死而血脉枯竭,形体腐朽变成一堆灰土,哪里会成为什么鬼。王充还从认识论上指出鬼的观念的产生是由于假象,例如人生病的时候胡思乱想神志不清,就容易见鬼,他说:"凡人不病则不畏惧,故得病寝衽,畏惧鬼至。畏惧则存想,存想则目虚见。"(《订鬼篇》)人生病时害怕有鬼,时常想着有鬼,反而容易见到鬼,这种鬼实际上是脑子里胡思乱想的假象,并不是真有什么鬼。王充的这些思想,否定了鬼神的存在。

王充用唯物主义思想区别天道和人事,从理论上揭露了谶纬迷信的荒谬之处,动摇了"君权神授"的思想,沉重地打击了董仲舒以来的天人感应目的论。

第二节　认识论

王充在他的唯物主义自然观的基础上建立了唯物主义认识论。

首先,王充唯物主义地解决了形神关系的问题。他指出人与物的区别在于人有智慧,他说:"人,物也,万物之中有智慧者也。"(《辨祟篇》)人的智慧是人的生理作用,他说:"形须气而成,气须形而知,天下无独燃之火,世间安得有无体独知之精?"(《论死篇》)王充认为,人的精神作用,是因为人禀受了"精气",精气是物质性的,精气在人的身体内犹如粟米在囊橐(口袋)中。他的这种解释当然是不科学的,但他认为精气必须依赖人的身体发生作用,离开人的身体,精气也就散亡了,就没有什么精神活动了。这种观点肯定了身体(物质)决定精神,精神是物质派生的,是唯物主义的形神学说。王充说:"人之所以生者,精气也,死而精气灭。能为精气者,血脉也,人死血脉竭。竭而精气灭,灭而形体朽,朽而成灰土,何用为鬼?"(《论死篇》)又说:"人之所以聪明智慧者,以含五常之气也。五常之气所以在人者,以五脏在形中也。五脏不伤,则人智慧。五脏有病,则人荒忽,荒忽则愚痴矣。人死五脏腐朽,腐朽则五常无所托矣。所用藏智者已败矣,所用为智者已去矣。"(同上)这就是说,人的精神活动是由于精气在人身体中,而精气是依附于人的血脉和五脏的,或者说就是由血脉和五脏产生的,如果血脉枯竭、五脏腐朽,人也就没有精神活动了。从这里我们可以看到,王充在当时自然科学所能达到的水平的基础上,力图坚持唯物主义路线,为人的精神作用找一个物质基础,这是很可贵的。

当然,这里王充在形神问题上也留下了一个漏洞,这就是他认为人的精神是"精气"在人的身体中所发生的作用,虽说人的精神作用离不开身体,但是"精气"却可以离开身体,这样就有给唯心主义利用的可能。王充的形神学说是对桓谭的唯物主义形神学说的继承和发挥。

王充认为,人要获得认识,首先要由人的感觉器官与外界事物接触。他强调,认识"须任耳目以定情实","如无闻见,则无所状"(《实知篇》)。王充重视感觉经验是针对着唯心主义先验论的。他反对有生而知之的圣人,指出圣人不与客观外界相接触,不目见耳闻口问也不能获得知识。他说:"使一人立于墙东,令之出声,使圣人听之墙西,能知其黑白短长乡里姓字所自从出乎?"(《实知篇》)隔墙立着一个人,圣人看不见他,也就不能知道他的相貌家庭和姓名。这是说,没有感觉经验,是不可能得到认识的。他又说:"离娄之明,不能察帷薄之内;师旷之聪,不能闻百里之外。"(《书虚篇》)离娄那样好的视觉,隔着帷布也看不见东西,师旷那样好的听觉,距离太远的声音也是听不到的。这是说,圣人的感觉能力与一般人是相同的,认识的规律,圣人也是不能违反的。王充由此得出结论:"天地之间,含血之类,无性(生)知者"(《实知篇》),完全否定了生而知之者。

当时的唯心主义先验论者认为:圣人"前知千岁,后知万世,有独见之明,独听之聪,事来则名,不学自知,不问自晓"(《实知篇》)。王充驳斥这种观点,认为都是虚妄的胡说,根本没有这种"前知千岁,后知万世"的事情。就以孔丘说,如果孔丘是生知,那就不会不知道自己是宋大夫子氏的后代,可见孔丘也非"生而知之"。至于有些人能够预见一些事情,那只不过是"放象事类以见祸,推原往验以处来事",即依照同类的事情预见祸患,根据以往的经验推断未来。王充认为,对于这一点不仅圣人就是贤人也可以做到,这也并不是什么"生知"。所以说:"所谓圣者,须学以圣。"总之他的结论是:"以今论之,故夫可知之事者,思虑所能见也;不可知之事,不学不问不能知也。不学自知,不问自晓,古今行事未之有也。夫可知之事,惟精思之,虽大无难;不可知之事,厉心学问,虽小无易。故智能之士,不学不成,不问不知。"(《实知篇》)这里"不可知之事"指感觉器官没有接触的事情。

王充重视感觉经验,但他认为仅靠感觉经验也不成。他批评墨子经验论的缺点说:"夫论不留精澄意,苟以外效立事是非,信闻见于外,不诠订于内,是用耳目论,不以心意议也。"(《薄葬篇》)这里说的以外效判断是非,信闻见于外,是指片面地重视感性经验,不注重理性认识("不诠订于内","不以心意议")。这样也是不能获得真正知识的。因为,有时感觉给人以假象,不运用理性思维进行判断推理,就不能排除假象,认识事物的本质:"夫以耳目论,则以虚象为言,虚象效,则以实事为非。"(同上)例如,墨子根据错误的感觉得出有鬼的结论,就是单凭耳目感觉,把虚假的现象和传说当作事实了。因此,王充批评说:"墨议不以心而原物,苟信闻见,则虽效验章明,犹为失实。"(同上)这些都说明,只靠感觉经验是不够的,还必须经过理性思维对感觉经验进行加工,即"以心而原物",才能获得正确的认识。

王充十分注重效验,即实效和验证,他把效验作为判断认识的标准,他说:"凡论事者,违实不引效验,则虽甘义繁说,众不见信。"(《知实篇》)这是说,如果缺少事实根据和客观效验,不论说得怎么动听,都不能令人相信。

王充重视实际经验对于认识的作用。他说:"齐都世刺绣,恒女无不能。襄邑俗织锦,钝妇无不巧。日见之,日为之,手狎也。"(《程材篇》)这说明经过实际经验能够熟能生巧,一个普通妇女经过日见日为也能刺绣织锦。相反,如果没有实际经验,不去实践,即使多么聪明也是不会的。他说:"使材士未尝见,巧女未尝为,异事诡手,暂为卒睹,显暴易为者,犹愦愦焉。"(同上)像材士(聪明男子)和巧女(聪明女子),没有见过刺绣织锦,也没有实践过,虽然看起来很容易,可是叫他们实际去做,就显得笨拙(愦愦)了。

在谶纬宗教迷信盛行的时候,王充的认识论对于反对神学目的论是具有重要意义的。但是由于历史的和阶级的局限性,他的认识论基本上还是朴素的直观的,而且也具有经验论的缺点。他不理解感性认识和理性认识的辩证关系,比较多地强调感觉经验,强调耳闻目见,因此,有时也把假象和不可靠的传说当作事实。例如,他反对谶纬祥瑞,但有时他又承认有祥瑞的存在。他忽视理性思维推理预见的作用,使得他的认识论理论水平不高,妨碍他的无神论思想贯彻到底。

第三节 历史观和人性论

王充在历史观上反对复古主义,提出了历史进步发展的观点。

复古主义者宣传历史今不如古,如说:"上世之人质朴易化,下世之人文薄难治",认为人类是退化的。王充不同意这种观点,认为历史总是后代超过前代。他说,古代人饮血茹毛,后世人则饮井食粟,古代人岩居穴处,后世人有宫室居住,所谓"上世质朴,下世文薄"的说法,实质上是推崇古代的落后状况,而菲薄后世的进步文明。

王充提出汉高于周的观点,认为汉代社会比周代社会发达,这是符合历史事实的,因为无论从生产力和科学的发展,国家疆域的扩大,汉代都远远超过前代。他说:"非以身生汉世,可褒增颂叹,以求媚称也。核事理之情,定说者之实也。"(《宣汉篇》)

复古主义者把历史的发展或倒退,完全归结为统治者的好坏,王充则力图从历史的发展中找出一种不以人的意志为转移的力量。他说:"昌必有衰,兴必有废。兴昌,非德所能成,然则衰废非德所能败也。昌衰兴废皆天时也。"

(《治期篇》)王充看到了历史昌衰兴废的交替现象,但他不可能理解历史发展的真正动力,他用自然的"天时"说明历史的发展变化,这是从历史的外部寻找历史的动力,认为历史的发展与政治毫无关系,而是由于一种盲目的自然力量在起作用,因而陷入了宿命论。

王充从现象上观察到了历史的治乱与人民的经济生活有一些联系。他认为乱世是由于人民不能忍受饥寒,而治世则由于人民能够得到温饱。他说:"夫饥寒并至,而能无为非者寡;然则温饱并至,而能不为善者希。"(《治期篇》)这种注重人民经济生活的观点是进步的。王充又针对孔子的"自古皆有死,民无信不立"的道德观点进行了批驳。他说:"仓廪实,知礼节,衣食足,知荣辱。让生于有余,争生于不足。今言去食,信安得成?"(《问孔篇》)人民吃不饱肚子会造反的,哪里还管你统治者的什么信用。因此,王充主张"去信存食",让人民吃饱肚子,信用自然成立了。王充的战斗精神表现在他敢于批评历史上的权威,像孔子和孟子,被封建社会推崇为圣人贤人,他们的言论被奉为金科玉律,是反不得的,可是王充写了《问孔篇》和《刺孟篇》,对孔子和孟子进行了尖锐的批评,他指出孔子的言论自相矛盾之处甚多,大胆地提出:"诚有传圣业之知,伐孔子之说,何逆于理?"(《问孔篇》)这是说孔子的言论也不是不能反对的。《论语》记载:"子欲居九夷",孔子因为中原地区各诸侯国不能行其道,想去边远的民族地区推行其道,王充批驳说:"夫中国且不行,安能行于夷狄。"(同上)他对于孟子所主张的仁义,也进行了批评,指出孟子讲仁义不讲利是虚假的。王充批判孔孟,具有反对正统思想的意义,因此,他的这些思想,后来一直遭到封建统治者及其御用学者的猛烈攻击。

王充反对复古主义,宣传历史不断进步,并且注意到历史的治乱与人民生活的关系,但由于历史的和阶级立场的局限,他不可能正确地理解历史的治乱与社会政治的关系,不可能认识人民的经济生活与阶级的剥削和压迫的关系。因此,他只看到一些社会现象,并没有理解历史发展的本质。他用自然规律解释历史发展,不能不陷入命定论,他说的"昌衰兴废"也没有摆脱历史循环论的圈子。

王充在人性论问题上,把人性分为三等,有生来就善的人,是中人以上的人;有生来就恶的人,是中人以下的人;有无善无恶,或善恶混的人,是中人。王充企图用他的唯物主义自然观来说明人性问题,认为人生之初所禀受的"元气"有厚薄多少的不同,因此人性也就有善恶贤愚的不同,他说:"气有多少,故性有贤愚。"(《率性篇》)他又用一些自然的或社会的现象加以类比,他认为"人性有善有恶,犹人才有高有下"。

王充虽然认为人性是天生的,而且天生就有善恶的不同,但是他又承认后天的学习、环境对人性的作用,特别是对中人的作用。他说:"夫中人之性,在所习焉。习善而为善,习恶而为恶也。"(《本性篇》)教育改造人性,好像蓝丹染练丝,染之蓝则青,染之丹则赤,青赤一成,与真色无异。王充还用棠谿、鱼肠、龙泉、太阿等宝剑是用一般铁矿石锻炼而成为例,说铁矿石尚能变易故质,人当然更能通过教育改变他的习性,他说:"夫性恶者心比木石,木石犹为人用,况非木石?"(《率性篇》)王充的这些观点在反对先天的道德论方面,是有积极意义的。

第四节　命定论思想

王充哲学的形而上学机械论使他陷入命定论。王充肯定自然界有一种不以人的意志为转移的法则,但他忽视了人对自然的主观能动作用,忽视了人不仅能够认识自然界的规律,而且能够运用自然规律为人类服务。他对人和自然关系的看法,是比较消极的。他的这种观点运用到社会领域,便成为他的命定论的一个来源。

王充不了解社会的规律和自然的规律的区别,不了解造成富贵贫贱、吉凶祸福的社会原因,他又想给这些社会现象以唯物主义的解释,使用自然界的规律来直接说明社会现象发生的原因,结果陷入了命定论。他把人的富贵贫贱的社会差别说成是禀自然之气而成的,他说:"人生性命当富贵者,初禀自然之气,养育长大,富贵之命效矣。"(《初禀篇》)这等于是说,人的富贵贫贱在娘胎里就注定了。这个观点还反映了王充是站在地主阶级立场上的,他既然不可能否定富贵贫贱的等级差别,就要为这种差别找根据,尽管富贵贫贱不是由"天命"决定的,但也是由"自然之气"甚至是"骨相"决定的。他还说:"天施气而众星布精,天所施气,众星之气在其中矣。人禀气而生,含气而长,得贵则贵,得贱则贱。贵或秩有高下,富或资有多少,皆星位尊卑小大之所授也。"(《命义篇》)这里为了说明人的富贵贫贱是由于禀气受命,把人的地位、财产和天上星象的大小尊卑联系起来,这实际上背离了天道自然无为的主张,把天神秘化了。

王充看到自然界的规律是无意志的,自然现象的产生并没有一个有意志的主宰,完全是它自生的,他把这种自生称之为"偶",即是说偶然自生而没有目的。他把自然规律搬到社会中来,认为人的富贵贫贱、吉凶祸福也都是偶然因素造成的。他认为"时""遇""幸""偶"等等偶然机会对于人的地位、财产的升降起决定作用,因而他把这些偶然因素也都看成是命中注定的。他说:"凡人遇偶及遭累害,皆由命也。"(《命禄篇》)同为贤人,伊尹遇到成汤做了宰相,箕子遇到商纣则做了奴隶;太公、伯夷也同是贤人,生在同一时代,可是太公受封,伯夷饿死,这都是由于遭遇不同造成的。王充把偶然性说成是命运的安排,是人们无法逃避的,实际上是把偶然性夸大为必然性了,其结果是教人放弃斗争,完全听从命运的安排。他说:"信命者则可幽居俟时,不须劳神苦形求索之也。"(《命禄篇》)他要人在命运面前完全放弃主观能动性,坐等时机的来临,这种看法,实际上也是把必然性降低为偶然性,把必然性神秘化了。所以他又说:"故命贵,从贱地自达;命贱,从高位自危。故夫富贵若有神助,贫贱若有鬼祸。"(同上)命运如同受鬼神操纵,无法掌握,因此,只能是听天由命了。

但是,王充的命定论,否认富贵贫贱和道德品质有联系,则具有反对豪强贵族的政治意义。他说:"才高行洁,不可保以必尊贵;能薄操浊,不可保以必卑贱。"(《逢遇篇》)这就是说,富贵者未必是好人,贫贱者未必是坏人,这就驳斥了那种所谓富贵是由于行善、贫贱是因为作恶的说教。他认为,造成富贵是由于偶然因素,很多卑鄙小人投机钻营得到发迹,而许多正直的好人反而因为不遇机会处于贫困地位。所以说:"故遇或抱洿行,尊于桀之朝;不遇或持洁节,卑于尧之廷。"(同上)像闳孺和邓通那样的人,"无细简之才,微薄之能",只是因为长得漂亮,就得到孝惠帝和孝文帝的喜爱,而像孔子、墨子、颜回、曾参那样的圣贤,则因遭到累害,而没有机会进身。王充的这些观点,也表现了他对当时的腐败的封建统治的嫉恨。他看到"富商之家,必夺贫室之财"(《偶会篇》)。他攻击那些不学无术的官僚"一旦在位,鲜冠利剑,一岁典职,田宅并兼"(《程材篇》)。他的许多抨击,都是说明富贵的官僚贵族不是好人,反映了中小地主和豪强贵族的矛盾,客观上是进步的。但是他用命定论解释社会现象,要人听从命运的安排,其结果将是要劳动人民放弃反抗斗争,所起的作用仍然是消极的。

第六章
王弼

王弼字辅嗣,生于公元226年(魏文帝黄初七年),死于公元249年(魏齐王嘉平元年),是魏晋玄学的创始者之一。王弼的著作有《周易注》《周易略例》《老子注》《老子微旨略例》和《论语释疑》(今佚,部分散见于皇侃的《论语义疏》和邢昺的《论语正义》中)。

魏晋玄学的产生是有深刻历史根源的。魏晋时代,中国封建社会进入了以门阀士族当政的地主阶级专政时期,门阀士族是极少数拥有各种政治、经济特权的地主阶级的一个阶层。他们对农民实行农奴式的压迫和剥削,在地主阶级内部也排斥那些寒门庶族。曹魏政权是在镇压汉末黄巾农民起义基础上建立起来的,它与农民阶级有着尖锐的矛盾。同时,曹魏政权内部,曹氏集团和司马氏集团之间的争权斗争也是十分尖锐的。到正始年间(240—249)这些矛盾都日趋尖锐,魏晋玄学正是适应这种形势出现的,为维护门阀士族统治作论证的哲学理论。两汉神学目的论经过王充等唯物主义哲学家的批判,在理论上发生了动摇;又经过黄巾农民起义的冲击,已不大能起维护封建专制统治的作用了。门阀士族统治阶级为了防止农民革命,缓和各种矛盾,于是就提倡所谓"无为而治"的理论,用道家思想来补充儒家思想,要求被统治阶级安贫乐道,无知无欲,不犯上作乱。同时,在复杂的政治斗争中,统治阶级中的人也是升降不定的,为了保存自己,那些在政治斗争中失败的士族,也把道家思想作为自己安身立命的根据。另一方面,东汉的今文经学不仅包含着许多谶纬迷信思想,同时又是十分烦琐,大大束缚着人们的思想。为了解放思想,避免这种荒谬而烦琐的经学,魏晋玄学提倡直捷简易、阐述义理的方法,这也适应了理论思维自身发展的要求。由汉代的宇宙构成论到王弼的玄学本体论,标志着哲学理论思维的发展。

第一节 "名教"本于"无为"

两汉以来,以儒家"名教"为核心的统治思想,在实际政治生活中暴露出不少的弊病。汉末一些进步思想家,如王符、崔寔、仲长统等对当时的政治制度、伦理道德等都进行了不同程度的揭露和批判。汉末农民起义又用武器批判了现实的政治。这样就产生了一个问题,封建的统治制度是不是合理的,怎样才能更有效地巩固地主阶级对农民的统治?以王弼为代表的玄学,打起了评论汉朝名法之治的旗号,从另一个角度,用玄学的形式来为封建等级制的统治秩序的合理性作论证。

在王弼看来,汉王朝推行的礼法制度越搞越烦琐,越成为形式的东西。由于注意形式,讲仁义博施的人,往往是在那里赤裸裸地追求虚名,因此引起了人民的怨恨;提倡礼义的人,反而毫不掩饰地和别人争权夺利,这样也就使人民争夺不已;所表彰的一些所谓忠信的人,实际上是一些假名节之士;制定了许多刑法来限制老百姓,然而人民却想出更多的逃避刑法的办法。这就是王弼所说的:"崇仁义,愈致斯伪","巧愈思精,伪愈多变,攻之弥甚,避之弥勤。"(《老子微旨略例》)因此,王弼提出,对于这些"仁义""忠孝""刑罚"等"下德"应该重新估价,应该看到这些形式是有其局限性的,甚至搞不好还会有副作用。那怎么办呢?王弼认为,应该抓根本的东西。

所谓"根本的东西"("本"),就是先秦道家所提倡的"无为"。王弼认为,"无为"是推行礼义之治的根本,如果"名教"根据它来建立,就能更好地发挥作用。他说:"仁德之厚,非用仁之所能也;行义之正,非用义之所成也;礼敬之清,非用礼之所济也。"(《老子》三十八章注)应该怎样呢?应该"载之以道,统之以母"(同上)。这里的"道"或"母",都是指"无为"。所以,王弼说:"本在无为,母在无名。弃本舍母,而适其子,功虽大焉,必有不济;名虽美焉,伪亦必生。"(同上)他认为,以无为为本,仁义的作用才会真正地显示出来,礼法的作用才会真正发挥出来。因此,要懂得什么是母(根本的东西),什么是子(派生的东西),什么是本,什么是末,做到"崇本以息末,守母以存子",(《老子微旨略例》)政治才能搞好。可以看出,王弼表面上认为"仁义""礼法"等不重要,但实际上他是企图用所谓提倡"无为"来巩固"名教",使"名教"起到更好地维护封建统治秩序的作用。

王弼认为,对任何事情都应采取"无为"的态度,他说:"从事于道者,以无为为君。"(《老子》二十三章注)他提出,不仅统治者应该"无为",被统治者也应该"无为"。从统治者说,"行无为之治",才能达到"无不为"的目的。因为在上的统治者既然"无为"了，下面的被统治者就应该效法，就像子效法母一样。他说："上之所欲，民从之速也。我之所欲为无欲，而民亦无欲而自朴也。"(《老子》五十七章注)这是说，统治者如果有什么欲望要求，老百姓也就会很快地跟着来了；如果统治者宣扬说："我所想的就是无欲"，那么老百姓也就会没有什么欲望要求，而过着朴素安静的生活。王弼鼓吹"无为"，当然不是要统治者真的什么事也不干，而是企图通过"无为"的宣传，从根本上杜绝社会上的争夺和倾轧，以达到他心目中的理想社会。所以，王弼在《老子微旨略例》中说："闲邪在乎存诚，不在察善；息淫在乎去华，不在滋章；绝盗在乎去欲，不在严刑。"这是说，要防止社会产生"邪恶""淫欲"，不能在它发生之后，再用严刑去制止它，而要在它发生之前就把它消灭掉。所以他又说："故不攻其为也，使其无心于为也。不害其欲也，使其无心于欲也。谋之于未兆，为之于未始，如斯而已矣。"他把这种办法称之为"崇本以息末"，就是说使人们过着无知无欲、安分守己的生活，这样仁义、刑罚的作用也就自然而然地发挥出来了。

王弼这种思想，表现了董仲舒以来所提倡的儒家学说经过汉末农民革命的打击，发生了动摇。于是，封建统治阶级不得不寻找新的统治思想和统治方法，以适应历史的新变化。

第二节　"天地万物皆以无为本"的本体论

王弼的整个哲学体系抛弃了两汉以来烦琐的经学和谶纬迷信，不再用那些荒诞的天人感应目的论作理论根据，而采用了思辨哲学的形式，以探讨宇宙本体问题作为其哲学体系的核心。王弼认为，万有统一于一个共同的本体，这就是"道"(或者为"无")，世界万物之所以能存在，就是因为有这个本体，多种多样的世界万物，就是这个本体的表现。这就是所谓"天地万物皆以无为本"(《晋书·王衍传》)。王弼的哲学体系就是从各个方面来论证这个命题。

王弼认为，世界上的形形色色的万物(有)只是现象(末)，而在这些现象之中，有一个更根本的东西决定着万有的存在。他说："天下之物，皆以有为生；有之所始，以无为本；将欲全有，必反于无也。"(《老子》四十章注)这句话的意思是说，天下万物都是具体存在着的东西；具体存在着的东西所以成为它存在的那个样子，是因为由"无"作为它的本体；如果万有要保全自己，必须返归于"无"。

为什么呢？照王弼看来，任何具体的东西(有)，都不能作为另外一个具体东西的本体，更不能是整个宇宙的本体。因为具体的东西总有其规定性，是方的就不能又是圆的,是温的就不能又是凉的。因为有其规定性,就不能成为万有共同存在的依据,所以万有的本体只能是无形无象的"无"。和王弼同时的另一个主张"以无为本"的玄学家何晏认为,就声音说,如果是宫就不能是商,是角就不能是羽,因此最根本的声音就是"无声","无声"是各种声音的根本。就颜色说,也是如此,因此"无色"是各种颜色的根本。从这里看,每一类事物的根本都是"无",那么整个万有的根本当然也就是"无"了。王弼等人所谓的"无"并不是空无,而是世界万物的无形无象的本体。他曾这样来说明这个本体:"欲言无邪?而万物由以成。欲言有邪?而不见其形。"(《老子》十四章注)这是说,这种本体是无形无象,没有任何质的规定性的。在王弼、何晏看来,正是这个没有任何规定性的"无",才决定了具有各种规定性的"有"的存在和发展。

王弼为了论证世界万物由一个根本的东西作为本体来统一它们,因而又从"一"和"多"的关系方面来论证"以无为本"。王弼认为,万有是多种多样的,不能自己治理自己,必须有一个"至寡"的东西来统率它们,世界才有秩序。他说:"众不能治众,治众者至寡","少者多之所贵,寡者众之所宗。"(《周易略例·明象》)又说:"统之有宗,会之有元,故繁而不乱,众而不惑。"(同上)所谓"至寡"是什么呢?王弼认为就是"一"。他说:"众之所得咸存者,主必致一也。"(同上)这是说,"一"是统治万有的。"一"又是什么呢?他在解释老子的"道生一"时说:"万物万形,其归一也。何由致一,由于无也。由无乃一,一可谓无。"(《老子》四十二章注)这就是说,"一"也就是"无",用"一"来统"众",也就是用"无"来统"万有"。这一点,在《老子》十一章的注中,王弼有更明确的说明。他说:"毂所以能统三十辐者,无也。以其无能受物之故,故能以寡统众也。"这是说,车轴毂所以能把三十辐集中起来,使其发生作用,是因为轴毂中间有个空的地方(无),正因为有这个"无",才能把众多的东西统一起来,使其发生作用。所以说"无"比"有"更根本,"无"是万有的"宗主"。

两汉神学目的论认为,自然界和人类社会中的一切变化都是依天的意志为决定的,这样就取消了自然界和人类社会发展的客观规律性。王弼的说法,与神学目的论的说法不同,他说"物无妄然,必由其理"(《周易略例·明象》)。这是说,万有的存在和变化都有其规律性。那么这种规律性在哪里呢?王弼说:"道者,物之所由也。"(《老子》五十一章注)这是说,万物之所以存在是由于"道","道"也就是"一"或"无"。这个观点说明,王弼承认客观事物的发展变化有其规律性,而这个规律性从根本上说也就是本体"道"或"无"。

王弼还从动静的关系来论证天地万物以无为本。他认为,万有是有形有象的,千变万化的,这样它就不能永恒地存在着,不能永恒地存在着的东西,就不能是根本的。"无"则是无形无象的,不动不变的,它是永恒存在的,所以是绝对的,万物的根本。他说:"复者,反本之谓也。天地以本为心者也。凡动息则静,静非对动者也;语息则默,默非对语者也。然则天地虽大,富有万物,雷动风行,运化万变,寂然至无,是其本矣。"(《周易·复卦》注)这是说,世界万物是千变万化的,但对不变来说,变化是相对的,不变才是绝对的,所谓"动""语"不过是"静""默"的变态,终究要归于静默。因此,人们应在"动"的现象中看到本体的常静,于动中求静,这叫做"反本"。

总之,王弼是通过对"有"和"无"的关系的抽象分析来论证其天地万物"以无为本"的命题的。他所说的"有"和"无"的关系是:"无"是无形无象的,是本,"有"是有形有象的,是末。有形有象的东西依赖无形无象的本体才能存在;"无"是"一","有"是"多",万有由于"无"的统率,才有规律性;"无"是绝对静止的,万有是千变万化的,然而终究归于静止。这就是说,世界的统一性不是它的物质性,而统一于没有任何质的规定性的"无"。因此,王弼的哲学是一种客观唯心主义。

第三节 "得意在忘象"的认识论

魏晋时期,玄学在方法论上宣扬"辩名析理",即从分析抽象的概念和义理出发,探讨世界的本原问题。他解释孔丘"吾道一以贯之"说:"夫事有归,理有会,故得其归,事虽殷大,可以一名举;总其会,理虽博,可以至约穷也。"又说:"能尽理极,则无物不统;极不可二,故谓之一也。"(《论语释疑》)王弼认为,要得到这个统率一切事物的"一贯之道",必须抛开具体的物象,如果只停留在具体物象上,是不可能得到的。这就是他"得意忘象"的理论。

王弼在他的《周易略例·明象》中,研究了言、象、意三者的关系。言,指卦辞,代表语言;象,指卦象,代表物象;意,指一卦的义理,代表事物的规律。王弼认为,语言是表达物象的,物象是包涵义理的。但语言不等于物象,物象不等于义理,所以要得到物象应该抛弃语言,要得到义理应该抛弃物象。他说:"言者所以明象,得象而忘言。象者所以存意,得意而忘象。"在他看来,言只是得象的工具,象只是得意的工具,如同蹄是捕兔的工具,筌是捕鱼的工具。因为是工具,所以得到义理,就应抛弃物象。王弼把这个观点进一步发挥,又得出一个结论:如果拘泥于物象,则妨碍对义理的认识,拘泥于语言,则妨碍对物象的表达,所以要想真正把握住义理,就得忘掉物象。他说:"然则忘象者乃得意者也,忘言者乃得象者也。得意在忘象,得象在忘言。"这就是说,只有抛弃物象的限制，才能认识事物的规律。

王弼的这些议论，看到了语言、物象和义理三者的差别，是有其合理性的。但是他把这种差别夸大了，割裂了三者的内在联系，其结果是，抛弃现象去认识本质，排斥感觉经验，排斥实践，把对事物规律性的认识，看成是头脑自生的东西。这种先验论同他的本体论是一致的。王弼宣扬的作为世界本体的"无"是超经验的，通过具体物象是不能认识的，因此在认识论上便导出了"忘象求意"的结论。如何去"忘象求意"呢？王弼认为，这要靠一种非凡的、天生的智慧。

他称这种天生的聪明和才能为"神明"。他曾在与钟会辩论时提出了这个观点，他说："圣人茂于人者神明也，同于人者五情也。神明茂，故能体冲和以通无；五情同，故不能无哀乐以应物。"他认为，圣人和普通人的根本不同点就在于圣人有天生的智慧，"智慧自备"（《老子》二章注），这种天生的智慧完全不是从后天的学习和实践中来；圣人有了这种天生的智慧就可以完全体会本体"无"，所以王弼提出"圣人体无"的观点。对"圣人体无"这个观点可以从两个方面来分析：从认识论上说，"圣人体无"就是说圣人能靠他天生的神明体认本体；从本体论上说，"圣人体无"就是说圣人和本体"无"是一回事，即与"无"同体。王弼在《老子》二十三章注中说："道以无形无为为成济万物，故从事于道者以无为为君，不言为教，绵绵若存，而物得其真，与道同体，故曰同于道。"这就说明，王弼把圣人（就是这里所说的从事道者）抬高到和"道"一样的地位，从而把他神化了。本来"道"或"无"都是王弼所谓的"圣人"虚构出来的，自然这个虚构的本质也就只能存在于"圣人"的心中了，也就是说"圣人"就是真理的化身，这样王弼具有先验论倾向的"得意忘象"说又导出了天才论，甚至带有神秘主义的色彩了。

第四节 "治众者至寡"的英雄史观

在魏晋时代，由于社会的大变动，因此什么样的人是"英雄"也是当时哲学家讨论的重要问题之一。所谓"英雄"就是指应该当统治者的人，最高的"英雄"在当时被称作"圣人"。剥削阶级几乎没有例外，都要把人分成两类，一类是统治别人、教化别人的英雄，另一类则是被英雄统治、教化和牵着鼻子走的老百姓。当时有所谓"月旦评"就是评论什么样的人最适宜当统治者。曹魏时期的刘劭作了一本书叫《人物志》，这本书就是专门讨论英雄人物的标准的，他给"英雄"下了一个定义："聪明秀出谓之英，胆力过人谓之雄。"（《人物志·英雄第八》）就是说，英雄与一般人不同，他们有特殊的智慧和才能，他们可以统治别人，"成大业"或"致太平"。王弼在这个问题上，把刘劭的英雄史观更往前发展了一步，他从哲学上对这个问题给以理论的论证。

王弼的著作中没有采用"英雄"这样的字眼，而是用"圣人"来讨论这个问题。他认为圣人是最理想的统治者，而统治者又是社会中必不可少的。为什么社会上一定要有一个至高无上的统治者呢？因为整个宇宙有一个最高的本体叫"道"或"无"，它是世界万物的宗主，世界万物因为有它而存在，而有秩序和条理。那么在社会上也应有一个至高无上的统治者，由他来当老百姓的主宰，给社会以秩序和条理。他说："譬犹以君御民，执一统众之道也。"（《论语释疑》）圣人怎样"执一统众"呢？他说："真散则百行出，殊类生，若器也。圣人因其分散，故为之立长官。以善为师，不善为资，移风易俗，复使归于一也。"（《老子》二十八章注）这是说，圣人看到了众多的老百姓各行其是，没法统一，于是就为他们设立"长官"，使他们统一起来；既然设立了长官，就不能不定出上下尊卑的名分来，否则还是得不到统一，所以这种上下尊卑的统治与服从的关系是合乎"道"的，是为圣人所制的。在王弼看来，"执一统众"或"执一御万"不仅是自然和社会的总原则，也是君主或圣人统治人民的重要原则，它具有普遍的意义。因为道是万物的宗主，而君主或圣人又能体道，所以能够成为万民的主宰。他说："百姓有心，异国殊风，而王侯得一者主焉。"（《老子》四十二章注）王弼把君主与圣人对百姓的治理提到本体论的高度加以论证，集中反映了他的英雄史观的内容。

由于圣人体无，"德合自然"，应该当统治者。那么，老百姓应该怎样呢？在王弼看来，老百姓处于无知无欲安分守己的状态是最符合"道"的要求的，他说："愚，谓无知守真，顺自然也。"（《老子》六十五章注）可见历史上任何把统治者说成是应该高高在上的"英雄""圣人"的哲学家，同时也就必然轻视下层民众，甚至把他们看成是消极被动、任人宰割的群氓。

前一节我们已经讲了王弼认为"圣人"是具有天生智慧的天才、超天才式的人物。在他看来，只有这种具有天生智慧的人才能根据"道"的要求来处理世事，治理百姓。但是，作为事物本体的"道"是无形无象的，是不能言说的，也是老百姓无法懂得、无法认识的，因此圣人还得用有形有象的东西来进行统治。王弼说："圣人体无，无又不可以训，故言必及有。"（《世说新语·文学篇》）这无非是说，圣人制定出来的"名教"等封建制度之类都是合理的，都是必要的。王弼讲上面那段话本是想调和孔子和老子的学说，然而从这里也暴露出他实际上仍然把孔子看成是比老子更高的圣人，用以肯定维护封建等级制的"名教"。

第七章
裴頠和欧阳建

裴頠字逸民,生于公元267年(晋泰始三年),死于公元300年(晋永康元年),他的主要著作有《崇有论》。

欧阳建字坚石,生年不详,死于公元300年(晋永康元年),他的主要著作有《言尽意论》。

第一节 裴頠等反对玄学贵无论的历史背景

西晋时期,门阀士族地主阶级的统治地位进一步得到巩固,但同时却加深了地主阶级和农民阶级之间的矛盾,而士族内部不同政治集团之间的争权夺利的斗争也十分尖锐。门阀士族是一个十分腐朽的阶层,当时一些大士族都是膏田万顷,奴婢成群,过着极端奢侈、豪华的腐化生活,但是在表面上他们又都装出一付对物质欲望十分淡薄和清高的样子,高唱"无为""无欲"的调子。另外,一些在政治斗争中失意的士大夫也标榜崇尚虚无,以逃避现实的复杂政治斗争。因此,魏正始年间发展起来的玄学贵无论到西晋时期有了进一步的发展,而其流弊以至于不务政事、不遵礼教,造成一种"口谈浮虚,不遵礼法,尸禄耽宠,仕不事事"(《晋书·裴頠传》)的社会风气。这种状况引起了人们的不满,即使在统治阶级内部也有一些人为这种社会风气担忧而加以反对。据《晋书》裴頠本传记载,他就是因为"患时俗放荡,不尊儒术""风教陵迟","乃著《崇有》之论,以释其蔽"。

裴頠在《崇有论》中指出了"贵无论"在社会政治方面的危害。他说,那些崇尚虚无的人,轻视治理世事的职责,看不起事功业绩,把脱离实际看成是高超;当官的不亲自处理政事,还把这叫做高雅;放荡不羁、不讲廉耻,却说是旷达,等等。这样一来,上下秩序、贵贱等级都会搞乱。他认为,这种状况都是由"贵无""贱有",提倡"无为"的理论造成的。所以他说:"贱有则必外形,外形则必遗制,遗制则必忽防,忽防则必忘礼。礼制弗存,则无以为政矣。"他集中批判了"无为"的说教，认为人们在实际生活中不能"无为"，"无为"对治理群生，维护名教，没有任何益处。他说："养既化之有，非无用之所能全也。理既有之众，非无为之所能循也。"这是说，调养既已存在的万有，不是"无用"所能达到的；治理既已存在着的众多事物，也不是"无为"所能驯服的。因此，必须"有为"。他说："惟夫用天之道，分地之利，躬其力任，劳而后飨。"这是对门阀士族不关心社会生产，饱食终日，无所用心的尖锐批判。

裴頠从维护封建名教，反对政治上的"无为"出发批判玄学"贵无"论，进而对其唯心主义理论也进行了批判，提出了他的唯物主义理论。比裴頠略早一些，有代表庶族地主阶级的思想家杨泉，对玄学唯心主义也在理论上进行过一定的批判。他也曾尖锐指出："夫虚无之谈，尚其华藻，无异春蛙秋蝉聒耳而已。"(《物理论》)杨泉继承先秦以来朴素的唯物主义思想，认为"成天地者，气也"(同上)，而"气"又是由"水"蒸吐出来的。这就是他说的："吐元气，发日月，经(分布)星辰，皆由水而兴。"所以，也可以说："立天地者，水也。"他还认为，万物都是由"气"的运动变化而自然生出来的，他说："惟阴阳之产物，气陶化而播流。物受气而含生，皆缠绵而自周。"杨泉的这些思想虽然比较简单、原始，但他坚持了以物质原因来说明天地万物的生存和变化，这是与玄学唯心主义以"无"为天地万物之本的观点根本对立的。杨泉这些思想作为裴頠批判玄学唯心主义的先行，是有一定历史意义的。

第二节 裴頠的"崇有论"思想

裴頠的"崇有"论是针对王弼等玄学"贵无"论提出来的。他从以下几个方面，批判了王弼一派"以无为本"的思想。

王弼认为，天地万物以无为本，"无"是世界的本体而"有"只是"无"的表现。裴頠首先反对在现实世界之外另有一个什么本体。他认为，"有"之所以发生，并非另外有一个东西使它成为"有"，而是它"自生""自有"的，即所谓"始生者，自生也"。"有"是说有形有象的具体事物，事物都是有形有象的，所以，有形有象也就是事物的本体。他说："形象著分，有生之体也"，又说："自生而必体有，则有遗而生亏矣。"这也就是说，没有了具体的形象，也就无所谓"有"的生存了。因此，裴頠明确指出："夫至无者，无以能生"，否定了"有生于无"的观点。不仅如此，裴頠进一步对"无"也作了解释。他说："生以为己分，则虚无是有之所谓遗者也。"这是说，"有"的存在就是其本体，所以"无"只不过是"有"的一种消失了的状况。这个观点排斥了"无"的绝对性、永恒性、至上性，从根本上否定了王弼等"以无为本"的观点。

在王弼看来,个体事物总有其局限性,不能自存,万有必须以"无"为其本体,才能存在。所以,"无"是"有"的全体的本体,整个万有都以"无"为自己存在的根据。裴頠在《崇有论》中驳斥了这种观点,他说:"总混群本,宗极之道也。"从裴頠的整个思想看,这句话的意思是:整个万有本身就是最根本的"道",也就是说,他把宇宙的全体看成就是由万物本身所构成的。关于全体和部分的关系,裴頠认为,虽然世界是一个整体,都是"有",但在这个整体中间,由于每个具体的东西都是有形有象的,因此可以分成若干种类,即"方以族异,庶类之品也"。总之,裴頠在这里说明了,作为世界根本的"道",就是万有自身,"道"无非是指万有的总和,离开万有也就没有"道"。这也就从世界的统一性问题上否定了王弼"以无为本"的观点。

王弼还把事物的规律和事物本身割裂开来,从而把规律("理")看成是本体"无"的产物。事物的规律是某种超事物本体决定的呢?还是事物自身所固有的呢?裴頠主张后者。他说:"化感错综,理迹之原也",认为万物的变化和错综复杂的关系是寻求事物规律的迹象的根据。这就是说,他认为规律是表现在事物的变化和相互作用之中。他还说:"理之所体,所谓有也。""理"是以"有"作为它存在的根据的。从这里出发,裴頠进一步指出,事物变化的形迹之所以可以寻求,正因为有个"理"在其中,"是以生而可寻,所谓理也"。这就驳斥了王弼到万有之外去寻找事物变化根源的唯心主义本体论。

王弼的唯心主义本体论,一个重要的观点是:万有都有质的规定性,能温则不能凉,而且温自身也不能为温,而"皆有其母",就是说,必须有一个不温不凉的东西作为万有的本体,万有才能共存。裴頠用万有互相支持的观点,驳斥了王弼的这种理论。他认为,每一个具体的事物都是全体的一部分,都有其规定性,因此不能"自足",而需要依靠别的东西作为其存在的条件。他说:"夫品而为族,则所禀者偏,偏无自足,故凭乎外资","资"就是依靠的意思,也就是"条件"的意思。裴頠还进一步指出:"有之所须,所谓资也。资有攸合,所谓宜也。择乎其宜,所谓情也。"这是说,事物的存在要依靠条件,条件适合于某一事物的存在,对于某一事物来说就叫做"宜",事物选择其适合存在的条件,就叫合乎实际,也就是说,每个事物的存在,总是同其他事物联系在一起的,万物之间互相资助,互相依靠,就是自己存在和发展的根据。这里裴頠以个体事物互为存在的条件来说明个体事物存在的原因,而不是从事物之外去寻找其存在的原因。这不能不说是一个很重要的唯物主义的观点。由此,他得出结论说:"济有者皆有也。"不是"无"济"有",而是"有"济"有"。从这一观点出发,裴頠还驳斥了王弼"以无为心"的说法。他认为:"心非事也,而制事必由于心,然不可制事以非事,谓心为无也。匠非器也,而制器必须于匠,然不可以制器以非器,谓匠非有也。"这是说,人的思想活动当然不是事物本身,但做成一件事总是离不开一定的思想活动的,也就是说,是要"用心"的。因此,决不能认为"心"是"无为"的。总之,裴頠在反对贵无论的斗争中,阐明了世界上唯一存在着的就是"有",即个体事物,具体的"有"都是有条件的,是互相依靠的,但却不需要一个"无"的本体支持它们。这是裴頠的《崇有论》对古代唯物主义思想发展作出的一个重要贡献。

裴頠作为魏晋时代的哲学家在哲学史上是有重要的地位的,这就是由于他大体上都回答了王弼等"贵无派"所提出的哲学方面的问题,并给以唯物主义的说明。但是,我们也可以看到裴頠的思想仍然有很大的局限性。裴頠的"崇有"是从要肯定现实的封建统治出发的,他认为既要巩固封建统治,那就要承认这个现实社会的现实性;既要承认这个现实社会的现实性,就应在这个范围内有所作为,因此他在哲学上就反对在现实的世界之外去找一个本体世界。但是我们知道,裴頠说的"有",不仅指自然物,也包括社会生活中的事物,如封建礼教之类的事物。因此,他从崇有论出发,又肯定了贵贱等级的合理性,他说:"众理并而无害,故贵贱形焉。"这又为封建等级制度作了辩护。这样,他以后的哲学家又从这里引出凡现存的"有"都是合理的观点,郭象正是这样从右的方面发展了裴頠的思想。

对裴頠说来,除有上述阶级的局限性外,还有他当时认识上的局限性。他的《崇有论》只看到个体事物的实在性,在反对唯心主义本体论的同时,又回避了世界统一于物质性的问题,从而认为事物都是"始生者,自生",这又否认了个体事物之间的转化,陷入了形而上学。这种观点,后来又被郭象发展为"独化"说。

第三节　欧阳建"言尽意论"的认识论

欧阳建的著作没有保存多少,主要的只有《言尽意论》这一篇。据《世说新语》记载说:"旧云:王丞相(王导)过江左,止道声无哀乐、养生、言尽意三理而已。"可见《言尽意论》是当时一篇很重要的论文。

"言"和"意"的关系问题,早在先秦时已经提出来了,《易·系辞》中就有"言不尽意,书不尽言"这样的话,这里"意"大体上是指思想内容的意思,"言"是指表达思想内容的语言工具。《庄子·外物》篇中就有"言不尽意"不可知论的思想了,它说:"言者所以在得意,得意而忘言。"这个问题到魏晋时代,从评论人物发展成了一个哲学上讨论的非常重要的问题。当时,有所谓"言意之辩",表面上是讨论语言是否能反映思想内容的问题,而实际上是一个认识论的问题,即客观世界能不能认识或事物的本体能不能认识的问题。荀粲等玄学家提倡"言不尽意",认为义理存于现象之外,"象外之意"是不能由人们的感官或思维来认识的,因此语言不能反映事物的本质。这是一种不可知论。欧阳建的《言尽意论》,反对了这种不可知论,同时也打击了王弼的"得意忘象"的理论。

欧阳建在《言尽意论》一开头就把两种对立的观点明确地提了出来,他指出当时玄学家们所拥护的"言不尽意"的理论,他不同意。从文章看,直接是由对《论语》记载的"夫子之言性与天道,不可得而闻"(《公冶长》)的解释而来的。当时很多玄学家都用不可知论的"言不尽意"的观点解释这句话,他们认为孔丘对于天道与性命这些根本问题是不谈的,因为这些根本问题是不能说的。当时有个人叫张韩,他就说:对这些问题"留意于言,不如留意于不言"。王弼对孔丘所说的"余欲无言""天何言哉"的解释是:"夫立言垂教,将以通性,而弊至于湮。寄旨传辞,将以正邪,而势至于繁。既求道中,不可胜御,是以修本废言,则天而行化。"这句话的意思是,本来圣人立言为了教化众人修身养性,可是后来圣人的教化的原意在烦琐的章句中被湮没了;本来圣人寄旨于言在于出意,目的是为了改正人们不正确的地方,但是只注意言教,发展的趋势就会越搞越繁多;要想了解事物的本体,那就不能什么都抓,要反求其本,而反求其本,就必须忘言忘象,这样才可能以天道为法则而行于大化。王弼的这种观点是企图从反对汉儒的烦琐章句之学中来建立他的哲学体系。欧阳建针对上述"言不尽意"的观点,分析说:他们以《论语》中"夫天不言,而四时行焉;圣人不言,而鉴识存焉"为依据,从而认为"形不待名,而方圆已著;色不俟称,而黑白以彰。然则名之于物,无施者也;言之于理,无为者也"。这是说,在持"言不尽意"论者看来,形之方圆、色之黑白,不依赖于"名""称"就自然明白,就可以直接感受或意会得到。因此,"名"与"言"对于了解和认识"物"与"理"不起什么作用,没有必然联系,不一定相一致。正因为如此,"言不尽意"论者对"古今务于正名,圣贤不能去言"无法理解。

对此,欧阳建首先指出:"原其所以,本其所由,非物有自然之名,理有必定之称也。"这是说,"物"与"理"并没有自然、必定的"名""称",亦不因其"名""称"而自然明白。他认为:由于"物"与"理"的变化和不同,"名"与"称"也会随着发生变化和不同。所以他说:"名逐物而迁,言因理而变。"也正因为如此,"名""称"对于"物""理"不是不起作用的。相反,对"名""称"的正确规定,通过语言的分析和辩论,对于交流思想和正确地认识"物""理"是十分必要的。

其次,欧阳建进一步论证了"言"(语言,概念)的形成和作用,阐发他的唯物主义观点,批判"言不尽意"的唯心主义观点。欧阳建说:"诚以理得于心,非言不畅。物定于彼,非名不辩。言不畅志,则无以相接。名不辩物,则鉴识不显。鉴识显而名品殊,言称接而情志畅。"这就是说,人们认识了客观规律,不用语言(概念)就不能表达出来。因为事物客观地存在于外界,不用概念,在人们的思想中就不能加以区别。如果不用语言表达人们的认识,那么人与人之间就无法交流;如果不用名称把事物区别开来,那么人们的认识就无法表达出来。因此,用概念把认识明晰的表达出来,就可以分辨事物不同的品类;语言概念和它所反映的客观对象相一致,人们之间才可以有思想和感情的交流。这里,欧阳建直接讲的是语言的社会功用的问题。因为语言是手段和工具,人们可以利用它来彼此交流思想,达到互相了解。欧阳建在这个问题上是正确的。同时,他这里也是讲的认识论问题,认为概念能够反映事物,以及事物必须用概念来反映,因为他说的是:"理得于心,非言不畅""物定于彼,非名不辩"。欧阳建肯定了人们可以认识和反映客观事物及其规律,否定了唯心主义的"言不尽意"的不可知论。

最后,欧阳建认为语言和概念来源于客观事物,反映着客观事物,概念是由人们约定而成的反映事物本身的符号。欧阳建提出,事物本来没有名称,但是人们为了辨别不同事物的性质,就给它们以不同的名称,因此名称是根据客观事物而有的。但是,此事物为什么叫此名,而不叫别的名称,那是人们约定的。之所以要这样,是为了把不同的事物区别开来,所以归根到底"名"是根据事物的不同而不同的,语言要根据事物道理的变化而变化的。这里,从认识论上说,欧阳建接触到两个问题,一是语言概念和事物之间的关系,语言概念是根据客观事物而有,因此它是有根据的;二是语言概念只是根据客观事物而有的,它不是事物本身。这里,欧阳建既看到了语言概念和客观事物的区别,又看到了它们之间的联系。所以他得出结论说:言和意的关系,"犹声发响应,形存影附,不得相与为二矣。苟其不二,则言无不尽矣。"从这我们可以看到,欧阳建在批判"言不尽意"的不可知论中把唯物主义的认识论向前推进了一步。

欧阳建的《言尽意论》文章很短,有些问题没有能展开来论证,但他能在"言不尽意"十分流行的时候,坚持朴素的唯物主义反映论,分析和批判"言不尽意"的不可知论,是难能可贵的。

第八章
郭象

郭象字子玄,生于公元 252 年(魏嘉平四年),死于公元 312 年(晋永嘉六年),经历了整个西晋王朝的统治时期(265—317)。西晋政权是一个维护门阀士族地主阶级利益的政权。在西晋王朝统治的几十年中,门阀士族地主阶级的经济得到了发展,政权也得到了一定程度的巩固。郭象的哲学就是为西晋门阀士族统治集团服务的。

郭象的主要著作是《庄子注》,相传他是在向秀注释的基础上增改而成的。另外,他还有《论语体略》(或称《论语隐》)一书,现已佚失,只有部分内容保留在皇侃《论语义疏》中。郭象虽说是注《庄子》,实际上是借《庄子》来发挥他自己的哲学思想。

第一节 "独化"说

郭象哲学思想的核心是他的"独化"说。他用"独化于玄冥之境"的观点,说明世界天地万物的生成、变化,以及万物之间的相互关系。

在郭象之前,玄学贵无论者都崇尚虚无,如王弼即以"无"为天地万物的本体。这种"贵无"论,经过裴頠的批判,暴露了它在理论上的弱点。郭象为了避免"贵无"论在理论上存在的困难,接过裴頠的"崇有"论,把裴頠坚持的"无"不能生"有","始生者,自生也"等观点,加以绝对化、神秘化,从而使客观物质世界成了一个不可捉摸的神秘世界。

郭象对于"无"的看法,既不同于王弼那样把"无"看做是天地万物的"本""体",也不同于裴頠那样把"无"看做是"有之所谓遗者也"。他认为,"夫庄老之所以屡称无者,何哉?明生物者无物,而物自生耳"(《在宥注》)。又说:"非唯无不得化而为有也,有亦不得化而为无矣。是以夫有之为物,虽千变万化,而不得一为无也。"(《知北游注》)这是说,"无"不是相对于"有"而言的,它既不是"有"的"本""体",也不是"有"的消失状态。"无"仅仅是说明天地万物的生成没有任何东西作为它的根据,是"自生"的。郭象概括他对于天地万物生成的主要观点是:"上知造物无物,下知有物之自造。"(《庄子注》序)对于天地万物"自生""自造"的情况,郭象用"独化"这个新概念加以概括。

郭象的"独化"说包含有两个方面的意思:一是说,天地万物的生成和变化都是自然而然的。如他说:"万物必以自然为正,自然者,不为而自然者也。"(《齐物论注》)"自然即物之自尔耳。"(《知北游注》)"(天)不运而自行也,(地)不处而自止也,(日月)不争所而自代谢也。皆自尔也。"(《天运注》)就这方面来讲,郭象的"独化"说具有反对宗教神学"造物主"的意义。他曾明确地说:"万物万情,趣舍不同,若有真宰使之然也。起索真宰之朕迹,而亦终不得,则明物皆自然,无使物然也。"(《齐物论注》)这是郭象"独化"说中包含的合理因素。"独化"的另一方面含义是说,天地万物的生成、变化都是各自独立、互不相关而突然发生的。这也就是他常说的,天地万物"突然而自得"(《天地注》),"欻然自尔"(《庚桑楚注》),"忽然而自尔"(《知北游注》),"掘然自得"(《大宗师注》)等等。就这后一方面的意义来说,"独化"说具有严重的神秘主义色彩。

郭象所谓"突然而自得""忽然而自尔",是要说明天地万物的生成、变化是没有任何原因和根据的。他认为,不仅"无"不能生"有",而且"有"也不能生"有"。如他在注《庄子》"必出乎无有"一语时说:"此所以明有之不能为有,而自尔耳。"(《庚桑楚注》)对于这种天地万物的生成、变化不需要任何条件的思想,郭象有一简明的概括,即所谓"独生而无所资借"(《知北游注》),或者说:"物各自造,而无所待焉。"(《齐物论注》)辩证唯物主义认为,就整个宇宙来说,它的存在是无条件的、绝对的,但就每一种具体事物来讲,则都是有条件的、相对的存在着的。世界上根本没有不需要依赖其他事物、不需要任何条件而独立存在的个体。郭象所说的"无所资借",并不是指整个宇宙的存在而言,而是指具体事物的个体存在都是"独生"的。他的这种思想就和裴頠的"崇有"论思想有了根本的不同。裴頠否定"无"能生"有",但他却强调"有"必须有所"须"、有所"资",即必须有所依赖才能存在,这也就是他说的:"偏无自足,故凭乎外资。"当然,裴頠说的这种依赖是"济有者皆有也",即万物是互相依赖、互为条件,或者说互为因果的。郭象则不然,他把所谓"物各自生"绝对化,根本否定物与物之间的依赖关系和因果关系。在这一点上,郭象是走得非常远的。他认为,天地万物的生成、变化,不仅不需要外部的条件,甚至也没有内部的原因。如他说:"凡得之者,外不资于道,内不由于己,掘然自得而独化也。"(《大宗师注》)因此,郭象所谓的"有",只是一个个独自突然发生和变化着的孤立个体，无根无源，互不相关，就连每个事物自身也不知道自己为什么一下子就冒了出来。这样的世界只能是一个神秘莫测的世界。由此可见，郭象在天地万物生成、变化的问题上，虽然抛弃了"造物主"，却陷入了神秘主义的泥坑。

根据郭象的"独化"说推论下去，其逻辑上的必然结论是：世界上万事万物的发生和变化都是杂乱无章、无规律可循的。这是与客观事实不相符的，也是与郭象所要论证的封建门阀士族统治秩序合理性的愿望相违背的。因此，他又提出了一个"玄冥之境"，让"独化"在"玄冥之境"中进行。这就是他所谓的"独化于玄冥之境"（《庄子注》序、《齐物论注》）。"玄冥"是《庄子》书中原有的一个术语，用以描述一种混沌不分的状态或一种不知不觉、不分是非、不分彼此的精神境界。郭象对"玄冥"的解释与《庄子》有所不同，他说："玄冥者，所以名无而非无也。"（《大宗师注》）按照郭象其他各处的说明，所谓"名无而非无"，似乎是说天地万物的生成、变化是自然而然的，没有主宰者，但这种自然而然也不是没有一种决定的因素。如他说："是以涉有物之域，虽复罔两（影子外的虚影），未有不独化于玄冥之境者也。故造物者无主而物各自造。物各自造而无所待，此天地之正也。"（《齐物论注》）又说："人之所因者天也，天之所生者独化也。人皆以天为父，故昼夜之变、寒暑之节，犹不敢恶，随天安之，况乎卓尔独化，至于玄冥之境，又安得而不任之哉？既任之，则死生变化，惟命之从也。"（《大宗师注》）这两段话都是讲"独化于玄冥之境"的，前一段说明"造物者无主而物各自造"，所以"玄冥"是"名无"；后一段说明"死生变化，惟命之从"，"随天安之"，所以"玄冥"又是"非无"。前一层意思，没有超出他"独化"说的范围，后一层意思才是郭象提出"玄冥之境"以解决他"独化"说在理论上与客观实际所存在的矛盾的主旨所在。

郭象认为，他所说的天地万物的"独化"，就个体来讲是突然的、无原因、无根据的、互不相关的，但就世界整体来讲，它们又是互不可缺的。如他说："故天地万物凡所有者，不可一日而相无也。一物不具，则生者无由得生，一理不至，则天年无缘得终。"（《大宗师注》）他还认为，天地万物虽然是"自生""自得""自造""自有"，但它们各自在整个世界中所处的地位是确定不移的、所具的本性是不可改变的，因此世界万物又是完全和谐的。郭象认为，必须肯定天地万物的这种和谐和互不可缺的世界秩序。但是，这种和谐和互不可缺的世界秩序是由什么来决定的呢？郭象是不承认有主宰者存在的，因此，他只能把这种决定的力量归之为所谓的"命"或"理"（有时也称作"天理"）。他说："知不可奈何者命也，而安之则无哀乐，何易施之有哉？故冥然以所遇为命，而不施心于其间；泯然与至当为一，而无休戚于其间。"（《人间世注》）又说:"不知其所以然而然谓之命"(《寓言注》),"不得已者,理之必然者也"(《人间世注》)。这是说:"命"或"理"是一种"不可奈何""不知其所以然而然""不得已"的决定力量。郭象认为,天地万物的生成、变化,或者说"独化",所以是这样而不是那样,完全是由"命"或"理"决定的,即所谓"唯在命耳"(《德充符注》)。他说:"免乎弓矢之害者,自以为巧,欣然多已;及至不免,则自恨其谬,而志伤神辱;斯未能达命之情者也。夫我之生也,非我之所生也,则一生之内、百年之中,其坐起行止、动静趣舍、性情知能,凡所有者,凡所无者,凡所为者,凡所遇者,皆非我也,理自尔耳。"(同上)由此可见,郭象所谓的"独化",并不能由万物完全自主自由地生成、变化;相反,凡所"有者""无者""为者""遇者"都是"非我之所生也",而是由"命"决定,"理自尔耳"。因此,他所谓的"玄冥之境",在某种意义上说,也就是"惟命之从"。这也就是说,郭象虽然否定了造物主,却搬来了一个决定天地万物生成、变化,决定天地万物在整个世界中的地位和本性的"命"或"理"。不管郭象如何解释这种"命"或"理"是什么"自然而然""天理自然",它还是指一种统摄一切具体事物,规定一切具体事物在世界中的地位、本性,而为事物自身所无法违抗的一种神秘力量。就这点来讲,郭象的哲学思想具有客观唯心主义的性质。

郭象所说的"命"或"理"是指一种必然的决定力量。因此,他说:"物无妄然,皆天地之会","其理固当,不可逃也。故人之生也,非误生也。生之所有,非妄有也。天地虽大,万物虽多,然吾之所遇,适在于是,则虽天地神明、国家圣贤,绝力至知,而弗能违也"。(《德充符注》)这样的"命"或"理"在某种意义上讲,也只不过是"造物主"的代名词而已。这是与郭象"造物者无主"的观点是不相容的。郭象自己也意识到了这个矛盾,所以他说:"理必有应,若有神灵以致也。"(《寓言注》)如何解决这个矛盾呢?郭象只能用一切都是偶然的巧合来进行解释。如他说:"理自相应,相应不由于故也,则虽相应,而无灵也。"(同上)郭象自以为用这种偶然相遇的说法,就可解决其理论中的矛盾了,从而使他所说的"命"或"理"与"独化"说一致起来。其实,把一切都归之于偶然,把偶然性绝对化,其结果必然导致神秘主义的不可知论,仍然全归结为有一种不可捉摸的必然力量在支配着一切。所以,当郭象在解释"唇亡齿寒"时,一方面认为,"唇亡"与"齿寒"之间没有因果关系,也就是说没有必然的联系,但另一方面又不得不说这种"自然相生"是一种"必至之势"(《胠箧注》)。这个理论上的矛盾是郭象唯心主义所无法克服的。郭象对于"命"或"理"的思想,在一定意义上说,开了宋明理学的先河。

第二节　因果各自成体的形而上学

郭象"独化"说的重要内容之一是讲世界上每一个具体事物都是单独地、孤立地在那里发生、变化，不需要依靠任何条件，这是一种明显的形而上学的思想。

郭象把《庄子》的相对主义推向极端，从而根本否定事物的相对差别。他不满足于《庄子》只从事物的表面形相的相对性上来否定事物差别的理论。他认为："所谓齐者，岂必齐形状同规矩哉？"（《齐物论注》）所以他说："夫以形相对，则大山大于秋毫也"（同上），肯定事物在形相上是有差别的。但是，他认为如果从事物各自的本性来看，就是无所谓大小的。他说："苟各足于其性，则秋毫不独小其小，而大山不独大其大矣。"（同上）不仅如此，每一事物"若以性足为大，则天下之足未有过于秋毫也"，相反"若性足者非大，则虽大山亦可称小也。"（同上）这就是说，万物只要"各足于其性"，就根本无所谓大小的差别。同样，不论美丑、智愚、寿夭、贵贱也都一样，只要"各足于其性"，也就没有差别了。郭象发展《庄子》的相对主义理论，从根本上否定事物的差别。但是，他之所以否定事物的差别，恰恰是为了要论证事物之间的差别是绝对的，论证各个具体事物所处的地位、所具的本性是永远不能改变的。如他说："若天之自高，地之自卑，首自在上，足自居下，岂有递哉？"（同上）又如说："性各有分，故知者守知以待终，愚者抱愚以至死，岂有能中易其性者也？"（同上）所以，郭象所谓每一事物只要能"各足于其性"就无所谓差别，实质上，这是以主观上的"足性"，取消客观上的差异，具有主观主义倾向。郭象通过否定差别而把差别绝对化，其政治目的却是明显的。他说："夫物未尝以大欲小，而必以小羡大，故举小大之殊各有定分，非羡欲所及，则羡欲之累可以绝矣。"（《逍遥游注》）这里一语道破了郭象使用这一套诡辩术的用意了。

郭象的"独化"说是十分强调变化运动的。如他说："夫无力之力，莫大于变化者也"，"天地万物无时而不移也"（《大宗师注》），"言天下未有不变也"（《知北游注》），等等。在郭象论述变化运动的思想中，曾透露出一些有意义的合理因素。如他认为："日夜相代，代故以新也。夫天地万物，变化日新，与时俱往，何物萌之哉？"（《齐物论注》）这里他肯定事物变化运动是以"新"代"故"的"日新"过程，而且这种"日新"过程是没有主使者的。又如他说："时移世异，礼亦宜变"，"夫先王之典礼所以适时用也，时过而不弃，即为民妖"（《天运注》），强调社会礼法应因时而变，适时之用等等。但是，郭象大讲事物的变化运动，其最终结论却是证明了事物的不变和永恒存在。如前面已提到的，他根本否认作为具体事物的"有""无"之间的转化，认为任何事物"一受成形,则化尽无期"(《田子方注》)。又如他说:"聚散虽异,而我皆我之,则生故我耳,未始有得;死亦我也,未始有丧。"(《德充符注》)"夫死生变化,吾皆吾之。既皆是吾,吾何失哉?未始失吾,吾何忧哉?"(《大宗师注》)以运动变化来证明事物的永恒和不变,这似乎是不可理解的,然而郭象确实就是这样来论证的。

辩证唯物主义认为,物质运动的特点是它在时间上和空间上的连续性和中断性的辩证统一。可是,郭象在谈事物的运动变化时,却否认运动的连续性,而把运动的中断性绝对化。他说:"夫变化不可执而留也"(《田子方注》),"当古之事,已灭于古矣,虽或传之,岂能使古在今哉?古不在今,今事已变,故绝学任性,与时变化而后至焉。"(《天道注》)这就是说,运动不是连续的,过去的只存在于过去,不能延续到今天,同样,今天的也不能延续到以后("今不知后"《齐物论注》)。这样,所谓事物的变化运动,成了各自停留在各自的时间和空间里,"古"为"古","今"为"今","后"为"后",根本否定了从"古"到"今",从"今"到"后"的运动发展过程。所以,他又说:"向者之我,非复今我,我与今俱往矣。"(《大宗师注》)郭象的这一观点,在以后僧肇的《物不迁论》中,有进一步的发展。

郭象的形而上学思想还表现在他根本否定事物之间的因果必然联系方面。这也是他"独化"说在方法论上的一个必然结论。他认为,世界上万事万物都是独立的个体,自生自长,相互之间毫无联系。它们的同时出现或前后相继出现,也只是偶然的巧合,而无必然的因果联系。如他在说明形与影、影与罔两之间的关系时,就认为它们之间虽然"彼我相因,形影俱生",却是"虽复玄合,而非待也"。(《齐物论注》)按照一般的常识,有了形才有影,才有罔两,形是影、罔两的根据或原因。当然,此外也还需要有光的条件等等。郭象却根本否定事物发生的原因和条件,这是和他把事物的"自生""自造"绝对化的思想分不开的。这种思想方法,突出地表现在他对生、死问题的论述上。他说:"夫死者独化而死耳,非夫生者生此死也。生者亦独化而生耳。独化而足,死与生各自成体。"(《知北游注》)这里,他把生与死说成是毫不相干的两件事,生者自生,死者自死,生与死不是相对而言的,而是"各自成体"的。

每一具体事物的变化都有一定的原因,并且是在一定的条件下发生的,当然每一具体事物的变化,也会引起条件的变化和事物之间关系的变化。但是,在郭象那里,他不仅片面夸大事物的独立变化,甚至进一步把事物的独立变化说成是决定事物之间关系的根本原因。这就是他说的:"相因之功,莫若独化之至。"(《大宗师注》)把"独化之至"凌驾于"相因之功"之上,这就完全否定了事物之间的因果联系,从而倒向形而上学。

第三节 "冥然自合"认识论

在认识论上,郭象进一步发展了《庄子》的绝对怀疑论和不可知论。

首先,郭象认为,客观世界是无法认识的。这是从他的"独化"说中必然导致的结论。因为根据他的"独化"说,天地万物的发生和变化,都是莫明其妙地、突然冒出来的,既无因可究,也无理可循,用郭象的话来说,就是"皆不知其所以然而然,故曰芒也"(《齐物论注》)。因此,他认为:"夫物事之近,或知其故。然寻其原以至乎极,则无故而自尔也。自尔则无所稍问其故也,但当顺之。"(《天运注》)这是说,对于事物,近者或许还能知道它的一些原因,如果追根究底,那都是没有任何原因而自己如此的。既然自己如此,也就用不着去追问它的原因了,而只要顺着它就行了。这也就是说,客观事物既然没有任何原因,因此也无须去认识它,而且也是无法认识的。对此,郭象还有更直截了当的说明。他说:"夫死者已自死,生者已自生,圆者已自圆,方者已自方,未有其根者,故莫知。"(《知北游注》)

其次,郭象认为,任何事物的本性都是有限的,它的活动能力和范围都不能超出其本性,也不应超出其本性而去追求本性之外的东西。他说:"外不可求而求之,譬犹以圆学方,以鱼慕鸟耳。虽希翼鸾凤,拟规日月,此愈近彼,愈远实,学弥得而性弥失。"(《齐物论注》)同样,人的认识能力和范围也是有限的,不应当去追求耳目心知本性所能达到的范围之外的认识。所以,他又说:"夫知之盛也,知人之所为者有分,故任而不强也;知人之所知者有极,故用而不荡也。"(《大宗师注》)这里,郭象强调人的认识"有分""有极",鼓吹要"任而不强""用而不荡",其要害是在于根本否定人的主观能动性。他说:"足不知所以行,目不知所以见,心不知所以知,俛然而自得矣。迟速之节,聪明之鉴,或能或否,皆非我也。"(《秋水注》)这是说,足之行、目之见、心之知都只是一种本能的活动,并不知道为什么要去行、见、知。所以,行之快慢,见之聪明,知之能否,都不由自己的主观能动性来决定。这也就是他说的:"所谓知者,岂欲知而知哉?所谓见者,岂为见而见哉?"(《人间世注》)总之,人的一切活动都只能消极地"任其自动"(《秋水注》),而不应有任何的主观能动性。由此,他认为:"惑者因欲有其身而矜其能",即如果想要发挥一下自身的能动作用的话,那就必然要"逆其天机而伤其神器(感觉、思维器官)也。"(同上)

再其次,郭象既然认为客观世界是无法认识的,也就是说没有了认识的对象,而人的认识又不能超其自身范围之外,因此,他就公开主张取消人对外部世界的认识活动。他说:"至人知天机之不可易也,故捐聪明、弃知虑,魄然忘其所为,而任其自动。"(《秋水注》)他甚至宣称:"知出于不知,故以不知为宗"(《大宗师注》),公然鼓吹以不知为知。所以他又说:"凡得之不由于知,乃冥也。"(《知北游注》)"是故真人遗知而知,不为而为,自然而生,坐忘而得,故知称绝而为名去也。"(同上)郭象认为,人的一切认识活动,以至于一切言论、理论只能使人们越来越糊涂,这就是所谓:"言之者孟浪,而闻之者听荧。"(《齐物论注》)最好的办法是"照之以天而不逆计(预先推测),放之自尔而不推明也"。(同上)

郭象认为,客观物质世界不能认识,不是认识对象,认识主体又不应当发挥认识的主观能动作用,那么主体和客体究竟是一种什么样的关系呢?郭象说:"夫物有自然,理有至极,循而直往,则冥然自合。"(同上)又说:"至理之极,但当冥之,则得其枢要也!"(《徐无鬼注》)这就是说,对于事物及"理"并不用通过主体的认识活动,而只要顺其自然,就可以"冥然自合"。这种"冥合",乃是使主体与客体一致的关键。所以,他又说:"不冥矣,而能合乎人间之变,应乎世事之节者,未之有也。"(《人间世注》)这种"冥合"的关键又在于"忘己",他说:"人之所以不能忘者,己也。己犹忘之,又奚识哉!斯乃不识不知而冥于自然。"(《天地注》)而"忘己"的最终结果又是要达到物我俱忘,一切都忘。他说:"夫坐忘者,奚所不忘哉!既忘其迹(事物的形迹),又忘其所以迹(事物的本性)者,内不觉其一身,外不识有天地。然后旷然与变化为体,而无不通也。"(《大宗师注》)由此可见,郭象所谓的"冥然自合",实际上就是通过主观的修养,消除主观的差别和对立,取消人的认识活动,从而使主体和客体的关系成为一种神秘的直接相合的关系,即所谓"弥贯万物而玄同彼我,泯然与天下为一"(《人间世注》)。这样,郭象的不可知论,最后又导致了十足的神秘主义。

第四节　社会政治理论

郭象的哲学思想是为西晋王朝门阀士族地主阶级统治秩序的合理性作论证的,这在他的社会政治理论中得到了充分的体现。

郭象在政治理论方面大力鼓吹所谓"无为"。但他所说的"无为"与老庄道家所说的"无为而治"有很大的不同。他说:"惑者闻任马之性,乃谓放而不乘;闻无为之风,遂云行不如卧。何其往而不返哉?斯失乎庄生之旨远矣。"(《马蹄注》)他认为:"所谓无为之业,非拱默而已;所谓尘垢之外,非伏于山林也。"(《大宗师注》)这是说,"无为"并不是拱手默言,什么也不去作为;超脱尘世也不是隐居山林。那样,郭象所说的"无为"究竟是什么意思呢?他说:"率性而动,故谓之无为",或者说:"各用其性,而天机玄发,则古今上下无为,谁有为也。"(《天道注》)这就是说,只要在本性范围之内活动,也就是"无为"。如说:"夫工人无为于刻木,而有为于用斧;主上无为于亲事,而有为于用臣。臣能亲事,主能用臣;斧能刻木,而工能用斧。各当其能,则天理自然,非有为也。"(同上)把所谓的"各当其能"的有为活动,说成是"非有为""无为",这是一种诡辩。郭象用这种诡辩的目的是要证明:门阀士族集团对劳动人民的统治完全是"用其性""当其能"而已。因此,这种统治也是完全合乎"天理自然"的,而不是封建统治者强加在劳动人民头上的,亦即"非有为也"。

郭象认为,封建君主制是天道、人治的必然,不可易移,所以说:"千人聚,不以一人为主,不乱则散。故多贤不可以多君,无贤不可以无君,此天人之道,必至之宜。"(《人间世注》)进一步,他又认为,只有贤者才能当君主:"夫时之所贤者为君,才不应世者为臣。"(《齐物论注》)君主统治臣民,是由为君主者的本性所决定的。因此,不论君主如何有为,从事于统治臣民的活动,也还是合乎"天理自然""无为"。他说:"故圣人常游外以冥内,无心以顺有,故虽终日见形,而神气无变;俯仰万机,而淡然自若。"(《大宗师注》)又说:"夫圣人虽在庙堂之上,然其心无异于山林之中。"(《齐物论注》)总之,君主"虽寄坐万物之上,而未始不逍遥也"(《逍遥游注》)。

郭象用他的理论证明君主统治的合理性,同时也就论证了被统治者的受统治也是合理的。这就是他所鼓吹的安命论。他认为,万物都有其合乎"天理"的自然本性,只要各安其性,就是"自得",就能满足。这样,"虽复皂隶,犹不顾毁誉而自安其业,故知与不知,皆自若也"(《齐物论注》)。这是说,应当满足于自己的本性,安于自己所处的地位,而不应计较任何毁誉,即使是"皂隶"也应如此。相反,如果"臣妾之才而不安臣妾之任,则失矣"(同上),就会造成"以下冒上,物丧其真,人忘其本"(同上)。因此,郭象反复申明"君臣上下,手足外内,乃天理自然"(同上),强调人人都必须"各安其所司""各足于所受""各静其所遇"(《逍遥游注》)。他认为,只要万物能"各安其所安",则"大小虽殊,逍遥一也"(同上),而其结果是"彼无不当而我无不怡也"(《齐物论注》),"贤愚袭情,而贵贱履位,君臣上下,莫匪尔极,而天下无患矣"(《在宥注》)。这里,清楚地说明,郭象鼓吹安命论,完全是一种愚民的理论,其目的是要人们陶醉在自我的本分之中,从而使贤愚贵贱,君臣上下的封建等级统治地位莫不适当,达到封建君主的统治"无不怡也",即安乐而无忧患。

郭象这套维护封建等级制统治秩序的政治理论,还有一个重要的特点,那就是他把封建的仁义道德归结为人的本性中所固有者。因此,他认为,服从封建名教也就是顺从"天理自然"的本性。《庄子》是把仁义道德看做是束缚、伤害人的自然本性的东西,认为要追求绝对的精神自由,就要摆脱仁义道德的束缚。郭象对此作了根本的修正。他反对把仁义说成是外在的东西,也反对追求所谓的仁义的行为。他认为:"夫仁义自是人之情性,但当任之耳。恐仁义非人情而忧之者,真可谓多忧也。"(《骈拇注》)又说:"夫仁义者,人之性也。"(《天运注》)这就是说,仁义本来就是人的本性中所具有的,遵守仁义道德是人的本性,"但当任之"。他还以牛马为比喻说:"牛马不辞穿落者(即络马首,穿牛鼻),天命之固当也。苟当乎天命,则虽寄之人事,而本在乎天也。"(《秋水注》)郭象把封建统治的锁链从外部搬到了人的本性之中,所以他的这套理论比王弼的贵无论和裴頠的崇有论更能维持魏晋时期门阀士族的政权。

第九章
东晋南北朝时期的佛教哲学思想

第一节 佛教的传入和盛行

佛教是古印度的宗教。佛教的创始人是悉达多,族姓乔达摩,是北天竺迦毗罗卫国(今尼泊尔王国境内)国王净饭王的儿子。他大约生活于公元前6世纪,比老子、孔子要早一些。他一生的传教活动在古印度的北部、中部、恒河流域一带。释迦牟尼是佛教徒对他的尊称。"佛"是所谓"觉悟"的意思,指他觉悟了"绝对真理"。(宇宙人生的真谛)

佛教作为一种宗教,与其他一切宗教一样,都是当时人们对自然和社会的客观规律尚不能作出正确说明,还不能完全掌握自己的命运情况下的产物。佛教创造了一套相当精致的宗教思想体系。它把现实生活看做是一切痛苦的根源,以此为出发点,提出了"三世轮回""因果报应"等宗教思想,并宣扬极乐净土(天堂)、地狱等宗教世界。它以"佛"为最高教主,以超脱轮回、投身净土为最高目的。不管佛教内部有多少派别,但他们在用繁琐的哲学思想和方法来为其宗教出世主义作论证这一点上,他们都是一致的。佛教哲学理论,归根到底是为其宗教说教作论证的。当然佛教哲学也是古印度文化的结晶,反映着印度古代人们的智慧,佛教哲学中富有深刻的哲理,有着丰富的辩证法和合理的认识论、逻辑学方面的思想。对于这些深刻的哲学思想,我们应当充分的肯定,这些思想在历史上曾经对我国的哲学和文化发展起到了巨大的推动作用。这也是我们在研究中国哲学史时所不能忽视的。

据中国文献记载,佛教于公元1世纪时传入中国,相传公元67年(东汉明帝永平十年),开始有汉译本佛经的出现。佛教刚传入中国时,东汉王朝规定不允许汉人出家当和尚,少数寺院也只是为西域来华经商的商人设立的。当时人们对佛教教义的了解也只是把它看成与中国黄老方术思想差不多的东西。他们认为老子讲"无为""去欲",佛教也讲"清净无为""息心去欲",或者把佛看做与中国当时流传的神仙差不多。例如佛"身长一丈六尺,黄金色,项中佩日月光,变化无方,无所不入"(袁宏《后汉记》)。直至东汉末年牟子《理惑论》中也还有类似的记载:佛"恍忽变化,分身散体,或存或亡,能小能大,……蹈火不烧,履刃不伤,在污不染,在祸无殃,欲行则飞,坐则扬光"(《弘明集》卷一)。这里讲佛能飞腾变化,刀火不伤,避免灾难等与中国所谓的神仙完全一样。

到了东晋南北朝时期,社会处于战乱与分裂的时代,社会矛盾与民族矛盾十分尖锐。其时人们需要宗教的思想来慰藉自己的心灵;同时上层统治阶级也需要宗教思想来加强对社会的思想统治,以此他们大力地提倡佛教,希望用佛教的思想来和缓社会的矛盾,稳定社会的秩序。因此自东晋开始至南北朝时期,佛教得到了前所未有的空前发展。所以有所谓"汉魏法(指佛法)微,晋代始盛"的说法。当时佛教主要宣扬的宗教思想是:因果报应说、生死轮回说和神不灭论等宗教观点。其佛教哲学思想则主要是大乘空宗主张的一切皆空、"性空幻有"的思想,大乘空宗的这种理论与玄学贵无论所主张的世界本原是"无"的理论相似。因此,它很容易与玄学结合起来,宣扬空宗思想,而为当时的社会所接受和传播。

第二节 慧远的佛教因果报应论和神不灭论

慧远,生于公元334年(东晋成帝咸和九年),死于公元416年(东晋安帝义熙十二年)。他是东晋最博学的佛教学者道安的弟子。道安一生致力于整理佛教经典,辨别真伪,编纂了佛教丛书的目录,组织了佛经的翻译工作,为佛教的传播和发展提供了更多的材料。他还确立僧侣集体生活的戒规。他的弟子遍布于大江南北、黄河流域,影响极大。据《高僧传》记载,慧远"少为诸生,博综六经,尤善《老》《庄》",对儒、道经典有很深的研究,以后又随道安出家研究佛教理论。他离开道安后,长期住在庐山,聚徒讲学和翻译佛经达三十余年。同时,慧远虽然居住庐山,但广交达官贵人,因此他的影响遍及大江南北,以至深入宫廷。他的主要著作有《沙门不敬王者论》《明报应论》《三报论》等,后来收集在僧佑编辑的《弘明集》中。

当时佛教徒对大乘《般若经》中所讲的"空"的意义有各种不同的理解。道安对佛教讲"空"的理解基本上与王弼的玄学"本无末有""崇本息末"的"贵无"思想差不多。据昙济《七宗论》中叙述的道安思想是:"冥造之前,廓然而已。至于元气陶化,则群像禀形,形虽资化,权化之本则出于自然。自然自尔,岂有造之者哉?由此而言,无在元化之前,空为众形之始,故谓本无,非谓虚豁之中能生万有也。夫人之所滞,滞在末有,宅心本无,则斯累豁矣。夫崇本可以息末者,盖此之谓也。"这里,道安虽然讲,万物的形成和变化是"出于自然",没有一个"造物主"("岂有造之者哉?"),这比简单地认为世界是有一个人格神的造物主创造的宗教说教要巧妙多了。但他认为在有万物之前世界是一个空无状态("冥造之前,廓然而已"),因此,得出结论说:"无在元化之前,空为众形之始。"在这里虽然他表面上也否定无中生有的说法("非谓虚豁之中能生万有也"),但他认为"无""空"是万物的根本,在万物之"先""始",而且要人们"崇本息末",不要执着于物质世界("滞在末有"),而要认识和回复到世界本无的境界("宅心本无")。这就是道安所理解的般若空观的思想。

慧远进一步发挥了道安的"本无"理论。他认为,万物的生成、变化都根源于精神感情活动,如果不使感情发生,也就没有万物的发生、变化。所以他说:"有灵则有情于化,无灵则无情于化。无情于化,化毕而生尽,生不由情故形朽而化灭。有情于化,感物而动,动必以情,故其生不绝。"(《沙门不敬王者论》)而要使感情不发生,就必须认识万物以至人的本性都是虚幻而不真实的,也就是说是"本无"的。他说:"无性之无,谓之法性。"(《大智论钞序》,见《出三藏记集》卷十)为什么"法性"是"无性",而"无性"的"法性"又能生出万物呢?慧远搬来了佛教的"缘起"说。他说:"法性无性,因缘以之生。生缘无自相,虽有而常无。"(同上)这就是说,万物的生成都是各种"因缘"(条件)的暂时凑合,没有独立的本性,所以虽说是"有",而实际上是"无"。

慧远在《法性论》中简明地叙述了佛教所谓的最高精神实体和达到佛教最高精神修养境界的关系。他说:"至极以不变为性,得性以体极为宗。"这是说,佛教所谓的最高的精神实体是以永恒不变为"性"的,而要达到宗教的最高精神修养境界就必须体认这个实体,也就是说要超脱一切现实生活和世俗的见解。这样,佛教所谓的最高实体和超脱一切现实变化的最高精神修养境界,实际上是二而一的东西。佛教的最高实体也就是一种超脱现实世界的永恒不变的最高精神境界。慧远在另一段话中说得更具体了。他说:"反本求宗者,不以生累其神;超落尘封者,不以情累其生。不以情累其生,则生可灭;不以生累其神,则神可冥。冥神绝境,故谓之泥洹。"(《沙门不敬王者论》)"泥洹"(新译作"涅槃")是佛教所宣传的一种绝对安静、无思无念的最高神秘精神状态。只有体认了佛教所谓的最高实体的人,才能不以生命来拖累他的精神世界;只有根本超脱现实世界一切俗务的人,才能不以各种情感来拖累他的生命。这样,就可以达到停止一切思虑和情感活动("冥神绝境"),即"涅槃"的境界。

慧远的佛教思想是与现实生活密切联系的。他针对当时社会上反佛斗争中提出的问题,着重论证了两个问题。一是论证佛教教义与中国传统思想之间的一致性;一是进一步论证佛教三世轮回、因果报应等宗教说教的理论基础——灵魂不死不灭论。

关于第一个问题,表面上是要解决佛教教义与中国传统思想之间的矛盾,实际上则反映了当时僧侣地主阶级与一般世俗地主之间的矛盾。

由于地主统治阶级上层的信奉和提倡,佛教到东晋南北朝发展极盛,大小都市庙宇林立,出家僧侣数目剧增。据《南史》记载,由于佛教僧侣可以免税、免役,投身佛寺的人数极多,致使"天下户口几亡其半"。这样,从事实际生产的人口减少,又要供给大批僧侣的吃、穿和花费,大大地加重了劳动人民的经济负担。同时,这时不少佛教寺院都有了独立的经济,形成了一个僧侣地主阶层。他们大量占有土地和劳力,并且享有种种政治和经济的特权,与一般世俗地主也发生了矛盾。因此,当时产生不少激烈反对佛教的思想家。

最初,反对佛教理论的思想家,大都是从佛教是外来宗教,与中国传统思想、道德观念不合这点着眼的。例如,成书于东汉末年的《理惑论》中记载着当时反佛教的一些言论说,僧侣"剃头发,被赤布","弃妻子,捐财货,或终身不娶",是"违圣人之说,不合孝子之道"。其次,根据佛教教义,僧侣是出家人,是超脱了世俗的,对皇帝也不行跪拜礼,这也触及了世俗最高统治者的绝对权威。因此,在东晋时也就展开了一场关于沙门(僧侣)应不应该敬王的争论,这也从一个侧面反映了世俗地主与僧侣地主之间的矛盾。慧远着手来解决这个矛盾。他在《答桓玄书》中说:"如令一夫全德,则道洽六亲,泽流天下,虽不处王侯之位,固已协契皇极,大庇生民矣"。"是故内乖天属之重,而不违其孝;外阙(缺)奉主之恭,而不失其敬。"(《弘明集》卷十二)这是说,如果一个人信了佛,他的道行业绩就可遍及六亲,以至整个天下,因此,他虽然没有处于王侯的地位,从事实际政治活动,但他的作用已经是协助了帝王对人民的治理。所以说,僧侣出家表面上看来背离父母子女的天生关系,实际上并没有违背孝的道德规范,同样,僧侣形式上不对帝王行跪拜礼,实际上也并没有失去敬的原则。所以,慧远认为,"释迦之与尧孔,发致不殊,断可知矣"(《沙门不敬王者论》)。佛教教义与中国传统的思想和政治制度、道德规范并没有矛盾,而且在根本上是一致的。本来佛教与中国传统的统治思想之间并没有根本利益上的矛盾,它们都是为巩固封建统治制度服务的,只是在理论形式上和采用的方法上有某些不同和冲突而已。慧远实际上是调和两者的矛盾,而使两者合而为一用。

关于第二个问题,涉及佛教宗教的根本理论问题。佛教用三世轮回、因果报应等宗教说教来为社会十分不平等的贫富贵贱现象的合理性作论证,宣扬一个人现世或下世的贫富贵贱,都是他自身前世或现世为善作恶的结果。根据这种宗教的虚构,善恶行为的因果报应,前世、现世、来世的轮回,必须有一个主体的承受者。人的肉体是要消灭的,佛教不承认如同中国道教所说的人可以长生不死、肉体成仙的虚构。这样就只能由一个精神实体来承受轮回、报应。当时反对佛教的思想家,在理论上集中驳斥了佛教三世轮回、因果报应的虚妄,同时也就涉及对承受轮回、报应的精神实体存在的批判。关于这样一个虚构的精神实体的存在,在印度佛教中是不明确的。因为根据佛教一切皆空的理论,他们认为如果承认有一个独立的、不灭的精神实体存在,同样也会引起种种烦恼以至阻碍超脱轮回、报应而成佛。用他们的话来讲,这就叫"我执",也必须破除。但没有一个承担者,轮回、报应的虚构就将落空。因此,印度佛教各派千方百计地用各种曲折、隐晦、神秘的说法竭力回避把轮回、报应的承受者看成一个实体,而把它描绘为一种无实体的意识活动或行为作用等。实际上,不管他们如何讲,总还是一个承受轮回、报应的精神主体。

因此,佛教传入中国后,一般人根据其三世轮回、因果报应的理论,认为精神(灵魂)不死不灭似乎是佛教理论的当然前提。东汉人就认为,佛教理论"又以人死,精神不灭,随复受形。生时所行善恶皆有报应"(袁宏《后汉记》)。三国时支谦译《法句经》也讲"神以形为庐,形坏神不亡"等等。慧远正是适应了中国一般人对佛教理论的认识,结合中国传统的思想,进一步从理论上明确论证了"神不灭"论,奠定了佛教三世轮回、因果报应的理论基石。

慧远是虔诚的佛教徒,他对佛教三世轮回、因果报应的宗教说教深信不疑,他从佛教一切皆空的观点,进一步论证了因果报应的思想。他专门写有《三报论》和《明报应论》(均见《弘明集》卷五)等著作来说明因果报应的存在。中国传统迷信思想中也有"福善祸淫"的说法,但这种福、祸都是由一个上帝在那里主宰着实行的,理论上比较粗糙。佛教关于因果报应的说教则精致得多。他不简单地讲有一个主宰者在那里司善惩恶,而是从主体自身的精神活动中自作自受来说明因果报应的关系。慧远就认为人所以遭受一切不幸的恶果,都是由其自身陷于"无明"(即愚昧)和"贪爱"等情感造成的。所以他说:"无明为惑网之渊,贪爱为众累之府","本以情感而应自来,岂有幽司?"(《明报应论》)一个人的遭遇结果,没有一个外来的主宰者("岂有幽司"),而完全是自身情感活动招致的。慧远的结论是"因情致报,乘感生应"(同上)。这种自作自受的因果报应,慧远认为有快有慢,有先有后。他说:"应有迟速,故报有先后。"(《三报论》)有的是当世就受报,这叫"现报";有的来世受报,这叫"生报";有的"经二生、三生、百生、千生,然后乃受",这叫"后报"。佛教这种轮回、报应的说教也比中国传统的只讲现世受报,或父母作善恶而子孙受报应的说法要精致得多。这里讲的一世就是一个轮回,只要你不去掉"无明""贪爱"等世俗的感情,你就永远不能超脱"轮回",生生世世摆脱不了现实世界的种种苦恼。只有相信佛教的说教,把一切都看成"空",才能不为"无明""贪爱"等错误感情所牵累,从而超脱轮回,投身西方净土极乐世界(天国),永证佛果(成佛)。

上面已经说到,承认三世轮回、因果报应的迷信说教,就必须要有一个主体的承受者。因此,必须奠定其理论基石——神不灭论。慧远对于神不灭论的论证主要有以下论点:

首先,慧远认为,"神也者,圆应无生,妙尽无名,……感物而非物,故物化而不灭"。这是反对中国古代一些思想家把精神也看做一种物质性的"精气",从而认为"精粗一气""神形俱化"的理论的。他认为,神不是物质性的东西,"夫神者何邪? 精极而为灵者也。精极则非卦象之所图,故圣人以妙物而为言"(《沙门不敬王者论》)。神是一种非常精灵的东西,是没有任何具体形象的,所以不可能像具体的万物那样用形象来表示,连"圣人"也只能说它是一种十分微妙的东西。一般人"以常识生疑,多同自乱,其为诬也,亦已深矣"(同上)。这是说,把"精""粗"都看成"一气"的见解是自相混乱,荒谬已极。他认为,神的作用是无所不在,无处不有的。神与万物相感应,变化无穷,而神自身则是"无生""无名"的。为了论证他的神是"物化而不灭"的理论,他还引述中国古代道家的一些论据。他引文子说黄帝讲:"形有靡而神不化,以不化乘化,其变无穷"(见《文子·守朴》),庄周"死为反真","万化未始有极"等论据,得出结论说:"不思神道有妙物之灵,而谓精粗同尽,不亦悲乎!"神是永远不灭的。

其次,神既然是不灭的,那么神是如何从一个形体转到另一个形体中去的呢? 慧远认为,这就像火传给薪一样。他说:"火之传于薪,犹神之传于形;火之传异薪,犹神之传异形。"把形神关系比作薪火关系,原是东汉思想家桓谭最先使用的。桓谭用薪火之喻原是说明"烛无,火亦不能独行于虚空"的"形亡神灭"的原则的。但是这种比喻本身是很不确切的,他不能完全表达精神只是人的一种属性,在理论上是有漏洞的。后来佛教徒正是利用了这个漏洞,用同样的薪火之喻来论证神不灭。慧远就是用火由这块木柴传到另一块木柴,来论证神也可以由这个形体传到另一个形体去的。慧远在这里是搞了一个逻辑上的诡辩,因为他所讲的木柴或形体都是指的某一块具体的木柴或某一个具体的形体,而当他讲到火由这块木柴转到另一块木柴,或神由这个形体转到另一个形体时,他就不讲某一具体木柴的火或某一具体形体的神,而是讲的一般的火或神。因此这样的比喻在逻辑上是根本错误的。慧远并不理会这种错误,因为这样的荒谬逻辑是他神学体系所需要的。他说,"睹火穷于一木,谓终期都尽耳。此曲从养生之谈,非远寻其类者也"。这是说,那种看到某一块木柴烧完了火也灭了,因而就认为,木柴烧完,柴与火同时都灭尽的看法,只是一种对养生说的曲从,并没有深究一下火与柴的根本关系。只有像他说的火可以传异薪,某一薪可以有尽时,而火都永远传下去,才是"远寻其类者也",才能证明精神可以不依靠任何一个具体的形体而独立自存、永不消灭。

慧远关于神不灭的论证在当时有很大影响,当时许多反对佛教的人也没有能从理论上根本驳倒他。直至南北朝梁代的伟大的无神论思想家范缜才比较彻底地从理论上驳倒了神不灭的宗教理论。

第三节 僧肇的佛教哲学思想体系

僧肇,生于公元384年(东晋孝武帝太元九年),死于公元414年(东晋安帝义熙七年)。他是当时著名的佛经翻译家鸠摩罗什的大弟子之一,是东晋南北朝时期重要的佛教理论家。他对当时在中国流传的大乘空宗和魏晋玄学各派的理论进行了研究,认为各派的理论都不够彻底,还不能充分和正确地表达佛教大乘空宗所谓"空"的基本理论。因此,他从更彻底的大乘空宗立场,对佛教和玄学各派理论进行批判性的总结,建立起自己的哲学体系。他的主要著作有:《不真空论》《物不迁论》《般若无知论》等,收集在《肇论》一书中。

僧肇的佛教哲学体系,从"本""末","有""无","名""实",主体、客体等都没有独立的本性,即没有自性,论证世界原来是"空"的;从事物、现象之间绝无连续性,论证世界万物是永恒不变的;从必须去掉一切世俗的认识,即"惑智",才能达到佛教所谓的"真智",论证对"空"的认识只能用"无知"的"般若"(佛教所谓的智慧)。僧肇在这里涉及到了本体论、方法论、认识论等哲学基本理论的各个方面。他的哲学形上学理论对以后佛教理论有很大影响。

(1)"不真空论"。僧肇研究了当时流传的空宗各派对空宗根本理论"空"的各种不同说法。他说,有的只是简单地从主观方面排除万物对心的干扰,但并没有否认万物的存在。这一派的优点是保持心神安静,错误是没有根本取消客观物质世界的存在。有的就事论事,只从物质现象不能自己形成,证明它不是物质的,而没有从根本上认识到物质现象本来就不是真实的。有的偏重于"无",一发言就讲"无",认为"非有"就是没有"有","非无"就是没有"无"。所以,僧肇认为,以上各种说法,都不能正确地、圆满地表达出"空"的含义。

僧肇认为,空宗理论所以讲"空",不过是告诉人们"非有非真有,非无非真无耳"(《肇论·不真空论》,下同)。就是说,空宗关于"空"的理论,并没有简单地否认"有"和"无"的存在,而只是告诉人们这些"有"和"无"都不是真实的存在。所以他认为,不能从字面上来理解"空"的意义,一讲"非有"就一定是绝对的无,一讲"非无"就一定是真实的有,而要从实质上来理解"空"的意义,即"有"和"无"都是不真实的存在,因此世界是"空"的。

僧肇这种理论的目的是企图调和一下"空"的理论与一般人认为物质现象是客观实在的常识见解之间的矛盾。他认为不能把"无"说得太绝对了,把"无"说得太绝对,容易与一般人的常识对立起来,因而不利于佛教理论的宣传和为人们所接受。他说,佛教真理("真谛")与世俗见解("俗谛")两种说法虽然不同,其实它们的道理并没有差别,并不是绝对对立的两个东西。世俗的见解是从世界的现象方面看,因此认为万物是有,佛教真理是从世界的本质方面看,因此认为万物是非实有。僧肇反对在"有"之外或"有"之上还有一个"无"的本体的说法,他认为应当是"即万物之自虚,不假虚而虚物也",就是说,应该从万物本身去认识它的虚假,而不应该另立一个虚无,然后再说万物是虚假的。因此,在僧肇看来,承认现象的存在与认为世界的本质是"空"的两者之间并没有矛盾。因为客观物质现象,虽然是假的,不是真实的存在,但不能就此简单地认为这种假象也是不存在的。他说:"譬如幻化人,非无幻化人,幻化人非真人也"。就好像一种幻觉产生的人像,并不是没有幻化人这回事,而只是说幻化人不是真实的人罢了。因此,他认为正确地说,物既是"非有"又是"非无"。

僧肇一方面根据佛教"缘起"说("缘"指各种条件)的理论证明物的"非有非无"。他说,现象既从"因缘"而生,因此它没有独立的本性("自性"),不是独立、永恒的存在,不是真实的"有";然而,它确实又由"缘"而起,因此,又不能简单地说它是不存在,是绝对的虚空。所以,僧肇又说,"万物果有其所以不有,有其所以不无。有其所以不有,故虽有而非有;有其所以不无,故虽无而非无。虽无而非无,无者不绝虚;虽有而非有,有者非真有。若有不即真,无不夷迹,然则有无称异,其致一也"。这是说,万物果然有它所以不存在的一面,也有它所以不是不存在的一面。从它有所以不存在的一面说,虽然存在,却不能认为是存在,从它有所以不是不存在一面说,虽然不存在,却不能认为是不存在。因为,我们说的不能把那种不存在认为是不存在,那是因为这种不存在不是绝对的虚空;我们说的不能把那种存在认为是存在,那是因为这种存在是不真实的存在。因此,如果认识到存在不是真实的,不存在不是毫无形迹,那么"有"和"无"虽然称谓不同,而他们达到的结论是一样的。

我们都知道,事物之存在是互相联系的,它的内部原因是根据,外部条件也是必需的和重要的,但是,事物是不依人的意志而存在的,事物都有它的质的规定性,这是客观的、绝对的。僧肇根据佛教的"缘起"说,根本否认事物有质的规定性,拿他的话来讲,就是没有"自性",从而也就根本否定了事物是客观存在的实在。因此,他虽然认为必须承认现象的存在,主张世界"非空",然而他把现象都归结为各种条件的凑合,是虚假的幻象,非事物本质的反映,这样世界从根本上讲还是"非有"。这显然是一种错误的理论。

另一方面,僧肇又从哲学上常讲的"名""实"关系来说明万物的"不真"。他说:"夫以名求物,物无当名之实。以物求名,名无得物之功。物无当名之实,非物也;名无得物之功,非名也。是以名不当实,实不当名。名实无当,万物安在?"这是说,从物的名称去寻求物,物没有与这名称相当的实在。从物去探求名,名也没有反映物的功用。物没有与名称相当的实在,可见它不是名所指的物;名没有反映物的功用,可见它不是物的名。因此,名不和它的实相当,物也不和它的名相当。名与实既然互不相当,哪里还有什么所谓万物呢?"故知万物非真,假号久矣"。所以说,万物本来就不是真实的,叫它作"物",从来就只是一种假的称号。

我们认为,名词是表达概念的,概念是反映客观事物的。任何名词、概念,都是依赖于客观事物,并与一定的客观事物相符合("当")的。僧肇否认名必须依赖于客观实在的物,否认名是一定客观事物的反映,得出"假号"的结论,是要从根本上否定客观世界万物的真实存在,从而为佛教"勘破红尘"的出世主义作理论论证。由此可见,僧肇所谓"然则非有非无者,信真谛之谈也",把认为事物现象既不是"有"也不是"无"的观点当作佛教的最高真理,其实只是用一种更圆通的手法来宣扬否定客观物质世界真实存在的大乘空宗理论。

僧肇认为,佛经就是通过佛教真理观阐明"非有"的道理,又通过世俗的见解阐明"非无"的道理,从而把这两者结合、一致起来。圣人之所以能够以不变应万变,历种种迷惑而永不迷惑,就是因为他"即万物之自虚,不假虚而虚物也",认识到万物本来就是虚幻的,而不是凭借把万物说成是虚幻的,然后才认为是虚幻的。僧肇这种"形象不即无,非真非实有"的"不真空论",比起简单地讲"心空""本无"等佛教思想要精致得多了。

(2)"物不迁论"。一般常识的见解,认为万物都是生生灭灭变动不居的,可是佛教所要追求的却是一个永恒不变的"极乐世界"。如何解决这两者之间的矛盾,而使佛教理论得以自圆其说,改变人们一般常识的见解,这就是僧肇著"物不迁论"的理论意义。

僧肇在《物不迁论》中认为,讲变与不变的道理是很不容易讲清楚的。一般通常的见解认为物是在变动着的,可是佛教理论认为世界是根本不动的。因此,造成了这样的问题:"谈真则逆俗,顺俗则违真。违真则迷性而莫返,逆俗则言淡而无味。"宣扬佛教真理,就会与世俗的见解不合;照顾了世俗的见解,又违反了佛教真理。违反佛教真理,会使人迷惑本性以至丧失本性;与世俗的见解不合,又会使佛教理论没有说服力。如何来调解这个矛盾呢?僧肇仍然运用调解"有""无"的"不真空论"的办法。他说"动静未始异而惑者不同",因此,主张应该"即动而求静"。他认为:"寻夫不动之作,岂释动以求静,必求静于诸动。"就是说,佛教经典所谓的不变,并不是教人们离开了变化去寻求不变,而是要在变动中去认识不变。僧肇这种形而上学的理论,比起汉初董仲舒直截了当地宣布"天不变道亦不变"的形而上学理论,又要精致得多了。

僧肇是如何来"即动以求静"的呢?他是通过对运动、变化的歪曲解释来论证世界是不变的。

首先,他认为一般人所谓事物的变化的根据是,过去的事物不会延续到现在,所以说事物是变动的,而不是不变的。其实这恰好说明事物是不变的,证明"物不相往来"。他说:"求向物于向,于向未尝无;责向物于今,于今未尝有。于今未尝有,以明物不来;于向未尝无,故知物不去。复而求今,今亦不往。是谓昔物自在昔,不从今以至昔;今物自在今,不从昔以至今。"在过去的时间里找过去的事物,它在过去未尝不存在;在现在的时间里找过去的事物,那确实是不存在。在现在的时间里确实不存在,这说明事物并没有继续到现在;在过去的时间里未尝不存在,可见事物并没有离开过去而延续下去。反过来看现在的事物,现在的事物也不会离开现在而延续到将来。这就是说,过去的东西,它本来就在过去的时间里,不应该从现在联系到过去;现在的东西,也本来就在现在的时间里,而不应该从过去联系到现在。这里,时间虽然有过去、现在、将来,但在各个时间阶段里的事物是没有延续、相联的关系的,也就是说,事物是"不相往来"的。这种情况也可以说是"称去而不迁",即虽说消逝而并不变化。

我们认为,时间、空间是物质存在的客观实在形式。物质是在时间、空间中运动的,离开运动着的物质也就无所谓时间和空间。物质运动的特点是时间上和空间上的连续性和中断性的辩证统一。僧肇的理论把时间的变化与物质运动对立起来,空谈时间上"过去""现在""将来"的变化,而根本否定事物在时间上变化的连续性,而把中断性绝对化。这样,他所讲的时间变化,只是一种空洞的框子,观念中存在的东西,而在实际上事物是根本没有任何运动、变化的。于是得出了物不相往来的结论。

其次，僧肇进一步提出了"物不相往来"的理论根据。这就是他所谓的"各性住于一世"的理论。他举例说，有一个出家人（梵志），少年时出家，头发白了才回到家乡，邻居们见了他就问，从前的梵志还在吗？梵志回答说，我好像当年的梵志，又不是当年的梵志。邻居们听了感到非常惊讶，认为他是乱说。为什么邻居们会感到惊讶和认为梵志是乱说呢？这是因为"人则谓少壮同体，百龄一质，徒知年往，不觉形随"。他们总认为人从少年到壮年是同一个躯体，活到一百岁，也还是这个躯体。所以只知道年龄的消逝，而不知道人的躯体随着年龄一同变迁。

僧肇说，这也就好像人们总是在现在中去寻找过去，因为他们总认为事物是变化的。他则相反，要在过去中找现在，所以知道事物是不变的。为什么呢？他说，"今若至古，古应有今，古若至今，今应有古"。如果说现在能联系到过去，过去就应该包括现在；过去能延续到现在，现在应该包括过去。但在实际上是"今而无古"，"古而无今"，现在既不包括过去，过去也不包括现在。因此，可以知道过去不会延续到现在，现在也不会延续到将来。"若古不至今，今亦不至古，事各性住于一世，有何物而可去来"？所以说事物各自都只是停留在一定阶段，没有发展、延续和变动。以梵志的例子来讲，按僧肇"各性住于一世"的理论来解释，就是少年的梵志只存在于梵志的少年时期，白发的梵志只是现在的梵志。现在的白发的梵志，不是过去的少年梵志延续、变化而来的，而是在不同时期、不同躯体的两个梵志。只能说白发的梵志好像少年的梵志，而不能说白发的梵志是由少年变来的。两个梵志好像有联系，所以也可以说有变动；但实际上是分属于两个不同的时期，所以，实际上并没有变动。僧肇这种理论的根本错误是否认事物质的变化的连续性。在他看来即使同一事物，在不同时期，它的质也是绝无连续的，甚至是根本不同的质。所有的连续只是一种虚假的幻象。这就是僧肇"即动以求静"的本质：动是幻象，静是实质。

据此，僧肇作出了十分荒谬的论断："旋岚偃岳而常静，江河竞注而不流，野马飘鼓而不动，日月历天而不周。"能吹倒山岳的狂风十分安静，滚滚的江河不在奔流，飘荡着的微尘没有流动，昼夜运行的日月没有巡回。这些论断完全是形而上学的诡辩。它是为了满足佛教追求绝对静止的宗教境界要求的。

僧肇"物不迁论"的形而上学思想，也是为佛教因果报应，三世轮回的宗教迷信理论作论证的。僧肇在证明了"物不迁"之后，明白地说："故经云，三灾弥纶而行业湛然。信其言也。"就是说，根据"物不迁"的理论，所以佛经上说，尽管经历世界毁灭时期的三灾（水、火、风），而每人所造下的"业"（善、恶等活动）却永远抹不掉。这话是不错的。

为什么呢？僧肇说："果不俱因，因因而果。因因而果，因不昔灭。果不俱因，因不来今。不灭不来，则不迁之致明矣。"果和因不同时存在，对过去的因而言，有现在的果。因有过去的因而有现在的果，这说明因在过去是不会消灭的。因与果不同时存在，这说明因不会继续到现在。因既不会在过去消灭，又不会继续到现在，那么物不迁的道理就十分明白了。这也就是说，过去的因既已形成，不会消灭，也不会继续到现在而有所改变，那么现在所受其果，得到报应，就是不能变更的。这样，佛教三世轮回、因果报应的迷信理论就是不可动摇的法则了。一切宗教理论，最后都必然要归结到论证现实世界的"苦难"，宗教世界的"幸福"，结论是"出世"，即超脱现实世界。佛教就是用三世轮回、因果报应等来论证现实世界的"苦难"的。僧肇的形上学，尽管谈了许多玄虚的诡辩哲学，但在论证出世主义这一归结点上，他的理论目的也是十分鲜明的。

(3)"般若无知论"。"般若"是佛教区别于一般人的智慧的所谓最高智慧。僧肇认为"般若"所以为最高之智慧，那在于它是"无知"。正由于它是无知，故能无所不知。

僧肇认为："夫智，以知所知取相，故名知。真谛自无相，真智何由知？"一般人所谓的智慧，都是以客观存在（"所知"）为对象的认识来说的，所以叫做有"知"。然而佛教所要认识的真理（"真谛"）不是一般所讲的对象，而是世界的本质"空"，因此，佛教所讲的智慧，从哪里去得到通常所谓的"知"呢？这里僧肇十分明白地表明了佛教所要认识的对象与一般人所认识的对象是根本不同的。一般人所认识的对象是具体的客观存在，而佛教则认为这些具体的客观存在都不过是虚假的幻象，执著于对这些幻象的认识而得到的知识，那是一种产生种种烦恼的"惑智"。佛教要认识的是"实而不有，虚而不无，存而不可论者"的世界本质"空"，这是不能用任何区分是非、彼此等世俗知识概念来表达的。所以佛教所谓的智慧根本不同于一般的知识，就它没有任何具体的认识来讲，也可以叫做"无知"，然而它却是解脱种种烦恼的"真智"。

对于这样一种不同于一般事物的、神秘主义虚构的世界本质——"空"，当然不能用一般的认识去认识它，不但一般的感性认识不能认识，而且一般的理性认识也是不可能达到的。因此，它只能靠"般若"的"无知"去体会，也就是用不同于任何感性或理性的"知"的神秘主义直观去达到它。他说："夫有所知，则有所不知。以圣心无知，故无所不知。不知之知，乃曰一切知。"一般人所谓的知，只能认识一些具体的东西，所以它有所知，就有其所不知。圣人的心（也就是佛教最高的智慧）不是认识一些具体的东西，而是认识"空"的世界本质，所以虽说无知，却是无所不知，乃至一切都知。

有所知,有所不知,这是认识的正常现象,人的认识正是由不知到知的辩证发展过程。僧肇从宗教神秘主义出发,否定一般人的正常认识规律,鼓吹"不知之知",其目的也就是要根本否定认识的客观内容,否定真理的客观标准,而把宗教的说教当作唯一的真理,要人们相信解脱轮回的"极乐世界"是真实存在的。所以他说:"圣人空洞其怀,无识无知。然居动用之域,而止无为之境,处有名之内,而宅绝言之乡。"(《答刘遗民书》)圣人能够内心虚静,外绝知识,那么虽然生活在现实世界中,而精神上则达到了"无为""绝言"的佛教最高精神世界。

僧肇所讲的"般若无知",也是一种带有十分神秘色彩的先验论。上面讲到,他认为佛教真理("真谛")不同于一般事物那样是一种具体对象,而是"无相"的,即不是一种认识的对象或条件。所以认识"真谛"也只能用"无知"的"般若"。然而这种"无知"的"般若"却又是"无所不知","一切知"的"真知"。那么,这种"真知"是从哪里来的呢?僧肇说,这种"无知"的"真知"完全是自我产生的,本来具有的,根本不必依靠什么对象或条件才产生。他说:"知自无知矣,岂待返照然后无知哉?"这就是说,"般若"的"无知之知",也不必通过认识的途径然后才能达到"无知",而是它本来就是"无知"的。所以,僧肇称这种"无知之知"是"圣心""独觉冥冥者矣",即"圣人"心中自生的,对世界本质——"空"的直观认识。僧肇认为,这正是"圣人"的智慧区别于一般人认识的所在。所以,僧肇讲的"无知""般若"完全是一种先验论。而且由于他认为"般若"是对佛教虚构的世界本质"空"的认识,因此这种先验论更带上了浓厚的宗教神秘主义色彩。同时,僧肇既认为把现象世界看成实有,都是由于人们不了解世界本质是"空"造成的一种虚假幻象;而且认识世界本质的"空",也只有通过神秘主义的直观、先验的"圣心",这也就说明了他的整个宗教哲学体系的特点是主观唯心主义的。

僧肇就是这样,通过"不真空""物不迁"的论证,肯定一个"空"的、永恒不变的精神世界的存在,然后又通过"般若无知"的论证,指出认识这个"空"的、不变的精神世界的可能和途径。这一唯心主义形而上学体系,在理论上完全是为出世主义的宗教世界观作论证的,而在现实社会上的作用则是:一方面为了麻醉人民群众,让他们对现实社会的不合理制度采取消极逃避的态度;另一方面则是为地主统治阶级上层的剥削生活辩护,并"廉价地售给他们享受天国幸福的门票"(《社会主义和宗教》,《列宁全集》第10卷,第62页)。

第十章
范缜

范缜字子真,约生于公元450年(宋文帝元嘉二十七年),约死于公元515年(梁武帝天监十四年)。范缜出身寒门庶族,幼年丧父,家境比较贫困。他从小刻苦勤学,是当时著名的学者刘瓛的学生。当时在刘瓛门下的学生,大都是有钱有势人家的子弟,车马来去,挥霍游荡,范缜常年穿着破鞋、布衣,步行来去,却毫无愧色。他性格朴实直爽,喜欢发表"危言高论",不畏权威,勇于战斗。他抓住了当时佛教神学的理论基础"神不灭"论,向佛教展开斗争,针锋相对地提出了"神灭论"思想,因此他的"神灭论"理论,具有鲜明的战斗性。他对"神不灭"的批判和对"神灭"的论证,把中国古代朴素唯物主义和无神论思想,推到了一个新的水平。他的著作大部分已失散,但现存的《神灭论》和《答曹舍人》两篇反佛名文,则确实是中国古代战斗的无神论思想史上的不朽著作。

第一节 范缜"神灭论"思想产生的历史背景

自佛教思想传入中国后,就逐渐与中国传统思想结合起来,成为封建社会意识形态的重要组成部分。东晋南北朝时期,由于各王朝统治者有意识地大力提倡,佛教得到迅速发展。当时统治阶级上层,把佛教当成巩固自己的统治地位的法宝。王公贵族、门阀士族几乎无不信仰佛教,而佛教徒中的上层僧侣也与统治者上层结合起来,出入宫廷,直接参与政治统治。例如,南朝宋代的名僧慧琳就有"黑衣宰相"之称。

同时,由于佛教盛行,佛教寺院经济也大大扩张起来。南北朝时期各地寺院林立,出家僧侣剧增。如南朝梁武帝时,仅京都一地就有寺院五百余所,僧尼十余万。这些寺院"穷极宏丽",僧尼占有大量财产。而北朝至北齐时,仅邺下一地就有佛教大寺院四千余所,而全境则有寺院四万余所。这些寺院、僧侣不仅耗费大量劳动人民创造的财富,而且占有大量土地和劳动力。同时由于僧侣人数增多,僧侣可以免税、免役,致使"天下户口几亡其半",使一般劳动人民纳税、服劳役的负担大大加重。因此,造成了严重的经济危机和政治危机。范缜在《神灭论》中就揭露了佛教盛行后造成的种种社会危机。他说,由于佛教"天堂""地狱"的迷信宣传,人们"竭财以赴僧,破产以趋佛",倾家荡产地去求僧拜佛,以至"兵挫于行间,吏空于官府,粟馨于惰游,货殚于土木"。士兵在战争中挫败,官吏在政府缺额,粮食被游手好闲的僧侣吃光,财富被奢侈的寺院建筑耗尽!

严重的政治、经济危机使得阶级矛盾尖锐化起来。当时劳动人民的灾难深重已极。他们不但要受世俗地主的残酷剥削,而且要受僧侣地主的额外剥削,而一些为了逃避重税、劳役而投身寺院的劳动人民,更直接地受僧侣地主的剥削、压迫。当时的劳动农民为了反抗剥削和压迫,不断举行武装起义,他们不但反对世俗地主阶级,而且还特别地反对僧侣地主阶级。僧侣中的下层,大都是破产农民、不得已而投靠寺院的劳动人民,也不断从佛教内部起来,与农民起义军一起反对世俗与僧侣大地主的统治。据《魏书》记载,在北魏孝文帝时,下层僧侣法乘曾策划过起义,而司马惠卿则组织了农民起义。在北魏宣武帝时,农民起义十次,其中四次是由下层僧侣直接领导的。这些农民起义和下层僧侣的起义不仅打击了世俗大地主的统治,而且也有力地打击了佛教神学的神圣权威。

同时,由于佛教寺院占有大量土地和劳动力,僧侣地主与一般世俗地主之间也产生了争夺土地和劳力的矛盾。佛教寺院耗费大量社会财富,也在一定程度上危及封建制度的经济基础。因此,当时一般世俗地主,特别是中下层地主阶级,为了自身的经济、政治利益,也激烈地反对佛教势力的扩张及其危及现实生产、风俗、政治的宗教神学理论。

这些就是范缜反对佛教"神不灭"理论,提出"神灭论"的社会、经济、政治、阶级方面的根源。另一方面,范缜"神灭论"思想的产生也还有它的理论先驱。

最初反对佛教神学的理论,主要是从中国传统的"三纲五常""忠孝仁义"等政治、道德规范着眼,认为佛教的出世主义与此不合。直至东晋时期,反佛斗争的一个重要问题也还是"沙门"应不应该"敬王者",即佛教僧侣对最高封建统治者,应不应该行跪拜礼的问题。批判"沙门不敬王者"的主要理由也还是说,如果佛教僧侣不敬王者,那么"王教不得一,二之则乱",是从维护最高封建统治者的绝对权威着眼的。

随着反佛教斗争的深入,批判也就逐渐集中到佛教神学的理论方面来了。佛教理论尽管有多少派、多少种说法,但归根结底都是要论证超脱现实世界,追求一个极乐世界的出世主义。为什么要出世呢？佛教理论认为，因为现实世界有"苦难"。为什么现实世界有"苦难"呢？因为有三世轮回、因果报应。因此，反对佛教的理论，逐渐就集中到有没有轮回、报应等问题上来了。

在范缜以前，已有许多无神论思想家对佛教宣扬的轮回、报应等理论进行了批判。例如，东晋末年著名的雕刻家、书画家戴逵就对因果报应说提出了质难。他说："有束修履道，言行无伤，而天罚人楚，百罗备婴（撄）；任性恣情，肆行暴虐，生保荣贵，子孙繁炽。"（《释疑论》）意思是说，有的人一生言行都按照道德规范去做，可是得到种种不幸的遭遇；有的人一生胡作非为，却获得荣华富贵，子孙繁盛。所以，哪里有什么因果报应呢？他还根据中国历史记载和传说中的大量故事和事实，证明因果报应是不存在的。

又如，南朝初期著名的天文学家、思想家何承天运用一些自然科学知识，反对佛教宣扬的轮回、报应宗教迷信。他说："生必有死，形毙神散，犹春荣秋落，四时代换，奚有于更受形哉？"（《达性论》）这是说，人有生必有死，就如同草木春天繁茂，秋天凋落，人死后神也就散了，哪里有什么再受形（来生）的事情？他特别指出，人与其他生物是有不同的本性的，所以人也不能变为其他的生物，反对佛教宣扬的人作了坏事，来生要变为牛马等禽兽的轮回迷信思想。何承天还根据日常生活中众所周知的事实，驳斥因果报应的荒谬。他说，譬如，鹅在池塘中游戏，吃一些草，其他生物它都不侵犯，可是厨师抓住它就宰烹，很少能有幸免的；燕子飞来飞去，专门找各种飞虫吃，可是人们都喜爱它，即使把窝做在屋檐下，也不去惊动它。这种情况"群生万有，往往如之"。所以，何承天说，"是知杀生者无恶报，为福者无善应"（《报应问》）。由此可见，善恶报应是不能成立的。何承天这里用的例子虽然并不恰当，但从他揭露佛教认为"杀生"会招来恶报，反对因果报应说来讲，还是有一定历史意义的。

反对佛教神学三世轮回、因果报应的迷信说教，虽然是抓住了佛教神学的理论核心，但这还不能完全彻底摧垮佛教的神学理论。因为，三世轮回、因果报应必须有一个主体承担者，没有一个主体承担者，三世轮回、因果报应也就落了空。佛教与中国传统道教所谓"长生不死""肉体成仙"不一样，他并不否认肉体的死亡。既然肉体不能成为三世轮回、因果报应的承担者，那么承担轮回、报应的主体，只可能是一种永远不灭的精神主体，即所谓"神"。因此，"神不灭"是佛教神学三世轮回、因果报应迷信的理论基石。不能彻底驳倒"神不灭"论，也就不能从理论上完全摧垮佛教神学。南北朝反佛教斗争的深入，最后就集中到了"神灭"与"神不灭"两种根本对立的世界观的斗争上来了。

上面讲到的戴逵、何承天等在反对佛教轮回、报应理论时，也已涉及"神灭""神不灭"的问题。例如，戴逵在其《流火赋》中对"神不灭"思想提出了置疑性的批判。他说:"火凭薪以传焰,人资气以享年;苟薪气之有歇,何年焰之恒延?"意思是说,生命知觉的存在是依靠着气,就像火焰的燃烧必须依靠木柴一样。然而木柴和气都有用尽的时候,怎么能说火焰和生命知觉却能永久延续下去呢? 这是继承了东汉哲学家桓谭以烛火喻形神的神灭论思想。何承天除上面引述的"生必有死,形毙神散"的反对"神不灭"思想外,他同样也还用薪火之喻来说明神灭的思想。他在《答宗居士书》中说:"形神相资,古人譬以薪火。薪弊火微,薪尽火灭;虽有其妙,岂能独传?"这也是说,火要依靠于木柴,木柴烧得差不多了,火就微弱,木柴烧完了,火也就灭了,即使精神有多么神妙,但离开了形体也不能单独地存在下去。

　　用薪火喻形神,虽能说明神灭的理论,但它带有很大的理论缺陷。一方面,以薪火喻形神者都把形神看做是"精粗一气",即把形与神都看做是同样的物质性的气,而只有精粗之分而已。这样他们就不是把神看做只是形(人体)的一种特殊性质、作用,因此也就不能从理论上根本说明神必须依赖于形,形亡神灭的道理。另一方面,一块薪烧完了,另一块薪可以接着烧,火可以从一块薪传到另一块薪。但是形与神的关系,神绝不能由一个形体传到另一个形体上去,所以这种比喻是很不确切的。佛教徒也正是钻了这个空子,反而用薪火之喻来论证"神不灭"论。上一节讲到的慧远对"神不灭"的论证中利用薪火之喻,就是典型的例子之一。这个问题一直到范缜的"神灭论"中用"形质神用"的观点来说明形神关系,才比较有力地驳倒了"神不灭"的宗教神学理论,巩固了"神灭论"理论基础。

　　无神论者批判、驳斥"神不灭"的斗争,动摇着佛教神学的理论基础。因此,佛教有神论也集中力量与"神灭"论作斗争,论证"神不灭"。上述慧远就是这样,他们通过玄虚和繁琐的宗教哲学理论,最终论证一个永恒不灭的精神实体的存在。当时许多达官贵族,以至王朝的最高统治者——皇帝也都直接参加了这场理论斗争,他们站在佛教神不灭论的卫道立场上,围攻主张神灭论的无神论思想家。

　　例如,当范缜还在齐做官时,齐竟陵王萧子良大兴佛教,宣传神不灭论,范缜当面驳斥,盛称无佛。萧子良组织佛教徒围攻范缜,但也不能难倒范缜的神灭论。于是萧子良又派遣王融去威胁利诱范缜。他让王融对范缜说,神灭的理论是错误的,你坚持这种理论,"恐伤名教",即违背封建的根本伦理观念、等级制度。同时,又对范缜说,以你的才能,完全可以做"中书郎"这样的大官,为什么一定要违背当权者的意志,坚持错误理论呢? 赶快放弃吧! 范缜听了大笑说:"使范缜卖论取官,已至令、仆矣,何但中书郎邪?"(《南史·范缜传》)不能"卖论取官"! 范缜这种坚持真理的毫不妥协的精神,表现出战斗无神论者的坚强品格。

　　这里特别要提到的是梁武帝萧衍,他是一个迷信极深的佛教徒,当他还在萧子良门下做宾客时,就帮着萧子良宣传佛教。而当他做了皇帝以后,更是大兴佛教。他于公元504年(天监三年)宣布佛教为国教。他并且舍身佛寺,大臣们三次花了大量钱财把他赎回来。梁武帝继萧子良以后再次发动对范缜的围攻。他在《敕答臣下神灭论》中,说神灭论是"违经背亲,言语可息","神灭之论,朕所未详",企图迫使范缜放弃神灭论这一真理。他而且指出要范缜写出"设宾主"(当时流行的一种问答体论文体裁)的文章,"就佛理以屈佛理"。范缜勇敢地接受了皇帝的挑战,写成了"自设宾主"的《神灭论》一文。于是梁武帝发动王公朝贵六十四人,前后发表反驳《神灭论》的文章七十五篇,对范缜进行了一场更大规模的围攻。但这些御用学者大多只不过是梁武帝的应声虫而已,说不出什么道理,范缜则不怕政治压力、舆论压力,坚持论战到底。因此,即使当时比较善于搞诡辩的曹思文,最后也不得不对梁武帝说:"思文情思愚浅,无以折其锋锐",驳不倒《神灭论》。

　　梁武帝本人也写了不少东西论证神不灭。他在《敕答臣下神灭论》中引经据典地说:"观三圣(儒、佛、道)设教,皆云[神]不灭,其文浩博,难可具载。止举二事,试以为言。《祭义》云:'唯孝子为能飨亲'。《礼运》云:'三斋,必见所祭'。若谓飨非所飨,见非所见,违经背亲,言语可息。神灭之论,朕所未详。"这是说,灵魂不灭是有经典记载的。《祭义》讲,只有孝子才能使他死去的亲人享受祭品。《礼运》说,如果在祭祀前三天进行虔诚的斋戒,那就能看到所祭祀的鬼神。否认鬼神的存在就是违经背亲。这里梁武帝讲的是传统的有鬼论的神不灭论。

　　梁武帝在《立神明成佛性义记》中则用不灭的"神明"(精神、智慧)来说明神不灭。他说:"夫心为用本,本一而用殊,殊用自有兴废,一本之性不移,一本者即无明神明。"这是说,"心"是本体,"形"只是用,形体有生有灭,而"心"这个本体,即"神明"是不会变移的。他还说:"故知生灭迁变,酬于往因,善恶交谢,生乎现境。而心为其本,未曾异矣"。生死变化,善恶交替,都有前因后果,而"心"作为本体在这变化、交替过程中是始终没有变化的。梁武帝最后的结论是,正因为有这么一个连续不断的精神主体"心"("神明")作为轮回、报应的承担者,"故成佛之理皎然"。

　　梁武帝的神不灭论迷信色彩很重,没有多少理论,但因为他是作为最高统治者来讲的,集中地反映了佛教神不灭论的社会作用和代表了佛教在当时社会中所占的地位。所以,对梁武帝神不灭论的批判是具有深刻的社会历史意义的。范缜《神灭论》所批判的是整个佛教神学的理论基础——神不灭论,而直接的对立面则是梁武帝。

第二节　范缜的无神论学说

范缜反对佛教神学的斗争，也是从反对因果报应开始的。据《南史·范缜传》记载，范缜与萧子良曾有一场关于因果报应问题的争论。萧子良质难范缜说："君不信因果，何得富贵贫贱？"这是说，你不相信因果报应，那么，人为什么会有贫富贵贱的差别呢？意思就是说人的贫富贵贱差别完全是一种因果报应。范缜用自然的偶然论来反驳因果报应说。他认为万物的生长都是自然而然的，"忽焉自有，怳尔而无，来也不御，去也不追，乘夫天理，各安其性"（《神灭论》），没有一个造物主，万物都是自生自灭，根据自然道理，安于它的本性。因此，他回答萧子良说："人生如树花同发，随风而堕。自有拂帘幌坠于茵席之上；自有关篱墙落于粪溷之中。坠茵席者，殿下是也；落粪溷者，下官是也。贵贱虽复殊途，因果竟在何处？"

范缜这段话的意思是说，人生就如同树上的花朵一样，虽然一起开放，但随风吹落，有的花被吹落到厅堂上，漂亮的坐垫上；有的花却被吹落到厕所里。譬如你殿下就像飘落在厅堂上、漂亮坐垫上的花；我就是飘落在厕所里的花。贵贱虽然很不同，然而这里哪有什么因果报应啊！这就是说，人生的贫富贵贱完全是一种偶然的遭遇，绝不是因果报应的结果。

佛教宣扬因果报应，认为"前生"做了善事，今生享受富贵；前生做了恶事，因此今生贫贱。这种理论正是为统治者的特权地位，压迫有理、剥削有理作论证的。范缜认为贫富贵贱完全是自然的偶然现象，虽然这在理论上用自然现象解释社会现象，同样也是错误的，但在当时历史条件下范缜用它驳斥因果报应说，蔑视门阀士族的特权地位，也还是有重要意义的。

范缜的伟大历史贡献，是在于他用较为彻底的无神论观点说明形神关系，论证了神灭，从而从理论上深刻地批驳了佛教的神不灭论，把中国古代的无神论提高到一个新的水平。

范缜《神灭论》的主要论点如下：

（1）形神相即。范缜论证神灭观点的第一条理由就是"神即形也，形即神也"。"即"是不相分离的意思。这是说，神和形，形和神是不能分离的。形和神是"名殊而体一"，即形和神是既有区别，又有联系的不可分离的统一体。范缜把这又叫做是"形神不二"，或形神"不得相异"。这是范缜对形神关系的一元论观点。范缜所以首先强调"形神不二"，形神"名殊而体一"，"神即形""形即神"的形神一元论，是针对当时一些佛教徒论证"神不灭"的形神二元论的。例如,佛教信徒曹思文在反对范缜《神灭论》时就说:"形非即神也,神非即形也;是合而为用者也,而'合'非'即'矣。生则合而为用,死则形留而神逝也。"(《难神灭论》)这是说,神与形是可以分开而独立存在的,生只是形与神暂时凑合在一起,死后尸体(形骸)留下了,而神则可以转移到别处去。所以他还说:"然神之与形,有分有合,合则共为一体,分则形亡而神逝也。"这就把形和神完全看成是各自独立的两个实体,从而证明神可以是不灭的。

佛教徒还用梦幻来证明"形神非一""灵质分途"的形神二元论观点。曹思文引用庄周梦蝴蝶的寓言说:"神游于蝴蝶,即形与神分也。"萧琛《难神灭论》中称做梦时是"形静神驰",亦即"神游",以此证明神与形是可以脱离的。佛教徒用梦境来论证形神二元论是有其认识上的根源的。恩格斯在分析灵魂不死思想时指出:"在远古时代,人们还完全不知道自己身体的构造,并且受梦中景象的影响,于是就产生一种观念;他们的思维和感觉不是他们身体的活动,而是一种独特的、寓于这个身体之中而在人死亡时就离开身体的灵魂的活动。"(《路德维希·费尔巴哈和德国古典哲学的终结》,《马克思恩格斯选集》第四卷,第219页)佛教徒对灵魂不死的理论,当然不是简单地重复这种蒙昧时期的观念,它的理论要精致得多,自觉得多。

范缜对佛教徒用梦幻论证"形神非一"的二元论也进行了驳斥。他也引用古书中记载的传说,秦穆公梦游天宫时耳听优美的音乐,口尝各种美味,身穿漂亮的衣服,居住高大的宫殿等,说明即使做梦也离不开形体,然后才能享受。他驳斥"神游于蝴蝶"说,如果真变成蝴蝶,那么醒来时身边应该有死蝴蝶的形体,但实际上是没有,可见梦只是一种虚假的幻景而已。范缜虽然不能科学地说明做梦现象的本质,但它驳斥了形神二元论,坚持了形神一元论,这是具有重要理论意义的。

当然坚持形神一元论,也还不能说就是无神论。例如:梁武帝讲的"心为用本"也是形神一元论,但他是把"心"作为本,是在宣扬有神论的。范缜则相反,他在《神灭论》中说:"形存则神存,形谢则神灭也。"这里明确地表明形是第一性的,神是依赖于形才能存在的,因此,形谢(死亡)神也就消灭了。这就是无神论的形神一元论。

(2)形质神用。范缜进一步用"形质""神用"的观点论证其无神论的形神一元论。他说:"形者神之质,神者形之用;是则形称其质,神言其用;形之与神,不得相异。""质"就是主体、实体的意思;"用"这里有作用、派生的意思。这就是说形是实体,是神的主体,而神只是形的作用,由形派生出来的。既然只有形体才是主体,而神只是形体的作用,那么作用决不能脱离主体而存在。主体消亡了,作用也就没有了。所以说"形存则神存,形谢则神灭"。

范缜用"质""用"的关系来说明形神关系,深刻地论证了神只是形的一种作用,神是从属于形的形神一元论。这就克服了以前无神论者把形神看做"精粗一气",两种不同物质的理论缺陷,堵塞了神可离形而独立存在的漏洞,从而使神灭论的理论立于不败之地。这是范缜对形神关系唯物主义论证的最大贡献。

范缜为了更通俗地说明形质神用的真理,打了一个生动的比喻。他说:"神之于质,犹利之于刃;形之于用,犹刃之于利。利之名非刃也,刃之名非利也。然而舍利无刃,舍刃无利。未闻刃没而利存,岂容形亡而神在?"这是说,神和产生它的主体形的关系,就好像刀刃与锋利的关系一样。有刀刃才有锋利,有锋利才称得上刀刃。虽然刀刃不就是锋利,锋利也不就是刀刃,但是离开锋利就称不上刀刃,离开了刀刃就不会有锋利。既然从未听说过刀刃不存在了也还有锋利,那怎么能说形体死亡了而神还存在呢?这个比喻的结论,有力地打击了佛教"形神相异""神不灭"的形神二元论。

佛教信徒萧琛企图用"钝刃""利灭而刃存"来驳难范缜刃利之喻,以证明"刃利既不俱灭,形神则不共亡"的形神二元论。其实,这一驳难反而证实了范缜的思想。所谓刀有刃就是说有锋利,无锋利即不能说有刃,"钝刃"之说是根本不能成立的,既说是钝,就不能称有刃,所以,"钝刃"之说,恰好从反面说明刃没而利亡的神灭论观点。

范缜"形质神用"的观点达到了中国古代无神论关于形神问题认识的最高水平。这是中国古代无神论思想在与有神论斗争中获得的伟大成就。

(3) 人之质有知,木之质无知。范缜不仅一般地讲到精神是形体的作用问题,并且进一步指出不同的"质"有不同的"用"。精神作用并不是所有的"质"都有的"用",而是只有活人的"质"才具有的特定的"用"。

当时佛教信徒为了驳难范缜"形质神用"的观点,他们企图用"质同""用异"的诡辩来难倒范缜。他们说,"木之质"与"人之质"是一样的"质",为什么木无知而人有知呢?从这里再次企图证明神与质是没有关系的。

范缜坚定地站在无神论立场,驳斥了佛教信徒们的诡辩。他说,"人之质非木之质,木之质非人之质也。安有如木之质,而复有异木之知?"这就是说,所以有知与不知的不同("用"不同),就是因为"质"不同。人的质与木的质是不同的,所以人有知而木无知。怎么能说有像木一样的质,却又与木之质不一致的知("用")呢?所以,范缜进一步指出:"人之质,质有知也;木之质,质无知也。"人与木的质是不同的质,所以才有有知与无知的不同。精神现象("有知")只是人之质所具有的特定属性,而不是所有质都具有的。因此,绝不能因为人有知而木无知,就认为可以有脱离具体质而独立存在的精神或灵魂。佛教信徒的根本错误,就是混淆人之质与木之质的本质差别,从而也就无法理解它们不同作用的原因。

佛教徒于是又反问范缜道,既然只有人的形体才有知觉作用,那么人死后,形体还在也还应当有知觉,可见灵魂并不随形体死亡而消灭,神是不灭的。这与上述驳难是同一性质的诡辩。范缜仍然坚持"质"不同所以"用"不同的唯物主义观点对此进行反驳。范缜说,活人和死人的质是不同的,"生形之非死形,死形之非生形"。从"生者之形骸变为死者之骨骼",是有着质的变化和区别的。他说,人死后形体并不是一下子就消灭尽的,这是因为物的性质不同。有的突然生出,死后形体消灭得也快;有的渐渐生长,所以死后形体消灭得也慢。例如,暴风骤雨,突然而来,去的也快。而动植物则是渐生渐灭的。这是事物本身的规律。但是,虽然人死后形体不是一下子消灭尽,但死人形体与活人形体是有质的区别的。这就如同活着的花木能开花结果,而枯树凋谢不能再开花结果一样。树木是先活后枯,枯树不能再变成活树,人也是这样,活人死了,死后也不能再复活。所以说,活人的质与死人的质是不一样的,"死者有如木之质,而无异木之知;生者有异木之知,而无如木之质"。死者的骨骼如同木头的质那样,所以与木头一样,没有知;活人之所以有不同于木头的知,那是因为活人的质与木头的质是不同的。

范缜这里把精神活动规定为只有活人的形体才具有的特定的质,这是中国古代朴素唯物主义的卓越理论成就。这样,就从理论上摧垮了宗教所宣扬的天堂地狱,今生行不善,来生变牛马的轮回、报应等迷信思想。

(4) 知、虑皆是神之分,不能离"本"(形体)而有知、虑。范缜认为,精神活动必须依赖于形体,是形体的作用。关于精神活动,范缜分为两类:一类是能感受痛痒的"知",即感觉、知觉;一类是能判断是非的"虑",即思维。范缜认为这两类精神活动有程度上的差别,"浅则为知,深则为虑"。但这两类精神活动没有本质上的差别,同是人的形体的统一的精神活动的两个方面,即所谓"皆是神之分也"。因为"人体惟一,神何得二",所以在这种意义上讲,也可以说:"知即是虑","是非痛痒,虽复有异,亦总为一神矣"。范缜在这里坚持"知""虑""虽复有异,亦总为一神"的观点,是为了反对那种把"知""虑"分离、对立起来,认为"知"虽要依靠手足等形体,而"虑"却可以不依靠形体的"知"而独立的错误观点。

范缜进一步分析了所以有"知""虑"程度上的差别,是因为"知""虑"依据于人体的不同物质器官。他认为,"手等能有痛痒之知,而无是非之虑"。手足等器官有痛痒等感觉,但没有判断是非的作用。判断是非是"心"的职能,"是非之虑,心器所主"。这里,范缜还认为"心"与手足等器官并没有本质的区别,就如同"手足虽异,总为一人",而只有作用上的不同。"心"与手足的差别,也就像眼与耳的差别一样,眼只能看不能听,耳只能听不能看,是"司用不均(同)",而不是"心"与手足等作用有什么根本不同的地方。

佛教徒用"虑思无方",即思维不受一定空间的限制,反对范缜的"虑"为"心器所主"的观点,提出"虑体无本"的观点。范缜对此反驳道,如果说"虑体无本",那就是说思维活动可以脱离一定的形体,而到处与任何一个形体结合,那是否说,张甲的精神可寄住于王乙的形体中去,李丙的精神可寄住到赵丁的形体中去呢?范缜认为,这是十分荒谬的。范缜强调任何精神活动,一定不能脱离特定的物质形体,这是较为彻底地坚持了唯物主义的立场。但是由于时代科学水平的局限,范缜不能科学地解释思维活动的物质基础。他错误地把"心"脏当作思维器官。同时,他也不能科学地阐明思维活动与感觉之间的关系。他虽然看到"知"与"虑"有程度上"深""浅"之别,但又把"知""虑"的性质简单地等同起来。然而,范缜始终坚持唯物主义形神一元论观点,并与佛教形神相异的二元论进行斗争的坚定立场,表现了我国古代战斗无神论者的优良传统。

范缜是我国古代伟大的唯物主义无神论哲学家,但由于时代和阶级的局限,在他的理论中也还存在着严重的缺陷。除上面讲到的以"心脏"为思维器官,不能科学说明思维与感觉的辩证关系外,主要的有以下三点:

(1) 范缜用自然的偶然性理论反对佛教因果报应论,这有它一定的理论作用。但以此来解释社会贫富贵贱差别的形成,则是根本错误的。在阶级社会中,贫富贵贱的差别主要是由阶级压迫、剥削所造成的必然结果。范缜离开人的社会性和阶级性,用自然的偶然性来解释人的社会差别,不仅不能说明人的贫富贵贱差别的真正原因,反而会使人们产生无所作为,一切听凭偶然的机会的消极思想。结果和宿命论一切听凭命运的安排一样,都不能引导人们去对产生贫富贵贱差别的社会原因作进一步的探索,和找出改变这种不合理现象的办法。

(2) 范缜虽然坚持了精神活动不能脱离人的物质形体的唯物主义观点,但他根本不能了解认识来源于社会实践的道理。因此,当他用他的朴素唯物主义观点来解释人们知识、才能上的差别时,得出了"圣""凡"不同器的错误结论。范缜认为,圣人有"圣人之体",凡人有"凡人之器",圣人与凡人,不仅有"形表之异",而且是"心器不均"。范缜又进一步认为,圣人与凡人的区别重点在于"心器"不同。圣人与凡人也可能在形表上相似,但"心器不均,虽貌无益也"。同样是圣人在形表上也可能很不一样,但他们"同于心器,形不必同也"。所以,他说:"岂有圣人之神,而寄凡人之器?亦无凡人之神,而托圣人之体。"总之圣人生来就与凡人有质上的根本不同。而这种"质",(主要指"心器")的不同,决定了圣人在知识、才能上之所以超越凡人的原因。头脑("心器")的差别决定知识、才能的差别。这样,范缜主观上企图用唯物主义原则来解释的问题,在客观上却达到了与唯心主义先验论同样鼓吹天才论的结论。这在理论上是一个深刻的教训。

(3) 范缜以"神灭"论的根本理论,基本上否定了鬼神的存在。他认为"妖怪茫茫,或存或亡",奇怪的事情是渺茫而不能确定存在与否的,又说,"人之生也,资气于天,禀形于地,是以形销于下,气灭于上","岂必其有神与知邪?"(《答曹舍人》)人由物质的形气构成,死后形气俱灭,哪里还有"神"与"知"呢?他不相信人死变成鬼神的有神论。但是,他不敢完全否定传统经典中所记载的祭祀鬼神的活动。他同样肯定了"神道设教"的必要性,认为提倡祭祀鬼神,这是"圣人之教然也。所以从孝子之心,而厉偷薄之意,'神而明之',此之谓也"。即目的在于顺从孝子的情感,纠正偷懒和轻浮的倾向,这就是"神而明之"的意思,即假设一个最高的天帝和灵魂存在,从而把圣人的教化和统治神圣化。同时,他虽然不承认人死后变成的"鬼"的存在,却又认为有一种与人不同的,叫做"鬼"的生物存在。这些也都是范缜无神论思想不彻底的方面。

范缜的《神灭论》理论,在当时历史条件下,对佛教有神论的理论基础"神不灭"论的批判是有力的、彻底的。但唯物主义无神论在理论上战胜了宗教有神论,并不意味着宗教由此就会消失。因为宗教的存在不仅有它认识论上的根源,而更主要的是有它的社会经济、政治根源。只要这些根源尚未消灭,宗教就有它存在的社会基础。这样就可以理解佛教神学理论虽然在南北朝时期已遭到唯物主义无神论的有力批判,可是到了唐代却得到了更大规模的发展,直至今日,而且在今后也还会延绵不断的道理了。因此,唯物主义无神论者,宣传无神论思想的任务是相当长期而艰巨的。今天我们在宣传无神论时,范缜《神灭论》的成就,是值得我们加以继承和借鉴的。

第十一章
东晋南北朝隋唐道教哲学的发展

第一节 道教的形成和概况

道教与佛教不同,它是我国自创的一种宗教。道教是从古代原始宗教的巫术和战国秦汉以来的神仙方术等发展而来的一种宗教。最早大约在东汉末,道教作为一种宗教而正式出现。其时在社会上有两大道教组织:一为于吉、张角所创立的"太平道",一为张陵(道教徒称为张道陵、张天师)所创立的"五斗米道"(又称为天师道)。它们尊老子为教主,奉《道德经》为经典,把老子道家思想改变成为道教的理论依据,因此,道家与道教两者之间又有着密切的联系。

据《后汉书·襄楷传》记载:"初,顺帝时,琅邪宫崇诣阙,上其师于吉于曲阳泉水上所得神书百七十卷,皆缥白素朱介、青首朱目,号《太平清领书》。其言以阴阳五行为家,而多巫觋杂语。有司奏:'崇所上妖妄不经'乃收藏之。后张角颇有其书焉。"张角即汉末农民起义军黄巾军的著名领袖。他利用太平道组织农民造反,影响很大。《后汉书·皇甫嵩传》记载:"初,钜鹿张角,自称大贤良师,奉事黄老道,畜养弟子,跪拜首过,符水咒说以疗病,病者颇愈,百姓信向之。角因遣弟子八人使于四方,以善道教化天下,转相诳惑。十余年间,众徒数十万,连结郡国,自青、徐、幽、冀、荆、扬、兖、豫八州之人,莫不毕应,遂置三十六方。方犹将军号也。大方万余人,小方六、七千,各立渠帅。讹言'苍天已死,黄天当立,岁在甲子,天下大吉。'以白土书京城寺门及州郡官府,皆作甲子字。……诸方一时俱起,皆著黄巾为标帜,时人谓之黄巾,亦名为蛾贼。……角称天公将军,角弟宝称地公将军,宝弟梁称人公将军。所在燔烧官府,劫略聚邑,州郡失据,长吏多逃亡,旬日之间天下响应,京师震动。"可见当时的太平道起义声势是极大的。

张陵创立的五斗米道,大约也在后汉顺帝年间,流行于汉中、川北一带。

它起初也带有组织下层民众互相帮助,反抗官府的性质。如《三国志·张鲁传》记载:"祖父陵,客蜀,学道鹄鸣山中,造作道书,以惑百姓。从受道者,出五斗米,故世号称米贼。陵死,子衡行其道。衡死,鲁复行之。"又说:"鲁遂据汉中,以鬼道教民,自号师君。其来学道者,初皆名鬼卒,受本道已信,号祭酒,各领部众,多者为治头大祭酒。皆教以诚信不欺诈,有疾自首其过,大都与黄巾相似。诸祭酒皆作义舍,如今之亭传,又置义米肉,悬于义舍,行路者量腹取足,若过多,鬼道辄病之。犯法者,三原然后乃行刑,不置长吏,皆以祭酒为治,民夷便乐之,雄据巴汉垂三十年。"又据注引《典略》说,在张鲁据汉中以前,"汉中有张修,……修为五斗米道,……使人为奸令祭酒,祭酒主以《老子》五千文使都习,号为奸令。……及鲁在汉中,因其民信行修业,遂增饰之"。

  由上述可见,以太平道、五斗米道为代表的早期道教,还只是一种民间宗教。它活动于下层民众中,并与农民起义相结合,起到了宣传和组织农民起义的作用。张角领导的太平道的政治目的是很明确的,那就是要推翻"苍天"(东汉皇朝),代之以"黄天"(农民起义军的政权)。现存《道藏》中的《太平经》,大概就是于吉、张角所奉的《太平清领书》的流传本。其中有些地方还可窥见一些当时太平道反对剥削、压迫,要求均平的思想。如说:"此财物乃天地中和所有以供养人也。此家但遇得其聚处,比若仓中之鼠,常独足食。此大仓之粟,本非独鼠有也。"(《太平经》卷67《六罪十治诀》)又如说"积财亿万,不肯救穷周急,使人饥寒而死,罪不除也"(同上)等等。五斗米道设置"义舍",也与这种"救穷周急"的思想不无关系,而且是提倡下层劳动人民互助、互济的具体体现。

  至于从道教作为一种宗教来看,虽说五斗米道的张修教人学《老子》,相传张陵(或张鲁)作过《老子想尔注》,张角利用了《太平经》,发挥了一些道教的思想,但总的来讲,这时的道教还没有系统的教义和宗教理论。它的宗教活动的内容,还只是中国古代长期以来的在民间流行的"阴阳五行""巫觋杂语""符水咒说""鬼神崇拜"等迷信活动的杂凑而已。此外,还规定了一些简单的宗教戒律。随着黄巾起义的被镇压,张鲁的被招降,初期道教作为民间宗教的历史基本上也就此告终。两晋以后,道教经过了一系列的改造,使原有的民间道教变成为朝廷所支持的官方道教,从而使得道教无论在宗教教义和理论上,还是在宗教组织上,都得到了极大的发展,道教走上了成熟发展的时期,形成了儒、佛、道三教鼎立的局面。有唐一代,道教得到了李唐王朝的大力支持,道教更为繁荣昌盛。宋元明时期,虽然道教宗派林立,组织更趋严密,道教典籍不断编纂刊印,对宋明理学也有相当大的影响,但总的来说,它在教义和理论上已没有太多的新发展。明万历以后,道教趋于衰退。

道教的基本教义是追求长生不死而成神仙。在理论上,则主要是借用道家的学说,同时又吸收儒家和佛教的一些思想以为补充。道教把"道"作为其最高的最根本的信仰,把"道"看做是超时空的先天地万物的宗祖。认为"道"无所不在,无时不在,无所不包,是一切的开始。"道"生"元气","元气"生"天地""阴阳""四时",然后才有万物。为了适应宗教信仰的需要,道教还把"道"人格化为"三清尊神",即所谓"元始天尊""灵宝天尊""道德天尊"(亦即"太上老君""老子")。道教的道术(道教方术)十分杂多。宋代马端临在《经籍考》中曾说:"道家之术,杂而多端。盖清净一说也,炼养一说也,服食又一说也,符箓又一说也,经典科教又一说也。"具体来讲,又有所谓:占卜、符箓、祈禳、禁咒、内丹、外丹、辟谷、行跻、房中、饵药、吐纳、导引、存息、养性、服气、胎息、按摩、守庚申等等繁多的道术。这些道术中,有些是迷信,如求神、驱鬼、禳灾、祈福等;有些则是与体育、医药结合起来的养生之道。所以在道教典籍中,保留着一些我国古代有关化学、医学、体育锻炼等方面的有科学内容的资料。道教典籍收录于历代编纂的《道藏》中。从南朝刘宋时开始,道教徒即从事于道教典籍的编集工作。如刘宋时道教徒陆修静著有《三洞经书目录》,这是最早的一部道书目录。唐玄宗时道教徒史崇玄等奉命搜访道书,于开元年间纂修成藏,这就是所谓《开元道藏》。宋代又多次校编道藏,著名的有宋真宗时张君房主编的《大宋天宫宝藏》,简称《天宫道藏》,宋徽宗时的《万寿道藏》(或称《政和道藏》)。金代金章宗时刻有《大金玄都宝藏》。明代刻有《正统道藏》和《万历续道藏》。清代选《道藏》中主要经典,编刻有《道藏辑要》。现在通行使用的涵芬楼影印本《道藏》,即是明刻《正统道藏》和《万历续道藏》。《道藏》所收典籍也十分庞杂,诸如《孙子兵法》《墨子》《公孙龙子》《韩非子》,以至《山海经》《素问》《灵枢经》等等,也均收入。

第二节　葛洪和陶弘景的道教哲学思想

魏晋以降,在葛洪、寇谦之、陆修静等道教信徒的努力下,早期的民间道教得到了改造,道教在教义、教理、戒律、科仪、经典的整理和道教的组织等诸多方面都得到了新的发展,道教开始走上成熟发展的道路。同时道教的理论学说也开始系统化起来,以此道教的哲学思想也得到了发展。在这一时期道教的理论家,当首推葛洪,他建立了一个比较系统的道教哲学思想体系。之后,在南朝梁代陶弘景又发挥了道教的哲学思想,在道教哲学史上也有较大的影响。

葛洪,字稚川,自号抱朴子,丹阳句容人,生于公元284年(晋武帝太康五年),卒于公元364年(晋哀帝兴宁二年),年八十一;一说生于公元283年(晋武帝太康四年),卒于公元343年(晋康帝建元六年),年六十一。他早年参加过镇压石冰领导的农民起义,后来受封"赐爵关内侯","食句容之邑二百户"(《抱朴子·自叙篇》)。晚年隐居于广州罗浮山,"炼丹终生"。

葛洪生于一个笃信道教的贵族家庭。他的祖父葛系是三国时孙吴的大鸿胪,父葛悌是西晋的邵陵太守,叔祖父葛玄则是三国时著名的道教徒。相传葛玄是左慈的徒弟,能用符,行诸奇术,漂行海岛得仙书,死于吴赤乌七年(公元244年),后世道教徒称他为葛仙公。葛玄以其道术传郑隐。葛洪起初从郑隐学道,以后又就鲍玄学道。葛洪的主要著作有《抱朴子》内外篇。内篇二十卷,论神仙、方药、鬼怪、变化、养生、延年、禳邪、却祸等道教理论和道术;外篇五十卷,论人间得失、世事臧否等,属儒家,是政治伦理方面的著作。此外,葛洪尚有《神仙传》《枕中书》《隐逸传》,以及有关医药等方面的著作多种。葛洪竭力把道教教义与儒家的伦理纲常思想结合起来,以此他猛烈抨击张角等所开创的,反映下层人民要求的初期的民间道教为"邪道""鬼道"等。

葛洪对道教理论学说多有发挥。在宗教信仰方面,葛洪虚构出了一个先天地万物而存在的至上神"元始天真"(见《枕中书》),并论证了神仙的存在。在道教哲学方面,则主要发挥了《老子》的关于"玄""道""一""无"等宇宙本原的思想,以论证得道成仙的学说。

葛洪在《抱朴子·内篇》中,首论《畅玄》,发挥老子关于"玄"的思想。他认为,玄是天地万物的根源,即所谓"玄者,自然之始祖,而万殊之大宗也"(《畅玄篇》)。在他看来,"玄"的作用是神通广大的,"乾以之高,坤以之卑,云以之行,雨以之施"(同上)。这是天高地卑,云行雨施都是"玄"的作用。不仅如此,玄还是无所不在的,"其高则冠盖乎九霄,其旷则笼罩乎八隅"。天地万物也是由"玄"中孕育产生的。所以,他又说:"胞胎元一(元气),范铸两仪(天地),吐纳大始(万物形成之始),鼓冶亿类,回旋四七(二十八宿,即列星),匠成草昧。"(同上)"玄"产生天地万物,而且天地万物一刻也不能离开"玄"。他说:"故玄之所在,其乐无穷;玄之所去,器弊神逝。"(同上)这是说,"玄"超出于一切具体的"器""神",而是一切"器""神"的主宰者。这样的"玄"不可能是物质的存在,只能是一种神秘的绝对物。正因为如此,葛洪对"玄"的所有描述只能是"玄之又玄"的了。如,说它是"方而不矩,圆而不规,来焉莫见,去焉莫追"(同上),即没有任何质的规定性;"增之不溢,损之不匮,与之不荣,夺之不瘁"(同上),也没有任何量的规定性。对于这样的"玄道",正如葛洪自己所说的,它是看不见,摸不着的,只能"得之乎内"。然而他又认为:"其唯玄道,可与为永。"(同上)葛洪反复论证"玄道"超时空而永恒存在。

"玄"的概念,在《老子》那里与"道"的概念并不完全相等,《老子》是以"道"为先天地生的万物本原,而"玄"是描述"道"的神妙作用的。葛洪把"玄"也说成是"自然之始祖,万殊之大宗",这是吸收了西汉末年扬雄《太玄》中把"玄"作为宇宙本原的思想。所以,在葛洪那里,是把"玄"和"道"完全等同起来的。他对"道"的描述,基本上与"玄"一样。如说:"道者,涵乾括坤,其本无名。""方者得之而静,圆者得之而动,降者得之而俯,升者得之以仰。"(《道意篇》)又说:"道也者,所以陶冶百氏,范铸两仪,胞胎万类,酝酿彝伦者也。"(《明本篇》)同样,道也是无所不在,而没有任何质与量的规定性。如说:"以言乎迩,则周流秋毫而有余也;以言乎远,则弥纶太虚而不足焉。为声之声,为响之响,为形之形,为影之影。"(《道意篇》)等等。

葛洪还认为,"玄"或"道"虽能生出有形有象的万物,但它们本身,却是无形无象,不可名状,即所谓"其本无名",或者径直就是"无"。葛洪曾说:"夫有因无而生焉"(《至理篇》),又说:"有者,无之宫也。"(同上)这就是说,"无"是最根本的,"有"只不过是"无"寄处的宫室而已。再则,"玄"和"道"虽然"鼓冶亿类","胞胎万类",但其本身却是不可分割的一个整体,即所谓"一"。他说:"强名为道,已失其真,况复千割百判,亿分万析,使其姓号,至于无垠?去道辽辽,不亦远哉!"(《道意篇》)又说:"道起于一,其贵无隅。"(《地真篇》)所以,葛洪认为,要守住"玄"或"道",也就是要守住"一"。"一"也就是"玄"和"道"。他引《老子》形容"道"的一段文字说:"老君曰:'忽兮恍兮,其中有象;恍兮忽兮,其中有物',一之谓也。"(《地真篇》)

葛洪从道教求仙通神的宗教教义出发,特别发挥了"守一存真,乃得通神"的思想。"真"也就是"一",在葛洪看来,"一"是最真实的本体,所以"守一存真",他也称为"守真一"。他认为,对于"真一"如果能"守之不失",则可以"陆辟恶兽,水却蛟龙,不畏魍魉、挟毒之虫,鬼不能近,刃不敢中。此真一之大略也"(同上)。所以,他又认为"守一存真"是得"道"、存"玄",通向神仙之境的根本功夫,其结论是:"人能知一,万事毕。知一者,无不知也。"(同上)"一",葛洪既称之为"真一",又称之为"玄一"。"玄一"的功能与"真一"相同,但又认为"玄一"似乎比"真一"容易达到,两者似有些区别。如他说:"玄一之道,亦要法也。无所不辟,与真一同功。吾《内篇》第一名之为《畅玄》者,正以此也。守玄一,复易于守真一。"(同上)

葛洪还认为,"知一不难,难在于终"(同上)。即修道之难在于坚守"真一"而不失。为什么"守真一"如此之难呢?他说:"患乎凡夫不能守真,无杜遏之检括,爱嗜好之摇夺,驰骋流遁,有迷无反。情感物而外起,智接物而旁溢;诱于可欲而天理灭矣,惑乎见闻而纯一迁矣。"(《道意篇》)这是说,世俗之人所以不能守住"纯一"(亦即"真一"),那是由于物欲嗜好过多,而又没有杜绝、遏制的"检括"(即指矫正邪曲的工具)。那么,如何才能守住"真一"呢?他说:"人能淡默恬愉,不染不移,养其心以无欲,颐其神以粹素(纯朴),扫涤诱慕,收之以真,除难求之思,遣害真之累,薄喜怒之邪,灭爱恶之端,则不请福而福来,不禳祸而祸去矣。"(同上)一句话,"割嗜欲所以固血气,然后真一存焉"(《地真篇》)。这也就是说,只有通过宗教禁欲主义的修养,才能达到"守真一",求得神仙境界。由此可见,葛洪所谓的"玄""道""无""一",完全是一种宗教神秘主义的精神本体。

在形神关系上,当时的道教比较注重炼形,就这一点讲,葛洪有时把形、神关系比喻为"堤"和"水","烛"和"火"的关系。如说:"故譬之于堤,堤坏则水不留矣;方之于烛,烛糜则火不居矣。身劳则神散,气竭则命终。"(《至理篇》)从这段话中所作比喻推论,似乎应得出"形存则神存","形竭则神灭"的结论。但是,由于道教注重炼形的目的是为了使神不离其身,从而达到长生不死而成仙,所以葛洪虽然认为形神是互相依靠的,而又强调所谓"有因无而生焉,形须神而立焉"(同上),把形说成要依赖于神才能不朽不疲,从而又强调了神比形更为重要。

葛洪是历史上著名的炼丹学家,提倡服食丹药寻求长生成为神仙。所以他特别注意炼丹术的研究和医药学的研究。他希望炼出神药、金丹,使人服食后能长生不死,肉身成仙。如他说:"夫五谷犹能活人,人得之则生,人绝之则死。又况于上品之神药,其益人岂不万倍于五谷耶?夫金丹之为物,烧之愈久,变化愈妙,黄金入火,百炼不消,埋之毕天不朽。服此二物,炼人身体,故能令人不老不死。"又说:"服神丹,令人寿无穷,已与天地相毕,乘云驾龙,上下太清。"(《金丹》)这完全是一种宗教神学的说法了。但是他对医药学和炼丹术的研究,对我国古代医药学和化学的发展,还是有一定贡献的。

陶弘景,南朝梁代人,生于公元456年(刘宋孝建三年),死于公元536年(梁大同二年)。他是一位与国家政治有着密切联系的道士。他在梁武帝肖衍夺取齐王朝政权时,曾派弟子向肖衍进表支持,表中援引图谶,说明天下必归梁,得到肖衍的赏识。梁武帝接位后,每逢国家有征讨大事时,常派人去茅山向陶弘景咨询,因而陶弘景有"山中宰相"之称(见《南史·陶弘景传》)。

陶弘景在道教史上影响很大,他是茅山宗的开创者。他撰写的著作很多,主要有《真诰》《登真隐诀》《养性延命录》《真灵位业图》等。他主张道、儒、释三教合流,在茅山道观中,建有佛、道二堂,提倡佛、道双修。他在《真灵位业图》一书中,按照儒家所倡导的世俗社会的等级秩序,建构了一套等级森严的神仙世界。他说:"虽同号真人,真品乃有数;俱目仙人,仙亦有等级千万。"该书把道教所信仰的天神、地祇、人鬼和仙真共分了七个等级,如第一等级(亦叫神阶)以玉清元始天尊为主神,第二等级以玉晨玄皇大道君为主神,第三等级以太极金阙帝君为主神,第四等级以太清太上老君为主神等等,从而构成了一个等级分明的神仙谱系。这是道教史上的一个创举,影响不小。同时,他又以神仙世界的等级品第,反过来论证世俗社会分别贵贱、高低的合理性。除此之外,陶弘景还在《真诰》一书中,构建了一套所谓"道者混然,是生元气。元气成,然后有太极。太极则天地之父母,道之奥也"(《甄命援第一》),即道生元气生天地万物的宇宙生成论思想。

陶弘景也是一位著名的医学家和炼丹家。在中国古代化学和医药学上有一定的贡献。特别是在药物学上,他著有《本草集注》,对七百三十种药进行"分别科条,区畛物类,兼注诏时用土地所出"(《华阳陶隐居集》卷上《本草序》),是以后唐《本草》的蓝本,古代药物学上的重要著作之一。他还研究过天文学和地理学,又相传他还造过浑天象,高三尺许,地居中央,天转而地不动,用机械拨动,与天象相会合。

第三节 成玄英、王玄览、司马承祯等人的道教哲学思想

隋统一南北后,曾大力提倡佛教,同时对道教也不排斥。道教徒焦子顺曾帮助隋文帝杨坚夺取北周政权,所以当隋文帝即位后,即尊焦子顺为天师,并经常和焦子顺商议军国大事。文帝时的"开皇"年号,似与道教典籍中所谓天地开劫的年号之一"开皇"有一定的联系。开皇二十年(600),杨坚并下诏说:"佛法深妙,道教虚融,咸降大慈,济度群品。凡在含识,皆蒙覆护。……敢有毁坏偷盗佛及天尊像、岳镇海渎神形者,以不道论。沙门坏佛像,道士坏天尊者,以恶逆论。"(《隋书·高祖纪》)可见,隋统治者对佛道二教采取调和、并用的政策。又,相传隋炀帝杨广还曾拜茅山道士王远知为师。

隋朝政权只维持了短短的二十多年,即为李唐王朝所取代。唐王朝适应统一形势的需要,基本上是采取调和儒、释、道三教的政策,同时用来加强思想统治。儒家居主导地位,辅之以佛、道二教。所以,佛、道二教在唐代都有很大的发展。唐王朝帝室姓李,曾以此攀太上老君李耳为始祖,提高道教的地位。当然,反过来也为了借神权以提高皇室的地位。唐高宗李治乾封元年(666)曾追封老子(李耳)为"太上玄元皇帝"。上元元年(674)又下令王公以下皆习《老子》。唐玄宗李隆基开元二十四年(736)又把道士、女冠隶宗正寺管理。宗正寺是管理王室宗族事务的,这说明唐王朝曾一度把道士、女冠作为宗室看待。开元二十九年(741)又设置玄学博士,士人习《老子》《庄子》《文子》《列

子》(道教尊奉的四部基本理论经典)者,均可以应科举考试,作为"明经"科之一。

南北朝时期,由于南北割据对峙,不相通问,无论佛教还是道教,南北各立不同流派。至唐朝,与政治、经济的统一相适应,佛教、道教的南北流派也有融合、统一的趋势。唐高宗至玄宗开元期间,为唐朝道教发展的全盛时期,其间著名道士甚多。如有深受高宗礼遇的潘师正,玄宗时负责纂修《一切道经音义》的史崇玄等。唐代道教的哲学思想也得到了很大的发展,为了扩大宗教影响,大量吸收佛教的理论,以充实道教。所以,唐代道教在宗教理论体系方面有很大的发展,其主要代表人物有成玄英、王玄览、司马承祯等。

成玄英字子实,生卒年不详,为唐太宗至高宗时人。他的著作很多,据《新唐书·艺文志》载,传世的著作有《老子注》《庄子疏》。《庄子疏》收入《道藏》中,清人郭庆藩著《庄子集释》中,录有成玄英疏全文。《老子注》久已佚失,近人蒙文通从《道藏》中辑出其佚文,题为成玄英《老子义疏》。

成玄英以道教宗教观点注释《老子》和《庄子》,他的重点在阐发所谓"重玄之道"。"重玄之道"本于《老子》所说的"玄之又玄"一语。在一部分道教徒看来,《老子》所说的"玄之又玄",即"重玄之道",是求道成仙的要诀,是《老子》论"道"的精义所在。

所谓"重玄之道",成玄英解释说:"玄者,深远之义,亦是不滞之名。……既不滞有,亦不滞无,二俱不滞,故谓之玄。"又说:"有欲之人,唯滞于有,无欲之士,又滞于无,故说一玄,以遣双执。又恐行者滞于此玄,今说又玄,更祛后病。既而非但不滞于滞,亦乃不滞于不滞,此则遣之又遣,故曰玄之又玄。"(《老子》一章疏)这是说,对于客观世界不论是坚持说它"有",还是说它"无",都是有所执著的表现,都是不对的。正确的认识应当是,既不执著于"有",又不执著于"无"。不仅如此,进而对于不执著于"有"或"无"这种看法,也不应当执著不放,这就是所谓"重玄之道",亦即"玄之又玄"的精义。这也就是他所说的:"有无不定,谁能决定无邪?谁能决定有邪?"(《庄子·齐物论》疏)所以,他所讲的道教的"重玄之道",是一种"非有非无"的本体。成玄英这里引佛入道,用的是佛教论证客观世界虚幻不实的"双遣法",以说明"道"与"万物","有"和"无"之间的关系。

成玄英对于"道"有一详细的论述,他说:"夫道者何也?虚无之系,造化之根,神明之本,天地之源。其大无外,其微无内,浩旷无端,杳冥无对。至幽靡察而大明垂光,至静无心而品物有方。混漠无形,寂寥无声,万象以之生,五音以之成。生者有极,成者必亏。生生以成,今古不移,此之谓道者也。"(《老子》一章疏)这里是说,"道"是天地万物的根本,天地万物均由"道"生成。

"道"的特点是:"虚无""无端(始)""无对""无形""无声""不移(无终)"。所谓"虚无""无形""无声",都是形容"道"是"无"。但"道"生成万物,万物都以"道"为本,则又是"有"。所谓"无端""无对""不移",都是说明"道"是完整而不可分,独立而永存的。而以"道"为本体的万物,又是"有极""必亏"的。所以,成玄英概括说:"至道深玄,不可涯量,非无非有,不断不常。"(同上)总之,"道"是一个超越时空的绝对本体。

成玄英认为,就"道"来说:"妙本非有,应迹非无,非有非无,而无而有,有无不空。"(《老子》十四章疏)意思是,"道"是"虚无",即是"非有",然而"道"又生成天地万物("应迹"),这又是"非无"。所以说,"道"是"非有非无,而无而有"。再就天地万物来说:"言天地万物皆应道有法而生,即此应有,从妙本而起,元乎妙本,即至无也。"(《老子》四十章疏)意思是,天地万物虽然是"有",但它们是以"道"为本体者,所以也就是"无"。从这一意义上讲,也可以说:"万象森罗,悉皆虚幻,故标此有,明即以有体空。"(《庄子·齐物论》疏)如果拨开成玄英种种玄妙的说法,他的中心思想是在证明:"道"虽然是至虚至无,但它是至高无上、永恒存在的绝对本体;天地万物虽然是有形有象,但它是虚幻不实的"空""无"。

成玄英既不同意把天地万物看成是实有,也反对把客观世界看成是绝对的空无。他是主张"即本(道)即迹(万物),即体即用,空有双照,动寂一时"(《庄子·逍遥游》疏)。所以,在道教宗教修养方法上,他反对"断情忍色,栖托山林,或却扫闭门,不见可欲"。而提倡所谓:"体知六尘(即佛教所说的色、声、香、味、触、法六境)虚幻,根(指六根,即佛教所说的眼、耳、鼻、舌、身、意六根)亦不真,内无能染之心,外无可染之境。既然,恣目之所见,极耳之所闻,而恒处道场,不乖真境,岂曰杜耳掩目而称闭塞哉! ……见无可见之相,听无定实之声,视听本不驰心,斯内闭塞之妙也。"(《老子》五十二章疏)这就是说,只要觉悟到客观世界是虚假的,主观感觉也是不真实的,那么即使在生活上穷极耳目享受,也可以求得仙道的境界,不必闭目塞听,断情忍色。所以,他又说:"妙悟诸法(指一切现象),同一虚假,不舍虚假,即假体真。"(《老子》二十七章疏)

成玄英的这些思想,是对郭象所谓"圣人虽在庙堂之上,然其心无异于山林之中"(《庄子·逍遥游》注)的"内圣外王"之道的发挥。只不过他从宗教神学理论上进一步加以补充,为道教追求长生不死,求道成仙也不必脱离世俗的生活享受和政治活动作理论上的论证而已。他的这套理论,正适应了一部分封建统治者既想长生不死,永远享受世俗的生活,又想以清高超脱自居的要求,所以它深得统治者的欣赏。唐高祖的儿子道王李元庆,就曾特地派人去向他请教"大义"。

王玄览原名晖,生于公元626年(唐高祖武德九年),死于公元697年(武周神功元年),年七十二。他的主要著作有《玄珠录》。

王玄览也是以佛教思想来充实道教理论的一个代表人物。他的道教神学理论,讨论了道与众生的关系。他认为,"万物禀道生",道与万物不是"有""无"的区别,而是"隐""显"的不同。他说:"众生与道不相离。当在众生时,道隐众生显;当在得道时,道显众生隐。只是隐显异,非是有无别。"道与万物之间他认为有同亦有异,"同"是说道与万物"互相因",即所谓"道中有众生,众生中有道","若有众生即有道,众生既无道亦无"。"异"是说:"众生有生灭,其道无生灭。"所以,他认为道教宗教修养就是要达到:"若得众生隐,大道即圆通,圆通则受乐。"反之,"当其道隐时,众生具烦恼,烦恼则为苦"(以上均见《玄珠录》卷上)。

道士王太霄在《玄珠录序》中曾讲到,王玄览与二三乡友共往茅山求道,走到半路,他感到同行之人均非仙才,于是反回乡里,感叹"长生之道无可共修"。从而,他认识到:"此身既乖,须取心证",就是说修道求仙不在炼形而在求心。到了晚年,他更是"恒坐忘行心"。由此可见,在王玄览看来,这个不生不灭、万物众生的本体——"道",并不在人心之外,而就是人心中具有的"道性"。修道不应外求,而应当内求。所以,他所讲的"道"生万物,也就是"心"生万物。他说:"空见与有见,并在一心中,此心若也无,空有当何在?……是故心生诸法生,心灭诸法灭。"(同上)又说:"法本由人起,法本由人灭,起灭自由人,法本无起灭。"因此,不仅"十方所有物,并是一识知"(《玄珠录》卷下),并且"一心一念里,并悉含古今"(《玄珠录》卷上)。总之,他认为,"心之与境,常以心为主"。也就是说,客观事物依赖于主观感觉。他以事物的动静为例说:"眼摇见物摇,其物实不摇;眼静见物静,其物实不静。为有二眼故,见物有动静,二眼既也无,动静亦不有。"(同上)这种根本否定客观事物及其运动变化,并把它归结为主观意识的产物的理论,是彻头彻尾的主观唯心主义理论。

所以,王玄览认为,道教修道成仙的要旨,是要修得一个清净不变的"识体"。他说:"识体是常是清净,识用是变是众生,众生修变求不变,修用以归体,自是变用识相死,非是清净真体死。"(同上)这显然是受到了佛教大乘有宗唯识宗的影响,而附会以道教教义提出来的道教神学理论。

司马承祯,字子微,生于公元647年(唐太宗贞观二十一年),死于公元735年(唐玄宗开元二十三年),年八十九。他是南朝著名道士陶弘景的四传弟子(陶传王远知,王传潘师正,潘传司马承祯)。他受到唐睿宗李旦和玄宗李隆基的重视。睿宗景云二年(711)曾把他请到宫中问以"阴阳术数之事",而司马承祯答以"无为之旨,治国之道也",睿宗深加叹赏,并赐以"宝琴""霞纹帔"等物。玄宗开元九年(721),又把他请入京师,李隆基"亲受法箓,前后赏赐甚厚"(以上见《旧唐书·隐逸传》)。司马承祯是和唐王朝最高统治者有密切关系的一个道士。他的主要著作有《坐忘论》等。

司马承祯在道教中,不注重炼丹、服食、变化等道术,而提倡静修正心。他大量吸收佛教宗教理论和传统的儒家关于正心诚意的修养方法,把它们和道教的宗教思想结合起来。他的一些关于"主静"的理论,已开宋代理学的先河。

司马承祯认为,"夫道者,神异之物,灵而有性,虚而无象,随迎莫测,影响莫求,不知所以然而然之"(《坐忘论·得道》)。这是说,"道"是一种神妙莫测的东西。人如果能得到它,就可以长生不死,"人怀道,形骸以之永固",这就叫做"得道"(同上)。他认为,人要得到"道",关键在于"修心"。因为,"心为道之器宇,虚静至极,则道居而慧生"(同书《泰定》)。而"修心"的关键又在于"主静去欲"。他说:"夫心者,一身之主,百神之师,静则生慧,动则成昏。"(同书《收心》)这是说,只有保持内心的绝对平静,才能得到道而生智慧,心动则是产生昏乱的根源。要达到心静,则必须首先觉悟客观世界都是虚幻不实的,从而去掉种种欲求,达到"虚心""安心"。他说:"心不受外,名曰虚心;心不逐外,名曰安心。心安而虚,则道自来止。"(同上)反之,"欣迷幻境之中,唯言实是,甘宴有为之内,谁悟虚非"(同上)?这样是不可能达到静心而得道的。所以说:"若心受之,即心满,心满则道无所居。"(同上)

关于"主静"的修养方法,司马承祯说:"学道之初,要须安坐,收心离境,住无所有,不著一物,自入虚无,心乃合道。"(同上)这就是说,要从客观现实生活中把自己摆脱出来,"不著一物"。不仅如此,还需要对外物一点意念都不许发生,"收心离境"。而要做到"收心离境",对外物不起一点意念,就要把对外物的认识,移向对自我的认识。司马承祯称此为"存想"。他说:"存谓存我,想谓想我之身。闭目即见自己之目,收心即见自己。心与目皆不离我身,不伤我神,则存想之渐也。凡人目终日视他人,故心亦逐外去;终日接他事,故目亦逐外瞻。营营浮光,未尝复照,奈何不病且夭邪。"(同书《存想》)这些修养方法,很显然是从佛教所谓禅定、止观的方法脱化而来的。所以,有时他把这种方法径直称之为"定"。如他说:"夫定者,尽俗之极地,致道之初基,习静之成功,持安之毕事。"(同书《泰定》)这是他引导人们脱离现实世界,进入他道教精神境界的第一步功夫。

他认为,进一步的修炼功夫是要达到"无心于定,而无所不定,故曰泰定"

的境界。人们如果一旦达到这种"泰定"的境界,就能"形如槁木,心若死灰,无感无求,寂泊之至"(同上)。所谓"无心于定",也就是《庄子》所谓的"坐忘"。司马承祯对"坐忘"解释道:"夫坐忘者,何所不忘哉?内不觉其一身,外不知乎宇宙,与道冥一,万虑皆遗。"(同书《信敬》)由此可见,司马承祯的"主静"说,是想通过物我双遣,而引导人们进入一种完全寂静空虚的精神境界。

司马承祯还认为,他所讲的"主静",也并不是"执心住空"。因为,"执心住空,还是有所,非谓无所"(同书《收心》)。这就是说,"静",并不是简单地把外物看做空无,也不是不分是非简单地把一切意念断绝。他认为,在修炼上要防止四种偏向:一是"若心起皆灭,不简是非,永断知觉,入于盲空";一是"若任心所起,一无收制,则与凡夫元来不别";一是"若唯断善恶,心无指归,肆意浮游,待自空者,徒自误耳";一是"莫遍行诸事,言心无染者,于言甚美,于行甚非"(同上)。这里,第一种偏向是"永断知觉",第二种偏向是"一无所制",这在司马承祯看来是走了两个极端。第三种偏向是"心无指归","待自空者",这是不懂得修炼要"以道为本",放弃了主观的努力。第四种偏向是言行不一。那么怎样才是达到真正的"静"或"定"呢?司马承祯说:"但心不著物,又得不动,此是真定正基。"(同上)意思是说,只要做到主观上不追求外物,又不为外物的引诱而动心,这就是"真定正基",也即达到了心的真正的"安"或"静"了。司马承祯的这种"主静"方法,与宋代理学所讲的"无欲故静"的"主静"功夫(周敦颐)、"惩忿窒欲"的"居敬"功夫(朱熹)等有相似之处,因而为宋明理学所吸取。

第十二章
隋唐时期佛教哲学思想的发展

第一节 隋唐佛教概况与儒、佛、道三教的纷争和融合

公元581年,结束了南北朝对峙的局面,建立起统一的隋帝国。由于隋王朝的残暴统治,隋末爆发了以李密、窦建德为首的农民起义。这是秦汉以来最大的一次农民起义,严重地打击了封建统治阶级。以李渊为首的封建贵族集团,又在镇压农民起义的基础上,建立了唐王朝。唐朝的统治者,在隋末农民起义打击后,吸取了隋朝灭亡的教训,为了巩固自己的政权,采取了缓和社会矛盾的措施,以防止农民战争的再起。同时在思想领域里,采取三教并用的政策,以调和三教的矛盾。以发挥它们各自的社会作用。唐太宗李世民自己并不相信佛教,可他却认为佛教对"治国"有利,并加以扶植。他说:佛教教义"慈善为主",可以"膏润群生";佛教讲因果报应,可以教人"积善"。因此他主张在"丧乱"之后,应令天下寺院,"度人为僧尼"(《广弘明集·度僧于天下诏》)。除太宗之外,唐高祖李渊早在反隋起兵时,他就立愿表示,他一旦做了皇帝,定要大弘佛教。则天女皇也利用佛教,来为她当皇帝制造舆论。她被佛教僧侣说成是"弥勒佛转生"。唐玄宗更是接受佛教的灌顶仪式,唐代宗则把李唐王朝的延续,当作佛教因果报应的验证,如此等等。这样在李唐王朝的倡导下,佛教得到了很大的发展,并出现了一大批僧侣贵族,有的被奉为国师,有的领地受封,形成了僧侣贵族的特权阶层。这样在朝廷的支持下,佛教在社会上就更加广泛地流行了起来。

唐代佛教的兴盛,还表现在唐代寺院经济的空前发展上。当时的佛教寺院垄断了大量土地和劳动力,拥有庄园、水碓、当铺和奴婢,享有免税和免役的特权。《旧唐书·王缙传》说:"凡京畿之丰田美利,多归寺观,吏不能制。"据说,唐武宗废佛时,曾"收膏腴上田数万顷,收奴婢为两税户十五万人"(《旧唐书·武宗本纪》)。在山东有一个寺院,就有"庄园十五所"(圆仁:《入唐求法

巡礼行记》)。有不少寺院,"置田亩,岁收万斛",而且"置无尽财",大放高利贷(《宋高僧传》卷十五)。总之,许多寺院具有自己庞大的独立经济。寺院经济并得到贵族们的支持,史称:"中宗以来,贵戚争营佛寺","富户强丁多削发以避徭役,所在充满。"(《资治通鉴·唐记》二十七)辛替否曾说:"十分天下之财而佛有七八。"(《旧唐书·辛替否传》)唐代寺院经济的空前发达,又为佛教的流行提供了物质基础。

唐代佛教的昌盛,更表现在佛学研究的空前繁荣上。唐代佛教在南北朝众多的佛教学派(或称"师说")发展的基础上,形成了许多不同的佛教宗派。各宗派之间具有强烈的排它性,它们互相纷争又互相吸取,共同促进着佛学的昌盛繁荣。在隋唐主要流行的宗派有:三论宗、天台宗、华严宗、禅宗、净土宗、密宗等。这些宗派,其中有的在唐朝以前便存在了,到了唐朝又得到了新的发展,有的则是唐朝才兴起的。这些宗派又与寺院经济相结合而得以巩固与发展。由于寺院有自己的独立经济,寺院的首领实际上还是大庄园主,首领死后,又需要有人来继承寺院的财产,以此在经济利益的驱动下,更促使了佛教宗派内部的剧烈竞争。

隋唐佛教诸宗派之间有着明显的差异和对立。每一宗派都有自己崇奉的经典,如三论宗尊奉《中论》《百论》和《十二门论》,天台宗尊奉《法华经》(故又称法华宗),华严宗尊奉《华严经》,净土宗尊奉《阿弥陀经》等等,各派还对佛教经典都做出综合的评价,认为各类佛教经典都是佛说的真理一部分,同时又都将自己这一派所尊奉的经论置于最高的地位,标榜自己这一派的教为最圆满完全之教。这就是所谓"判教"。各宗派又都自立门户,为自己安排了祖师,并编制了一个教理传授的系统,一代一代相传下来,这就是所谓"法嗣"。在竞争中,各宗派之间,互争佛教正统地位,每一宗派内部又争"法嗣",争做本宗的继承人。因此他们之间纷争十分激烈。

尽管佛教内部纷争,各立门户,互争高低,但这仅是问题的一方面,另一方面它们又都是佛教,是佛教内部的斗争,因此彼此之间在教义上又互相影响,互相吸取,共同促进着佛教思想的发展。不仅佛教各宗派之间互相吸取互相补充,而且还大量地从中国传统的儒家和道家道教思想中吸取养料,以发展自己的教义,使佛教进一步地中国化,使儒、佛、道三教进一步圆融合流,从而产生了具有中国特色的,不同于印度的隋唐佛教诸宗派的佛学思想体系,大大地促进了佛教在中国的发展。在隋唐佛教诸宗派中中国的禅宗最为突出,它可称之为佛教中国化的典范,是我国佛教中国化(或称本土化)圆满成熟的标志。它在我国历史上影响亦最大。此外,华严宗对宋代的程朱理学、唯识宗对近现代中国哲学,也都产生了深远的思想影响。因此我们在下面将对这三个

宗派作专节的研究,至于三论宗、天台宗、净土宗等,在历史上亦有较大的影响,现作简略的介绍如下:

三论宗 以主要研究印度的佛教论著《中论》《百论》《十二门论》三论而得名。创宗人为隋代的安息国侨民吉藏。他主要活动于陈隋时期。三论宗的基本思想是"二谛八不中道"说。认为宇宙万有皆是因缘和合而生,虚妄不实,但在世俗人看来它们是真实的存在,此为"俗谛",而从佛教的"真谛"看来,皆虚幻不实,诸法为空。然而真俗二谛又是"二而不二"的,二者不可分离。空不离有,有不离空,应是假有性空,非有非无。这就是所谓"中道"。万法既为"非有非无",那么生非真生,灭非真灭,而应是不生不灭、不常不断、不一不异、不来不去的。这就叫做"八不中道"。

天台宗 创宗人为陈隋之际的智顗,因他常住浙江天台山,故名天台宗。又因该宗以印度的《法华经》为主要的教义根据,故又称"法华宗"。该宗倡导"止观双修",止即禅定,观即智慧。南北朝佛学有所谓南义(南朝重义理讲智慧)北禅(北朝重禅定)之分,天台宗则主张止观双修,不可偏废。在佛教的基本教义上,天台宗提出了性具说和一心三观、一念三千等著名的佛学思想。所谓"性具说",性即是法性、真如,即认为一切诸法皆为真如法性之体所本具,因此他们提出众生本性即具一切善法和恶法,佛与众生本无根本差别,"即能修成,全是本具"。所谓"一心三观",即是说一心能观空、假、中三谛。这是智顗根据印度龙树的《中论》的"因缘所生法,我说即是空,亦为是假名,亦名中道义"的所谓"三是偈"思想发挥而来的。智顗说:"若一法一切法,即是因缘所生法,是谓假名假观也;若一切法即一法,我说即是空,空观也;若非一非一切者,即是中道观。"(《摩衍止观》卷五上)这即是说,"一法一切法",即指真如随缘形成一切现象,皆不实在,故为假,观此即为假观;"一切法即一法",指一切现象皆真如显现,无有自体,故为空,观此即为空观;"非一非一切",指同时包含有以上两个方面即假即空,故为中道,观此则为中道观。同时此三者圆融不分,举一即三,虽三而常一,观假即观空、中,观空即观假、中,观中即观空、假,是谓"一心三观"。所谓"一念三千",一念即一念心,三千即指三千世界,总括一切法之谓。智顗说:"此三千在一念心,若无心而已,介尔有心,即具三千。"(《摩衍止观》卷五上)这是说,三千世界即一切现象皆存在于一念心中,这是因为"三千同一性故",皆为同一真如本心之显现,所以说"一念三千"。

净土宗 创宗者为唐代僧人道绰与善导。此宗以信仰"西方净土"而得名,追求往生西方阿弥陀佛极乐世界。其修行方法主要是"观想"(作各种净土极乐世界的假想)和"念佛"(口念阿弥陀佛的名号)。他们认为只要一生至诚念佛,临终时即可仰仗阿弥陀佛的愿力往生西方净土。由于此宗修行方法简单易行，因此该宗在我国民间社会中得到了广泛流行。

隋唐时期思想界的一个重要特点是儒、佛、道三教的融合与纷争。儒家是中国传统文化中占统治地位的官方哲学学派，但自魏晋以降直至隋唐时，由于老庄玄学的兴起和外来佛教的昌盛，儒家失去了往昔（汉代）的盛势。然而儒家的政治伦理思想是我国封建宗法等级制度的集中反映，是我国封建社会治国安邦的基本指导思想，而佛教与道教都是宗教，宣扬的是出世主义思想，这就与儒家的伦理政治（忠孝之道）发生了矛盾。因此，隋唐的儒学家们，从巩固封建社会秩序的根本利益出发，掀起了儒学的复兴运动，力排佛老（道教）思想，以恢复儒学昔日的盛势。然而自魏晋以来，儒学处于"中衰时期"，哲学思想一直未能得到多大的发展，与佛、道两教的哲学比较而言，尤其与佛教的心性学说相比，儒家的哲学就显得十分贫乏。因此，为了提高儒家的地位，发展儒家学说，就必须吸取佛、道两教的哲学思想，以充实儒家自己的心性论和宇宙论的哲学思想。这样儒家与佛道之间，除了有排斥纷争一面之外，又有着儒家吸取佛道思想，融合佛道的一面。同理，佛道两教，尤其是外来的佛教要在中国得到发展，就必须与我国的正统思想——儒家思想相适应，因此佛道两教除了坚持自己的出世主义的宗教世界观之外，还必须大力吸取儒家的伦理政治思想，容纳儒家的忠孝、仁爱等思想，以调和与儒家的矛盾，以便与整个我国的封建宗法等级制度相适应。因此佛道两教与儒家学说之间，既有着排斥纷争的一面，亦有着互相吸取、互相补充融合的一面。至于佛道两教之间，由于两者都是宗教，在宗教教义和理论方面，自然可以互相效仿、互相吸收、取长补短，以促进两教思想的发展，但他们两者在基本教义上又存在着差异和不同，从而在思想上发生了分歧，同时有时又为了争夺宗教地位而发生激烈的纷争。总之，隋唐时期是一个儒、佛、道三教既纷争又融合的时期，纷争中有融合，融合中又有纷争。但总的趋势是以融合为主，所以我们常说隋唐时期是一个三教合流的时期。

三教的纷争与融合也并不是到了隋唐时才产生的。早在佛教初传和道教刚产生的东汉时期即已出现。据东汉末年的《理惑论》记载，当时的儒家即对佛教提倡的"出家落发"，"弃妻子"，"绝后嗣"提出了批评，认为这些都是违背了儒家孝道的，并对佛教所宣传的生死轮回（"人死当复更生"）等思想提出了质疑。之后，东晋时还爆发了一场"沙门"（佛教徒）应不应致敬王者的辩论，为此庐山名僧慧远还专门写了《沙门不敬王者论》一文，提出了在家与出家的区别：在家"则是顺化之民，……有天属之爱，奉主之礼"；出家"则是方外之宾，……不顺化以求宗"，故不应致敬王者，但"一夫全德，则道洽六亲，泽流天下，虽不处王侯之位，亦已协契皇极，在宥生民矣"（《沙门不敬王者论》）。

以此企图调和佛儒之间的矛盾。稍早于慧远的佛教信徒,文学家孙绰则著有《喻道论》,提出了"周、孔即佛,佛则周、孔,盖外内名耳。……其致不殊"的思想,亦是为了调和儒佛的思想。至于对于佛教宣扬的三世因果报应和神不灭论的思想,从儒家立场进行批评的,则有著名的天文学家何承天和战斗的无神论者范缜等人,他们思想在前面已谈了,这里就不再赘述。隋唐时期反佛教的著名儒家学者,应首推韩愈。他针对着当时的唐王朝提倡佛道两教说:"释老之害过于扬墨",因此他效法孟轲排斥扬墨的精神来与佛道两教进行坚决的斗争。唐宪宗李纯于公元819年想迎"佛骨"入宫中供奉,韩愈立即上《谏迎佛骨表》表示坚决反对,结果被贬了官职。韩愈一生为了复兴儒学,力排佛老,写下了《原道》《原性》《原人》等著作,驳斥了佛老的出世主义思想,高扬了儒家的道统说和伦理政治学说,在当时的反佛老斗争中起到了重要的作用。同时,另一方面儒家为了发展自己的哲学思想,还大量地吸取了佛道二教的思想,以充实自己的思想。在这方面当推柳宗元、刘禹锡等人。柳宗元不同于韩愈,他并没有公开地批评佛教,他对其"无夫妇父子,不为耕农蚕桑而活于人",也不赞成,但认为佛教思想"与《易》《论语》合,虽圣人复兴,不可得而斥也"(《送僧浩初序》),认为佛教讲性善、讲孝道讲仁爱都是与儒家思想相一致的。刘禹锡则称赞佛教有助于教化,说它能起到"革盗心于冥昧之间,泯爱缘于死生之际",有"阴助教化"(《袁州萍乡县杨岐山故广禅师碑》)的作用等等。可见,柳刘两人都是主张"统合儒释"的。

至于佛教与道教之间的关系,由于两者都是宗教,在宗教教义和理论方面,有着互相仿效、互相吸收的一面,但在根本教义上又存在着差异和矛盾的一面,有时为了争夺各自的宗教地位而互相攻击,造成了历史上长期存在的佛道两教的斗争。佛道两教互相吸取和融合的情况,由来已久,佛教初传中土时即已开始,在汉代人们心目中的佛教如同我国秦汉以来的神仙方术差不多,视为当时流行的各种道术之一种,故人们称佛教为"佛道"。所以,最初人们对佛教与道教分得并不很清楚,好用中国的神仙思想理解佛教。因此东汉明帝时,楚王刘英就既"诵黄老之微言",又"尚浮屠(佛)之仁祠"(《后汉书》本传)。桓帝则在"宫中立黄老、浮屠之祠"(《后汉书·襄楷传》),并祀两氏。但佛教与道教在教义教理上存在着许多根本不同的思想。如在生死问题上,佛教以人生为空幻,生死无常,所以主张"无生"追求超脱生死轮回,进入涅槃寂静的境界。道教则主张"无死",追求养生延年,长生不死成神仙。在宗教修炼方面,佛教偏重精神解脱(炼神),道教则重炼形。当然这种区分是相对的,道教中也有注重养神的。如《西升经》中说:"伪道养形,真道养神。"后来的道教更主张形神双修。同样,佛教中也有注重养生的等等。由此,自魏晋南北朝以来,佛教开始摆脱汉代依附道教的情况,走上独立发展的道路,两大宗教各自为了争夺自己的宗教地位而展开了激烈的斗争。西晋发生了道士王浮与佛教徒帛远的争辩,王浮为了抬高道教的地位而作《老子化胡经》,谓老子西游化胡成佛,以佛为道教弟子,贬抑佛教,以此开启了历史上的佛道两教之争。于是,佛教也以其人之道还治其人之身,编造了所谓"佛遣三弟子震旦教化,儒童菩萨,彼称孔丘。光净菩萨,彼称颜回。摩诃迦叶,彼称老子"(《清净行法经》)的无稽之谈,把儒家的孔子、道教教主老子,都说成是佛的弟子等等。在我国历史上,还爆发了著名的所谓"三武一宗"(指北魏太武帝、北周武帝、唐武宗和周世宗)的灭佛事件,这些事件的发生除了有当时的经济政治原因之外,亦常与佛道两教的纷争有着密切的关系。如北魏太武帝的灭佛,很重要的一个原因是由于司徒崔浩信仰寇谦之的道教,极力劝说魏武帝拓跋焘放弃佛教而改信道教。又如北周武帝宇文邕之所以信道反佛,亦与"(道士)张宾谲诈罔上,私达其党,以黑释(当时僧人着黑衣)为国忌,以黄老为国祥。帝纳其言,信道轻佛"(《广弘明集》卷八《辩惑篇》)有直接关系。至于有名的唐武宗灭佛,史称"会昌法难",除了有"僧徒日广,佛寺日崇,劳人力于土木之功,夺人利于金宝之饰"(《旧唐书》卷一八上《武宗本纪》)的经济上的原因之外,也还由于武宗自己相信"长生之术"与道士赵归真大力加以劝谏,遂实行灭佛的。此次灭佛,凡毁寺四千六百余,归俗僧尼二十六万余人,给予了佛教以沉重的打击。

佛教是一个富有思辨哲理的宗教,佛典浩瀚,思想内容十分丰富。道教在其形成初期,在宗教理论上比较简单,以后虽引老子为教主,以《老子》《庄子》《文子》《列子》等道家著作为经典,但与佛教相比还是相形见绌的。所以,从魏晋南北朝开始,道教徒就已从事于援佛入道的工作。许多道教徒模仿佛经制造道经,有的甚至把佛教经典中的"佛说",改成"天尊曰",其余稍加修改,就成了道经。即使如著名道士陶弘景,其所作的《真诰》,朱熹即已指出它是"窃佛家四十二章经为之"。至于在道经中,引进"地狱""诸天""托生""劫数""观照""定慧"等佛教用语更是不胜枚举。原有的道教重实践修炼尚缺乏自己的宗教哲学理论,到了隋唐时期佛学理论得到了大发展,道教为了与佛学抗衡,也吸取了大量的佛教哲理来充实自己道教的哲学思想,从而使得道教哲学也得到了长足的进步。其时道教哲学的代表人物有成玄英、李荣、司马承祯等人。他们或是吸收了佛教大乘空宗的中观思想,或是吸收了佛教的止观学说,充实了自己的哲学思想,建立了自己的道教哲学思想体系,也在中国哲学发展史上写下了光辉的一页,产生了很大的影响。

佛道两教之间的关系是互动的。在我国历史上既有佛教影响道教的一面,也有着道教影响佛教思想的一面。外来的佛教为了在中国生根开花,就要与中国文化相融合,它一面要大力吸收儒家的伦理思想,如忠孝、仁爱、礼义等等,另一方面也要吸取道家、道教的思想,以便实现佛教的中国化。关于汉代佛教的方术化和魏晋时期佛教玄学化,皆属于佛教初传时期的情况,我们已经讲得较多了。至于隋唐时期佛教融合道教、道家的情况更有了新的发展。隋唐时期的佛教已是成熟了的中国佛教,它不再像以往用中国道教、道家思想来简单地解释和理解外来的印度佛教,而是把道教、道家的思想吸收过来成为自己思想体系的一部分,以充实自己思想体系的内容,是为建立自己的佛教思想体系服务的。这种情况早在天台宗中土二祖北齐慧思的思想中即已出现。如慧思佛教思想中就吸取了道教的养生、长生的思想来为其佛教服务。他在《誓愿文》中说:"我今入山修习苦行,……为护法故求长寿命,愿诸贤圣佐助我,得好芝草及神丹,……足神丹药修此愿,借外丹力修内丹。"在慧思看来,得芝草及神丹,修外丹与内丹,求得长寿命的目的是为了保护佛法的。到了唐代,尤其是禅宗佛教与道家道教思想的关系更为密切,他们把佛道两家的思想有机地结合了起来。如禅宗洪州宗的一位大师叫普愿的,他一反传统的讲法,提出了"心不是佛,智不是道"的思想,而主张宇宙的真谛(真理)是"道"的学说。他认为"大道无形,真理无对",只有"会道""体道"才能得到解脱,并提出了"平常心是道",随任自然"得自在"作自由人的思想。所有这些说法都深受到了道家老庄思想的影响。又如石头希迁和尚模仿了汉代道教著作《周易参同契》的会通"大易""黄老""炉火"的思想方法,撰写了佛教的《参同契》一书,以调和禅宗南北两宗的思想。尤其是华严宗五祖,也是禅宗荷泽宗的传人宗密,更是在佛教思想基础上会通了儒释道三教。他说:"孔老释迦皆是至圣,随时应物,设教殊途,内外相资,共利群庶。"又说:"策万行,惩恶劝善,同归于治。"(《华严原人论》)这是说,儒、佛、道三教是殊途同归的,都是为了治理好社会国家的。宗密还把儒家的伦理思想,尤其是"孝道"吸取到佛教之中。如他说:"始乎混沌,塞于天地,通人神,贯贵贱,儒释皆宗之,其唯孝道矣。"(《盂兰盆经疏》)儒家的孝道成为了儒佛共同宗奉的伦理原则,以调和儒佛在入世与出世之间的矛盾。为了会通儒、佛、道三教和佛教之间各宗各派的思想,宗密并建立了一个较完整的思想体系。他在《华严原人论》中,从"原人"讨论人的本源出发,并站在自己所宗奉的佛教立场上,把佛教自浅至深分为五等:一、人天教,二、小乘教,三、大乘法相教(即大乘有宗),四、大乘破相教(即大乘空宗),五、一乘显性教。所谓最高的"一乘显性教",即是宗密所主张的"说一切有情,皆有本觉真心,无始以来,常住清净,昭昭不昧,了了常知"的佛性即人和世界之最高本源的思想。而他把最低的人天教说成是佛为初心人所说的最浅近的思想,讲的是善恶因果业报的思想,并认为这一思想与世俗儒道两教所讲的"五常"思想是类同的,都是讲的惩恶劝善的道理。如佛教所说的五戒,即是儒道所说的五常("不杀为仁,不盗为义,不邪淫是礼,不妄语是信,不饮酒噉肉,神气清洁,益于智也")。宗密认为,人天教"虽信业缘",但并未懂得人的本源的道理,所以说它是"不达身本"的。照此看来,同样,儒道两教与人天教一样也是"不达身本"的。然"策万行,惩恶劝善,同归于治,则三教(指儒释道)皆可遵行",但就"推万法,穷理尽性,至于本源,则佛教方为决了"。(《原人论》)当然这里所说的佛教是指宗密所主张的佛教("一乘显性教")而言的,至于小乘教、大乘法相教、大乘破相教,在宗密看来也都是偏而不圆,没有最后"决了"人的本源的。但认识人的本源有一个由浅入深的过程,因此,前四种佛教思想和儒道两教思想,都是认识人的本源("原人")过程中所产生的思想。所以,虽说宗密对它们一一作了批评,但认为"真性虽为身本,生起盖有因由,不可无端忽成身相,但缘前宗未了,所以节节斥之,今为本末会通,乃至儒道亦是"(《原人论》)。由此可见,依宗密看来,儒、佛、道三教是可以在佛教所讲的人的本源(即所谓"本觉真心")的基础上会通起来的。

第二节 玄奘与唯识宗

中国唯识宗的创始人,为唐初名僧玄奘(602—664)。他俗姓陈,名祎,洛州缑氏(今河南偃师缑氏镇)人。十三岁出家,后遍游各地,参访名师。于唐太宗贞观三年,从长安西行,历经艰险,最终到达古印度求取佛法。他在印度("天竺")前后留学十七年之久,取得了印度佛学的最高成就,并在印度战胜了佛教大小乘各宗派所有论敌,名震海外。回国后从事佛典的翻译工作,译出佛教经论一千三百余卷,为我国古代著名的佛经翻译大家。他在印度留学时,学的主要是大乘唯识有宗的经论,回国后,他在中国创建了唯识宗。他和他的弟子窥基(632—682)编译了《成唯识论》,是该宗的主要代表作。

唯识宗由分析法相而表达"唯识真性",故又称为"法相唯识宗"。又由于玄奘弟子窥基常住慈恩寺,世称慈恩大师,故亦称"慈恩宗"。唯识宗的基本思想是:"万法唯识"和"唯识无境"说。他们把世界分为"我"和"法"两大部分,"我"指生命的主体,如人的情欲、意志、自我意识活动等属于"我";"法"指事物及其规律,如山河大山、人的肉体等属于"法"。总之,"我"和"法"包括了一切物质现象和精神现象。他们认为"我"和"法"都不是客观的存在,都是虚假的现象,都是空的,"但由假立,非实有性"(《成唯识论》卷一)。为什么说都是虚假的呢?他们的回答是:"由假说我、法,有种种相转,彼依识所变。"（同上）就是说，世界上一切现象都是由意识变现出来的，所以是虚假的，不实在的。因此他们提出了"万法唯识"和"唯识无境"的思想。他们认为意识的活动有两个方面：一为"能缘"，一为"所缘"。能缘指意识的能动作用，又称为"见分"，如眼识能看、耳识能听等等。所缘指意识的对象，又称"相分"，如眼所看到的形色等。而任何意识活动都有"见分"和"相分"，由此他们得出结论说：我和法，无非都是意识的见分和相分，离开了意识的"见、相二分"，也就没有"我"和"法"的存在。因此他们说："依斯二分，施设我、法。彼二离此，无所依故。"这就是说，世界上的各种现象，从表面上看，好像是在意识之外存在（"似外境现"），其实都是在意识之内，由内识"转似外境"的。他们认为，一般人所以把意识的见分和相分当作"外境"，看成是客观实在的东西，那是因为人类从无始以来就有一种妄加分别的愚昧的偏见，把虚假的东西"执为实我实法"。又因为执著有"实我实法"，所以产生种种烦恼，而不能超脱生死轮回之苦。

为了论证"唯识无境"说，唯识宗还进一步对意识作用进行了较为详细的分析。他们把意识分为三大类八种识。第一类为"阿赖耶识"，第二类为"末那识"，第三类为"了别境识"。所谓"了别境识"，即是指能分辨对象的识，共有六种：眼、耳、鼻、舌、身、意六种识。前五种即指视、听、嗅、味、触五种感觉，第六种意识指知觉和思维活动。这六种识引起的对象称为六尘或六境：色、声、香、味、触、法。所谓"末那识"，即为第七种识，可译为"思量识"，其作用在恒审思量，执著于"我"，产生我痴、我见、我慢、我爱四大烦恼。这种识计较有"我"，也可说是自我意识。所谓"阿赖耶识"，可译为"藏识"，为第八种识。它藏有世界上一切法的种子，此识最为重要，又称作根本识。其中所藏的种子有两大类：有漏种子和无漏种子。前者生出世间诸法，使人生死轮回不止。后者生出出世间诸法，是成佛的种子。"阿赖耶识"还藏有共相种子和不共相种子。共相种子变现出来的事物，人人对它有共同的感觉，如由地水火风四种元素构成的山河大地等。不共相种子变现出来的事物，只有本人才能感受到的，如人的六根即六种感觉器官的感受即如此。唯识宗认为，这八种识兴起时，各有自己的"见分"和"相分"，并且三大类识之间互相依赖和影响，但最后都得依赖于"阿赖耶识"。例如，眼识的"见分"，靠"阿赖耶识"的支持才能看东西。眼识看到形色即相分，是"阿赖耶识"中共相种子变现出来的一种表象。这些说法表明，人的认识无非是意识认识自己，一切感觉和观念都是主观自生的东西。这样便为"万法唯识"和"唯识无境"说作了论证。

大乘佛教哲学的最终目的无非是要解决人如何能成佛的问题，唯识宗亦不例外。为此唯识宗又提出了"转识成智"的思想。"转识成智"是说，八种识都转变为成佛的智慧。他们说，执著有"我"产生"烦恼障"；执著有"法"，产生"所知障"（各种虚妄分别计较）；只有破除"我""法"二执，以我、法为空，才能使灵魂从生死轮回中解脱出来，进入涅槃世界。他们认为，"阿赖耶识"中的"有漏"种子是我、法二执二障的根子，可以通过累世的修炼，使"有漏"种子逐渐消失，成佛的"无漏"种子逐渐的增长，八识都变为成佛的智慧，便能进入佛国（见《成唯识论》卷九和卷十）。为了破除"我""法"二执，断绝"有漏"种子，"转识成智"，他们又提出了识有"三性"说。所谓三性：一是"遍计所执性"，是指人们普遍地对万事万物分别计较，视一切事物为各有自性差别的"实我实法"的世俗认识，其实这些事物都是不真实的。二是依他起性，是说万事万物皆是依赖心识而生灭，是虚幻不实的。三是圆成实性，是指在"依他起性"上，远离"遍计所执性"的错误之见，认识到"我""法"两空，由此而显现出真如实性。并认为这种智慧，至高无上，圆满真实，即达到了绝对真理（见《成唯识论》卷八）。以此他们认为人们通过修炼，使自己的意识达到"圆成实性"，灵魂就可得到解脱，成为"佛"了。

玄奘留学天竺（印度）时，在同天竺学者的辩证中，对于"唯识无境"说还提出了一种新的解释，被称为"真唯识量"的思想。他用"因明学（印度佛教讲的逻辑学）中的三段论式（即宗、因、喻三支，也即命题、论据、论例三式），论证了"一切唯识"的思想。他论证说，真的命题只能是形色不能离开眼识而存在（"宗"）；理由是因为大乘佛教自己承认眼界、色界、眼识界所谓"初三"是包括三个方面的，眼界（指肉眼器官）并不包括其他二界（"因"）；就像眼识界也不包括眼界和色界一样（"喻"）。按这样的说法，所谓"唯识"，只意味着一切形色都不能离开意识，不是说只有意识而没有形色，"唯识"的真正意义在于形色不能离开意识而独立存在。这个论点，与印度唯识宗的说法有所不同，表面上并不以形色为虚无。这比那种以形色为虚幻的思想要精致得多。

综上可见，唯识宗不论讲万法唯识、唯识无境也好，还是讲"真唯识量"亦罢，他们讨论的问题，直接涉及到主观（意识）和客观（外境）的关系问题。唯识宗的长处是他详细深入地分析了人们的意识心理活动，对意识进行了分类考察，并探讨了各类意识之间的关系，强调了意识的能动作用。所有这些论说其中亦有着不少合理的成分。但在总的考察主观意识与客观外境的关系上，则是把问题弄颠倒了。在唯识宗看来，不是"外境"引起意识的活动，相反，而是意识的活动生出了类似"外境"的表象，他们根本就不承认有客观的世界的存在。正如窥基所说："由分别心，相境生故；非境分别，心方得生。"（《成唯识论述记》卷二）这就是说，不是客观决定主观，而是主观决定客观，主观意识才是第一性的，很明显这显然是一种唯心主义哲学。

第三节　法藏与华严宗

法藏,唐代著名僧人,生于公元643年(唐太宗贞观十七年),死于公元712年(唐玄宗先天元年)。祖籍康居,后迁长安定居,俗姓康,字贤首。他曾参加玄奘主持的译经工作,后来与玄奘意见不合而出译场,建立起了自己的华严宗。他曾为武则天讲解《华严经》,受到武则天的宠信,被封为"贤首大师"。后来又为中宗、睿宗授戒,得到帝王师的地位。他的三传弟子澄观,被唐王朝封为"国师",主持全国佛教。总之,他所创立的华严宗,得到了王公贵族的大力支持。其著作颇丰,主要的有《华严义海百门》《华严金狮子章》《华严经探玄记》《华严经旨归》等等。

华严宗把自己这一派的教义称为"圆教",把其他宗派判为"偏教"。自认为其教义圆满无碍,调和了佛教经论中诸矛盾的思想。从佛教的教义发展看,华严宗既不满意唯识宗的某些说法,认为识所变出的境是虚妄的,能变的识也不是真的,同时也不满意般若空宗的某些说法,认为如果心境皆无,客观和主观都不存在,那么佛性和涅槃世界同样也都被否定了(见宗密《原人论》)。他们认为,圆满的说法应该是,物质世界是虚幻的,佛性是实有的;事物是假的,其本体是真的。他们企图把空、有二宗的思想糅合起来。为了论证佛性是真实的,是世界的本体,他们着重讨论了本体与现象的关系问题。提出了一整套华严宗的佛教学说。

对于世界的看法,华严宗提出了四法界说:事法界、理法界、理事无碍法界、事事无碍法界。这里的法界有两个意思:一是指事物而言,界为分义,即差别义。一是指理而言,界为性义。前者指千差万别的事物现象,后者则指法性真如。关于四法界的关系,法藏解释说:"理不碍事,纯恒杂也;事恒全理,杂恒纯也。由理事自在,纯杂无碍也。"(《华严义海百门》)这即是说,所谓"事法界",指形形色色的现象世界("杂");所谓理法界,指清净的本体世界(纯)。这两种世界互相包容而无妨碍(纯杂无碍),就叫"理事无碍法界"。各种事物之间也都互相包容而无妨碍,这就叫"事事无碍法界"。他们认为,这四法界不仅体现了宇宙万物万事的关系,也是人们了解世界的四种精神境界。

华严宗把世界区分为"理"和"事"、本体和现象两个世界,这是他们佛教世界观的出发点。他们把整个物质世界说成是"事法界",宣布为现象世界,同时又在物质世界之外建构了一个精神性的本体世界,以回答多样性的物质世界(事法界)的统一性问题。这就是华严宗佛教哲学的思想实质之所在。

华严宗人还把自己所设定的本体世界(理法界)称为"如来藏",认为它是"自性清净圆明体"(《修华严奥旨妄尽还原观》)。这个本体,法藏又称它为"真心"或"净心"。他的四传弟子宗密发挥说:"理法界也,原其实体,但是本心。"(《注华严法界观门》)可见他们所讲的"理法界"实是一种精神实体,他们也把它称之为成佛的根据的"佛性"。在华严宗看来,这个如来藏,不仅存在于众生的心中,是众生成佛的依据,而且存在于一切事物之中,是一切事物的本质。澄观解释说:"理法名界,界即性义,无尽事物同一性故。"(《华严法界玄境》)"同一性",即事物的共同本质。这就是说,如来藏也是宇宙万事万物的实体。它一方面存在于个人的心中,另一方面又独立于个人意识而存在。这种本体即是华严宗所追求的绝对精神,实是为佛教的彼岸世界制造理论根据而已。

华严宗所提出的"理事无碍"的命题,其实就是讨论的本体与现象两个世界的关系问题。他们认为本体与现象并不是绝对割裂的,现象世界(事法界)依赖于本体世界(理法界)而存在,本体世界即存在于现象世界之中,如同波和水的关系一样。法藏把这种关系叫做"理彻于事"和"事彻于理"。(《起信论义记》)法藏在为武则天讲《华严经》时,以镇纸的金狮子为喻,对本体与现象的关系,作了一种通俗的解释。他认为世界如同金做的狮子,金是本体,狮子的形相是现象,没有金便没有金狮子,金即存于金狮子之中。华严宗这样处理本体和现象的关系,目的在于论证现象世界没有"自性",一切事物都是各种条件集合而成("缘起"),是虚幻的东西,只有本体世界是真实的。法藏解释说,如金狮子,它是工匠用金子造成的,金是"因",工匠是"缘",狮子相缘合而成有生有灭,可是金子的本性永不改变。由此他得出结论说:"狮子相虚,唯是真金。狮子不有,金体不无,故名色空。"(《金狮子章》)"狮子不有",不是说狮子相不存在,而是说它的相是幻象。但这种幻象是用金子造成的,金子却不是虚幻的。金狮子相和金子,一妄一真,狮子相不妨碍金体为真,金体也不妨碍狮子相为妄,这就叫做"理事无碍"。华严宗认为,他们这种说法,既论证了物质世界的虚幻,又论证了本体世界的真实,是最圆满的说法。

华严宗讨论的"理事无碍"说,涉及到哲学上的本质与现象的关系问题。他们谈到了本质与现象的统一性问题,提出了现象依赖于本质和本质存于现象之中等思想,但他们把"自性清净"的"如来藏"真心作为事物现象的本质,他们以本质为真实,以现象为虚幻,这是不符合本质与现象的辩证关系的。本质与现象既有区别,又是统一的。本质决定现象,现象表现本质,本质具有某些假象,但假象也是本质的表现,因此现象决不是虚幻的。而本质也是客观事物现象的本质,因此决不能把虚构的如来藏这样的精神本体,当作物质世界的本质。

华严宗的"理事无碍"说,其目的则是为了论证佛教的彼岸世界与此岸世界的关系的。他们认为,宗教生活与世俗生活不能截然分开,佛性本来就存于人性之中,一旦觉悟,"自性清净圆明体"便显露出来,所以不脱离世俗生活,同样可以成佛。法藏说:"众生迷信,谓妄可舍,谓真可入。乃至悟已,妄即是真,更无别真而可入也。"(《华严还原观玄》)这是说,彼岸世界即在世俗生活之中,只要一觉悟,世俗生活就成了佛国,也就打掉了此岸世界与彼岸世界的界线,扩大了彼岸世界的影响。

为了论证物质世界的虚妄,华严宗进一步又提出了"事事无碍"的学说。这一思想是说,既然万事万物都是本体所显现的虚幻现象,每一现象又包含本体,所以各种现象彼此都互相包容,"圆融无碍",没有差别和对立。法藏把这种关系又称之为"一即一切,一切即一"(《华严义海百门》)。"一"指本体,"一切"指各种各样的复杂现象。就金狮子说,狮子相有眼、耳、口、鼻、毛等等,这是"一切",但都是金的,这是"一"。从它们都是金的这方面看,眼、耳、口、鼻、毛等都没有什么差别,这就是所谓"一即一切"。由于一切事物的本质都是一样,法藏得出一个结论:每一个东西也可以说就是一切东西,一切东西又都可以说是每一个东西。如金狮子,它的眼、耳等都是金的,因此也可以说,"眼即耳、耳即鼻、鼻即舌、舌即身";同时,也可以说,耳、鼻、舌、身等都是狮子眼("一一彻遍狮子眼")。由于一切事物的本质都是一样,法藏又得出一个结论:每一个东西都包括一切东西,又都包括每个东西所包括的一切东西。如金狮子,每一根毛中都各有金狮子,每一根毛中又都有无数的金狮子("一一毛中,皆有无边狮子。"《金狮子章》)。由此他们认为,大东西固然能容纳小东西,小东西也能容纳大东西,草芥纳入须弥山,海水可倾入毛孔("芥子纳入须弥","海水纳入毛孔"。《华严策林》)。这就叫做"事事无碍"。为了宣扬这种"事事无碍"的境界,他们又对"一"和"多"的关系,做了论证,认为没有"一"也就没有"多",没有"多","一"也不成其为"一","多"是"一"中的"多","一"是"多"中的"一";一即是多,多即是一,一又包括多,多亦包括一等等。这又叫做"一多相容不同门"(《华严义海百门》),就是说,"一"和"多"虽然有所不同,却相互包容,无障无碍。他们还从时间方面,作了论证。他们说"一念"即"三世","三世"即是"一念","一念即见三世一切事物显现"(同上)。这又叫做"三世一时",就是说,一刹那中,即包容过去、现在、未来的一切事物。这一思想有些像天台宗的"一念三千"说。法藏把这种"事事无碍"的境界,又打了一个比喻说,取十面镜子,八方上下安排,面面相对,当中放一佛像,用火光一照,每一面镜中,不仅有对面镜中的佛像影子,而且容有对面镜中影子的影子,层层没有穷尽。这就叫做"华严无尽藏"。他们认为这是万事万物的最高境界。

法藏关于"事事无碍"的辩论,涉及到事物的同一性和差别性的关系问题。事物之间具有同一性,但又有差别性,二者是统一的。恩格斯说:"同一性自身包含着差别性。"(《自然辩证法》,《马克思恩格斯选集》第三卷,第537页)法藏在这里把事物之间的同一性片面夸大了,否认了其间的差别性,从而得出了一即一切,一切即一的结论。由于金狮子的眼和耳都是金的,从而得出结论说,狮子眼就是狮子耳,眼和耳没有差别;由于狮子的金身是金的,它的每一根毛孔也是金的,从而得出结论说,一根毛中也有狮子,部分与整体也没有差别。在这里很显然法藏夸大了它们的同一性,而否定了它们之间的差别性。至于华严宗人之所以要作这样的论证,其目的是企图否认事物具有自己的质的规定性,把事物说成是没有"自性"的虚妄现象,以此来论证物质世界的虚幻性的。然而事物的差别与对立,毕竟是事实,对此华严宗人无法回避,以此他们把现象的差别和对立,归之于个人的意识的产物,说什么事物的现象都是"自心变起"、"从心所生",心大见山时便生出高广之山相,心小见尘土时便生出国小之相状,结论是:"一切法皆唯心现,无别自体。是故大小随心回转,即入无碍。"(《华严经旨归》)这是说,事物的大小没有自己的规定性,都随人心转移,所以相容无碍。"事事无碍"说的唯心论实质,在这里便显得十分清楚了。

第四节 慧能与禅宗

慧能,生于公元638年(唐太宗贞观十二年),卒于公元734年(唐玄宗先天十九年),中国禅宗的实际创始人。他俗姓卢,出身破落家庭,家境贫苦,曾以卖柴为业。后来投奔寺院,为行者(未剃发,在寺院服役的人),在寺内从事打柴、推磨等劳动。由于他对佛教义理颇有领悟,深得禅宗第五祖弘忍的赏识,相传传给他衣钵(法嗣的标志),后来成了禅宗的第六祖,实为中国禅宗的真正创宗人。在法嗣问题上,相传弘忍的上座弟子神秀曾经与他进行过竞争。弘忍以后,禅宗分为南北两派,北派以神秀为代表,曾被武则天奉为"国师",受到了唐朝王公贵族的宠信;南派以慧能为代表,曾遭到神秀一派的排挤,直到唐肃宗时才得到朝廷的支持,以后慧能一派的禅宗便成为了中国禅宗的正统派。关于慧能一派禅宗的著作,主要有《坛经》一书流传于世。

慧能所创造的禅宗,是中国佛教史上的一大改革。印度的佛教没有禅宗,只有禅学。禅,梵语为禅那,意思是静思打坐,是印度各宗教共同的修行方法。

佛教也把坐禅作为修行的方法。这种方法是打坐静虑，使心中任何念头都不发作，最后进入一种绝对虚静的境界。佛教认为，得到这种精神境界，死后便能超脱生死轮回，进入涅槃寂静的世界。佛教大小乘都讲禅定。南北朝时，有一个天竺僧侣菩提达摩，来中国传教，大讲禅学，提倡修壁观，使心安静如墙壁一样坚定。他被后人誉为中国禅宗的第一代祖师。据传，他把这套神学传给了中国僧侣慧可，以后又传到第五代弘忍。从达摩到弘忍的神学，都讲禅定、读经，认为人生来就有"清净心"（即佛性），如太阳一样，只是被乌云遮蔽，显露不出来，只要通过禅定等修行功夫，断去情欲和烦恼，"本心"便显现出来了。他们都注重"渐修"，即不断地修炼，甚至累世的修行。神秀所倡导的北派禅宗，推行的就是这种禅学，主张渐修。慧能所创建的南派禅宗，与此不同。它不追求烦琐的宗教仪式，不讲累世修行和布施财物，不主张念经拜佛，不立文字，甚至不讲坐禅，主张专靠精神的领悟把握佛教义理，提倡"顿悟"成佛说。所谓"顿悟"，是说凭自己本有的智慧（般若之知）"单刀直入"，一下子悟出佛理来。慧能解释说："一闻言下便悟，顿见真如本性（指佛性）。"（《坛经》）在慧能一派看来，执著于念经、拜佛、坐禅都妨碍领悟佛理。当时有个马祖禅师，最初看重坐禅，每日打坐，谁都不理睬。有一次，他的老师，在他面前磨砖好久。他问道：磨砖做什么？老师说：磨成镜子。马祖说，砖焉能磨成镜？老师说，坐禅焉能成佛？他们甚至把佛像劈了当柴烧，表示悟到"一切皆空"和"佛在心中"的道理。显然，这样的宗派，是不同于印度的佛教，而是中国所特有的，是对佛教传统教义的一次大的改革。它的锋芒在于打击烦恼经院式的佛学。

以慧能为代表的禅宗的出现和流行，是唐代社会经济的发展和社会矛盾在佛教内部的反映。在慧能活动的时代，均田制已遭到破坏，土地兼并激化了。大量破产的小农流入寺院，成为僧侣贵族剥削的对象。在社会上地主阶级内部贵族与庶族之间，展开了争夺土地和劳动力的斗争。这样反映在佛教内部，便出现了以慧能为代表的禅宗。慧能本人出身微贱，属于僧侣中的下层。他的教义实际上是不满意贵族们在成佛问题上的特权思想。例如，佛教讲布施财物，按照因果报应的理论，对寺院捐献的越多，积善就越多，成佛的可能性就愈大。照这种说法，首先成佛的，当然是贵族和士族，而庶族和广大的农民就有困难了。又如，佛教讲研读经典，通过对佛经的烦琐的注释和分析，宣扬佛教教义。这种对佛教教义解释的特权，又只有拥有文化特权的贵族和士族才能享有，而庶族和广大农民便难做到。当时经营寺院经济的大多是贵族，庶族地主很难有这样的权利，农民就更不用说了。慧能创建的禅宗，打破了贵族对佛教的垄断，反映了社会中下层人们的宗教要求。待到中唐以后，随着庶族地主势力的扩大,产生了一批新官僚地主,他们进入了上层统治集团,慧能倡导的禅宗终于成了社会上最流行的佛教宗派。

从佛学本身的发展看,慧能的禅宗既不完全属于有宗,也不完全属于空宗,而是依据中国固有的孔孟一派的人性论和老庄一派的崇无思想,对印度大乘佛教空、有两宗进行了糅合和改造的产物。慧能主张人人都有佛性,强调佛性是人的本性和领悟佛教义理的"良知良能"。他又讲"自性真空","无有一法可得",不大讲三世因果报应和西方极乐世界,而讲"运水搬柴,无非妙道"。所有这些都是对传统佛学的一种改造。他们抛弃了那种烦琐的经院佛学,提倡简易直捷的功夫,把中国佛学推向到了一个新的境地。

为了宣扬"顿悟成佛"的思想,慧能提出了"本性即佛"说,作为他的教义的理论基础。他认为人人都有成佛的本性(或称本心)。他说:"当知愚人智人,佛性本无差别,只缘迷悟不同,所以有愚有智。"(《坛经》)主张人人都有佛性,人人都能成佛,这不是慧能第一个提出来的。在他以前的佛教中,也有这种说法,如南朝的竺道生就有所谓"一阐提(指作恶多端的人)皆得成佛"、"悉有佛性"的说法。慧能的佛性说的特点,在于他把佛性看成是人的唯一本性。他说:"本性是佛性,离性无别佛。"(同上)这是说,人性即是佛性,"佛"不是别的,就是自己的本性。所以他又说:"佛向性中作,莫向身外求。"(同上)把佛性说成是唯一的人性,这就为人人都能成佛提供了理论根据。慧能曾对弘忍说,人有南北,佛性并无南北,我的身份和你不同,佛性并无差别(同上)。显然,他这种说法,具有反对贵族特权的意义。既然佛性即是人性,又为什么有佛和众生的区别?慧能认为,他们的区别在于觉与不觉。他说:"自性若悟,众生是佛;自性若迷,佛是众生。"(同上)他所说的"迷"和"悟",指对佛性的觉悟不觉悟。"自性",指个人的本心,也叫"自心"。在他看来,"佛"不在遥远的彼岸世界,而在个人的心中。"自心"不觉悟,即使终日念经、拜佛、坐禅、布施也是凡人。慧能把成佛的途径,全部转移到对自己"本性"的觉悟上来,提倡内求于心,这是他的顿悟成佛说的出发点。

在慧能看来,所谓佛在心中,不是说佛性作为一种实体住在心中,而是讲"自性真空","无有一法可得"(《坛经》)。所谓"自性真空",是说心处于一种"空虚"的境地,这种"空",不是空心静坐,念念思空,而是心连"空"的观念,甚至成佛的念头都不追求。他认为这种精神状态,即是佛的境地,也就是人的本性。那么靠什么能力才能得到这种"空心"的境界呢?他们认为,既不靠感性经验,也不靠理性思维,而是靠人生来就有的一种认识自己本性的良能,这种能力,又称为"灵知",所谓"灵知不昧,即此空寂之知,是识真性"。由此,慧能得出结论说:"一刹那间,妄念俱灭,若识自性,一悟即至佛地。"(《坛经》)

就是说，只要靠自己的"灵知"，一刹那间领悟到心本来就是空的，当下便达到"佛"的境地。这就叫做"顿悟成佛"或"见性成佛"。据《坛经》记载，为了传法嗣，五祖弘忍叫寺中群僧各作一偈（悟道的诗句），看谁对佛法领悟得深刻便将衣钵传给谁。上座弟子神秀作的偈是："身是菩提树，心如明镜台，时时勤拂拭，勿使惹尘埃。"慧能认为，神秀作的偈未见"本性"，自作一偈说："菩提本无树，明镜亦非台，佛性常清净，何处有尘埃。"（见法海本《坛经》）后来的《坛经》传本又把这一偈写作为"菩提本无树，明镜亦非台，本来无一物，何处惹尘埃"。前后两偈的思想基本相同。当时弘忍看到慧能的偈后，感到比神秀的道行高，于是就把衣钵传给了慧能。慧能和神秀思想的区别是，神秀追求"清净本性"，没有把佛性本身也看成是空的，在方法上则讲究渐修。慧能把佛性也看成是空的，比神秀空得彻底，在方法上不讲渐修而主顿悟。慧能带有浓重的空宗思想，从佛教空宗的立场看，慧能的境界是要比神秀高一层。

为了宣扬"顿悟成佛"，慧能还提出了"无念为宗"的修行学说。他说，他的教义是："先立无念为宗，无相为体，无住为本。"（《坛经》）在慧能看来，"顿悟成佛"，在修行方法上就是心不受外物的迷惑，这就是"无念"。他说："于诸境上心不染，曰无念。"（同上）他认为，要认识到"自性真空"，就要做到"无念"，但"无念"不是"百物不思"，万念除尽，对任何事物都不想，而是说在与外物接触时，心不受外境的任何影响，"不于境上生心"。这种方法，又叫做"无住"（不执著），就是说，心不执著在外境上，对任何事物都不留恋，念过即过。例如，眼看到美色时，心不住在美色上，不是闭眼不看它，这就叫"无住"。这种方法，又称"无相"，是说"外离一切相"，心中不执著于事相上，不是说，不同事物相接触。慧能认为，能做到这些，虽处于尘世之中却无染无杂，来去自由毫无滞碍，精神上得到了解脱，这就是"极乐世界"，即是天堂。与此相反，心受外境的影响，追求形色声味，念念不忘相，必然无限烦恼，这就是地狱。由此他得出结论说："前念迷即凡夫，后念悟即佛，前念着境即烦恼，后念离境即菩提。"（同上）这是说，此岸和彼岸，凡夫和佛的区别在于一念之间，一念不着境，不着相，当下即成为佛菩萨。他在回答追求"西方净土"的人时说："东方人造罪，念佛求西方；西方人造罪，念佛求生何国？"他认为，净土（指佛国）即在自身之中，在一念之间，不在天上什么地方。

为了论证"顿悟成佛"和"无念为宗"的教义，慧能最后还提出了他的唯心论世界观。他宣称，个人的心，不仅是成佛的基础，也是客观世界的基础。他说："自心是佛，更莫狐疑。外无一物而能建立，皆是本心生万种法。"（同上）这就是所谓"心生种种法生，心灭种种法灭"，万事万物皆随人心而生灭的思想。这里的"心"似有本心（本性）和生灭之心的两种区别。前者本心是成佛的基础,也即是佛性。后者生灭之心,能生灭万法,是万事万物的基础。据说,慧能得到衣钵后,南行传法,到广州法性寺时,见二僧争论风吹旛(寺院挂的一种旗子)动问题。一僧说"是风动",一僧说是旛动,争论不休。慧能向前说:"不是风动,不是旛动,仁者(指僧徒)心动。"(同上)客观世界的动,完全是由心动造成的。按照慧能的思想,只要人心不动,就可以保证客观世界的不动,只要思想净化了,一切事物也就净化了。总之,心空一切空。所以他不像唯识有宗那样公开宣称整个世界都在我的意识之中,而是说,世界依赖于人心而存在,所以它是不实在的是空的。慧能一派禅宗所宣扬的心学哲学,对后来宋明道学中的心学一派起了很大的影响。

第十三章
韩愈和李翱

隋末的农民战争,严重地打击了魏晋南北朝以来的门阀士族势力。但门阀士族作为地主阶级的特权阶层,在唐代仍有很大的势力。唐太宗曾命士族高士廉撰《氏族志》,定士族为二百九十三姓,一千六百五十一家,就说明了这一点。这些士族高姓,在政治和经济上都享有特权,士族子弟可以凭自己的"门第"在朝廷中做官,拥有政治权力。另一方面在唐代,随着经济的发展,地主阶级下层寒门庶族也扩大了自己的势力。庶族地主没有士族那样的政治经济特权,他们在经济上要向国家纳租税,在政治上,必须通过国家的考试才能成为官僚。在唐朝,由于科举制的发达,通过国家考试,从庶族地主中涌现出了一批新官僚。当时韩愈曾评论出身庶族的新官僚侯喜说:"地薄而赋多,不足以养其亲,则以其耕之暇,读书而为文,以干于有位者而取足焉。"(《韩昌黎集·与祠部陆员外书》)这些出身庶族的新官僚,在政治上同士族集团发生了矛盾,武则天时期出现的新旧官僚集团的斗争,就是这种矛盾的反映。这种矛盾后来又形成了所谓的"朋党"之争。在文化思想领域,则出现了古文运动。从庶族和科第出身的一批新官僚,就是这一运动的积极推动者。这个运动,到了唐朝中期,随着土地兼并的激化和王朝危机的加深,达到了高潮。这个运动在文学上反对魏晋以来的华而不实的骈体文,反对脱离实际的玄虚空谈,提倡秦汉时代朴实的古文体。在哲学思想上,则因人而异,有的反对佛、道两教的出世主义思想,有的则反对传统儒家的天命论思想。在这一运动中,出现了一批有名的文学家、诗人和思想家,为唐代文化的发展开创了新风。其中最著名的代表人物,就有韩愈、柳宗元、刘禹锡、李翱等人。这一章中我们先来讨论韩愈、李翱的思想,下一章再讨论柳宗元、刘禹锡的思想。

第一节 韩愈的哲学及其反佛教思想

韩愈,字退之,生于公元768年(唐代宗大历三年),卒于公元824年(唐穆宗长庆四年),唐代科举出身的新官僚,古文运动的领导人之一,我国古代有名的文学家和诗人。他出身低微,自称"布衣之士",和王公大人不是一类人。他曾说:"家贫不足以自活,应举觅官凡二十年矣。"(《韩昌黎集·上兵部李侍郎书》以下凡引此集,只注篇名)这些话,恰好表明他是一个庶族出身的新官僚。他还说:"布衣之士,身居穷约,不借势于王公大人则无以成其志。"(《与凤翔邢尚书书》)由此他总想依靠有权势的人提拔自己,成为上层社会的人物。他虽曾反对过王伾、王叔文等人倡导的政治革新活动,但他并不满意贵族和士族势力在政治上和经济上享有特权,认为富贵之家游于好闲,过着寄生生活,必有"天殃"。他主张有才能的"贤士"来管理国家。他要求加强中央集权的统治,反对藩镇割据并且亲自参加了削平藩镇的斗争。在思想上他排斥佛老,推崇儒家学说,提倡《春秋》《大学》和《中庸》,企图用孔孟之道来对抗佛、道两教。他的著作有《韩昌黎集》,其中《原道》《原性》《与孟尚书书》和《谏迎佛骨表》等,代表了他的哲学思想。

韩愈自认为,他在文化思想上的任务是排斥佛教和道教,以恢复儒家的地位。他说:"释老之害过于扬墨,韩愈之贤不及孟子","虽然,使其道由愈而粗传,虽灭死万万无恨。"(《与孟尚书书》)他自认是孟子的继承人,要效法孟子排斥扬、墨的精神,同佛老进行不屈的斗争。当时唐宪宗极力提倡佛教,于公元819年,想迎"佛骨"入宫中供奉,韩愈上谏说:历代崇信佛教的帝王,不是国破家亡,就是身死名裂,"事佛求福,反更得祸",要求皇帝把"佛骨"烧掉,"断天下之疑,绝后代之惑"(《谏迎佛骨表》)。为此唐宪宗要杀他,经宰相崔群等劝说,他才免于死罪。他被贬官到潮州后,曾写诗说:"欲为圣明除弊事,岂将衰朽惜残年。"(《左迁至蓝关示侄孙湘》),表现了他排佛的坚定决心。在反佛的斗争中,韩愈算了一笔账,他说:"农之家一,而食粟之家六;工之家一,而用器之家六;贾之家一,而资焉之家六;奈之何民不穷且盗也。"(《原道》)这是说,除士农工商四民之外,又加上了佛家的僧侣和道教的道士成为了六种人。而僧侣和道士都要靠农人、工人、商人来养活,这就加重了人民的负担,人民怎么能不贫穷呢?以此他指责僧侣和道士说:"以其诳丐渔利,夺编人(民)之产。"(《太原王公墓志铭》)他还认为,由于寺院经济的发达,造成了王朝的财政危机,终要引起农民的暴动。所以他坚决反对佛教和道教。韩愈的反佛活动,是当时寺院经济的发达所引起的世俗的庶族地主与寺院的僧侣地主之间矛盾的反映。

韩愈反对佛、道两教的思想武器,主要是他的"道统"说。佛教和道教都把它们的宗教思想奉为绝对真理,并且为自己那套宗教思想体系炮制了一个传授的系统——"法统",认为由他们的祖师一脉相传下来的。韩愈为了对抗佛道两教，也说儒家思想在历史上有一个传授系统——"道统"，由尧舜开始，传于周公、孔子，孔子又传给了孟子，但孟子以后就不得其传了，结果使佛老思想泛滥而统治了人们的头脑。他认为，他的历史使命就是要恢复这个"道统"，把它发扬光大，使儒家学说成为中国社会的正统思想，以排斥佛道二教。

韩愈所提倡的"道统"，从其内容来说，就是孔孟的仁义道德思想。不过他也作了一些新的解释。他说："博爱之谓仁，行而宜之之谓义，由是而之焉之谓道，足乎已无待于外之谓德。"（《原道》）这是说，"博爱"就是"仁"，行为合宜就是"义"，实现仁和义的途径就是"道"，内心具备仁和义的本性就是德。他用"博爱"解释孔孟的"仁"，这是一种新的说法。但韩愈所说的博爱，也并不就是提倡"平等"（近代的平等、博爱），不是要破除贵贱等级秩序。因此他一面讲博爱，一面又大讲义，韩愈所说的"义"，主要是指"君臣、父子之道"的等级秩序。可见韩愈所讲的"仁"和"义"，仍然是维护封建社会等级秩序的伦理规范而已，与孔子的"仁者爱人""泛爱众"的思想相类似。所以他说："亲亲而尊尊，生者养而死者藏"（《送浮屠文畅师序》），博爱仍然要有亲疏尊卑之别，就充分地说明了这一点。韩愈还认为，讲"道"和"德"决不能离开仁和义。他说："凡吾所谓道德云者，合仁与义言之也。"（《原道》）在他看来，仁和义有确定的内容，道与德却没有确定的内容（"仁与义为定名，道与德为虚位"），各家各派对道和德可以有不同的解释，但离开仁义讲道、德，"道"和"德"就变成邪说了。他指出，佛老学说之所以错误，就在于抛弃"仁"和"义"讲"道"与"德"，从而把"清净寂灭"看成是"道"和"德"的内容，结果走上了不要天下国家，毁灭伦理纲常的道路。最后，他得出结论说：离开礼乐刑政、君臣父子、士农工商、穿衣吃饭等日常生活去追求所谓的"道"，这种"道"只是"一人之私言"，不是天下的公理。韩愈的这些议论，又在于论证儒家的仁义道德是封建社会的唯一的合法思想，从而和佛教的出世主义对立起来，为其反佛思想提供理论根据。

为了驳斥佛道二教的出世主义和空无哲学思想，韩愈在《原道》中又宣扬了"圣人立教"的观点。他依据《公羊春秋》的"夷夏之辨"，把佛教宣布为"夷狄之教"，把仁义道德教化宣布为"圣人之教"。他认为中国的圣人之教高于夷狄之教，推崇佛教就是毁灭"圣人"所创造的人类文明，把人变成禽兽。他还认为老庄的"圣人不死，大盗不止"的思想，同样是要毁灭人类的文化。为此他论说了人类文化的起源和封建等级制度的合理性。他说：在原始时代，人和禽兽差不多，而且没有羽毛鳞介以防寒，没有爪牙以争食，所以经常遭到禽兽的伤害；后来出现了圣人，教给人民"相生养之道"，作人民的"君"和"师"，驱除了禽兽，发明了衣服、食物、宫室、器具和医药，才使人类免于饥饿和夭死。

不仅如此,圣人又制作了礼乐刑政,创造了斗斛权衡和城郭甲兵,才使人类免于争夺,过上有秩序的生活。由此,他得出结论说:"如古无圣人,人之类灭久矣。"(《原道》)这是说,没有圣人的发明、创造和教化,人类早就灭亡了。很显然这是在宣扬一种"圣人"史观。

在反对佛教斗争中,韩愈还宣扬了儒家的人性论,作为他的伦理价值观和"圣人立教"说的理论基础。他不赞成性善论或性恶论,也不赞成善恶相混的二元论。他提出了"性三品"说,把人性分为上、中、下三等。他认为上品的人性是善的,生来俱有"仁、义、礼、智、信"五种道德品性;中品的人性可善可恶,五种道德偏差不齐;下品的人性是恶的,五种道德都不具备。他还认为,人不仅有性,而且还有喜、怒、哀、惧、爱、恶、欲七情。情也有三品:上品的,七情发作都合乎中道,没有过和不及;中品的,七情发作,有的过多,有的过少;下品的,七情发作或者都过多,或者都不及。每一品中的情和性,都是互相配合的。如上品的人,不仅具备五性,而且七情都合中道。这种人就是"圣人"。下品的人,既不具五性,情也都不合中道。韩愈还认为,除中品外,上品和下品的人性都是不能改变的。他举例说,周文王在娘胎中,其性就是善的,生下来便是圣人,可是周文王的儿子管、蔡,虽身受周文王的教化,仍旧干了背叛周朝的坏事,因为他们的本性是恶的。由此,他得出结论说:"上之就学而益明,下之性畏威而寡罪。"(《原性》)这是说,上品人的本性是善的,通过学习可以发扬光大;下品人的本性是恶的,不堪教化,只能用刑罚惩处他们。韩愈的性三品说,实是封建等级关系在人性理论上的一种表现。韩愈从他自己的立论出发,评论孟子的"性善"论、荀子的"性恶"论、扬雄的"性善恶混"论,说"三子之言性也,举其中而遗其上下者也,得其一而失其二者也"(同上),都有片面性,只有他自己的观点最全面。其实,韩愈的性三品说,不过是孟、荀、扬三家人性论的一种综合而已,都是超历史的抽象人性论罢了。

最后韩愈还直接抨击了佛道二教所宣扬的宗教迷信思想。他指出,道教所宣扬的"神仙不死之道",提倡绝食闭谷,都是妄言,不是圣人之道。他说:服食金丹之药,幻想不死,"不信常道而务鬼怪",这种人没有不中毒而早死的(《故太学博士李君墓志铭》)。他还指出,佛教所宣扬的因果报应论,"万万无此理",同样是虚构的东西。但是韩愈虽说不相信佛道二教的宗教迷信思想,却相信儒家传统的迷信观念。如他相信儒家的天命论,他把人的贫富贵贱的遭遇归之于"天命"。他说:"贤不肖存乎己,贵与贱、祸与福存乎天。"(《与卫中行书》)他认为"命之穷通",不是人的努力所能改变的。他在同柳宗元的辩论中,还承认了天有意志,认为天能赏善罚恶。他的这种天命论思想,当时受到了柳宗元、刘禹锡的批评。至于鬼神,韩愈曾认为自然界中有一种"无形"

又"无气"的现象,这种东西就是鬼神(《原鬼》)。这是对传统的鬼神观念作了一种非人格神的解释。但是他仍然认为鬼神有赏罚作用,他说:"人有忤于天,有违于民,有爽于物,逆于伦而感于气,于是乎鬼有托于形,有凭于声以应之,而下殃祸焉。"(同上)同时,他还宣扬了"郊焉而天神假,庙焉而人鬼飨"(《原道》)等一套儒家天命鬼神论。总之,在天命鬼神的问题上,他始终站在儒家天命论的传统立场上,因此他在反对佛教的斗争中不能不暴露出很大的弱点。比如,他曾把佛宣布为"鬼",说什么"天地神祇,昭布森列,非可诬也,又肯令其鬼行胸臆,作威福于其间哉!"(《与孟尚书书》)显然,这不仅驳不倒佛教,而且是在宣扬另一种有神论了。

总的来说,韩愈的思想是继承传统的孔孟儒家思想而来的。韩愈反对佛、道二教,维护儒家的纲常名教,极力地推尊儒家和倡导儒家的人性学说和"道统"说,对而后我国思想文化的发展具有很大的影响。从某种意义上说,他的思想是为宋明理学开了先河的。

第二节 李翱的哲学及其反佛思想

李翱,生于公元772年(唐代宗大历七年),卒于公元841年(唐武宗会昌元年),是韩愈的学生,也是唐中期的文学家和诗人。他与韩愈一样,是庶族出身的新官僚。韩愈曾说他"家贫多事,未能卒其业",后来做了国子博士、中书舍人、山南东道节度使等官。他也排斥佛教,认为佛教的流行破坏了社会生产,佛教僧侣"不蚕而衣裳具,弗耨而饮食充"(《李文公集·去佛斋》),不劳而获,消耗社会财富,使人民陷于贫困的境地。他反对佛教的立场,同韩愈是一样的。从哲学上看,他把韩愈的思想向着更加系统的理论方面发展了。他在反佛斗争中,提出了一套自己的哲学理论体系。他同样也是唐代古文运动的代表人物。他的著作有《李文公集》,主要的哲学著作有《复性书》。

在反对佛老学说中,李翱特别推崇儒家典籍《中庸》,认为《中庸》所讲的"性命"学说是孔孟思想的精华。李翱依据《中庸》的理论,同时又吸取了佛教的某些心性思想,提出了"复性"学说,用来加强儒家学说的正统地位,以抗衡佛教信仰的权威。李翱认为,佛教有一套成"佛"的理论,儒家也应有一套成"圣人"的理论。他的"复性"说,就是企图建立一套成"圣人"的理论体系的。

李翱认为,儒家崇拜的"圣人",不仅是历史人物,而且也是人类的"先觉者",具有最高精神境界的人。"圣人"不仅具备仁义道德,能治国平天下,而且能参与天地的造化,同天地一样化育万物。总之,在李翱看来,圣人"无所不知,无所不能"。那么为什么圣人具有这么大的本领?圣人又是怎么修养成的呢？对此李翱提出了"性善情邪"的性情学说。他继承了韩愈的说法,认为人有性和情两方面。但是,他却认为性和情是对立的,性是善的,情是恶的。他说:"性无不善","情本邪也,妄也"。(《复性书》中)他认为,人的性是从"天"上来的,"性者天之命",圣人和百姓的性没有差别,都是善的。圣人所以为圣人,在于他的"性"不受情欲的浸染;一般人所以不能成为圣人,是因为他的性受了情欲的侵染。这就是他所说的"人之所以为圣人者,性也;人之所以惑其性者,情也"(《复性书》上)。由此,他得出结论:普通人若能消除情欲的蒙蔽,使他的"性"恢复原来的光明,同样能成为圣人。他举例说,人性好比水,水的本性本来是清的,有了泥沙便浑了,泥沙沉淀后,水就恢复清明了,这就叫做"复性"。李翱的这些说法与韩愈的人性论有所不同。韩愈讲"性三品",而李翱讲人性本善;韩愈没有以情为恶,而李翱以情为恶;韩愈认为"七情"合乎中道才是"圣人",而李翱却认为圣人在于摆脱情欲的束缚;韩愈所追求的是仁义本性,而李翱却把"清净"本性看成是仁义道德的基础。显然,李翱的人性论是受了佛教人性论的影响,他把佛教的禁欲主义引进了儒家的人性论。

李翱一面讲性善情恶,而一面又讲情由性而生,性与情的关系是:"情不自情,因性而情;性不自性,由情以明。"(《复性书》上)"性无不善",而由性而生的情又何以为恶呢？这就使自己的思想陷入了自相矛盾之中。这一矛盾直到宋代理学将人性分作天地之性(纯善)和气质之性(有善有恶)的二元人性说才算得到了解决。李翱的性善情恶说,也就演变为宋代理学的气质之性有善有恶,天地之性无不善的思想了。同时宋代理学又发挥了李翱的性善情恶的思想,提出了"存理去欲"的主张。"存天理灭人欲"与"灭情复性"的思想是一脉相承的。可见,宋代理学的人性论是直接继承了李翱的思想的。

至于怎样才能恢复善的本性呢？李翱提出了"不动心"的修养方法。他所说的"不动心",即所谓"圣人者寂然不动",是说"心"不受外物和情欲的诱惑,永远保持"清明"的境地。李翱认为,要做到这一点须经过两个步骤:第一步是"心"什么都不想,所谓"弗虑弗思,情则不生"(《复性书》中)。就是说,心进入一种虚静的状态。他认为,这种"静"的状态是对"动"说的,有动有静,仍没有摆脱"情"的影响。第二步是,连没有都不想,也都不要想,即连"虚静"的状态都不要追求,所谓"知本无有思,动静皆离"(同上)。就是说,心进入一种绝对静止的状态,即"寂然不动"的境界。他认为这种境界,就是《中庸》所说的"诚"或"至诚"的境界。在这种境界中,情欲不再发作,善的本性便恢复了。达到这种境界的人就是"圣人"。他还认为,在这种境界中的人并不是不同外界接触,而是说虽有见闻,却不被见闻动其心。这就是《大学》所说的"格物"和"致知"。他说:"物至之时,其心昭昭然,明辨焉而不应(一作著)于物者,是致知也。"(同上)这是说,必无情欲,自然能明辨是非,虽同外物打交道,却不受外物的影响,这就是最高的智慧。他还认为,在这种境界中的人,也不是说没有喜怒哀乐的情感,而是无心于喜怒,喜时不觉是喜,怒时不觉是怒,虽有喜怒却同没有喜怒发作一样。他认为这就是《中庸》所说的"中和"境界。总之,有了这种境界,就可以"范围天地之化而不过,曲成万物而不遗",成了宇宙的主人。

李翱的这种不动心("寂然不动")的修养方法,不仅排斥了感觉经验,而且也排除了理性思维,是宣扬的一种直觉主义的思想。这种思想,很显然是受了佛教哲学,尤其是禅宗的"无念为宗"说的影响。李翱认为,人有了这种精神境界,就能从死亡的苦恼中解脱出来不去追求来生了。他企图以这种思想替代佛教的教义。李翱认为他的"复性"说,可以对抗佛教思想,其实在一定程度上他又是在宣扬佛教哲学了,在这里他的思想是与佛教思想划不清界线的。

第十四章
柳宗元和刘禹锡

柳宗元,字子厚,生于公元773年(唐代宗大历八年),卒于公元819年(唐宪宗元和十四年),是唐代著名的文学家和哲学家。他的著作被编为《柳河东集》,其中《天说》《天对》《答刘禹锡天论书》《封建论》和《非国语》等篇是他的主要哲学著作。

刘禹锡,字梦得,生于公元772年(唐代宗大历七年),卒于公元842年(唐武宗会昌二年)。他的著作编为《刘宾客集》,主要的哲学著作是其中的《天论》三篇。

柳、刘所处的时代,是唐王朝处在民困国衰,各种社会矛盾充分暴露的时代。当时由于土地兼并十分严重,唐初实行的"均田制"早已破坏,"租庸调"的税制也已无法推行。德宗时改行"两税法",即并田赋户调与徭役为一,按照贫富定出等第高下,分夏秋两季收税。这样虽给政府增加了收入,但"藩镇州县,多违法聚敛",却加重了农民的负担。推行这一税制的结果,正如柳宗元所说:"贫者愈困饿死亡而莫之省,富者愈恣横侈泰而无所忌。"(《答元饶州论政理书》)柳宗元在自己的很多诗文中都描写了当时人民生活的困苦,表达了自己对人民的同情:"蚕丝尽输税,机杼空倚壁"(《柳河东集·田家》,以下凡引此书,只注篇名),"悍吏之来吾乡,叫嚣乎东西,隳突乎南北,哗然而骇者,虽鸡狗不得宁焉。"(《捕蛇者说》)这正是当时社会的真实写照。同时,由于藩镇割据和宦官弄权,朝政腐败,更加剧了农民与统治阶级的矛盾。面对着这种情势,德宗死后,顺宗继位,当时有一批出身于庶族的士大夫起来立志于社会改革。因此,当时就有王叔文、王伾等人帮助神宗对社会政治进行改革的运动。柳宗元、刘禹锡都参加了这次二王领导的改革运动。其改革的主要内容有:(1)打击藩镇,削弱其割据势力。(2)打击宦官和贪官污吏。(3)免除一些老百姓的租税,去掉一些苛政,减轻一些人民的负担。这些改革措施对社会生产的发展有一定的进步意义。但二王的改革运动没有成功,被宦官联合旧势力镇压下去了,一次政治改革的尝试也就宣告了失败。柳宗元先被贬为邵州刺史,后再贬为永州司马;刘禹锡先被贬为连州刺史,再贬为朗州司马。

第一节 柳宗元的社会历史观和元气自然观

柳宗元是当时正在发展着的庶族地主的代表。他的较进步的政治思想集中反映在他的《六逆论》中。在《左传》中有关于"六逆"(六种大逆不道)的记载:"贱妨贵,少陵长,远间亲,新间旧,小加大,淫破义,所谓六逆也。"柳宗元对这六逆作了区分,他认为"少陵长,小加大,淫破义"可以称为"逆",是社会混乱的原因;然而"贱妨贵,远间亲,新间旧"则不是逆。相反,"贵而愚,贱而圣且贤",这样的"贱妨贵"是合理的;"亲而旧者愚,远而新者圣且贤",这样的"远间亲,新间旧"也是可以允许的。这里,我们可以看到,柳宗元在原则上认为上下尊卑的封建等级制度是不能破坏的,因此不能"少陵长,小加大,淫破义";但是不应当是"贵贵""亲亲",而应是"选贤与能",应是"官无常贵"。所以柳宗元在《天爵论》中提出尊贵不应依靠门户等第,而应看他是否圣贤。这种思想很明显是代表庶族的要求,他们要求在政治上和经济上发展自己,反对门阀世族的特权利益。

柳宗元还提出了圣人"以生人为己任"的思想。所谓"以生人为己任"的思想,也就是他的"生人之意"的思想。他在《贞符》中说,朝廷的更替是"受命不于天,于其人,休符不于祥,于其仁"。"唐家正德,受命于生人之意。"所谓"生人之意"就是指人民要求生存的意愿,能够满足人民生存意愿的统治者,就是"以生人为己任",就可以得天下。这种满足人民生存意愿的思想,一定程度上承认了人民的生存的权利。这在当时来说,应是一种十分进步的思想,是难能可贵的。

柳宗元从"生人之意"思想出发,还提出了自己的一套历史进化的观点。他在《封建论》中指出,社会政治发展的历史有一个客观发展的趋势,它有着固有的必然性("势")。在这一合乎规律的发展过程中,既不是什么"天命""神意"所使然,也不是由"帝王""圣人"的个人意志所支配,而是由人们的生存的意愿和要求所决定的。柳宗元认为,人生之初和万物生长在一起,然而由于人们身体能力条件的限制不能"自奉自卫",因此就要"假物以为用"。"假物以为用"就会发生争夺,这样就要有"断曲直"的人们出来管这些事,因而"君长刑政"就产生了。这种一层一层的争夺,就有一层一层的统治者出现,就形成了"有里胥而后有县大夫,有县大夫然后有诸侯,有诸侯而后有方伯连帅,有方伯连帅而后有天子"和"自天子至于里胥,其德在人者,死必求其嗣而奉之"的封建世袭制度。这种封建制的产生"非圣人意也,势也"。这里柳宗元说明了过去的"封建制"并不是圣人个人的意志所造成的,而是社会发展的形势所决定的。当然,柳宗元的目的并不在于论证封建制的必然性,而其目的是要说明秦汉时的"郡县制"代替"封建制"也是社会形势发展的要求,而不是什么圣人个人之意。柳宗元在讨论社会治乱兴衰时,还提出了"制"和"政"的区分问题。"制"是指的"制度",政是指人的治理政令。柳宗元分析说,"封建制"从周开始就暴露出很多问题,到秦汉之后作为一种制度不得不改变。所以他说:"大凡乱国多,理国寡。侯伯不得变其政,天子不得变其君,私土子人者,百不有一。失在于制,不在于政,周事然也。"(《封建论》)这说明封建制必然要让位于郡县制的道理。但是,郡县制作为一种合乎社会历史发展趋势要求的制度,其中之所以也仍有治乱兴衰,则是在于"政"了,所以他说:"有理人之制,而不委郡邑,是矣;有理人之臣,而不使守宰,是矣。郡邑不得正其制,守宰不得行其理,酷刑苦役而万人侧目,失在于政,不在于制,秦事然也。"(同上)至于唐朝"制州邑,立守宰,此其所以为宜也。然犹桀猾时起,虐害万域者,失不在于州而在于兵,时则有叛将而无叛州"(同上)。这里,我们可以看到柳宗元是从历史进化的观点来分析问题的,是比较符合历史实际的,在当时的条件下自有其现实的和理论上的进步意义。同时他的《封建论》又是为他所代表的庶族地主反对门阀世族特权和藩镇割据势力的斗争服务的。柳宗元认为,做官应由贤能者,而不应由有特权地位的门阀世族所垄断。他说:"夫天下之道,理安斯得人者也。使贤者居上,不肖者居下,而后可以理安。今夫封建者,继世而理;继世而理者,上果贤乎?下果不肖乎?则生人之理乱未可知也。将欲利其社稷,以一其人之视听,则又有世大夫世食禄邑,以尽其封略。圣贤生于时,亦无以立于天下,封建者为之也,岂圣人之制使至于是乎?吾固曰非圣人之意也,势也。"(同上)柳宗元有力地揭露了封建世袭制度所造成的"不肖者居上,贤者居下"的不合理现象,提出应该是由"贤者居上,不肖者居下",这当然是反映了他所代表的庶族的要求的。

在自然观上,柳宗元坚持了中国哲学史上的气一元论传统,对汉以来盛行的传统儒家"天人感应"的天命论思想进行了批评,高扬了无神论思想。

(1) 对"天人感应"和"君权神授"的传统有神论思想进行了抨击。柳宗元指出:"古之所以言天者,盖以愚蚩蚩者耳。"(《断刑论》下)这是说,古代人抬出"天命"是为了欺骗愚昧的人。因此,他指出:"圣人之道,不穷异以为神,不引天以为高。"(《非国语·料民》)柳宗元认为,国家的兴亡,人们的吉凶祸福和"天命"没有关系。他在《贞符》中批评了"君权神授"的说教,明确指出:国家兴亡是"受命不于天,于其人";人们的吉凶祸福是"休符不于祥,于其仁"。这是他反对天命论的基本思想。

柳宗元不仅否定了"天"有意志可以主宰人事的思想,而且他还和王充一样对他的无神论思想作了一定的论证。他在《非国语》中举出许多历史例证,说明自然的变化与人事的祸福、国家的兴亡没有关系,说明天命、鬼神、妖怪、卜筮、占梦等迷信都是些无稽之谈。例如,他批评伯阳父认为三川皆震是亡国的预兆,他说:"山川者,特天地之物也,……自动自休,自峙自流,是恶乎与我谋?自斗自竭,自崩自缺,是恶乎为我设?"(《非国语·三川震》)至于国家为什么会亡,他认为是"人乏财用"的结果。《伐宋》一篇则是驳斥宋人杀昭公,晋侯应示以"天罚"的谬论。柳宗元认为,宋人杀君可以以晋之盟主的地位去讨伐,但说这是什么"天罚""天刑"那就没有道理了,因为"古之杀夺有大于宋人者,而寿考佚乐不可胜道,天之诛何如也?"(《非国语·伐宋》)特别值得注意的是,柳宗元在批判"天人感应"有神论时接触到了这种思想产生的某些原因。他认为,人们求之于神的原因是由于感到自己的力量不足,如果人们有力量解决这个问题,那就不会求之于神,而求于人就行了。他说:"力足者取乎人,力不足者取乎神。"(《非国语·神降于莘》)柳宗元之所以看重人的力量,而否定有意志的"天",表明他相信自己的力量,靠自己的力量来解决问题。柳宗元反对有神论,但他认为祭祀仍然是必要的,占卜有时也可用的,这些可以教化于民,使老百姓安分守己,不犯上作乱。他说:"夫祀,先王所以佐教也,未必神之。"(《非国语·祀》)又说:"卜者……圣人之用也,盖以驱陋民也,非恒用而征信矣。"(《非国语·卜》)这又是他承继了孔子、荀子以来传统的儒家思想。

(2) 继承和发展了元气一元论思想。柳宗元批评"天人感应"的有神论,否定了有意志的天,那么"天"究竟是什么性质的,世界究竟是由什么构成的呢?在这个问题上,柳宗元继承了以前气一元论思想,并在新的历史条件下有所发展。

柳宗元认为,天地不是什么神秘的精神性的东西,"天"不过是我们看到的苍天,"地"是我们脚踏着的大地,天地不过是像大瓜果一样的物质性的东西;在天地中充满了元气;元气分为阴阳二气,这二气的相互作用,形成了世界万物。他说:"彼上而玄者,世谓之天;下而黄者,世谓之地;浑然而中处者,谓之元气。"又说:"天地,大果蓏也;元气,大痈痔也;阴阳,大草木也。"(《天说》)对于这一元气构成世界万物的思想,柳宗元在《天对》中更有所发展。他直接否定了在"元气"之上存在什么虚构的东西("上帝")。《天对》是回答《天问》而作的。古代的屈原在《天问》开头提出了五个有关理论的根本问题,大意是问宇宙有没有一个"极"?有没有造始者?最初的造始是谁来传道的?一切变化从哪里来考究呢?又是怎样知道的呢?在这里屈原只是对历史上的一些神话传说作了怀疑式的追问。柳宗元在《天对》中则以直截了当的方式，对答了这些宇宙根本问题。他说："本始之茫，诞者传焉。鸿灵幽纷，曷可言焉。昏黑晣眇，往来屯屯；庞昧革化，惟元气存，而何为焉？"这里表明了他的元气论自然观思想，他认为：宇宙是由混沌的元气构成的，没有任何怪物在那里主宰造为，而那种所谓本始的神秘的东西，原来是荒诞的迷信者所传道的，完全不可相信。他所说的"惟元气存"是一个非常重要的唯气论命题。这不仅肯定了世界的物质性，而且多少接触到了世界的无限性和统一性的问题。然而他直接针对的还是否定造物主的存在，而把元气看成是无所不包的构成宇宙万物的最后根源。正如他在《非国语》中所说："阴与阳者，气而游乎其（按：指天地）间者也，自动自休，自峙自流。"（《非国语·三川震》）他更说："辟启以通，兹气之元。"这是对《天问》"西北辟启，何气通焉？"的答复，否定了神话传说西北为天门的说法，把天道运行还原为自然元气之自为。

世界为物质性的元气所构成，然而元气又是由什么推动它变化运动的呢？对于这一问题的回答，柳宗元仍然坚持了元气自为的思想。他认为世界万物的变化运动是元气自身的阴阳二气相互作用的结果，所以他特别强调"自动自休，自峙自流""自斗自竭""自崩自缺"的思想，进一步否定了造物主的存在。柳宗元的这一元气自为的学说，包含有朴素辩证法的思想因素，把世界万物的变化看做是自身运动的结果。他在回答《天问》"阴阳三合，何本何化"时说："合焉者三，一以统同。吁炎吹冷，交错而功。"这就是说，表面上看来有个什么东西使阴阳合为第三者，而实际上是一中有二，自然的运动（吁吹）并不是有一个本始的东西来助成变化，而只是由于对立面的互相作用而造成的。柳宗元这里明确肯定阴阳二气之外没有其他神秘的动力，它们参错相合而为一；阴阳二气本身的运动"吁炎吹冷"的相反相成的作用，就是它们"交错而功"的内在根据。柳宗元把运动的主体归结为"元气"本身对立物"交错"的作用，这一思想是十分深刻的，是合乎辩证法思想的。

当然，柳宗元的元气一元论思想和辩证法思想仍然是素朴的，有着很大局限性的，对很多问题的解答缺乏科学的根据，而往往是用古代传说的知识来解答的。更应指出的是，当他对一些问题无法解答时，便暴露出偶然论的缺点。例如他在《襘说》中，对一些难于回答的问题，他就说："子欲知其以乎？所谓偶然者信矣。"在这点上他与范缜颇有相似之处。

第二节　刘禹锡的"天人交相胜"思想

刘禹锡在柳宗元《天说》基础上进一步发展了自然之天的思想。他的主要哲学代表作《天论》重点在于批评"天人感应",以明"天人之分"。他提出的一个主要论点,即是"天与人交相胜"的命题。这可说是他对荀子"制天命而用之"思想的发展。

柳宗元在他的《答刘禹锡天论书》中说:"其归要曰:非天预乎人也。凡子之论,乃吾天说传疏耳,无异道焉。"意思是说,刘禹锡的天论基本思想是讲天不能干预人事,这个论点是对他的《天说》的解释和补充。其实《天论》不仅是对《天说》的解释、注解,而且是对《天说》思想的进一步发展。正如刘禹锡自己所言:"余之友河东解人柳子厚,作《天说》以折韩退之之言,文信美矣,盖有激而云,非所以尽天人之际,故余作《天论》以极其辩云。"照刘禹锡看来,柳宗元的《天说》对天与人的关系问题解决得还不够透彻,所以他要写《天论》以极尽其辩。确实《天论》要比《天说》的思想讲得透彻,讲得深刻得多。

《天论》一开始就指出"大凡入形器者,皆有能有不能。天,有形之大者也;人,动物之尤者也"。这里刘禹锡明确地把"天"规定为"有形之大者也",这显然是承接发挥了柳宗元"天地大果蓏也"的观点。如果说柳宗元的《天说》着重把"天"解释为无异于果蓏草木的自然物,而强调它无意识、无目的的特性;那么,刘禹锡的《天论》则是把天作为"有形之大者",用以从整体的方面去概括自然界的特性(有形的万物中之最大者为天)。至于刘禹锡对"人"的解释,则是认为"人"是动物中之最高者。这只是说"人"在世界万物中有他的特殊地位,而不是说人与其他动物完全不同(人是动物中之一种,但是最高等的动物)。在这里刘禹锡对"天"与"人"的论述,是以肯定世界万物都以一定的物质存在为其基础的。《天论》指出:"今夫人之有颜目耳鼻齿毛颐口,百骸之粹美者也,然而其本在乎肾肠心腑。天之有三光悬宇,万象之神明者也,然而其本在乎山川五行。"这是说,人之所以有其容貌和感官这样一些精华的部分,其根本还是在于有肾肺五腑;天之所以有日、月、星辰这些万象中最神妙的现象,也是因为它有山河五行之气作为基础。可见世界上的一切皆是物质的现象,并无什么神秘之处。所以他说:"以理揆之,万物一贯也。"一贯之理就在于:天之神明者以山川五行为本,人之粹美者以肾肠心腑为本;同样,万物也必然本乎一定的物质存在。刘禹锡特别抓住人之颜目口鼻,天之三光神明来陈述他的一切皆唯物的观点,这样就有力地堵塞了导致有神论的一切路径。很明显,既然"百骸之粹美者""万象之神明者"都是以"肾肠心腑""山川五行"为本,那么,也就意味着任何事物都是以一定的物质存在作为其存在的根据了。以此接着刘禹锡就明确地提出整个世界存在的基础是物质的"气",他用清浊二气的变化、阴阳二气的相互作用说明了万物的生成。他说:"乘气而生,群分汇从;植类曰生,动类曰虫;倮虫之长,为智最大,能执人理,与天交胜。"(《天论》下)这里,刘禹锡把世界万物都看成是从"气"而生,而分成若干种类,有植物,有动物,人则是动物中最有智慧的,能够掌握规律而作用于自然界。这当然尚不是建立在科学基础上对物种进化的解释,但这样一个对植物、动物、人类的顺次叙述在当时条件下确已是难能可贵的。这显然是对荀子"水火有气而无生,草木有生而无知,禽兽有知而无义,人有气有生有知,亦且有义"(《荀子·王制》)这一思想的继承和发展。刘禹锡把人解释为"倮虫之长",这样就和"植物""动物"既联系起来,又区分开来,从都是"乘气而生"这方面看,是彼此联系的,互相同一的;从"人"作为"倮虫之长"又"为智最大","能执人理"方面看,又和自然界区别开来,对立起来,以至能"与天交胜"。这种思想实已包含着"天人交相胜"的思想基础。

刘禹锡不仅肯定了事物的客观实在性,而且对事物的客观规律性有一定的认识。这种认识集中地表现在他对"数"和"势"的解释中。"数"和"势"本来也是"古已有之"的概念,不过刘禹锡给了它们一些新的含意,它们大体上相当于事物的规定性、规律性和必然联系等等。如天之数在于"形恒园而色恒青,周回可以度得,昼夜可以表侯",这就比较接近"规定性"的意义,天之势则在于"恒高而不卑,恒动而不已",这就接近"规律性"的意义。至于舟行于水这类的情况,"夫物之合并,必有数存乎其间焉;数存,然后势形乎其间焉"(《天论》中),这里"数"和"势"又大约相当于规律性和必然性的意思。刘禹锡对客观事物的规定性和规律性的认识,还包含了下面两个方面的重要思想:一方面,他肯定"数"和"势"都是"附乎物而生,犹影响也",这就是说,事物的规定性、规律性都是事物本身所具有的,以客观事物为基础;另一方面,他又肯定一切事物都不能"逃乎数,而越乎势",这就是说,客观事物都必有其一定的"规定性""规律性",不能任意改变。刘禹锡的《天论》正是把对"数"和"势"的肯定和论述同对事物客观实在性的肯定和论述紧密地结合在一起的。他用"数"和"势"来解释事物的联系、变化的复杂情况,来解释人们对自然界的认识和把握,从而从更高的理论上否定了神秘的,有意志的宗教的"天"的存在。

在上述思想的基础上,刘禹锡提出了一个重要的观点:"大凡入形器者,皆有能有不能。"这是他的"天人交相胜"思想的直接基础。刘禹锡所谓"交相胜"的基本意思就是事物各有其特定的"能",从而在其特定的"能"方面超越其他事物。"天与人交相胜"的意思是"天"和"人"各有其特定的"功能"。"天"所"能"的,"人"不能;人所"能"的,天不能。天与人各有其超过的方面。从《天论》的内容看,"能"大体上是指"功能""能力"或"作用"等意思。例如,他认为"天"之能包括"水火伤物,木坚金利"的功能,也包括"阳而阜生,阴而肃杀"(春夏使作物生长,秋冬使作物死亡)等作用;而"人"之能包括"阳而艺树,阴而揪敛"(春夏种植,秋冬收藏)等改造自然界的能力,也包括"义制强讦,礼分长幼,佑贤尚功,建极闲邪"(用道义来制裁强悍的人,用礼教来分别长幼,帮助贤者犒赏有功的人,树立一定的标准防止邪恶)等治理社会生活的作用。刘禹锡并概括地说:"天之所能者,生万物也;人之所能者,治万物也。"(《天论》上)这就是他对"能"的解释。由此看来,事物"皆有能有不能",中的"能",都是指具体事物的"能"(功能、作用)。一方面"能"都是"入形器者"的"能";另一方面,"入形器者"必各有"其能"和"所不能",事物各有自己的特性,要彼此区别。所以刘禹锡说:"万物之所以为无穷者,交相胜而已矣。"(《天论》中)这就是说,世界如此纷纭复杂,究其实质不过具体事物各有特性,彼此相殊,各有所长,交互作用而已。关于万物"皆有能有不能"的"交相胜"思想,《天论》中并没有展开,可以说还没有明确地作为普遍规律充分地加以阐发和论证。但对于"天"与"人"交相胜的问题,刘禹锡则作了比较多的阐发。

"天人交相胜"的思想中心意思就是:"天之能,人固不能也;人之能,天亦有所不能也。""天之能"和"人之能"各自都包括着不同的内容。木坚金利的性质,阴阳生杀的功能,健壮衰老的变化等等,这些都是自然的本性,自然界的功能(天之能)。反之,春夏种植,秋冬收藏的能力,"义制强讦""礼分长幼"等作用,乃是人的主动的有意识的作用("人之能")。从这两类内容对举中可以看出,"天之能"的根本意义大体上就在于客观性和自然性,"人之能"则在于主观能动作用和社会特性。这不能不说是刘禹锡对古代素朴的天人关系学说的一个重要发展。

刘禹锡着重从主观能动作用和社会特性的意义上把握人与自然界的区别与对立,在《天论》中是相当明确的。"天之道在生植,其用在强弱;人之道在法制,其用在是非。"(《天论》上)这个分析天人对立所由开始的总论断,就是把对立的分野落脚在"法制"上。所谓"人能胜于天者,法也"(同上),正是这个意思。当然刘禹锡不可能真正认识人的社会本质,他只是抽象地朴素地觉察到人有社会的特性,即所谓"法制","是非"之类,使之与"天"(自然界)区别开来。

"天人交相胜"的思想中还有一个很重要的观点,即"天非务胜乎人",而"人诚务胜乎天"。"天无私,故人可务乎胜也。"(《天论》中)这就是说,天不是有意识地要"胜人",天之所能乃是其自然的特性。人却是有意识地"胜天",自觉地改变无意识的自然。这样,一方面反对了把"天"神秘化的"目的论"思想,另一方面又防止了忽视人的自觉性、能动性的毛病。

总起来说,"天恒执其所能以临乎下,非有预乎治乱云尔;人恒执其所能以仰乎天,非有预乎寒暑云尔。"(《天论》上)这可以作为"天人交相胜"的总括说明。自然永远凭借固有的特性,遵循其固有的规律,使万物生长变化,而不干预人世的治乱;人则运用其特殊的能力,从事各种自觉的活动,承受自然提供的条件利用自然,治理万物,而这又不是对客观规律的违背。

综上可见,刘禹锡对天命论的批评比柳宗元在理论上更深入了一层。他的批评并且还直接触及到了有神论产生的认识根源和社会根源。这在中国哲学史上可以说是作出了一大贡献。

刘禹锡在《天论》里举操舟为例,他认为船在小河里行走,快、慢、停、航都由人掌握,大风掀不起狂涛,漩涡也形不成险阻,有时顺利而平安,这靠人的操纵;有时搁浅翻船,这也赖于人的掌握。在这样的条件下,"舟中之人,未尝有言天者,何哉? 理明故也。"(《天论》中)反之,在大江大海里航行,快慢很难预卜、停、航很难由人掌握,狂风可以遮天蔽日,密云能够成灾为害。这时,平稳航行由乎天;不幸而沉没亦由乎天,"舟中之人未尝不言天者,何哉? 理昧故也"(同上)。这里刘禹锡提出"理明"和"理昧"的不同情况,说明有神论产生的直接的认识论根源。他指出,当人们能够认识客观规律,明白事变的因果,能够支配自然界,预见未来的时候,思想里就不会有有神论的地盘。反之,人们没有或不能认识客观规律,被盲目的自然所支配,不能掌握自己的命运,茫然若失,无能为力,便不可避免地把一切归之于有意志的"天",即所谓"人不宰,则归乎天也"(同上)。刘禹锡不仅指出这样两种情况,而且对这两种情况进行了分析。他肯定"彼江海之覆,犹伊淄之覆也",这就是说,船的覆没,无论在小河小川还是在大江大海,究其实,都是同样的事情,都有同样的道理。问题在于"势有疾徐,故有不晓尔"。江海和伊淄,"势"之疾徐遽缓有异:"本乎徐者,其势缓,故人得以晓也;本乎疾者,其势遽,故难得以晓也。"(同上)刘禹锡这些分析是十分有道理的,他已经不是把有神论当作简单的胡说加以否定,而努力从理论上加以说明。"彼江海之覆,犹伊淄之覆也。势有疾徐,故有不晓尔"。这两句话虽是直接用来总结关于"操舟"一例的分析,但我们不难看出它颇有概括的意义和深刻的内容。一方面,"势有疾徐",以致"理"有明昧,这使人明白言天之说的不同所由起的原因;另一方面,事情本来就只是"势有疾徐"而已,根本上"彼江海之覆,犹伊淄之覆",并非"真有物的然以宰",由此又使人懂得言天有意志之说所以错误的道理。

然而刘禹锡不仅只是用"理明""理昧",从认识方面说明有神论产生的根源,而且更侧重从社会方面揭示有神论产生的条件。这就是他对"法行"和"法弛"的分析。他认为,由于法大行,是非清楚,人道昌明,那种宣扬"天"决定着人类命运的说法就难以行通;法小弛,是非有了杂乱,人道也有了杂乱,在是"天"还是"人"决定着人类命运问题上,说法也就杂乱,从而就会产生出有神论的思想;法大弛,是非颠倒,人道完全被破坏,人能胜天之"能"也就完全丧失,人就不可能再与有神论相抗衡。为什么会这样呢?刘禹锡认为:"生乎治者人道明,咸知其所自,故德与怨不归乎天;生乎乱者人道昧,不可知,故由人者举归乎天。"(《天论》上)这里的思想显然和"理明""理昧"的一般分析完全一致,只是把人道作为理的内容。这样注意从社会条件来考察和解释有神论产生的根源,在过去确实是少见的。

当然,刘禹锡由于其历史时代的局限,他也不可能真正科学地解决有神论产生的根源问题。对于宗教产生的根源问题,恩格斯在《反杜林论》中作了科学的深刻的阐述。他说:"一切宗教都不过是支配着人们日常生活的外部力量在人们头脑中的幻想的反映,在这种反映中,人间的力量采取了超人间的力量的形式。在历史的初期,首先是自然力量获得了这样的反映,而在进一步发展中,……除自然力量外,不久社会力量也起了作用,这种力量和自然力量本身一样,对人来说是异己的,最初也是不能解释的,它以同样的表面上的自然必然性支配着人。"(《反杜林论》,第 311—312 页)恩格斯的这一分析揭示了宗教有神论产生的深刻的认识论根源和社会根源。刘禹锡的无神论思想初步接触到了恩格斯所揭示的宗教产生的两方面的原因(即认识论根源和社会根源),这在一千多年前的古代来说,确是难能可贵的。

第三编
宋元明清时期的哲学发展

北宋建国到清代中期鸦片战争以前,是中国封建社会的后期,前后约八九百年(960—1840),经历了宋(与宋同时的有辽、金)、元、明、清等几个朝代。后期封建制的特点是,佃租的封建剥削形式取得了支配的形态,农民对地主的人身依附相对减弱了,工商业得到了高度发展,进一步加强了君主集权制度。全国军权都集中于皇帝手中,全国的财政赋税也集中于中央,在行政方面也加强了中央朝廷对于地方官吏的控制。

宋代到清代中期的长时期内,中国封建社会的基本矛盾是封建地主阶级与广大农民的矛盾。北宋建国以来,封建地主阶级和农民的矛盾就很尖锐。宋代对北方的辽国采取了消极防御的方针,不惜以贡献财物的方式买取和平苟安的局面;这些财物都出在人民身上。宋代又扩充了科举制度,吸收地主阶级各阶层的知识分子参加政权,于是设立了很多冗官闲职,形成了庞大的官僚机构,人民的负担越来越重,形成"恩逮于百官者惟恐其不足,财取于万民者不留其有余"(赵翼:《廿二史札记》)的情况。而最严重的是土地兼并的风气极为盛行,所谓"承平既久,奸伪滋生,命官形势(指作官有势力的人),占田无限"(《宋史·食货志》)。宋代制度,户口分为主户与客户,客户是完全丧失土地的农民或手工业工人。主户又分为五等。占田三顷以上至几百几千顷的为第一等,这是官僚大地主,称为"官户"或"形势户"。第二、第三等是普通中小地主。第四等主要是自耕农。第五等包括贫农和无地的税户。"三等以上,皆能自足"(同上),都是地主阶级。其中第一等官僚大地主占有全国土地百分之七八十。但他们还是贪得无厌,不断兼并土地。在官僚地主的兼并势力之下,自耕农常有丧失土地的危险;而且田赋地租以及各种苛捐杂税越来越多,有加无已。在这样的情况下,地主阶级与农民之间的矛盾日益尖锐化。

在元代统治时期,蒙古贵族与汉族官僚大地主勾结起来,更加残酷奴役国内各族人民。在元代统治期间,各族人民,包括汉族和其他少数民族的人民,接连不断进行武装斗争。元末爆发了农民的红巾军大起义,终于推翻元代的统治。

明代土地高度集中,皇室贵族和官僚大地主占有大量土地。这些特权阶层占田虽多,但不纳赋税,全国负担大部都转嫁到农民身上。在统治阶级残酷的剥削压迫之下,农民生活极端困苦,因而大规模的农民起义不断发生。明末爆发了李自成、张献忠领导的农民大起义,李自成领导的农民军,提出"均田、免税"的革命口号,更深得广大人民的拥护,终于推翻了明代统治。清军入关以后,建立了满汉大地主的联合政权,满族统治集团与汉族官僚地主勾结起来压迫人民,人民经常举行起义来反抗满汉统治阶级的残酷压迫。

宋代到清代中期,封建地主阶级的内部也经常有矛盾斗争,这主要是有特权的官僚地主与无特权的普通地主(即中小地主)的矛盾斗争。经过唐末农民革命战争,旧的门阀世族地主阶级基本上消灭了,而庶族地主分化成两个阶层:官僚地主代替了过去门阀世族的地位,这些官僚地主有政治特权,免除一切赋役。普通地主(中小地主)则没有特权,也负担赋役,而且在官僚地主的兼并势力之下,也时常感受到威胁。普通地主阶级的代表人物经常要求进行一定程度的改革。宋神宗(赵顼)时王安石实行变法,就是普通地主要求改革的典型例证。当时代表官僚地主的旧派竭力反对新法,企图保护他们的既得利益,新旧两派之间展开激烈斗争。

明清两代虽然没有变法的斗争,但普通地主与官僚地主的矛盾斗争也是经常的,有时是很激烈的。明末"东林党人"评论朝政,要求革除积弊,就是反对皇室贵族、宦官以及大官僚的过分特权的斗争。

中国封建社会后期,商品经济比较过去时代有更大的发展。北宋许多官营的或私营的手工业作坊中已有相当细密的分工,商品经济有高度的发展,出现了许多商业繁盛的城市。明代苏杭纺织业最为发展,据《明实录》记载,当时苏州纺织业的情况是"机户出资,机工出力"。当时苏州的织工有几千人之多,据说都是"浮食奇民,朝不谋夕,得业则生,失业则死",即都是靠出卖劳力以维持生活的人。在矿冶业与瓷器业中也有类似的手工业工场。不过,在明代,个体农业和家庭手工业相结合的自然经济仍占主要地位。

明代后期有一些工商业发达的市镇,这些市镇中的居民,包括工商业者(手工场主人等)与手工业工人,小商贩等,称为"市民",逐渐形成一种力量。市民常常进行反抗封建压迫的斗争,即所谓"民变"。例如1601年(万历二十九年)苏州发生反抗税监的斗争,同年湖北商民也发生了反抗税监的斗争,1603年北京西郊煤矿矿工也爆发了反抗斗争。

清朝统治初期,曾经执行钳制工商业的政策,手工业、商业的发展受到影响,但到了康熙、乾隆年间,手工业生产和商品经济又发展起来,逐渐超过了明末的情况。在许多城市,出现了分工很细工匠众多的手工业工场。根据在苏州发现的雍正年代的《奉各宪永禁机匠叫歇碣记》，当时苏州纺织业的情况是："机户出资经营，机匠计工受值"，这基本上和明代后期情况一样。但工匠人数增加了，当时苏州机匠的人数超过两万人。在清代，个体农业和家庭手工业相结合的自然经济仍占支配地位，但商品经济也有显著的增长。

在宋代，与农业手工业的发展相适应，科学技术有进一步的发展。北宋时期出现了一些技术专家，如毕升（约卒于1051）发明活字印刷，这是世界上最早的活字印刷术。又如喻浩（生卒年不详）是建筑专家，曾写《木经》一书讲述建筑原理（业已佚失）。此外著名的科学家有苏颂（1020—1101）、沈括（1032—1096）。苏颂是天文学家，曾重修"浑仪"，建台三层，上设浑仪，中设浑象，下设司辰，用一个机器贯穿起来，以水力转动，形成一个齿轮系统。苏颂著有《新仪象法要》。沈括对于天文、地理、医学都有较深的研究，曾建议一种新历法，以节气定月，不管朔望，取消闰月，以立春为正月初一，合乎农业实用。他又创造立体的木制地图，即地形模型，还提出海陆变迁的学说，认为太行山是远古的海滨。沈括著有《梦溪笔谈》，其中记载了当时的若干发明创造。

明代末年出现了三部总结性的科学著作，李时珍（1518—1593）著《本草纲目》，集药物学之大成；徐光启（1562—1633）编著《农政全书》，总结了农业生产的经验；宋应星（生卒年不详）著《天工开物》，总结了手工业生产的实际经验，叙述了农耕、纺织、制糖、陶瓷、矿冶、造纸等的工具与技术。这些科学著作反映了明代各专业技术的发展，也表现了明代自然科学的成就。

明代末年，西方自然科学曾一度输入。在16、17世纪，西方的一些国家还处在资本主义初期，派遣许多天主教教士到中国传教。传教士带来许多科学书籍，传播了西方古代希腊及15、16世纪的自然科学知识。他们到中国来，本来是为了传教，并不是为了传播科学，所以并没有多大积极的结果。在明代，中国知识分子接受西方科学的著名人物有徐光启、李之藻等。清代的天算家大都兼治中法与西法，最著名的天算家王锡阐（1628—1682）著有《晓庵新法》；梅文鼎（1633—1721）著有《几何补编》等数十种，后人编为《梅氏丛书》。

自然科学对于哲学的发展有重要影响，许多著名的哲学家曾经从事于自然科学的研究，如张载对于天文学医学都有一定研究；朱熹对当时的自然科学有广泛的研究；王廷相是天文专家，还研究过生物学；方以智很注意研究所谓"质测之学"即当时的自然科学；王夫之虽然不是科学家，但是他也很看重当时所谓"质测之学"；戴震则是天文、算学、地理学的专家。他们的哲学思想都和自然科学有一定的联系。

宋元明清时期社会中的各种矛盾斗争都在一定程度上反映于哲学思想。在宋代，旧有的门阀世族地主阶级消灭了，官僚大地主阶级代替了门阀世族的地位。官僚地主阶级需要一种新的统治思想体系,作为维护封建统治的精神力量,以便对于广大人民进行新的精神统治。北宋初期的周敦颐、程颢、程颐,提出了新形式的儒家思想体系——道学,为宋代中央集权的封建专制主义提供了理论基础。周程以继承古代儒家自居,同时吸取了佛教、道家的很多思想。他们的思想体系是古代儒家孔孟之道与道家老庄学说和佛教唯心主义的综合。他们都把封建社会等级制度说成为天经地义,把封建道德基本原则即所谓"三纲五常"绝对化、永恒化,从而满足官僚地主阶级进行精神统治的需要。南宋的朱熹、陆九渊以及明代的王守仁继承并发展了周敦颐、二程的哲学,他们之间也有争论。朱熹是客观唯心主义,陆九渊、王守仁是主观唯心主义,彼此相互批驳。道学成了后期封建社会占统治地位的官方哲学。

与道学唯心主义相对立,在后期封建社会,涌现出一批代表普通中小地主、商人地主和市民阶层利益的哲学家和思想家,他们不满官僚地主的特权地位,要求革新政治,在哲学上举起批判正统哲学的旗帜,或提出进步的社会政治思想,跟道学唯心主义及其道德说教展开了论争。从宋初到清代中期,他们同佛、老唯心主义、道学唯心主义以及道学家鼓吹的纲常名教论进行了多次论争。这些论争都是同当时的社会矛盾和国内民族斗争的激化联系在一起的。

在南宋时期,道学唯心主义得到了发展。这时出现了反映兼营商业的地主阶层利益的哲学家陈亮和叶适,他们提倡功利学说,发挥了唯物主义的观点,同以陆九渊和朱熹为代表的道学唯心主义相对立。

到了明代,随着封建社会危机的加深,道学唯心主义得到了发展。这时又出现了代表普通地主利益的唯物主义哲学家罗钦顺、王廷相,同以王守仁为代表的道学唯心主义进行了斗争。到了明代后期,又出现了功利派的进步思想家李贽,同道学家的封建的道德说教开展了辩论。

明清之际,在国内民族矛盾和阶级矛盾的影响下,出现了反映市民要求的进步的思想家黄宗羲,对封建专制主义的君权论进行了批判。与此同时,出现了著名的唯物主义者王夫之,代表中小地主的利益,对道学唯心主义和佛、老唯心主义进行了总清算,把我国封建时代唯物主义的发展推向了高峰。到了18世纪,出现了在一定程度上反映市民要求的著名的唯物主义者戴震,又对道学唯心主义展开了批判。

第一章
李觏与王安石

北宋时代,封建地主阶级与广大农民的阶级矛盾一直很尖锐,当时中国境内,东北方有辽国,西北方有西夏,宋与辽、夏之间的民族矛盾也很严重。到宋仁宗(赵祯)时期,土地兼并日益加深,阶级矛盾逐渐激化,国家财政也日感不足。当时比较开明的政治家范仲淹等提出改革政治的主张,但遭到保守派的反对,竟无结果。到宋神宗(赵顼)时期,阶级矛盾和民族矛盾比以前更加尖锐化了,神宗意图挽救当时的政治危机,谋求富国强兵,任用王安石为宰相,实行变法。以司马光、程颢、程颐为代表的保守派加以反对。当时发生了所谓新旧党争。旧党站在有特权的官僚地主的立场上,反对改革;以王安石为代表的新党则要求限制官僚地主的特权,更新法制,增加国家的财政收入,加强抵抗辽、夏贵族侵略的防御力量。

在王安石提出的新法中,青苗法排挤官僚地主的高利贷,免役法强迫"形势户"出助役钱,方田均税法打击官僚地主的伪冒和免税特权,均输法、市易法主要是控制豪商富室对物价和物资的操纵和垄断。当时新旧党争就是普通地主要求更新法制、削减官僚地主的特权和官僚地主维护已有特权、反对任何改革的斗争。王安石在宋神宗的支持下,于熙宁年间(1068—1077)两次任宰相,推行新法。因屡遭旧党的反对,熙宁九年(1076)再次辞职。后来宋神宗死去,旧党把新法都废除了。

王安石在变法过程中,为了给他的新法寻找根据,曾声称他的新法是源于《周礼》等书。在他执政时期,颁布《三经新义》(三经指《诗》《尚书》《周礼》),对这些经书作了新的解释,史书上说他是"先儒传注,一切废不用"。《周礼》由他自己注释,《诗》《书》由王安石的儿子王雱和吕惠卿等注释。所以他的学说被称为"新学"。他和他的学派以"新学"和官僚地主集团的保守思想进行斗争。比王安石略早,对当时社会经济、政治情况发表过改革主张的人还有李觏。他的哲学思想也与王安石比较接近。

第一节 李觏的自然观

李觏,字泰伯,生于公元 1009 年(宋真宗大中祥符二年),死于公元 1059 年(宋仁宗嘉祐四年),建昌军南城(今江西南城)人。他出生于中小地主家庭,考进士不中,以教书为生。晚年,由范仲淹推荐为太学助教,后为直讲,与王安石有过交往。他的著作后人编为《直讲李先生文集》。

李觏的哲学思想主要反映在他研究《周易》的一些论文中。他在《周易》的研究中,反对神秘的象数学和鬼神卜筮迷信,而注重阐发《周易》中所包含的修身、治国道理和自然界万物生成的理论。在关于万物生成的理论中,他比较强调万物的客观物质性和自然生成。他曾专门写了六篇论文,批驳当时流行的宣传象数的刘牧的《易数钩隐图》。他指出,刘牧这部书"力穿凿以从傀异","诖误学子,坏隳世教"(《删定易图序论》),他批驳了刘牧把《易》和《河图》《洛书》相附会的神秘之说,阐发了气化论的宇宙生成论。李觏认为,"太极"是物质性的"气",五行万物都是"太极"分化出的阴阳二气的结合所产生的。他说:"厥初太极之分,天以阳高于上,地以阴卑于下,天地之气,各亢所处,则五行万物,何从而生?……天气虽降,地气虽出,而犹各居一位,未之会合,亦未能生五行矣。譬诸男未冠,女未笄,婚姻之礼未成,则何孕育之有哉?……夫物以阴阳二气之会而后有象,象而后有形。象者胚胎是也,形者耳目鼻口手足是也。……天降阳,地出阴,阴阳合而生五行。此理甚明白。"(《删定易图序论一》)这是说,"太极"是天地未分前之元气,由"太极"分化成阴阳二气,阴阳二气的交会,才产生了有具体形象的五行万物。

李觏发挥《周易》的元亨利贞说,把它解释成是事物发生和发展的过程、性质、状态。他说:"或曰,敢问元亨利贞何谓也?曰,大哉乎,乾之四德也。而先儒解诂,未能显阐,是使天道不大明,君子无所法。若夫元以始物,亨以通物,利以宜物,正(贞)以幹物,读《易》者能言之矣。然所以始之、通之、宜之、幹之,必有其状。窃尝论之曰:始者其气也,通者其形也,宜者其命也,幹者其性也。走者得之以胎,飞者得之以卵,百谷草木得之以句萌,此其始也。胎者不殰,卵者不殈,句者以伸,萌者以出,此其通也。人有衣食,兽有山野,虫豸有陆,鳞介有水,此其宜也。坚者可破而不可软,炎者可灭而不可冷,流者不可使之止,植者不可使之行,此其幹也。"(《删定易图序论五》)他把事物的来源、开始叫做元;把事物的成长叫做亨;把事物所利用以生存的条件叫做利;把事物的基本特性叫做贞。事物的来源、开始就是气。走兽、飞鸟、百谷草木都因为有了气才得以生出。鸟兽的卵、胎,百谷草木的萌芽,能得以生出、发育,这就叫亨,这就有具体而确定的形象了。人、兽、虫、鱼各有自己相宜的生存条件,这就是利,也就是所谓命。石之坚,火之炎,水之流,草木之植根于一定的地方,这事物的不同特征,就是事物的本性,就是贞。因此,所谓元、亨、利、贞就是事物发生和发展的自然过程,即"天道"。

李觏从事物的自然属性来说明五行之相生、相克问题。对于"五行相生则吉,相克则凶"的传统说法,他提出异议:"相生未必吉,相克未必凶。用之得其宜,则虽相克而吉;用之失其宜,则虽相生而凶。"(《删定易图序论六》)例如,用水对火加以克制,就可以用水救火灭灾;用火对金加以克制,就可锻铸金属器具;用金对木加以克制,就可用金属器具来加工木材建造房屋;用土来克制水,就可以防止水患。这都是"用之得其宜,虽相克而吉也"。反之,水生木,但若用水来泡木,木就会腐烂;木生火,但若将木放进火中,木就会被焚毁;火生土,但若用火烧土,土就会被烧焦;土生金,但若用土把金属埋起来,金属就会蚀坏;金生水,但若把金投入水中,金就会沉没。这些都是"用之失其宜,虽相生而凶"。李觏的论述认为事物的"相生""相克",都不是绝对的,问题在于人们应当按照事物本身的性质及其变化规律来加以利用。按照事物本身的性质和变化规律而行动就会带来利益;违反事物本身的性质和变化规律去行动就会招致祸害。因此,李觏认为"吉凶由人"。社会的治乱、人事的吉凶是由人们自己决定的,而不是由天命鬼神决定的。他反对"释人事而责天道","假于鬼神时日卜筮以疑众"的迷信思想,强调人的主观能动作用。

第二节 李觏的社会伦理思想

李觏社会伦理思想中有独到见解的地方,就在于他对礼的系统论述。他认为"礼"是人们社会生活的最高准则、统治者修身治人的主要工具。他说:"夫礼,人道之准,世教之主也。圣人之所以治天下国家,修身正心,无他,一于礼而已矣。"(《礼论》第一)他认为"礼、乐、刑、政"等"天下之大法",与"仁、义、礼、智、信"等"天下之至行"统统"一本于礼"。对于"礼"同乐、政、刑,以及仁、义、智、信的关系,他指出:礼是调节人们社会物质生活和精神生活而达到和谐的准则,而乐、政、刑是礼的辅助和补充。他说:"人之和,必有发也,于是因其发而节之。和久必怠也,于是率其怠而行之。率之不从也,于是罚其不从以威之。是三者礼之大用也,同出于礼,而辅于礼者也。不别不异,不足以大行于世。是故节其和者,命之曰乐;行其怠者,命之曰政;威其不从者,命之曰刑。此礼之三支也。"他又指出:仁、义、智、信是礼之"别名"。他说:"在礼之中,有温厚而广爱者,有断决而从宜者,有疏达而能谋者,有固守而不变者。

是四者,礼之大旨也,同出于礼,而不可缺者也。于是乎又别而异之,温厚而广爱者,命之曰仁;断决而从宜者,命之曰义;疏达而能谋者,命之曰智;固守而不变者,命之曰信。此礼之四名也。"(同上)礼与乐、政、刑和仁、义、智、信的关系,好比身体与四肢筋骸的关系,礼包括了乐、政、刑、仁、义、智、信七者在内,犹如人的身体包括了四肢筋骸在内一样。他又把礼乐刑政叫做"法制",认为仁、义、智、信等道德观念,要借"法制"才能表现出来。

李觏又认为,道德的教化也离不开经济上的治理。他说:"生民之道,食为大。有国者未始不闻此论也。……法制不立,土田不均,富者日长,贫者日削,虽有耒耜,谷不可得而食也;食不足,心不常,虽有礼义,民不可得而教也。"(《平土书序》)又说:"孔子谓'既庶矣,富之;既富矣,教之'。管子有言'仓廪实知礼节,衣食足知荣辱'。然则民不富,仓廪不实,衣食不足,而欲教以礼节,使之趋荣而避辱,学者皆知其难也。"(《周礼致太平论·国用十六》)对于道德与社会物质生活的关系,先秦的管子、韩非、汉代的司马迁、王充等均有论述,李觏继承了这个传统。他认为如果不能使老百姓有起码的物质生活保证,吃饱、穿上衣服,那么即使进行道德教化,老百姓也是不能都遵守礼义的。他关于人们的物质生活决定道德思想的论述,包含有某种合理的思想因素。当然,李觏所反对的是道德决定论,而不是不要道德教化,所以他说:"所谓安(民)者,非徒饮之、食之、治之、令之而已也,必先于教化焉。"(《安民策一》)

李觏从物质生活决定道德的观点出发,批评了儒家传统中占主导地位的崇义贬利的思想。他说:"愚窃观儒者之论,鲜不贵义而贱利,其言非道德教化则不出诸口矣。然《洪范》八政,一曰食,二曰货。孔子曰'足食足兵,民信之矣。'是则治国之实,必本于财用。盖城郭宫室,非财不完;羞服车马,非财不具;百官群吏,非财不养;军旅征戍,非财不给;郊社宗庙,非财不事;兄弟婚媾,非财不亲;诸侯四夷,朝觐聘问,非财不接;矜寡孤独,凶荒札瘥,非财不恤。礼以是举,政以是成,爱以是立,威以是行。舍是而克为治者,未之有也。是故圣贤之君,经济之士,必先富其国焉。所谓富国者,非曰巧筹算,析毫末,厚取于民以媒怨也,在乎强本节用,下无不足,而上则有余也。"(《富国策一》)他由此而提出了"均田""平土"的思想。他的"均田""平土",虽然不是剥夺大地主占有的土地,但是要限制大地主的土地兼并的发展。

李觏认为,礼不过是"顺人之性欲而为之节文者",人之性欲并不是不可以讲。他说:"利可言乎?曰:人非利不生,曷为不可言?欲可言乎?曰:欲者人之情,曷为不可言?言而不以礼,是贪与淫,罪矣。不贪不淫而曰不可言,无乃贼人之生,反人之情!世俗之不意儒以此。孟子谓'何必曰利',激也,焉有仁义而不利者乎?"(《原文》)孔子说过:"君子喻于义,小人喻于利。"孟子回答梁惠王"将有以利吾国乎"这个问题时说:"王何必曰利,亦有仁义而已矣!"孔、孟都有尚义贬利的倾向。董仲舒更提出"正其谊不谋其利,明其道不计其功"。包括北宋理学家在内的崇义贬利的思想,往往将"义"与"利"对立起来,李觏冲破传统观念的束缚,鲜明地提出"焉有仁义而不利者乎"的命题,批评了"贵义而贱利"的主张,同时也申明追求利是合理的,但也还要"礼"的约束。李觏"人非利不生"的观点,是南宋叶适等人功利思想的先驱。

第三节 王安石的五行学说和认识论

王安石,字介甫,生于公元1021年(宋真宗天禧五年),死于公元1086年(宋哲宗元祐元年),抚州临川(今江西临川)人。他出身于中小地主家庭,早年作州县地方官吏,熙宁二年(1069)任参知政事,次年作相。熙宁九年罢相后,退居江宁(今南京),不再参与政事。王安石早年家境比较清寒,执政以后,谋求"富国强兵",也比较注重现实问题的研究。他曾经自述治学情况说:"某自百家诸子之书,至于《难经》《素问》《本草》、诸小说无所不读,农夫女工无所不问,然后于经为能知其大体而无疑。"(《答曾子固书》)他的主要著作有《临川集》《周官新义》《老子注》等。

王安石以《尚书·洪范》中的"五行"思想为材料,通过自己的解释,提出了一种以五行为中心观念的世界图式,用来说明宇宙万物的形成和变化。他对《洪范》的解释是"三经新义"的一部分。

王安石认为,世界的根源是"太极",五行是从"太极"来的。他说:"太极生五行,然后利害生焉。"(《原性》)但是他对太极并没有作更多的说明。而在《洪范传》中,他明确地认为五行是天地所生的。他所谓天指自然之天。天和地生出五行,五行又形成了万物,万物都受五行的支配。"五行"指构成万物的五种物质元素——水、火、木、金、土。天地是怎样生出五行的呢?他又认为五行是由天地之间的阴阳二气运动变化而生出来的,他说:"北方阴极而生寒,寒生水,南方阳极而生热,热生火……东方阳动以散而生风,风生木。……西方阴止以收而生燥,燥生金,……中央阴阳交而生湿,湿生土,土者,阴阳冲气之所生也,……"(《洪范传》)王安石认为五行是由天地生出来的,他抛弃了古代对于五行的神秘解释,对五行的起源作了明确的自然主义的解释。

关于五行生万物,王安石论述说,万物的体质、性能、形态以及它们所处的时间和方位,都是从五行来的。例如,柔性来于水性弱,刚性来于火性烈,圆形出于土圆,方形出于金方,春天由于水气盛,秋天由于金气盛,处下位的体现了水下流,居上位的体现了火上升,等等。他还认为,五行也是人类从事生产活动的依据,如土供人稼穑,水供人汲井,火供人冶炼,木、金供人制造器械。这些都是说,由于构成万物的五种元素有不同的性能,所以万物才有多种多样的性质和不同的方面。王安石的这些说法,有的是转述古代五行学说的看法,有的是他自己的见解。值得注意的是,他并不认为五行作为五种物质具有仁、义、礼、智、信五种道德属性,对五行的性能做了物质性的解释。

王安石还依据五行的变化来说明万物运动和变化的问题。他认为,五行作为事物的五种元素,它本身就具有运动和变化的性质,五行的特点就在于它能运行。他说:"五行也者,成变化而行鬼神(指复杂而看不见的变化),往来乎天地之间而不穷者也,是故谓之行。"(同上)着重从运动和变化的观点解释五行,这是王安石对古代五行学说的新发展。在他看来,五行不仅是万物构成的元素,也是万物运动变化的基础。五行有哪些运动变化的性能?王安石认为有五种:一种是"木变",木具有"变"的性能,如被烧变为火,腐烂变为土。一种是"土化",土具有"化"的性能,如能燥,能润,能收拢,能铺开。一种是"水因",水具有"因"的性能,如因随甜东西而甜,因随苦东西而苦。一种是"火革",火具有"革"的性能,如把生的改变成熟的,把柔的改变成刚的。一种是"金从革",金具有"从革"的性能,"从革"是说经过"火革"以后,可以成为圆的,也可以成为方的,平的,直的和弯的,等等。王安石认为,万物都是靠这五种变化形成的。王安石的看法,肯定了物质本身具有变化的性质,把变化理解为事物性质的转化过程,并且强调了"革"的重要性。他所说的"革",指事物发生的质的变革,如由柔变成刚。这是一种辩证的观点。据此,他批评了那种把柔弱看成是事物发展的理想境地或最终归宿的思想。他说:"奈何终于挠弱而欲以收成物之功哉?"(同上)显然,这是针对老子的"柔弱胜刚强"的"贵柔"思想而发的。

王安石还依据五行变化的法则,论述了万物发展和变化的总的规律。他说:"道立于两,成于三,变于五。"(同上)"道立于两",是说事物都有对立两个方面。"成于三"是说两个对立面相配合,形成某一事物。"变于五"是说五行各有对立面,互相配合,生出事物的种种变化。王安石的这个论点是说事物的变化都是五行的对立面相互配合和相互作用的结果。例如,水同火是两个对立面,水性柔弱,火性刚坚,水火顺序发生作用,事物便从柔弱进于刚强状态。又如,木和火是两个对立面,木能生火,所以春天以后,夏天便继续下去;金和木是两个对立面,金能克木,所以木材被制成器械。前一种情况,是一方代替另一方,即是"相生"。后一种情况,是一方制裁一方,即是"相克"。他说:"其相生也,所以相继也;其相克也,所以相治也。"(同上)王安石认为,由五行构成的万事万物,它们的气质、性情、形态、色声臭味以及所处的时间和方位,都有其对立面相配合("皆各有耦"),他说:"一柔一刚,一晦一明,故有正有邪,有美有恶,有丑有好,有凶有吉,性命之理,道德之意,皆在是矣。"(同上)他还认为,对立面的每一方面,又都包含有对立面的相互作用("耦之中又有耦")。由此他得出结论说,由于多种多样的对立面的相互作用,事物的变化便没有穷尽了。("万物之变遂至于无穷")王安石的这些看法,肯定了事物的变化来于对立面的相互作用,并且把"相生"和"相克"看成是对立面相互作用的结果,这同样是对古代五行学说的新的发展。这种关于事物变化的看法,具有朴素的辩证法的因素。据此,他进一步提出了"新故相除"的观点。他说:"有阴有阳,新故相除者,天也;有处(处置)有辨(分辨),新故相除者,人也。"(杨时《字说辨》引王安石《字说》)"新故相除",是说,新旧交替,新的代替旧的。他认为这是天(自然)人(社会)共同的法则。王安石主张变法,要以新法代替旧制,所以提出新的代替旧的是事物变化的普遍法则。

　　王安石提出的以五行为中心观念的世界图式,抛弃了古代五行学说中的神秘主义,力图用五种物质元素说明世界的形成和变化,并且用五种物质的性能说明事物的多种多样性。因为他相信物质世界本身有自己的形成和变化的规律,所以他不信"天命",反对天人感应的目的论。在他推行新法的过程中,反对派的代表人物曾利用天人感应的迷信,反对新法,说什么彗星出于东方,必有灾难。王安石指出,天象的变化有它自己的规律,同人事吉凶没有必然联系,把天人感应宣布为"妄诞"。正因为如此,他的自然主义学说,又遭到后来反对派学者的攻击,说什么王安石不用"阴阳灾异之说",以此搞政事,就是"不畏天"(见《宋元学案·荆公新学略》)。这正表明王安石是一个无神论者。他对事物变化的看法,所以能提出具有朴素的辩证观点,是同他要求改革现状的政治立场联系在一起的。

　　但是,他的五行学说同样具有很大的局限性。物质世界的多种多样性,不是靠五种物质的性能可以说明的。他把万事万物的性质和变化都纳入五行之中,企图用五种物质的属性和运动的形式说明一切现象,只是一种朴素的想象。在古代科学知识不发达的时代,这种自然哲学的体系,正如恩格斯所批评的:"用理想的、幻想的联系来代替尚未知道的现实的联系,用臆想来补充缺少的事实,用纯粹的想象来填补现实的空白。它在这样做的时候提出了一些天才的思想,预测到一些后来的发现,但是也说出了十分荒唐的见解,这在当时是不可能不这样的。"(《路德维希·费尔巴哈和德国古典哲学的终结》)王安石的五行学说就是这样。尽管他对事物变化的看法,吐露出不少的朴素辩证法的思想,但整个说来,他对运动变化的辩证理解是有缺陷的。因为把世界的变化归之于五种不同物质的相互作用,其结果会导致机械论和循环论,从而忽视了物质世界从低级到高级的发展过程。他晚年又钻研了佛、老学说。从现在传流下来的关于他的《老子注》的一些片断材料看,他一方面把作为世界实体的"道"解释为"元气",一方面又说道是"无";一方面肯定事物有其对立面,一方面又讲"无对";一方面说冲气运行不息,一方面又宣称"元气不动",等等。这些说法体现出他在晚年谋求调和各种不同哲学立场的折中主义倾向。

第四节 王安石的人性论和历史观

王安石批评了以前的各种关于人性的说法,主张"性无善恶"论,反对韩愈的"性三品"说和李翱的"性善情恶"说,间接地批判了佛、老的人性论。他对人性问题的评论,成了"新学"的主要特征之一。

王安石认为,人的"五事"(貌、言、视、听、思)和情欲等生理和心理方面的活动是人性的内容,这些又都是和人的形体联系在一起的,构成了人的生命。他说:"形者,有生之本,故养生在于保形。"又说:"不养生不足以尽性。"(《礼乐论》)他这个论点,把自然生命的保养看成是充分实现人性的基础。这是他的人性论的出发点,王安石在当时所以这样理解人性,其目的在于反对佛、老的人性论,抨击宗教的禁欲主义。

从这种人性论出发,王安石讨论了善恶的来源问题。他不赞成性善论,也不赞成性恶论,也不赞成善恶二元论。他批评孟子的"人性善"说,如果人生来都有"恻隐之心","人之性无不仁",人们就不应该有"怨毒忿戾之心",不应有为恶之心,但事实并非如此。他又批评荀子的"人性恶"说,如果说人性是恶的,善是人为的结果,人们就不应该有"恻隐之心",事实也并非如此。他还指出,韩愈把"仁义礼智信"——"五常"看成是人的本性,同样是错误的。他说:"性者,五常之太极也,而五常不可以谓之性。此吾所以异于韩子。"(《原性》)仁义礼智信这"五常"由性生出,但"五常"不是性;这就好比五行由太极生出,而五行并不是太极。总之,他认为孟子讲性善,荀子讲性恶,扬雄讲性善恶混,韩愈讲性三品,都是讲的"情",讲的是后天之所"习",而不是讲人的本性。他说:"诸子之所言,皆吾所谓情也,习也,非性也。"(同上)孟、荀、扬、韩都是抓住了人们"情"和"习"的某些片面,而作出了自己的结论。他引用孔子的话说:"'性相近也,习相远也。'吾之言如此。"(同上)他指出,就人的自然本性来说,是无所谓善恶的,人的善恶是从"情"来的,是后天习染而成的。他说:"性生情,有情然后善恶形焉,而性不可以善恶言也。"(同上)所谓

"情",指"喜怒爱恶欲"等情感欲望。他认为,人本来有情感和欲望,未发作时,存于心内即是"性",发作起来,表现于行动即是"情",所以他说:"性情一也。"(《性情》)王安石认为,人同外物接触时,便引起情感欲望,情感欲望的发作正当("当于理")就是善,就是仁和义,也就是"圣人"和"贤人";情感欲望发作不正当("不当于理")就是恶,就是不仁不义,也就是"小人"(见《原性》和《性情》)。他的"性本情用","性情相须"的观点,批判了李翱的"性善情恶"说和佛老的禁欲主义。他说:"礼乐之意不传久矣,天下之言养生修性者,归于浮屠老子而已。"(《礼乐论》)王安石认为,礼乐的作用在于使人的情欲发作"当于理",而不是断绝人的情欲。他认为,人的情欲不是同道德根本对立的,这种看法在当时具有进步的意义。

由此,王安石进一步又讨论了人的情欲活动怎样才能"合理"的问题。就是说,为什么有的人的情欲是善的,有的人却是恶的?他强调这是后天的习染造成的,不是先天决定的。正是后天的习染使人的情欲有为善或为恶的差别。他又针对孟子的"人性善"说:"夫恻隐之心与怨毒忿戾之心,其有感于外而后出乎中者,有不同乎?"(同上)这是说,为善之心和为恶之心一样,都是在同外物接触后才产生的,不是头脑中主观自生的,不是"在内"的,而是后天的习惯养成的。他还说,韩愈曲解了孔子讲的"惟上智与下愚不移"的说法。他指出:所谓"上智"是说"习于善";"下愚"是说"习于恶";"中人"是说"一习于善,一习于恶"。上智、下愚、中人,都是就其后天习染的结果来说的。"上智"与"下愚"的区别,只表示后天学习的结果不同,"非生而不可移",不是生来就不能改变。他举例说,尧、舜的儿子所以坏,那是"习于恶"的结果;舜、禹所以善良,那是"习于善"的结果。由此,他得出结论说:人们的善恶品质是可以改变的。一个人当初"未始为不善",可以称之"上智",后来"去而为不善",就可以称做"中人"。一个人原来"未始为善",可以称之"下愚",后来"去而为善",也可以称做"中人"。只有始终为善的人,才叫"上智"。只有始终为恶的人,才叫"下愚"。那也都是"习"的结果。

王安石关于人性问题的这些辩论,其中所说的"习",主要指后天的学习和环境的影响。他认为人的道德观念不是天赋的,包括"圣人"在内,人的道德品质都是后天形成的。这不同于天赋道德学说。这一点也是王安石哲学思想与当时道学的根本区别之一。但是他又认为,孔子讲的"上智与下愚不移",不是就道德上的善恶说的,而是指人的认识能力说的。就人的认识能力说,人生来仍有智和愚的差别,这是不能改变的。他说,"圣人"的智慧乃"天下之至精至神",任何人都不能超过他,所以"上智"和"下愚"仍旧是"不移"(《原性》)。马克思批评旧的唯物主义说:"有一种唯物主义学说,认为人是环境和教育的产物,因而认为改变了的人是另一种环境和改变了的教育的产物,——这种学说忘记了:环境正是由人来改变的,而教育者本人一定是受教育的。因此,这种学说必然会把社会分成两部分,其中一部分高出于社会之上(例如在罗伯特·欧文那里就是如此)。"(《关于费尔巴哈的提纲》)王安石的人性学说也是这种情况。他一方面认为人的品质是教育和环境的产物,另一方面又认为作为封建社会的最高的教育者——"圣人",生来就有超人的智慧。

王安石认为世界是不断变化的,人类的历史也是不断变化的,而且其变化是复杂的。他说:"夫天下之事,其为变岂一乎哉。"(《非礼之礼》)因此,他解释《尚书·洪范》中"乂(治)用三德"(指"正直","刚克","柔克")一条说:"有变以趣时而后可治也。"(《洪范传》)就是说,《洪范》所以讲用三德治天下,其目的是叫人君因时代和情况的变化提出不同的治理办法。他强调了"变通以趣时"(同上)。这是王安石自己的解释。从这种观点出发,他反对了复古主义的历史观点。他认为,在太古时代,人和禽兽差不多,后来,由于"圣人"的"制作",有所发明创造,人类和禽兽才区别开来。而复古论者把"太古之道"作为万世不易的法则,便否认了"圣人"的发明创造的必要,就是使人类回到禽兽状态,所以他说:"归之太古,非愚则诬。"(《太古》)王安石把人类文明的进化看成是"圣人""制作"的结果,这是英雄创造历史的史观。但他强调因时而变,反对复古主义,表现了辩证的观点,在当时有进步的意义。当时反对变法的代表人物司马光,竭力反对王安石提倡的新法,提出复古论来,宣称法制不可改变。他说:"使三代之君常守禹汤文武之法,虽至今存可也。""祖宗之法不可变也"(《宋史·司马光传》)。一派要求革新,一派坚持守旧。王安石反对复古主义历史观,可以说是两派的政治斗争在哲学上的表现。

王安石关于社会历史变化的看法,不仅反对了复古主义,而且反对了老子的消极无所作为的宿命论的思想。他对老子的"无为"说进行了直接的批判。他认为,就万物的产生说,这是出于自然,不假于人力的。可是,就万物的成长说,涉及到具体事物("形器")的形成时,必须依靠人力。就前一种情况说,可以讲"无为";就后一种情况说,就不能讲"无为"了,必须讲积极有为,即充分发挥人力,促使万物成长。他说:"唯其涉乎形器,是以必待于人之言也,人之为也。"(《老子注》)他指出,老子的学说所以错误,在于把这两个问题混淆了,在"形器"问题上讲自然无为。他说:"圣人唯务修其成万物者,不言其生万物者。"(同上)王安石的这些观点,在人和自然的关系问题上,肯定了人的主观能动作用,同样具有辩证的因素。他所说的"形器",包括社会法制和人造的器物在内。从这一方面看,他又肯定了人的主观努力可以改变社会生活,从而反对了历史宿命论。

由此,王安石又进一步批判了老子和魏晋玄学的"以无为用"的思想。老子曾说:"三十辐,共一毂,当其无,有车之用。"王安石批驳说,车轮中的空无处所以能发挥作用,还在于有毂辐(车轮上的直木和轮轴上的圆圈)。他说:"故无之所以为车用者,以有毂辐也。"(同上)这是说,如果不制造毂辐,车轮上只是空无,不可能有车的作用。"如其废毂辐于车,废礼乐刑政于天下,而坐求其无之为用",是愚蠢的。他认为不能离开有而谈无,王安石的这种批评是正确的。王安石提倡积极有为,反对消极无所作为,其目的在于强调"礼乐刑政"的重要性。

总起来说,王安石的哲学思想是为他的政治上的变法主张服务的。当时司马光曾把王安石的变法思想归结为三句话:"天命不足畏,祖宗不足法,流俗不足恤。"(见《温国文正司马公文集》卷七三。《宋史·王安石传》作"天变不足畏,祖宗不足法,人言不足恤")这三句话是当时旧党对于王安石的看法,却也表明了王安石坚决要求革新的精神。他的哲学思想就是这种革新精神的理论基础。

第二章
周敦颐和二程

第一节　北宋时期道学的产生

在唐代藩镇割据、唐末农民战争和五代分裂之后建立起来的宋代封建政权，为了社会的安定，为了避免割据分裂，在军事、政治、财政各方面都采取了加强封建专制主义的中央集权的措施。在当时全国范围的经济联系得到发展的基础之上，北宋的中央政府的统治力量强化了，对人民的剥削和压迫也就更加加重，阶级矛盾也就日益加剧。

北宋朝廷，对内加强了封建专制主义的中央集权，对外却采取了忍辱退让的政策，每年以大量的"岁币"送给北方辽国的统治者（后来金代替了辽）。这也加重了对人民的剥削，同时大官僚大地主进行土地兼并也日益严重。在这样的情况下，封建统治阶级与农民之间的阶级矛盾日益尖锐化深刻化。宋代封建统治集团，在加强政治上的统治之外，更注重加强思想上的统治。

隋唐时代佛教唯心主义是占统治地位的哲学思想之一。黄巢起义的农民战争，扫荡了唐代门阀世族的残余势力。庶族地主得势以后，又分化出了有封建特权的官僚地主阶层。官僚地主虽然和过去的门阀世族情况不同，但是它们实际上代替了门阀世族的统治地位。宋代的封建官僚士大夫，为了调整封建统治阶级的内部关系，经过长期的酝酿之后，终于发明出一种以儒家学说为中心的新的思想体系，这就是"道学"，也叫做"理学"。道学是以反对佛老的姿态出现的。它们一方面指责了佛老的虚无主义，认为它破坏了封建的伦理秩序。另一方面它们又从佛教与道家思想那里吸取许多哲学观点，作为丰富自己哲学体系的养料。从某种意义上说，道学思想体系是儒家思想和佛教与道家、道教思想的一种融合。

道学也是先秦儒家孔子孟子一派学说的新发展。它具有和汉代以来的儒家经学、魏晋玄学和佛教哲学不同的形式。

道学或理学以一种精致的思辨的哲学形式,把封建社会的社会制度和伦理道德论证为永恒的天经地义、世界的根源、宇宙的本体,来替中央集权的封建国家作辩护。道学是后期封建制发展时期影响最大的占统治地位的哲学。

第二节　周敦颐的太极动静说

周敦颐,字茂叔,生于公元 1016 年(宋真宗大中祥符九年),死于公元 1073 年(宋神宗熙宁元年),道州(今湖南道县)人。曾作过几任州县官吏,晚年在庐山下筑室,名濂溪书堂,后人称他为周濂溪。著有《太极图说》《通书》等,后人编为《周子全书》。程颢、程颐曾向他问学,后来朱熹推崇周敦颐为道学的开创人。

周敦颐继承了《易传》和《中庸》的思想,吸取道教和佛教的一些观念,提出了一个简明的宇宙论体系。

周敦颐代表著作是他的《太极图说》,有图有说。《太极图说》认为,宇宙的最初阶段是"无极而太极"。"无极"指无形无象的最高实体,"太极"指最大的统一体。"太极"动起来,就生出"阳"来,动到极点就静下来,静下来就生出"阴"来。静到极点又动,一动一静,互为根本,分化出了阴阳二气。阴阳二气交互作用,就生出水火木金土五行,五行按着顺序发生作用,于是便形成了春夏秋冬四时。无极的实体,阴阳五行的精微材料,巧妙地结合起来,构成了万物,具有阳性的成为男性,具有阴性的成为女性。阴阳二气交互作用,生成万物,万物又生生不已,于是变化无穷无尽了(见《太极图说》)。这就是周敦颐提出的关于宇宙形成过程的理论。

通行本的《太极图说》第一句是"无极而太极"。《太极图说》的主要思想认为,有象有形的二气五行和万物,都出于原始统一体"太极",而"太极"亦即无象无形的"无极"。这就是它所说的"五行一阴阳也,阴阳一太极也,太极本无极也"。"太极"是宇宙万物最根本的实体。"无极"是指太极是无形无象的。《图说》中并没有明确说明"太极"是气还是理。但从宋初易学的普遍讲法来看,"太极"应指元气。

周敦颐在《太极图说》中称阴阳是二气,称五行为五气,又说"太极"的一动一静产生了阴阳二气,所谓"太极"就是阴阳二气的统一体。他在《通书》中解释"太极"说:"混兮辟兮,其无穷兮",以"太极"为混沌未分的元气。朱熹后来把周敦颐讲的"太极"解释为"理",那是朱熹自己的观点。周敦颐认为,阴阳二气的统一体是从"太极"来的,这种观点,是对唐代以来的元气说的继承。

  周敦颐宣称,"太极"动静而生阴阳,"太极"的动静,无形无状,微妙不测,周敦颐称之为"神"。所谓"神"即"太极"的微妙作用。在《通书》中,他把"太极"的"神"和万物的机械的动静对照起来。他说:"动而无静,静而无动,物也;动而无动,静而无静,神也。动而无动,静而无静,非不动不静也。物则不通,神妙万物。"这是说,物质的动静是机械的,动就是动,静就是静,动中无静,静中无动。神则动而非动,静而非静,是超乎动静的,"神"是万物运动的最后推动者。这就是说,万物的运动是由于"神"的推动。"神妙万物"就是说"神"是万物变化运动的内在根源。

  在人性和道德问题上,周敦颐发挥了《中庸》的观点,认为人有一种超然的本性,叫做"诚"。这"诚"是从阳气得来的,是绝对至善的,是一切道德的根源。他在《通书》中说:"诚者,圣人之本。'大哉乾元,万物资始',诚之源也。'乾道变化,各正性命',诚斯立焉。纯粹至善者也。"(《诚上》)这是说,"诚"是圣人的根本。《易传》所赞叹的万物所由以发生的"乾元",就是"诚"的根源。《易传》所讲的确定万物性质的"乾道",就是"诚"的确立。所以"诚"是"纯粹至善"的。因此,他把"诚"宣布为"五常之本,百行之源",认为"诚"是仁义礼智信的基础,是一切德行的根源。周敦颐认为,人们如能体现"诚"的本性,其行为就自然而然合乎仁、义、礼、智、信的道德标准,仁、义、礼、智、信只是诚的表现而已。

  周敦颐还继承了古代儒家"中庸"、道家"清静"、佛家"寂静"的思想,提出了"主静"学说,作为修养方法。《太极图说》说:"唯人也得其秀而最灵。形既生矣,神发知矣,五性感动而善恶分,万事出矣。圣人定之以中正仁义而主静,立人极焉。"他认为,人得阴阳五行的优秀材料而生,为万物之中最灵的。身体既然生成了,精神发生,就有知识了,刚柔善恶等品质相互影响,万事层出不穷。所以必须建立一个最高标准,叫做"人极",人极的内容就是"中正仁义",而以"静"为主。这种"中正仁义而主静"的境界,也就是《通书》中所谓"诚"的境界。周敦颐自己解释"主静"说:"无欲故静。"所谓"静"就是安定、安宁。所谓"无欲",就是没有私欲的干扰。他认为,人能"无欲",仁义道德的"本性"也就充分发挥出来了,这就是他所说的"诚"的境界。

  周敦颐还用其自然观的观点来论证当时的价值体系是合理的、必然的。他说:"天以阳生万物,以阴成万物。生,仁也;成,义也。故圣人在上,以仁育万物,以义正万民。天道行而万物顺,圣德修而万民化。"(《通书·顺化》)他把仁义说成为阴阳二气化生万物的体现,认为"圣人"以"仁义"教化万民,是符合"天道"。周敦颐还利用了他的阴阳学说论证了整个封建社会上层建筑的合理性。他说:"礼,理也;乐,和也。阴阳理而后和。君君,臣臣,父父,子子,兄兄,弟弟,夫夫,妇妇,万物各得其理然后和。"(《通书·礼乐》)他认为,君臣父子兄弟夫妇等关系是依据阴阳二气的关系安排的,所以这些秩序是自然的,必然的。他还依据他的阴阳学说为根据,设法论证刑罚也是合理的,必要的。他说:"天以春生万物,止之以秋";"圣人之法天,以政养万民,肃之以刑。"结论是,"民之盛也,欲动情胜,利害相攻,不止则贼灭无伦焉,故得刑以治"(《通书·刑》)。他的逻辑是,阳气运行形成了春天,阴气运行又形成了秋天,阳气体现仁慈,阴气体现刑杀。所以"圣人"治民,对于人民的"情欲",必须用刑法加以裁制。

第三节 二程的天理论

程颢,字伯淳,生于公元 1032 年(宋仁宗明道元年),死于公元 1085 年(宋神宗元丰八年),河南伊川人。他作过几任地方官吏,后到中央政府供职,任监察御史里行,曾经表示赞成王安石变法,但不久即提出反对意见,成为反对新法的主要人物之一。后人称为程明道。

程颐,字正叔,生于公元 1033 年(宋仁宗明道二年),死于公元 1107 年(宋徽宗大观元年),程颢之弟。他曾任国子监教授和崇政殿说书等职,在政治上也反对王安石的新法。后人称为程伊川。

二程长期在洛阳讲学,他们的学派当时称为"洛学"。二程对王安石的"新学"曾进行猛烈的攻击,他们宣称当时的"大患"是"介甫之学",说"介甫之学坏了后生学者"(《遗书》)。

二程提出了以"理"为中心观念的体系,为道学奠定了理论基础。他们的思想体系,是对王安石学说的反动,也与张载的学说明显不同。程颢哲学的主要倾向是主观唯心主义,程颐则主张客观唯心主义。

北宋中期,内外矛盾日益尖锐,二程也看到了当时矛盾的严重性。正如程颐所说:"强敌乘隙于外,奸雄生心于内,深可虞也。"(《上仁宗皇帝书》)又说:"今天下之势所甚急者,在安危治乱之机。"(《上英宗皇帝书》)他们创立道学也是企图从思想上解决安危治乱的问题。

二程的语录后人编为《河南程氏遗书》和《外书》,程颐还著有《易传》《春秋传》,上述著述连同他们的《文集》,后来合编为《二程全书》。

二程认为世界的根源是"理",也叫做"道",也叫做"天理"。他们提出"理"来把封建的伦理道德普遍化永恒化,为巩固封建制度和官僚地主阶级的统治地位制造理论根据。

程颢提出"天者理也"的命题(《遗书》十一)。所谓"天",指最高实体,认为"天即是理",就是认为"理"是最高实体。他又说过:"吾学虽有所受,天理二字却是自家体贴出来。"(《外书》卷十二)"天理"二字是他自己体会出来的,这是他的哲学体系的最高范畴。他认为,这个"理"是永恒的,是客观存在的。他说:"天理云者,这一个道理,更有甚穷已?不为尧存,不为桀亡。人得之者,故大行不加,穷居不损。这上头来更怎生说得存亡加减?"(《遗书》二)这是说,"天理"不因为社会上有尧那样的好人就存在,也不因为有桀那样的坏人就灭亡,个人行为的好坏,不影响"天理"的变化。"理"永远如此,不生不灭,不增不减。

这"理"的一个重要涵义是指伦理纲常。程颢说:"为君尽君道,为臣尽臣道,过此则无理。"(《遗书》五)"父子君臣,天下之定理"(同上)。这里"理"的内容就是社会关系、人伦关系的伦理准则。程颢的"天即是理"的学说的意义之一就是把封建伦理关系神圣化,把维护封建君权和父权统治的道德法则看成是永恒的绝对的真理,看成世界的唯一根源。

程颐认为,"理"是万事万物所根据的法则,是物质世界的"所以然"。程颐肯定万物都有理,他说:"天下物皆可以理照。有物必有则,一物须有一理。"(《遗书》十八)这"理"就是事物的所以然。他又说:"物理须是要穷,若言天地之所以高深,鬼神之所以幽显。若只言天只是高,地只是深,只是已辞,更有甚?"(《遗书》十五)这是说,天高,有其所以高;地深,有其所以深。如说天就是高,地就是深,那是不肯研究罢了。他认为,万物各有其理,但在根本上,万物之理只是一个"理"。他说:"天下之物皆能穷,只是一理"(《遗书》十五),"万物皆是一理,至如一物一事虽小,皆有是理"(同上)。他曾提出"理一分殊"(《答杨时书》)的说法,认为万物之理是一个,而每一物又彼此不同,互有分别。但他特别强调万物一理。这个统一的理也就是物质世界的所以然,他说:"一阴一阳之谓道,道非阴阳也。所以一阴一阳,道也。"(《遗书》三)又说:"离了阴阳更无道,所以阴阳者是道也。阴阳,气也。气是形而下者,道是形而上者。"(《遗书》十五)他认为阴阳之气也有其所以然,这就是最高的"理",就是世界的最高根源。他认为天地万物都有其所以然,这就是认为世界是以"理"为依据的,"理"是宇宙的最高实体。其实,"理"作为事物的规律,不是一个实体,认为它是实体,那是将事物的本质属性与事物本身割裂开来,即把规律与事物割裂开来,这是一种理一元论。

二程强调形而上与形而下的区别。形而下的即是物质世界,他们认为这不是根本的;形而上的是"道"和"理",他们认为这才是最根本的。当时张载提出气一元论的唯物主义学说,肯定气是最根本的实在。二程从理一元论的观点反对张载的气一元论学说。程颢说:"形而上者谓之道,形而下者谓之器。若如或者以清虚一大为天道,则乃以器言,而非道也。"(《遗书》十一)"或者"指张载,"清虚一大"指张载所讲的"太虚"。张载认为,太虚是气的原始状态,是物质世界的最初根源。程颢认为,"太虚"是物质性的事物,不足为根本。

二程认为形而上是形而下的根本,也就是认为理是气的根本。程颐说:"有理则有气",又说:"有理而后有象,有象而后有数。"(《二程粹言》卷一)这就是说,理是第一性的,气是从属于理的。这就是认为在物质世界之上另有一个理的实体支配物质世界。

气一元论肯定物质是永恒的、不灭的。当时张载认为气只有聚散,永远存在。程颐则认为气有生有灭,他说:"凡物之散,其气遂尽,无复归本元之理。"(《遗书》十五)又说:"天地之化,自然生生不穷,更何复资于既毙之形,既返之气!往来屈伸者理也。"(同上)这就是认为,气不断地产生,不断地消灭,而"理"则是永恒的,气被产生出来是由于理的作用。

程颐认为,这"理"是自然界的最高原则,也是社会的最高原则,他说:"凡眼前皆是物,物物皆有理,如火之所以热,水之所以寒。至于君臣父子间,皆是理。"(《遗书》十九)这"理"也就是君臣父子等封建伦理关系的标准。又说:"天地之间,无适而非道也。即父子而父子在所亲,即君臣而君臣在所严。以至为夫妇,为长幼,为朋友,无所为而非道。"(《遗书》四)他所说的"道"和"理",其重要内容即"忠君""孝父"等封建伦理观念。程颐把封建的伦理观念绝对化永恒化了,认为是万物的普遍的理,是世界的最高的实体。他的理一元论包含着客观唯心主义。

程颐认为理和心是一贯的,他说:"在天为命,在人为性,论其所主为心,其实只是一个道。"(《遗书》十八)又说:"在天为命,在义为理,在人为性,主于身为心,其实一也。"(同上)这是说,存在于人身上的理就表现为心,心与理是一致的。二程虽然强调所谓理,以理为最高范畴,实质上还是一种唯心主义。

二程也批评佛教,程颐曾讲他们和佛教的区别说:"圣人本天,释氏本心。"(《遗书》二十一下)这里他以天与心对立起来,但他所谓的天即是理。程颐认为儒家主张一切出于理,佛家认为一切出于心。这是客观唯心主义与主观唯心主义的差异。

程颢的思想讲"只心便是天"(《遗书》二上),表现了主观唯心主义的倾向。程颐的体系是比较明确的客观唯心主义。事实上客观唯心主义和主观唯心主义没有严格的界限,本来是相通的。

二程也讲对立的普遍性。程颢说:"天地万物之理,无独必有对,皆自然而然,非有安排也。"(《遗书》十一)又说:"万物莫不有对,一阴一阳,一善一恶,阳长则阴消,善增则恶减。斯理也,推之其远乎!人只要知此耳。"(同上)万物都是成对的,有一物就有与之对立的另一物。对立之间有彼消此长的关系。程颐说:"天地之间皆有对,有阴则有阳,有善则有恶。"(《遗书》十五)又说:"道无无对,有阴则有阳,有善则有恶,有是则有非,无一亦无三。"(同上)这是说,对立是普遍的,一切事物都是两两对立,没有独,也没有三。二程也认为事物是变化的。如程颐说:"有生便有死,有始便有终。"(《遗书》十五)但二程虽然肯定对立的普遍性,除了说过生必有死、始必有终之外,很少谈到对立面的相互转化,而特别重视变中的不变。程颐说:"天地之化,虽廓然无穷,然而阴阳之度,日月寒暑昼夜之变,莫不有常,此道之所以为中庸。"(同上)在他们看来,这个变中之"常"才是最重要的。这变中之"常"就是"道",就是"理"。二程虽然承认变化与对立,但竭力反对王安石的变法措施,说"为治之大原,牧民之要道,则前圣后圣,岂不同条而共贯哉"(《论十事札子》),断言"圣人奉天理物之道"是永远不能改变的。二程的这些观点和董仲舒是一致的。董仲舒也讲阴阳、君臣等等的对立,但强调"天不变,道亦不变";二程虽讲阴阳、善恶的对立,却强调理是永恒不变的。

二程的认识论是一种唯理论,他们认为人的心中本来是有知的,在心上反省内求,就可以认识一切真理,程颢说:"尝喻以心知天,犹居京师往长安,但知出西门便可到长安,此犹是言作两处,若要诚实,只在京师,便是到长安,更不可别求长安。只心便是天,尽之便知性,知性便知天。当处便认取,更不可外求。"(《遗书》二上)这是说,真理的来源在于内心,内求于心,就可以认识一切真理。据此,二程认为"穷理"和"尽性"是一回事,"穷理尽性至命,只是一事。才穷理,便尽性;才尽性,便至命。"(《遗书》十八)程颢更认为人生来就有良知,"良能良知,皆无所由;乃出于天,不系于人"(《遗书》二上)。所谓良知即天赋的先验认识。

程颐把认识过程讲得比较曲折。他认为心中有知,心中本来具有完备的知识,但心却又不能直接认识自己,必须用格物的工夫,然后才能达到心的自己认识。他说:"知者吾之所固有,然不致则不能得之,而致知必有道,故曰致知在格物。"(《遗书》二十五)在他看来,格物所得之知乃是心中本来固有之知。程颐提出对于《大学》所谓"格物"的新解释。他以为"格"是"至"的意思,"格物"即是"至物",即是就物而穷其理。他说:"格,至也,如祖考来格之格。凡一物上有一理,须是穷致其理。穷理亦多端,或读书讲明义理,或论古今人物别其是非,或应接事物而处其当,皆穷理也。"(《遗书》十八)他认为,穷理的途径主要是读书讨论和应接事物。他有时也讲研究自然界,如说:"语其大,至天地之高厚;语其小,至一物之所以然,学者皆当理会。"(同上)但他更注重内省工夫,所以又说:"致知在格物,格物之理,不若察之于身,其得尤切。"(《遗书》十七)

程颐认为,穷理须先一件一件进行研究,积得多了,就能豁然贯通,认识最根本的理了。他说:"须是今日格一件,明日格一件,积习既多,然后脱然自有贯通处。"(《遗书》十八)先是积习,然后贯通。这贯通不是归纳,不是科学的总结,而是一种恍然体会。"须是集众理,然后脱然自有悟处。"(《遗书》十七)这种脱然的觉悟,是一种体验的境界。

程颐又分别了"见闻之知"与"德性之知",他说:"闻见之知,非德性之知,物交物则知之,非内也,今之所谓博物多能者是也。德性之知不假见闻。"(《遗书》二十五)见闻之知相当于感性认识。德性之知的意义比较复杂,既指关于伦理道德的认识,又指关于事物根本原理的认识。在他看来,这二者是一回事。德性之知在一定意义上接近于理性认识。他肯定见闻之知是从外来的,而认为德性之知不凭借见闻,是内在的,这是先验论的观点。

程颐还讨论了知行问题,提出知先行后的学说。他认为,知是行的根本,必须先有认识,有了认识,自然会照着所知去做,如没有认识,就无法行动。他说:"须以知为本,知之深则行之必至,无有知之而不能行者。知而不能行,只是知得浅。饥而不食乌喙,人不蹈水火,只是知。人为不善,只为不知。"(《遗书》十五)他认为,人不吃有毒的东西,因为深知它有毒;人不向水火里走,因为深知水火能致人于死。

由于强调"知"的作用,程颐还提出行难知亦难的观点。他说:"非惟行难,知亦难也。《书》曰:'知之非艰,行之唯艰'。此固是也,然知之亦自艰。比如人欲往京师,必知是出那门,行那路,然后可往。如不知,虽有欲往之心,其将何之?自古非无美材能力行者,然鲜能明道,以此见知之亦难也。"(《遗书》十八)程颐宣扬认识就在于体认"天理",在他看来,只要认识了"天理",就无往不合于道。程颐的认识论是和他的道德修养学说联系在一起的。

第四节　二程的人性论和道德学说

二程为了把封建的道德标准说成是人的本性,同时又要对于人在实际上何以有不符合这些道德标准的行为作出理论的说明,提出人性二元论的说法。他们认为,人性有二,一是"天命之谓性"的性,一是"生之谓性"的性。"天命之谓性"的性,是在人未生以前就已存在的性,程颢又称之为"人生而静以上"

之性,程颐又称之为"极本穷源源之性"。这性是最根本的,也就是作为宇宙根源的理在人心中的体现。这性是绝对的善。"生之谓性"的性,程颢又称之为"气禀"之性,程颐又称之为"才",这性是有善有恶的,是从"气"来的。

程颐提出"性即理也"的命题(《遗书》二十二上),认为"天命之谓性"的性就是"理",也就是"五常"。他说:"自性而行皆善也,圣人因其善也,则为仁义礼智信以名之。"(《遗书》二十五)所谓性的内容就是"仁、义、礼、智、信"。这实际上认为"五常"是一切人固有的先天的本性,是人内在的固有的东西。

人性既然包含"仁、义、礼、智、信"等道德内容,何以人又有很多不符合道德标准的行为呢?程颐认为,这是气的影响,气有清浊之分,于是人的思想感情就有善有恶。程颢说:"有自幼而善,自幼而恶,是气禀有然也。"(《遗书》一)程颐说:"气有清浊,禀其清者为贤,禀其浊者为愚。"(《遗书》十八)这就是说,人们"恶"的行为是从先天禀受的气质中带来的。

二程根据他们的人性论,提出"存天理,去人欲"。他们宣称,应该克服"人欲",保持以"天理"为内容的本性。程颐说:"不是天理,便是私欲",又说,"无人欲即皆天理"(《遗书》十五),认为天理人欲是势不两立的。

二程注重修养,认为存天理,去人欲,就是修养之道。程颢认为,修养的最高境界是仁。他所谓仁就是"万物一体"的体验境界,在这个境界中觉得自己和万物合而为一,觉得对万物无有不爱。程颢说:"仁者浑然与物同体"(《遗书》二)。"若夫至仁,则天地为一身,而天地之间品物万形为四肢百体。夫人岂有视四肢百体而不爱者哉?圣人仁之至也,独能体是心而已"(《遗书》四)。他强调要以天地为大我,要泛爱万物,认为这是"至仁"的境界。

程颐还强调"敬",他说:"涵养须用敬。"(《遗书》十八)他反对道家和佛教屏去思虑的说法,主张以"敬"为基本的修养工夫。他说:"人心不能不交感万物,亦难为使之不思虑。若欲免此,唯是心有主。如何为主?敬而已矣。"(《遗书》十五)这是说,人常常有很多思念,无思无虑是不可能的,唯一的方法是经常集中注意力,时时警惕自己,克服一切不符合道德原则的思想,这就是所谓"敬"。程颐又解释所谓"敬"说:"主一之谓敬。"又解释所谓"一"说:"无适之谓一。"(同上)敬就是集中注意力,严格遵守道德的规定。二程所谓"敬",具有宗教徒"虔事上帝"的精神状态,本质上是一种严肃主义的修养方法。

第三章
张载

张载,字子厚,生于公元1020年(宋真宗天禧四年),死于公元1077年(宋神宗熙宁十年),陕西郿县人。他官至"同知太常礼院",在郿县横渠镇讲学,后人称为张横渠。张载是北宋初期地主阶级革新派的思想家之一。早年对于西夏贵族对宋朝边疆的侵占感受很深,他对官僚统治集团消极退缩苟且求安的方针不满,因此努力钻研兵法,计划联络一些人武装夺取洮西地区(今甘肃洮河以西)。他对当时官僚地主无限制的土地兼并所造成的严重社会矛盾感到忧虑,想在封建制度的限度内进行一些改革,试图解决贫富不均的问题。他曾经计划作一次"井田"的试验,但未成事实,仅仅表现了进行改良的主观愿望。

张载和他的弟子多是关中人,当时张载一派的学说被人称为"关学"。他们比较注重与国计民生有关的实际问题,研究兵法和井田制度,并且还注意研究自然现象,提倡学以致用,反对佛教和道家的玄虚思想。关学和当时以二程(程颢、程颐)为代表的洛学,后来被统称为"道学"。洛学被认为道学的正宗,关学则是道学的别派。在哲学上关学和洛学本来是两个学派,张载是唯物主义,二程是唯心主义。后来,朱熹、陆九渊发展了二程的思想,明代王廷相和明清之际的王夫之则发展了张载的思想。由于关学也是道学中的一派,所以不仅朱熹吸收了张载哲学的不少影响,南宋以后的理学也都不同程度地受到张载的影响。

宋初的封建统治者,仍旧提倡佛教和道教。宋太祖认为,为了防止"黄巢群盗并起",必须大兴佛法。到宋真宗时,佛教禅宗特别流行起来。孙奭上书排佛,真宗批示说:"释道二门,有助世教","使人迁善,诚有其益"。宋仁宗同样崇信佛道二教,大建禅寺,并同僧徒一起参禅。当时天下僧尼有四十三万三千多。许多大官僚名士归依禅宗。宋太宗时,华山道士陈抟,被封为"希夷先生",道教同样得到了宋王朝的支持。寺院占有很多土地,被称为"僧祇户""道观户",同"形势户"一样享有免税免役的特权。宋初儒家思想家的重要任务就是与佛、老抗衡。如李觏说,佛道二教有十大害。其中一害是,"幼不为黄(指不入户籍),长不为丁(指不纳人丁税),坐逃徭役,弗给公上"。另一害是,"不易之田(上等肥田),树艺之圃,大山泽薮,跨踞略尽"(《直讲李先生文集·富国策》第五)。反对寺院对土地和劳动力的侵占,反对贵族、官僚大地主和僧侣大地主的封建特权。欧阳修发挥了唐代韩愈的排佛思想,著《本论》,把佛法宣布为"奸邪"之法,认为"礼义者,胜佛之本",反对"王公大人"以佛教治国。这些主要是从经济政治方面排斥佛教,未能从哲学方面反对佛教。从理论上批判佛教的任务,由张载担当起来。

张载反对佛、老唯心主义,在自然观方面基本上坚持了朴素的唯物主义路线,提出了气一元论的思想。张载的唯物主义思想后来受到唯心主义者的批评和攻击,却得到明清的气本论者的继承和发展。

张载的主要哲学著作是《正蒙》《易说》,还有讲学记录《经学理窟》《语录》等,明代人编为《张子全书》。

第一节 气一元论的自然观

针对佛、老唯心主义本体论,张载继承和发展了古代的唯物主义的自然观,把"气"作为世界的实体。他认为,有形有象可见的万物以及看来空虚无物的太虚都是气所构成的。他说:"凡可状皆有也,凡有皆象也,凡象皆气也。"(《正蒙·乾称》)"有"就是存在,"象"就是现象。这是说,一切存在的东西都是气。气本来是物质的气体状态,中国古代朴素唯物主义哲学认为物质的气体状态就是物质的原始状态,于是气就成为表示物质实体的概念。张载认为,空若无物的太虚,即天空,并不是空无所有,只是气散而未聚的本来状态。气聚结则成为万物,气散开则化为太虚。他说:"太虚无形,气之本体;其聚其散,变化之客形尔。"(《正蒙·太和》)"本体"指本来的状态,即气没有变成具体事物时的状态。"客形"指暂时的形态。他这个论点是说,太虚、气、万物的关系只是聚散的关系。因此他又说:"太虚不能无气,气不能不聚而为万物,万物不能不散而为太虚。"(同上)聚则有形,散则无形,其实都是一气的变化。张载认为,气聚有形,目光可以看得见;气散无形,目光看不见。但不能因为目光看不见,便认为它不存在。气的聚散只有明显和幽暗的差别,没有有和无的区分。他用水和冰的关系来说明太虚和气的关系:水凝则为冰,冰释则为水;太虚聚则为气,气散则为太虚。最后,他得出结论说:"知太虚即气,则无无。"(同上)这是说,太虚就是气,所以无所谓无。

张载依据"太虚即气"说,批判了两种错误观点:一种观点认为,气是太虚所产生的,这就是道家"有生于无"的观点;一种观点认为万物是空无的太虚中出现的幻象,这就是佛教认为山河大地都是假象的观点。张载认为,这两种观点都是错误的。他指出,如果说"虚能生气",那就等于说,虚是无穷的绝对的,气是有限的相对的,这就把本体(体)和现象(用)割裂了,陷入了老子"有生于无"的错误,不认识有无统一的原则。如果说万象只是太虚中表现的事物,以"虚无"本体为真实,以万物为假象,那就等于说,太虚和万物并不相互依存,又把本体(性)和现象(形)割裂了,这就陷入佛教以为山河大地都是因眼花而看到的幻景的谬论了(同上)。张载认为,一个"虚无"的实体,不可能产生有形的具体事物。他依据本质与现象统一的原则,揭露了佛、老唯心主义本体论的认识论上的根源。张载在这里坚持了太虚即是气,气是万物统一的唯一的实体的唯物主义观点,从而驳斥了佛、老宣扬的唯心主义。

我国古代的朴素唯物主义,把"气"看成是世界的物质实体,用来说明世界的统一性。恩格斯提出:"世界的真正的统一性是在于它的物质性。"(《反杜林论》)张载的"太虚即气"说,论证了世界的物质存在在空间上是普遍的,时间上是永恒的,总之,是绝对的。这是他的气一元论的一个贡献。

在反对佛、老的虚无主义的同时,张载还对"气"的观念作了比较明确的解释,他说:所谓气,并非一定等到郁结蒸发出来,或凝聚起来,我们的眼睛能够感受到,才算是气。凡有刚柔、动静的,可以说广大、深远的现象都是气,一切现象都是气(见《正蒙·神化》)。张载认为,气无形而有象,气的基本特点就是有运动,有静止,有广度,有深度。这是中国古代朴素唯物主义哲学对于世界的物质实体所作的一种新的解释。它把运动变化和占有空间,作为实体的主要规定性,从而同一般的气体区别开来。这样,就有力地批判了佛、老的虚无主义,捍卫了实体的物质性。

张载认为,气是经常运动永恒变化的。他说:气充满于太虚,它上升下降,迅速运动,高飞远扬,没有停止(《正蒙·太和》)。气为什么能运动变化呢?就是因为气内部含有正反两方面,阳和阴。这统一的气叫做"太和"。张载认为"太和"的气中就含有运动变化的本性。他说:"太和所谓道,中涵浮沈升降、动静相感之性,是生絪缊相荡、胜负屈伸之始。"(《正蒙·太和》)这是说,"太和"作为阴阳二气的统一体,其中都含有正反两方面相互作用,正面的阳气浮、升、动,反面的阴气沉、降、静,这两方面相互作用就是气的本性,于是就发生了相互渗透、相互推荡、此胜彼负、或屈或伸的变化。张载认为气的运动变化是非常复杂的,微妙而不可以预测的。《易传》曾说:"阴阳不测之谓神。"张载用"神"字来表示气的微妙不测的变化。他说:"气有阴阳,推行有渐为化,合一不测为神。"(《正蒙·神化》)这是说,气有阴阳的对立,阴阳相互推动,逐渐转移,这是"化";阴阳又相互结合,变动微妙不测,这是"神"。他又说:气的本性为虚清,神妙不测,"神"和"性"都是气所固有的,"气之性本虚而神,则神与性乃气所固有"(《正蒙·乾称》)。他所说的"神"和"性",是指气本身所固有的运动和变化的性能。他用这些说法来表示世界的物质实体具有运动和变化的本性。

气的运动变化的本性,也叫做"屈伸动静终始之能",他说:这种变化的能力,从其作为万物微妙变化的动力来说叫做"神",从其贯通万物变化的过程来说叫做"道",从其作为万物的本质来说叫做"性"(《正蒙·乾称》)。所谓"屈伸动静终始之能",他又叫做"虚实动静之机"(《正蒙·太和》)。所谓"机"表示运动变化的内在动力。他曾经解释所谓"机"说:"凡圜转之物,动必有机。既谓之机,则动非自外也。"(《正蒙·参两》)总之,所谓"能",所谓"机",即是气的自己运动之内在的源泉,也是万物运动变化的根据。张载肯定了物质的自己运动,物质具有运动变化的内在根源,运动变化是物质世界的内在本性。

张载强调"太虚即气",强调气的神妙不测的运动本性是气所固有的。他有时把"太虚之气"看成是超越于万物之上的东西,从而又把无形的太虚与有形的万物对立起来。他说:"太虚为清,清则无碍,无碍故神。反清为浊,浊则碍,碍则形。"(《正蒙·太和》)又说:"凡天地法象,皆神化之糟粕尔。"(同上)这是说,无形的太虚为清气,清气流通不滞,所以神妙;清气的对立面是浊气,浊气就不灵活,有惰性,就成为有形的万物。有形的万物都只是神妙变化的粗糙的结果。他虽然过分地夸大了神与形的对立,太虚与万物的对立,但还是断言神与形、太虚与万物都统一于气,所以他的体系仍是气一元论。

张载还探讨了物质世界变化的规律性问题。他认为,气的变化是有理的,他说:"天地之气,虽聚散攻取百涂,然其为理也,顺而不妄。"(《正蒙·太和》)天地的气,虽然时聚时散,或相攻(排斥),或互取(吸引),变化百种不同,但都遵循一定的规律,这就是"理"。"理"指气的运动变化的规律性。张载肯定万物都有理,他说:"万物皆有理。"(《语录》)又说:"天地之生物也有序,物之既形也有秩。"(《正蒙·动物》)他明确肯定"理"是客观的,是不以人的意志为转移的。他说:"理不在人,皆在物,人但物中之一物耳。"(宋本《语录》)这是说,"理"是在物的,是不能脱离事物而独立的。在张载的哲学体系中,理是从属于气的。张载关于理的看法与后来二程关于理的看法截然不同。张载认为,世界的物质实体以及天地万物,其运动变化都有一定的规律性,不能把物质世界看成是虚妄的。据此,他指出,佛教唯心主义的错误,就在于不知道世界变化的客观规律,从而把人的主观意识作为天地的原因,"释氏便不穷理,皆以为见病所致"(《语录》),于是导出了以"世界乾坤为幻化"的结论(《正蒙·太和》)。

因此,张载又从唯物主义的观点提出了对于佛教主观唯心主义的有力的批判。南北朝时代,范缜的神灭论给佛教的神不灭论以沉重的打击,但他没有批判佛教的"一切唯心"的谬论。唐代傅奕、韩愈对佛教展开了激烈的斗争,但他们主要是从社会伦理方面批判佛教的"无君无父",对于佛教的唯心主义哲学体系则根本没有触及。柳宗元、刘禹锡坚持了唯物主义,但又都对佛教有所妥协。到了张载,才对于佛教"一切唯心"的观点展开了理论的批判,从而把中国古代朴素唯物主义提到了一个新的高度。

张载指出,佛教唯心主义的根本错误在于否认自然世界的客观实在,在于否认客观世界的第一性,而把"心"当作第一性的,把"心"与客观世界的关系颠倒了。他说:"释氏不知天命,而以心法起灭天地,以小缘大,以末缘本;其不能穷而谓之幻妄,真所谓疑冰者欤!"(《正蒙·大心》)这是说,佛教不认识自然世界变化的必然性,从而认为天地万物都因人心而生灭,这就是把小的东西当作了大的东西的根据,把后来的东西当作了根本的东西;他们把所不认识的说成是虚假的,这和夏天的虫子怀疑冰的存在同样荒谬。张载认为,自然世界是广大的,是根本的,人的心是微小的,是后来的,而佛教却认为自然世界是心所创造的,把本末关系颠倒了。在张载看来,佛教的错误就是把六种微小的感官当作广大自然界的原因("以六根之微因缘天地"),以自然世界为幻象("诬天地日月为幻妄"),把人生看成梦幻("梦幻人世")。总之,张载强调了自然世界的客观实在性,认为天地万物都是离开人的意识而独立存在的,是真实的。

张载也是一个无神论者,他反对佛教所宣扬的鬼神迷信。他依据气一元论,驳斥了灵魂不死的信仰。他认为,佛教讲什么人死为鬼,要转世投生,只有成佛的人才能超脱轮回,其实都是背离真理的。他说:"浮屠明鬼,谓有识之死,受生循环,遂厌苦求免,可谓知鬼乎?以人生为妄,可谓知人乎?"(《正蒙·乾称》)在张载看来,人的生死是气化的必然现象,气聚而生,气散而死,人死以后,其气归于"太虚",无所谓生死轮回,更没有什么超脱生死的"涅槃寂静"的彼岸世界。

张载不承认一般人所谓鬼,认为人死无知,其气返于"太虚",没有"福善祸淫"的能力,因果报应的迷信是和事实背谬的。张载从气一元论的观点提出对于所谓鬼神的新解释,认为所谓鬼神就是气的屈(收缩)伸(伸张),他说:"天道不穷,寒暑也;众动不穷,屈伸也。鬼神之实,不越二端而已矣。"(《正蒙·太和》)他认为鬼神只是表示气的不同的运动形态,不是什么人格神。

第二节　辩证的宇宙观

宋代封建社会充满了各种矛盾：阶级矛盾，民族矛盾，地主阶级中不同阶层的矛盾，政治上不同党派的矛盾，纷纭错综，非常复杂。各个不同的对立面之间展开着激烈的斗争。张载比较注重实际情况的观察，又对自然现象进行过研究，因而对于事物现象中矛盾对立的情况有所认识，在反对佛学和老庄玄学的理论活动中，发展了《易传》的辩证的宇宙观。

如前所说，张载肯定物质世界是不断运动、不断变化的，而运动变化的原因在于物质存在的内部；物质世界是自己运动自己变化的。物质世界为什么能运动，能变化？就在于世界的物质实体之中含有正反两方面，这两方面相互作用就引起变化。因此，在宇宙观上，张载提出了"一物两体"的辩证观点。他说："一物两体，气也。一故神（自注：两在故不测），两故化（自注：推行于一），此天之所以参也。"（《正蒙·参两》）这是说，作为世界物质实体的气是一个统一体（"一物"），它又包含两部分（"两体"），这两部分相互作用，既相互对立，又相互统一在一个实体中；因其是对立面的统一体，故神妙不测；因统一体中包含对立面，故变化无穷。对立的相互作用就是变化运动的根源。对立面合成统一体，叫做"参"。

张载强调对立面的相互作用，他说："天性，乾坤阴阳也。二端，故有感；本一，故能合。"（《正蒙·乾称》）这是说，物质世界的本性就在于有其对立面，因其是两方面的对立，故相互作用；而对立本来处于一个统一体中，故相互结合。由此，他指出，整个物质世界的变化，无非是阴阳两个对立面相互作用的结果。他说："万物虽多，其实一；物无阴阳者，以是知天地变化，二端（阴阳）而已。"（《正蒙·太和》）关于对立面互相作用的内容，他认为："若阴阳之气，则循环迭至，聚散相荡，升降相求，纲缊相揉，盖相兼相制，欲一之而不能，此其所以屈伸无方，运行不息，莫或使之。"（《正蒙·参两》）这是说，阴阳二气，由阴而阳，由阳而阴，循环交迭，相互转化；时聚时散，相互推荡；或升或降，相互追求；交相渗透，彼此揉合；也就是相互吞并，相互克制，要平息这些，却做不到。所以事物总是此屈彼伸，互有胜负，决不固定，运动变化，没有停止。所有这一切，都没有什么外力使它这样。张载关于对立面互相作用的学说，肯定了事物的内在矛盾是运动和变化的根源，进一步论证了物质世界的运动变化的永恒性。依据这种发展观，他反对了佛教把世界的本性归之为绝对的静止的思想。

张载还着重说明了"两"和"一"的关系即对立面与统一体的关系。他指出,没有对立面,也就没有统一体;如果对立的两面不在统一体中,则对立的两方面也就不会相互作用了。他说:"两不立,则一不可见;一不可见,则两之用息。两体者,虚实也,动静也,聚散也,清浊也,其究一而已。"(《正蒙·太和》)这是说,无形的虚与有形的实,运动与静止,聚结与分散,太虚的清与万物的浊,都是对立的两方面,归根到底都是统一的。张载所谓"一"指统一体而言。在他看来,一个东西总有对立的两方面,或矛盾的两方面,这一点是正确的。但是,他所说的"一",有时还有另一层意思,是指对立面尚未分化和相互融合的状态,因此,他把阴阳二气的统一体又称为"太和"。

张载还提出变化的两种形式的学说。他认为,变化有两种形式:一种是显著的变化,一种是逐渐的变化,他把前者专称为变,后者专称为化。他说:"变言其著,化言其渐。"(《易说》)这两种变化形式又是相互转移的。他说:"变则化,由粗入精也;化而裁之谓之变,以著显微也。"(《正蒙·神化》)在显著的变化之后,必然有逐渐的变化,这是由巨大的变化进入细微的变化;逐渐的变化到达一定的阶段就发生总结性的转变,这是以显著的变化表现出那细微的变化来。他又说过:"雷霆感动虽速,然其所由来亦渐尔。"(《正蒙·参两》)这是说,显著的迅速的变化也是从逐渐的变化来的。张载所讲变化的两种形式还不就是质变与量变的区别,但他区分了变化的两种形式,这在当时是相当精湛的思想。

张载更指出事物之间的相互联系,他说:"物无孤立之理,非同异、屈伸、终始以发明之,则虽物非物也。事有始卒乃成,非同异、有无相感,则不见其成。不见其成,则虽物非物。"(《正蒙·动物》)任何一物都不是孤立的,都处在变化的过程中,不通过同或异、屈或伸、终或始等关系的比较,是无法得到说明的。事有始有终,或同或异,此事开始即由无转有,彼事终结即由有转无,前事由有转无,后事由无转有,事与事都是相互影响的("相感"),如果没有这些联系,则事不成事,物不成物了。这是从对立面的相互转化,肯定了事物之间的相互联系。

张载也认识到对立的两方有一个斗争的过程。他说:"有象斯有对,对必反其为。有反斯有仇,仇必和而解。"(《正蒙·太和》)这是说,有现象就有对立,对立的两方的运动必然相互违反,相互违反就相互斗争。"仇"即是斗争。他认识到对立双方必然相互斗争,但他又认为斗争的结果必然归于调和,张载一方面认为"太虚"含有对立面相互作用的性能;但另一方面他又认为"太虚"是清彻纯一的,是阴阳二气未分化时的融合的状态。在后一种观点的支配下,他导出了"仇必和而解"的结论。由于他把对立面的融合看成是气的原始状态,从而认为"太虚"也可以说是"至静无感",他说:"至静无感,性之渊源。"

(《正蒙·太和》)"性之渊源"是就人性说的,他认为"至静无感"的太虚是人性的根源,在这里他又把静止看做是最根本的了。

张载的辩证法的宇宙观看到了事物内部的对立面的相互作用是运动变化的泉源,但是他没有认识到"互相排斥的对立面是绝对的"这一面。他看到对立面的双方共处于一个统一体中,但是他并不认为统一是有条件的、相对的,而把融合的统一看成最高理想。

第三节 唯理论的认识论

张载还探讨了有关认识论的问题。在认识论方面,他肯定自然世界的客观存在,认为人的认识是以客观世界为基础的,他说:"感亦须待有物,有物则有感,无物则何所感?"(《语录》)外物是感觉的源泉。又说:"人本无心,因物为心。"(《语录》)人的认识作用也是以外物为根据的。他认为,人的认识在于主观与客观的结合:"人谓己有知,由耳目有受也;人之有受,由内外之合也。"(《正蒙·大心》)这是说,认识是由于感官接受外来的印象,其所以能够接受外来印象,在于主体和客体相互接触,相互结合。张载强调必须穷究万物之理,"万物皆有理,若不知穷理,如梦过一生。"(《语录》)理是客观的,是不以人的意志为转移的。张载的这些观点坚持了从物到感觉和思想的路线。从这条路线出发,他驳斥了佛、老唯心主义在认识论上的错误。他说:"释氏便不穷理,皆以为见病所致。"(《语录》)又说:"浮图不知穷理而自谓之性,故其说不可推行。"(《正蒙·中正》)这是说,佛教不研究事物的客观规律,从而陷入了主观唯心主义和虚无主义。

张载认为,佛教唯心主义在认识论上的一个严重错误,是从感觉出发,"以六根之微,因缘天地",不懂得"穷理"。因此,他着重论述了感性认识和理性认识的作用问题。他认为,感性认识是耳目等感官从外在世界得来的,但仅仅感性认识是不够的,还不足以认识真理。他说:"今盈天地之间者皆物也,如只据己之闻见,所接几何?安能尽天下之物?所以欲其尽心也。"(《语录》)天地间的事物无穷,个人的耳目闻见有限。这是无限的客观事物与个人的有限的感觉能力之间的矛盾。张载认为这个矛盾,只有靠"尽心""尽性"才能解决。他说:"大其心,则能体天下之物";"世人之心,止于闻见之狭;圣人尽性,不以见闻梏其心。"(《正蒙·大心》)这是说,耳目不能闻见无穷的外物,扩大自己的心,就能体会天下万物的本性了。一般人的心以感性认识为范围,圣人的心不受感性的局限,与天下万物同其广大。他这个论点是说,耳目感官有局限,只有靠"心"的作用,才能认识事物的普遍本质。他所说的"尽心""尽

性",不是指反省内求,而是研究宇宙的本质和规律。他说:"先从学问理会,以推达于天性也。"(《语录》)

于是,张载认为,知识有两种:一是"见闻之知",即感性认识;一是"德性所知",即以理性为基础的超经验的知识。他说:"见闻之知,乃物交而知,非德性所知。德性所知,不萌于见闻。"(《正蒙·大心》)这"德性所知"是不依靠感性认识的。在张载看来,"德性所知",就是关于宇宙"神化"的认识,即关于全宇宙的认识。他认为这种认识不依靠于感觉经验,主要依靠道德修养。张载说:"穷神知化,与天为一,岂有我所能勉哉?乃德盛而自致尔。"(《正蒙·神化》)这是说,进行道德的修养就自然而然得到这种知识了。这样,张载又把认识与道德修养联结起来。

这种超越经验的"德性所知"虽然不依靠见闻,却还是对于外在世界的认识,张载称之为"合内外于耳目之外"。他说:"知合内外于耳目之外,则其知也过人远矣。"(《正蒙·大心》)不通过耳目而直接认识外在世界,他认为这是高一级的认识。

张载的认识论,反对了佛教中"专以见闻为用"的主观唯心主义的经验论,强调了理性认识的重要性。但是,他又认为不靠感觉经验,就可以直接认识事物的本质和规律,倒向了唯理论。尽管张载认为"理"是客观的,人心中没有天赋的观念,应该向客观事物中寻找规律,但是他轻视了感觉经验,其对事物的本质的认识,必然变成了无源之水、无本之木。他的"德性所知",实际上成了主观自生的东西。他的认识论虽然从感觉经验出发,但由于不能正确处理感性和理性的辩证关系,有可能通向了神秘主义。总之,在认识论方面,他肯定认识来源于外界,却又认为"穷神知化"的认识不依靠感官,其原因在于不能解决比感性高一级的理性认识的来源问题。

第四节 人性问题与道德学说

张载企图从他的气一元论的观点来说明人性问题。他认为,万物都是气凝聚而成的,人也是气凝聚而成的,气的本性,也就是人的本性。他说:"合虚与气,有性之名。"(《正蒙·太和》)"虚"指"太虚",即气的本来状态;"气"指阴阳二气,有清有浊。"太虚"本性和阴阳二性的结合,便构成了人性。他认为,每个人都具有"太虚"本性,另一方面,人生成以后,由于禀受的阴阳二气的不同,身体条件彼此不同,每个人又有其特殊形体和特殊的本性。前者叫做"天地之性",后者叫做"气质之性"。他认为,有了形体以后,才有气质之性。"气质之性"是恶的来源,"天地之性"是善的来源。人们只要善于反省,就可以认识到"天地之性"了。他说:"形而后有气质之性,善反之,则天地之性存焉。"(《正蒙·诚明》)他认为,作一个"君子",应该"变化气质"。他这样提出了人性二元论。

张载从气的本性谈人的本性,这是他的气一元论的自然观在人性问题中的表现。但他企图用"气"来说明人性问题,仅仅把人看做自然界的一部分,而不能认识人是生活于社会中的,不能说明人的本性与社会关系的联系。

张载认为,人人都有"天地之性",就像冰有水性一样。他说:"天性在人,正犹水性之在冰,凝释虽异,为物一也。"(《正蒙·诚明》)"天地之性"是"太虚之气"的本性,它清彻纯一,所以是无不善的。他说:"性于人无不善,系其善反不善反而已。"(同上)这是说,只要善于反省,体现"天地之性",就自然合于道德标准了。他认为,人的道德品质来源于生而具有的"天地之性",这实际上仍是一种天赋道德论。他认为,人的各种欲望和一切不善都来自"气质之性",人的气质是杂而不纯的,有好有坏。于是,他提出了"变化气质"的学说,气质不好的可以通过学习来改变。他说:"为学大益,在自能变化气质。"(《经学理窟》)他所说的"变化气质",主要指通过道德修养,克制人的"耳目口腹之欲"。一方面,他不赞成佛、老的人性论,他认为"人欲"也是人的本性,另一方面,又要对"人欲"加以限制,于是他提出一个"天地之性"来作为这种理论的根据。

张载认为,如果人们能够认识自己的本性是与一切人一切物相同的,就会泛爱一切人一切物。他说:"性者万物之一源,非有我之得私也。惟大人为能尽其道。是故立必俱立,知必周知,爱必兼爱,成不独成。"(《正蒙·诚明》)这是说,性是万物的共同的本性,不是我个人所能私有,惟有"大人"才体现这个道理。所以要立己而且立人,求知必须周知万物,爱己而且爱人,成己而且成物。这样,他的人性论又成了他用来宣扬"人类之爱"的根据。他的"爱一切人"思想包含着要求消除统治阶级的内部矛盾,缓和封建统治阶级与被压迫的人民之间的矛盾斗争,以维护当时面临种种危机的封建制度的意义。

张载在《西铭》中进一步发挥了这种泛爱思想。他说:天可以称为父,地可以称为母。我是藐小的,和万物一样,生存于天地之间。所以,充塞于天地之间的气就构成我的身体;气的本性即作为天地之间的统帅的,就是我的本性。人民都是我的同胞兄弟,万物都是我的同伴。君主是我父母的长子,他的大臣们是君主的管家人。尊敬老年人,就是尊敬我的兄长;慈爱孤儿和小孩,就是慈爱我的幼弟。圣人就是能体现天地的品德,贤人就是天地的优秀儿子。所有天下残疾的人,孤苦的人,都是我的受苦受难的可怜的兄弟们。他认为,天地好比父母,一切人一切物都是天地所生,一切人都是同胞兄弟,一切物都是同伴,应该爱一切人,爱一切物。这就叫做"民胞物与"。这种"爱",并不要求取消封建等级制度,不是提倡"平等",而是以封建宗法关系为基础的"仁爱",故仍然是一种阶级调和论。

《西铭》把实行封建道德看做是对天地尽孝,宣扬乐天安命的思想。《西铭》的结尾说:"富贵福泽,将厚吾之生也;贫贱忧戚,庸玉汝于成也。存,吾顺事;没,吾宁也。"这是说,如果处在富贵的环境,安乐享福,那是天地要提高我们的生活;如果处在贫贱的环境,困苦发愁,这是天地有意锻炼你,使你得到更高的成就。活着,我顺从地服务;死了,我宁静地安息。他认为这种生活态度才是君子最高的精神境界。

在社会政治方面,张载看到贫富不均是当时社会的根本问题,他说:"贫富不均,教养无法,虽欲言治,皆苟而已。"(《行状》)这是说,如不解决贫富不均的问题,任何政治措施都是谋求暂时利益的苟且的办法而已。他要求解决贫富不均的问题,如何才能解决贫富不均问题呢?他主张"均平"(《经学理窟》),提议实行"井田"制度,要求把田地收归国有,然后分给人民。"井田"的原则是"人受一方","以田授民"(同上),废除招佃耕种和出租土地,"不得如分种,如租种"(同上)。"分种"就是招佃耕种,"租种"就是出租土地。为了消除大地主阶层的反对,维持大地主阶层的既得利益,他又主张使大地主作"田官",以补偿他们的土地。"其多有田者使不失其为富。"(同上)但这种使大地主作"田官"的办法也还是暂时的,"始则因命为田官,自后则是择贤。"(同上)这在当时当然是不可能实现的。一方面要求解决贫富不均的问题,一方面又要维持地主阶级的既得利益,这样就陷入于不可解决的矛盾之中。所以,他提出的"平均"思想反映了地主阶级革新派企图调和阶级矛盾的主张。

第四章
朱熹

朱熹,字元晦,号晦庵,生于公元1130年(宋高宗建炎四年),死于公元1200年(宋宁宗庆元六年),祖籍徽州婺源(今属江西)。生长于福建。他作过知南康军、宝文阁待制等官。朱熹生活的年代,民族矛盾、阶级矛盾异常尖锐。朱熹晚年曾受到当权者的排斥,但他死后不久,又受到统治集团的推崇和颂扬。

朱熹继承、发展了韩愈的道统论,认为尧、舜、禹、汤、文、武,周公、孔子、孟子一脉相传,到孟子以后中绝了。他认为二程是直接继承孟子的,"程夫子兄弟者出","续夫千载不传之绪"(《中庸章句序》),而他自己是继承二程的。他宣扬道统,也就是认为道学已经掌握了永恒的终极的真理,二程和朱熹的学派,后人称为程朱学派。从南宋到明清几百年间,程朱学派的哲学成为正统的官方哲学。

朱熹著作甚多,主要哲学著作是《四书集注》《太极图说解》《通书解》等。他平日讲学的问答,后来编为《朱子语类》。清初编纂的《朱子全书》是朱熹著作和语录的分类选辑。

第一节 理一元论

朱熹发展了二程的理一元论,建立了一个完整的客观唯心主义体系。

程朱学派所谓理有几层意义。理的首要意义是事物的规律。事物的规律是一类事物所共同具有的,是一般的东西,而事物则是特殊的东西。一般存在于特殊之中,但程朱进而把一般与特殊割裂开来,认为理是可以离开事物而独立存在的,并且是事物的根本,在事物之先。他们所讲的理的内容还包括道德的基本原则、基本标准。实际上,他们是把封建时代的道德标准绝对化永恒化,看成是宇宙的根本,一切事物的根源。他们把当时道德的基本原则说成是自然世界的基本原理,把当时的社会秩序说成是自然的永恒的秩序。这一方面把封建道德原则神秘化、永恒化,一方面又赋予自然世界以道德的意义。其目的是抬高封建道德的地位,借以巩固封建社会的等级秩序。程朱学派以理为中心观念,所以称为"理学"。

朱熹认为:"天地之间,有理有气。理也者,形而上之道也,生物之本也。气也者,形而下之器也,生物之具也。"(《答黄道夫》)这是说,理是第一性的,是创造万物的根本;气是第二性的,是创造万物的材料。他截然区分"形而上"与"形而下",断言具体的东西以抽象的东西为根据。

朱熹也讲理与气不能相离,说:"天下未有无理之气,亦未有无气之理。"(《语类》卷一)但他又认为,理气二者之中,理是第一性的,气是第二性的。他说:"有是理便有是气,但理是本。"(同上)"气之所聚,理即在焉,然理终为主"(《答王子合》)。理是根本的、主要的。又说:"理气本无先后之可言,然必欲推其所从来,则须说先有是理。"(《语类》卷一)"理未尝离乎气,然理形而上者,气形而下者。自形而上下言,岂无先后?"(同上)这是说,就具体事物来讲,理气是不相离的;但从根源上来讲,从理论上讲,却应当说理在气先。所以,他说:"若在理上看,则虽未有物,而已有物之理。然亦但有其理而已,未尝实有是物也。"(《答刘叔文》)这种所谓在先,可以说与近代西方哲学所谓的"逻辑上的在先",不是"时间上的在先"相似。事实上,自然观上所谓的逻辑在先,其目的还是要表示具体事物是由抽象的"理"决定的。

从朱熹的哲学体系看,一方面他说"理"和"气"本无先后,另一方面又说"先有是理",其实,朱熹说"理"与"气"本无先后,是就构成事物的时间上说的,一事物成为一事物,同时具有"理"和"气"两个方面,不得有先后。但是,朱熹还是强调地指出了"理""气"的先后问题。他认为,从形而上和形而下的关系看,从根本上看,是"理"先于"气"的,这里的"理"先于"气"不是指构成事物的时间上的先后,而是指从逻辑上、道理上说"理"是在先的。朱熹这一观点无非是在论证理是第一性,气是第二性。朱熹更明显地讲理在事物之先。他说:"未有此事,先有此理。如未有君臣,已先有君臣之理;未有父子,已有父子之理。"(《语类》卷九十五)这是说在具体的君臣、父子等封建伦理纲常形成之前,就已存在着君臣、父子等封建道德原则。不管具体的君臣、父子如何变化、生灭,这些原则(理)是永恒的、不变的,具体的君臣、父子等封建关系,都是这些永恒不变的原则的体现。同样,其他一切具体的万事万物,也都是由万事万物的理所决定的。

朱熹认为,没有理也就不成其为事物,如他说:"如一所屋,只是一个道理,有厅有堂;如草木,只是一个道理,有桃有李;如这众人,只是一个道理,有张三李四,李四不可为张三,张三不可为李四。"(《语类》卷六)这就是说,屋有厅、堂；草木有桃、李；人有张三、李四，这些事物之间的具体差别和联系，都是由一个根本的道理所决定的，是理的分殊的体现。因此，尽管他强调理、气是不能分的，离开气也就无所谓理，然而归根结蒂，他认为理是根本，是决定事物之所以为事物的根据，也就是说"理"是第一性的。这种先于具体事物的一般原则"理"，朱熹又把它叫做"天理"。称之为"天理"，无非是强调"理"是最高的、绝对的、永恒的和必然的。

  朱熹虽然认为每一种事物都各自有各自的理，但他又认为这些万事万物的理，都是一个最根本的整体的理的内容。他称这个最根本的、整体的理叫做"太极"。他说："太极之义，正谓理之极至耳"(《答程可久》)，"总天地万物之理，便是太极。"(《语类》卷九十四)这个最根本的理——太极，朱熹认为是世界万事万物的最初根源。他在解释太极时说："上天之载，无声无臭，而实造化(自然界的产生、变化)之枢纽，品汇(万事万物)之根柢也。"(《太极图说解》)所以，太极本身虽然是无动静、无生灭的，而一切具体事物的产生、变化、消灭都是由它那里来的。这个太极，朱熹认为又是道德的最高标准。他说："太极只是个极好至善底道理，……是天地人物万善至好的表德。"(《语类》卷九十四)所以他说："其中(太极)含具万理，而纲领之大者有四，故命之曰仁义礼智。"(《答陈器之》)太极中最主要的是仁、义、礼、智这四种道德原则。他进一步又把这四种道德原则加到自然界上去。他说："以天道言之，为元亨利贞；以四时言之，为春夏秋冬；以人道言之，为仁义礼智。"(《语类》卷六十八)元是春，亨是夏，利是秋，贞是冬。他认为，春天草木生长，体现了仁；夏天草木茂盛，文采丰富，体现了礼；秋天结成果实，收敛起来，体现了义；冬天草木凋落，生机潜藏，体现了智。他牵强地把仁义礼智等道德属性，说成是自然界四时变化的固有规律，赋予自然界以道德属性，而在实际上是要把这些道德规范说成像自然规律那样是永恒不变的、不能违背的。

  关于太极与万物的关系，朱熹认为，太极包含万物之理，万物分别完整地体现整个太极，这叫做"理一分殊"。他认为，整个世界的最根本的理只是一个太极，太极是一个完整的整体，是不能分割成部分的。万物只是它的分别的整体体现。所以，他提出了"物物有一太极"的学说。他认为，全宇宙只有一个太极，是万物的本源，是万物所以生成存在的根据。每一物都以太极为其存在的根据，每一物都涵有太极。他说："太极只是天地万物之理。在天地言，则天地中有太极。在万物言，则万物中各有太极。"(《语类》卷一)"人人有一太极，物物有一太极。"(《语类》卷九十四)这就是说，每一人每一物都以那普遍的理为它的存在的根据，所以每一人每一物都具有那普遍的理。

  朱熹讲"人人有一太极，物物有一太极"，曾引用佛教的观念，以"月印万川"为比喻：天空中只有一个月亮，照在每一条河流的水中，每一条河流中都可以看到一个月亮；全宇宙只有一个太极，而每一个人，每一个物中，也有一个太极。每一条河流中的月亮是一个整体的月亮，并不是月亮的一部分；同样，每一人每一物中所有的太极也是全体的太极，而并不是太极的一部分。朱熹说："释氏云，一月普现一切水，一切水月一月摄，这是那释氏也窥见得这些道理。"（《语类》卷十八）他的论证方式无疑受了佛教的影响。佛教的华严宗大讲"一即一切"的唯心主义观点，禅宗也有类似的思想，朱熹所引的两句话就出于禅宗玄觉所作的《永嘉证道歌》。朱熹强调太极是理，他说："太极非是别为一物，即阴阳而在阴阳，即五行而在五行，即万物而在万物，只是一个理而已。"（《语类》卷九十四）

朱熹说，"物物有一太极"，即每一具体事物都具有整个的理，那么，这一物的理与那一物的理为什么又有区别而表现为不同的理呢？朱熹认为，这是因为每一具体事物虽然都具有那整个的理，但各物所禀受的气不同，因而整个的理在各个具体事物上表现出来时，受到气的粹驳的影响，就有偏有全："论万物之一原，则理同而气异；观万物之异体，则气犹相近，而理绝不同也。气之异者，粹驳之不齐；理之异者，偏全之或异。"（《文集·答黄伯商》）他还进一步解释说，所谓"理同而气异"，这里"理同"的理是唯一的、共同的，"是说方付与万物之初，以其天命流行，只是一般，故理同；以其二五之气，有清浊纯驳，故气异"（《语类》卷四）。所谓"气犹相近而理绝不同"，这是因为万物已得气之后，理一的理受到气的影响，整个的理表现出来时有昏有明、有开有塞，所以，"下一句是就万物已得气之后说，以其虽有清浊之不同，而同此二五之气，故气相近；以其昏明开塞之甚远，故理绝不同。"（同上）

朱熹的老师李侗曾说："吾儒之学，所以异于异端者，理一分殊也。理不患其不一，所难者分殊耳。"（赵师夏《跋延平答问》引）朱熹完全接受这个观点，认为正确的思想应该讲理一分殊，而佛教所讲的一多关系，却正是圣人所不赞同的："或问理一分殊，曰：圣人未尝言理一，多只言分殊。"（《语类》卷二七）因此，朱熹虽然受到了佛教"一即一切"的思想影响，但有所改造。华严宗提倡"一多相容"的思想，主张"一全是多，方名为一；又多全是一，方名为多。多外无别一，明知是多中一，一外无别多，明知是一中多"（《华严义海百门》）。这就是说，一即是多，多即是一。朱熹认为佛教华严宗所提倡的这种一多的思想，是说万理归于一理，每一个具体事物上的理都是那唯一的、整体的理的具体而微的表现，其中并没有偏、全、昏、明的差异，唯一的、整体的理与各个具体事物上的理之间的关系是一与多的关系。理一分殊虽然承认分殊也是理一的具体表现，但强调分殊因受不同的气的影响，因而各不相同。朱熹又说："盖能于分殊中事事物物、头头项项理会得其当然,然后方知理本一贯。不知万殊各有一理,而徒言理一,不知理一在何处?"(《语类》卷二七)这就是说,必须承认分殊,才能更好地解释宇宙间的各种现象。因此,他进一步发挥这一点说:"万物皆有此理,理皆同出一源,但所居之位不同,则其理之用不一。如为君须仁,为臣须敬,为子须孝,为父须慈。物之各具此理,事物之各异其用,然莫非一理之流行也。"(《语类》卷十八)

不仅如此,朱熹还进一步批评佛教,他说:"释氏说空,不是便不是。但空里面须有道理始得。若只说道,我见个空,而不知有个实的道理,却做甚用得?譬如一渊清水,清冷彻底,看来一如无水相似。他便道此渊只是空底,不曾将手去探,是冷是湿,不知道有水在那里面。释氏之见正如此。"(《语类》卷一百二十六)佛教讲"空",把一切都看成是虚幻的。朱熹认为这种看法是错误的。他主张,太极中具众理,理虽是超时空的东西,但是"实有"。朱熹这一观点,是从儒家肯定现世生活和道德价值的观点来立论的。他批判佛教,认为他们虽然否定伦理关系,但是实际上并没有逃出这些关系,也就是说他们仍然要依照一定的"理"来活动的。他说:"天下只有这道理,终是去不得。如佛、老虽是灭人伦,然自是逃不得。如无父子,却拜其师,以其弟子为子,长当为师兄,少当为师弟,但只是得个假的,圣贤便是存得个真的。"朱熹认为,人们是无论如何也逃不出君臣父子关系的支配的,佛教徒想逃出君臣父子这样的社会关系,可是逃不掉,拜师、称师兄弟仍在这样的关系之中。

关于理一分殊,朱熹自己有时有不同的说法。有时他所说的是指普遍的理与特殊的理之间的关系,有时是指太极与万物之间的关系。如他说:"自其末以缘本,则五行之异,本二气之实,又本一理之极,是合万物而言之,为一太极而一也。自其本而之末,则一理之实,而万物分之以为体,故万物中各有一太极。"(《通书解》)又说:"盖合而言之,万物统体一太极也;分而言之,一物各具一太极也。"(《太极图说解》)"理一分殊"的说法,是把最一般的理即所谓太极,安置到每一个具体事物之中,作为每一个具体事物存在的依据。

朱熹还认为,一切人、一切物都是理与气所构成的,人物禀理以为性,禀气以为形。他说:"人物之生,必禀此理,然后有性;必禀此气,然后有形。"(《答黄道夫》)人物的本性是从理来的,人物的形体是从气来的。又说:"人之所以生,理与气合而已。天理固浩浩不穷,然非是气,则虽有是理而无所凑泊。故必二气交感,凝结生聚,然后是理有所附著。凡人之能言语动作,思虑营为,皆气也,而理存焉。"(《语类》卷四)朱熹这里说思虑营为,都是气的作用,这就是说心也有气的作用。朱熹受了张载的影响,认为心与性有区别。张载认为,性是本来就有的,心却是后来才有的。朱熹也认为心性虽有密切关系,但应区别开来。他以为理在气之先,心却是有形体以后才有的。他又说:"心者气之精爽。"(《语类》卷五)"是先有知觉之理,理未知觉,气聚成形,理与气合,便能知觉"(同上)。心是以气为存在条件的。这就是认为理是第一性的,气是第二性的,而作为个人意识的心却是后于物质世界。

但是朱熹又认为,心虽然是"理与气合"而后有,但也可以说心包含了理与气。他说:"心之理是太极,心之动静是阴阳"(《语类》卷五),又说:"所觉者心之理也,能觉者气之灵也。"(同上)这就是说,心所要认识的对象,也就是本来就存在于心中的理,心的知觉作用是心借以认识自己心中之理的一种机能。

朱熹也肯定了对立的普遍性,他说:"有高必有下,有大必有小,皆是理必当如此。如天之生物,不能独阴,必有阳,不能独阳,必有阴,皆是对。这对处不是理对,其所以有对者,是理合当恁地。"(《语类》卷九十五)这是他对于程颢所说"天地万物之理,无独必有对"的发挥。他又提出"独中又自有对"的论断:"一便对二,形而上便对形而下。然就一言之,一中又自有对。且如眼前一物,便有背有面,有上有下,有内有外,二又各自为对。虽说无独必有对,然独中又自有对。"(同上)任何事物都有它的对立面,而一物之内也包含对立,这就是内在的对立。但他所讲的对立,都是静止状态的对立。在他看来,对立面相互对峙,并不在一定条件下相互转化。

朱熹也同意张载"两故化"的学说。他说:"凡天下之事,一不能化,惟两而后能化。且如一阴一阳始能化生万物,虽是两个,要之亦是推行乎此一尔。"(《语类》卷九十八)他承认正反两方面的交互作用是变化的原因。他截然区分了形而上与形而下,理与气,道与器,认为理是永远不变的,他的体系正是发挥"天不变,道亦不变"观点的形而上学体系。他承认事物的对立性,正是为了论证封建社会的等级差别的必然性。他说:"物物有个分别,如君君、臣臣、父父、子子。"(《语类》卷六十八)又说:"君臣父子,定位不易,事之常也。"(《甲寅行宫便殿奏札一》)君臣父子的区分是永远不会改变的,事物的对立面是永远不会相互转化的。他的整个理论体系包含着为封建社会的等级制度提供理论根据的意义。

第二节 "格物穷理"论

朱熹继承了程颐的观点,他认为,人的心中生来就含有一切事物之理,但心虽含有万理而不能直接自己认识自己,必须通过"格物"工夫,就事物加以研究,然后才能达到心的自己认识,从而对于天地万物之理就无不了然了。他所写的《补大学格物传》认为："所谓致知在格物者,言欲致吾之知,在即物而穷其理也。盖人心之灵,莫不有知,而天下之物,莫不有理。惟于理有未穷,故其知有不尽也。是以大学始教,必使学者即凡天下之物,莫不因其已知之理而益穷之,以求至乎其极。至于用力之久,而一旦豁然贯通焉,则众物之表里精粗无不到,而吾心之全体大用无不明矣。"所谓致知在格物,就是讲,要想得到知识,在于就物而研究它的理。人心的灵明,都是有知的,而天下的万物,都是有理的。因为对于物的理还没有研究到,所以心的知识也就不能够完全了。所以"大学"教育的开始,必须叫学者就所有天下万物,都根据已知的道理而更加以研究,以求达到最高的极限。以至力量用得久了,有一天就豁然贯通,那么,万物的表里精粗就无不到,我心的全部内容也就无不明了。认识过程分两段,第一段是"即物穷理",就事物加以尽量研究;第二段是"豁然贯通",大彻大悟,了然于一切之理。

在认识的发展过程中,朱熹认为要达到"豁然贯通"的飞跃阶段,就必须以"即物穷理"的渐进阶段做基础。若不经过"今日格一物、明日格一物"的渐进阶段,进行积累,却直接要求大彻大悟,就必然流为空疏。但仅仅停留在渐进的阶段,不能在这个基础上将积累的知识"豁然贯通",也必然流为支离。只有将两个阶段结合起来,开始时虽然勉强用力,久而久之,自然可以达到贯通的境地:"积习既多,自当脱然有贯通处。乃是零零碎碎,凑合将来,不知不觉,自然醒悟,其始固须用力,及其得之也,又却不假用力。"(《语类》卷一八)他认为,当时有一派在认识论上只停留在"即物穷理",因而在治学上就专重"务博";另一派在认识论上要求"反身而诚",直接达到大彻大悟,因而在治学上就专重"务约",这都不是正确的方法,不能求得最高的真理:"自一身中以至万物之理,理会得多,自当豁然有个觉处。今人务博者,却要尽穷天下之理;务约者,又谓反身而诚,则天下之物无不在我者。皆不是。"(《语类》卷一八)

朱熹所说专重"务约"的一派,即指陆九渊而言。陆九渊主张"先立乎其大者",反对渐进的积学,认为"石称丈量,径而寡失。铢铢而称,至石必谬;寸寸而度,至丈必差"(《象山全集·与詹子南书》)。如急于辨析一些细微末节,"虽若详明,不知其累我多矣"(同上)。朱熹针锋相对地反对陆九渊的思想,认为只有在积累的基础上融会贯通,才能获得可靠的真理。他说:"必铢铢而较之,至于钧而必合;寸寸而度之,至于丈而不差,然后为得也。孟子说:'博学而详说之,将以反约也',正为是尔。今学之未博,说之未详,而遽欲一言探其极至,则是铢两未分而意料钧石;分寸未解而日计丈引,不惟精粗二致,小大殊艰,非所谓一以贯之者,愚恐小差积而大谬生,所谓钧石丈引者,亦不得其真矣。"(《文集·答江彦谋》)

朱熹所反对的"务博"的一派,即指吕祖谦及叶适而言,这个学派主张从事实出发解决具体问题,因而注重历史的研究和制度的考订,反对玄虚的顿悟。朱熹对这一派批评得更为严厉,认为其流弊更甚于陆九渊一派。所以,他说:"又有专于博上求之,而不反其约。今日考一制度,明日又考一制度,空于用处做工夫,其病又甚于约而不博者。要之,均是无益。"(《语类》卷十一)

朱熹讲即物穷理,包括研究抽象道理和具体事物的规律。如说:"上而无极太极,下而至于一草一木一昆虫之微,亦各有理。一书不读,则缺了一书道理;一事不穷,则缺了一事道理;一物不格,则缺了一物道理。须著逐一件与他理会过。"(《语类》卷十五)但他所注重的是读书。他所谓"豁然贯通",指研究了一些事物之理以后,久而久之,就会忽然觉悟统一的理了。其所以如此,是因为心中本来含有一切之理,所谓格物,不过是起一种启发作用,通过格物的启发,心就能自己认识自己本来固有的理了。他用宝珠来比喻心中的理,用擦拭宝珠来比喻格物,他说:"有是理而后有是气,有是气则必有是理。但禀气之清者为圣为贤,如宝珠之在清冷水中;禀气之浊者为愚为不肖,如珠之在浊水中。所谓明明德者,是就浊水中揩拭此珠也。"(《语类》卷五)理本是心中固有的,但被气所遮蔽了,格物就会除去遮蔽,那固有的理就显露出来了。

朱熹强调心中有理,他认为"人人有一太极",每人所具有的太极就是这人的心中之理。他说:"一心具万理,能存心而后可以穷理。"(《语类》卷九)"心包万理,万理具于一心。不能存得心,不能穷得理;不能穷得理,不能尽得心。"(同上)他的推论是:心中有性,性就是理,所以心中有理。他说:"性便是心中所有之理,心便是理之所会之地。"(《语类》卷五)用现代名词来说,就是认为,心中有理性,而这理性也就是世界必须遵照的原理。理性不是认识作用,而是真理本身,虽然他在开始时也区分认识主体和认识对象,也讲研究事物的理,但最终认为:心中的理性本来就包含一切事物之理,研究事物之理也就是得到心中固有之理性的自我认识。

朱熹的认识论和他的本体论一样,是为了论证封建伦理的合理性的。如上所说,"格物"乃是"明吾心全体之大用"的。而所谓"大用",在他看来就是"为人君止于仁,为人臣止于敬"。也就是说,"格物"的目的就是要人们"止于至善"。这样,在朱熹那里认识论的问题和道德修养问题也就分不开了。他的所谓"格物致知"的目的是要人们认识"天理",提高道德修养的境界。朱熹说:"自君臣父子,推之于万物,无不各有所止。"并解释说:"君止于仁,臣止于敬,各止其所,而行其所止之道,知此而能定。……子曰:'君使臣以礼,臣事君以忠。'君与臣是所止之处,礼与忠是其所止之善。"(《语类》卷十四)这就是说,人们的认识就是要认识到,人应该做他应该做的,人君应"止于仁",人臣应"止于敬"。从这里出发,朱熹要人们各安其位,尽伦尽职。他说:"止者,所当止之地,即至善之所在也。"这就不难看出,朱熹的认识论所要达到的目的就是在认识"天理之必然"的基础上,让每个人各安其位,安分守己,不要做越出所谓"常规"的事。因此,朱熹所说的"格物致知""格物穷理"实质上就是对"天理"——道德原则的体认。可以说,朱熹的认识论在实质上是为他的伦理学作哲学上的论证。

朱熹也谈到知行问题,发挥程颐的知在行先的唯心主义观点。他说:"知行常相须,如目无足不行,足无目不见。论先后,知为先;论轻重,行为重。"(《语类》卷九)他所说的知指道德知识的学问,他所说的行指道德修养,即所谓:"涵养中自有穷理工夫,穷其所养之理;穷理中自有涵养工夫,养其所穷之理。"(同上)穷理是知,涵养是行,二者是交互作用的,但知究竟在先。他说:"为学先要知得分晓",如果"义理不明,如何践履?"(同上)这就是说,必须知以后才能行。进一步,他更认为只要对理认识得清楚,行起来就一定是正确的。他说:"若讲得道理明时,自是事亲不得不孝,事兄不得不弟,交朋友不得不信。"(同上)实践唯物主义认为,人的认识是从实践中得来的,然后认识又去指导人的实践,因此,实践是第一的。这是唯物主义的知行统一观点。相反,朱熹所讲的"知行常相须",知是第一的,行是第二的。这是由他的以理为最高本体的唯心主义体系决定的。既然万事万物都只是理的体现,当然必须先认识这个理,然后才能有行为所遵循的规范。所以,他所讲的知是知理,行是行理,知行"相须"是以所知的理来指导行,以所行的理来启发知,而归根结蒂是统一在理上。

第三节 思想方法论

朱熹还从格物穷理的认识论,形成他的一套思想方法论。他的思想方法论虽然也包含一些合理的因素,如从客观事实出发,通过归纳和推理,以求得抽象概念的知识等。但从其主要方面来分析,特别是通过他具体运用这个方法的所得实际效果来看,这个方法是带有体验特色的、脱离实践的和片面的方法。

朱熹认为,格物即是穷理,而理却是不生不灭、永恒不变的。穷理以后,即以这个固定的、不变的理来应付千变万化的事物。这就是他说的:"圣人之学,本心以穷理,而顺理以应物。"(《观心说》)他还认为理在事先,事物尚未存在时,理早已存在,只要掌握了这个本已存在的固定的理,就可以在处理具体变化的事物中发挥无穷的作用,用古代的道理驾驭当代的事件,用不变的概念制约变动的实际。他曾把这个方法概括为:"理定既实,事来尚虚。用应始有,体该本无。稽实待虚,存体应用。执古御今,以静制动。"(《易赞·警学》)他具体解释他这个方法说:"所谓事来尚虚,盖谓事之方来,尚虚而未有,若论其理,则先自固定已实矣。用应始有,谓理之用实,故有。体该本无,谓理之体该万事万物,又初无形迹之可见,故无。下面云,稽考实理,以待事物之来;存此理之体,以应无穷之用。执古,古便是《易》《书》里面文字言语;御今,今便是今日之事。以静制动,理便是静底,事便是动底。"(《语类》卷六十七)王夫之后来曾提出"有即事以穷理,毋立理以限事"(《续春秋左氏传博议》)。这就是说,通过事物来研究事物的理,这是正确的方法;但预先立下一个固定不变的理来处理和限制具体的事物,那就是完全错误的。

我们如进一步了解朱熹所谓的理的具体内容,和他的格物说的一个主要观点:"持敬为穷理之本",这种方法论更表现为强调道德修养的方法。他所谓的理的主要内容,就是仁、义、礼、智。他认为,应该以持敬作为穷理的基础,就是要求人在格物之前有一种对心的修养,以作为格物究理的基础。这就在认识论上不仅是将道德修养置于事物认识之上。他曾进一步说明持敬与格物致知的关系,说:"近来觉得敬之一字,真圣学始终之要。……盖古人由小学而进于大学,其于洒扫应对进退之间,持守坚定,涵养纯熟,固已久矣。是以大学之序,特因小学已成之功,而以格物致知为始。今人未尝一日从事于小学,而曰必先致其知,然后敬有所施,则未知其以何为主而格物以致其知也。故程子曰:入道莫如敬,未有能致知而不在敬者。"(《答胡广仲》)在这里,他提出持敬才是"圣学始终之要"。这也就是说,要以仁、义、礼、智作为最高指导原则,贯彻始终,作为探求知识和指导行动的出发点,作为我们一切行动的指南。这当然不能真正促进研究客观事物规律的自然科学的发展。

朱熹所谓格物的一个意义就是读书,特别是读儒家的经典。他认为,通过读书就能了解圣贤的思想,要用圣贤的思想去观察客观世界。他说:"读书以观圣贤之意,因圣贤之意以观自然之理。"(《语类》卷十)他还认为:"古之圣人,作为六经,以教后世。《易》以通幽明之故,《书》以纪政事之实,《诗》以导情性之正,《春秋》以示法戒之严,《礼》以正行,《乐》以和心,其于义理之精微,古今之得失,所以该贯发挥,究竟穷极,可谓盛矣。"(《建宁府建阳县学藏书记》)这是说,儒家圣人所传的六经,对于义理已经发挥到精微的地步,对于历史的得失也做了充分的总结,真正学到这些教导,就能在各个领域受到全面的训练。他特别重视四书,说:"如《大学》《中庸》《语》《孟》四书,道理粲然,人只是不去看。若理会得此四书,何书不可读,何理不可究,何事不可处?"(《语类》卷十四)

总之,在他看来,"圣人言语皆枝枝相对,叶叶相当。不知怎生排得恁地整齐。今人只是心粗,不仔细穷究。若仔细穷究来,皆字字有着落"(《语类》卷十)。他把所谓"圣人"经典中的言都认为是真理,因此,他要求人们学习这些"圣人"所写的经典,要一字一字地学习,一句一句地研究,虚心涵泳,切己体察,在一切行为中加以贯彻,即所谓"字求其训,句索其旨,未得乎前,则不敢求乎后;未通乎此,则不敢志乎彼"(同上)。他把儒家的经典看做包括一切真理的百科全书,认为其中每一句话都是神圣不变的教条,具有至高无上的权威,可以应用到古往今来的一切事件中。

朱熹格物穷理的道德目的,就是要实现封建道德的准则,使人能"革尽人欲,复尽天理",达到穷理与尽心的统一,成为心与理一的圣人。他将天理与人欲完全对立起来,"天理存则人欲亡,人欲胜则天理灭"。他认为,圣人就是完全达到天理流行的境地,没有夹杂一丝一毫的人欲,并且还是自然而然,没有任何勉强的成分。他将天理、人欲完全对立后,进一步又将圣、凡完全对立起来。他认为,能够正心诚意、复尽天理的就是圣人,不能正心诚意,有一点人欲的就是凡人。他要求一般人经常要克制人欲,心存诚敬,实际上就是告诉一般人应该天天洗心革面,向圣人顶礼膜拜。戴震曾特别批评将天理与人欲、圣人与凡人完全对立的形而上学思想的危害性。他说:"今之言理也,离人之情欲求之,使之忍而不顾之为理,此理欲之辨,适以穷天下之人尽转移为欺伪之人,为祸何可胜言哉!"(《孟子字义疏证》下)这就是说,把"理"作为不合人情的片面要求,事实上不可能使人达到,因而只能使人人成为两面派,在社会造成极端虚伪说谎的风气。他还说"以无欲然后君子,而小人之为小人也,依然行其贪邪。独执此以为君子者,谓不出于理,则出于欲;不出于欲,则出于理。于是逞说诬辞,反得刻议君子而罪之。此理欲之辨,使君子无完行者,为祸又如是也"(同上)。这就是说,在极端不合人情的片面要求下,坏人可以不顾这些,为所欲为;而在这个过高的片面要求下,却可以把好人的小错误夸张为大罪恶,可以用歪曲的言词对他们罗织莫须有的罪名。

朱熹要求不脱离实际格物,要求对事物的大小精粗进行周密的考虑,他的方法论在历史上产生很大的影响。如近代戊戌变法时期的严复虽曾看到他这个方法的某些缺点,但仍认为他的方法论基本方面是对的,说:"夫朱子以即物穷理释格物致知,是也;至以读书穷理言之,风斯在下矣。"(《原强》)到了现代,胡适虽然反对程、朱的客观唯心主义理学体系,却称赞程朱穷理致知的方法论为科学方法,还说"打倒程朱,只有一条路,就是从穷理致知的路上,超过程朱,用穷理致知的结果,来反攻致知穷理的程朱"(《戴东原的哲学》)。由此可见,朱熹这种格物说影响的深远。

第四节　人性论伦理学说与历史观

朱熹继承了程颢、程颐的人性论,认为理表现在人这方面,就叫做性,所以说:"性者,人之所得于天之理也。"(《孟子·告子上》注)同时,他又采用了张载所谓"天地之性"与"气质之性"的名词,也认为人性有二:一是"天命之性",也叫做"天地之性",也就是先验的理性,是从作为世界本源的"理"得来的。一是"气质之性",决定生来固有的感情、欲望等,是从构成身体的"气"得来的。他认为"人之所以生,理与气合而已"(《语类》卷四),"人物之生,必禀此理,然后有性;必禀此气,然后有形"(《答黄道夫》)。人是理与气结合而生成的,其所禀受的理,表现为天命之性(后来的程朱学派也称之为"义理之性");其所禀受的气,构成为身体,而气与理结合在一起,就表现出气质之性。他说:"论天地之性,则专指理言;论气质之性,则以理与气杂而言之。"(《答郑子上》)这里所谓天地之性,是采用了张载的名词,但说法与张载还有所区别。张载所谓天地之性指物质性的气的最根本的本性,即所谓"浮沉升降、动静相感之性",即运动变化的本性,朱熹则认为天地之性就是理。

朱熹认为,理是至善的,因此这天命之性也是无有不善的。至于气质之性则有善有恶。他说:"天之生此人,无不与之以仁义礼智之理,亦何尝有不善?但欲生此物,必须有气,然后此物有以聚而成质。而气之为物,有清浊昏明之不同。禀其清明之气而无物欲之累,则为圣;禀其清而未纯全,则未免微有物欲之累,而能克以去之,则为贤;禀其昏浊之气,又为物欲之所蔽而不能去,则为愚为不肖。"(《玉山讲义》)这样,他一方面把封建的道德说成为人人固有的天赋本性,另一方面又以所谓气禀的清浊来解释天生来就有贤愚的区别,以解释人的道德差别。他甚至用所谓气禀的不同解释富贵贫贱的差别的根源:"禀得清高者便贵,禀得丰厚者便富;禀得衰颓薄浊者,便为愚不肖,为贫,为贱,为夭。"(《语类》卷四)这是等级宿命论了。

朱熹又从"心"的体用关系来说明人性问题。他认为性和情都统于"心",是"心"的体和用。他说:"心有体用,未发之前,是心之体,已发之际,乃心之用。"(《语类》卷五)如以心比水,那么"性犹水之静,情则水之流"(同上)。"心"的本体,也就是"天命之性",是无不善的;"心"的用,也就是"情",就有善有不善,其所以流而为不善,完全是由于受了物欲的引诱或牵累。他又讲所谓"道心"和"人心"。本体的心,是天理的体现,叫做"道心";感性情欲则为"人心";受到物欲引诱或牵累,发而为不善的心,是"人欲"。

"人心""道心"的区别,是朱熹对《尚书·大禹谟》中所讲的"人心惟危,道心惟微,惟精惟一,允执厥中",这句话的发挥。朱熹等认定这十六个字是尧、舜、禹三圣相传的,所以以后道学唯心主义都称这为"十六字心传"。朱熹认为,"人心""道心"也不是两个不同的"心",它是同一个精神主体,只是从追求和满足于耳目的欲望上来讲,就叫做"人心",从追求和实行天理上来讲,就叫做"道心"。所以他说:"只是这一个心,知觉从耳目之欲上去,便是人心;知觉从义理上去,便是道心。"(《语类》卷七十八)朱熹承认,"道心"和"人心",既然同是一个心,所以它不分圣凡是人人都具有的。然而圣凡的区别,就在于圣人能精察道心,不杂耳目的私心杂念,专一于天理(此即所谓"惟精惟一")。因此,他的一举一动,一言一行,都没有过分或不足的差错,而合乎"天理"的所谓中道(此即所谓"允执厥中")。超凡入圣的办法,并不是简单地消灭"人心",而是使"人心"完全服从于"道心"。所以朱熹说:"必使道心常为一身之主,而人心每听命焉,则危者安,微者著,而动静云为自无过不及之差矣。"(《中庸章句序》)

朱熹讲人性问题,既分别"天命之性"和"气质之性",又分别"道心"和"人心"。而朱熹的整个人性理论,是要克服"气质之性"带来的不善思想和行为,使"人心"服从于"道心",这就必须讲到内心修养的问题,也就是如何使"人心"听命于"道心",把"气质之性"带来的不善思想和行为克服掉。朱熹认为这种修养的原则就是"去人欲,存天理"。这也就是朱熹所着重强调的所谓"天理人欲之辨"。就是说首先要认清"天理"和"人欲"的区别,"天理"是至善的道德标准,而"人欲"则是一切不善行为的根源。只有克服和去掉"人欲",才能保存和恢复"天理"。

二程把"道心"等同于"天理",把"人心"等同于"人欲",所以说:"人心私欲,故危殆;道心天理,故精微。灭私欲,则天理明矣。"(《遗书》二十四)朱熹进一步发挥了二程的思想,而认为"人欲"只指"人心"中为恶的一方面,而不包括"人心"中合理的欲望可以为善的一方面。他认为"天理"和"人欲"是绝对对立而不可并存的,必须"革尽人欲"才能"复尽天理"。他说:"人之一心,天理存,则人欲亡;人欲胜,则天理灭。"(《语类》卷十三)因此,"学者须是革尽人欲,复尽天理,方始是学"(同上)。这就是要求人们的一切思虑,一切动机,都必须符合道德的标准,而一切违反封建道德的要求都必须消除干净。朱熹也说过:"饮食,天理也;要求美味,人欲也。"(同上)他也承认饮食的要求是正当的,但实际上他是反对追求提高物质生活的要求,任何超出封建秩序所给予的物质生活以外的要求,都是应该排除的人欲。

根据"理欲之辨",朱熹更强调了所谓"王霸之辨"。朱熹以为夏商周三代的政治是王道,汉唐等朝代都是霸道。在王道政治,最高统治者君主的心中完全是"天理流行",因而"凡其所行,无一事之不得其中,而于天下国家无所处而不当"(《答陈同甫》)。而在霸道的政治,最高统治者君主的心中则"未免乎利欲之私"(同上)。他评论汉唐说,汉高帝(刘邦)的心已有"私意",唐太宗(李世民)的心中就完全是人欲了(同上)。他认为从三代到秦汉以后在政治道德上是一个退化的过程。他认为君主的"心术"是历史变化的根本,这是一种历史唯心主义。他认为聪明超凡的圣人是决定历史的:"一有聪明睿智能尽其性者出于其间,则天必命之以为亿兆之君师,使之治而教之,以复其性,此伏羲神农黄帝尧舜所以继天立极。"(《大学章句序》)这也就是说,有天才的伟大人物是历史的创造者。

朱熹是中国封建时代儒家思想集大成的人物。在中国封建时代的长时期中,不同时代居主导地位的哲学思想,具有不同的形态和内容。汉代董仲舒宣扬神学目的论,形式比较粗糙;魏晋玄学唯心主义放弃了神学目的论,提出"以无为本"的虚无主义的本体论。隋唐佛教则大讲其"万法唯识""一切唯心"的主观唯心主义。北宋二程开始吸取玄学和佛教的思想,把儒、佛、道三者糅合起来,扬弃了虚无主义,提出理一元论,在形式和内容方面都比较精致,虽然没有佛教唯心主义体系的复杂,但更适宜于宋代以后中央集权的需要。朱熹根据二程的学说更加以发挥和补充,他对气本论关于气的学说的思想资料加以吸收利用,一方面断言理是根本,一方面又讲理气不能相离;一方面断言心本有知宣扬先验论,一方面又讲"即物穷理",承认研究事物的必要。他的学说是比较精致的,朱熹建立了一个庞大的客观唯心主义体系,内容更富于思辨性,他写的《四书集注》,后来成为几个封建朝代的知识分子必读书,因而影响最大。

朱熹的学说,受到南宋、元、明以及清代封建统治者的推崇,在加强中央集权的封建专制主义、维护封建社会秩序上,发生过很大的影响。

第五章
陆九渊

陆九渊,字子静,生于公元1139年(宋高宗绍兴九年),死于公元1193年(宋光宗绍熙三年十二月),江西抚州金溪人。他做过几任中下级官吏,晚年知荆门军。他讲学于江西的象山,后人又称他为陆象山。到明代,王守仁发挥他的学说,他们的学派后来称为"陆王学派""陆王心学"。

南宋初期,朱熹宣扬理一元论的客观唯心主义,把封建的社会道德原则论证为天地万物的根源,以此来巩固中央集权的封建统治。他主张多多读书,"泛观博览",以为必须如此才能达到对"天理"的认识。他的理论比较曲折复杂,他的方法比较繁难。陆九渊嫌朱熹的学说太复杂太烦琐,于是提出了一个简单而干脆的办法。他说,理就在心中,"心即理",因此不必多向外求,只要"保吾心之良",也就达到了最高的道德原则——"理"。这是一种主观唯心主义。陆九渊认为,他这种主观唯心主义"简易直截",才是维护封建的社会制度、加强中央集权的最有效的方法。

陆九渊的思想渊源于程颢。他发展了程颢的主观唯心主义观点,而不赞成程颐的学说,曾和朱熹展开辩论。朱陆两派是南宋唯心主义的两大派。

陆九渊的著作有《语录》《文集》,后人总编为《陆象山集》。

第一节 "心即理"的主观唯心主义

陆九渊十几岁时读古书,读到"四方上下曰宇,往古来今曰宙",就提笔写道:"宇宙便是吾心,吾心即是宇宙。千万世之前有圣人出焉,同此心,同此理也;千万世之后有圣人出焉,同此心,同此理也;东南西北海有圣人出焉,同此心,同此理也。"又说:"宇宙内事,是己分内事;己分内事,是宇宙内事。"(《杂说》)这样,他就把宇宙和心等同起来,断言心是永恒的,无所不包的,他十几岁就提出主观唯心主义的命题,而且终生坚持不变。他的思想直接来自孟子,而加以发展。

陆九渊提出"心即理也"的命题,他说:"人皆有是心,心皆具是理,心即理也。"(《与李宰书》)"心即理"的命题是指本心即理,本心的概念出于孟子,陆九渊认为本心即是道德原则。他又把心看成与宇宙同其大,与宇宙之理是同一的。他又说:"心,一心也;理,一理也。至当归一,精义无二,此心此理实不容有二。"(《与曾宅之书》)这是说,人人的心只是一个心,宇宙的理只是一个理。从最根本处来讲只有一个东西,不应该把心与理分开,所以心就是理。陆九渊"心即理"的命题,是武断的主观唯心主义。这种主观唯心主义的认识论,其根源在于无限夸大心的思维作用和人的道德意识,以至否定了客观世界和客观规律的独立存在,而把心看成唯一的实体。

陆九渊认为,"塞天地一理耳。学者之所以学,欲明此理耳。此理之大,岂有限量?"(《与赵咏道书》)"万物森然于方寸之间,满心而发,充塞宇宙,无非此理"(《语录》)。这就是说,整个天地之间只是一个理,人们学习的目的,就是要明白这个理,这个理包括万物,是无限的。然而此理即在心中,也就是说心中即包含有万物之理。所以,他又说:"人心至灵,此理至明;人皆有是心,心皆具是理。"(《杂说》)他所谓的理不是客观世界的规律,而只是道德的原则。他所谓的心就是道德意识。陆九渊所谓吾心即是宇宙的思想,就是认为道德意识是最高的实体。他认为,心就是世界的根本,世界就是依据这种道德意识而存在的。他所谓心,又叫做本心。他曾解释所谓本心说:"恻隐仁之端也,羞恶义之端也,辞让礼之端也,是非智之端也,此即是本心。"(《年谱》)由此可见,陆九渊所讲的本心即是孟子所谓的天赋的仁义礼智之"善"心,也就是人的道德意识。他认为,这种道德意识是生来固有的,是宇宙的最高原理,是世界的唯一基础。他认为,任何与这种道德原则不同的理论,任何与封建时代的道德意识不同的思想都是要不得的,绝对不能容许的。他说:"此理塞宇宙,所谓道外无事,事外无道。舍此而别有商量,别有趋向,别有规模,别有形迹,别有行业,别有事功,则与道不相干,则是异端,则是利欲。谓之陷溺,谓之窠臼。说即是邪说,见即是邪见。"(《语录》)这段话表明,他还是不得不承认不同的人有不同的趋向、不同的思想、不同的见解。但他武断地认为,一切与儒家道德原则不同的思想趋向都是错误的,不对的,都是必须排斥的。在"心即理"的命题中包含一个问题,即是否说任何心中的观念都是合理的呢?陆九渊是看到了这个问题,所以他才提出不合乎封建伦理道德的思想都是"邪说",都是错误的。这就显露出,陆九渊的"心即理"的主观唯心主义思想是矛盾的,其目的无非是要强调封建伦理道德的永恒性和内在性。

第二节　反省内求的认识论和道德修养方法

陆九渊认为,世界的本源便是吾心,从这个基本前提出发,他提出了一套所谓"简易"的唯心主义认识论。他说:"天之所以与我者,即此心也。人皆有是心,心皆具是理,心即理也。……所贵乎学者,为欲穷此理,尽此心也。"(《与李宰书》)他认为,心中本有真理,真理本在心中,因此只要反省内求,就可以得到真理。他还认为:"若能尽我之心,便与天同。为学只是理会此。"客观唯心主义者朱熹认为,世界的本源是"理",人们对于它的体认,必须经由"格物"的途径。而主观唯心主义者陆九渊认为,世界的本源就是"吾心",人们对于它的体认,便是对"吾心"的自省。尽管这些道学家的"理"也好,"心"也好,其伦理道德的内涵是相同的,但是,在对绝对本体的体认上,却存在着明显的分歧。陆九渊有个学生问认识真理怎样下手,他回答说:"格物是下手处。"又问:"如何样格物?"他说:"研究物理。"又问:"天下万物不胜其繁,如何尽研究得?"他说:"万物皆备于我。"在朱熹那里,所强调的是"格物穷理",人们的认识必须经过"格物",才能达到"吾心之全体大用无不明"的境界;而陆九渊则直接认为"心即理",天下万物之理不外吾心,格物只须反省内求就可以了。可见陆九渊在认识论上实与朱熹有所不同。他强调认识无须向外探求,因为"天下万物,不胜其繁",而良知(不虑而知)良能(不学而能)乃"我固有之,非由外铄",取得认识真理的途径,只须内求"本心",万物之理自然明了。陆九渊认为,这种认识的途径是"简易功夫",把不胜其繁的物理会归为一。这种认识论的路线是一条由"心"到"物"的先验论的路线。

但是,既然陆九渊认为良知良能"我固有之","本无少欠",那么,为什么又要下"工夫"呢?所谓"易简工夫"虽是"易简",但也是"工夫"。在这个问题上,陆九渊认为,人心虽是"本无少欠",但是由于物欲的原故,使"本心"染上了"尘埃",因此就必须有个洗涤的工夫。有人问陆九渊:"先生之学,当自何处入?"他说:"不过切己自反,改过迁善。"(《语录》)他又说:"人心有病,须是剥落。剥落得一番,即一番清明。后随起来,又剥落又清明,须是剥落得净尽方是。"(《语录》)后来王守仁所说的为学在减不在增,正是陆九渊这种思想的发展。

在陆九渊看来,为学只在于"向内用工夫",因此不仅不需要向外探求,而且甚至也无须读书。有人问他:"何不著书?"他回答说:"六经注我,我注六经?"又说:"学苟知本,六经皆我注脚。"六经都是此心的解释,而我不必去解释六经了。这种"六经注我"的观点,正是陆九渊的"吾心即是宇宙"在认识论上的表现。

陆九渊的主观唯心主义的认识论,提倡向内反省的"易简工夫",在《语录》中有这样一段记载,显示出陆九渊是一个神秘主义的鼓吹者。"他日侍坐,无所问。先生谓曰:学者能常闭目亦佳。某因此无事则安坐瞑目,用力操存,夜以继日,如此者半月。一日下楼,忽觉此心已复澄莹中立,窃异之,遂见先生。先生目逆而视之曰:此理已显也。某问:先生何以知之?曰:占之眸子而已。"陆九渊认为,闭目塞听,静坐修养活动,而从安坐瞑目中忽然得到所谓"此心澄莹中立"的境界,其实这只能是一种神秘主义的精神状态。

和陆九渊的唯心主义先验论的认识论相联系的就是他的内省的道德修养,他在这方面也提出了一种简易直截的修养方法。他认为,要先肯定自己的仁义礼智的本心,然后以充分的自信依照本心所认为对的做去,就可以恰到好处。他常常对他的学生说:"汝耳自聪,目自明,事父自能孝,事兄自能弟,本无欠缺,不必他求,在自立而已。"(《语录》)又说:"收拾精神,自作主宰,万物皆备于我,有何欠缺?当恻隐时自然恻隐,当羞恶时自然羞恶,当宽裕温柔时自然宽裕温柔,当发强刚毅时自然发强刚毅。"(同上)这是说,只要充分相信自己先天赋予的本心,所有行为就自然合乎道德标准。所以他说:"须是信得及方可。"(同上)他还说过:"近有议吾者云:除了先立乎其大者一句,全无伎俩。吾闻之曰:诚然!"(同上)孟子讲"先立乎其大者",就是首先确信本心,亦即首先肯定自己的先验的道德意识。陆九渊的修养方法,归结起来,也就是这一句。所以他自以为他的学问是"简易直截"。

他认为,本心就是理,本心的自己认识就是理的自己显现。但人也还有欲,欲是妨害心的,要保持本心,必须清除欲望。他说:"吾心之良,吾所固有也。吾所固有而不能以自保者,以其有以害之也。……夫所以害吾心者何也?欲也。欲之多,则心之存者必寡;欲之寡,则心之存者必多。……欲去,则心自存矣。"(《养心莫善于寡欲》)所以,最主要的修养功夫就是要扫除这些"欲望"对"心"的危害,保存天赋的善心("良心")。"将以保吾心之良,必有以去恶心之害"(同上)。这种"存心去欲"的说法就是把仁义礼智等道德观念说成是人人所固有的,而任何违离这种道德观念的欲望都被认为是不正当的。陆九渊曾对朱熹的"天理人欲之辨"提出异议,那主要是反对把天和人对立起来(在他看来天人只是一心),并不是反对分别理欲。所以陆九渊的道德观和朱熹的道德观在本质上都是一样的。他也是要把封建社会的道德观念说成是一切人们所共同具有的道德意识,从而把封建时代的道德教条说成是人人心中所固有的自发自主的原则,把传统的道德教条安置在人的内心之中,用以巩固封建的社会秩序,维护中央集权的封建统治。

第三节 朱陆之争

朱熹与陆九渊曾经进行多次辩论。1175 年(宋孝宗淳熙二年),当时的一个学者吕祖谦约朱熹、陆九渊等人在信州的鹅湖寺集会,讨论学术问题。陆九渊写了"易简工夫终久大,支离事业竟浮沉"的诗句。"易简工夫"是吹嘘自己,"支离事业"是讥讽朱熹。讨论三天,不欢而散。这场辩论,主要是关于"为学之方"。朱的意思是教人先"泛观博览",多读书,然后达到对于理的认识;陆则主张"先发明人之本心"。陆讥朱为"支离",即烦琐。朱讥陆为"禅学",即走佛教禅宗的道路。

朱熹理学的中心命题是"性即理",陆九渊心学的中心命题是"心即理"。朱熹肯定事物不是在人的主观意识之中,而"理"是事物存在的根据,他断言"理"是第一性的,而心却是后有的。陆九渊则认为,事物的理本在人心之中,"万物森然于方寸之间",因此心是第一性的,"理"是离不开心的。朱熹所谓"理"是儒家道德的基本准则,他的客观唯心主义就是把封建时代道德的准则客观化、绝对化、永恒化,从而为巩固封建统治服务。陆的所谓"理"也是封建时代道德的基本准则,他的主观唯心主义就是把这些道德准则说成是人心所固有的先验的内容,从而为封建制度辩护。一派把理抬到天上,一派把理放在心中,其目的都是一样的。

朱熹和陆九渊又辩论过关于无极、太极的问题。陆九渊认为《太极图说》不是周敦颐写的,他认为不应该"以无极字加于太极之上"。他说:"《易大传》曰:易有太极。圣人言有,今乃言无,何也?"他不赞成朱熹所讲形上、形下的区别。他说:"《大传》曰:形而上者谓之道。又曰:一阴一阳之谓道。一阴一阳已是形而上者,况太极乎?"(以上《与朱元晦》)朱熹认为,阴阳是形而下的,理才是形而上的;陆九渊则认为阴阳就是形而上的。朱熹强调所谓"无极而太极"就是表示"无形而有理"。他说:"周子所以谓之无极,正以其无方所无形状,以为在无物之前而未尝不立于有物之后,以为在阴阳之外而未尝不行乎阴阳之中,以为通贯全体无乎不在,则又初无声臭影响之可言也。"(《答陆子静》)他指责陆九渊不懂"道器"的区别,"直以阴阳为形而上者,则又昧于道器之分矣"(同上)。总之,朱分别"形上""形下",以为有两个世界,陆则不赞成这种分别。朱陆关于无极太极的意见分歧,也是客观唯心主义与主观唯心主义的分歧的一个方面。

陆九渊批评朱熹的"太极",是"无物之前,阴阳之外,不属有无,不落方体,迥出常情,超出方外",可以说是把朱熹哲学中这个"无人身的理性"(超越万物的绝对本体"天理")说得淋漓尽致;而朱熹批评陆九渊的"太极",是"认得个昭昭灵灵,能作用的",这也可以说把心学的那个"本心"描绘得惟妙惟肖了。

从朱熹说,他为了肯定超现实的"理世界",因而要特别强调"太极"的超时空超形体的性质,因此只说一"太极"不够明确,所以不得不把"无极而太极"解释为"无形而有理",强调"理"的形而上的性质。而陆九渊要说明的是"心即理",既然"心"中包含有"理","心"就是根本,一切都从此发展出来,那么只说"太极"(理)就够了,不必说"无极"。这就是说,朱熹要把"理"绝对化,使之与万物对立起来,并认为形而下的万物只不过是照着它而存在的。陆九渊则把"理"与"心"结合在一起,以便使"心"成为万物存在的根据。

不管朱熹和陆九渊之间有多大的纷争,"心学"和"理学"都是唯心主义,他们的争论是儒学内部的争论。关于这一点,后来的黄宗羲就已经看到了。他说:"二先生同植纲常,同扶名教,同宗孔孟,即使意见终不合,亦不过仁者见仁,智者见智,所谓学焉而得其性之所近,原无有背于圣人。"(《宋元学案·象山学案》)

第六章
陈亮与叶适

第一节　陈亮、叶适功利学派的社会背景

南宋时期,浙江一带,商品经济比较发达,有一部分中小地主兼营商业,形成一个在一定程度上商业化的地主阶层,他们没有政治特权,与当时的官僚大地主有一定的矛盾和斗争。当时北方金国统治者的割据,使宋代商品经济的发展受到一个很大的挫折,所以兼营商业的中小地主阶层坚决主张对金作战、反对南宋当局的屈服。南宋时代,出现了代表这个阶层的思想家,这就是陈亮、叶适。

陈亮,字同甫,号龙川,生于公元1143年(宋高宗绍兴十三年),死于公元1194年(宋光宗绍熙五年),浙江永康人。他少年即热心国事,喜谈兵略。曾作《中兴五论》,反对当时的"和议"。上书宋孝宗(赵昚),力主抗金,受当权的大官僚嫉恨,曾二次被诬入狱。晚年考中进士,授官,未及到任而病死。著有《龙川集》,近年编为《陈亮集》。

叶适,字正则,又号水心,生于公元1150年(宋高宗绍兴二十年),死于公元1223年(宋宁宗嘉定十六年),浙江永嘉人。他官至工部侍郎,知建康府兼沿江制置使。宁宗(赵扩)时,韩侂胄发动对金战争,兵败,以罪被杀,叶适被诬附和韩侂胄起兵,夺官去职。晚年居永嘉城外水心村讲学,后人称他为叶水心。著有《水心文集》《别集》及《习学记言》。他的《文集》和《别集》,近年总编为《叶适集》。

陈亮、叶适都是代表兼营商业地主阶层的利益的思想家。陈亮上书宋孝宗曾说:"加惠百姓而富人无五年之积,不重征税而大商无巨万之藏,国势日以困竭。"他认为,大商富人是于国家有利的。他所谓富人包括一般地主和兼营商业的地主。他强调商业的重要性说:"古者,官民一家也,农商一事也,上下相恤,有无相通,民病则求之官,国病则资诸民。商借农而立,农借商而行,

求以相补,而非求以相隔。"(《四弊》)这就是说,农商是互利的,应该相互结合,相互支持。叶适反对传统的重农抑商的思想,他说:"夫四民交致其用,而后治化兴,抑末厚本,非正论也。"(《习学记言》卷十九)这是说,那种认为农是本,应该提倡,商是末,应该压抑的传统意见是不正确的。他认为,应该"以国家之力扶持商贾,流通货币"(同上)。这表明他对商人的重视。他还认为,富人大商应该与政府分享管理国家经济的权力,他说:"今天下之民不齐久矣,开阖敛散轻重之权,不一出于上,而富人大贾分而有之,不知其几千百年也,而遂夺之,可乎?"(《财计上》)他反对封建国家对于经济实行全面的控制,断言"天下之民不齐久矣",即以为贫富不均是当然的,这也反映了商人的观点。

陈亮、叶适从其兼营商业的中小地主阶层立场出发,特别重视实际功效、实际利益,注意实际问题的研讨,反对空谈,反对玄想。他们认为朱熹、陆九渊的唯心主义是不符合客观事实的,是没有实际效用的。朱陆两派所特别重视的是巩固南宋封建等级制度的社会伦理秩序,维护封建地主阶级的政治统治。陈、叶也要维护地主阶级的利益,但他们所特别重视的是抵抗金国统治的扩张,发展商品经济。陈亮、叶适的学说当时被称为"功利之学",在当时是比较重要的思潮。

第二节　陈亮的哲学观点与功利思想

陈亮没有提出系统的哲学理论。他提出了一些观点,对道学进行了批评。他的基本观点是,第一,道在事物之中;第二,学以适用为主。

针对朱熹所讲形而上的理,陈亮强调道在事物之中。他说:"夫道非出于形气之表,而常行于事物之间者也。"(《勉强行道大有功论》)这是说,所谓道不是超乎事物之外的,而是贯通于事物之间。他指出,世界上充满了事物,而道即在其中,就是"事物之故"。他说:"夫盈宇宙者,无非物;日用之间,无非事。古之帝王,独明于事物之故,发言立政,顺民之心,因时之宜……今载之书者皆是也。"(《经书发题》)他批评当时朱陆"理学"或"心学"的哲学是"玩心于无形之表,以为卓然而有见"(《与应仲实》)。他们追求脱离万物的抽象原则,程度浅的心为枯木死灰,程度深的大搞烦琐理论,其实都是脱离客观实际,不会解决实际问题的。这些人"泛乎中流,无所底止,犹自谓其有得,岂不可哀也哉?"(同上)陈亮指出,所谓道不是脱离事物的,而是依凭于具体事物的法则:"夫道之在天下,何物非道? 千涂万辙,因事作则。"(同上)

陈亮强调道在事物之中,同时也肯定道是客观事物的规律。但是,他所谓的道,主要也还是指封建时代的道德原则。他在讲了"夫道之在天下,何物非道,千涂万辙,因事作则"之后,即接着讲:如能细心研究,在情感流露上体会,就知道所谓"夫子之道忠恕而已",不是假设之词了。他还认为,道也就是喜怒哀乐等感情的流露恰到好处。道不能离开喜怒哀乐等感情,就是喜怒哀乐等感情发得恰当。所以他说:"夫道岂有他物哉?喜怒哀乐爱恶得其正而已。行道岂有他事哉?审喜怒哀乐爱恶之端而已。"(《勉强行道大有功论》)这样,所谓道也就只是道德的基本准则,他虽然没有把这种人生之道当作自然界的根本规律,但他并不重视对于自然界根本规律的研讨。

陈亮还十分强调"事功",强调应用。他批评当时一般道学家,只"知议论之当正,而不知事功之为何物"(《戊申再上孝宗书》)。他认为,判断人才应该以能不能解决实际问题为标准。在事业上有所成就,才是重要的。所以他说:"人才以用而见其能否,安坐而能者,不足恃也。兵食以用而见其盈虚,安坐而盈者,不足恃也。"(《上孝宗第一书》)这是说,应当通过实际应用,看他是否确有成效,才是判断问题的标准。他讥讽当时那些只会讨论脱离实际问题的人,"自以为得正心诚意之学",实际上都是"风痹不知痛痒之人也"。(同上)他认为,当时最大的实际问题是抵抗金族统治者的扩张,收复失地,舍此不管,专谈"性命",是没有什么用处的。他又批判道学家的迂腐无能,他指出,从理学兴起以来,一些迂腐不懂事的人,专讲静坐,行动迟缓,让人莫明其妙,以掩盖自己的无能。于是,士人不讲文章行义,作官的不讲怎样办理事务,终于百事不理罢了。道学家专门从事于脱离实际的烦琐理论,看不起具体的事物、具体的工作,其后果是极其严重的。陈亮认为,从事学问,当以适用为主,他说他自己的态度是"正欲搅金银铜铁锡作一器,要以适用为主耳。"(《与朱元晦》)而研究学问的目的,在于"学为成人",不一定要成为儒者,他说"亮以为学者学为成人,而儒者亦一门户中之大者耳"(《甲辰答朱元晦》)。又说:"学者所以学为人也,而岂必其儒哉?"(《与朱元晦》)这就是想打破儒家的藩篱了。这种议论,在当时是大胆的,进步的。

陈亮强调"事功",认为道德学问应该表现于事功。他的朋友陈傅良叙述陈亮的见解,以为陈亮主张"功到成处,便是有德;事到济处,便是有理"(《止斋文集·答陈同甫》)。这就是认为,道德是与事功密切结合的,事实上的功效,就足以证明思想的正确。陈亮和朱熹展开辩论,反对朱熹所谓王霸之辨。朱熹认为:夏商周三代是王道,汉唐虽盛,也只是霸道,他说秦汉以后"千五百年之间,尧舜三王周公孔子所传之道,未尝一日得行于天地之间也"(《答陈同甫》)。但道又是常存的,不因不实现而不存在。陈亮则认为,如果没有表现道的事物,道就不存在,道既然常存,足证汉唐也体现了道。他认为"汉唐之君,本领非不洪大开廓,故能以其国与天地并立,而人物赖以生息"。(《甲辰答朱元晦》）三代与汉唐的区别，只是做得尽与做不尽之不同，他说："三代做得尽者也，汉唐做不到尽者也"（《与朱元晦·又书》）。陈亮重视事功，所以他也肯定汉唐，汉唐既然能够建功立业，所以也就体现所谓道了。他认为，汉高帝刘邦和唐太宗李世民都是"勃然有以拯民于涂炭之心"，都是"终不失其初救民之心，则大功大德固已暴著于天下矣。"（《问答》一）陈亮和朱熹的争论，在于：第一，朱认为道是超越事物的，而陈强调道不能脱离事物。第二，朱把所谓道德与事功分离开来，陈亮则认为道德与事功是统一的。朱专讲动机，认为王霸之别就是"义利"之分，王者照道德原则（"义"）办事，霸者则图谋个人私利。他曾批评陈亮是"义利双行，王霸并用"，陈虽不接受这个批评，但他比较重视效果，认为道德原则和实际效果是不可分的。

第三节　叶适的哲学思想

叶适关于哲学问题的言论比陈亮多，但他也没有比较完整的哲学体系。他的基本观点是唯物主义的，对于当时道学唯心主义的空谈与玄想，进行了尖锐的批判。他的基本观点是：第一，道在事物之中；第二，道义不能脱离功利。他对于历史上许多派别的哲学思想都进行了批判和评论。

叶适认为，道在物中，他说："物之所在，道则在焉，物有止，道无止也。非知道者不能该物，非知物者不能至道。道虽广大，理备事足，而终归之于物，不使散流。"（《习学记言》卷四十七）意思是，物所在处，也就有道在，物是有限的，道是无限的。不懂得道就不能概括物，不了解物就不能达到道。道虽然广大，总括一切理，贯通一切事，而最后还是要归结理物，这样才不至于游离起来。道就在物之中，是不能离开物的。他又说："上古圣人之治天下，至矣。其道在于器数，其通变在于事物。"（《别集·进卷·总义》）叶适所谓道指原理原则而言，原理原则就存在于具体的事物之中。

叶适继承先秦时代原始的唯物主义，认为构成自然界的基本物质形态就是五行八卦所标志的各种现象。他说："五行之物，遍满天下。"（《习学记言》卷三十九）又说："按卦所象推八物，推八物之义，为乾坤艮巽坎离震兑。"（《习学记言》卷四）他认为，古代思想用五行八卦来说明世界，这就足够了。"五行八卦，品列纯备，道之会宗，无所变流，可以日用而无疑矣。"（《习学记言》卷十六）有时他也说八卦是一气的表现："夫天地水火雷风山泽，此八物者，一气之所役，阴阳之所分，其始为道，其卒为化，而圣人不知其所由来者也。"（《别集·进卷·易》）八卦所表示的八物，是一气所统帅的。八卦的始终即是造化的过程。关于"一气""阴阳"，他都没有多讲，他所强调的是五行八卦，认为这些是最根本的"物"。

叶适也讲对立的普遍存在,他说:"道原于一而成于两。古之言道者必以两。凡物之形,阴阳、刚柔、逆顺、向背、奇偶、离合、经纬、纪纲皆两也。夫岂惟此,凡天下之可言者皆两也,非一也。一物无不然,而况万物?万物皆然,而况其相禅之无穷者乎?"(《别集·进卷·中庸》)他认为,任何一物,都包括两方面,万物都如此,世界的新旧推移的无穷过程更是如此。对立是普遍的,而且永远继续下去。所以,必须明确认识对立的两方面。他认为,如果不认识对立,只抓着一面,就要限于片面,狭隘而不开阔,这样顾了君,忘了父,顾了上,忘了下,颠倒违反,就陷于混乱了。但他又认为还有一个超越对立永恒不变的道,就是"中庸"。他认为,中庸是把对立面安排妥当("济物之两")而表明原则的一贯("明道之一"),是对立面之所依靠而超越对立面的("为两之所能依,而非两之所能在")。中庸就是最高的标准。他说:"彼其所以通行于万物之间,无所不可而无以累之,传于万世而不可易,何欤?呜呼!是其所谓中庸者耶?然则中庸者,所以济物之两而明道之一者也;为两之所能依,而非两之所能在者也。水至于平而止,道至于中庸而止矣。"(同上)他所谓的"中庸",就是对立面的折衷,也就是对立面的均衡。叶适肯定对立的普遍性,肯定事物推移的无限过程("相禅无穷"),但归结到均衡论,就又走到调和论了。叶适虽然注重现实,但他始终站在富人的立场上,没有摆脱封建士大夫阶级的局限。

在认识论方面,叶适强调感性认识的重要,反对唯心主义的先验论。他指出"见闻"是学问的基础,他说:"古人多识前言往行,谓之畜德。近世以心性通达为学,而见闻几废,为其不能畜德也,狭而不充,为德之病矣。"(《文集·题周子实所录》)所谓见指直接经验,所谓闻指从别人听来的间接经验,即"前言往行",这都是必要的。道学唯心主义,专门强调心性,讲反省内求,忽视对客观事物的见闻,便无从培育"德行"了。他认为必须详细考察天下的事物,才能正确认识所谓义理:"欲折衷天下之理,必尽考详天下之事物,而后不谬。"(《文集·题姚令威西溪集》)这是说,要讨论天下的道理而获得正确的结论,必须尽量周密地考察天下的事物。他曾经批评北宋的唯心主义思想说:"奈何舍实事而希影象,弃有用而为无益?"(《习学记言》卷四十七)意思是,研究实事才是有用之学,追求想象的空幻的东西,是没有益处的。

叶适指出,人的认识是需要耳目等感官的聪明与内心的思维交互作用而后完成的。他说:"按《洪范》耳目之官不思而为聪明,自外入以成其内也。思曰睿,自内出以成其外也。……古人未有不内外交相成而至于圣贤,故尧舜皆备诸德,而以聪明为首。……然后世学者尽废古人入德之条目,而专以心性为宗主,致虚意多,实力少,测知广,凝聚狭,而尧舜以来内外交相成之道废矣。"(《习学记言》卷十四)这是说,耳目的感性认识是从外到内,思维是从内到外,感官与内心交互作用,而感官的作用还是首要的。然而道学家们专门注重心性,专务空想,不用实力去考察事物,猜测的很广,经验的积累("凝聚")却很少,于是感性经验与思维相互统一的学问就被废弃了。

叶适反对朱陆"以心性通达为学",但他自己有时也过分强调心性的重要,如说:"惟其心之不可变,性之不可忘,由中而出者犹可以复得圣贤之旧。"(《别集·进卷·大学》)这也表明他还没有完全摆脱心性之学的影响。

第四节 叶适的功利思想及其对各派哲学思想的批判

和陈亮一样,叶适也注重事功,注重物质利益问题。他认为,所谓道德,所谓正义,不能脱离功利,如果没有功利,所谓道德正义,都不过是空话罢了。他说:"仁人正谊不谋利,明道不计功,此语初看极好,细看全疏阔。古人以利与人,而不自居其功,故道义光明。后世儒者,行仲舒之论,既无功利,则道义者乃无用之虚语耳。"(《习学记言》卷二十三)董仲舒讲"仁人正其谊不谋其利,明其道不计其功",只问事情应该做不应该做,不问事情是否有利,效果如何,把道德的原理原则和物质利益对立起来。叶适指出,道德不能脱离功利,而必须达到一定的功效,实现一定的物质利益;有道德的人谋利而以利与人,有功而不自居其功,这样才是真实的道德,道义与功利是相互结合相互统一的。

叶适也反对道学的"天理人欲之辨"和"主静"学说,他认为"近世之论学,谓动以天为无妄,而以天理人欲为圣狂之分者"是"择义未精"的(《习学记言》卷二)。道学家认为顺天而动就是合理,其实是错误的。叶适指出,生活即是活动,不应该讲什么主静,"但不生耳,生即动,何有于静?"(《习学记言》卷八)这些都是对道学主静说的批判。

叶适在《习学记言》中,对于周秦以来的许多流派的哲学思想展开了批判,可以说颇有批判精神。他对于孔子还是抱有崇拜的态度,以继承尧、舜、周、孔之道自居。对于孟子以下则大都有所批评。他对于过去各种唯心主义流派作了比较深入的批判,对于过去的唯物主义也提出了诘难。他的批判是广泛的,有时击中要害,有时则表现了褊狭态度。

首先,他对当时道学家所特别推崇的孟子的唯心主义提出批判,他说:"古之圣贤,无独指心者,至孟子始有尽心知性,心官贱耳目之说。然则辩士素隐之流固多论心,而孟荀为甚焉。"(《习学记言》卷四十四)孔子讲心的话很少,孟子强调"尽心",讲"心之官则思",讲"耳目之官"是卑贱的等等。宋代道学特别推崇孟子关于心的学说,所以叶适特别加以指责。同时,他也指责荀子也是讲心甚多的。

叶适批判了老子"道先天地生"的唯心主义,他说:"夫有天地与人而道行焉,未知其孰先后也。老子私其道以自喜,故曰先天地生。……山林之学,不稽于古圣贤,以道言天,而其慢侮如此。"(《习学记言》卷十五)又说:"有物混成,先天地生,老氏之言道如此。按自古圣人中天地而立,因天地而教,道可言,未有于天地之先而言道者。"(《习学记言》卷四十七)道就是天地之道,即在于物质世界之中,不能说是先于天地而存在的。超越物质世界的绝对本体是不存在的。

叶适反对所谓先天地生的道,也反对先于阴阳的太极,他批判《易·系辞传》说:"易有太极,近世学者以为宗旨秘义。……传易者将以本原圣人,扶立世教,而亦为太极以骇异后学,鼓而从之,失其会归,而道日以离矣。"(《习学记言》卷四)他认为八卦的观念从万象中提出天地水火雷风山泽作为世界的根本,这是对的;而《系辞》又讲八卦的最初根源是太极,这就是空洞的玄想了;宋代道学家,尤其是朱熹一派好谈太极,其实都是远离真理的。叶适的上述批评是针对朱熹一派的。

叶适对于荀子的人能利用和制服自然的思想也加以反驳,他说:"夫奉天以立治者,圣人之事也,今皆曰我自致之,非天能为,是以己灭天也。"(《习学记言》卷四十四)他认为,"从古圣贤者畏天敬天"(《习学记言》卷十五),应该"奉天以立治",不应该如荀子所说"制天命而用之"。

叶适也反对佛教,他认为,和佛教辩论精微的问题,结果反而受它的影响,不能和佛教划清界限。根据这个观点,他反对北宋思想家对于佛教的批判,他认为张载、程颐都是"出入佛老甚久"(《习学记言》卷四十九)。又说:"程张攻斥老佛至深,然尽用其学而不自知者。"在这里他完全不分别张载、程颐对佛教的批判是从不同观点出发的,也抹煞了张、程思想与佛教的根本差别。

叶适认为在自然观上,只讲五行八卦就足够了,不必再作进一步的研究,他说:"五行八卦,品列纯备,道之会宗,无所变流,可以日用而无疑矣。奈何反为太极无极,动静男女,清虚一大转相夸授,自贻蔽蒙?"(《习学记言》卷十六)太极无极,动静男女指周敦颐的《太极图说》,当时朱熹是大加吹捧的。清虚一大指张载所讲的太虚,程颐曾说张载"立清虚一大为万物之源"。叶适一律加以排斥。叶适认为,如果在五行八卦之外再追问世界的根源,研究什么动静的问题,都是多余的,这表现出一种轻视理论思维的反形上学的褊狭态度。事实上,世界根源的问题是不容回避的,关于自然的一些理论问题也是应该研究讨论的。叶适这种轻视理论探讨的态度是商人专注意目前实际问题的态度之反映。

叶适批判孟子"尽心知性",老子"道先天地生",《易传》"易有太极",周敦颐"太极无极",张载"清虚一大",而朱熹最推崇孟子和周敦颐,也采用了张载关于气的学说,他的理在气先的观点本质上和老子道先天地的学说是一致的。叶适批判历史上的各种思想,批判的锋芒也是针对着朱熹的客观唯心主义。

陈亮推崇汉唐,认为汉高帝唐太宗都有"救民之心",叶适则认为他们都不是为人民而是为自己谋利益的。他认为汉高祖唐太宗争夺帝位,其动机哪里是为了人民?他们杀伤很多人民,是算不得有功的。"如汉高祖、唐太宗与群盗争攘竞杀,胜者得之,皆为己富贵,何尝有志于民?以人之命相乘除,而我收其利,若此者犹可以为功乎?今但当论其得志后不至淫夸暴虐,可与百姓为刑赏之主足矣。若便说向汤武、成康,大义一差,万世不复有所准程,学者之大患也。"(《习学记言》卷三十八)叶适讲功利,当然不是劳动人民的功利,但也不是封建帝王一家一姓的功利,而是地主阶级以及商人阶级的功利。

陈亮、叶适的功利学说是封建时代的功利学说。

第七章
元代的哲学思想

13世纪,北方的蒙古民族,在相继灭金、灭宋之后,建立了新的统一的全国政权,这就是元朝。1276年,元军攻陷南宋首都临安,结束了北宋以来中原与北方民族的长期对峙,形成了唐以后的一次更大的统一。

朱熹死于1200年,从朱熹死到南宋亡,有七八十年的时间。在这期间,南宋的思想基本上分为朱陆两大派。朱熹死后不久,庆元党禁解除,朱熹被谥为"文公",理宗褒奖朱熹的《四书集注》,道学恢复发展。在这种情况下,一方面朱熹的亲传弟子如黄干、陈淳等的学术活动更为活跃,但他们多在民间讲学。另一方面私淑朱熹的学者如真德秀、魏了翁在朝中为朱熹和道学争得了地位。

在南宋后期,理学实际上已经获得了主流的地位。朱熹的地位也被充分肯定,朱熹门人黄干为朱熹作《行状》,中说:"道之正统,待人而后传。自周以来,任传道之意,得道统之正者,不过数人。而能使斯道章尺寸著者,一二人而止耳。由孔子之后,曾子、子思继其微,至孟子而始著。由孟子而后,周程张子继其绝,至先生(朱熹)而始著。"魏了翁在朱熹的年谱序中也说:"予谓朱子之功不在孟子之下。"这些说法都把朱熹作为儒家道统中的集大成者。后来《宋史》特立道学传,并引用黄干之语,成了主流思想的公论。当然,朱熹的学术之所以能获得如此地位,首要的原因是其学术思想的成就,《宋元学案》的编者之一全祖望说在《晦翁学案》序录中称道朱熹:"致广大,尽精微,综罗百代矣。江西之学、浙东永嘉之学,非不岸然,而终不能讳其偏。"朱学的后人及私淑者,更在南宋末将道学传于北方,为朱子学在北方的流行、为元代理学的开展打下了基础。元代自皇庆年间起,明确把朱熹的《四书集注》作为科举考试的标准,朱学的地位也就屹然不可动摇了。

南宋后期的陆学也在发展,其发展的主要地区,一在陆九渊的家乡江西,一在浙东。两地弟子的风格和对陆学心学的建树也有不同。江西学者,多著力于构筑陆学的门户,而浙东心学学者多著力于陆学的阐发。这一时期陆学的不绝如缕的发展,其影响不仅在于陆学的延续本身,更在于影响了朱学,使得"朱陆合流"成了宋末元初的一种倾向,从而影响到整个元代理学的格局。

第一节　元代初期的社会文化

元朝是蒙古族建立和统治的王朝。蒙古人最初生活在额尔古纳河上游,8世纪前后迁至呼伦贝尔草原。1206年铁木真征服各部族,成为蒙古大汗,号为"成吉思汗"。1271年元世祖忽必烈建立元朝,1274年元灭南宋。元代的中国是一个多民族的国家,元代把各族人分为蒙古、色目、汉、南四个不平等的级别。但元代的政治制度和官僚体制,多采取汉制。

北宋前期契丹人建立的"辽"对宋朝威胁最大,1125年女真人建立的"金"灭辽,两年后又灭北宋,成为宋朝最大的患敌;而最终金与南宋都灭于"元"。虽然中原王朝被北方压迫逐渐南移,而最终灭亡;但中原文化早已影响北方各民族。辽于上京设国子监,地方设府学、州学,以儒家经典作为教育的重要内容,如道宗时发诏:"设学养士,颁五经传疏。"(《续通典》五十三)金设国子监,统领国子学,县以下亦设学,学校课程多袭中原旧制,如太学课程以《五经》《论语》《孟子》为主,兼习道家。辽修孔子庙,行春秋祭,道宗时儒学盛行,金世宗、章宗都推崇儒学。金末,洛学仍在金地流传,为元代的理学在北方准备了基础。元代承宋,学校由大司农主掌,学校体制分为国学、乡学、书院、社学四种,以《五经》《四书》为基本教材。元代在赵复、许衡的影响下,于皇庆二年规定,科举考试均用朱熹的注释作标准。

蒙古贵族征服中原汉地后,一方面采取中国传统的统治方式,以建立中央集权的政权;另一方面,在意识形态上采用儒家的理学作为统治思想。

随着金人占领北方,宋室南渡,洛学向南发展,经道南和湖南二派,而发展到朱熹的体系,使道学在南宋得到了极大的发展。与此成为对照,金地则盛行苏学(苏轼),故有"苏学行于北,洛学行于南"的说法。直至金元之际,北方的理学才重新抬头。金末北方理学的复起,有两个原因:一个是洛学本发生于北方,虽然二程弟子多流寓南方,但仍有一些弟子在北方活动。故洛学在北方并未绝迹,仍绵延不绝。另一个是金末正值朱熹学说在南宋流行,朱学在此时亦藉偶然机会传入中原。

传播期中的最重要的事件是赵复的北上。赵复,德安人(今湖北安陆),私淑程朱之学。其学术活动约在1230—1260年间。1235年元军攻陷德安,时北方学者姚枢在军前供职,负责搜罗人才,他"凡儒、道、释、医、卜占一艺者,活之以归"(《宋元学案》卷九十《鲁斋学案》)。姚枢在德安发现了赵复,把他送往燕京。赵复的北上,为元代的理学开创了新局面。其贡献有三:

第一，把程朱理学系统介绍到北方。"至燕，以所学授学子，从者百余人。当是时。南北不通，程朱之书不及于北，自先生而发之"（同上）。

第二，赵复开北方书院讲学之风。赵复将程朱之学尽授与姚枢，姚建太极书院，赵复即主讲于太极书院，在院中立周敦颐祠，以二程、张载、朱熹等配祀。

第三，赵复开始建立元代北方理学的传授体系。如姚枢从学于赵复，后"归隐苏门，以传其学，由是许衡、郝经、刘因皆得其书而崇信之，学者称之曰江汉先生"（同上）。全祖望说："河北之学，传自江汉先生。曰姚枢、曰窦默、曰郝经，而鲁斋（许衡）其大宗也，元实赖之。"（同上）河北即指当时北方，因他之传，姚、窦、郝、许皆服膺理学，其中许衡成为元初理学的大家。

清代学者黄百家也说："自石晋燕云十六州之哥，北方之为异域也久矣。虽有宋诸儒叠出，声教不通。自赵江汉以南冠之囚，吾道入北。而姚枢、窦默、许衡、刘因之徒，得闻程朱之学，以广其传，由是北方之学郁起。"（同上）杨时告别程颢时，程颢说"吾道南矣"，黄百家"吾道入北"的说法即以赵复比杨时，许其有传道之功。因此，可以说赵复是宋元之际在北方传播理学的第一位有影响的人物，堪称"道北第一人"，对元代理学有首倡之功。

第二节　许衡的思想

许衡（1209—1281），字仲平，河内（今河南沁阳）人，学者称其为鲁斋先生，其学派为鲁斋学派，《宋元学案》有《鲁斋学案》。许衡年轻时求学于姚枢，姚枢当时隐居于苏门，研究赵复传来的朱熹《四书集注》等道学书。许衡在姚枢处得到赵复所传程朱之书，读之默契于心，并将程朱之书一一手写而归，从此成为朱熹派理学的学者。许衡是北方人，不是宋人，所以他后来仕元比较积极，曾任国子祭酒。

许衡早年的《稽古千文》中曾提出一种太极说，他说："太极之前，此道独立。道生太极，函三为一。一气既分，天地定位。万物之灵，惟人为贵。"《汉书·律历志》说："太极元气，函三为一。"许衡这里所说的太极即是元气，是从《汉书》来的。问题是"道生太极"的"道"是什么？许衡在写《稽古千文》时，还没有获读朱熹的主要著作，由此推断，《稽古千文》中的思想应受到道家的一些影响，是许衡思想未定型时的作品。因为，在朱熹哲学中，太极是最高的本体，不能说道生太极。

在许衡的《鲁斋遗书》中的《语录》所载的思想，是许衡后来较为成熟的思想，他的思想多受朱熹思想的影响。他一方面主张理气二者相即不离，如说："事物必有理，未有无理之物，两件不可离，无物则理何所寓。"（《语录》上，

《鲁斋遗书》卷一）另一方面，又在回答"理出于天,天出于理"的问题时,说："天即理也。有则一时有,本无先后。有是理而后有是物。"（同上）这也是继承了朱熹关于理气无先后,但在逻辑上理在气先的思想。

许衡的思想学说基本上属于理学中的朱熹一派。许衡说："上帝降衷,人得之以为心。心形虽小,中间蕴藏天地万物之理,所谓性也,所谓明德也；虚灵明觉,神妙不测,与天地一般。"这里的意思是说,人心来源于天,心之思维活动十分广大,具有神妙不测的功能；心与天地,所同者是其"用",而非其"体"；许衡主张天即理、性即理,但从未说过"心即理"。他所主张的是"性即理"的理本体论,而不是"心即理"或"心即天"的心本体论或心学思想。所以,许衡的哲学不是以心为本的心本论思想体系,而是以理为本体的理本论思想体系。

许衡的格致知行思想,许衡继承了程朱的格物致知说,对朱熹在《大学章句》中的格物致知传,更作了逐一的解释。而许衡的解释,在所有基本点上,与朱熹完全没有什么不同。许衡的知行观,有三个方面的特色：其一,明确以"知""行"为"两事"；其二,提倡"真知力行"；其三,主张"知行并进"。其学说以重视道德践履即"力行"的特点著称于后世。在具体地发挥程朱的知行观中,许衡也有一些新的说法。如孔子自叙其为学历程说："吾十有五而志于学,三十而立,四十而不惑,五十而知天命,六十而耳顺,七十则从心所欲不愈矩。"许衡以不惑、知命、耳顺都属于"知",但三者有深浅不同；而以从心所欲不愈矩为属"行"。其次,许衡把《系辞》的"穷神知化",解释为"穷神是知,知化是行"。这两条许衡的解释,都是强调知行为二事,其实是与他所说的知行并进,是有些不一致的。

不过,在倡导力行的方面,许衡的确有些体之于身的发明。如有人说依理而行事多不乐,许衡回答："天下事只问是与不是,休问乐与不乐。"一事当前,只看是不是应当做,而不要考虑是否得到快乐。这就把道德践履视为行其当然,而与快乐主义划清了界限。他又说："不问利害,只求义理",这又与功利主义区别开来。董仲舒"正谊不谋其利"的说法,还只是说道德行为不求其好处；许衡所说,则即使有害处,义理所在之处亦需力行,不能回避。他还说："反身而诚,是气与理合为一；强恕而行,是气与理未合。"气表示感性、欲望,理是指理性、意志；强恕而行,是理性强制欲望,是道德实践的初级阶段；而孟子讲的"反身而诚乐莫大焉",是欲望顺合理性,是道德实践的高级阶段。他对义、命的分别也有心得："凡事理之际有两件：有由自己底,有不由自己底。由自己底有义在,不由自己底有命在。归于义、命而已。"（《宋元学案·鲁斋学案》）

关于人性与人性的修养,许衡的人性论的独到之处,是以"理一分殊"来说明人的性命之别。他说:"仁义礼智信是明德,人皆有之,是本然之性,求之在我者,理一是也。贫富、贵贱、死生、修短、祸福,禀于气,是气禀之命,一定而不可易者,分殊是也。"(《语录》下)这是说,仁义礼智是"本然之性",是"理一";贫富贵贱是"气禀之命",是"分殊"。在宋代理学中"气禀"有两方面意义,一是以气禀讲性,一是以气禀讲命,前者是讲气对人性的影响,后者是讲气对人的命运的决定作用。宋儒把天命之性又叫做"本然之性",以之与"气质之性"(亦即气禀之性)相对,本然之性的意思就是指未受气质熏染的性之本体。而许衡则以"本然之性"与"气禀之命"相对。许衡肯定了朱熹的以仁义礼智为本然之性的思想,认为本然之性人人相同,所以说是"理一";而认为人的气命各个不同,所以说是"分殊"。

关于人性之修养,许衡认为恶的来源是气,许衡主张"为恶者气,为善者性"(《语录》下),"人心之良,本无不善,由有生之后,气禀所拘,物欲所蔽,私意妄作,始有不善。"(《小学大义》)于是,既然人之不善是由于气禀、物欲造成的,要恢复本性,就要变化气质,而变化气质只有靠修养才能实现。修养的方法有三:一曰持敬,二曰存养,三曰省察。持敬要求主一收敛,存养主要指未发的戒慎恐惧,省察是指已发时理性对欲望的辨察。

从理学史上看,许衡思想还有一特出之点,即对"治生"的强调和肯定。"治生"指生计的安排,即在农工商业中择一以为经济生活之保证,许衡这一思想在明清时代影响尤大。许衡说:"学者治生最为先务。苟生理不足,则于为学之道有所妨。彼旁求妄进,及作官谋利者,殆亦窘于生理所致,士君子当以务农为生,商贾虽逐末,果处之不失义理,或以姑济一时,亦无不可。"(《宋元学案·鲁斋学案》)这是说,学者应先把个人和家庭的经济生活安排妥当,否则就会影响为学之道。那些求官谋利者,往往就是出于经济生活没有保证。对士君子来说,治生应当以务农为主来解决。许衡的这一思想,摆脱了颜回"一箪食,一瓢饮"的理想主义的空洞说教,现实主义地指出了"生理"的安排对为学的重要性。同时,他对经商的态度也较以前的儒者有所改变,虽然他仍持农本商末的看法,但对学者务商亦未一概排斥。

第三节 刘因的思想

元代北方的理学有两大派,许衡代表的鲁斋学派之外,是刘因及其代表的静修学派。刘因(1247—1293),字梦吉,保定容城(今河北徐水)人,学者称其为"静修"先生。刘因父祖本金朝人,世代业儒。当蒙古崛起漠北,威胁金人时,刘因祖父举家随金之王室迁开封。待元兵进逼开封,刘因父亲又举家北归。次年(1234)金室由汴梁溃走蔡州,旋即亡国。又过十三年(1247),刘因生于保定容城。应该说,刘因生于斯时斯地,当为元朝的子民,但刘因在诗词中,却是眷恋金朝的文物。另一方面,他是北方人,又生于蒙古灭金之后,而非宋人,故其对北方统一南方持积极态度。但蒙古统一中国后,他又不像许衡那样与蒙元政治积极合作。从这里可以看出他的政治态度和对出处的慎重。

刘因早年学习训诂疏释之学,"后于赵江汉复得周(敦颐)、程(二程)、张(载)、邵(雍)、朱(熹)、吕(祖谦)之书。"(《宋元学案·静修学案》)所以全祖望说:"静修先生亦出于江汉之传,又别为一派。"(《宋元学案·静修学案序录》)这是说刘因是许衡以外,赵复所传的另一支。《静修学案》的黄百家按语说:"有元之学,鲁斋、静修、草庐三人耳。草庐后至。鲁斋、静修,盖元之所藉以立国者也。"把刘因看做和许衡并列的元代大理学家。

《宋元学案》之《鲁斋学案》的附录,有一则重要的故事:"初,许衡之应召也,道过真定,因(刘因)谓曰:'公一聘而起,无乃速乎?'衡(许衡)曰:"不如此则道不行。'及先生(刘因)不受集贤之命,或问之,乃曰:'不如此则道不尊'。"这是说,元世祖召许衡作官,许衡得召便往;经过刘因的家乡时,刘因问许衡,你一闻召即马上赴官,这也太快了吧?许衡的回答是"不如此则道不行"。后来元朝召刘因作集贤学士,他不接受,有人问他为什么,他回答说:"不如此则道不尊。"

大体上,刘因思想可分为四个方面,即:天道、人性、观物、经史。刘因的天道思想的核心,是重视"天道生生"。此种思想,可见于其《游高氏园记》,其中说:"天地之理,生生不息而已矣。凡有所生,虽天地亦不能使之久存也。""成毁也,代谢也,理势相因而然也","天地之间,凡人力所为,皆气机之所使,既成而毁,毁而复新,亦生生不息之理耳。"(《刘静修先生集》卷二)这是说,万事万物生生不息,是天地之理的作用和表现;所谓生生不息,并不是说已生者可以永远存下去,而是说旧的东西不断消尽,新的东西不断生成;这种有生有死,有毁有成的现象,正是天地之理。

刘因的天道生生思想,其特点还在于,他把事物的新陈代谢,不仅视为天理的表现,而且看做"理"和"势"相互作用的结果,即所谓"理势相因而然也"。他还提出,成毁代谢不仅指自然世界,亦指"人力所为"的世界;就人力所为的世界来说,人的有为(而不是无为),是受"气机"的推动。这种人为世界的气机所使的思想,是说事物都是成久必毁的;人做成一个事物,此事物终究要毁亡。既然有史以来的事实如此,这个道理人也看得很清楚,人为什么还要为而不已呢?刘因的解释是,这就是"气机"所使然,也就是说,人虽知理是如此,但被气机的"势"所鼓动,仍然会代代为之不已。而这种"为之不已",又正是天地生生之理的体现。因为,如果人看到事物生而必毁,便不再有为,而静默无为,那生生之理对于人类社会不就体现不出来了吗?

刘因也提出了他的心性思想,概括说来,刘因主张平心、静气、致谨三者结合。他在《驯鼠记》中提出,"心之机一动,而气亦随之";他主张"人之气不暴于外,则物之来不激之而去,其来如相忘;物之去不激之而来,其去也亦如相忘";它把"平吾之心也,易吾之气也""安静慈祥之气与物无竞"当做追求的目标;而又指出"虽然,持是说以往,而不知所以致谨焉,则不流于庄周、列御寇之不恭而不已也"。

这是说,人之一身,心和气是互相影响、互相牵动的,心的动会影响气,气之暴会影响心。养气尤为重要,人的气如不暴而发于外,而是充满安静的气,这样外物之来去也不会影响自身。所以平心静气是基本的方法,也是应当努力追求的境界。刘因着重指出,如果只知道平心静气,而不能"致谨",就会走向庄子和列子的不讲礼法而任自然的道路上去。致谨就是程颐讲的主敬和《中庸》说的戒慎恐惧。如果刘因只讲平心静气,就难与道家划清界限,而对"致谨"的强调,显示出了他的理学家的儒家本色。

刘因的弟子为刘因所作的墓表中说:"其学本诸周、程,而于邵子观物之书,深有契焉。"明末思想家刘宗周也说"静修颇近乎康节"(《静修学案序录》),刘因思想确实受邵雍(康节)影响不少。刘因把邵雍的先天图与周敦颐的太极图加以比较,认为二者完全对应,思想完全一致,刘因想把周、邵之学统一起来。

刘因不仅在宇宙论上受邵雍影响,在"观物"方面也受到邵雍很大影响。刘因深契于邵雍的观物说,提出"以道观物"的思想。他批判庄周所谓"齐物"的错误在于"一举而纳事物于幻,而谓窈冥恍惚中,自有所谓道者存焉。"并且说:"吾之所谓齐也,吾之所谓无适而不可也,有道以为之主焉。故大行而不加,穷居而不损,随时变易,遇物赋形,安往而不齐、安往而不可也! 此吾之所谓'齐'与'可'者,必循序穷理而后可言之。"这里有两个可注意之点,一是强调"齐物"乃循序穷理以后事,这说明刘因坚持程朱格物致知说的基本立场。二是提出齐物"有道以为之主",此即是邵雍的"以道观物"。

庄子的"齐物论"是否认事物的差别,刘因这里的思想是说,他所理解的"齐物"和"无适而不可",也就是顺事物之自然,这是可以说的。但与庄子的不同在于,刘因是要以"道"来统率乎"齐"和"可"的,这里所说的"道",是指儒家的"道"。这与他用"致谨"来保障平心静气,是一致的。有了儒家的这个道作主,才能在"大行"和"穷居"时都保持无适而不可的境界。《孟子·尽心上》说:"君子所性,虽大行不加焉,虽穷居不损焉。",孟子的意思是说,君子的理想,不论遇到什么样的外在环境,都是不会改变的。也就是外物的环境的变化差别,对于君子是没有什么根本的意义,这也可以说是一种"齐物",一种"无适而不可"。但是刘因有一个前提,这就是儒家的道、价值理想。可见,刘因是以儒统道,在儒家的基本前提下,吸收改造道家的思想。

刘因说:"道之体本静,出物而不出于物,制物而不为物所制……,凡事物之肖夫道之体者,皆洒然而无所累,变通而不可穷也。"(《退斋记》,《静修先生文集》卷十八)这是说,道体是静的,是能主宰物,而不受物的支配的。人和事物若能仿效道体,也应该是静的,主宰物而不受外物所支配的,这样的人就能洒然而无所累,活泼、自由。他用"静"来表述理学"定性"的境界,是可以的,但把道体本身也说成是"静",这与宋代道学的提法,是不同的,似乎显示他受到的一些道家的影响。

最后来看刘因的经史思想。刘因对六经的看法主要有二点,一是提出理学本于六经,二是"古无经史之分"。

就第一点来说,刘因的提法,其原话是"议论本于注疏"。他说:"六经自火于秦,传注于汉,疏释于唐,议论于宋,日起而日变。学者当知其先后,不以彼之言而变吾之良知也。近世学者往往舍传注、疏释,便读诸儒之议论,盖不知议论之学自传注疏释出。"这是说,学风之流行,每个时代不一,但前后变化有关联,不能把最近流行的和以往的东西对立起来,宋代理学家的语录是议论,但这些议论是来自于汉唐儒者对六经的注疏。因此,读书必先传注而后疏释,疏释而后议论。这些说法,意在强调汉唐注疏的重要。可知,刘因所谓理学出于汉唐注疏,是意在说明六经为根本。

就第二点来说,刘因的思想的确很有见地。刘因说:"古无经史之分,《诗》《书》《春秋》皆史也。"历史上论经史的思想不少:以经为史,早在隋朝的王通的《文中子》中就已经提出过,但王通是就题材而言。而把经与史视为一而二、二而一的说法,可以说是刘因较早提出来的。明代王阳明说:"以事言谓之史,以道言谓之经,事即道,道即事。《春秋》亦经,五经亦史。"明代李贽说:"经史相为表里。"这些思想都受到刘因的一些影响。

在学术史上最著名的,是清代章学诚奋然提出"六经皆史",其思想源头可说刘因开了先河。清代汉学盛行的时候,一些汉学经生,皓首穷年,终生埋首于经典的一字一音考据,致使思想枯萎。章学诚有见于此,提出"六经皆史"的口号,以冲击汉学,这对当时的汉学经生起了振聋发聩的作用。同时,不能不承认,章学诚的"六经皆史"论,多少还是受到刘因的影响,甚至他在《文史通义》中讲的"古无经史之分",也可能就是袭用了刘因的提法。

第四节　吴澄的思想

吴澄(1249—1333),就其师承来说,他是饶鲁的再传弟子,而饶鲁是黄干的高弟。黄干是朱熹的女婿,也是朱熹重要的弟子。所以在师承上说,吴澄是朱熹的四传弟子。但他的思想不完全继承朱熹学派,也受到陆学的影响。特别是,他和陆九渊是同乡,同为江西抚州人,所以他对本乡先贤的推崇,也是他"和会"朱陆的原因之一。他的思想主要是理气论、性说、存心说。

吴澄,字幼清,本为南宋抚州人,因曾在所居草屋讲学,学者称其为草庐先生。吴澄自幼聪颖好学,青年时受学于饶鲁弟子程若庸,研究六经,潜心理学。二十七岁时宋亡,入元后,长期隐居不仕。五十余岁后,始应召出仕,历任江西儒学副提举、国子监丞、国子司业、翰林学士、经筵讲官等。主要著作有《五经纂言》,文集为《草庐吴文正公集》。

吴澄二十七岁以前生活在南宋,其后,大半生在元代度过。他与许衡同为元代名儒,有"南吴北许"之称。许衡是北方人,由金入元,其理学思想粗而未细,其功绩主要在传播理学和确立理学的地位。而吴澄青年时代在南宋度过,直承朱熹理学的端绪,因而比起许衡,可谓"正学真传,深造自得"。他在理论上更深入、更广博,带有综合性的特点,堪称为理学的大家。

由于吴澄是由朱熹、黄干一线传下来的学者,所以他有很强的道统的意识和自觉。他曾作道统图,他还用《周易》的"元、亨、利、贞"的模式来观察道统的发展历程,他说:"中古之统,仲尼其元,颜曾其亨,子思其利,孟子其贞乎。近古之统,周子其元,程张其亨,朱子其利也。孰为今日之贞乎?未之有也,然则可以终无所归哉?"这是说,如果以"元、亨、利、贞"作为一个开始、生长、成熟、总结的周期的模式,古代的道统传流,孔子是"元",颜会、曾子是"亨",子思是"利",孟子是"贞"。这个周期发展的很完整。而中古的道统发展,在吴澄看来,周敦颐是"元",二程张载是"亨",朱熹是"利"。这样,"贞"还没有出现,谁能成为代表总结阶段的"贞"呢?显然,他自己是以"贞"自任的,他在给人的信中也说"以绍朱子之统而自任者,果有其人乎"?所以《新元史》说他"其以道自任如此"。让朱熹只是处于"利",而不是终结的"贞",这并不符合朱熹在这个阶段是理学集大成者的历史地位。但吴澄所以要这样去排列近古阶段,显然是他自己俨然想以"贞"为己任,以跻身于宋儒诸子的地位。

吴澄一生在经学方面用力甚多,著述亦富,早年作《孝经章句》,校订易、诗、书、春秋、仪礼等,中年到晚年,完成《五经纂言》。他的经学思想有四个特点:第一,强调治经要在辨别真伪;第二,十分重视经传之分;第三,注疏重视发挥义理;第四,论易学崇尚象数。

吴澄的理气论是接着朱熹学派的理气论讲的,他说:"自未有天地之前,至既有天地之后,只是阴阳二气而已。本只是一气,分而言之则曰阴阳;又就阴阳中细分之,则为五行。五行即二气,二气即一气。"(《答人问性理》,《吴文正集》卷三)这是说,天地是有成毁的,没有天地之前,气已存在;天地销毁之后,气仍存在。宇宙间唯一永恒的存在物是气。一气可分为阴阳二气,阴阳二气可再分为五行。

气是唯一的永恒的存在物,那么,理的地位又如何呢?吴澄接着说:"气之所以能如此者,何也?以理为之主宰也。理者,非别有一物在气中,只是为气之主宰者即是。无理外之气,亦无气外之理。"(同上)这里有两点值得注意:第一,朱熹认为理气在实际上没有先后,但在逻辑上理先气后。吴澄不再重视朱熹讨论的理气先后的问题,他强调的是,宇宙中实际存在的只是气,而所谓理,是气的活动的主宰,即规律。第二,朱熹虽然讲在实际运行上理气不相分离,但说"理与气,此决是二物",把理看成是实体化的东西。而吴澄强调,理在气中,但理不是作为一物在气之中,强调理不是实体,理只是气之条理和规律。他还说:"理在气中,无不相离。"(《答田副使第三书》)所以清人黄百家解释吴澄的理在气中说云:"百家谨案,理在气中一语,亦须善看。一气流行,往来过复,有条不紊;从其流行之体谓之气,从其有条不紊谓之理,非别有一理在气中也。"(《宋元学案·草庐学案》)这个说明是很恰当的。"理在气中"思想的提出,在理学发展史上具有重大意义,它开启了明代理气一元论的先河。

在"太极"的问题上,与朱熹一样,吴澄也是以太极为"道"、为"至极之理"。他说:"太极与此气非有两物,只是主宰此气者便是,非别有一物在气中而主宰之也。"(《答王参政仪伯问》,《吴文正集》卷二)又说:"太极阴阳五行,同时而有者也,非渐次生出。"(《答田副使第三书》)"开物之前,混沌太始,混元之如此者,太极为之也。开物之后,有天地人物,如此者,太极为之也。闭物之后,人物销尽,天地又合为混沌者,亦太极为之也。"(同上)这是说,宇宙由混沌变为开物,最后天地销尽又归于混沌,都是太极的作用使然。这个思想,也就是程朱所说的"所以然",指太极是宇宙万物存在、变化的所以然,即根据和规律。所以他也说:"气之循序而运行者为四时,气之往来屈伸而生成万物者为鬼神,命各虽殊,其实一也。其所以明,所以序、所以能吉凶,皆天地之理主宰之。"

吴澄的人性论是从其理气论直接推下来的。他说:"人得天地之气而成形,有此气即有此理;所有之理谓之性。此理在天地,则元亨利贞是也。其在人而为性,则仁义礼智是也。性即天理,岂有不善!但人之生也,受气有或清或浊之不同,成质有或美或恶之不同,……惟其气浊而质恶,则理在其中者,被其拘碍沦染而非复其本然矣。此性之所以不能皆善,而有万不同矣。"(《答人问性理》,《吴文正集》卷三)

这段话是说,天地间一气运行,理在气中,理是气之所以能运行者。人之生,禀受天地间的气而成为自己的形体,所禀受来的气之中就有理,气中所具有的理就是性。所以性本来就是天理,是没有不善的。但是由于每个人都是具体的,所禀受得来的气是不同的,有清有浊的,这就使得处于形气中的理要受到形气的影响,如果气浊质恶,性就会"被其拘碍沦染",即受到污染。从而,人的现实的人性,便不能皆善,而有了各个不同的差别。对圣人来说"此理在清气美质中,本然之真,无所污坏,此尧舜之性所以为至善"。对一般人来说,气质总是有不清不美之处,性也就不是全善的了。

据吴澄传:"至大元年,召为国子监丞,升司业,为学者言:'朱子于道问学之功居多,而陆子以尊德性为主。问学不本于德性,则其蔽必偏于语言训释之末。故学必以德性为本,庶几得之。'议者遂以先生为陆氏之学。"(《宋元学案·草庐学案》)其实,吴澄的那番话,是对国子监的学生讲的,并不表示吴澄站在陆学一边,反对朱熹。

吴澄说过:"徒求之五经,而不反之吾心,是买椟而弃珠也。不肖一生,切切然惟恐其堕此窠臼。学者来此讲问,每令其主一持敬,以尊德性;然后令其读书穷理,以道问学。"(同上)从这段话可以看出,吴澄是主张先尊德性后道问学,他是把"反之吾心"放在首位的。然而,这并不能说明他是主张陆学的,因为他所理解的"尊德性"的方法,乃是"主一持敬"。而主一持敬,是程颐朱熹的涵养之方,是陆学所反对的。吴澄说:"仁,人心也,不敬则亡。"这是以主敬为心法。又说:"人之一身,心为之主。人之一心,敬为之主。主于敬,则心常虚,虚则物不入也。主于敬,则心常实,实则我不出也。"这完全是程颐讲的"有主则实"的主敬法。他还说:"敬则心存,心存而一动一静皆出于正。"(以上数条语录皆见《宋元学案·草庐学案》)可见他讲"存心",也是以敬来存心。朱熹本来在理论上也是强调"主敬以立其本",把主敬涵养作为"本",只是在实践上,朱熹在道问学方面花的功夫较多。从这里来看,吴澄并没有离开朱熹学派的宗旨。

宋儒如张载、二程有所谓"见闻之知"和"德性之知"的分别,认为德性之知不是来自于见闻之知。在这个问题上,吴澄的说法有其特点。他说:"知者心之灵,而智之用也,未有出于德性之外者。曰德性之知,曰见闻之知,然则知有二乎哉?"照其说法,知只有一种,即只有德性之知,无所谓见闻之知。见闻是有的,见闻之知是没有的。因为在他看来,知是理性、理论,而不是感性、经验。说见闻之知,如说感性的理论一样,是不通的,理论就是理性的,不能是感觉的。但感觉并非没有意义,感觉可以帮助形成理性认识,所以他说:"夫见闻者,所以致其知也。""见闻虽得于外,而所闻所见之理则具于心;故外之物格,则内之知致。此儒者内外合一之学。"(同上)

根据这种内外合一之学,他批评佛老否定排斥见闻,"专求于内,而无事于外";他批评记诵之学求外忘内,"博览于外,而无得于内",认为两者都是不正确的。他的观点是以外证内,以见闻来发明其内心的知识,而批评"记诵之徒,则虽有闻有见,而实未尝有知也"。他的基本看法是,既要多学多识,又要化见闻为心知,最终还是要达到明理于心的目的。正如他所:"所贵乎读书者,欲其因古圣贤之言,以明此理存此心而已。"(同上)

吴澄的学术立场并不能归为陆学,吴澄始终比较自觉地继承和发挥朱熹的理学思想,不过,他较少门户之见,不是株守一家之言,而是兼取诸家之长,以补朱熹理学之短。他主观上并不是要"和会"朱陆,而只是吸取陆学的某些合理因素,以利于发展朱熹理学。

元代思想在总体上的特点有二,其一,许衡推行朱学、刘因尊崇朱子、吴澄是朱熹的四传,元代的代表人物都是以朱学为主的。其二,元代的代表人物都不反对陆学,而且吸收、甚至表扬陆学。这两方面结合起来,使得以往的学术思想史研究,都认为元代的思想以朱陆的"和会"为主要特征。

元代后期的思想家郑玉说过一段有名的话:"陆氏之称朱氏曰江东之学,朱氏之称陆氏曰江西之学。两家学者各尊所闻,各行所知,今二百余年卒未能有同之者。以予观之,陆子之质高明,故好简明;朱子之质笃实,故好邃密。盖各因其质之所进而为学,故所入之途有不同尔。及其至也,三纲五常、仁义道德,岂有不同者哉?况同是尧舜,同非桀纣,同尊周孔,同排佛老,同以天理为公,同以人欲为私。大本达道,无有不同者乎?……朱子之说教人为学之常也,陆学之说才高独得之妙也。二家之学,亦各不能无弊焉。陆氏之学,其流弊也如释子之谈空;朱氏之学,其流弊也,如俗儒之寻行数墨。然岂二先生立言垂教之罪哉?盖后之学者之流弊云尔。"(《送葛子熙之武昌学录序》)郑玉认为朱陆方法不同,目的一致,他举出朱陆的八同,也指出二家后学的流弊。应当说,他的看法是比较公允的。

元代朱学已成为官学,但朱学者多以肯定态度兼取陆学之长,因之,陆学的思想在各个理学的派别中,在不同程度上被张扬了,这使得本不景气的陆学反而通过朱学得到传延。元代朱陆合流的趋势,使得元代理学成为从南宋朱陆对立到明代心学大盛之间的过渡环节。

第八章
王守仁

　　王守仁,字伯安,号阳明,生于公元 1472 年(明宪宗成化八年),死于公元 1528 年(明世宗嘉靖七年),浙江余姚人。他出身官僚地主家庭,早年曾任兵部主事,反对过宦官刘瑾,被贬为贵州龙场驿丞(公路站长)。后来累升为右副都御史,曾平定了江南漳南、横水、桶冈、大帽、浰头等地的农民起义。皇室贵族宁王朱宸濠起兵企图篡夺帝位,王守仁对之进行讨伐,在短期内就生擒了宸濠,为明代封建朝廷平定了内乱,升南京兵部尚书,受封为新建伯。晚年又受命平定思田(思州,今贵州岑巩县;田州,今广西田东县)及八寨断藤峡的苗民和其他少数民族的武装反抗,在回军的路上死去。他在军政余暇不断讲学,影响很大。

　　明代中期,阶级斗争日益尖锐,封建统治出现了危机。当时,皇室贵族、官僚地主的土地兼并达到了极其严重的地步。据《明史·食货志》所载,弘治(明孝宗)十五年(1502)与洪武(明太祖)二十六年(1393)比较,税田总额由 850 万多顷降到 422 万多顷,减少过半。税田减少,就是许多耕地转归特权阶层所有,不再纳税了。但纳税的总额仍旧不变,而且增加了不少苛捐杂税,农民的负担大大加重。这样,封建统治阶级与农民大众的矛盾更加激化了。在极其残酷的压迫之下,大规模的农民起义不断发生。农民的起义斗争,又促使封建统治阶级内部矛盾也日益深化,皇室与藩王之间,宦官与官僚之间,彼此的斗争也异常激烈,有些贵族藩王想乘势夺取中央政权。这样,农民反抗封建统治的阶级斗争,封建统治阶级内部的斗争,使当时的封建统治陷于不稳,出现了严重的政治危机。

　　当时程朱的学说已渐成为僵化的教条和地主阶级士大夫猎取功名的工具,逐渐失去束缚人心的力量。于是王守仁站在统治阶级的立场上,继承并发展了陆九渊的主观唯心主义,强调人的主观意识,宣扬儒家道德规范是人人心中内在固有的先验意识,企图用主观唯心主义的思想体系代替程朱学说,作为维护封建社会秩序的精神力量,挽救当时封建统治的政治危机。

王守仁的著作,后人编辑为《王文成公全书》,其中在哲学上比较重要的是《传习录》和《大学问》。

第一节 "心外无理"与"心外无物"

王守仁认为,封建道德观念就是人人心中固有的先验的意识,就是心中之理,这心就是一切的根本。于是提出了"心外无理""心外无物"的主观唯心主义体系。

王守仁早年曾经信仰程朱,想依照朱熹的学说去实行。他同一个朋友商量,"做圣贤要格天下之物",怎样格物呢?"因指亭前竹子,令去格看"。他那个朋友"早夜去穷格竹子的道理",想了三天,没有得到竹子之理,反而病了。王守仁自己也是"早夜不得其理",到七天,也病了。于是在一起叹气,说"圣贤是做不得的,无他大力量去格物了"。后来,他在龙场,反复思考如何有效地进行道德的修养,自以为达到了"彻悟",断言:"天下之物本无可格者,其格物之功只在身心上做。"(以上见《传习录下》)本来,程朱所谓的"格物"虽然是从一事一物着手,但主要内容是要通过这去认识"天理",也就是认识封建社会的道德原则,而不是得到具体的科学知识。王守仁按照这种办法,根本不去观察竹子生长变化的过程,不去总结人们培植竹子的经验,而只是面对着竹子进行主观的冥思苦想,当然不可能得到任何竹子之理。他由此断定探求外物之理是不可能的,也是不必要的,完全否认了客观规律,从而作出了主观唯心论的结论。

王守仁继承并发挥了陆九渊"心即理也"的见解,否认心外有理。他以为朱熹的错误就在于把心与理分别为二。他说:"夫万事万物之理不外于吾心,而必曰穷天下之理,是犹析心与理而为二也。"他完全否认客观规律是不依人的意识为转移的观点。照他的看法,"夫物理不外吾心,外吾心而求物理,无物理矣。遗物理而求吾心,吾心又何物耶"?(《答顾东桥书》)这就是说,事物的规律是离不开认识主体("心")的,离开认识主体去寻求事物的规律,这样的事物规律是没有的。同样,离开事物规律来讲认识主体,这样的认识主体,也没法说是什么。事实上,事物的规律是不以人们的认识主体和主观意识为转移的客观存在。"心"(认识主体)有认识作用,能反映客观存在的事物的规律,而决不能说"心"含有万事万物之理。陆九渊、王守仁断言心即是理,这是主观唯心主义。王守仁虽然也讲"万事万物之理",但其中心是封建道德的基本原则,即是所谓"忠孝之理"。他认为,这种"忠孝之理"是人人头脑里所固有的,实行忠孝的原则,关键不在被忠孝的君亲身上,而在于主观上是否尽到了"忠孝之理"。所以他说:"忠与孝之理,在君亲身上,在自己的心上? 若在自己心上,亦只是穷此心之理矣。"(《传习录上》)他又提出论证说:孝之理到底在我的心中呢,还是在父母身上呢? 假如在父母身上,那么父母去世之后,我的心就没有孝之理了吗? 事实上,所谓忠孝的观念乃是封建统治阶级的道德观念,乃是封建社会的政治制度与家族制度在人头脑中的反映,而封建的政治制度与家族制度又是以封建社会的经济关系为依据的。在所谓"亲没之后",当时的家庭制度依然存在,所以在封建地主阶级的意识中,仍然有孝的观念而并非源出心中。这些道德意识决不是人们心中固有的。

王守仁不但断言"心外无理",而且说"心外无物""心外无事",否认客观世界的存在。他认为,离开人天赋的"良知",就无所谓万物。他说:"若草木瓦石无人的良知,不可以为草木瓦石矣。岂惟草木瓦石为然,天地无人的良知亦不可为天地矣。"(《传习录下》)这就是说,人的"良知"是自然界万物存在的根据。因此,所谓"物",也就是人的意识的表现。他说:"身之主宰便是心,心之所发便是意;意之本体便是知,意之所在便是物。"(《传习录上》)这是说,精神、意识是根本的、第一性的。主宰身体的是"心"(精神主体),精神活动产生意识,意识的本体是良知,意识的所在就是物。这也就是说,事物不能离开人的知觉意念而独立存在,事物的存在完全依靠人的知觉意念。

《传习录》记载:王守仁和他的弟子们到南镇地方游山,一个弟子指着山中的花树问道:"天下无心外之物,如此花树在深山中自开自落,于我心亦何相关?"这是对主观唯心主义的一个致命诘难。王守仁对此答辩道:"你未看此花时,此花与汝心同归于寂,你来看此花时,则此花颜色一时明白起来,便知此花不在你的心外。"这是说,当未看花时,心不起作用,花也就没有;而当看花时,这花才显现出来。他企图从人们认识事物的存在必须通过感觉来论证事物的存在依靠于感觉,他的这个回答和英国主教贝克莱的"存在即被知觉"的主观唯心主义命题相类似。

王守仁也说,"盖天地万物与人原是一体"(《传习录下》),他认为,天地万物与人原是一体,这统一体的核心是精神性的。即所谓"其发窍之最精处,是人心一点灵明"(同上)。《传习录》又记载着一段问答,他问一个弟子,"你看这个天地中间甚么是天地的心?"弟子答:"尝闻人是天地的心。"他问:"人又甚么叫做心?"答:"只是一个灵明(认识作用)。"于是,他说道:"可知充天塞地中间只有这个灵明,……我的灵明便是天地鬼神的主宰。天没有我的灵明,谁去仰他高? 地没有我的灵明,谁去俯他深? ……"弟子问:"天地鬼神万物千古见在,何没了我的灵明便俱无了?"他答道:"今看死的人,他这些精灵游散了,他的天地万物尚在何处?"所谓鬼神确是主观的幻影,而天地万物是客观存在的,他却认为也是依靠人的知觉而存在的。他说,每一个人有他自己的世界,依靠他的知觉而存在。他认为,"我的灵明"是天地万物的"主宰",天地万物都依靠"我"的知觉灵明而存在。"我"死了,我的"灵明""游散"了,我的世界也就没有了。

第二节 "致良知"与"知行合一"

在认识论和修养论上,王守仁提出"致良知"的学说。他不承认人的认识来自对于客观世界的感觉经验。相反,只是对本心良知的自我认识。他认为,人都有良知,就是生来固有的关于道德真理的认识,也就是对心中之理的自我认识。他说:"知是心之本体,心自然会知。见父自然知孝,见兄自然知弟,见孺子入井自然知恻隐,此便是良知。"(《传习录上》)他认为良知是心的本质,是先天固有的认识。良知也就是天理,一切事事物物及其规律都包括在良知之中,达到本心的良知,也就达到了对一切真理的认识。因此,他提出对于所谓"格物致知"的新的解释。他认为,致知不是寻求对于外在事物的知识。而只是完全彰现本来固有的良知。格物不是考察客观的事物,而只是改正自己的所思所念。他认为,所谓物就是主观意识所注意的内容,即所思所念。格是改正,格物即改正那些不正当的思念。

王守仁认为,物就是事。"凡意之所发必有其事,意所在之事谓之物。格者正也,正其不正以归于正之谓也"(《大学问》)。这样,所谓物只是意念之所在。他举例说:"如意用于事亲,即事亲为一物;意用于治民,即治民为一物;意用于读书,即读书为一物。"(《答顾东桥书》)这就是说,物不是离开人的主观意识而独立存在的,而是主观意识的内容,即所思所念的内容。他为什么要把物说成是事呢?王守仁认为既然事都是要通过人的主观活动来做的,这就证明物也是不能离开主观意识而独立存在的。事实上,"事亲"的亲是客观存在的;"治民"的民是客观存在的;"读书"的书是客观存在的。所谓"事亲""治民""读书"等事,是主体对于客体有所活动,其中固然表现了主观能动性,但仍以客观事物为对象。同时,客观世界中的变化也可叫做事,但他所谓事是专指人的活动,这事与物是有区别的。以物为事,就是把客观对象仅仅看成主观活动,取消了物的客观实在的意义,认为意识的对象不能离开主观而存在,这是错误的。

王守仁还讲过:所谓致知格物,就是把我心的良知推致到事事物物上。我心的良知就是天理。把良知的天理推致到事事物物上,那么事事物物就都合理了。致我心的良知是致知,事事物物都合理就是格物,这是合心与理而为一的。"所谓致知格物者,致吾心之良知于事事物物也。吾心之良知即所谓天理也。致吾心良知之天理于事事物物,则事事物物皆得其理矣。致吾心之良知者致知也,事事物物皆得其理者格物也。是合心与理而为一者也"(《答顾东桥书》)。致知格物不是探求客观事物的客观规律,而是把心中固有的天理贯彻到事事物物中去,这里所讲又与康德所谓"心为自然界立法"的思想相似。这所谓事事物物主要指人伦事物和道德实践。事事皆得其理,也就是使人伦关系和活动都符合道德的原则。王守仁把良知说成是一切知识的来源,同时,良知也是一切是非善恶的唯一标准。他说:"良知之外,别无知矣"(《答欧阳崇一书》),又说:"凡所识善恶之机,真妄之辩者,舍吾心之良知,亦将何所致其体察乎。"(《答顾东桥书》)这就是说,除良知外,别无任何知识,是非善恶离开了良知,也就无法得到衡量,一切都离不开个人心的良知。王守仁在这里,取消了事物的客观独立性,取消了知识的客观内容。

王守仁反对向外探求事物的客观规律,专讲反省内求,主张"向里寻求","从自己心上体认"(《传习录上》)。但他也不得不承认,只求之于心,不能得到关于具体事物的知识。他说过:"圣人无所不知,只是知个天理;无所不能,只是能个天理。"不是致得良知以后,对于天下事物"都便知得,便做得来也。""天下事物,如名物度数、草木鸟兽之类,不胜其烦",圣人虽然良知明白,"亦何缘能尽知得?但不必知的,圣人自不消求知,其所当知的,圣人自能问人"(《传习录下》)。所谓致良知,只是对于道德的原则有充分的认识,并不是认识事物的规律。关于特殊事物的知识,还是不能从所谓良知、天理中推出来,需要问别人。由此可见,唯心主义的先验论是不可能不陷于自相矛盾的。

王守仁认为,认识都来自内心,不承认外在世界是认识的源泉,当然不会承认实践是认识的基础。但他又提出"知行合一",这在他的主观唯心主义哲学中是不矛盾的,而且是他的思想的重要组成部分。他反对程朱学派的知先行后论,强调知与行的不能分离。他曾说:"知是行的主意,行是知的功夫;知是行之始,行是知之成。若会得时,只说一个知,已自有行在;只说一个行,已自有知在。"(《传习录上》)知是行的主导,行是知的体现,知是行的开端,行又是知的完成;知中含行,行中含知。这些话强调知行二者不可分离的关系,以反对知而不行的弊病。

王守仁讲知行合一,有时似乎也谈论认识依赖于实际活动,如说:"如言学孝,则必服劳奉养,躬行孝道,然后谓之学,岂徒悬空口耳讲说,而遂可以谓之学孝乎?学射则必张弓挟矢,引满中的;学书则必伸纸执笔,操觚染翰。尽天下之学,无有不行而可以言学者,则学之始固已即是行矣。"(《答顾东桥书》)这是说,学孝必须侍奉父母,学射必须拉弓放箭,学写字必须拿笔在纸上写。离开这些实际活动是不能叫做学孝、学射、学写字的。这些话意在反驳朱熹的知先行后论,这只是强调知行不能相离,强调只有在"行"方面有所表现的知才算真正的知。他从知行的不能相离,进而认为知行只是一事的两方面,只是一个过程,在这个过程中,切实用力的方面叫做行,觉悟理解的方面叫做知,两者是不能分开的。这也就是他说的:"知之真切笃实处即是行,行之明觉精察处即是知,知行工夫本不可离。"(同上)

王守仁特别强调行只是一种好恶爱憎的情感。他说:"《大学》指个真知行与人看,说如好好色,如恶恶臭。见好色属知,好好色属行,只见那好色时已自好了,不是见了后又立个心去好;闻恶臭属知,恶恶臭属行,只闻那恶臭时已自恶了,不是闻了后别立个心去恶。"(《传习录上》)这样,好恶的情感活动即是行,不必身体有所活动,只要心中有所爱憎,就是行了。于是,他更进一步提出"一念发动处,便即是行"的论断。一念不善就是行恶,这样他就模糊了行与知的区别。王守仁所以提倡"知行合一",其用意也是十分明确的。他说:"今人学问,只因知行分作两件,故有一念发动,虽是不善,然却未曾行,却不去禁止。我今说个知行合一,正要人晓得,一念发动处,便即是行了,发动处有不善,就将这不善的念克倒了。须要彻根彻底不使那一念不善潜伏在胸中,此是我立言宗旨。"(《传习录下》)这就是说,他所以要提倡"知行合一",是要从思想上根本防止任何违背正统道德观念的念头出现,这也就是他所谓的"破心中之贼",目的是为了维护和巩固封建社会的秩序。

王守仁的知行合一论与其心即理之说是互相联结的。他明确地说:"外心以求理,此知行所以二也;求理于吾心,此圣门知行合一之教。"(《答顾东桥书》)"知行合一",就是"求理于吾心",所以,王守仁所谓知行合一,也就是他所谓的致良知,良知是知,致的工夫就是行。他所谓的知指道德意识,不是我们所谓认识;他所谓的行指内心世界的道德修养,不是我们所谓实践。他所谓知行合一,就是强调道德意识和道德修养是一回事,教人把道德观念和道德修养密切结合起来,而不是讲认识与实践的关系。

第三节 唯心主义的伦理学说

陆九渊讲"发明本心",王守仁讲"致良知",良知就是本心。王守仁的致良知学说,是他的哲学思想,也是他的人性论与伦理学说。他认为,人人都生来就有分别是非善恶的良知,这就是人的本性。王守仁晚年曾将其教人的主张概括为四句话:"无善无恶是心之体,有善有恶是意之动,知善知恶是良知,为善去恶是格物。"(《传习录下》)习称"四句教"。陆王心学受佛教禅宗的影响很深,这里所谓"无善无恶心之体",更和禅宗一致了。他认为,心本来是超乎善恶对立的,所以是无善无恶;意念发动,便有善恶之分;良知自然能分别善恶;道德修养就在于为善去恶。这良知也就是所谓是非之心,也就是好恶的情感。他说:"良知只是个是非之心,是非只是个好恶,只好恶就尽了是非,只是非就尽了万事万变。"(同上)王守仁这种学说就是认为,人们有共同的是非标准。什么是对的,什么是不对的,人们有共同的理解,而这个理解也就是一种好恶的情感,这情感是天生的,是生来固有的。这生来固有的是是非非,好善恶恶的情感即是道德的根源。

王守仁认为,心的内容就是"天理"。他说:"此心无私欲之蔽,即是天理,不须外面添一分。以此纯乎天理之心,发之事父便是孝,发之事君便是忠,发之交友治民便是信与仁。"(《传习录下》)良知也就是心中的天理的自我认识。但人除了良知之外还有私欲,私欲就能遮蔽良知。于是他特别强调"存天理去人欲",他说:"只要去人欲存天理方是工夫。静时念念去人欲存天理,动时念念去人欲存天理。"(《传习录上》)去尽人欲,纯是天理,就是圣人了。"圣人之所以为圣,只是此心纯乎天理而无人欲之杂。"(同上)他要求"将好色好货好名等私欲逐一追究搜寻出来,定要拔去病根,永不复起,方始为快"(同上)。他所谓的天理只是封建道德的基本原则,而封建道德只是封建社会根本利益的反映。他是把封建社会制度当作天理,当作天经地义,当作永恒不变的最高原则。

王守仁认为,只要能"致良知",那就不必死记关于道德的教条,而一切行为自然就合乎道德的标准,到什么时候应该怎样做,良知自会知道,不必背诵传统的礼节仪式等等。良知对于传统的那些随时变通的礼节仪式的关系,就好像规矩尺度对于具体的方圆长短的关系一样,"夫良知之于节目时变,犹规矩尺度之于方圆长短也"(《答顾东桥书》)。有了规矩尺度,自然能测定方圆长短;有了良知,就自然可以随机应变。所以他自以为他的修养方法是"简易直截"的。在王守仁看来,程朱的理学过于烦难,所以,他提出一个以简易为特点的主观修养体系。

王守仁的"致良知"论,本质上就是把封建社会的道德说成是一切人所生来固有的东西,这样让人把封建道德看成是自发的而不是强制的,内在的而不是外来的,使人更容易接受道德原则的约束。他又强调个人的主观能动性,只要信仰道德的最高原则,在实际行动上可以灵活运用。他的道德说教在当时朱熹哲学成为教条的情况下产生了很大的影响。

王守仁在与程朱学派的争论中,还发表了一些反对崇拜旧权威旧教条的言论。他认为,正确与错误的最高标准是个人的良知,而不是孔子或朱熹的言论;自己的心所不同意的,就是孔子的话也不能承认;自己的心所肯定的,就是常人的话也不能不承认。"夫学贵得之心,求之于心而非也,虽其言出于孔子,不敢以为是也,而况其未及孔子者乎!求之于心而是也,虽其言之出于庸常,不敢以为非也,而况其出于孔子者乎?"(《答罗整庵书》)当然,事实上他认为孔子的话都是自己的心所同意的,而且他这样说,也从另一方面加强了对孔子的崇拜,把孔子的说教安置在人的心中。他还说过:"学,天下之公学也,非朱子可得而私也,非孔子可得而私也。"(同上)他提出这些言论,用意在于对抗朱熹的权威而树立自己的权威。但他这种反对绝对权威的言论,在客观上起了一些解放思想的作用。如以后的李贽、黄宗羲等人对礼教、君权的批判,都在一定程度上受到王守仁这种思想的影响。

王守仁以"万物一体"为修养的最高境界,他讲"圣人之心,以天地万物为一体",对于天下的人,不论内外远近,都看做"昆弟赤子之亲","莫不欲安全而教养之"(《答顾东桥书》)。在《大学问》中他更详述了这种精神状态,认为这种境界也就是"视天下犹一家,中国犹一人"。他虽讲"万物一体",却又反对爱无差等,强调"厚薄"之分的合理。他讲"道理自有厚薄,比如身是一体,把手足捍头目。岂是偏要薄手足?其道理合如此。禽兽与草木同是爱的,把草木去养禽兽,又忍得。人与禽兽同是爱的,宰禽兽以养亲,与供祭祀燕宾客,心又忍得"。厚薄的分别是"良知上自然的条理,不可逾越"(《传习录下》),这种万物一体,"天下犹一家,中国犹一人",而实际上仍然是以封建时代的宗法等级规范为基础的。

他又讲所谓"拔本塞源之论",即要求拔掉一切私念物欲之本,塞堵一切违反封建社会规范之源。他讲圣人"推其天地万物一体之仁,以教天下,使之皆有以克其私,去其蔽","终身处于烦剧而不以为劳,安于卑琐而不以为贱"(《答顾东桥书》)。

王守仁思想的主要意义就是把封建的道德观念说成为一切人心中固有的先验原则,这样给予封建道德以内在的根据,使封建道德重新在人心中生根。他企图用这种说教来维护当时的中央集权的封建专制主义的社会制度。他宣扬人人都天生具有以封建道德为内容的"良知",以灵活的良知来代替程朱学派的呆板烦琐的教条,提供了一种易于实践的学说。他这种主观唯心主义,特别强调个人的主观能动性,富于诱惑性和吸引力,在明代后期发生了很大的影响。在晚明时期,陆王学派的心学广泛流行,一度几乎取代了程朱理学的地位。

第九章
罗钦顺

罗钦顺,字允升,号整庵,生于公元1465年(明宪宗成化元年),卒于1547年(明世宗嘉靖二十六年),江西泰和人。他曾任南京太常寺少卿、南京吏部右侍郎、左侍郎、南京吏部尚书等职。在政治上,他反对权门势力的横征暴敛。他指责权门说:"今太仓之粟,化为月课,以入权门者不可胜计。"(《困知记》卷上)并且认为老百姓之所以贫困,就在于权门的"横敛亟行"。而要治理好国家,他主张首先需要广招贤才,"由学校作养人才"是当前的急务。同时,他还主张要随时变法,认为"法有当变者,不可不变,不变即无由致治"。(同上)在哲学上,他对当时流行的陆王心学进行了尖锐的批评,并批判地改造了程朱学派的"理一分殊"的学说,罗钦顺的主要哲学著作有《困知记》一书。

第一节 "理只是气之理"的气本论思想

理气关系问题是宋明道学所讨论的一个哲学根本问题。罗钦顺自称是程朱理学的后学者,标榜自己在理气关系问题上的思想是来源于二程、朱熹的。其实,他的哲学思想表面上虽说没有与程、朱唯心主义哲学决裂,实质上他受到我国古代气一元论哲学的直接影响。首先,他与张载一样,把物质性的气当作是世界最初的本源。他说:"盖通天地、亘古今,无非一气而已。"(《困知记》卷上)又说:"人物之生,本同一气。"(同上)这就是说,气是永恒存在的,人与物都是"气聚而生"的,世界是物质的、客观存在的。同时,他也同意张载在《正蒙》中所讲的气是永恒运动的思想。他援引张载的话说:"《正蒙》有云:阴阳之气,循环迭至,聚散相荡,升降相求,絪缊相揉。盖相兼相制,欲一之而不能,此其所以屈伸无方,运行不息,莫或使之。"(同上)并且认为张载的"此段议论最精"。这即是说,气是自身永远处于运动之中的,并不要求什么"主使者"。这就给予了一切神创说以有力的批判。

那么,理又是什么呢?理与气究竟有着怎样的关系呢?罗钦顺明确地回答说:"理果何物也哉?盖通天地、亘古今,无非一气而已。气本一也,而一动一静、一往一来、一阖一辟、一升一降,循环无已,积微而著,由著复微,为四时之温凉寒暑,为万物之生长收藏,为斯民之日用彝伦,为人事之成败得失,千条万绪,纷纭缪轕,而卒不可乱,有莫知其所以然而然,是即所谓理也。"(《困知记》卷上)这即是说,理就是气运动的一种必然的规律,气千变万化,然而"卒不可乱",就在于气的运动是有着自己的一定的客观规律(理)的。所以说:"理只是气之理,当于气之转折处观之,往而来,来而往,便是转折处。夫往而不能不来,来而不能不往,有莫知其所以然而然,若有一物主宰乎其间,而使之然者,此理之所以名也。"(《困知记》续卷上)这也就是说,理是在气的循环往复的运动必然性中表现出来的,因此,它不能离开气而独立存在,气的运动"好像"有一物主宰其间,其实不然,并不存在这一主宰。所以他又说:理"初非别有一物,依于气而立,附于气以行也。"(《困知记》卷上)因此,他不满意程朱学派在理气关系问题上的唯心主义思想。他指出,程颐讲"所以阴阳者道",而不讲"一阴一阳"运动变化为道,这就有了把道当作一个独立存在的实体来看待的嫌疑。他说:"窃详所以二字,固指言形而上者,然未免微有二物之嫌。"他指出,朱熹是"终身认理气为二物",而不了解"理只是气之理"的道理,其思想渊源则来自周敦颐的《太极图说》。罗钦顺说:"周子《太极图说》,……至于无极之真,二(阴、阳)五(五行)之精,妙合而凝三语,愚则不能无疑。凡物必两后而可言合,太极与阴阳果二物乎?其为物也果二,则方其未合之先,各安在耶?朱子终身认理气为二物,其源盖出于此。愚也积数十年潜玩之功,至今未敢以为然也。"(《困知记》卷下)在这里,他对程朱理学的婉转批评,是明显地表现了自己的气本论思想与程朱的理本论思想之间是有着重大差别的。

罗钦顺不仅继承了张载气一元论的思想,而且还批判地改造了程朱理学的"理一分殊"的学说,从而丰富了自己的思想内容。"理一分殊"的学说本来是程、朱思想的一个理本论命题。程、朱认为,宇宙中有一个独立无二的最高的精神实体"理",这个理也叫做"太极",这就叫"理一";而每一个具体事物的理,都是这一最高的"理"的不同表现,这就叫"分殊"。这正如朱熹所说:"万物皆有此理,理皆同出一源,但所居之位不同,则其理之用不一,……物物各具此理,而物物各异其用,然莫非一理之流行也。"(《语类》卷十八)这是把最高的实体理当作世界的本源,当作万事万物的根据。罗钦顺改造了这一理论,用气一元论重新解释了"理一分殊"这一命题,使得改造过了的"理一分殊"的学说成为了他思想体系里的一个重要的组成部分。罗钦顺首先是把程、朱所宣扬的理(太极)还原到物质世界里面,使之成为只是气的理,然后再来解释"理一分殊"的这一命题的。他说:"盖人物之生,受气之初,其理惟一;

成形之后,其分则殊;其分则殊,莫非自然理;其理之一,常在分殊之中,此所以为性命之妙也。"(《困知记》卷上)这即是说,世界上不论是物还是人,都是禀受物质性的气而生的,就这点来说,人与事物的理都是一气变化的理,其理是同一的,所以叫"理一";然而"成形之后,其分则殊",即成形之后每一个具体事物运动的规律或特性,其表现又是各不相同的,这就叫做"分殊"。而"理一"与"分殊"的关系又是怎样呢?程、朱把"理一"说成是独立于任何具体事物之上的一个绝对存在物,这是客观唯心论的说法。罗钦顺则反对把理气判为二物,认为"理一"即存在于具体的事物"分殊"之中,"所谓理一者,须就分殊见得来,方是真切。"(《困知记》卷下)在这里,他已经接触到了一般与个别(或特殊)的辩证关系:一般是不能脱离个别而存在的,一般即存在于个别之中。他认为,具有普遍意义的一般规律是不能脱离具体事物而独立存在的,它即存在于具体事物之中,这是坚持了理气关系问题上的唯物主义思想的。"理一分殊"这一命题经过罗钦顺的改造,就与程、朱所坚持的理本论路线形成了显明的对立。虽说他仍然自称是程朱学派的后学者,实际上他已经转向气本论了。

在与理气关系问题有关的道器问题上,罗钦顺也反对程朱把道器两者截然划分为两物的观点,认为道即是器(具体事物)的道,并不能在器外还有什么独立的道存在。所以他说:"夫器外无道,道外无器,所谓器亦道,道亦器也,而顾可二之乎?"(《困知记》卷下)

第二节　关于心、性的理论

罗钦顺多次讲到"盖心性至为难明,是以多误",认为心性的问题是哲学上一个难题。这里的心指知觉、思维等人的主体及认识活动而言;性指人的本性问题而讲的。

罗钦顺认为,必须首先区分心与性两者的不同,不能把它们混为一谈。他说:"心者,人之神明;性者,人之生理。"(《困知记》卷上)这即是说,"心"是指人的知觉、认识作用,"性"是指人的生理。罗钦顺又认为,人的知觉作用(心)是可以千变万化的,随着感应的不同而不同,所以他又把人心叫做"情";性则是人、物成形之后的定理,是不能随着感应而变化的,所以他援用了程、朱的说法,认为性即是理。那么心与性之间是怎样的关系呢?他认为,这两者之间是有着密切而不可分割的联系。他说:"谓之两物又非两物,谓之一物又非一物;除却心即无性,除却性即无心;惟就一物中分判得两物出来,方可谓之知性。"(《困知记》卷下)这就是说,心性两者虽说不同,但又并不是两物,而是一物的两个方面。即都是人的一个心的两个方面。他认为,一个人的心有体、用两方面:体就是性,是心的根本,所以又可把它称作"道心";用就是心的知觉灵明的作用,也可叫做"人心",由于它随物而感应,所以又可把它叫做"情"。概括起来,罗钦顺的结论是:"道心,性也。人心,情也。心一也,而两言之者,动静之分,体用之别也。"(《困知记》卷上)

作为人之生理的"性"又是怎样产生出来的呢?罗钦顺的回答是:"窃以性命之妙,无出理一分殊四字。"(同上)依他看来,既然不论人还是物都是同秉气而生,那么也就必然都是同秉气之理而为性的。所以他说:人、物都是"同一阴阳之气以成形,同一阴阳之理以为性"(《困知记》续卷上)。这即是说,性的产生皆来源于气之理。然而既已成形之后,事物的性又不得不殊,所以人有人的性,物有物的性。人性的具体内容又是什么呢?罗钦顺说:"性之理一而已,名其德则有四焉。以其浑然无间也,名之曰:仁;以其灿然有条也,名之曰:礼;以其截然有止也,名之曰:义;以其判然有别也,名之曰:智。凡其灿然、截然、判然者,皆不出于浑然之中,此仁之所以包四德,而为性之全体也。"(同上)由此可见,人性的具体内容仍然是仁义礼智这些儒家主张的道德观念。

但是,在人性论上,他与程朱理学还是有所不同。程、朱把人性分成天命之性与气质之性二种,认为,天命之性来源于天理,天理是至善的,所以天命之性也是至善的;气质之性则来源于气,气有清浊昏明,所以气质之性有善有恶,"禀其清明之气,而无物欲之累",就能成为圣人,"禀其昏浊之气,又为物欲之所蔽",就成愚、不肖。所以只有改变气质,克去人欲,复存天理,才能恢复至善的本性。这样道学家们就为自己所宣扬的僧侣主义的禁欲主义提供了理论的根据。罗钦顺则反对这一说教。他从气本出发,认为,既然人人都是秉"同一阴阳之气以成形,同一阴阳之理以为性",因此性都是来源于同一气之理的,也就没有什么天命之性与气质之性的区别。以此他批评二程与张载说:"程、张本思、孟以言理,既专主乎理,复推气质之说,则分之殊者,诚亦尽之。但曰天命之性,固已就气质而言之矣。曰气质之性,性非天命之谓乎?一性而两名。"(《困知记》卷上)这即是说,气质之性也就是天命之性,两者是没有不同的。同样他批评朱熹说:"以气质与天命对言,气质之性即太极全体堕在气质之中。夫既以堕言,理气不容无罅缝矣。"(同上)朱熹之所以错误地把气质与天命对立起来,就在于他始终把理气分割为二物的原故。

既然气质之性也就是天命之性,人性是秉一气之理而成的,所以罗钦顺认为"人性皆善",是无所谓恶的,而人的生理欲望则是人的天性,也是没有什么恶的。因此,他说:"《乐记》人生而静,天之性也,感物而动,性之欲也。……

夫人之有欲,固同出于天,盖有必然而不容已,且有当然而不可易者。于其所不容已者,而皆合乎当然之则,夫安往而非善乎!"(《困知记》卷下)人欲出自人的本性,本来是"未可谓之恶"的。但是为什么又有恶的东西产生呢?在罗钦顺看来,这是由于人们对自己的生理欲望不能加以节制的原故。所以他说:"其为善为恶,系于有节与无节尔。"(《困知记》卷上)如果谁"恣情纵欲而不知反",那他就作恶了。因此恶与不恶并不是有无人欲的结果,只要是"合乎当然之则"的,即合理的人欲是不会产生恶的。以此他批评了道学家们所鼓吹的"去人欲、存天理"的说教。他指出:"先儒多以去欲、遏人欲为言,盖所以防其流者不得不严,但语意似乎偏重。夫欲与喜怒哀乐皆性之所存者,喜怒哀乐又可去乎?"(《困知记》卷下)又说:"夫性必有欲,非人也,天也。既曰天矣,其可去乎?"(《困知记》三续)在这里,他虽然婉转地指出"去人欲"这一说法只是语意偏重,但是他强调地主张人欲是不可去掉的,就像人的喜怒哀乐之常情不可去掉一样。这就与一般道学家的观点不同。

罗钦顺的人性论又是与他的认识论思想密切不可分的。在认识论上,他一方面坚持了自己的朴素唯物主义的观点,承认有外界客观世界的存在,反对那种把天地人物皆当作"吾性量之中物"的主观唯心论的观点,并认为事物都是有着自己的客观运动规律的,不能把事物的规律(理)看成是人安排而出的结果。然而,另一方面,他又深受到程、朱思想的影响,同意性即理的说法,并且认为心是"理之存主处",人心中之理也就是天地万物之理,两者是一个东西。这是因为罗钦顺认为天地人物之性,皆是禀赋于同一气之理,虽说它们各自表现不同,然而都是一理相通的。所以,罗钦顺说:"事物之理与吾心之理一而已矣,不然何谓一以贯之,何谓合内外之道?"(《困知记》续卷下)又说:"天人物我所以通贯为一,只是此理而已,如一线之贯万珠,提起便都在掌握,故尽己之性,便能尽人物之性。"(同上)这就是说,万物之理用不着到万物中去寻求,只要尽自己的性,就能掌握鸟兽、草木、金石乃至天地、万物的性了。这又与朱熹所鼓吹的"心包万理""万理具于一心"在本质上也就没有多大差别了。这是由于罗钦顺的认识论始终结合着他的儒家伦理思想所造成的。

第三节 对陆王心学和佛教的批判

罗钦顺的学术活动时期几乎与王守仁同时,当时王守仁大力宣扬陆象山的主观唯心主义的心学,陆王心学比起程朱理学来简易明了,易为人们接受,在社会上影响很大。罗钦顺的哲学则是在与王守仁思想针锋相对的争辩中发展的。他集中地批判了陆、王的主观唯心主义,同时还对陆、王心学的重要思想来源的佛教主观唯心主义也进行了批判,他的哲学的批判性是比较强的。

罗钦顺首先批判了陆、王主观唯心主义的"心外无物""心外无理"的思想。他说:"若谓其心通者,洞见天地人物皆在吾性量之中,而此心可以范围天地,则是心大而天地小矣,是以天地为有限量矣。"又说:"若谓天地人物之变化,皆吾心之变化,而以发育万物归之吾心,是不知有分之殊矣。……盖发育万物,自是造化之功用,人何与焉!"(《困知记》续卷下)这即是说,如果天地万物就像陆、王所说的那样,都在一个人的心中,那么这不就成了心大而天地反而小了吗?这是不可能的。至于天地人物的变化则是大自然的作用,与人的活动是并不相干的,因此决不能把万物的变化归结为"吾心"的变化。这种强调天地万物的变化是自然界本身的变化的思想是对"心外无物"的主观唯心主义一个有力的批判。既然事物的变化是事物本身所固有的现象,那么事物变化的规律(理)也只能是事物本身所具有的,决不是任何人所能把规律强加给事物的。因此,他批评王守仁说:"今以良知为天理也,乃欲致吾心之良知于事事物物,则是道理全在人安排出,事物无复本然之则矣。"(《答欧阳少司成崇一》)在这里,罗钦顺指出王守仁把事物的理说成是"致吾心之良知于事事物物"的结果,这就犯了把道理看做全是人安排的,事物本身没有规律的错误。

其次,罗钦顺批判了王守仁的良知学说。他指出:"今以良知为天理,即不知天地万物皆有良知否?天之高也,未易骤窥,山河大地,吾未见其有良知也;万物众多,未易遍举,草木金石,吾未见其有良知也。"(《答欧阳少司成崇一》)这就是说,良知并不是天理,山河大地、草木金石是没有良知的。他还指出王守仁实际上是把知觉当作良知,也就是以知觉为性,"若但认取知觉之妙执为天理,则凡草木之无知,金石之至顽,谓之无性可乎!推究到此,明有窒碍,恐不可不深思也"(《答刘贰守焕吾》)。这即是说,如果以知觉为性为天理良知,然而草木金石无知,那么能说这些东西无性无理吗?在这里,罗钦顺是主张性即理,反对以知觉为性为理的。王守仁的良知说宣扬的是天赋道德观念说,但山河大地、草木金石自然是没有这种天赋的道德观的,同时山河大地、草木金石这些自然物也是没有知觉的,罗钦顺指出这点是对的。但他反对以良知为天理,却主张性即理,把道德观念当作人本性所固有的东西,这是受了程、朱思想影响的结果。

陆王心学的一个重要的思想来源就是佛教禅宗的主观唯心论。为了揭示心学的思想来源和思想实质,罗钦顺批评陆王心学实为禅学。他说:"(象山)就灵觉以为至道,谓非禅学而何!……舍灵觉即无以为道矣,谓之禅学,夫复何疑,……殊不知象山阳避其名,而阴用其实也。"(《困知记》卷下)并指出:"象山亦尝言致思,亦尝言格物,亦尝言穷理,未必不以为无背于圣门之训,殊不知言虽是而所指则非。如云,格物致知者,格此物,格此心也;穷此理者,穷此理也;思则得之,得此者也;先立乎其大者,立此者也。固皆本之经传,然以立此者也一语论之,则凡所谓此者,皆指心而言也。"(同上)这即是说,陆象山的学说表面看起来是讲的儒家圣门之学,然而他所讲的格物穷理,实际上与禅宗所宣扬的"但用此心""明心见性"的主观唯心论没有什么差别。

为了批评陆王心学,罗钦顺钻研了佛教哲学。首先他把佛教与自己的儒学加以区别,认为"佛氏之所谓性者觉,吾儒之所谓性者理,得失之际,无待言矣"(《困知记》卷下)。他从性即理的观点出发,认为佛教所讲的性即是知觉,"彼明以知觉为性,始终不知性之为理"(《困知记》续卷上),而所谓知觉又"不出乎见闻知觉而已"(同上)。佛教禅宗确实强调的是心决定一切的心学,认为"心生种种法生,心灭种种法灭";而罗钦顺强调的是事物的性和理。两者确实有着根本不同的。因此,他批评佛教是"有见于心,无见于性"。以此,罗钦顺还批判了佛教禅宗所宣扬的"心生万法""一切皆空"的说法。相传周敦颐曾经问学于僧寿涯,僧寿涯有四句谒说:"有物先天地,无形本寂寥,能为万象主,不逐四时凋。"罗钦顺指出"诗凡二十字,其十七字"似乎与儒家所说"彼此意义无甚异同",然而只是表面相似,其中"物"与"万象"三字其意义是根本不同的。佛家所说的"有物先天地"的"物"是指的"菩提"佛性,而所谓的"万象"则是知觉的幻觉,是"幻而空"的东西。因此,罗钦顺指出,决不能为它的似是而非所迷惑,必须看到它与儒学之间的根本差别。(见《困知记》续卷上)在这里,罗钦顺能透过比较看到佛教主观唯心主义的本质,其思想是比较深刻的。

最后,罗钦顺还对禅宗的顿悟学说加以抨击。他指责这一神秘主义的思想说:"彼禅学者惟以顿悟为主,必欲扫除意见,屏息思虑,将四方八面路关一齐塞住,使其心更无一线可通,牢关固闭,以冀其一旦忽然而有省,终其所见,不过灵觉之光景而已,性命之理实未尝有见也。"(《困知记》续卷下)这即是说,闭目塞听、摒弃一切感觉与思虑,希求其"忽然有省"的所谓顿悟的大觉,其实是一无所知,"终其所见"也不过是自己的灵觉而已,对于真正的事物的道理是毫无帮助的。这是对神秘主义、直觉主义的顿悟说的一个有力的揭露与批判,佛教所宣扬的顿悟说确实就是一种摒绝一切知识的神秘主义。

罗钦顺的反佛教态度,在当时来说,是比较积极的。所以前人在评论他的反佛态度时说:"先生(指罗钦顺)于禅学尤极探讨,发其所以不同之故,自唐以来,排斥佛氏,未有若是之明且悉者。"(《明儒学案·诸儒学案》)这样的评价固然是溢美之词,然而也并不是没有道理的,确实除北宋的张载之外,自唐以来,反对佛教如此激烈、批判又如此深刻的应推罗钦顺了。

第十章
王廷相

王廷相,字子衡,号浚川,生于公元1474年(明宪宗成化十年),死于公元1544年(明世宗嘉靖二十三年),河南仪封人。他做过南京兵部尚书,官至都察院左都御史。王廷相曾经批评当时的社会政治说:"今之时政繁矣,风侈矣,民劳矣,财困矣,生促矣,天下之大灾也"(《慎言·御民》),把"民劳、生促"作为一个严重问题。他在一定程度上看到,国家的繁重赋税与官吏的贪污横暴是引起农民起义的原因。他曾对刘瑾、廖鹏等当权宦官进行斗争,屡被贬职。严嵩作宰相弄权,贿赂公行,他曾上书加以严厉的抨击,要求对政治作一定的改良。王廷相和宦官、官僚集团的斗争,和对当时腐败政治的批评,是当时尖锐的社会矛盾的反映。

王廷相比较注重实际,反对空谈。他对天文学有一定的研究,著有《岁差考》《玄浑考》,对音律学也有研究,著有《律尺考》。他还对于土蜂的生活情况进行过实际观察。自然科学知识是他的思想的源泉之一。

王廷相的著作编为《王氏家藏集》和《内台集》,其中主要哲学著作是《慎言》《雅述》《太极辩》《横渠理气辩》《答何柏斋造化论》等。

第一节 "理在气中"

王廷相继承并发展了张载的气一元论,对于程朱学派的理在气先的学说提出了明确的反驳,对于道学把君臣父子等伦理关系看做永恒的先验的观点,也提出了理论上的质疑。

王廷相断言,气是唯一的实体,天地万物都是气所构成的。他说:"天内外皆气,地中亦气,物虚实皆气,通极上下,造化之实体也。"(《慎言·道体》)又说:"二气感化,群象显设,天地万物所由以生也,非实体乎。"(同上)这是说,有具体形象的实物固然是气,虚若无物的空间也充满了气,气是宇宙中唯一的实体。至于理或道,并不是实体。他批判朱熹的理在气先说:"南宋以来儒者,独以理言太极,而恶涉于气,如曰:未有天地,毕竟是有此理,……如曰:当时元无一物,只有此理,便会动静生阴阳。……嗟呼!支离颠倒,岂其然耶?"他指出,"万理皆出于气,无悬空独立之理"。理是气的理,不能离开气而独立存在。又说:"理,虚而无著者也;动静者,气本之感也;阴阳者,气之名义也。理无机发,何以能动静?理虚无象,阴阳何由从理中出?此论皆窒碍不通,率易无当,可谓过矣!"(以上《太极辩》)这是说,理不是实体,没有实物的机能,怎么能产生阴阳、动静呢?所谓阴阳,是气的名称;所谓动静,是气的感应。王廷相对理本体的批判是明确的。

所谓气指原始物质,所谓理指物质变化运动的规律,王廷相明确肯定理是在气之中的,他提出"理载于气"的命题。他说:"理载于气,非能始气也。世儒谓理能生气,即老氏道生天地矣;谓理可离气而论,是形性不相待而立,即佛氏以山河大地为病而别有所谓真性矣,可乎不可乎?"(《慎言·道体》)意思是说,理是包含于气之中的,而不是气的根源。讲理能生气就是肯定有先于物质世界的绝对实体;讲理可离气而论,就是认为物质现象和它的本质不相依靠,即否定物质世界的实在性而以为别有所谓"真性",这些说法都是不能成立的。

王廷相认为,最根本的气,天地未分的原始状态,叫做元气,元气就是太极,也就是太虚,现在的物质世界是由元气转化而成的。他说:"天地未判,元气混涵,清虚无间,道化之元机也,有虚即有气,虚不离气,气不离虚,无所始无所终之妙也。不可知其所至,故曰太极,不可以为象,故曰太虚,非曰阴阳之外有极有虚也。"(《慎言·道体》)又说:"太极之说始于易有太极之论,推极造化之源,不可名言,故曰太极。求其实,即天地未判之前太始混沌清虚之气是也。"(《太极辩》)这里,王廷相继承了张载"太虚即气"的思想,也肯定太极、太虚都是气的原始状态,并非超越物质世界的绝对观念。而所谓道或所谓理是贯通于有形之气与无形之气之中的,他说:"有形亦是气,无形亦是气,道寓其中矣。有形,生气也;无形,元气也。元气无息,故道亦无息。"(《慎言·道体》)生气即元气所生成的有形之气。王廷相认为,元气是最根本的,没有在元气之上的东西:"天地之先,元气而已矣。元气之上无物,故元气为道之本。"(《雅述》上篇)又说:"愚谓天地未生,只是元气,元气具则造化人物之道理即此而在。故元气之上无物、无道、无理。"(同上)元气,即混沌未分化的原始物质,是最根本的,所谓道、所谓理,即寓于气中。

王廷相强调指出,气是永恒的,永远没有消灭。有些气聚结成物,有些气游散不聚,聚结的与游散的互相结合,表现为物的变化。有形的物有生成、发展、衰落、消灭,但那根本的气却是没有消灭的。"有聚气,有游气,游聚合,物以之而化。化则育,育则大,大则久,久则衰,衰则散,散则无。而游聚之本未尝息焉"(《慎言·道体》)。物有生成与毁灭,而气却是没有生成毁灭的。王廷相更举例说明气不灭的道理。他说:"雨水之始,气化也,得火之炎,复蒸而为气;草木之生,气结也,得火之灼,复化而为烟。以形观之,若有有无之分矣;而气之出入于太虚者初未尝减也。"(同上)意思是说,雨水是气所变成的,水受热又蒸发为气;草木是气所结成的,被火烧又化为烟。从现象来看,似乎有有无之分,而气的本身原未尝减少。在这里,他提出气"未尝减"的学说,即是认为物质总量是永恒不变的,这是关于物质不灭的明确的命题。

王廷相认为,气是永恒不灭的,但经常在变化之中;理在气中,气有变化,理也不能不变。气的不同形态即表现不同的理。程朱学派强调理永恒不变,对于这种观点,王廷相给予了坚决的批判。他说:"元气即道体,有虚即有气,有气即有道,气有变化,是道有变化。气即道,道即气,不得以离合论者。或谓气有变,道一而不变,是道自道,气自气,歧然二物,非一贯之妙也。"(《雅述》上篇)这是说,理在气中,如说气变而理不变,就割断理与气的联系了。他又指出,理并不是永恒的,而是有历史性的,不同的时期即有不同的理。他说:"儒者曰:天地间万形皆有敝,惟理独不朽。此殆类痴言也。理无形质,安得而朽?以其情实论之,揖让之后为放伐,放伐之后为篡夺,井田坏而阡陌成,封建罢而郡县设,行于前者不能行于后,宜于古者不能宜于今,理因时致宜,逝者皆刍狗矣,不亦朽敝乎哉!"(《雅述》下篇)理是没有形质的,无所谓朽或不朽,但在人类历史上,不同的时期有不同的情况,即表现不同的理,古代的理到了后世就不起作用了。理不是永恒不变的。汉代董仲舒提出"天不变道亦不变"的观点,程朱学派大加发挥,王廷相,则给以有力反驳。王廷相提出"道有变化",理"因时致宜"的命题,这是他的一项理论贡献。

程朱强调"万物一理",王廷相也对此进行了分析,他指出,不能专讲理一,也应当讲理万。他说:"天地之间,一气生生,而常而变,万有不齐,故气一则理一,气万则理万。世儒专言理一而遗理万,偏矣。天有天之理,地有地之理,人有人之理,物有物之理,幽有幽之理,明有明之理,各各差别。"(《雅述》上篇)各类事物有各类不同的理,所以有统一的理,也有分殊的理,仅仅笼统地专讲理一,那是片面的。

道学强调理的永恒不变,其所谓理的内容主要是封建的伦理关系如父子君臣之理,道学就是把封建的伦理关系永恒化、绝对化,以作为世界的根源、万物的依据。王廷相对于这种观点也提出了批判。他指出,所谓父子君臣,所谓名教,是有人而后才有的,是在后的,不是在先的。他说:"有太虚之气而后有天地,有天地而后有气化,有气化而后有牝牡,有牝牡而后有夫妇,有夫妇而后有父子,有父子而后有君臣,有君臣而后名教立焉。是故太虚者,性之本始也;

天地者,性之先物也;夫妇父子君臣,性之后物也。"(《慎言·道体》)这是说,在自然演化过程中,出现了动物,动物有牝牡的区别;在动物中有人类,人类有夫妇关系,然后有父子关系,然后有君臣关系。天地是先于人的,是人发生的先在基础;而夫妇父子君臣等关系是后于人的,是有人以后才有的。王廷相否定了父子君臣是永恒的天理,这是有一定历史意义的。

王廷相肯定"气有变化",他继承张载,也以"性""机""神"来说明变化的根源。他说:"阴阳也者,气之体也;阖辟动静者,性之能也;屈伸相感者,机之由也;缊缊而化者,神之妙也。"(《慎言·道体》)性指变化本性,机指变化的内在动力,神指变化的复杂难测。阴阳是气的两部分,阴阳有动有静,这是变化本性的作用;阴阳此屈彼伸,相互推荡,这是万物变化的内在动力;阴阳密切结合,所以变化微妙难测。他又提出所谓元神的观念,即元气中所包含的微妙的变化作用。他说:"元气之上无物,有元气即有元神,有元神即能运行而为阴阳,有阴阳则天地万物之性理备矣,非元气之外又有物以主宰之也。"(《答薛君采论性书》)元神是气所固有的内在的变化根源。

王廷相还讨论了精神与物质的关系问题,即形神问题,他断言,精神是以物质为基础的,不能离开物体而独立存在。"神者形气之妙用。……夫神必借形气而有者,无形气则神灭矣"(《内台集·答何柏斋造化论》)。精神只是物体所具有的作用,并不是另外一种实体。形神之神与阴阳变化的神不是一回事,但形神之神也只是一种作用。

王廷相着重批判了心学的以心为天说,他说:"若曰天乃天,吾心亦天;神乃神,吾心亦神,以之取喻可矣,即以人为天为神,则小大非伦,灵明各异,征诸实理,恐终不相类矣。"(《雅述》上篇)心学以心为天,实则天大人小,天的神化妙用与人的心灵精神是大有区别的。

先秦时代的五行学说以五行为世界的基本元素。但到后来,五行观念被牵强附会地解释万事万物,于是五行竟和迷信结合起来。王廷相对于五行说进行了分析,他认为上古时代讲五行是从"民用"的观点来讲的,"谓此五者流行于天地之中,切于民用,不可一日而缺;治天下国家,其政所宜先者"(《五行辩》)。如修水利是水政,按季节钻木取火是火政,划分田亩是土政,冶金是金政,按季节伐木是木政。但如把五行看做一切自然现象和社会现象的根源就不对了。有人"以五行分配十二支于四时",有人"以五行配五脏六腑",有人"以五行名星纬",有人"以五行论造化生人物",这都是"假合傅会,迷乱至道",都是"怪诞之谈",都是错误的。他指出,水火土三者可以说比较根本,至于金木乃是后来发生的,不能认作万物根本。他说:"且夫天地之初,惟有阴阳二气而已,阳则化火,阴则化水,水之渣滓便结成地,渣滓成地即土也,金木乃土中所生。"(同上)金木是不能和水火土相配的。王廷相对于五行说的分析是相当精细的。王廷相还对于鬼神、风水等迷信进行了批判,坚决反对天人感应。

王廷相肯定"气有变化"、"道有变化",但又认为一切物种在太始以来就已存在。他说:"天地之间,无非气之所为者,其性其种,已各具于太始之先矣。金有金之种,木有木之种,人有人之种,物有物之种,各为完具,不相假借。"(《五行辩》)从太始远古以来,就有现在这样的万物。他又说:"万物巨细柔刚,各异其材;声色臭味,各殊其性。阅千古而不变者,气种之有定也。人不肖其父则肖其母;数世之后,必有与祖同其体貌者,气种之复其本也。"(《慎言·道体》)在这里,他观察到生物遗传过程中隔代间接遗传的现象,但他以此证明"气种有定",这就陷于偏谬了。

王廷相富于批判精神,他的"理载于气"的学说正确地说明物质与规律的关系。他坚决反对"理先于气"的学说,有时讲"理生于气",他说:"气,游于虚者也;理,生于气者也。气虽有散,仍在两间,不能灭也,故曰万物不能不散为太虚,理根于气,不能独存也,故曰神与性皆气所固有。"(《横渠理气辩》)这里强调理不能独存,是正确的;但讲"理生于气"就不够确切了。

第二节　对于先验认识论的批判

王廷相的批判精神,在认识论方面,有突出的表现。

他认为,"心者栖神之舍;神者知识之本;思者神识之妙用也。自圣人以下,必待此而后知。故神者,在内之灵;见闻者,在外之资。物理不见不闻,虽圣哲亦不能索而知之。使婴儿孩提之时,即闭之幽室,不接物焉,长而出之,则日用之物不能辨矣,而况天地之高远,鬼神之幽冥,天下古今事变,杳无端倪,可得而知之乎?"(《雅述》上篇)人心有精神活动,这精神活动具有思维的作用,这是认识的必要条件,但必须凭借感官的经验,才能有所认识。如果把一个婴儿从小关闭起来,不接触外界事物,长大出来,就连日常的东西也不能辨识,何况广大的自然界,何况久远复杂的历史?精神能思维,这是认识的必要条件之一,但必须依靠感官的见闻。如不见不闻,只有心神,也无从得到知识。王廷相又说:"婴儿在胞中自能饮食,出胞时便能视听,此天性之知,神化之不容已者。自余因习而知,因悟而知,因过而知,因疑而知,皆人道之知也。父母兄弟之爱,亦积习稔熟然耳。何以故?使父母生之,孩提而乞诸他人养之,长而惟知所养者为亲耳,涂而遇诸父母,视之则常人焉耳,可以侮,可以詈也。此可谓天性之知乎?由父子之亲观之,则诸凡万物万事之知,皆因习因悟因过因疑而然,人也,非天也。"(《雅述》上篇)婴儿生来就会饮食,目能视,耳能听,这是天生的,可以叫"天性之知",此外就没有天生的认识了。父母兄弟的亲爱,也是由于习惯,由于久久在一起生活,特别熟习罢了。假如一个小孩,从小寄养在别人家,长大了就会认为养他的人是亲人;路上遇到本生父母,也决不会认识,甚至会加以欺侮,加以咒骂的。所以不能把父母之亲看做天性之知。由此看来,诸凡关于万事万物的知识,都是由于习惯,由于省悟,由于过失,由于怀疑而得到的,都是出于经验,都不是天生的。这也就是说,如果说有天性之知,只有饮食视听可以说是天性之知,此外都是后天的认识。王廷相这样讲天性之知,其实是否认天性之知。但他不敢否定圣人生知的传统观念,他说:"而不知圣人虽生知,惟性善近道二者而已,其因习、因悟、因过、因疑之知,与人大同。"(同上)他把圣人生知仅仅限于道德意识方面。

王廷相粗略地看到感性认识和理性认识的区别及其联系,认为一切知识必须凭借见闻和思虑,而所谓知识就是见闻与思虑的结合。他说:"夫神性虽灵,必借见闻思虑而知;积知之久,以类贯通,而上天下地,入于至细至精而无不达矣,虽至圣莫不由此。"(《雅述》上篇)又说:"夫圣贤之所以为知者,不过思与见闻之会而已。"(同上)一切知识都来自见闻与思虑,没有超经验超思维的知识。于是王廷相批判所谓"德性之知"说:"世之儒者乃曰思虑见闻为有知,不足为知之至,别出德性之知为无知,以为大知。嗟呼!其禅乎!不思甚矣!殊不知思与见闻必由吾心之神,此内外相须之自然也。德性之知,其不为幽闭之孩提者几希矣!禅学之惑人每如此。"(同上)这里王廷相批评了张载以来德性之知与见闻之知的区分,认为这是禅宗的影响使然。

王廷相特别强调认识必须凭借感性经验,他说:"夫心固虚灵,而应者必借视听聪明,会于人事而后灵能长焉。赤子生而幽闭之,不接习于人间,壮而出之,不辨牛马矣;而况君臣、父子、夫妇、长幼、朋友之节度乎?而况万事万物,几微变化不可以常理执乎?"(《石龙书院学辩》)伦理道德的认识不是先天的,事物变化的认识也不是先天的,必须凭借经验。同时,王廷相又指出,仅仅有感性经验是不够的,不能局限于耳目闻见。他说:"耳目之闻见,善用之足以广其心,不善用之适以狭其心。"(《慎言·见闻》)于是,他强调"思之自得",强调"习之纯熟",他说:"广识未必皆当,而思之自得者真;泛讲未必吻合,而习之纯熟者妙。是故君子之学,博于外而尤贵精于内;付诸理而尤贵达于事。"(《慎言·潜心》)这是说,不但凭借感官经验,要用思维加以分析;而仅仅分析道理也还不够,必须把道理运用于事情上,才能得到正确的认识。

因此,王廷相特别强调行的重要,他说:"学之术有二,曰致知,曰履事,兼之者上也。"又说:"虽然,精于仁义之术,优入尧舜之域,必知行兼举者能之矣。"(《慎言·小宗》)所谓知就是致知,即求知活动。所谓行就是履事,就是实际做事,其中包括日常生活、道德行为、政治活动等。王廷相强调实际活动在认识中的作用,这在古代哲学的认识论中是有重要意义的。

王廷相更以"操舟"为比喻来讲实际经验的重要性,他说:"世有闭户而学操舟之术者,何以舵,何以招,何以櫓,何以帆,何以引筝,乃罔不讲而预也。及夫出而试诸山溪之滥,大者风水夺其能,次者滩濑汨其智,其不能缘而败者几希!何也?风水之险,必熟其机者然后能审而应之;虚讲而臆度不足以擅其功矣。夫山溪且尔,而况江河之澎汹,洋海之渺茫乎?彼徒泛讲而无实历者,何以异此?"(《石龙书院学辩》)有人关起门来学划船技术,怎样掌舵,怎样摇桨,怎样用櫓,怎样张帆,怎样挂竹索,件件都讲究到了,出来到山泉小溪中试验,遇到风大水急,就无法应付了,遇到险滩漩涡则头脑便昏乱了,由此可知,大风急水的危险,必须熟练的人才能审慎地应付,空讲虚论,是不能得到功效的。山泉小溪尚且如此,而况长江大河的澎湃汹涌,远洋大海的渺无边际呢?空谈讲论而没有实历的,最终亦必归于失败。他强调了"实历",即实际经历,也就是实际活动的经验。

王廷相批判程朱陆王两派的弊病道:"但近世学者之弊有二:一则徒为泛然讲说,一则务为虚静以守其心,皆不于实践处用功,人事上体验。往往遇事之来,泛讲论者多失时措之宜,盖事变无穷,讲论不能尽故也;徒守心者茫无作用之妙,盖虚寂寡实,事机不能熟故也。晚宋以来,徒为讲说;近日学者,崇好虚静,皆于道有害。"(《与薛君采二》)"徒讲说者"指程朱学派,"徒守心者"指陆王学派,两派都脱离实际,遇到问题都是不能解决的。

王廷相的认识论和他的自然观一样,富有批判精神,在反对道学的斗争中达到了比较高的成就,把认识论提高到了新的水平。

第三节 人性问题与历史进化观点

在人性论方面,王廷相反对天命之性和气质之性的区分,他说:"人有二性,此宋儒之大惑也。……余以为人物之性,无非气质所为者;离气言性,则性无处所,与虚同归;离性言气,则气非生动,与死同途。是性与气相资而有,不得相离者也。"(《答薛君采论性书》)这是说,性就是气质之性,在气质之性以外的"天命之性"是不存在的。朱熹曾说:"人之有生,性与气合而已。"王廷相反驳道:"人具形气而后性出焉,今曰性与气合,是性别是一物,不从气出,人有生之后,各相来附合耳,此理然乎?人有生气则性存,无生气则性灭矣。"(《雅述》上篇)人性是以身体为依据的,有生以后才有所谓性,未生以前哪里有性可说？程朱学派所讲超乎形气的性是根本没有的。

王廷相主张人性有善有恶，他反对传统的性善说，他说："自世之人观之，善者常一二，不善者常千百；行事合道者常一二，不合道者常千百。……故谓人心皆善者，非圣人大观真实之论，而宋儒极力论赞以号召乎天下，惑矣！"（《雅述》上篇）他这里把多数人都看做"不善"的。他又认为，所谓善或不善，在于气质的不同。他说："性之善者莫有过于圣人，而其性亦惟具于气质之中。但其气之所禀，清明淳粹，与众人异，故其性之所成，纯善而无恶耳，又何有所超出也哉？圣人之性既不离乎气质，众人可知矣。气有清浊粹驳，则性安得无善恶之杂？"（《答薛君采论性书》）这是说，气质清明淳粹的就性善，昏浊杂驳的就善恶混杂。他反对程朱学派的人性论，但仍然承认有气禀清明淳粹的圣人。

在历史观方面，王廷相也提出了一些有价值的见解。他肯定历史是发展的，他说：太古洪荒时代，人和禽兽差不多。尧舜的时期，男女已经有分别了，而婚姻制度还很简单。商朝五世以外的亲属可以结婚，周朝的婚姻，妹陪姊嫁，从现在看来，那违反礼制太甚了，而当时的圣人不以为非，不过是遵守当时的制度罢了。所以，男女婚制，古代是简单的，到现在就细密了，礼制是根据道德的原则逐渐完善起来的。王廷相从婚姻制度来论证历史的发展。他又讲政治也随时变化，他说："道无定在，故圣人因时。尧舜以禅授，汤武以征伐，太甲成王以继序。道无穷尽，故圣人有不能。尧舜之事，有羲轩未能行者，三代之事，有尧舜未能行者。"（《慎言·作圣》）尧舜是禅让，商汤周武是征伐，太甲成王是继承。尧舜与伏羲、黄帝不同，三代又与尧舜不同。王廷相肯定了历史的演化。

王廷相从历史演化的观点反对复古泥古，主张随时改革，因时制宜，他说："法久必弊，弊必变，变所以救弊也。"（《慎言·御民》）但他只承认逐渐的变化，不主张骤变，他说："变有要乎？曰渐，春不见其生而日长，秋不见其杀而日枯，渐之义也，至矣哉。"（同上）所谓渐就是一点一滴的改良。他认为历史就是这样一点一滴地演进的。

王廷相反对历史退化论，这在当时是有进步意义的。但在什么人创造历史的问题上，他仍然继承了传统的史观，他说："仁义礼乐，维世之纲；风教君师，作人之本。君师植风教者也，风教达礼乐者也；礼乐敷仁义者也。"（同上）这是认为风俗教化是支配历史的力量，而君主与伟大学者是培植风俗教化的。他把"仁义礼乐"看做维持社会的主要纲纪。他又说："愚谬安足成乱，故乱天下者，才智之雄也。"（同上）这是说，破坏社会秩序的也是"才智之雄"，只有伟大人物才能有重要的作用。这样，王廷相的历史观仍然是英雄史观。

第十一章
王艮与泰州学派

王艮,字汝止,号心斋,生于公元1483年(明宪宗成化十九年),卒于公元1540年(明世宗嘉靖十九年),泰州安丰场人。他出身于盐场苦役家庭,自己当过商贩,由于经商"措置得宜","自是家道日裕"。王艮自小喜读儒家经书,多能"发明自得,不泥传注",中年受学于王阳明,接受和发挥王阳明的良知之学。王艮一生在下层人民中从事讲学,广为宣传阳明学说。他的著作有《王心斋先生全集》。

第一节 王艮的格物说和良知说

王艮虽说出身低微,生活于民间,然而他所宣扬的思想却完全是为统治阶级着想的。当时有人曾经推举他出来做官,王艮婉转地辞绝了这一推举,并表白说:"使仆父子安乐于治下,仍与二、三子讲明此学,所谓师道立,则善人多,善人多则朝廷正而天下治矣。岂曰小补云乎哉?"他认为自己在民间讲学对于朝廷是有极大的补益的。因此,他一心想当帝王师与万世师,一方面为封建帝王的统治提供思想理论,另一方面又为老百姓的安生乐命进行教化。他还曾想直接为当时的最高统治者献策,他在写给他朋友的一封信中说:"今闻主上有纯孝之心,斯有纯孝之行。何不陈一言为尽孝道而安天下之心,……钦惟我太祖高皇帝教民榜文,以孝弟为先,诚万世之至训也。"又说:"事父孝,故忠可移于君。"(《与南都诸友》)这即是要求最高的封建统治者倡导孝道来维护自己的统治。

王艮思想的核心是:"安身者,立天下之大本。"这是对《大学》中所讲的"正心、诚意、修身、齐家、治国、平天下"思想的发挥。王艮认为,统治者要治国平天下首先就在于要修身正己,只有己正了才能正物。他论证这一思想说:"吾身犹矩,天下国家犹方。天下国家不方,还是吾身不方"(《语录》),因此必须先安身才能安天下国家。然而又怎样才是安身正己呢? 王艮说:"止至善者,安身也。"(《答问补遗》)又说:"治天下有本,身之谓也。本必端,端本诚其心而已矣。"(《复初说》)所谓"止至善",所谓"端本诚心",都是要统治者讲求伦理道德修养。所以王艮在回答弟子问"止至善之旨"时,说:"明明德以立体,亲民以达用,体用一致,阳明先生辩之悉矣。"(《答问补遗》)明德亲民正是宋明道学家们所一贯倡导的。王艮还进一步解释《大学》说:大学止字即是止仁、止敬、止慈、止孝、止信;所谓据于德,即是"据仁义礼智信五者心之德"。所有这些都充分说明了他所讲的"安身立本"的实质,就是要统治者带头来提倡封建道德,以维护封建统治的秩序。在这点上,王艮自己也是讲得很清楚的,他说:"知君臣上下名分秩然,而天下之治诚如示掌之易矣。"(《语录》)

王艮的哲学思想就是为他这一套政治主张提供理论根据的。

王艮在接受王守仁思想之前,已自有一套"格物说"。一般称王艮的"格物说"为淮南格物说。淮南格物说与王守仁的思想比较接近,但也有与王守仁思想不同之处。王艮在解释自己的格物理论时说:"格,如格式之格。即絜矩之谓。吾身是个矩,天下国家是个方。絜矩则知方之不正,由矩之不正也;是以只去正矩,却不在方上求。矩正则方正矣,方正则成格矣。"(《答问补遗》)这即是说,"格"就是量度事物的意思,或者是使事物成为一定格式的意思。量方就要用矩,只有先使得矩正,才能量得方正。而王艮认为吾身即为矩,天下国家是方,所以只有吾身正才能使得天下国家正。因此"絜度,格字之义"即"修身立本也,立本安身也"(同上)。那么"格物"的"物"又应怎样解释呢?王艮说:"格物之物即物有本末之物"(《语录》),"身与天下国家一物也,惟一物而有本末之谓","身也者,天地万物之本也;天地万物,末也。"(《答问补遗》)他认为,只有本立才能末治,所以又说:"安身者,立天下之大本也。"(同上)而安身正己的具体内容则在于反求诸己,"止至善"。他说:"行有不得者,皆反求诸己,反己是格物底工夫。其身正而天下归之,正己而物正也。"又说:"知修身是天下国家之本,则以天地万物依于己,不以己依于天地万物。""格物却正是止至善。"(《语录》)由此可见,王艮的格物说完全是为其"安身立本""正己修身治国平天下"的政治主张作理论论证的。

自王艮接受了王守仁的"良知"说后,他又把他的"格物说"与"良知说"结合起来,提出了一种"复初说"。依王艮看来格物即是止至善,而何谓至善呢?"至善即性善。"(《答问补遗》)因此,格物也就是反求自己的本性,致良知而已。王艮在《复初说》中讲:"治天下有本,身之谓也。本必端。端本,诚其心而已矣。诚心,复其不善之动而已矣。……知不善之动者,良知也。知不善之动而复之,乃所谓致良知以复其初也。"在这里,讲的很清楚,人性是本善的,格物止至善就是要复其人性本善之初。然而为什么又有恶的念头产生呢?

他认为,这是由于"今人只为自幼便将功利诱坏心术,所以夹带病根,终身无出头处"(《语录》)。因此诚心就在于"复(灭)其不善之动"。什么叫良知?良知就是"知不善之动者也"。致良知则是"知不善之动而复之",以恢复其本善之初。他认为,达到了这点的就可叫做"圣",圣凡之别就在于能不能不为功利物欲所蔽,能不能正心复初而已。

正由于"知不善之动者"为良知,良知本身是至善的,出于本性的,因此致良知即是复其本善之初,所以王艮又提出"良知即性"的思想。依他看来性即是道,即是天理,所以王艮又说:"道也者,性也,天德良知也,不可须臾离也。"(《答刘鹿泉》)因此,良知也就是天理,"惟其不虑而知,不学而能,所以为天然自有之理;惟其天然自有之理,所以不虑而知,不学而能。"(《天理良知说答甘泉书院诸友》)既然天理是天然自有之理,所以它"不借安排",不用人为造就,天理良知人人皆有,自然流行,它表现出来就在日常生活之中,"百姓日用之条理处,即是圣人之条理处",只是"圣人知而不失,百姓不知即会失"(《语录》)。既然良知是出自天理,所以良知就能不加任何的思索自然地知道自己对事物是知还是不知。因此,王艮说:"知之为知之,不知为不知,是良知也。"(《天理良知说答甘泉书院诸友》)

王艮所谓的良知天理的主要内容无非是仁义礼智这些封建道德的观念。把良知当作自生的、不学不虑的、先天所具有的知识,这种观点完全是一种天赋道德观念说,是对王守仁的致良知说的继承和发挥。

王艮还提出明哲保身是良知良能的思想。他说:"明哲者,良知也。明哲保身者,良知良能也。"(《明哲保身论》)这一思想也是从他"安身立本"的思想出发的,既然安身为齐家治国平天下之本,那么也只有保身才能保家、保国、保天下。这也就是他说的:"吾身保,然后能保一家矣""吾身保,然后能保一国矣""吾身保,然后能保天下矣。"因此,王艮又说:"吾身不能保,又何以保君父哉!"(同上)至于如何保身呢? 王艮认为:"知保身者,则必爱身如宝,能爱身则不敢不爱人,能爱人则人必爱我,人爱我则吾身保矣;能爱人则不敢恶人,不恶人则人不恶我,人不恶我则吾身保矣;能爱身者则必敬身如宝,能敬身则不敢不敬人,能敬人则人必敬我,人敬我则吾身保矣;能敬身则不敢慢人,不慢人则人不慢我,人不慢我则吾身保矣。此仁也,万物一体之道也。"(同上)这就是说,要保住自己的身就必须要爱人、敬人、不恶人、不慢人,只有这样才能保住自己。在提倡"安身"的同时,王艮还提倡"安心",他说:"安其身而安其心者,上也;不安其身而安其心者次之;不安其身而又不安其心,斯为下矣。"(《语录》)所谓"安身"是保住自己,所谓"安心"是要人们安于自身的现状。这里从字面上看,他是把"安身"放在第一位的,然而实际上只有"安心"才能

"安身","安心"比"安身"更为根本。这样的思想反映了一部分知识分子在坎坷的仕途中,经常害怕在官僚互相倾轧中遭到贬逐、失意,甚至革职丧生的思想情绪,也反映了平民小生产者保护自我和珍生爱身的伦理观念。

第二节 泰州学派的发展

王艮终生讲学,门徒甚多,当时以王艮的思想为中心形成了一个泰州学派。王艮则是这一学派的创始人。泰州学派除王艮之外,主要的代表人物尚有王襞、王栋、徐樾等人。泰州学派的一大特点是,由于他们经常在民间讲学,所以有一批本人就是劳动者的信仰者,如樵夫朱恕、陶匠韩贞、田夫夏廷美等,从而使得这一学派能在民间得到传播,起到了统治阶级本身所起不到的作用。这里简单介绍一下泰州学派的几个主要代表人物王襞、王栋、韩贞的思想。

王襞,字宗顺,号东崖,生于公元1511年(明武宗正德六年),死于公元1587年(明神宗万历十五年),是王艮的次子。王襞继承父业,终生不仕,从事讲学活动,扩大王艮思想的影响。他的哲学思想主要是宣扬王艮的良知说,他说:"性之灵明曰良知,良知自能应感,自能约心思而酬酢万变,知之为知之,不知为不知,一毫不劳勉强扭捏,而用智者自多事也。"(《语录遗略》)他认为:"学者,自学而已,吾性分之外,无容学者也。万物皆备于我,而仁义礼智之性果有外乎?率性而自知自能,天下之能事毕矣。"因此,他反对一切人为的造作,反对任何向外求的学问,而主张良知的"自然流行"。他说:"舜之事亲,孔之曲当,一皆出于自心之妙用耳;与饥来吃饭倦来眠同一妙用也。人无二心,故无二妙用,得此岂容一毫人力与于其间。以其不及舜、孔之妙用者,特心不空而存见以障之耳;故有滞之心,乌足以窥圣人圆神之妙。"(《率性修道论》)在他看来,良知的妙用是否能发挥,就在于心中存不存成见,如果心能做到空而一无所见,那妙用就能自然流露,否则良知就为"存见所障"。所以王襞反对一切人力安排,而主张"以不犯手为妙",所谓"省力处便是得力处"。很显然,这是把王艮的"不借安排"说推到了极点,其实质仍然是在宣扬事亲事君的一套封建道德观念,与"饥来吃饭,倦来眠"一样,为人性所固有。

王栋,字隆吉,号一庵,为王艮的族弟。曾任南城训导、南丰教喻、山东深州学正等职,所到之处,以讲学为事。他宣扬的主要是王艮的格物说。王栋认为"先师(王艮)之学主于格物",并且认为"孔门传授无非此学"(《会语正集》)。他解释格物说:"格物是止至善工夫",又说:"格物原是致知工夫,作两件拆开不得。……先师(王艮)说物有本末,言吾身是本,天下国家为末,可见平居未与物接,只自安正其身,便是格其物之本;格其物之本,便即是未应时之良知。至于事至物来,推吾身之矩而顺事恕施,便是格其物之末;格其物之末,便即是既应时之良知。致知格物可分拆乎?"(《明儒学案》卷三十二)这是说,格物与致知本就是一个工夫,格物之本即是安身正己,恢复自己原初的良知;格物之末即是用自己的良知来度量天下国家;所以说格物原是致知工夫,两者是分拆不开的。这种对格物致知的解释,完全是对王艮的格物说和良知说的进一步发挥,把格物与良知的关系从理论上更紧密地联系在一起。

王栋发挥王艮学说,还表现在他对王艮的乐学说的阐发上。王艮写了一首《乐学歌》,歌中唱道:"人心本自乐,自将私欲缚;私欲一萌时,良知还自觉,一觉便消除,人心依旧乐。乐是乐此学,学是学此乐;不乐不是学,不学不是乐,⋯⋯"这即是说,人心本乐,只为私欲所障而不能自乐,所以要人们学乐,克去私欲,恢复天真之乐。这就是要人们消除自己的一切欲望,自我陶醉于自己的本心之乐。王栋进一步发挥了王艮的这一思想,他说:"孔门教弟子不啻千言万语,而记《论语》者首曰:'学而时习之,不亦悦乎!'是夫子教人第一义也。盖人之心体本自悦乐,本自无愠;惟不学则或憧憧而虑,营营而求,忽忽而恐,戚戚而忧,而其悦乐不愠之体,遂埋没矣。故时时学习,则时时复其本性,而亦时时喜悦。"(《会语正集》)这是说,人心之体本自悦乐,只是因为不学而不能复其本体,悦乐之体也就埋没了,所以"一时不习则一时不悦,一时不悦则便是一时不习,可见圣门学习,只是此悦而已"(同上)。他最后的结论是:"学不离乐"为"孔门第一宗旨。"把学乐问题提高到如此重要地步上来加以崇扬,是泰州学派的一大特点。

陶匠韩贞,字以中,号乐吾,生于公元 1509 年(明武宗正德四年),死于公元 1585 年(明神宗万历十三年),江苏兴化人。韩贞家庭贫困,原有茅屋三间,后以茅屋抵偿,"遂处窑中","以陶瓦为业"。然而韩贞深受王艮学说的影响,"慕朱樵(指受业于王艮的樵夫朱恕)而从之学,后乃卒业于东崖(王襞)。"他的思想保存在《韩乐吾集》中。韩贞一生"以化俗为任",常趁秋后农隙时节,在乡村聚众谈学,以歌咏演唱的形式宣传王艮的思想,鼓吹老百姓应当安贫乐道、乐天安命的说教。他宣扬说:"世路多歧未许游,得休休处且休休。"(《与东村》)"人生安分且逍遥,莫向明时叹不遭。"(《与葛槐泉》)"偷个闲时取个欢,莫将愁事锁眉端。"(《勉盛子忠》)等等,教人得过且过,自寻欢乐,不要对不合理的社会有半点不满的情绪产生。这些思想自然对统治阶级是十分有利的,从而韩贞受到了当地封建统治者的嘉奖,"遗米二石,金一镪";而他对封建统治者的报答是:"侬婆人,无能补于左右,第凡与侬居者,幸无讼牒烦公府,此侬之所以报明府也。"(见《明儒学案·泰州学案》)他虽说出身于劳动人民,本人是陶匠,而他所宣扬的思想完全是统治阶级的思想。

第十二章
李贽

李贽,原名载贽,号卓吾,又号温陵居士,生于公元1527年(明世宗嘉靖六年),死于公元1602年(明神宗万历三十年),福建泉州人。他的祖先曾航海经商,父亲靠教书为生。他做过二十年小官,晚年专门写书讲学,对当时的道学家多有揭露,对封建礼教也有所批判,因而遭到统治者的迫害,最后自杀于狱中。

明代后期,政治腐败的情况越来越严重。上层统治集团极端昏庸腐朽,只知荒淫玩乐,完全不以国计民生为意。宦官把持朝政,一般官吏贪污成风,贿赂公行。贵族豪强、官僚地主阶级,对于广大农民、商人、手工业者进行残酷的压迫和剥削,人民陷在水深火热的悲惨情况之中。

明代后期,商品经济和手工业都有空前的发展,在东南江浙一带出现了资本主义生产关系的萌芽。据《明实录》记载,万历年间,苏州纺织业最为发达,其情况是"机户出资,机工出力"。当时苏州的织工有几千人之多,都是靠出卖劳力来维持生活,都是"浮食奇民,朝不谋夕,得业则生,失业则死"。当时城市手工业者与小商人,称为"市民",逐渐形成为一种力量。

在这样的形势下,出现了李贽的在一定程度上反对封建礼教的进步思想。他的著作很多,最重要的有《焚书》《续焚书》《藏书》《续藏书》等。

第一节 对封建礼教的批判

李贽在一定程度上揭露了封建礼教的危害性。他指出,贪暴的君主固然是扰民的,而所谓仁者也是害民的。所谓"德礼刑政"都是束缚人民的工具而已。德礼(即道德与礼教)是钳制人民思想的,政刑(即政治与法律)是束缚人民手足的,都扰害人民而使人民不得其所,乃是社会动乱和人民痛苦的根源。他又说:"有条教之繁,有刑法之施,而民日以多事矣。"(《焚书·论政篇》)刑法和条教,都是扰害人民的。李贽这些言论都是对于封建专制主义的所谓德治礼教的抗议。

封建礼教还强调夫权和重男轻女的思想,以为男子才智高于女子,男子可以娶妾,女子不准再嫁。李贽特别批判了男女不平等的偏见,同情寡妇再嫁。他肯定男女在才智上是平等的。他说:"谓人有男女则可,谓见有男女岂可乎?谓见有长短则可,谓男子之见尽长,女人之见尽短,又岂可乎?"(《焚书·答以女人学道为见短书》)一般认为男子的见解高明,女子的见解低下,这是不对的,女子也可能有高明的见解,对于这种女子,"恐当界男子视之,皆当羞愧流汗不敢出声"了。李贽更赞美卓文君自己作主和司马相如结婚的行为,他认为卓文君不向父母请示,自己决定再嫁,是很对的,如果向父母请示,一定不能通过,"斗筲小人,何足计事!徒失嘉偶,空负良缘,不如早自决择,忍小耻而就大计。"(《藏书·司马相如传》)主张婚姻自主,在当时是大胆的新思想。

李贽还深刻揭露了维护封建礼教的假道学的虚伪。当时,有一个陆王学派的道学家耿定向,以卫道者自居,反对李贽。李贽描述耿定向的言行说:"试观公之行事,殊无甚异于人者,人尽如此,我亦如此,公亦如此,自朝至暮,自有知识以至今日,均之耕田而求食,买地而求种,架屋而求安,读书而求科第,居官而求尊显,博求风水以求福荫子孙,种种日用,皆为自己身家计虑,无一厘为人谋者。及乎开口谈学,便说尔为自己,我为他人;尔为自利,我欲利他。……以此而观,所讲者未必公之所行,所行者又公之所不讲,其与言顾行,行顾言何异乎?"(《焚书·答耿司寇》)这是说,耿定向实际上也只是求食求安,读书作官,专门为自己打算,讲学时却说为别人,这是言不顾行,行不顾言。李贽认为伪君子们"反不如市井小夫,身履是事,口便说是事,作生意者但说生意,力田作者但说力田,凿凿有味,真有德之言,令人听之忘厌倦矣"(同上)。李贽还尖锐地指出:假道学家们"口谈道德而心存高官,志在巨富;既已得高官巨富矣,仍讲道德说仁义自若也"(《焚书·又与焦弱侯》)。无情地揭露了当时假道学的虚伪与欺骗。

李贽还强调了物质生活的重要,他认为所谓"人伦物理",即人与人的关系及规则,就在"穿衣吃饭"的物质生活中,世界上种种事物,都是衣与饭一类的东西。他说:"穿衣吃饭即是人伦物理,除却穿衣吃饭,无伦物矣。世间种种,皆衣与饭类耳。故举衣与饭,而世间种种自然在其中;非衣饭之外,更有所谓种种绝与百姓不相同者也。"(《焚书·答邓石阳》)李贽肯定物质生活的重要,而且认为升官发财追求富贵,也是自然的,应该任其发展。他说:"富贵利达,所以厚吾天生之五官,其势然也。是故圣人顺之,顺之则安之矣。"(《焚书·答耿中丞》)他甚至肯定了贪欲和权势欲,认为都应该予以满足。"是故贪财者与之以禄,趋势者与之以爵,强有力者与之以权"(同上)。除了满足这些要求以外,对于有道德的人,要给他一个空名义,让人民瞻仰;对于才能高的人,给以重要职位,让他们随意用钱。他认为,这样就是"各从所好,各骋所长,无一人之不中用"。他的理想社会就是一种自由竞争强者得势的社会。

李贽甚至公开宣称"自私"是人的天性,他说:"夫私者,人之心也,人必有私,而后其心乃见;若无私则无心矣。"(《藏书·德业儒臣后论》)这就是说,人的主观意识的内容,就是自私自利。他举例说:"如服田者利有秋之获,而后治田必力;居家者利积仓之获,而后治家必力;为学者利进取之获,而后举业之治也必力。"种田的人企望秋天收获的利益,然后才努力耕种;住家的人企图增加仓房积蓄,然后才努力经营家;读书的人企望于升官进职的利益,然后才努力钻研书本准备考试。他认为这是自然的道理,必然的趋势,不是可以说空话来反对的。他认为人的一切活动都出于自私自利的动机。他还说:"虽圣人不能无势利之心","势利之心亦吾人禀赋之自然。"(《道古录》卷上)宣扬一种利己主义人性论,把私心看做人类的本性。这种思想在一定程度上反映了市民阶层的意识。

李贽对于"市民"、对于商人是抱有一定的同情的,他曾说:"且商贾亦何可鄙之有?挟数万之资,经风涛之险,受辱于关吏,忍诟于市易,辛勤万状,所得者末。"(《焚书·又与焦弱侯》)因而对于封建的正统思想有所不满,他曾说:"大概读书食禄之家,意见皆同,以余之所见质之,不以为狂,则以为可杀也。"(《焚书·蜻蛉谣》)他主张"道不虚谈""学务实效",因而对战国时期提倡变法图强的历史人物,明确加以赞扬,认为这些人"各各有一定之学术,各各有必至之事功"(《焚书·孔明为后主写申韩管子六韬》),他说,李悝变法"行之魏国,国以富强",吴起变法"用之魏则魏强。用之楚而楚伯"(《墨子批选序》),韩非的著作则"益人意智"等等。

李贽有一些讥讽封建官僚的言论,曾把官吏比作盗贼(《焚书·李涉赠盗》),比作老虎(《焚书·封使君》)。但他对于历史上的农民起义亦抱有反感,骂赤眉黄巢为盗贼,斥黄巾张鲁等为妖贼(《藏书·贼臣传》),甚至在《忠义水浒传序》中,说"独宋公明者,身居水浒之中,心在朝廷之上,一意招安,专图报国"是"忠义之烈"。从他的基本态度和思想内容来看,可以说他还是属于中小地主阶层,同时他的思想在一定程度上反映了市民阶层的观点。

第二节 世界观和真理学说

李贽早年曾经有反宗教倾向,他尝自述说:"余自幼倔强难化,不信学,不信道,不信仙释,故见道人则恶,见僧则恶。"(《王阳明先生道学钞》,附《王阳明先生年谱后语》)但后来受王守仁与佛教禅宗的影响,接受了心学思想。

李贽曾经提出对于程朱学派的反驳,他认为,世界最初只是阴阳二气,并没有在阴阳二气之上的理。他说:"有天地然后有万物,然则天下万物皆生于两,不生于一,明矣。而又谓一能生二,理能生气,太极能生两仪,何欤?夫厥初生人,惟是阴阳二气,男女二命,初无所谓一与理也,而何太极之有?以今观之,所谓一者果何物,所谓理者果何在,所谓太极者果何所指也?"(《焚书·夫妇》)最初只是天地,只是阴阳二气,只是对立,没有在天地之先的太极,没有在阴阳二气之上的理,没有在两之上的绝对的一。

但李贽接受了佛家思想,讲所谓"真空",认为所谓"人伦物理"(即社会生活与自然现象),都是"真空"的表现。他说:"学者只宜于伦物上识真空,不当于伦物上辨伦物。"(《焚书·答邓石阳》)这是说,如果认为人伦物理即是人伦物理,即认为社会生活与物理现象都是自己存在的,就不对了,人伦物理只是"真空"的显现。所谓"真空",也就是佛教所讲的最高精神本体。

李贽也指出了所谓最高精神性本体与事物现象的相即不离的关系。他说:"若无山河大地,不成清净本原矣,故谓山河大地即清净本原可也。若无山河大地,则清净本原为顽空无用之物,为断灭空不能生化之物,非万物之母矣,可值半文钱乎?"(《焚书·答自信》)所谓"清净本原"也即是"真空",是精神性的本体。假如清净本原不能显现出山河大地,就成了毫无作用的"顽空""断灭空"或"太虚空",也就不成其为"本原"了。他所说的真空本体也就是所谓"妙明真心":"吾之色身,洎外而山河,遍而大地,并所见之太虚空等,皆是吾妙明真心中一点物相耳。"(《焚书·解经文》)这种思想是与禅宗一脉相承的。

在认识论方面,李贽承认"生知",认为人人都是生知的。他说:"天下无一人不生知,无一物不生知,亦无一刻不生知者,但自不知耳。"(《焚书·答周西岩》)

李贽在认识论上提出了真理相对性的问题,否认以孔子思想为绝对真理的传统观点,这在当时有巨大的进步意义。他指出,所谓是非,即正确与错误,是相对的,是随时代的变迁而改变的。但他不能理解相对真理与绝对真理的联系,不承认真理有一个客观的标准,于是陷入相对主义的错误之中。

李贽指出,孔子的是非不应该是唯一的是非,是非是随时改变的,不应该把孔子所说的话看做定论。他说:"前三代吾无论矣;后三代,汉唐宋是也。中间千百余年而独无是非者,岂其人无是非哉?咸以孔子之是非为是非,故未尝有是非耳。然则予之是非人也又安能已!夫是非之争也,如岁时然,昼夜更迭,不相一也。昨日是而今日非矣,今日非而后日又是矣。虽使孔夫子复生于今,又不知作如何非是也,而可遽以定本行罚赏哉!"(《藏书·世纪列传总目前论》)这里反对以孔子的是非为是非,这在当时是大胆的、进步的,表现了反传统反教条的精神。但他只谈到是非的随时变化,没有谈是非的客观标准。他更提出"是非无定"的观点,他说:"人之是非初无定质,人之是非人也亦无定论。无定质则此是彼非并育而不相害;无定论,则是此非彼亦并行而不相悖矣。然则今日之是非,谓予李卓吾一人之是非,可也;谓为千万世大贤大人之公是非,亦可也;谓予颠倒千万世之是非,而复非是予之所非是焉,亦可也;则予之是非信乎其可矣。"(同上)"无定质"指没有固定的本质,"是"可以不是"是","非"可以不是"非","是"可以转化为"非","非"可以转化为"是"。这样,是非无定,就可以并存了,这样,就否定了是非的客观标准,陷入不可知论和怀疑主义。

李贽反对"以孔子之是非为是非",对于古代儒家的传统经典进行了猛烈的抨击。他宣扬所谓"童心",认为童心是"真心",是"绝假纯真,最初一念之本心",而一切"闻见道理"都是童心的障碍;闻见道理是从"多读书识义理"来的,所以"多读书识义理"都是"障其童心"的。他所谓的童心和王守仁所谓良知有所不同。良知以"义理"为内容,李贽则认为"义理"是障碍童心的。他认为,六经、《论语》《孟子》都是些过分吹捧的话,或者是糊涂弟子们所随意记录,有头无尾,抓着后边忘了前边,其实都是靠不住的。"夫六经、《语》《孟》,非其史官过为褒崇之词,则其臣子极为赞美之语,又不然,则其迂阔门徒,懵懂弟子,记忆师说,有头无尾,得后遗前,随其所见笔之于书。后学不察,便谓出自圣人之口也,决定目之为经矣,孰知其大半非圣人之言乎"?(以上《焚书·童心说》)他指出,六经、《语》《孟》中的话决不是"万世之至论"(同上)。他这样对于儒家经典进行正面的攻击,强烈地摇撼了当时官方哲学正统思想的基础。

李贽指出,作人不必效法孔子,如果一定要效法孔子,那孔子以前的人就不成为人了。他说:"夫天生一人,自有一人之用,不待取给于孔子而后足也。若必待取足于孔子,则千古以前无孔子,终不得为人乎?"(《焚书·答耿中丞》)他又说:孔子也没有教别人学孔子,"孔子未尝教人之学孔子,而学孔子者务舍己而必以孔子为学,……真可笑矣"(同上)。每一人应有他自己的作用,不必依傍孔子。他认为孔子本人就是这样教育人的,所以颜渊问仁,孔子回答:"为仁由己。"因此在形式上李贽又并不反孔,并且认为孔夫子与李老子、释迦佛同为三大圣人。

李贽对韩愈以来儒家所宣扬的"道统"论也提出了批判。他认为,道不离人,人不离道,"道之在人,犹水之在地也。人之求道,犹之掘地而求水也。然则水无不在地,人无不载道也审矣。而谓水有不流,道有不传,可乎?"(《藏书·德业儒臣前论》)这里以"水之在地"比喻"道之在人"是不恰当的,但他的主要意思是肯定"道之在人","人无不载道",道不是脱离人类生活而存在的。韩愈以为,尧舜至孔子的道统传到孟子,孟子死后就中绝了。李贽指出,这种讲法是极其谬误的。"彼谓轲之死不得其传者,真大谬也"(同上)。宋代程朱学派自以为他们直接继承了孟子的道统,李贽加以反驳道:"自秦而汉而唐而后至于宋,中间历晋以及五代,无虑千数百年,若谓地尽不泉,则人皆渴死久矣;若谓人尽不得道,则人道灭矣,何以能长世也?终遂泯没不见,混沌无闻,直待有宋而始开辟而后可也。何宋室愈以不竞,奄奄如垂绝之人,而反不如彼之失传者哉?"(同上)这是说,如果像朱熹所说,汉唐都是无道,何以汉唐都能长久维持统治呢?到宋代道统又得到传人了,何以宋代国力衰弱,反而不如道统失传的汉唐呢?李贽指出,宋儒所宣扬的道统说,是自高自大,自我标榜,"好自尊大标帜",乃是对于千百年人们的"诟诬""诬罔"(同上)。

李贽对"六经"、《语》《孟》的批判,对"道统"论的反驳,表现了反教条、反传统、反封建权威的精神,在批判封建正统思想方面,起了一定的积极作用。

第十三章
方以智

方以智,字密之,生于公元1611年(明万历三十九年),死于公元1671年(清康熙十年),安徽桐城人。他在崇祯时,曾任翰林院编修。李自成率领农民军攻入北京,方以智逃至南方,又受到巨奸阮大铖等的迫害,辗转到达广东。明桂王建立永历政权,任方以智为经筵讲官,又被太监王坤诬劾免职。永历三年,超拜礼部尚书、东阁大学士,固辞不就。永历四年(1650),清兵攻破桂林、广州,方以智削发为僧,表示决不降服清朝。出家后,改名弘智,别号愚者大师。他早年著作是《通雅》《物理小识》,晚年著作有《药地炮庄》《东西均》《易馀》《性故》《一贯问答》等。此外有《浮山前后集》《博依集》等。(《易馀》《性故》《一贯问答》等现仅有抄本)

第一节 论"通几"与"质测"的关系

方以智论学术,区别了"通几"和"质测"。所谓"通几"指哲学,所谓"质测"指自然科学。他解释"通几"说:"通观天地,天地一物也。推而至于不可知,转以可知者摄之,以费知隐,重玄一实,是物物神神之深几也。寂感之蕴,深究其所自来,是曰通几。"(《物理小识·自序》)这所谓"几"指细微的变化,亦即事物运动变化的内在源泉。"以费知隐,重玄一实"是说由现象认识本质,最深刻的本质也属于客观实际。"物物神神之深几"即事物运动变化的最深刻的原因。"通几"即是研究事物变化的深微根源的学问。

方以智解释"质测"说:"物有其故,实考究之,大而元会,小而草木蠢蠕,类其性情,徵其好恶,推其常变,是曰质测。"(同上)"质"指实物(不是性质之质),"测"是考察。"质测"即对于实际事物进行精细的考察以发现事物运动变化的固有规律。

方以智论"通几"和"质测"的关系道:"质测即藏通几者也。有竟扫质测而冒举通几,以显其宥密之神者,其流遗物。"(同上)这是说,"质测"即包含着

"通几",那脱离质测的通几,一定会陷于空虚。所以他又说:"学者勿欺而已,通神明之德,类万物之情,……或质测,或通几,不相坏也。"(《物理小识·总论》)这就是说,哲学与科学是相辅相成的,决非相互妨碍。方以智关于哲学与自然科学的关系的理解,可以说是深刻的。

在"通几"与"质测"之外,还有所谓"宰理",即关于社会政治的学问。方以智说:"考测天地之家,律历声音医药之说,皆质之通者也,皆物理也。专言治教,则宰理也。专言通几,则所以为物之至理也。"(《通雅》卷首三)又说:"儒者守宰理而已。圣人通神明,类万物,藏之于《易》,……学者几能研极之乎?"(《物理小识·自序》)"质测"是研究"物理"的,"宰理"是研究"治教"的,"通几"则是研究"所以为物之至理"即根本原理的。

方以智很强调总结前人经验智慧的必要性。他说:"古今以智相积,而我生其后,考古所以决今,然不可泥古也。……生今之世,承诸圣之表章,经群英之辩难,我得以坐集千古之智,折中其间,岂不幸乎!"(《通雅》卷首一)又说:"践形者神,理泯于事,物自献理,事贵时宜。……大成贵集,述妙于删,千古之智,惟善读书者享之。"(同上书卷首二)人类认识发展的过程是一个长期的积累的过程,后人应该总结前人所已经取得的智慧。方以智"大成贵集"的思想是有深刻意义的。

明代后期,西方天主教的传教士开始到中国传教,带来了西方古代的以及哥白尼以前的自然科学。他们介绍西方科学的目的在于宣传耶稣教的宗教教义。方以智研究了当时传教士所输入的自然科学,但坚决反对传教士所宣扬的宗教思想。他说:"万历年间,远西学入,详于质测,而拙于言通几。然智士推之,彼之质测,犹未备也。"(《物理小识·自序》)又说:"太西质测颇精,通几未举。"(《通雅》卷首二)这就是说,从西方传入的自然科学有一定的长处,但连带传来的哲学和宗教思想是没有价值的。方以智对于西方的文化知识采取分析的态度。当时有一些人接受了西方传入的自然科学,同时也接受了耶稣教;另一些人反对耶稣教,也拒绝西方的自然科学。与这两类人相比,方以智的态度是正确的。方以智批评耶稣教所谓上帝说:"所谓大造之主,则於穆不已之天乎?彼详于质测,而不善言通几,往往意以语阂。"(《物理小识》卷一)他认为,所谓造物主,只能是"於穆不已之天",即自然界的变化过程的总体。这是明确地反对宗教的造物主观念。方以智用中国固有的思想反对当时西方传教士所传布的宗教神学,这确实有重要的历史意义。

第二节　方以智的自然观

方以智的早年著作《物理小识》是一部科学知识资料类编，选录了从古以来至明代后期关于自然科学的研究成果和传说，书中也包含关于哲学问题的议论。《物理小识》中所宣扬的哲学观点基本上是气一元论。方以智的气一元论具有明显的特点，它是和当时的自然科学知识密切结合的。方以智认为，世界统一于气，一切都是气。《物理小识》说："世惟执形以为见，而气则微矣。然冬呵出口，其气如烟；人立日中，头上蒸歊，影腾在地。考钟伐鼓，窗棂之纸皆动，则气之为质，固可见也。充一切虚，贯一切实，更何疑焉？"（卷一）气较形为细微，但也是人的感官所能感触到的，确然无疑是客观实在。虚空中充满了气，具体的物都是气所构成。他又说："一切物皆气所为也，空皆气所实也。"（同上）"虚固是气，实形亦气所凝成者。"（同上）无论虚实，都是气。又说："气行于天曰五运，产于地曰五材，七曜列星，其精在天，其散在地，故为山为川，为鳞羽毛介草木之物。"（同书《总论》）星辰山河以及动植物都是气所变成的。

方以智讨论了关于五行的问题，认为基本只有水火二行。他说："问中国言五行，太西言四行，将何决耶？愚者曰：岂惟异域，邵子尝言水火土石而略金木矣。……《易》曰：一阴一阳之谓道，非用二乎？谓是水火二行可也，谓是虚气实形二者可也。……直是一气而两行交济耳。"（《物理小识》卷一）五行统于二行，二行只是一气。在水火二行中，火又是最主要的。他说："凡运动，皆火之为也。"（同上）"天恒动，人生亦恒动，皆火之为也。"（同上）"天道以阳气为主，人身亦以阳气为主。阳统阴阳，火运水火也。"（同上）他认为，火是一切运动的根源。方以智虽然重视火的作用，但他认为火也是属于气的，所以他的哲学还是气一元论，不能说是火的一元论。

方以智气一元论的特色是他提出"气形光声为四几"的新学说。他说："气凝为形，发为光声，犹有未凝形之空气与之摩荡嘘吸，故形之用止于其分，而光声之用常溢于其余。气无空隙，互相转应也。"（同上）又说："气凝为形，蕴发为光，窍激为声，皆气也，而未凝未发之气尚多，故概举气形光声为四几焉。"（同上）"四几"是指四种变化状态。形是气所凝聚而成的，光声是气所发出的，都是气的表现状态。总而言之，都是气；分而言之，是四种状态。光声都是物理现象，都是自然科学研究的对象。方以智把气形光声称为四几，即认为这是四种最基本的物理现象。

方以智也讲"理"和"神"。所谓理指事物运动变化的规律，所谓神指事物变化的内在动力。他说:"一切物皆气所为也,空皆气所实也。物有则,空亦有则,以费知隐,丝毫不爽,其则也,理之可征者也。而神在其中矣。"(《物理小识》卷一)又说:"神不可测,而当前物则,天度同符,……此则有所以为物、所以为心、所以为天者,岂徒委之气质而已乎?"(同上)这是说,理即是物则,也就是物、心、天的所以然,即一切事物的根本规律。理是丝毫不爽的,神是不测的,而不测之神即在不爽的理之中。

方以智强调理在气中,他说:"圣人合虚实神形而表其气中之理。……彼离气执理,与扫物尊心,皆病也。理以心知,知与理来,因物则而后交格以显。岂能离气之质耶?"(同书卷一)这里,他肯定了虚实神形都是气的变化,肯定了理在气中,而对程朱的"离气执理",和陆王的"扫物尊心",都进行了批判。他又说:"本末源流,知则善于统御,舍物则理亦无所得矣,又何格哉?"(同书《总论》)这也是说,理是物之理,离开物是找不到什么理的。

方以智反对"舍物以言理"(同书《总论》),也反对离器而言道。他说:"为物不二之至理,隐不可见,质皆气也。征其端几,不离象数。彼扫器之道,离费穷隐者,偏权也。"(同书卷一)理在物中,道在器中,隐在费中。假如把道说成为超离器物以外的,那就偏谬了。他肯定了道器的统一关系:"性命之理必以象数为征。未形则无可言,一形则上道下器,分而合者也。"(同书《总论》)道器虽有区别,然而是不相离的。

方以智在《物理小识》中也谈到心与物的关系。他认为,心也是一物,而能认识天地万物。他说:"盈天地间皆物也。……器固物也,心一物也。"(《自序》)又说:"天地一物也,心一物也,惟心能通天地万物,知其原,即尽其性矣。"(同书《总论》)一方面,心也属于物;另一方面,万物都是心的认识对象,心与物可以说有统一的关系。但方以智却由此得出了心物不二的结论。他说:"即性命生死鬼神,只一大物理也。舍心无物,舍物无心,其冒耳。"(同书《总论》)又说:"日月星辰,天悬象数如此;官肢经络,天之表人身也如此。……无非物也,无非心也,犹二之乎?"(同书卷一)没有客观的物质世界,也就没有人的认识,"舍物无心"是正确的。客观事物是心的认识对象,但对象并不依靠认识而存在,方以智讲"舍心无物",这是心学的观点。

方以智讲神,有时把变化动力的神与人的精神作用的神混为一谈。他说:"天以气为质,以神为神。地以质为质,以气为神。人兼万物而为万物之灵者神也。"(同书《总论》)天地之神指变化的内在动力,人的神指精神作用,方以智把二者混淆起来了。此外,关于鬼神是否存在的问题,方以智采用了依违两可的态度,他说:"孔子言知幽明之故,鬼神之情状,而岐伯曰道无鬼神,独往独来,盖谓无人不自得,谓之不落祸福,鬼神无如我何,非曰无鬼神也。"(同书

《总论》)又说："有以信致专者,即有以疑致畏者,即有以不信致勇者。……故曰有体物之鬼神,即有成能之鬼神,即有作怪之鬼神。权在自己,正己毕矣,彼如我何？圣人知之,故能转物。"(同书卷十二)可见,他不否认鬼神的存在,又企图对于鬼神的传闻作出一定的解释,而结论是不要怕鬼神。

在《物理小识》中,方以智还谈到空间与时间的问题,提出了"宙轮于宇"的命题。他说："以推移之宙消贪心,以规矩之宇辨物则,而一万俱毕矣。去者已去,来者未来,今又逝也,贪执何为？……灼然宙轮于宇,则宇中有宙,宙中有宇,春夏秋冬之旋轮,即列于五方之旁罗盘,而析几类应,孰能逃哉？"(卷二)宙即古往今来的时间,宇即上下四方及中央的空间。宙轮于宇,即时间在空间中旋转流逝。未来转为现今,现今转为过去。空间中的万物都随时间的轮转而流逝。宙即在宇中,宇即在宙中,空间与时间不是彼此独立的。方以智"宙轮于宇"的命题含有精辟的观点,但只是思想的火花,没有详细的发挥。

《物理小识》中的哲学思想是方以智早年的思想。明亡以后,方以智坚决抗清,削发为僧,在晚年时期,他受佛教的影响较深,于是在哲学基本观点上有了很大改变,这在他的晚年著作《东西均》中明显地表现出来。

《东西均》首先重复了"离物无心,离心无物"的命题(《三征》篇),进而认为太极就是心。他说："太极者,先天地万物,后天地万物,终之始之,……自古及今,无时不存,无处不有,即天也,即性也,即命也,即心也。"(同上)他所谓心是与太极一样的绝对本体。进一步,他更认为心是气的所以然。他说："本一气耳,缘气生生,所以为气,呼之曰心。"(《尽心》篇)又说："世无非物,物因心生。"(同上)这样,他就离开了"离物无心",而专讲"离心无物"了。

于是,方以智认为,心是世界的究竟本原,心是最根本的。他说："通言之,则遍满者性,即遍满者心,未有天地,先有此心。"(《译诸名》篇)这样的心不是个人的心,而是"公心"。他说："心大于天地,一切因心生者,谓此所以然者也。谓之心者,公心也,人与天地万物俱在此公心中。"(《象数》篇)所谓公心,也就是绝对的心。然而此公心,又仍然是自心。所以他又说："苟非彻见自心,安能信此心之即天地万物乎？"(《所以》篇)

宋明哲学中的争论是围绕"气""理""心"展开的。气学派认为气是本原,理学派认为理是本原,心学派认为心是本原。方以智明确提出气、理、心的问题。他认为,理可统气,而理气又皆归于一心。他说："无真妄之真真,即统理气之至理。"(《所以》篇)"主理臣气而天其心,乃正示也"。(同上)他又说："形本气也,言气而气有清浊,恐人执之,不如言虚；虚无所指,不如言理；理求其切于人,则何如直言心宗乎？"(同上)归根到底,他认为心是最根本的。他说："因言气理,而质论、通论之,皆归一心。"(《声气不坏说》)

方以智认为,气、理、心三者既有区别又是统一的,可分而不可分,不可分而可分。他说:"气也,理也,太极也,自然也,心宗也,一也,皆不得已而立之名字也。"(《所以》篇)又说"明至无可明,养至无可养,穷至无可穷,则又何心、何气、何理乎？又何不可心之、气之、理之也乎？"(同上)"理也,气也,心也,俱可忘言,俱无不可言,又何拣择乎？"(《声气不坏说》)对于万物来说,气也是根本;但是心究竟是最根本的。

方以智在《东西均》中虽然主张"气理皆归一心",但仍然反对离气言理、扫物尊心。他说:"夫乌知一之本千万,听其千万之本一乎？标理者冒理,已胶;标心者执心,亦胶。"(《译诸名》)这是说,万象本于一原,一原显为万象,不应专标一原忽略万象。如果专门执定理或者执定心,那也就胶固不通了。他论述理与象的关系说:"理与象,气与形,皆虚实有无之两端而一者也。……世有泥象数而不知通者,固矣;专言理而扫象数者,亦固也。……岂有通至理而不合象数者乎？……真易简者,不离繁多而易简者也。"(《象数》篇)既不可泥于象数,也不可扫象数而专言理。他又讲形上形下的关系说:"阴阳即形下矣,而谓之道,岂非上藏于下而无上无下者乎？"(《全偏》篇)形而上者即包括于形而下者之中。他反对绝物以存心:"火固烈于薪,欲绝物以存心,犹绝薪而举火也,乌乎可？"(《道艺》篇)又说:"爱一恶赜,胶柱已甚。人当独有一心,四官四肢、三百六十骨节太多,何不废之？天当止有天,不当有日月星,可乎哉？"(同上)天不能脱离日月星,人心也不能脱离四官四肢。方以智晚年虽然主张即心即物,但仍然重视事物的探索,并没有忘掉他早年提倡的质测之学。

第三节　辩证思想

方以智提出了关于对立的相互关系的学说。第一,他肯定对立之为对立,肯定对立两方面相互渗透、相互转化的关系。第二,他又认为,对立的两方面既然相互渗透、相互转化,也就没有区别,于是否认对立之为对立,而认为一切都是同一的。这第一层思想是辩证思想,第二层思想则由辩证思想倒向相对主义。

方以智在《东西均》中提出了"随""泯""统"三个观念,作为他的方法论的总纲。他说:"明天地而立一切法,贵使人随;暗天地而泯一切法,贵使人深;合明暗之天地而统一切法,贵使人贯。"(《三征》)照这三句话看来,与"泯""统"相应的观念应该是"立",但他在多处都以"随""泯"对言,而在篇题中也以"统""泯""随"并举。所谓"随"即顺从常识,承认一切事物的存在,也就承认对立之为对立;所谓"泯"即消除一切区别,不承认一切事物的存在,也就不承认对立之为对立;所谓"统"即综合以上两种观点,把两者贯通起来。方以智认为"随""泯""统"三者是统一的:"究竟统在泯随中,泯在随中,三即一,一即三。"(同上)

这"随""泯""统"的观念来源于佛教华严宗的三谛(俗谛、真谛、中谛)学说。方以智说:"华严归于事事无碍法界,……可见中谛统真俗二谛,……俗谛立一切法之二,即真谛泯一切法之一,即中谛统一切法之一即二、二即一也。"(《东西均·全偏》)"随"即华严宗所谓"俗谛","泯"即华严宗所谓"真谛","统"即华严宗所谓"中谛"。"随"承认"二","泯"只承认"一",而"统"则肯定"一即二,二即一"。

方以智又提出"交""轮""几"三个观念。他说:"交以虚实,轮续前后,而通虚实前后者曰贯,贯难状而言其几。"又说:"交也者,合二而一也;轮也者,首尾相衔也。……几者,微也,危也,权之始也,变之端也。"(《三征》)这里,"交"即对立两方面相互作用相互渗透,"轮"即对立两方面相互转化相互推移,"几"是变化的开始,即事物运动变化的内在源泉。所谓"交"既指对立的相互作用相互渗透,而又表示:既然两者交互作用交互渗透,彼此也就无所区别,合为一体。所谓"轮"既指对立的相互推移,又表示:两者彼转为此,此转为彼,循环往复,互不相离。他又说:"虚实也,动静也,阴阳也,形气也,道器也,昼夜也,幽明也,生死也,尽天地古今皆二也。两间无不交,则无不二而一者,相反相因,因二以济,而实无二无一也。"(同上)天地古今,一切事物,无不形成对立,无不包括对立,而对立皆二而一,终究是无二无一。又说:"轮之贯之,不舍昼夜,无住无息,无二无别。随泯自统,自然而然。"(同上)又说:"一不可言,而因二以济,二即一,一即二也。自有阴阳、动静、体用、理事,而因果、善恶、染净、性相、真妄,皆二也,贯之则一也,谓之超可也,谓之化可也,谓之无可也。"(《容遁》)这些观点,一方面承认对立矛盾的普遍性,另一方面又断言对立矛盾都没有分别。在方以智的学说,这两方面是相互联结在一起的。

方以智又提出"反因"的学说。他说:"吾尝言天地间之至理,凡相因者皆极相反。……夫对待者,即相反者也。……吉凶祸福,皆相倚伏。生死之几,能死则生,徇生则死。静沉动浮,理自冰炭,而静中有动,动中有静,静极必动,动极必静。有一必有二,二本于一。岂非天地间之至相反者,本同处于一原哉?"(《东西均·反因》)相因者皆相反,相反者皆相因。相反即相互对待,相因即相互倚伏。一与二,统一与对立,也是相反而相因的。方以智又说:"因对待谓之反因,无对待谓之大因。然今所谓无对待之法,与所谓一切对待之法,亦相对反因者也,但进一层耳。"(同上)"对待"亦即相对性,"无对待"亦即绝对性。绝对的与相对的亦是相反而相因。方以智也讲"无对待在对待中"(《三征》),但又主张超越一切差别:"世即出世,是名超越"(同上),"乃无实无虚,无可无不可,冥应双超者也。"(同上)

方以智的辩证思想和他的相对主义是错综交织的。他关于"二""对待""相反"的学说是相当深刻的,这是他的思想中的精华;他关于"无二无别"的观点要求超越一切差别,这是他晚年皈依佛教之后的最后归宿。

第四节　对于理学和佛教禅宗的批判

方以智晚年虽然归信佛教,但他并没有背弃他早年从事的质测之学,仍然强调学问不能脱离事物。他宣称:"天载于地,火丽于薪,以物观物,即以道观道也。火固烈于薪,欲绝物以存心,犹绝薪而举火也,乌乎可?"(《东西均·道艺》)这是说,心固然是主要的,但不可绝物。方以智根据这个观点对于理学和禅宗提出了深刻的批评。

他批评理学的偏失说:"理学怒词章训故之汩没,是也;慕禅宗之玄,务偏上以竞高,遂峻诵读为玩物之律,……礼乐精义,芒不能举;天人象数,束手无闻。……由是观之,理学之汩没于语录也,犹之词章训故也。"(同上)这是说,理学排斥词章之学与考据之学,以阅读史书为玩物丧志,结果对自然与历史的实际情况都不研究,完全陷于空虚无用,本质上和词章考据一样。

他又批评禅宗的谬妄说:"禅宗笑理学,而禅宗之汩没于机锋也,犹之词章训故也。所谓切者槁木耳,自谓脱者野兽耳。夫岂知一张一弛、外皆是内之真易简,绝待贯待、以公统私之真无碍乎?"(同上)这是说,禅宗专讲所谓机锋,自谓明心见性,实不过自欺欺人而已,并不理解内外、绝对相对的统一关系。

方以智强调内外统一、"道寓于艺"。他说:"知道寓于艺者,艺外之无道,犹道外之无艺也。……真智内智,必用外智。性命、声音,人所本有,可自知也。寓内之方言、称谓、动植、物性、律历、古今之得失,必待学而后知,其曰本自具足者,犹赤子可以为大人也。……据实论之,赤子之饭与行必学而后知。……欲离外以言内,则学道人当先从不许学饭始。"(同上)这是说,关于自然和历史的知识都是依靠学习的,所谓"本自具足",不过是说具有认识的可能性而已,赤子吃饭和走路也有待于学习。一定要离外言内,首先应该不吃饭。方以智对于"离外以言内"的批判是犀利的。他虽然不能摆脱佛学的影响和束缚,但他坚决反对脱离事物的空虚之学。他又说:"即博学之病,病不过老牖下,孰与悟门之病,诳惑横行,而僭第一坐乎?"(同上)博学之士虽不免肤浅,但不会像自以为明心见性的人那样狂妄自大。他更宣称:"欲挽虚窃,必重实学。"(同上)方以智提出"实学"的口号,是值得注意的,这反映了明亡以后进步知识分子的要求,也表现出他早年从事质测之学的科学态度。

方以智的哲学有显著的特点。第一,他早年的实证思想是和当时的自然科学知识密切联系的,这在中国传统哲学中颇为突出。第二,他晚年由实证转向相对主义,但仍批判理学与禅宗的空虚之学,鼓吹"实学"。第三,在他的思想中,既有辩证的观点,又有相对主义,错综交织,呈现异常复杂的情况,我们在分析他的思想时要注意他的相当深刻的辩证学说,充分估计他对辩证思想的贡献。方以智思想中的矛盾反映了明清之际社会的各种矛盾。当时的时代,封建地主阶级与农民的矛盾既已激化,满汉之间民族矛盾更加突出,汉族地主阶级中进步势力与腐朽势力的矛盾也很显著。各种矛盾错综纠缠,加上方以智个人的生活经历曲折反复,这些情况反映在方以智的头脑中,便形成这样一种具有独特面貌的哲学。

第十四章
黄宗羲

黄宗羲,字太冲,号梨洲,生于公元1610年(明神宗万历三十八年),死于公元1695年(清康熙三十四年),浙江余姚人。他的父亲黄尊素是明末著名的东林党人,被宦官魏忠贤"阉党"所杀害。明崇祯帝朱由检即位,他入都讼冤,以铁锥刺伤陷害他父亲的仇人。清兵南下,他招募义兵进行武装斗争,他的部队号为"黄氏世忠营",但不久即败散。明政权恢复无望,他隐居著书。清政府屡次征召,他坚卧不出。著有《明夷待访录》《孟子师说》《明儒学案》《宋元学案》(全祖望补成)、《南雷文定》等书。

第一节 明清之际的社会矛盾和黄宗羲的思想倾向

明代末年,封建统治集团日益腐化,贵族宦官、官僚地主加紧压榨人民,广大农民饥寒交迫,流离逃亡。统治阶级与广大农民的阶级矛盾达到极其尖锐的程度,于是爆发了李自成领导的轰轰烈烈的农民大起义,推翻了明朝的黑暗统治。在农民起义军攻下北京得到初步胜利的时候,原在中国东北部的满族统治者在明朝的卖身求荣官僚的帮助下,乘机进入山海关,后来逐渐统一了全中国。

清军入关,使当时中国社会的矛盾关系发生了重大变化,清军南下,到处屠杀,"扬州十日""嘉定三屠",就是清兵血腥暴行的显著事例。农民起义军的队伍,明代政权的残余力量,广大的劳动人民,中小地主阶层中的部分人士,都起来进行抗清斗争。但当时成立的"南明"政权依旧昏庸无能,内部也不能团结一致,抗清斗争终于失败。

当时一些具有民族主义的思想家都投入抗清的武装斗争。在武装抗争失败以后,他们改变斗争方式,加强思想理论方面的工作。明代政权的覆亡,汉族主权的丧失,给他们以莫大的刺激,他们要追问汉族主权丧失的原因,要清算过去的政治制度的利弊,于是提出了对于专制主义的一定程度的批判。同时更要清算过去的学术思想,要求改变过去的不良学风,建立为未来奠定思想基础的新学风。

明代后期以来,中国封建社会中孕育的资本主义生产关系的萌芽缓慢地增长起来。商品经济的发展,使思想家们考虑问题的时候在一定程度上注意了工商业发展的要求。工商业的重要性,市民阶级的愿望,也在一定程度上反映在哲学思想中。

在这种民族矛盾与阶级矛盾尖锐复杂的条件下,出现了黄宗羲的民主思想的萌芽。

黄宗羲学问甚博,他反对空谈,注重"实学",对天文、算学、地理等都有研究,特别重视史学,开辟了清代史学研究的风气。他在政治学说方面,提出了比前人更进一步的民主观念。

黄宗羲的思想可以说部分地反映了市民阶层的要求。这与江浙一带城市工商业的发达有关。他曾提出"工商皆本"的主张,反对以农为本、以工商为末的传统看法,他讲:一般的儒者不考察实际情况,以工商为末,故说应该抑制工商。其实工是贤明的统治者所要招致的,贤明的统治者更希望商人愿意往来于自己国内的道路上,可见工商都是本。他认为有益于民生的工商业都是本,只有那些"为佛为巫而货"、"为优倡而货"、"为奇技淫巧而货"才是末,是应该禁止的。他肯定"切于民用"的工商的重要性,这表现了市民的观点。

第二节　对于封建专制主义君权论的批判

明朝是高度发展的中央集权的封建专制主义制度,作为最高统治者的皇帝拥有最高的权力。而这拥有最高权力的君主终于被农民革命的浪潮所推翻。崛起东北的满洲贵族却趁机夺取了中原的政权。专制君主的覆亡,汉民族主权的丧失,给黄宗羲以深刻的刺激,使他致力于政治制度问题的探究。他研究了过去历代的政治制度,总结了长期的历史经验,于是提出了对于君主专制的深刻批判,发挥了初步的比较明确的民主观念,这是黄宗羲对于中国思想史的一项卓越的贡献。

在封建时代,儒家的正统思想认为君民或君臣是绝对的隶属关系,臣民对于君主只有服从的义务。韩愈《原道》所谓:"君者出令者也,臣者行君之令而致之民者也,民者出粟米麻丝、作器皿通货财以事其上者也",可以说是汉唐以来统治阶级关于君臣君民关系的传统思想的典型表述。黄宗羲批判了传统的关于君臣民关系的看法,指出秦汉以后的君民或君臣关系都是不合理的。

黄宗羲认为,在上古时代,君主的最初设立,是由于有人能为天下兴"公利",除"公害","不以一己之利为利,而使天下受其利;不以一己之害为害,而使天下释其害",于是受到人民的拥护,推戴以为君主。在这种情况下,"古者以天下为主,君为客,凡君之所毕世而经营者,为天下也"。即天下人民是主,君是客,君所作的工作是为了天下人民。但这种合理的君民关系,后来便被颠倒过来了,"后之为人君者不然,以为天下利害之权皆出于我,我以天下之利尽归于己,以天下之害尽归于人,亦无不可"。君主要独占一切利益,把害处都推给别人。这样,主客关系就颠倒了。"今也以君为主,天下为客,凡天下之无地而得安宁者,为君也"。君主强迫天下人民为他一人服务,也标榜"大公",但所谓"大公"只是他一个人的大私而已。"以我之大私为天下之大公"。于是君主就把天下看做"莫大之产业"。汉高帝刘邦取得政权以后,对他父亲说:"我所得到的产业,比二哥谁多?"这句话,把君主的心情完全表露出来了。把天下看做一人之产业,"其未得之也,荼毒天下之肝脑,离散天下之子女,以博我一人之产业,曾不惨然,曰我固为子孙创业也"。"其既得之也,敲剥天下之骨髓,离散天下之子女,以奉我一人之淫乐,视为当然,曰此我产业之花息也"。君主过着荒淫无耻的生活,而天下人民被敲骨吸髓,陷于痛苦的深渊。这样,君主实际上是天下人民的大害。"然则为天下之大害者,君而已矣"(以上所引,均见《明夷待访录·原君》),黄宗羲指出,有这样的君还不如无君。"向使无君,人各得自私也,人各得自利也"。人人都是一样,何以不允许人人各求私利而让君主一人独占一切利益呢!"岂天地之大,于兆人万姓之中,独私其一人一姓乎?"(同上)他指出,秦汉以后的君主,被臣民看做"寇仇",称为"独夫",都是应当的。黄宗羲严厉抨击秦汉以后的君权至上的专制主义制度。他的"以天下为主,君为客"的主张是相当明确的初步民主思想。

关于君与臣的关系,黄宗羲认为,"缘夫天下之大,非一人之所能治,而分治之以群工。故我之出而仕也,为天下,非为君也,为万民,非为一姓也"(《明夷待访录·原臣》)。人们出来作官,应该为人民办事,不应该专为君主一家一姓服务。他严格区分了"臣"与"仆妾"。臣应该"以天下为事",而"君之仆妾"则仅仅是君主的"奔走服役之人"。臣应该是君的"师友",不应该作君主私人的奴仆。

他指出,君臣是共同治理天下的人,治天下好比拉大木头,前边的人和后边的人,呼喝相应。于是他提出君臣名异实同的观点,他说:"岂知臣与君,名异而实同耶?"这样,他打破了传统的尊君卑臣的观点,提高了士大夫的地位。他指出,为臣的人应该努力追求"天下之治"。所谓治应该是人民的安乐。"盖天下之治乱,不在一姓之兴亡,而在万民之忧乐"。人民生活安乐是治,人民生活愁苦是乱。而朝代的兴亡不是治乱的关键。一个朝代的兴未必是治,一个朝代的亡未必是乱。"桀纣之亡，乃所以为治也！秦政蒙古之兴，乃所以为乱也"（同上）。这样，他完全从"万民"的生活来解释治乱的意义，把一姓之兴亡看做不重要的事情。他更提出对于"杀其身以事其君"的传统道德观念的反驳。臣不是"为君而设"的，所以也不必为君而死，臣所追求的应该是人民的利益。

黄宗羲关于君臣君民的学说，可以说打破了"君为臣纲"的传统思想，是对于封建专制主义的有力批判，是相当明显的初步民主思想。

第三节　以学校为议政机关的政治思想

黄宗羲还提出对于专制主义的法制的批评。他区别了"天下之法"与"一家之法"。他把所谓"三代以上之法"理想化，认为"三代以上之法"是为天下而设立的，是为天下人民的生养教化而设立的，目的在于解决人民的物质生活与文化生活的问题，"未尝为一己而立也"。而"三代以下"的法，是为保持私家的政权而设立的，专制君主，既取得了政权，唯恐自己政权的命运不长久，子孙不能保持，预先考虑一些防备的办法，"思患于未然以为之法"，这只是"一家之法"。制定这种法，目的是为了保持私家的政权，为了独占一切利益，"利不欲其遗于下，福必欲其敛于上"。于是这法不得不很细密。"法愈密而天下之乱即生于法之中"。法制越细密而流弊也就生出来了。这种法是有害于天下人民的。"前王不胜其利欲之私以创之，后王或不胜其利欲之私以坏之。坏之者固足以害天下，其创之者亦未始非害天下者也"。黄宗羲这样抨击了专制主义的法律，指明了封建社会的法制是专门保护君主私人利益而损害人民的。

黄宗羲认为应该废除专制主义的"一家之法"，而恢复"天下之法"。他提出"有治法而后有治人"的学说。必须有正当的法制，然后依法办事，才能办出成绩。如果法制不合理，即使有"能治之人"，也受法的牵制，为避免嫌疑而左顾右盼，只能在法所允许的范围内办事，不可能作出特殊成就来。他说："自非法之法桎梏天下人之手足，即有能治之人，终不胜其牵挽嫌疑之顾盼，有所设施，亦就其分之所得，安于苟简，而不能有度外之功名"（以上《明夷待访录·原法》），这就是说，改革法制是必要的，假如不从根本上改变制度，社会的情况是无从变好的。他强调了改革法制的必要性。

黄宗羲更提出了以学校为议政机关的思想。他认为，应该扩大学校的职能，使一切治理天下的设施都出于学校，然后设立学校的意义才算完备。"必使治天下之具皆出于学校，而后设学校之意始备"。学校应该是决定"是非"

的最高机关。"天子之所是未必是,天子之所非未必非,天子亦遂不敢自为非是,而公其非是于学校"。皇帝应该听从学校的公议,政治上决定是非的最高权力应该归于学校。他指出,东汉太学生的"危言深论",北宋太学生的主持公议,都是正当的。假如当时的朝廷以学校的是非为是非,国家就可以保持平安了。

"学官",即学校的校长和教师,不应由政府任命,应由公众推举。"郡县学官",由"郡县公议,请名儒主之"。首都太学的校长,更须由大儒担任。"太学祭酒,推择当世大儒,其重与宰相等。或宰相退处为之"。这祭酒应是皇帝的师傅。每月初一,皇帝到太学,宰相六卿谏议等官都跟着,"祭酒南面讲学,天子亦就弟子之列。政有缺失,祭酒直言无讳"。祭酒对于朝政应有监督指导的作用。而郡县学官应监督指导郡县政事。在郡县,每月初一、十五,召集绅士和读书人开大会,"学官讲学,郡县官就弟子列",郡县官有政事缺失,小的就批评纠正,大的就敲鼓宣布于公众之前(以上见《明夷待访录·学校》)。这样,皇帝以至官吏在思想上都应受学校的指导。

黄宗羲所谓学校,有议政的权力,有监督的作用,培养舆论,决定是非,监督政府,进退官吏,这可以说是各阶层知识分子参与政权的机构。应该肯定,黄氏所提出的扩大学校职能的学说是中国历史上最早的关于议会的设想。这种设想在当时当然是空想,没有实现的可能,然而在当时反对封建专制独裁,也还具有进步的意义。

黄宗羲的民主观念,在一定程度上反映了市民阶级的愿望。他要求改变君臣民的关系,也就是主张限制君主独裁,扩大宰相的职权;他认为政府应为人民谋利益,应听从人民的公论,应接受人民的监督。他虽然没有提出取消君主专制,而是将希望寄托于所谓"圣王""明主",但这是在当时条件下可能出现的一点民主观念。

《明夷待访录》一书,在清代被列入禁书。到清代末年,进步的知识分子把这本书刊布出来,进行民主主义思想的宣传,当时这本书发生了很大的启发鼓舞的作用。

第四节 "气外无理""心即是气"的哲学思想

黄宗羲的哲学思想有两方面。一方面,在理气问题上,他主张"理在气中",批判程朱学派的"理在气先";另一方面,在心物问题上,他又宣扬"一切皆心",接受了王守仁的"心外无理",反对理在心外。

关于理气问题,黄宗羲赞同罗钦顺等人的见解,肯定"理为气之理,无气则无理"(《明儒学案》卷七)。他认为,从宇宙整体来看,"气无穷尽,理无穷尽",都是永恒无限的,无始无终的;从万事万物来看,"日新不已",气有变化,理也随而有变化,"不以已往之气为方来之气,亦不以已往之理为方来之理。"(同上)这就是说,理是依气而存在,随气而变化的。他坚决否认理的独立存在,他说:"天地之间,只有气,更无理。所谓理者,以气自有条理,故立此名耳。"(《明儒学案》卷五十)这就是说,气是实体,理只是气中的条理,并非另外一个实体。黄宗羲反对程朱学派以理为最高实体,他接受了理在气中的观点。陆王学派从陆九渊以来即强调形上形下的统一,反对程朱理在气先的观点,黄宗羲讲气外无理,在一定意义上也可以说是继承和改造了陆王学派的传统;他也明确肯定明代气学派思想家王廷相等人在这一方面的学说。

但黄宗羲又认为,世界是气的世界,又是心的世界,心才是最高的实体。他说:"盈天地皆心也。变化不测,不能不万殊。""故穷理者,穷此心之万殊,非穷万物之万殊也。"(《明儒学案》自序)世界万物只是此心的变化,这也就是认为,世界只是心的表现。他更提出"心即气"的学说,认为:天地之间充满了气,生出人来,生出物来。"人禀是气以生,心即气之灵处。理不可见,见之于气。性不可见,见之于心。心即气也"(《孟子师说》卷二)。心就是气的"灵处",所谓灵处即认识作用。理气关系和性心关系是一致的,性就是理,所以心就是气。他又说:"气未有不灵者,气之行处皆心,不仅腔子内始是心也。即腔子内亦未始不是气耳。"(《明儒学案》卷七)气没有不灵的,所以气就是心,心就是气了。陆九渊、王守仁讲"心即理",即认为心外无理,理在心中;黄宗羲讲"心即气",也就是认为心外无气,一切存在都是即气即心的。

黄宗羲受王守仁的影响很深,他所写的《明儒学案》以王守仁为明代学术的中心人物,他更坚持王守仁"心外无理"的观点。他曾说:"天地万物之理实不外于腔子里,故见心之广大。"如果"以天地万物之理即吾心之理,求于天地万物以为广大",那就是"仍为旧说所拘"(《明儒学案》卷三十七)。在这些方面,他不能够从王守仁的影响下摆脱出来。

但黄宗羲讲心,也有与陆王不同之处。第一,陆王讲"人同此心,心同此理",强调心的永恒不变与唯一无二。黄宗羲却认为心是万殊的,是变化不测的。第二,陆九渊讲"本心",王守仁讲"心之本体",黄宗羲却说:"心无本体,工夫所至,即其本体。"(《明儒学案》自序)这否认了心有本来状态,修养所达到的境界就是心的本来状态。这里,他强调了"变化",强调了"工夫"。他认为,学术途径很多,"其途亦不得不殊",如果"必欲出于一途",是没有好处的。他强调说:"夫先儒之语录,人人不同,只是印我心体之变动不居,若执定成局,终是受用不得。"(同上)他这样反对"执定成局",主张自辟途径,也可以说是在一定程度上主张学术思想自由。在这点上,可以说富于启蒙思想的色彩。

第十五章
王夫之

王夫之,字而农,号薑斋,生于公元 1619 年(明神宗万历四十七年),死于公元 1692 年(清康熙三十一年),湖南衡阳人,因晚年隐居衡阳石船山,后人称为王船山。清兵到湖南,他曾召集义兵抵抗,失败后,曾参加南明桂王的政府。后来见事无可为,决计归隐,遁藏深山,窜身"瑶"洞,始终未剃发,得"完发以终"。王夫之著书极多,后人编为《船山遗书》,在哲学上最重要的是《周易外传》《尚书引义》《诗广传》《读四书大全说》《张子正蒙注》《思问录》《黄书》《噩梦》《俟解》《续春秋左氏传博议》《读通鉴论》《宋论》等。

王夫之反对豪强地主的特权,曾经多次指斥豪强地主对于农民的残酷迫害。他说:"豪强兼并之家,皆能渔猎小民而使之流离失所。"(《读四书大全说》卷一,以下简称《大全说》)他曾提出一种"差等以为赋税"的办法,即"轻自耕之赋,而佃耕者倍之"(《读通鉴论》卷二,以下简称《鉴论》),也就是用减轻自耕农的赋税,加重出租土地的地主的赋税的办法来限制土地兼并。这在当时也只能是一种空想。对于商人,他颇持鄙视态度,认为商人是戕害人民的,"生民者农,而戕民者贾"(《鉴论》卷三)。商人和暴君污吏相互勾结、相互利用,是靠剥夺别人来致富的。"贾人者暴君污吏所亟进而宠之者也。……贾人之富也,贫人以自富者也"(《鉴论》卷二)。他虽然指斥商贾贪利害民,但也承认商人有"通有无"的作用,是"不可缺"的(《宋论》卷二),肯定了商贾在国家经济生活中的重要作用。此外,王夫之又认为"农圃"和"商贾"同属于"小人",更强调"君子小人"是一个不可逾越的"大防"(根本界限),在他看来,封建等级制度是必须维持的。他对农民起义反抗封建制度也是竭力反对的。他的活动和理论研究,目的也还是寻找巩固封建统治的办法。他在接受了传统的重农抑商的思想之余,也指出了商人的作用,这可以说是反映了明代后期经济发展的情况,与市民阶层的兴起有一定的联系。

贯穿于王夫之思想中的最显著的特点是反对民族压迫和对于各思想学派的严肃批判精神。他对于历史上祸国殃民的暴君污吏,对于老庄思想,对于法家申韩学说中敌视人民的方面,对于汉代的天人感应论,对于佛教的一切唯心的理论,对于程朱学派及陆王学派,都进行了比较深刻的解剖和尖锐的批判。王夫之是明清之际重要的思想家,他的哲学思想可以说达到了中国古代哲学的高峰。

第一节 "气者理之依"

王夫之特别推崇张载,他继承并发展了张载的气一元论的学说。他认为,气是世界的唯一的实体,所谓理乃是气的内在的规律,是依凭于气的;气是有理的,然而没有离开气而自己存在的理。他说:"天人之蕴,一气而已。"(《大全说》卷十)这是说,自然世界和人类的实际内容只是气,气即物质存在。他又说:"气外更无虚托孤立之理也。""天下岂别有所谓理?气得其理之谓理也。气原是有理底。尽天地之间,无不是气,即无不是理也。"(同上)他肯定理在气中,理依凭于气,"气者,理之依也"(《思问录·内篇》),没有离开气而独立存在的理。

王夫之提出"天下惟器"的学说。所谓器就是具体的东西。"天下惟器"就是说世界上只有具体的东西是实际存在的。他说:"天下惟器而已矣。道者器之道,器者不可谓之道之器也。无其道则无其器,人类能言之;虽然,苟有其器矣,岂患无道哉?……无其器则无其道,人鲜能言之,而固其诚然者也。"(《周易外传》卷五)这里,所谓道指理而言,即是事物的规律;所谓器就是具体的物件。他说,道是器的道,器却不能说是道的器。人们都会讲,没有那道,就没有那器。其实,如果有了器,还怕没有道吗?可是人们却很少讲,没有器就没有那道。然而,这却是实实在在的情况。

他举例说:"未有弓矢而无射道,未有车马而无御道,未有牢醴璧币、钟磬管弦而无礼乐之道。则未有子无父道,未有弟无兄道。道之可有而且无者多矣。"(同上)这是说,没有弓矢,就没有射箭的道;没有车马,就没有驾车的道;没有那些礼器乐器,就没有礼乐的道。那么,没有儿子就没有父道;没有弟弟就没有兄道。事实上,可能有而现在还没有的道多得很。有某种事物,即有某种规律;没有某种事物,即没有某种规律。在某种事物还没有出现的时候,就不能说已有那种事物所表现的规律。规律不是永恒的,而是随着事物的发生而表现的。这样,王夫之明确地论证了事物与规律的关系,有力地反驳了程朱学派主张的理在物先的观点。世界中惟有具体的事物是实际存在的。

张载肯定了物质不灭,认为气是永恒的,不可能消灭的。王夫之继承了张载的物质不灭论,更作了进一步的发挥。他说:"以天运物象言之,春夏为生为来为伸,秋冬为杀为往为屈,而秋冬生气潜藏于地中,枝叶槁而根本固荣,则非秋冬之一消灭而更无余也。"(《张子正蒙注》卷一上)意思是说,从自然的变化来讲,春夏是生是来,秋冬是杀是往,然而秋冬是生气潜藏于地中,草木的枝叶虽然枯槁了,但它的根本还是充满着生命力的,并非秋冬一次消灭就什么也没有了。春夏固然是万物昌茂,秋冬却非消灭无余。他更举例说:一车柴草烧完了,但火焰、烟气、灰烬等,属木的仍归木,属水的仍归水,属土的仍归土,不过很细微,人们看不见罢了。水银见火就飞,不知飞到哪里,而终究是归于地上。有形的东西都消灭不了,何况那看不见的细微物质呢?于是,他得出结论说:"故曰往来,曰屈伸,曰聚散,曰幽明,而不曰生灭。"(同上)即只能讲往来、屈伸、聚散、幽明(隐显),而不能讲生灭。物质本身是不生不灭的。

王夫之更谈到"有无"问题,认为所谓无只是相对的无,没有绝对的无。他说:"言无者激于言有者而破除之也,就言有者之所谓有而谓无其有也。天下果何者而可谓之无哉?言龟无毛,言犬也,非言龟也;言兔无角,言麋也,非言兔也。"(《思问录·内篇》)这是说,谈无的命题只是对于谈有的命题的否定,就谈有的命题所谓有而加以否认。天下果真有什么东西可以叫做无吗?比如说龟无毛,只是说犬有毛,说龟和犬不同;说兔无角,只是说鹿有角,说兔和鹿不同。所谓无乃是对于有而言的,乃是对于一种特定的有加以否定而已。王夫之用这一观点否定了绝对的无,这也是对于张载学说的发挥。

王夫之认为,物质世界是无穷无尽的,而这无穷无尽的物质世界具有不依人的意志而转移的客观规律。王夫之更提出"诚"的观念来表示具有客观规律的客观实在。他说:"诚也者,实也,实有之,固有之也。……若夫水之固润固下,火之固炎固上也。"(《尚书引义》卷四)物质世界是客观实在,其中一切事物都有其固有的规律,有其固有的性质,如水的本性是"润下",火的本性是"炎上",确实如此,这就是诚。又如:"诚者则天之道也。二气之运行,健诚乎健,而顺诚乎顺;五行之变化,生诚乎生,而成诚乎成。"(《四书训义》卷二中)阳气是刚健的,确实是刚健;阴气是柔顺的,确实是柔顺。阴阳五行生成万物,万物确实是生成了,这也就是诚。物质世界是客观实在的,有其客观的变化过程,是人类共同认识的共同世界。所以说:"夫诚者实有者也,前有所始,后有所终也。实有者,天下之公有也,有目所共见,有耳所共闻也。"(《尚书引义》卷三)这里,所谓诚有两层意义,一指实在性,表示世界是不以人的意识为转移的客观实在;二指规律性,表示这客观实在的世界有其固有的不以人的意识为转移的客观规律。王夫之强调诚是一个最高的完备的观念,他说:"说到一个诚字,是极顶字,更无一字可以代释。"(《大全说》卷九)诚的观念是《中庸》的一个重要观念,王夫之给它以新的解释,作为他的哲学体系的一个重要范畴。

第二节 "日新之化"

王夫之提出了很多关于客观辩证法的思想。首先,他提出运动是绝对的,静止是相对的辩证法命题。他指出,运动是永恒的,而静止只是运动过程中的一种状态。他说:"太极动而生阳,动之动也;静而生阴,动之静也。废然无动而静,阴恶从生哉?一动一静,阖辟之谓也。由阖而辟,由辟而阖,皆动也。"(《思问录·内篇》)这是说,所谓太极动而生阳,这是动中之动;所谓静而生阴,这是动中之静。若是完全不起作用的无动的静,则阴从哪里生出来呢?一动一静,就是一闭一开,从闭到开,从开到闭,都是动啊。这也就是说,只有动中之静,没有绝对的静。他又说:"太虚者本动者也,动以入动,不息不滞。"(《周易外传》卷六)太虚,指天而言,也就是广大的自然,而自然是充满了运动的。

王夫之认为,天地万物都是时时刻刻变化更新的。他说:"天地之德不易,而天地之化日新。"天地的本性不改,天地的变化日新。今天的风雷不是昨天的风雷,所以知道今天的日月不是昨天的日月,不过形象相同罢了。由此可以推知今天的身体也不是昨天的身体,不过是昨天与今天的感觉相同罢了(见《思问录·内篇》)。他更广泛地举例来说明:江河的水,古今一样,但今水不就是古水。灯烛的光,昨今一样,但今火不就是昨火。水火变化切近,所以比较容易了解,日月变化遥远,所以难于觉察罢了。同样,指甲和头发每天生出新的,这是人们所了解的,然而肌肉也是每天在生出新的来,人们却没有觉察到。所以,他说:"人见形之不变,而不知其质之已迁,则疑今兹之日月为邃古之日月,今兹之肌肉为初生之肌肉,恶足以语日新之化哉?"(《思问录·外篇》)人们只看见形象不变,而不知道它内部质体已经改变了,竟认为现在的日月就是远古的日月,现在的肌肉就是初生的肌肉,这样怎么能跟他谈日新的变化道理呢?

事物为什么变化日新呢?王夫之指出,"易者,互相推移以摩荡之谓。……纯乾纯坤未有易也,而相峙以并立,则易之道在。"(《周易内传》卷一)这是说,变化的根源在于对立的两方面的相互作用。变化就是相互推移相互摩荡。单纯的阳,单纯的阴,就没有变化,阴阳相对立起来,于是就有变化了。关于对立面的相互关系,他作了比较深入的分析,他认为:对立两方面的统一就在于对立两方面本身的相互渗透,而不是有一个第三者把两者结合起来。他说:"两端者,虚实也,动静也,聚散也,清浊也,其究一也。实不窒虚,知虚之皆实。静者静动,非不动也。聚于此者散于彼,散于此者聚于彼。

浊入清而体清,清入浊而妙浊,而后知其一也,非合两而以一为之纽也。"(《思问录·内篇》)例如,虚实、动静、聚散、清浊,都是两方面,寻究根本都是相互统一的。实物并不能窒塞虚空,可知虚空也都是充满实物的。静是静而动,不是绝对的不动。在这里聚结的在那里散开,在那里散开的在这里聚结。浊使清具有形体,清使浊具有妙用。这就是两者的统一,并不是另外有一个东西作为两者的枢纽把两者统一起来。

王夫之在讲一个物体的表里时,谈到表里的一而二、二而一的关系。他说:"盈天地之间,皆器矣,器有其表者,有其里者,成表里之各用,以合用而底于成。……故合二以一者,既分一为二之所固有矣。……表里相待而二,二异致而一。"(《周易外传》卷五)这是说,一件东西,有表里两方面,这是"分一为二",表里合成一件东西,这是"合二以一"。他认为,"合二以一"是"分一为二之所固有",即认为"分一为二"是根本的,如果不是"分一为二",也就无所谓"合二以一"了。这里,他是讲一件东西的表里关系,还不是一般地讲一与二的关系。

王夫之认为,一切对立面都不是绝对对立的,而是相互转化相互包含的。他说:"天下有截然分析而必相对待之物乎？求之于天地,无有此也;求之于万物,无有此也。"(《周易外传》卷七)他举出天地、进退、存亡等例证说:"天尊乎上,而天入地中,无深不察;地卑于下,而地升天际,无高不彻,其界不可得而剖也。进极于进,退者以进;退极于退,进者以退。存必于存,邃古之存不留于今日;亡必于亡,今者所亡不绝于将来,其局不可得而定也。"(同上)这是说,天在上地在下,而天气入于地中,地气上升天际,没有截然的界限。进可转化为退,退可转化为进;远古的存在已经消亡了,而消亡的东西并非完全的绝灭,其分界也是不能固定的。

王夫之还讨论了物极必反的问题。他认为,事物固然是发展到极度然后才转到反面的,但事物发展到物极必反以前,并不是不动的,而是也在变化着的,不能把动与静绝对地割裂开来。他说:"方动即静,方静旋动。静即含动,动不舍静。……待动之极而后静,待静之极而后动,其极也唯恐不甚,其反也厚集而怒报之,……两间日构而未有宁矣。此殆以细人之衷测道者与!"(《思问录·外篇》)这是说,动了就会静,静了就会动,如果必须等到动极才静,等到静极才动,这样,极就唯恐它不过,那反过来也就是大大积聚了力量而进行过分的报复。那么,天地之间就日日斗争,没有宁息了。他认为,这大概是以狭窄的心情去推测真理的结果吧!变化的情况是复杂的,动与静的关系是辩证的。他指出了事物变化的复杂性。但在实际上,转化是有条件的,都是在一定条件下开始转化,不可能出现无条件的转化。王夫之还没有明确认识转化的条件性。而且,不论何种变化,斗争总是不息的。实际情况正是"两间日构而未有宁"。张载说过:"有象斯有对,对必反其为。有反斯有仇,仇必和而解。"他承认有斗争,但认为斗争必然归于和解,王夫之同意张载的这种观点,他说:"刚柔、寒温、生杀,必相反而相为仇;乃其究也,互以相成,无终相敌之理"(《正蒙注》卷一),也是承认斗争的存在,而以为斗争必归于和解。

第三节 "能必副其所"和"知以行为功"

在中国古代哲学中,主体的认识作用叫做"所以知",认识的客观对象叫做"所知"。后来翻译的佛典中有"能""所"的名词,能是能知,指主体的认识作用;所是所知,指客观认识对象。佛家以为所知是不能离开能知而存在的,王夫之解释"能""所"说:"境之俟用者曰所,用之加乎境而有功者曰能。能所之分,夫固有之。"(《尚书引义》卷五)这是说,外在环境等待认识作用去认识的叫做所,认识作用加于外在环境之上而有一定功效的叫做能,能所的分别是本来就有的。他进而指出,"乃以俟用者为所,则必实有其体。以用乎俟用而可有功者为能,则必实有其用"。即等待认识作用的是所知,这所知必然有它的实体;作用于客观对象之上而有功效的是能知,这能知必然有它的作用。所以他的结论是:"体俟用则所固以发能,用用乎体则能必副其所。体用一依其实,不背其故,而名实各相称矣。"(同上)就是说,客观实体等待主观作用,那么,所知本来是引起能知的;主观作用加施于客观实体之上,那么,能知就必须符合于所知。这才是能所的本来关系。他指出,佛家的最后归趋是"消所以入能,而谓能为所",即把客体消归于主观,而以主观为客体,那是根本荒谬的。在这里,王夫之明确肯定,"所固以发能","能必副其所",即能知的作用是所知引起的,而且能知一定要符合于所知,也就是说,主体的认识是客体所引起的,而且必与客体相应。

王夫之明确分别了主观活动与客观对象。他说:"所孝者父,不得谓孝为父;所慈者子,不得谓慈为子;所登者山,不得谓登为山;所涉者水,不得谓涉为水。"(《尚书引义》卷五)自然现象以及社会关系都是所知,耳目心思的认识作用是能知。"所著于人伦物理之中,能取诸耳目心思之用。"(同上)这样,能所有内外的区别,"所不在内","能不在外",认识的对象与认识的活动是有区别的。认识是主体的作用,而认识对象是离开主体的作用而客观独立存在的。

既然客观世界是独立存在的,所以,研究客观世界,应该努力考察客观实际,而不应进行主观臆测。王夫之强调,追求真理,研究宇宙的根源,必须从实际现象出发;不从客观现象出发,光凭主观臆想推测世界的根源,那是完全错误的。他说:"善言道者由用以得体,不善言道者妄立一体而消用以从之。"意思是说,正确的方法是从现象中发现本体,而不应该先凭主观随意设立一个本体,然后勉强把一切现象都归结于这假想的本体。

王夫之进一步指斥了不务实际,不顾客观事物,光凭一点"聪明"即加以主观武断的作风。他说:"人生而静以上,既非彼所得见矣,偶乘其聪明之变,施丹垩于空虚,而强命之曰体。聪明给于所求,测万物而得其影响,则亦可以消归其用而无余,其邪说自此逞矣。则何如求之感而遂通者,日观化而渐得其原也?"(以上《周易外传》卷二)这是说,事物的真正根源,既然不是不务实际者所能够认识的,所以他们就凭偶然的灵机一动,在虚空上涂抹一些颜色,武断地称之为本体。他们推测万物也看到一些表面,就把一切现象都归结到里边去,于是邪说就从此流行开来了。这哪里比得上在交互作用的现象中探索,日日观察变化,从而逐渐得到变化的根源呢?他认为"此亦言道者之大辨也",即理论研究的一个根本界限。

王夫之更强调应该"即事以穷理",就事物现象来探求其中的规律,反对"立理以限事",主观地设立一些原则来限制客观的情况。他说:"有即事以穷理,无立理以限事。"有些学者偶然见到一些道理就肯定下来武断地概括一切,"囿然仅有得于理,因立之以概天下",是完全错误的(见《续春秋左氏传博议》)。

王夫之分析了知觉发生的条件。他认为知觉的条件有三个,"形也,神也,物也,三相遇而知觉乃发"(《正蒙注》卷一上),即感觉器官,精神作用,客观对象,三者相遇,然后发生知觉。三者缺一,便没有知觉。客观物体是知觉的客观条件,感官和心是知觉的主观条件。他还认为,心和感官是密切联系的。心固然重要,但心的精神作用,依赖于五脏和五官。所以说:"一人之身,居要者心也。而心之神明散寄于五脏,待感于五官。"(《尚书引义》卷六)例如,"无目而心不辨色,无耳而心不知声,无手足而心无能指使。一官失用,而心之灵已废矣。"(同上)这是说,不靠感官,只有心是不能辨别颜色声音的。然而,另一方面,如果不用心,感官也不能发生应有的作用。心不在焉,就见如不见,闻如不闻。他说:"耳与声合,目与色合,……合故相知,乃其所以合之故,则岂耳目声色之力哉?故舆薪过前,群言杂至,而非意所属,则见如不见,闻如不闻。"(《正蒙注》卷四上)这就是说,耳有所闻,目有所见,也还要靠心的作用。

王夫之认为,耳目的作用是察声辨色,但只能认识事物的表面现象,心的作用是思维,就能认识事物的规律,对于事物的表里都能认识到。他说:"声色之丽耳目,一见闻之而然。……岂如心之愈思而愈得,物所已有者,无不表里之具悉。耳目但得其表。"(《大全说》卷十)这是说,感觉经验靠耳目等感官,思维是心的作用。他区别了感觉与思维,也就是区别了感性认识与理性认识。

王夫之分别了感性认识与理性认识,但对于二者的关系还没有明确的理解,而且有时割裂了两者的联系,这表现在他把格物致知分为二事。他认为,认识的途径有两个,"夫知之方有二,二者相济也,而抑各有所从。博取之象数,远证之古今,以求尽乎理,所谓格物也。虚以生其明,思以穷其隐,所谓致知也。……二者相济,而不容不各致焉。"(《尚书引义》卷三)这里他把认识分为两类,一是考察自然现象,研究历史过程,以求得事物的规律,这叫做格物。一是就原理原则加以分析,以穷尽其中的隐微,这叫做致知。二者是相互辅助的,但是途径不同。这里所谓格物可以说是由感性认识达到理性认识,而所谓致知则仅是理性认识,接近于西方哲学家所谓分析的知识。他又解释道:"大抵格物之功,心官与耳目均用,学问为主,而思辨辅助之。所思所辨者皆其所学问之事。致知之功则唯在心官,思辨为主,而学问辅之,所学问者乃以决其思辨之疑。"(《大全说》卷一)除了"心官与耳目均用"的格物以外,还有"唯在心官,思辨为主"的致知。这种不靠格物的致知是什么呢?他举了饥饱之感与孝慈的道德意识为例证,认为这些知识不是从经验得来的。他说:"吾心之知,有不从格物而得者。……如酒肉黍稻本以养生,只自家食量有大小,过则伤人,此若于物格之,终不能知,而唯求诸己之自喻,则固分明不昧者也。是故孝者不学而知,不虑而能,慈者不学养子而后嫁,意不因知而知不因物,固矣。"(同上)

他又认为,关于事物的认识是从耳目感觉达到思维,耳目的见闻是有限的,而思维的作用却是无限的。物质世界有其客观规律,即所谓理。人的眼虽然不能看到所有的颜色,耳虽然不能听到所有的声音,语言虽然不能表达所有的意义,但是心却能得到所有的道理。心可以说是"具体而微"的天。他说:"目所不见之有色,耳所不闻之有声,言所不及之有义,小体之小也。至于心而无不得矣。思之所不至而有理,未思焉耳。故曰尽其心者知其理,心者天之具体也。"(《思问录·内篇》)王夫之肯定一切理都是可知的,这是正确的;但他又讲心中即具有一切理,这表明他接受了程朱"理具于心"的观点,如说:"万物皆有固然之用,万事皆有当然之则,所谓理也。……具此理于中而知之不昧、行之不疑者,则所谓心也。……故理者人心之实,而心者即天理之所著所存者也。"(《四书训义》卷八)这是说,万物都有它固然的作用,万事都有它当然的准则,这就是所谓理。含有此理于其中,而认识明确、行动坚定,这就是所谓心。所以,理就是心的实在内容,心就是天理所在之处。这样,他虽然一方面批判了程朱理在事先的理论,另一方面却又同意了程朱理具于心的观点。

在知行问题上,王夫之批判了程朱的知先行后论和王守仁的知行合一论。知行问题也就是认识与实践的问题。但中国古代哲学中所谓行,主要是指日常活动与道德行为。王夫之所谓行主要指"应事接物"的活动,也指一般的用力去做。他说:"知行之分,有从大段分界限者,则如讲求义理为知,应事接物为行是也。乃讲求之中,力其讲求之事,则亦有行矣。"(《大全说》卷三)凡有所用力,也可谓之行,这是广义的行。行的主要意义还是"应事接物"。他认为,程朱讲知先行后是不对的,王守仁讲知行合一更是不对的,应该说行在先而知在后。他引《尚书·说命》的两句话说"知之非艰,行之惟艰";又引孔子的一句话说:"仁者先难而后获",认为难者在先,他说:"艰者必先也,先其难而易者从之易矣。"(《尚书引义》卷三)行难,所以行在先。他从行难知易来论证行先知后,这种论证是不精确的,但他肯定行在先,这是他的创见。他认为,"知也者,固以行为功者也;行也者,不以知为功者也。行焉可以得知之效也;知焉未可以得行之效也。"(同上)这是说,知是依靠行的,行却不必依靠知;由行可以得到知的效果,由知却未必能得到行的效果。同时,行可以包括知,知却不能包括行,知是不能脱离行的。所以说:"行可兼知,而知不可兼行。君子之学,未尝离行以为知也必矣。"(同上)这就是说,知行二者之中,行是根本的。

王夫之还指出,知行是相互作用的,所以也是互有区别的。同时,正因为两者有区别,才能够相互作用;如果没有区别,也就谈不上相互作用了。他说:"知行相资以为用。……则于其相互,益知其必分矣。同者不相为用,资于异者乃和同而起功,此定理也。"(《礼记章句》卷三十一)因此,王守仁讲知行合一,取消了知与行的区别,就完全错误了。王夫之指出,王守仁讲知行合一,其实是"以知为行",他所谓的知不是知,他所谓的行也不是行。退一步讲,他所谓的知还可以说"若有所见",而他所谓的行则确然不是行。因为,他是"以其所知为行"(《尚书引义》卷三)。这种"以知为行"也就是"销行以归知",因而也就完全否认了行的必要。

第四节 人性论与理欲论

在人性问题上,王夫之运用变化日新的观点,提出了别开生面的"性日生日成"论,对于人性不变的观点进行了批判。他肯定古语"习与性成"是正确的,习惯与本性相互作用、相互结合,习惯变了,本性也随而变化。他说,人类生活于自然界中,人的身体取给于自然界二气五行的材料,"二气之运,五行之实,始以为胎孕,后以为长养"。人的感觉和思想反映自然界的现象与规律,"口得之成味,目得之成色,耳得之成声,心得之成理"。自然界是变化日新的,人的身心各方面也都"日非其故",所以人的性也是日日新生的,是"日生而日成"的。由于"形日以养,气日以滋,理日以成",即身体日日发育,理性也日日成熟,所以,每一人的本性都在发展变化过程中,自幼而少,而壮,而老,本性随生活的变化而变化。同时,"目日生视,耳日生听,心日生思",所以,人的感觉和思想都是变化日新的。王夫之最后的结论是:"性屡移而异","性也者,岂一受成型,不受损益也哉?"(以上《尚书引义》卷三)没有一成不变的本性。这是王夫之在人性学说中独创的见解,他否认了人性固定不变的观点。

在这个"性日生日成"论中,王夫之也还保存了道德先验论的因素。他承认人初生时是接受了天赋的性的。他说:"初生之顷,非无所命也。何以知其有所命?无所命,则仁义礼智无其根也。"(同上)但他又说,如果不是日生日成,那初生的天赋是不起作用的。"年逝而性亦日忘也"(同上),人性主要还是靠后来的培养。

王夫之反对宋代周敦颐、二程等所讲的"主静"的道德修养方法,强调了动的重要性。他认为,与其讲静,不如讲动。性表现于情感,情感表现于才能,而情感与才能,都表现于活动。"与其专言静也,无宁言动。……性效于情,情效于才。情才之效,皆效以动也。"(《诗广传》卷一)他更认为,惟有动,才能调整自然的变化,才能作到人定胜天。他说:"圣人之志在胜天,不容不动也。……则为功于变化屈申之际,物无不感,天亦不能违也。"(《正蒙注》卷一)这也就是说,惟有动,才能积极地有所作为。

王夫之进一步提出对于程朱、陆王学派的理欲之辨的批判。在他看来,所谓天理人欲并不是绝对对立的,而是相互统一的,天理即在人欲之中,离开人欲也就无所谓天理。他说:"礼虽纯为天理之节文,而必寓于人欲以见。……故终不离人而别有天,终不离欲而别有理也。"(《大全说》卷八)他强调了生活欲望的重要性,反对禁欲主义,这在当时是具有启蒙意义的思想。他有时也强调天理,认为天理虽然不能脱离人欲,而人欲还应受天理的裁制。他又认为:"人欲之大公即天理之至正"(《大全说》卷三),"人欲之各得,即天理之大同"(《大全说》卷四),即人人的共同的欲望即是天理之所在。而这共同的欲望主要就是饮食男女之欲,"饮食男女之欲,人之大共也"(《诗广传》卷二)。

第五节 历史观

在历史观方面,王夫之提出了许多超越前人的新见解。首先,他阐发了历史进化的观点。他指出,历史是发展的过程,后来胜于往古,上古时代并不是理想的境界,秦汉以后的情况事实上比夏商周三代更好些。

道学家认为尧舜及夏商周三代是最好的时代,以后是一代不如一代。王夫之根据历史实际情况的研究,批驳了这种看法。他认为,"唐虞以前,无得而详考也,然衣裳未正,……婚姻未别,……人之异于禽兽无几也"(《鉴论》卷二十)。尧舜以前,文化未开,衣服还不完整,婚姻制度也没有建立起来,人民生活与鸟兽相去不远。"至于春秋之世,弑君者三十三,弑父者三,卿大夫之父子相夷,兄弟相杀,姻党相灭,无国无岁而无之。……孔子成春秋而乱贼始惧,删诗书定礼乐而道术始明。"(同上)到了春秋时代,社会道德还很低下,杀君杀父的事情屡见不鲜,孔子提倡教化以后,情况才逐渐变好些。这里把文化的进步完全归功于孔子,当然是不对的,但他所着重阐明的是"后世之民"比较"唐虞三代之民"实在好得多。他说:"然则治唐虞三代之民难,而治后世之民易,亦较然矣。"(同上)他更讲,中国黄帝以前跟野蛮种族差不多;伏羲以前,跟鸟兽差不多,不过是直立的兽罢了。"故吾所知者,中国之天下,轩辕以前,其犹夷狄乎!太昊以上,其犹禽兽乎!……所谓饥则呴呴,饱则弃余者,亦植立之兽而已矣。"(《思问录·外篇》)

王夫之断定今胜于古,打破了上古时代是理想境界的神话。他认为,三代是分封诸侯,贵族世袭;秦汉以后改为郡县制度,地方官吏不能世袭。官吏选择不当也会残害人民,但可随时撤换,比起世袭的贵族来总是好多了。秦汉以后,每一朝代的年数比三代为短,所以郡县制度并非于天子有利,但对于人民的害处是比较轻些了。这样,他肯定秦汉以后比上古三代好,历史是前进的发展过程。

王夫之进一步肯定,在历史的发展过程中,有其必然的发展趋势,而这发展趋势中有其内在的规律。他讨论了"理"与"势"的问题,提出理势统一的观点。他认为历史的固有规律与历史的必然趋势是相互统一的。他说:"势者事之所因,事者势之所就,故离事无理,离理无势。势之难易,理之顺逆为之也。理顺斯势顺矣,理逆斯势逆矣。"(《尚书引义》卷四)历史的发展过程,每一时期有它的必然趋势,这趋势就是理的表现。历史事件是由于必然趋势形成的,而趋势表现了事情中固有的规律。没有脱离势的理,也没有不表现理的势。他强调理势的统一说:"凡言势者皆顺而不逆之谓也,从高趋卑,从大趋小,不容违阻之谓也,夫然又安往而非理乎?知理势不可以两截沟分。"(《大全说》卷九)这是说,理与势不能割裂开来,当作两件事去看。他又认为,势的必然就是理的当然,"势之顺者即理之当然者已"(同上)。他的理势统一论与他在自然观方面的"理在气中"是一致的。他说:"其始之有理,即于气上见理,迨已得理,则自然成势,又只在势之必然处见理。"(同上)物质世界具有客观规律,在历史上,这客观规律便表现为必然的趋势。

王夫之更指出,历史的发展趋势是不以人的意志为转移的,历史向前发展常常是通过一些皇帝大臣的活动,这些皇帝大臣图谋自己的私利,却不一定实现自己的愿望,然而却促进了历史的向前发展,使历史前进一大步。他以秦始皇、汉武帝为例证说:"秦以私天下之心而罢侯置守,而天假其私以行其大公。""武帝之始闻善马而远求耳,……然因是而贵筑昆明,垂及于今,而为冠带之国,此岂武帝张骞之意计所及哉？故曰天牖之也。"(《读通鉴论》卷一、卷三)这是说,秦始皇为巩固自己的政权,废弃分封诸侯的办法,采取郡县制度。他的政权只两代就消灭了,郡县制度却从此确立起来,历史前进了。汉武帝为了实现自己的欲望,寻找好马,开通"西夷",结果使贵州云南等西南一带变成为文明地区。他讲,历史的这些发展变化,都是由于天,是天使之然。这里所谓的天是什么呢？他说:"夫岂有苍苍不可问之天哉？天者理而已矣,理者势之顺而已矣。"(《宋论》卷七)天乃指理而言,而理只是必然的趋势。他这里所谓天不是上帝的意志,不是绝对精神的作用,因为他不承认有在气之先的理,在本质上这里所谓的天乃是指历史的客观规律。王夫之认为历史发展有其客观的规律,秦始皇建立郡县制,汉武帝开发西南,主观上是追求私利,客观上是历史的客观规律与必然趋势在那里起作用。恩格斯说:"在黑格尔那里,恶是历史发展的动力借以表现出来的形式。"又说:"自从阶级对立产生以来,正是人的恶劣的情欲——贪欲和权势欲成了历史发展的杠杆。"(《费尔巴哈和德国古典哲学的终结》)王夫之可以说是朦胧地看到了这一类的事实。

王夫之阐明了历史进化的观点,并且认为在历史发展过程中有客观规律,而这规律即在于历史发展的必然趋势之中。这些都是深刻的见解。但是,在历史发展的根本动力这个问题上,他仍然认为英雄豪杰创造历史。他曾写过一篇《君相可以造命论》(《薑斋文集》),虽然断言君相"不能自造其命",却认为君相可以"造民物之命",即可以创造国家人民的命运。他肯定人定胜天,这是正确的,但他把人定胜天的作用,不是归之于人民,而是归之于所谓圣人,过分夸大了伟大人物的作用,这就根本错误了。

第十六章
颜元

颜元,字易直,号习斋,生于公元1635年(明思宗崇祯八年),死于公元1704年(清康熙四十三年),河北博野人。他的父亲是卖给蠡县朱家的养子,在颜元四岁时即去东北从军,他的母亲也在他十二岁时改嫁。颜元十九岁中秀才,二十岁时朱家因讼中落,生活由颜元"耕田灌园",劳动供养。他二十二岁时学医,二十四岁开私塾教书,此后多赖开药铺行医为生,晚年主持漳州书院。颜元是一个曾参加过劳动并与农民比较接近的知识分子。

颜元少年时学习炼丹,想做神仙,后又学兵法武术。二十四岁读陆王语录,"以为孔孟后身也,从之直见本心,知行合一"(《习斋记余》卷六),仰慕古代圣贤,自名其斋曰思古斋,写《存治编》。二十六岁读《性理大全》,转信程朱,立道统龛,供奉周、孔、程、朱等,"人或有一言疑论诸先生者,忿然力辩,如詈父母"(同上)。《年谱》说他"期于主敬存诚,虽耕稼胼胝,必乘间静坐,人群讥笑之,不恤也"。

他三十四岁时,义祖母死了,他按照朱熹所编的家礼尽哀,结果病倒了。邻居有人告诉他不是朱家的人,他才减哀。这时他发现《家礼》不合古礼,"因悟周公之六德、六行、六艺,孔子之四教,正学也,静坐读书,乃程朱陆王为禅学俗学所浸淫,非正务也"(同上)。他的思想由此经过一次大转变,改思古斋为习斋,著《存性编》《存学编》,对程、朱、陆、王进行激烈的批判。他死时年七十岁。他的弟子李塨(1659—1733)对他的思想有所发挥,后来被称为颜李学派,他们的著作收集在《颜李丛书》中。

颜元对明末李自成农民起义持反对态度,他曾说:"当闯祸之炎赫也,起三秦,盛河南,浸淫遍天下,如疾风之扫叶,如巨浪之摧杞,我三辅诸君子独标劲节……或力敌于僭伪之前,或守志于革鼎之后。"(《习斋记余》卷七)颜元主张对封建土地所有制进行改革,他曾提出井田的方案,"可井则井,不可则均",并且还批评反对井田的人说:"夫言不宜者,类谓亟夺富民田,或谓人众而地寡耳,岂不思天地间田宜天地间人共享之。若顺彼富民之心,即尽万人之产而给一人,所不厌也。王道之顺人情,固如是乎?"(《存治编·井田》)这似乎代表农民要求均田了。实际上,他的具体方案并不是取消地主土地所有制,而只是对这种所有制加以限制:"如赵甲田十顷,分给二十家。甲只得五十亩,岂不怨咨。法使十九家仍为甲佃,给公田之半于甲,以半供上。终甲身,其子贤而仕,仍食之,否则一夫可也。"(《年谱》)当然,在当时土地兼并日益严重的情况下,特别是清初朝廷在河北大量圈地的情况下,这种对兼并加以限制的改良主义思想,也是具有积极意义的。

清初在学校及考试制度中,仍继承明代传统,大力提倡程朱道学,康熙初年加强思想统治,开始兴文字狱,颜元在思想统治这样严厉的情况下,提倡"习行",对程朱道学痛加抨击,在理论上具有创见和勇气,在历史上也具有一定的进步意义。

第一节 "理气融为一片"

颜元认为,生成万物的材料是气,万物所以然的规律是理。他说:"生成万物者气也,……而所以然者理也。"(《言行录·齐家》)理与气是统一而不能分离的,因为"气即理之气,理即气之理"(《存性编》卷一)。但在二者之中,颜元肯定了气的主导地位,他说:"知理气融为一片,则阴阳二气,天道之良能也。元亨利贞四德,阴阳二气之良能也。"(《存性编》卷二)照他所说,气是阴阳二气,阴阳二气具有元亨利贞四德,其变化流行就形成春夏秋冬,然后产生万物。可见,就存在的形态说,气是主体,理是二气的良能。他接着又说:"化生万物,元亨利贞之良能也"(同上),化生万物的过程,是元亨利贞四德的作用使然。但并不是只有理在化生万物中起作用,因为他又说:"莫不交通,莫不化生也,无非是气是理也"(同上),表明理与气共同起作用。在这个作用中,理是不会"交通""化生",往来变化的,因而就化生万物的过程说,起主导作用的仍然是气。

在理与事的关系上,颜元更明确地提出了以事为主的观点。他认为,理表现在事上,并不存在事外之理。我们进行工作时,不能像程朱那样,仅仅停留在"明理"上,而必须"见理于事",这才能达到彻上彻下的境地。他说:"见理已明而不能处事者多矣。有宋诸先生便谓还是见理不明,只教人明理。孔子则只教人习事,迨见理于事,则已彻上彻下矣,此孔子之学与程朱之学所由分也。"(《存学编》卷二)他还认为,尧、舜、周、孔都是强调事或物的,如果不强调事物,就必然导致理与事物的割裂,从而将理作为虚悬的理,置于事物之上。他说:"夫尧舜之道而必以事名,周孔之学而必以物名,伊若预烛后世必有离

事物而为心口悬空之道,纸墨虚华之学。"(《习斋记余》卷三)

颜元认为,"见理于事",才能真正达到理事关系的统一,这样的统一也就是体用一致。体用一致的体用才是真体真用,佛教主张有无用之体,这不但取消了用,也取消了真正的体。所以他说:"盖吾儒起手便与禅异者,正在彻始彻终总是体用一致耳","盖无用之体,不惟真无用,并非真体也。"(《存学编》卷二)从另一方面说,用是粗率的,体是精微的;用是具体的,体是抽象的,问题的要害正在于有人只谈无用之体。他认为,这些人轻视粗率的具体的事物,悬空追求精微的抽象的道理,表面上谈玄说妙,实际上走入歧途。他指出,真正的学术提倡体用一致,就一定要从粗中求精。所以他说:"学之亡也,亡其粗也;愿由粗以会其精;政之亡也,亡其迹也,愿崇迹以行其义。"(《年谱》)

颜元认为,理表现在人身上是人的性,这个性也就是气质之性,性不能脱离气质而独立。他说:"不知若无气质,理将安附!且去此气质,则性反为两间无作用之虚理矣。"(《存性编》卷一)这就是说,性脱离气质,就不起任何作用,也不能是真正的性了。又说:"非气质无以为性,非气质无以见性也。"(同上)颜元在性与气质的关系上,同样也肯定了气质的主导地位。性与气质的关系,颜元有时也叫做性与形的关系,所以性形也是完全统一的。他说:"舍形则无性矣,舍性则无形矣。"(《存人编》卷一)

颜元肯定,理与气是统一的,性与形也是统一的,因而"理气俱是天道,性形俱是天命"(《存学编》卷一)。这是反对程朱理学把理气和形性割裂开来,对立起来的观点,反对他们把理和性说成是至善的,而把气和形说成是至恶的人性二元论观点。因此,他认为理气与性形都是至善的,不能说理善气恶、性善形恶。人的性命气质虽然有差别,但这种差别是程度的差别,不是性质的差别。这些程度的差别也是后天"引蔽习染"的结果,不是先天固有的。他指出,认为性命是善的,气质形体是恶的,这是佛老的思想。有些人受了佛老思想的影响,借儒家的招牌,贩卖佛老的货色,"于是始以性命为精,形体为累,乃敢以有恶加之气质,相衍而莫觉其非矣。"(《存性编》卷一)因而这些人提倡所谓"变化气质",把人人本来固有的形体看做可厌可弃的,"使人憎其所本有",结果使人人不愿习事,而用"山河易改,本性难移"做托词。

颜元认为,性与形既然是统一的,又都是至善的,因此并不需要"变化气质",而只需要知性、尽性。他说:"吾愿求道者,尽性而已矣。"(《存人编》卷一)尽性必须通过形体而不能离开形体。所以说:"失性者,据形求之;尽性者,于形尽之;贼其形则贼其性矣。"(同上)人的形体,就是人性作用的具体表现;外界事物,就是人性作用的具体对象。所以说:"吾身之百体,吾性之作用也。一体不灵,则一用不具;天下之万物,吾性之措施。一物不称其情,则措施有累。"(同上)这也就是说,据形尽性,既发挥了吾性的作用,也使外界的事物各称其情,各得其所。

颜元所提倡的"见理于事"的事,具体说来,就是指《周礼》的六德、六行、六艺等三物,《尚书》的六府、三事。《周礼》的六德是智、仁、圣、义、忠、和,六行是孝、友、睦、姻、任、恤,六艺是礼、乐、射、御、书、数。《尚书》的六府是金、木、水、火、土、谷,三事是正德、利用、厚生。从另一方面说,据形尽性也要以这些具体项目做对象,才能真正做到尽性,因而尽性与习事是一致的。所以他说:"六行乃吾性设施,六艺乃吾性才具。"(《存性编》卷一)只有在这些具体的事物方面下功夫,"身实学之,身实习之",才是尧舜周孔的正道,离开这些具体事物,别求所谓静坐读书之类,都是异端外道。他说:"唐虞之世,学治具在六府、三事,外六府、三事而别有学术,便是异端。周孔之时,学治只有个三物,外三物而别有学术,便是外道。"(《言行录·世情》)

颜元的思想最有特色的地方还在于运用这些观点,对宋明以来的道学进行激烈的批判。在这一点上,他超过同时其他的思想家。他抨击这些道学家脱离具体事物,空谈性理,完全像"打诨猜拳""捉风听梦"一样。他们自以为是妙道,洞照万象,其实是镜花水月,毫无用处。他说:"洞照万象,昔人形容其妙,曰镜花水月,宋明儒者所谓悟道,亦大率类此。吾非谓佛学中无此意也,亦非谓学佛者不能致此也,正谓其洞照者无用之水镜,其万象皆无用之花月也。"(《存人编》卷一)他们自以为超越尘世之上,达到了空静的最高境界,其实是"空静之理,愈谈愈惑;空静之功,愈妙愈妄"(同上)。

颜元认为,道学不论程朱或陆王,都自命为继承孔孟的真传,实际上完全与周孔所提倡的三事三物之学背道而驰。程朱一派"以主敬致知为宗旨,以静坐读书为功夫,以讲论性命天人为授受,以释经注传纂集书史为事业"(《存学编》卷一),完全不同于周孔所提倡的学习实事、实物,今日习礼、明日习射,这样的学术无怪乎受到陆王一派的讥评。他认为,这些讥评不是没有道理的,因为"此所谓自得孔子真传,天下后世亦或以真传归之,而卒不能服陆王之心者,原以表里精粗全体大用诚不能无歉也"(同上)。这是说,程朱学说割裂了体与用、精与粗,所以不能不遭到陆王的批评。

颜元说,陆王一派中,"陆子分析义利,听者垂泣;先立其大,通体宇宙,见者无不竦动。王子以致良知为宗旨,以为善去恶为格物,无事则闭目静坐,遇事则知行合一"(同上),这同样不是周孔所提倡的学习实事、实物,今日习礼、明日习射。这样的学术不能使程朱一派心服,也不是没有根据的,因为"此所以自谓得孟子之传,与程朱之学并行中国,而卒不能服真、许、薛、高之心者,原以表里精粗诚不能无歉也"(同上)。这是说,陆王学说同样破坏了体用一致和精粗无间的道理,所以不能不遭到程朱的反对。

颜元总括起来说,陆王一派批评程朱支离破碎,因为程朱特重书籍的训诂;程朱表面上也鄙视汉唐的训诂,实际上自己也陷在支离的训诂中不能自拔。程朱一派批评陆王虚无近禅,因为陆王专主本心的觉悟;陆王表面上也攻击佛老的虚无,实际上自己也沉溺在顿悟的虚无中不复自觉。如果用周孔的三事、三物作为标准,他们的思想本来就是支离与近禅,都不是正道。所以他说:"惟其不出于此,故既卑汉唐之训诂而复事训诂,斥佛老之虚无而终蹈虚无。以致纸上之性天愈透,而学陆者进支离之讥;非讥也,诚支离也。心头之觉悟愈捷,而宗朱者供近禅之诮;非诮也,诚近禅也。"(同上)

他不仅从学术思想的根本观点批判道学的支离与空虚,而且从道学所造成的后果加以抨击。他说,在道学的影响下,政治腐化,风俗败坏,人才寥落,生民沦丧,不论程朱或陆王,都负有同样严重的责任,只要想到这一点,就不能不使人感到伤心。他痛心地指出:"果息王学而朱学独行,不杀人耶!果息朱学而独行王学,不杀人耶!今天下百里无一士,千里无一贤,朝无政事,野无善俗,生民沦丧,谁执其咎耶?吾每一思斯世斯民,辄为泪下。"(《习斋记余》卷六)颜元认为,不论程朱还是陆王,学术的一家独行,必然导致"杀人"的结果。这样的抨击的确是尖锐和严厉的。

颜元还认为,宋明道学实是集中国历史上汉晋释老无用学术之大成。中国几千年中大混乱、大停滞的局面,从学术上说,就是由于训诂、清谈、禅宗、乡愿四者作怪。而宋明道学的虚浮无用,鱼目混珠,与四者比较,却有过之而无不及。他说:"宋明之训诂,视汉不益浮而虚乎?宋明之清谈,视晋不益文而册乎?宋明之禅宗,视释道不益附以经书冒儒旨乎?宋明之乡愿视孔孟时不益众悦、益自是、不可入尧舜之道乎?"(《习斋记余》卷九)因此,他认为,宋明道学在思想上造成的混乱是空前的,对生民的毒害是不可估量的。他说:"仆尝有言,训诂、清谈、禅宗、乡愿,有一皆足以惑世诬民,宋人兼之,乌得不晦圣道误苍生至此也!仆窃谓其祸甚于杨墨,烈于嬴秦,每一念及,辄为太息流涕,甚则痛哭。"(《习斋记余》卷三)在这些言论中颜元也表现出反理论思维的明显偏向。

颜元还指出,这些道学家吸收历史上虚浮无用的思想愈多,就愈迫切标榜他们继承的是尧舜周孔的正统,因而更易鱼目混珠,搅乱周孔的正学。异学外道只能从外部对周孔的正学造成一些危害,但不能动摇正学的根基。只有这些冒称正学的假学,似是而非,最容易动摇正学的根基,通过篡改的办法毁灭正学。因此,他激愤地说:"天下宁有异学,不可有假学。异学能乱正学而不能灭正学,有似是而非之学乃灭之矣。"(《年谱》)颜元接触当时社会的现象愈广,了解社会的风气愈深,就愈觉得假学为害的严重,认为必须划清禅宗、程朱与周孔的界限,才能真正恢复孔门正学的本来面貌。他说:"日一南游,见人人禅子,家家虚文,直与孔门敌对。必破一分程朱,始入一分孔孟。乃定以为孔孟程朱,判然两途,不愿做道统中乡愿矣。"(《年谱》)

第二节　习行格物

颜元认为,认识的基础在客观的认识对象中,在客观的事物中,而不是在认识的主体中。他说:"知无体,以物为体。"(《四书正误》卷一)认识主体进行认识活动时,首先必须有客观事物作为对象,然后才能发生作用,获得认识。所以他说:"人心虽灵,非玩东玩西,灵无由施也。"(同上)这正如眼睛的视觉一样,必须以外界有形色的物体作为基础,否则,眼睛的视觉没有对象,也不能构成视觉作用。

他指出,佛教正是违背了这个基本观点。佛教认为,根本不需要以客观事物作为对象,"惟阖眼内顾,存养一点性灵"(《存人编》卷一),就可以"洞彻万物"。颜元批评说,这就如同瞎子坐在暗室中,"耳目不接天下之声色,身心不接天下之人事"(同上),却吹嘘可以得到"妙悟"。

颜元一方面肯定认识对象在认识的过程中起主导作用,另一方面又强调认识主体获得认识时,必须发挥能动的作用。他认为,认识对象是客观的"物",而要获得有关这些具体事物的认识就必须"格物",即动手实做这些实事实物。他说:"格物之格,王门训正,朱门训至,汉儒训来,似皆未稳……元谓当如史书'手格猛兽'之格,'手格杀之'之格,乃犯手捶打搓弄之义,即孔门六艺之教是也。"(《习斋记余》卷六)这就是说,认识主体的能动作用,必须结合认识对象进行活动,对认识对象的事物进行"捶打搓弄",才能获得对这事物的认识,这才叫做"格物"。过去王守仁认为格物就是正心,朱熹认为格物就是即物穷理,郑玄认为格物就是知于善深则来善物等,这些人都脱离对客观事物进行能动的"捶打搓弄"而谈论主体的认识作用,这既错误地了解格物的意义,也就不能获得真正有关客观事物的认识。

颜元所谓物的主要内容,就是指"孔门六艺之教",所以他经常用如何学礼、学乐来解释他所谓的格物。他说学礼时,"任读几百遍礼书,讲问几十次,思辨几十层,总不算知"(《四书正误》卷二),一定要实地去做这些实事,"跪拜周旋,捧玉爵,执币帛",这样亲下手一番,才能真正知道什么是礼。又如,要知乐时,"任读乐谱几百遍,讲问思辨几十层,总不能知"(同上),一定要实地去做这些实事,"搏拊击吹,口歌身舞",这样亲下手一番,才能真正知道什么是乐。按照颜元的观点,心中想过,口中说过,纸上写过,一切只在言语文字上做工夫,都没有实际的价值,都不能算作真知识。只有"犯手实做其事",这样才是格物,才是获得真正知识的致知。

颜元认为,格物是"犯手实做其事",因而这样的格物才能具有实际的效果,经得起实际的检验。凡属没有实际效果的认识不能算是格物。颜元长期行医,他以行医为比喻说,"止务览医书千百卷,熟读详说,以为予国手矣"(《存学编》卷一),如这种人不学"诊脉""针灸"等医疗的实际技术,虽然"书日博,识日精",也不能获得实际的效果,解决实际的问题,不能算明医,"而天下之人病相枕、死相接也,可谓明医乎"(同上)。

颜元所谓格物,要求"犯手实做其事"和具有实际的效果,这样的"格物"他也称为"习行"。他认为习行才是孔子思想的主要宗旨。他说:"孔子开章第一句道尽学宗。思过谈过,总不如学过。一学便住也终殆,不如习过;习三两次,终不与我为一,总不如时习方能有得。习与性成,方是乾乾不息。"(《言行录·学习》)这就是说,习行不但要求踏踏实实学习具体事物,而且要求反反复复地学,才能做到"与我为一",才能达到"性与习成"。他举学琴为例,"歌得其调,手娴其指",这只能叫做"学琴",不能叫做习琴;"手随心,音随手",这开始叫做"习琴",还不能叫做"能琴","心与手忘,手与弦忘",这才叫做"能琴"(《存学编》卷三)。他认为,认识就是要求"只向习行上做工夫"(《言行录·王次亭》),即能精通具体的事物,像"能琴"的琴手一样。

颜元认为,以具体事物作为学习对象的习行,若能上下精粗无所不通,固然是最高的成就;但这样的学习目的,并不是每个人都能做到的,甚至是大多数人做不到的。因此,一般说来,就六艺中要求精通一艺,这比大而无当要求所谓全体大用要切实得多。他说:"上下精粗皆尽力求全,是谓圣学之极至矣!不及此者,宁为一端一节之实,无为全体大用之虚。如六艺不能兼,终身只精一艺可也。"(《存学编》卷一)但在宋明道学思想的影响下,却常常有人要求内圣外王,无所不通,其结果是"最易自欺欺世,莫道一无能,其实一无知也"(《言行录·习过之》)。他并且还提出,精通一艺的人也就是为圣为贤,对人民造福不浅。他这样突出强调精通一艺的人的崇高地位,正是他以习行为主的认识论中比较独到之处。他说:"人于六艺,但能究心一二端,深之以讨论,重之以体验,使可见之施行,则如禹终身司空,弃终身专稼,皋终身专刑,契终身专教,而已皆成其圣矣!如仲之专治赋,冉之专足民,公西之专礼乐,而已各成其贤矣!不必更读一书、著一说,斯为儒者之真而泽及苍生矣。"(《习斋记余》卷三)

颜元以习行作为他的认识论的中心思想,最反对以读书作为认识的目的,这是他的认识论中另一具有独特色彩的地方。他反对以读书作为求得真理的主要手段,更反对以读书为获得真理。他说:"以读经史订群书为穷理处事以求道之功,则相隔千里;以读经史订群书为即穷理处事而曰道在是焉,则相隔万里矣。"(《存学编》卷二)他比喻说,通过读书"讨来识见议论",正如望梅止渴、画饼充饥一样,没有真实的作用。他甚至认为,读书就如吞砒霜一类毒药一样,只能损人神智气力。他还认为:"读书愈多愈惑,审事愈无识,办经济愈无力。"(《朱子语类评》)这是说,不能去习行,而只知读书的人,书读得愈多,思想就愈混乱,审理事情就愈无见识,处置实际工作也愈无能力。因此,他又说,朱熹曾提倡读尽天下书,提倡每篇经典著作要读三万遍;因此,"千余年来,率天下入故纸中,耗尽身心气力,做弱人、病人、无用人者,皆晦庵为之也"(同上)。颜元这种反对读书求知的思想,既有批判理学的积极一面,也有其反智主义的偏颇之处。

在颜元以前,王守仁提倡知行合一,也已将"行"作为认识论的中心思想,过去就有人说颜元"其学大概源出姚江而加以刻苦"(《四库提要》评《存性编》)。实际上,颜元的根本观点与王守仁差别甚大。王守仁所谓的行,并不是指实际去做的行。他重视行,是认为必须有行,才能完成良知的知。良知的知是先天的,行只是致良知的最后阶段而已。颜元却认为真知必依赖于行,受行的检验。他的习行说是行先知后,行中生知,反对有先天的良知。因此,颜元提倡习行为主的认识论,在中国哲学史的发展上有其独特的地位。

第三节　功利主义

颜元舍形无性的思想,认为人的形质不但不是人性的累害,而且正是实现人性的条件。而人的欲望可以满足人的形体各方面需要,因此也是人性的必然表现。颜元认为,这种物质欲望即使比较奢华,也是人情之常,不能像程朱那样将其看做具有罪恶的性质。所以他说:"故礼乐缤纷,极耳目之娱而非欲也";"位育乎成,合三才成一性而非侈也。"(《存人编》卷一)至于男女夫妇更是人的真情至性的表现,"故男女者,人之大欲也,亦人之真情至性也"(同上)。佛教主张出家,这是灭弃人性;道学家诋毁人的物质欲望,也是拂逆人性;这都是应该批判的。颜元曾讥笑佛教徒说,假使没有男女之情,释迦都不会出生,"今世又乌得佛教?"(《年谱》)

颜元也接受了宋明以来区分天理人欲的思想。他说:"理欲之界若一毫不清,则明德一义先失。"(《言行录·理欲》)在这一点,他与宋明道学的界限并不完全清楚。前面已说到,他认为由气质变化而产生不好的人欲,不是人的气质本然如此,而是后天"引蔽习染"造成的。而他所谓人欲的具体内容也比较严格,不像朱熹等人那样广泛。他还特别强调劳动可以克服"邪妄之念"的人欲。他说:"吾用力农事,不遑食寝,邪妄之念,亦自不起。若用十分心力,时时往天理上做,则人欲何自生哉。信乎,力行近乎仁也。"(同上)这与他提倡习行的思想结合较密,都是与过去一般的禁欲主义思想有所不同的。更重要的是他将个人利欲与社会的功利加以明确区别,在社会政治思想上宣扬功利主义思想。董仲舒提出"正其谊不谋其利,明其道不计其功",受到宋明道学家的特别赞扬。颜元认为,这种反功利的思想只是掩饰"其空疏无用之学",正确的原则应该是:"正其谊以谋其利,明其道而计其功。"(《四书正误》卷一)所以,他认为,道与功,义与利,是完全统一的,"正谊便谋利,明道便计功"(《言行录·教及门》)。当然,马上要求立竿见影,这是狭隘的实用的观点,就像拔苗助长一样,固然是错误的。但全不谋利计功,空谈什么道义,这不是佛教的空寂之说,就是迂腐儒生的空论。他说,"世有耕种而不谋收获者乎,世有荷网持钓而不计钓鱼者乎?"(同上)颜元注重实际的功利,有时推到极端,认为除圣贤所流传的礼乐外,"后世诗、文、字、画,乾坤四蠹也。"(《年谱》)即是说,其他文学艺术都是社会的祸害。

颜元还认为,古代王道政治的"精意良法"即是功利主义的富国强兵,实行奖励耕战的制度,所以说:"治农即以治兵","教文即以教武。"(《存治编·治赋》)他还根据这个原则提出他的政治纲领说:"如天不废予,将以七字富天下,垦荒、均田、兴水利;以六字强天下,人皆兵,官皆将;以九字安天下,举人才,正大经,兴礼乐。"(《年谱》)孟子也自称要实行王道,但孟子的所谓王道却反对功利主义的耕战政策,主张"善战者服上刑"之类。颜元认为,善于耕战的人,"自是行道所必用,如何定大罪、服上刑?"(《言行录·王次亭》)因此,他认为孟子的这一点不符合孔门真正王道的精神,是他所"不愿学处"。颜元这些观点当时被他的朋友认为夹有"杂霸"思想,他也不以为然。

颜元特别强调古代王道的功利主义,提倡整军经武,使人人皆以从军为荣。他说:"军者,天地之义气,天子之强民,达德足勇,天下之至荣也。故古者童子荷戈以卫社稷,必葬以成人之礼,示荣也。"(《言行录·不为》)后来,这个传统消失了,重文轻武,宋朝已开始突出。当时学习骑射的人受人轻视,结果使人人变成白面书生,柔弱像妇人女子,甚至连一点"豪爽倜傥"的气概都没有了,怎么能不使国家日益贫弱呢?明代继承这个遗风,"衣冠之士羞与武夫齿,秀才挟弓矢出,乡人皆惊,甚至子弟骑射武装,父兄便以不才目之"(《存学编》卷二)。在这样鄙视习武的影响下,"疆场岂复有敌忾之军乎?"(《言行录》)他认为,明代亡国,这不能不是重要原因之一。

颜元的功利主义思想，应用到评价历史人物时，发挥得比较具体，并且还提出一些独到的见解。例如，王安石的功过，宋明以来，就有不同的评价，贬斥王安石的人比较多。他认为，王安石所行的新法，大都是富国强兵的良法，王安石所用的人才，多属治国安邦的人才。在当时环境下，王安石敢于独排众议，使用一些人才坚持新法，实在是一个特立独行的人。他说："荆公之所忧，皆司马韩范辈所不知忧者也，荆公之所见，皆周程张邵辈所不及见者也。荆公之所欲为，皆当时隐见诸书生所不肯为、不敢为、不能为者也。"（《习斋记余》卷六）可是就因为他想富国强兵，抵抗民族压迫，却遭受诬谤。因此，他深为感慨地说："所恨诬此一人，而遂普忘君父之仇也，而天下后世遂群以苟安颓靡为君子，而建功立业欲挹拄乾坤者为小人也。岂独荆公之不幸，宋之不幸也哉！"（《年谱》）实际上，他是感慨王道功利主义的长期沦丧。

颜元特别愤恨宋朝反功利思想所造成的危害，认为是风气衰败、社会动乱的主要原因。他说："宋人但见料理边疆，便指为多事；见理财，便指为聚敛；见心计材武，便憎恶斥为小人，此风不变，乾坤无宁日矣！"（《年谱》）他还认为，造成这种反功利思想的流行，朱熹实为罪魁祸首。他说："及其居恒传心，静坐主敬之外无余理；日烛勤劳，解书修史之外无余功；在朝莅政，正心诚意之外无余言。以致乘肩舆而出，轻浮之士遮路而进厌闻之诮。虽未当要路而历仕四朝，在外九考，立朝四旬，其所建白概可见也。"（《存学编》卷三）当时，在"静坐主敬"，"解书修史"风气的影响下，反对实学，鄙视功利，结果是"士无学术，朝无政事，民无风俗，边疆无吏功"（《习斋记余》卷九）。因而在北方民族的压迫下称臣纳币，这些人口口声声以圣贤自许，到民族危急时，根本不能有丝毫作为，"无事袖手谈心性，临危一死报君王，即为上品矣！"（《存学编》卷一）颜元还讥讽这些人甚至不能做一个孝子，奋起进行抵抗；而只能做一个孝女，在无可奈何下以死报国。他说："前之居汴也，生三四尧孔，六七禹颜；后之南渡也，又生三四尧孔，六七禹颜，而乃前有数圣贤，上不见一扶危济难之功，下不见一可相可将之材，两手以二帝畀金，以汴京与豫矣！后有数十圣贤，上不见一扶危济难之功，下不见一可相可将之材，两手以少帝付海，以玉玺与元矣！多圣多贤之世，而乃如是乎？噫！"（《存学编》卷二）这些讲法是非常尖锐的。

但颜元所谓三事三物之学，主要内容仍以封建的礼乐为主，封建社会的六德、六行等道德规范也包括在内，与具体的事物混淆不清。他仍崇奉周、孔为完美无缺的圣人，政治上提倡复古，甚至主张恢复宫刑和领土分封制，强调男女有别，说什么"妇女性阴，可束而不可顺"（《年谱》）。这都是迂腐的。他的功利主义也还停留在古代以耕战为主的富国强兵思想上，与当时南方新兴的工商业没有联系起来，缺乏时代的色彩，这都是他的局限之处。

第十七章
戴震

戴震,字东原,生于公元 1724 年(清世宗雍正元年),死于公元 1777 年(清乾隆四十二年),安徽休宁人。他出身小商人家庭,自己早年也曾从事于负贩,经常靠教书维持生活。曾中乡举,但未考中进士。乾隆时修《四库全书》,特召为纂修官,校订天算地理书籍。他对于天文算学地理等自然科学都有研究,同时更针对着当时占统治地位的官方哲学提出了自己的学说。他的著作很多,后人编为《戴氏遗书》,其中主要哲学著作是《原善》《孟子字义疏证》。

第一节 清代前期的社会情况与戴震的学术倾向

清代统治的初期,对于广大劳动人民和知识分子,实行民族高压政策,对任何反抗清政府统治的言行都加以严厉的镇压。同时对知识分子又采取拉拢、收买的办法,设立"博学鸿词科",招揽汉族有名望的知识分子。但当时一些反对民族压迫的学者,都拒绝"征召",不肯与清朝统治者合作。康熙时特别表扬程朱理学,招集了一些人,编纂了一些书,尊崇程朱理学是唯一的"正学",当时有些陆王学派的人也受到重用。

颜元的弟子李塨,号恕谷,河北蠡县人。李塨发挥了颜元的学说,提出"理在事中"的命题,他说:"夫事有条理曰理,即在事中。今曰理在事上,是理别为一物矣。理虚字也,可为物乎? 天事曰天理,人事曰人理,物事曰物理。诗云有物有则,离事物何所为理乎?"(《论语传注问》)程朱以为理是形而上的,在事物之先,那就是讲"理在事上",实际上,理只是事物的规律,是不能离开事物而独存的。颜李学派是当时反对程朱学派和陆王学派的新学派,但影响不大。后来戴震可能看过颜李的书,受到颜李学派的启发。

清代学术以训诂考据之学为主流。顾炎武虽然讲训诂考据,但他的中心思想是"通经致用",强调对于现实问题的探讨。清代从事训诂考据的学者却无人继承顾炎武的这一方面,专在故纸堆中讨生活。乾隆时期,统治者除了推崇程朱理学之外,也提倡考据学。

清代中期,在训诂考据方面有很高成就,同时对于哲学思想也有重要贡献,并提出了对于程朱陆王有力批判的思想家,是戴震。

戴震生存的时代,社会经济有进一步的发展,工商业比较繁荣,而统治者对文化思想的控制也比以前更为加甚。同时用残酷的手段镇压人民的反抗。清代各级有权力者常用"名教""义理"来为自己的统治辩护。在这种情况下,戴震提出对于程朱理学的深刻批判,反驳了所谓"理欲之辨",揭露了当时"以理杀人"的罪恶。他的思想在一定程度上反映了工商业发展的要求、反映了当时市民阶层的意识。

第二节 "气化即道"

戴震提出了一个简明而完整的自然观。他肯定,所谓"道"即是气化,也就是物质变化过程。他认为,道字的本义指变化过程,"道言乎化之不已也"。(《原善》上)这个变化过程乃是阴阳五行之气的变化过程,"道犹行也。气化流行,生生不息,是故谓之道。易曰一阴一阳之谓道。洪范五行,……行亦道之通称。"(《孟子字义疏证》卷中)阴阳五行就是道的实际内容,"阴阳五行,道之实体也"(同上)。这样,道就是物质世界的变化过程。张载说过:"由气化,有道之名。"戴震认为,道即气化,这和张载是一致的。张载、戴震以道为气化,程颐、朱熹以道为理,他们都讲道,但所谓道的意义根本不同。

程朱认为,理是"形而上"的,气是"形而下"的。戴震提出对于"形而上""形而下"的新解释,批评了程朱的说法。他指出,气就是"形而上"的,不应以"形而上"为理。他说:"气化之于品物,则形而上下之分也。形乃品物之谓,非气化之谓。……一阴一阳流行不已,夫是之为道而已。"(《孟子字义疏证》卷中)这是说,气化是形而上的,具体的"器"才是形而下的。他更明确指出,《易传》所谓"形而上",即指"形以前";所谓"形而下",即指"形以后"。不但"阴阳之未成形质"是形而上的,就是"五行之气",也是形而上的,那"有质可见"的五行才是形而下的。他这样讲,意在证明程朱的说法不符合古代儒家经典的原意。

戴震指出,气化过程的基本内容就是"生生"。他说,"气化之于品物,可以一言尽也,生生之谓与!"(《原善》上)而所谓生就是运动变化,"生者动而时出"(同上)。气化即是物质运动变化的过程。

这生生不已的气化过程不是紊乱的,而有一定的"条理","由其生生,有自然之条理"(《孟子字义疏证》卷下)。这条理是"秩然有序"的,是"截然不可乱"的。惟其有条理,所以运动变化连续不已,如果没有条理,运动变化也就不能持续了。他说:"惟条理是以生生;条理苟失,则生生之道绝。"(同上)这也就是说,自然世界的根本情况就是生生而条理,"一阴一阳,其生生乎,其生生而条理乎!"(《原善》上)

戴震指出,所谓理就是气化过程中的条理。他又认为,理就是事物之间的区别,也就是事物变化中不变的规律。他说:"理者察之而几微必区以别之名也,是故谓之分理。""是故明理者明其区分也。"(《孟子字义疏证》卷上)这也就是说,事物之间的细微区别就是理。他又说:"分之各有其不易之则名曰理"(同上),即不同的事物各有不同的规律,这就是理。

戴震谈理,特别注重"区分"。他认为,理就是不同种类的事物之间的区分,也就是每一类事物所具有的特殊规律。这是戴震关于理的学说的一个特点。他反对程朱所谓"万物一理"的说法,他指出,每一类事物有其一定的规律,这本来很明显,"举凡天地人物事为,求其必然不可易,理至明显也"。但程朱却把理看做超越事物的实体,"从而尊大之,不徒曰天地人物事为之理,而转其语曰理无不在,视之如有物焉"(《孟子字义疏证》卷上)。这被看做超然的实体的理,实际上是没有的,是虚假的。"将使学者皓首茫然,求其物不得"(同上)。这是说,只有事物的条理,并没有超越事物的理。

戴震认为:庄子讲所谓"真宰",佛家讲所谓"真空",都是认为在天地事物之上还有一个超越的实体;佛家又讲"神识",而"以神为有天地之本"(《孟子字义疏证》卷中);程朱所谓理乃是从老庄佛家所谓真宰、真空、神识等观念转化而来的。他说:"老庄释氏尊其神为超乎阴阳气化,此尊理为超乎阴阳气化。"(《孟子字义疏证》卷上)"其以理为气之主宰,如彼以神为气之主宰也;以理能生气,如彼以神能生气也。"(《孟子字义疏证》卷中)他认为程朱只是用理的观念来代替佛家所谓神识,"改其指神识者以指理"(同上)。

戴震认为,在气化生生的过程中,也有相对的静止,叫做"息"。他说:"生则有息,息则有生,天地所以成化也。"(《原善》上)这是说,从生而息,从息而生,连续不已,这就是天地化生万物的过程。他更举例解释说:"卉木之株叶华实,可以观夫生;果实之白,全其生之性,可以观夫息。"(同上)草木长叶开花结果,这是生;果实中的白仁,保全了生机,这是息。息是运动的潜伏状态,其中包含了生的潜能。生生的过程中有暂时的间歇,这是永恒的运动借以延续不绝的条件。

戴震讲"生生而条理",主要是讲自然的变化过程有一定的规律,但他有时把自然过程的规律和封建道德的标准混同起来,认为"生生而条理"就表现了仁、礼、义,"生生"是仁,"条理"是礼与义。他说:"生生者仁乎!生生而条理者,礼与义乎!"(《原善》卷上)这是认为,"条理之秩然有序",表现了礼;"条理之截然不可乱",表现了义。在这方面,他还没有完全摆脱程朱思想的影响。

第三节 "血气心知"

在认识论上,戴震首先肯定自然界是在先的,人是天地所生成的。他说:"有天地,然后有人物"(《原善》上),"人也者,天地至盛之征也。"(《原善》中)这是说,人类是天地之间最高等的生物。他指出,人的认识作用是以人的生理机构为基础的,"有血气,夫然后有心知"(同上)。这里,血气指活的身体,人的身体是人的意识的基础。

戴震指出,客观世界是人的感觉经验的来源,人的感觉器官的形成实以物质世界的实际情况为根据。因为世界上有声、色、臭、味等现象,所以人就有耳、目、鼻、口等感官。他说:"盈天地之间,有声也,有色也,有臭也,有味也,举声色臭味则盈天地之间者无或遗矣。外内相通,其开窍也,是为耳目鼻口。"(《孟子字义疏证》卷上)戴震更肯定:"耳之能听也,目之能视也,鼻之能臭也,口之知味也,物至而迎而受之者也。"(《原善》中)这是说,人的感觉乃是外物的作用所引起的,外物作用于我们的感官,然后发生感觉。外部世界是人的感觉的来源。

戴震认为,人在感官之外还有心,心是主宰感官的。他说:"心之精爽,驯而至于神明也,所以主乎耳目百体者也。"(《原善》中)同时,心有知识,心的知识可以发展到神明的境界。"心之精爽以知,知由是进于神明"(同上)。心的作用是思,"心之精爽,有思辄通"。他又说:"孟子曰:'耳目之官不思,心之官则思',是思者心之能也。精爽有蔽隔而不能通之时;及其无蔽隔,无弗通,乃以神明称之。"(《孟子字义疏证》卷上)这里所谓神明,就是思无不通,但心的神明也是以身体为依据的。

戴震指出:感官的作用是辨别声色臭味,而心的作用是辨别"理义"。声色臭味是客观的,耳目鼻口能辨别它;理义也是客观的,心能辨别它。他说:"味也,声也,色也,在物而接于我之血气,理义在事而接于我之心知。血气心知,有自具之能:口能辨味,耳能辨声,目能辨色,心能辨夫理义。"(同上)所以说,味声色与理义都是外在的,并不在心中。"味与声色在物不在我,接于我之血气,能辨之而悦之;……理义在事情之条分缕析,接于我之心知,能辨之而悦之"(同上)。声色味在物,在于自然界;理义在事,这里所谓事包括了自然界中与人类生活的现象。

于是,戴震提出了对于程朱学派"理具于心"的批判。朱熹认为心中有理,理是"得于天而具于心"的。戴震指出:所谓理是客观的,存在于事物之中,而不是存在于心中。心所具有的只是认识作用,由于有这认识作用,心就能辨别客观事物中的理。辨别事物的理,这是心的独特的作用。他强调理是心所照所察的对象。他说:"故理义非他,所照所察者之不谬也。……理义岂别若一物,求之所照所察之外?"(《孟子字义疏证》卷上)他又说:"就事物言,非事物之外别有理义也,有物必有则,以其则正其物,如是而已矣。就人心言,非别有理以予之而具于心也。心之神明,于事物咸足以知其不易之则。譬有光皆能照,而中理者,乃其光盛,其照不谬也。"(同上)理不在心内,而心有辨别客观事物中的理的能力。戴震这个学说,既否定了程朱的"理具于心",也否定了陆王的"心即理"。

戴震分别了"理"与"意见"。理是客观真理,必须对于事物进行细致的分析,然后才能得到。这就是他说的:"事物之理,必就事物剖析至微,而后理得。"(《孟子字义疏证》卷下)如果不分析事物就有所主张,那只是主观的意见。把主观的意见认作客观的真理,乃是严重的错误。理是分析客观事物而后得到的,所以是人人所共同承认的;至于意见,则是少数人的主观臆断。他说:"心之所同然,始谓之理,谓之义。则未至于同然,存乎其人之意见,非理也,非义也。"(《孟子字义疏证》卷上)他指出,程朱所谓理其实只是意见而已。他强调了以意见为理的严重危害:"吾惧求理义者之以意见当之,孰知民受其祸之所终极也哉!"(同上)这是说,把主观的意见当作真理,不合乎客观的情况,不合乎实际的需要,一定是要"祸天下"的(《孟子字义疏证》卷下)。

戴震分别了客观真理与主观意见,这是正确的。但他以"心之所同然"作为真理的标准却不恰当。在某一时期大多数人所共同承认的见解,后来被科学证明为错误的,这种情况在历史上屡见不鲜。例如,地球中心论就是最显明的例子。而在社会中,不同的人有不同的观点,"心之所同然"的情况常常根本不存在。

戴震还分别了"私"与"蔽"。程朱陆王都讲心中本来含有理,但"为私欲所蔽",所以心中固有的理不能显露。戴震批判了这种观点,他指出,私与蔽是两事,私是欲望方面的问题,蔽是认识方面的问题,他说:"凡出于欲,无非以生以养之事。欲之失为私,不为蔽。自以为得理,而所执之实谬,乃蔽而不明。天下古今之人,其大患,私与蔽二端而已。私生于欲之失,蔽生于知之失。"(《孟子字义疏证》卷上)固执己见,不顾违反事实,才是蔽而不明,这与私欲无关。一个人,主观上不要求私利,但如不顾事实,固执己见,也可能犯重大错误。把私与蔽分开,这是戴震对于理学的批判的一个方面。但他完全忽略了感情欲望可能影响认识的情况,也未免失之于片面。

第四节 "理存于欲"

在人性问题上,戴震力图用气一元论的观点说明人性,反对程朱学派把人性分为"义理之性"与"气质之性"的说法。他认为,性的内容就是血气心知的特点,每一类生物各有其特殊的血气心知,这也就是这类生物的性。人性包含三方面,即欲、情、知。"人生而后有欲、有情、有知,三者血气心知之自然也。"(《孟子字义疏证》卷下)欲的要求是声色臭味,情的发泄是喜怒哀乐,知的辨别是美丑是非。他仍然主张性善论,而主要从人的知觉高出于别类动物来讲性善。他说:"人以有礼义异于禽兽,实人之知觉大远乎物则然,此孟子所谓性善。"(《孟子字义疏证》卷中)"人之异于禽兽者,虽同有精爽,而人能进于神明也。"(《孟子字义疏证》卷上)人的知觉高出于其他动物之上,所以人性可以说是善的。

戴震猛烈地批判了宋明道学所谓"理欲之辨",提出了"理存于欲"的学说。他认为,所谓理(即道德原则)不是脱离感情欲望的,"理也者,情之不爽失也。未有情不得而理得者也","今以情之不爽失为理,是理者存乎欲者也"(《孟子字义疏证》卷上)。这是说,感情欲望的适当满足就是理,理即在欲中,不是与欲对立的。他又说:"天下之事,使欲之得遂、情之得达,斯已矣。……遂己之欲者,广之能遂人之欲;达己之情者,广之能达人之情。道德之盛,使人之欲无不遂,人之情无不达,斯已矣。"(《孟子字义疏证》卷下)这是说,道德就在于欲望感情都得到适当的满足,推而广之,使人人的感情欲望都得到适当的满足,这就是理想境界。

戴震强调理欲的统一,他更认为,欲是自然,理是必然,必然是出于自然的,是自然的完成,因而理是出于欲的,是欲的适当调整。自然就是本来的情况,必然就是应该遵守的标准。他所谓必然不是现在所谓必然规律,而是指当然的准则。他说:"实体实事,罔非自然而归于必然。""欲者血气之自然。……由血气之自然而审察之,以知其必然,是之谓理义。……如是而后无憾,如是而后安,是乃自然之极则。"(《孟子字义疏证》卷上)这里说明了自然与必然的联系。必然是自然的恰到好处,乃是自然所应达到的标准。这里他所强调的是,不能离开人的自然的感情欲望而谈论道德理义。所以,他进一步指出,离开欲望也就无所谓理。他说:"凡事为皆有于欲,无欲则无为矣。有欲而后有为,有为而归于至当不可易之谓理,无欲无为,又焉有理?"(《孟子字义疏证》卷下)这是说,人们的一切作为都是出于欲望,没有欲望,也就无所谓作为。有了欲望,有了作为,然后才有判定行为恰当不恰当的理。因此,没有欲望、作为,又哪来什么理呢?程朱陆王都以"去欲"作为"存理"的前提,戴震认为,这不仅在理论上颠倒了是非,而在实际上是钳制人们的思想和行为。

戴震痛切地揭露了所谓理欲之辨对于人民的严重危害。他说:理欲之分,现在人人都会说,当今作官治民的人,对于古人"体民之情,遂民之欲"的深切用意都不重视,而用理的名义来指责别人,"不难举旷世之高节著于义而罪之",对于有高尚气节的人也讲一套理论来加以严重罪名。但所谓理只是在高位者手中的工具。他揭露说:"尊者以理责卑,长者以理责幼,贵者以理责贱,虽失,谓之顺。"这是说,有权势者以理指责卑贱的人,没有理也算有理。相反,"卑者幼者贱者以理争之,虽得,谓之逆。"这是说,地位低下的人,虽然有理,也算无理。这样,"上以理责其下,而在下之罪人人不胜指数"。统治者经常以理来指责人民,于是人民的罪过就极其多了。对此,戴震沉痛地控诉说:"人死于法,犹有怜之者;死于理,其谁怜之!"(以上《孟子字义疏证》卷上)礼教的残酷超过了严刑峻法。所谓理竟成为有权位者压制人民、杀害人民的工具。所以他说:"此理欲之辨适成忍而残杀之具。"(《孟子字义疏证》卷下)其本质上"同于酷吏之所谓法"。"酷吏以法杀人",而"以理杀人",甚而至于比"以法杀人"更严重。戴氏这个思想,揭露了当时统治者以"名教""义理"为借口来残杀人民的残暴罪行,反映了人民反抗专制压迫的情绪,有重大的进步意义。

戴震在一定程度上看到:人民的反抗斗争都是统治者的贪污暴虐所引起的。他说:"在位者多凉德而善欺背,以为民害,则民亦相欺而罔极矣;在位者行暴虐而竞强用力,则民巧为辟而回遹矣;在位者肆其贪,不异寇取,则民愁苦而动摇不定矣。凡此,非民性然也,职由于贪暴以贼其民所致。"(《原善》下)统治者品德卑劣、欺诈背信,扰害人民,人民也就学会欺骗了;统治者暴虐、用强力压榨人民,人民也就只好巧为逃避而习于邪僻了;统治者任意贪赃,像盗贼一样掠夺人民,人民必然就愁苦而动摇不定了。这不是民性如此,而都是统治者贪暴害民的结果。因此,他得出结论说:"乱之本,鲜不成于上,然后民受转移于下,莫之或觉也,乃曰民之所为不善,用是而仇民,亦大惑矣。"(同上)乱的根源都在上边,反而说人民不好,与民为仇,就是大大的昏迷了。他对于人民反抗斗争的正义性具有一定的认识。

戴震深刻批判了道学的理欲之辨,在当时有重大的进步意义。他重视人民的物质生活要求,这一方面反映了人民反对专制压迫的斗争,一方面也反映了社会经济的发展。戴震是清代哲学的重要代表。

第四编
近代中国哲学的发展

上迄1840年鸦片战争,下至1919年"五四运动"前夕。凡此八十年间的哲学思想发展为近代哲学史。在此历史时期,中国社会经历了"数千年未有之变局",被迫进入近代世界,这也决定了中国传统哲学形态的终结及中国哲学近代形态的肇始。

中国社会进入19世纪,乾隆盛世已成过眼烟云,魏源在《明代食兵二政录叙》中这样描述清王朝的颓败,"夷烟蔓宇内,货币漏海外,漕鹾以此日敝,官民以此日困"。在西方而关注中国变局的马克思,在1853年为《纽约每日论坛报》撰写的社论中也指出,这个封建帝国的社会风尚、财政、工业和政治结构都已危机四伏,到1840年"英国的大炮破坏了皇帝的权威,迫使天朝帝国与地上的世界接触。与外界完全隔绝曾是保存旧中国的首要条件,而当这种隔绝状态通过英国而为暴力所打破的时候,接踵而来的必然是解体的过程"(《中国革命与欧洲革命》)。

中国封建社会的剧烈解体,及伴随西方坚船利炮而涌入西方文化,即是19世纪中国的历史写照。这段历史于中华民族发展史上,有着极为特殊的意义。因在前此数千年的中国社会虽不乏内部的或异族的战争摧残,朝代频繁更替,然其文化生命则赓续绵延不断。但自进入19世纪,不仅民族、国家生存已成问题,就是民族文化在国人心中也发生了前所未有的信仰危机。"未闻变于夷者"的传统中国,在民族灾难与巨大的社会变革面前,终于引发了文化思想的"中西古今"之争。中国近代哲学是在如此历史背景下发生与发展的。

18世纪末至19世纪初,作为清代学术主流的考证之学,已由诠释经典而沦为"精华既竭,后起者无复树立之余地"的窘状。考证之学无力应付时代问题。是时,以龚自珍、魏源为代表,"革前代之所敝",力倡"经世致用"。他们重视边疆事务,致力于研究西北舆地之学。同时,他们在哲学思想上提出"众人之宰,自名曰我"(龚自珍语)、"人定胜天,造化自我"(魏源语)的新观念,标志着具有鲜明主体性色彩的中国近代哲学的开端。龚、魏思想对于近代中国之影响,梁启超曾有言:"晚清思想之解放,自珍确与有功焉;光绪间所谓新学者,大率人人皆崇拜龚氏。"(《清代学术概论》)"鸦片战役后,则有魏默深《海国图志》百卷,……中多自述其对外政策,所谓'以夷攻夷,以夷款夷,师夷长技以制夷'之三大主义,由今观之,诚幼稚可笑,然其论实支配百年来之人心,直至今日犹未脱离净尽,则其在历史上关系,不得谓细也。"(《中国近三百年学术史》)作为近代中国思想史上的风云人物,梁启超的评论可谓至当。龚、魏的思想,如魏源的"善言心者,必有验于事","善言古者,必有验于今"的观念已不同于太史公的"通古今之变",实在是为近代思想界开辟了一个新的哲学立场。

太平天国运动在近代中国史上的重要意义不言而喻,而在思想史、哲学史上的影响也不可谓不大。其以混杂西方基督教教义、传统中国理念的意识形态,施予大规模群众革命行动,持续十四年,横扫十七省域;其所建立的神权政治、民族主义、反封建反传统,都陷于悖论二难之中。尽管如此,太平天国在思想上揭开了群众性反传统、反儒学运动的序幕。洪秀全、洪仁玕的"平等""大同"等观念建构的"新天、新地、新人、新世界"的乌托邦理想国虽未在人世间实现,但其乌托邦理论却给传统中国社会带来强大冲击。洪秀全的《天朝田亩制度》、洪仁玕的《资政新篇》所构想的理想社会,为孙中山的辛亥革命及社会主义学说传播都奠定了一定基础。

曾国藩、冯桂芬、王韬、容闳、薛福成、郑观应、张之洞,是与历时三十年的洋务运动及自强运动相关的一批改良思潮的思想家。他们对西方文明的认识,已由坚船利炮的器用层次转向法律立宪的制度层次的反省与思考。因而,这批思想家尽管对西方文化与传统儒学的评价有程度不同的差异,但主动吸纳西学,自觉反省传统,力图融汇中西思想文化的观念则是一致的。因此,他们共同勾画了中国经济、政治、教育、学术迈向世界的前景。这批思想家在那个时代,以他们对西学的了解,在讨论中学与西学的关系同时,也丰富了中国哲学的"道器""体用""本末"等哲学范畴,从而为中国哲学的近代化进程作了准备。

严复的思想在近代中国哲学史上更具重要意义。甲午一役败北,民族处于存亡危难之际,严复一边撰写主张维新变法的文章,一边翻译"天演论",借进化论所谓"物竞天择、适者生存",分析中国危亡之因,呼吁国人自强奋进。严复的"天演论"对近代中国思想界的影响之大,诚如梁启超所言:"西洋留学生与本国思想界发生影响者,(严)复其首也。"(《清代学术概论》)蔡元培所言:"五十年来介绍西洋哲学者,要推侯官严复为第一。"(《中国五十年之哲学》)。胡适所言:"严复为介绍近世思想之第一人。"(《中国五十年来之文学》)严复于中国近代哲学思想发展之启蒙意义,还在于他提出"中西文明的比较观"。严复从学术教育、政治法律、社会制度等方面衡论中西之差异及优劣,将国人对西方文明的认识,由器物、制度层次又引向了文化、心理的层次,开启了后来中西文化比较研究中有关价值观念、思维方式、审美趣味、道德伦理、民族心理和宗教感情的讨论。严复着重介绍西方经验主义哲学和科学方法论,丰富了中国近代哲学的内容,也为中国传统哲学的创新、转化、重建提供了思想资源。

戊戌维新时期的哲学特点,则是进一步以进化论作为哲学学说,又融汇传统变易思想(易学与公羊三世说),来解释社会发展规律。此时期三位重要思想家即是康有为、谭嗣同、梁启超。康有为的《新学伪经考》《孔子改制考》《大同书》,谭嗣同的《仁学》,梁启超为新民德、开民智所撰写的一系列文章,不仅是维新运动的理论基础,而且影响至新文化运动。他们关于宇宙演化,历史进化的新观念大都本"六经注我"的精神,撷拾中西资料以发挥自己的意见。贺麟称他们的思想为"新陆王"思想在近代的调整。另外,西方哲学思想在中国的传播介绍,康有为、梁启超可谓早期代表者。他们以"译书为强国第一义",大力提倡翻译介绍西方政治、历史、哲学等书籍,超越了早期西学输入仅限于应用技术和自然科学的局限,开辟了西学东渐的新的重要阶段。

从戊戌变法到辛亥革命前后,此时期在思想界影响最大者,可以说是"有学问的革命家"章太炎。他不仅是辛亥革命中的革命党的"哲学的代言人,而且可以认作'五四'运动时期新思想的先驱"(贺麟《五十年来的中国哲学》)。章太炎作为一代国学大师,于传统学术造诣甚高,但又能超越传统学术的束缚。他主张以国粹来激励爱国热情,但反对康有为提倡的孔教主张;他反对欧化主义,却又主张向西方学习。章太炎看到文化的时代性与民族性的辩证关系,从而也为回答了中西古今关系问题,提出他的哲学观。他批评黑格尔的"绝对理念",提出"善恶俱进"的"俱分进化论"。他赞同洛克的"白板说",认为"竞争生智慧,革命开民智"。他承袭了康德的先验统学、唯识学的阿赖耶识"种子"说,提出"原型观念"说。总而言之,章太炎的哲学形态是经学(儒学)、佛学、西方哲学的融合的产物。因此,为中国哲学的近代转型提供了"范式"。

民主主义革命先驱孙中山的哲学思想,在中国近代哲学发展史上占有极为重要的地位。因为他的哲学思想常常是他的民族、民主革命理论、纲领的基石,因而他所主张的哲学理念又推动了时代思潮的发展。孙中山的"知难行易"说,对其后理论与实践关系问题有极大影响。更为重要的是,孙中山于世纪初对马克思主义及社会主义学说的介绍传播,拉开了马克思主义哲学在中国大规模传播介绍的序幕。

从 1840 年鸦片战争至 1919 年"五四运动"前夕,这八十年间的中国传统社会在逐渐走向解体。儒家哲学思想通过制度化而全面支配中国人的生活秩序的时代也一去不复返了。随之而来的西方哲学和马克思主义哲学的广泛传入与影响,孕育着一个寻求转型创新的中国现代哲学时代的到来。

第一章
龚自珍和魏源

18世纪末和19世纪初爆发了以白莲教和天理教为首的农民大起义,严重地打击了清王朝的封建统治秩序,农民和地主阶级的矛盾进一步加深了。另一方面,外国资本主义侵略势力为了把中国变成他们的殖民地,发动了可耻的鸦片战争,使中国人民和外国资本主义之间的民族矛盾也日益尖锐了。由于阶级斗争的激化和外国资本主义势力的侵入,中国封建社会已经处于解体前夕,一个巨大的社会变革即将到来。在这种情况下,封建统治阶级中一部分比较开明的地主阶级知识分子,要求变法革新,抵抗外国资本主义势力的侵略,从而同封建统治阶级中的顽固派区别开来,形成了地主阶级的改革派。龚自珍和魏源就是其中的代表人物。

19世纪中叶,适应地主阶级改革派的需要,在学术上出现了今文经学运动。今文经学派推崇《公羊春秋传》,对经典的解释着重探求其中的"微言大义"(精微奥妙的大道理),从而同古文经学派注重文字考证的学风对立起来。19世纪中叶的今文经学运动,其锋芒在于反对18世纪和19世纪以来脱离实际的烦琐的考据学,同时又反对空谈道德修养的理学。它提倡"经世致用"(治理当前的社会问题以达到应用),要求把学术研究和现实的政治联系起来,通过对古代典籍的解释,评论时政,为当时的学术界开了新风气。龚自珍和魏源是今文经学运动的积极倡导者。他们的学说,对19世纪下半期的资产阶级改良主义运动起了一定的影响。梁启超曾说:"光绪间所谓新学家者,大率人人皆经过崇拜龚氏之一时期,初读《定庵文集》,若受电然。"(《清代学术概论》)因此,在一定程度上讲,他们又是近代资产阶级改良主义思想的先驱者。

第一节 龚自珍"平均"论的变法革新思想

龚自珍,又名巩祚,字瑟人,号定庵,生于公元1792年(乾隆五十七年),死于公元1841年(道光二十一年),浙江仁和(今杭州)人。他是19世纪上半期著名的诗人和政论家,也是鸦片战争前夕出现的进步的思想家。他出身封建官僚家庭,做过礼部主事(掌管礼节仪式)等官,曾遭到上层官僚集团的排挤。他也是一个爱国主义者,主张抵制外国商品的侵入,和林则徐一样,坚决主张禁烟。并且向林则徐建议,兴办海军以武力抵御外国侵略者。他表白自己的抱负说:"一事生平无龁龂(毁伤),但开风气不为师。"他自认为是一个开风气的人物。他的著作有《龚定庵全集》,或《龚自珍全集》。

龚自珍生活的晚清时代,封建社会已十分腐朽和没落。他深深感到,当时的社会已不是什么"太平"时代,而是枯木将凋,黑暗即将来临的"衰世",它如同草人一样,大风一起,就要化为"泥沙"(见《尊隐》《与人笺》)。他认为,在这个"衰世",没有黑白,没有是非,没有善恶,一切正义都被抹杀了;在这个时代,不仅没有有才的官吏,甚至没有有才的工商和强盗。所以没有人才,是由于封建王朝施行了各种各样的高压政策,不仅迫害了人们的肉体,而且"戮其心",摧残了人们的智慧,毁灭了人们的志气(见《乙丙之际著议第九》)。他向封建王朝提出警告:"山中之民",正在壮大,一旦大声呼喊,天地就要震撼了(见《尊隐》)。由此他得出结论:"自古及今,法无不改,势无不积,事例无不变迁,风气无不移易"(《上大学士书》),又说:"一祖之法无不弊,千夫之议无不靡,与其赠来者以劲改革,孰若自改革。"(《乙丙之际著议第七》)这是说,前代传下来的法令、规章总是要变迁、败坏的,与其被别人夺去强迫改革,不如自行改革。他引证《易传》的话说:"穷则变,变则通,通则久。"(同上)意思是,只有变法革新,才能保持长久。龚自珍在他早年写作的《明良论》中,还深刻地揭露了封建官僚制度的腐朽。他认为,当时窃据"政要之官",都是一批只知"车马、服饰、言词捷给",苟且偷安的人。因此,他发出呼吁:"九州生气恃风雷,万马齐瘖(哑)究可哀;我劝天公重抖擞(振起精神),不拘一格降人材。"他要求一个新的局面到来。

龚自珍的这些言论,揭露了封建社会的腐朽性,讽刺了腐败的封建官僚制度,抨击了清王朝的封建专制主义的黑暗统治,预示一个大的社会危机即将爆发,打击了当时粉饰太平的封建当权派。他把封建王朝看成是从"盛"到"衰"的发展过程,依据《易传》中的辩证法思想,提出了变法革新的要求,同封建顽固派的因循守旧的思想对立起来,这在当时具有进步的意义。

在鸦片战争前夕,龚自珍研究了社会治乱和王朝兴亡的原因,作为他鼓吹变法革新的理论依据。他提出了"平均"论,认为"贫富不均"是历代王朝治乱兴亡的根源。他说:上古时代,没有贫富差别,后来由于当君的多取一石水,人民也想多得一石水,于是便有一部分人没有水喝,出现了不平等;贫富差别开始很小,后来愈来愈大,"贫者日愈倾,富者日愈壅",兵灾、瘟疫接连而发,于是天下大乱,国家就要灭亡了。由此,他得出结论:贫富悬殊愈大,亡天下就愈快;相差缩小了,太平时代就到来了。他认为,这是"千万载治乱兴亡之数",即有史以来治乱兴亡的规律(以上见《平均篇》)。龚自珍的这些议论,揭露了19世纪上半期由于土地兼并的加剧而造成的贫富对立现象,指出经济上的不平等是封建社会和封建王朝治乱兴亡的关键。

龚自珍提出了解决贫富问题的对策。他宣称:"有天下者,莫高于平之之尚也。"(同上)这是说,治理天下的最高理想是"平均"财富。怎样实现这个理想呢?他认为,问题的关键在于"王心",在于皇帝有个"公平"的"心";王心一平,则人心正,不但物产增多,贫富对立也消除了。他们把一切希望都寄托在封建皇帝的"善心"上,主张自上而下进行一些改革,以抵制革命的爆发。因此,他又得出结论说:"可以虑,可以更,不可以骤(急进)。"(同上)这是说,只能慢慢地改善,不能进行剧烈的变革。

龚自珍的"平均"论,并不要求废除封建的土地占有制。他主张按封建宗法关系分配土地,大宗(有继承权的长子系统)分田百亩,小宗(长子以外的男子系统)分田二十五亩,至于"间民"(指兄弟排行中最年幼的一辈)只能为佃户。说什么"虽尧舜不能无间民,安得尽男子而百亩哉"(《农宗》)。因此,他所说的"平均",实际上是贫富调和,所谓"随其时而剂调之"(《平均》)。他企图让那些豪强大地主捐出一些财物来周济贫困的农民,以缓和阶级矛盾,使整个地主阶级避免再受农民革命风暴的打击。

在封建社会解体前夕,龚自珍自认为他的学说能为当时的社会文化开创"新风气"。然而尽管龚自珍写了不少评论时政的文章,但时代仍旧危机四伏。他在苦闷中感慨道:"吟罢江山气不灵,万千种话一灯青;忽然阁(搁)笔无言说,重礼天台(佛教的一个宗派)七卷经。"

第二节　龚自珍的哲学思想

龚自珍有志于社会的改革,比较重视人事的努力,表现在哲学上对传统的天人感应论、天赋性善论等理论,曾有激烈的批判。

龚自珍对于西汉以来利用阴阳五行理论宣扬神秘主义的天人感应说深恶痛绝。他自称:"自珍最恶京房之《易》、刘向之《洪范》,以为班氏《五行志》不作可也。"(《与陈博士笺》)他指出:"汉人有一种风气,与经无与,而附于经。谬以神灶、梓慎之言为经,因以汩陈五行,矫诬上帝为说经,《大易》《洪范》身无完肤。"(《与江子屏笺》)他认为,按照天人感应说而发展起来的"推步术",即预测天地日月自然现象的变化与社会治乱兴衰、人事吉凶祸福关系的一种方术,是十分荒谬的。他说,对于鼓吹"推步术"的人应当提出这样的驳问:"诚可步也,非凶灾;诚凶灾也,不可以步。"(《乙丙之际塾议第十七》)意思是说,天地日月的变化如果确实可以推算出来,凶灾就不成其为凶灾;如果确实有凶灾,那就无法被推算出来。因此,他认为,那种"借天象儆人君"的"推步术",对那些"不学无艺能"的"人主"是起不到什么作用的;而如果遇到"好学多艺能"的"人主",则必将治以"诬与谤"的大罪(同上)。当时,有一些人用五行相生相克理论来解释连年水灾的原因,说这是由于国库空虚,也就是"金空虚",而"金"为"水"之母,"母气衰",于是造成"子气旺"。龚自珍对此更是尖锐地驳斥道:"母衰子旺之测,则汉氏之妖言也。"(《乙丙之际塾议第一》)

龚自珍根据当时天文学的知识,认为天象的变化是有"定数"的,即一定的规律性。他说:"近世推日月食精矣。"同样,对于"彗星之出",如果能"取钦天监历来彗星旧档案汇查出推成一书,则此事亦有定数,与日食等耳"。他确信:"此书成,可以摧烧汉朝方士之谬说矣。"(《与陈博士笺》)这是说,只要根据历代天文记载,找出彗星出没的规律,那么汉代那些鼓吹天人感应的方士们的谬说,即可彻底摧毁了。对于"推步术"者借《周易·系辞》中"天垂象,见吉凶"一语大肆鼓吹天人感应说,龚自珍也进行了批驳,并对"天垂象,见吉凶"一语作了新的解释。他说:"日月星之见吉凶,殆为日抱珥,月晕成环玦,星移徙,彗孛,日五色,日月无精光,日月不交食,……《系辞》之称亦若是而已矣,而岂谓日月食之可推步者哉!"(《乙丙之际塾议第十七》)这是说,所谓天象的吉凶,只是指日珥、月环、星移等自然现象的各种变化,它与人事的吉凶毫无关系。他还指出,像《诗经》中所说到的一些"日食为凶灾"的话,无非是诗人寓"讽刺"之意,"旁寄高吟",而"未可为典正"。(同上)龚自珍批判天人感应说的思想,应当说在当时是有积极意义的。

龚自珍在批判天人感应说方面,极力主张发挥主体能动性。他说:"天地人所造,众人自造,非圣人所造。"(《壬癸之际胎观第一》)他否定"圣人"造天地,而认为天地为众人所造。何谓"众人",他解释说:"众人之宰,非道非极,自名曰我。我光造日月,我力造山川,我变造毛羽肖翘,我理造文字言语,我气造天地,我天地又造人。"(同上)这里说用"我光""我力""我气"等造出天地、日月、山川,实际上只是指"心"的精神活动或力量所为。

他在《发大心文》中,使用佛教的语言说:"八万四千尘劳,皆起一心。"他又说:"心无力者,谓之庸人。报大仇,医大病,解大难,谋大事,学大道,皆以心之力。"(《壬癸之际胎观第四》)甚至认为:"哲人之心,孤而足恃。"(同上)"人心者,世俗之本。"(《平均篇》)由此,龚自珍在反对"道"或"(太)极"造天地万物的客观唯心主义理论,在反对"圣人"创世的历史唯心主义理论时,又夸大了个人,即"自我"的"心力"的作用。

在认识论上,龚自珍首先提出了"知"与"觉"的区别。他说:"知,就事而言也;觉,就心而言也。知,有形者也;觉,无形者也。知者,人事也;觉,兼天事言矣。"(《辨知觉》)这段话的意思是说,"知"是从对客观事物的认识而言的;"知"所认识的对象、所论述的道理都是可见可言的,所以是"有形"的;"知"是后天人为努力,即通过学习、思考等获得的。与"知"不同,"觉"则完全是从主观认识能力来讲的;"觉"不是对某种具体事物的认识,所以不可见不可言,是"无形"的;"觉"是一种天赋的能力。这也就是说,龚自珍所讲的"觉",完全是一种先天具有的神秘的认识能力。因此,他认为,"知者,圣人可与凡民共之;觉则先圣必俟后圣。"(同上)这是说,"觉"只是"圣人"才有的,"先圣"的"觉",只有等待"后圣"的出现才能接承,而"凡民"是绝不可能具有的。

这种神秘的"觉",龚自珍又称之为"神悟"。他说:"圣人神悟,不恃文献而知千载以上之事,此之谓圣不可知,此之谓先觉。"(《语录》)这就是说,"神悟"是一种认识。他的具体说明:"古无历法,尧何以忽然知之?古无农,后稷何以忽然知之?此先觉之义。"(《辨知觉》),"后圣"如何接承"先圣"的"觉"呢?龚自珍说,这是靠"心通"。他说:"孔子不恃杞而知夏,不恃宋而知殷,不乞灵文献而心通禹汤。"(同上)龚自珍认识论上的神秘主义"神悟"说,是他受到佛教影响的必然结果。

在龚自珍的思想中,包含着一些辩证法的因素。如他关于事物相倚相成的思想,他说:"万物不自立","万事不自立,相倚而已矣。相倚也,故有势。万理不自立,相譬而已矣。相譬也,故有辨。"(《壬癸之际胎观第七》)龚自珍也有某些运动变化的思想,但他一则强调运动变化只能"渐","不可以骤";一则强调"终不异初","三而如初"(《壬癸之际胎观第三》)的循环论。

在人性论方面,龚自珍则明确地表示他赞同告子的思想,主张人的道德观念是后天形成的。他在《阐告子》一文中说:"龚氏之言性也,则宗无善无不善而已矣。善恶皆后起者。"又:"善非固有,恶非固有,仁义、廉耻、诈贼、很(狠)忌非固有。"(《壬癸之际胎观第七》)龚自珍发挥告子的思想,对于反对天赋性善论是有一定意义的。龚自珍在晚年又认为这一思想符合于佛教天台宗的"佛性"说。

在谈到人性问题时,龚自珍对"情"的问题也作了探讨。他反对把"情"看做是万恶的"人欲"而予以抑制。他认为,"情"在"一切境未起时,一切哀乐未中时,一切语言未造时,亦尝阴气沉沉而来袭心"(《宥情》)。这是说,"情"是与生俱来,一种自然的、真实的感情。他主张,对这样的"情",应当"宥",即宽容。他曾自述对于"情"的认识过程说:"情之为物也,亦尝有意乎锄之矣,锄之不能，而反宥之，宥之不已，而反尊之。"（《长短言自叙》）他认为，对于"无如何者亦受"的"命"，人们无法抗拒它，但对于自己真实的"情"，则应当任其自然发展。所以他说："夫我也，则发于情，止于命而已矣。"（《尊命二》）他反对把人的不同感情、才能强纳入一个模子，所以要求"不拘一格降人材"。他认为，如用各种要求去限制各人的特性，那即使是最有才能的人，也无法得到充分的发挥。如他说："庖丁之解牛，伯牙之操琴，羿之发羽，僚之弄丸，古之所谓神技也。戒庖丁之刀曰，多一割亦笞汝，少一割亦笞汝；韧伯牙之弦曰，汝今日必志于山，而勿水之思也；矫羿之弓，捉僚之丸曰，东顾勿西逐，西顾勿东逐，则四子者皆病。"（《明良论》）龚自珍关于"宥情"的思想，在当时具有要求个性解放的进步意义。

第三节 魏源"师夷之长技"的革新思想

魏源，字默深，生于公元 1794 年（清乾隆五十九年），死于公元 1857 年（清咸丰七年），湖南邵阳人。他在当时是与龚自珍齐名的著名学者和先进思想家。他也是一个官僚知识分子，曾做过知州等官。鸦片战争时期，他亲自参加了抵抗英国侵略军的斗争。他是我国近代史上最早提倡学习西方先进科技知识，鼓吹采用机器生产的代表人物。他的思想反映了 19 世纪中期一些商人、地主和官僚开始投资于新式工业的要求。他的主要著作有《海国图志》和论文集《魏源集》等。

在魏源的文章中，虽然看不到像龚自珍那样抨击封建社会腐朽、黑暗、危机四伏的激烈言论，但面对当时不断受到外国侵略者侵侮的现实，魏源也深深地感到封建制度的衰落，必须进行切实的改革。他积极提倡"经世致用"之学，认为每一个人的智力、才能都应当用于"济民物"，即解决社会民生的实际问题，使国家富强起来。他坚决反对宋明理学和乾嘉以来考据学的空谈。他尖锐地指出："使其口心性，躬礼义，动言万物一体，而民瘼之不求，吏治之不习，国计边防之不问；一旦与人家国，上不足制国用，外不足靖疆圉，下不足苏民困，举平日胞与民物之空谈，至此无一事可效诸民物，天下亦安用此无用之王道哉？"（《默觚下·治篇一》）这是说，那些整天讲论"心性""礼义""万物一体"的人，对百姓的困苦一点也不去了解，对治理社会的事情一点也不去学习，对国家的根本大计、边防情况一点也不去过问，一旦让他们参与政事，既不能使国家富足，安定边疆不遭侵略，也不能解决百姓的困苦，他们平时"民胞物与"的空谈，这时对"民""物"却毫无实效可言，国家怎么能用这种无用的"王道"呢？因此，魏源断言，"心性迂谈"是不可以治天下的。

魏源为了寻求国家富强的道路,论证改革的必要,还考察了古代的历史。他认为,历史的发展是不断进步的。他肯定历史上以郡县代封建,以科举代里选,以一条鞭法代两税制,以雇役代差役等,都是历史的进步。因此,他认为,随着时代的变化,各种制度也必然要随之变化,而且是"变古愈尽,便民愈甚"(《默觚下·治篇五》)。这是说,把古代不适合的制度改革得愈彻底,就愈适合当时的情况,便利当时的老百姓。他举历代的赋税制为例说:"虽圣王复作,必不舍条编而复两税,舍两税而复租、庸、调也。"(同上)为什么呢?这是因为"天下事,人情所不便者变可复,人情所群便者变则不可复"(同上)。他肯定今胜于古,并以此作为他要求改革的根据。

他从历史不断前进的思想出发,对当时封建顽固派保守复古的思想,进行了尖锐的批判。他说:"庄生喜言上古","宋儒专言三代",然而上古之风,三代之制,都是"必不可复"的。他认为,了解学习过去的东西一定要适合当前的具体情况,而不能剿袭、守陈案。他举例说,读古代"黄农之书"(医书),而用来杀人,这种人人们称他为"庸医";同样,"读周、孔之书,用以误天下,得不谓之庸儒乎?"(同上)因此,他认为:"履不必同,期于适足;治不必同,期于利民。"(同上)一定要根据具体情况,而不应当拘守于一种不变的样式或框框。他得出结论说:"执古以绳今,是为诬今;执今以律古,是为诬古;诬今不可以为治,诬古不可以语学。"(同上)

鸦片战争的失败,在当时一些进步的人士中产生了强烈的反响。如何使中国富强起来,以抵御外国侵略者,是当时进步人士迫切关心的问题。魏源关于历史不断革新进步的思想,这时也就开始具体化了。他反对封建顽固派在一切方面都采取闭关自守的保守立场,主张必须打开眼界,了解世界情况。因此,他在鸦片战争后编写了《海国图志》一书,介绍世界各国的政治、经济等情况,提出"师夷之长技以制夷"的主张。他主张人们要学习西方国家的"船坚炮利"和先进的生产技术。他认为,中国人是有智慧的,过去在科学技术上并不落后,中国的物产资源也是丰富的,因此只要奋发图强,努力学习,"尽得西洋之长技为中国之长技",集中世界各国的长处,一定能迎头赶上,与西方先进国家并驾齐驱。他还说:"因其所长而用之,即因其所长而制之。风气日开,智慧日出,方见东海之民犹西海之民。"(《海国图志》)在当时中国备受西方资本主义国家欺侮和压迫下,魏源能提出这些自信自强的思想,是十分可贵的。"师夷之长技"是当时魏源提出的富国强兵的一条具体途径。

在魏源的"师夷之长技"中,不单是从西方买进一些新式武器或机器,而更主要的是他提出了建立民族工业的主张。他说:"沿海商民,有自愿仿设厂局以造机械或自用或出售者,听之。"(同上)他并且认为,这是使中国独立富强的根本。当时,那些封建顽固派竭力阻挠发展新式民族工业,胡说机器生产是什么"奇技淫巧",是"形而下"的"器",发展机器生产将"坏我人心",等等。魏源对这种顽固思想进行了批驳,他指出:"有用之物,即奇器而非淫巧"(同上),认为只要对国计民生有利,就不是什么坏东西,就应当提倡、发展。

魏源"师夷之长技"的革新思想,应当说比龚自珍"平均论"的变革思想大大地前进了一步,这是因为他经历了鸦片战争的洗礼。魏源的这些思想,可以说是以后洋务运动和戊戌变法的先声。

第四节 魏源的哲学思想

魏源反对"心性迂谈"和"玄虚之理",提倡"亲历诸身"(《默觚下·治篇五》)和"验诸实事"(《默觚下·治篇一》),能"经世之用"的学问。这反映在他的认识论上,有比较丰富的唯物主义反映论思想。

魏源认为,人的聪明才智不是先天的,而是后天获得的。他说:"敏者与鲁者共学,敏不获而鲁反获之;敏者日鲁,鲁者日敏。岂天下之相易耶?曰:是天人之参也。"(《默觚上·学篇二》)意思是说,天资聪明的人与天资愚笨的人一起学习,聪明人不努力,结果愈来愈愚笨,愚笨的人努力,结果愈来愈聪明。这难道是天资和人为互相变易了吗?回答是,这说明天资与人为必须结合起来。这也就是说,魏源认为,即使有了聪明的天资,如果没有后天的努力,也不能获得智慧,反而会变得愚笨;相反,即使天资较愚笨,如果后天努力,就能获得智慧,变成聪明。魏源在这里着重强调了智慧、才能的获得,主要要靠后天人为的努力。后天人为的努力,完全可以改变天资的自然差别。所以,他又说:"技可进乎道,艺可通乎神;中人可易为上智,凡夫可以祈天永命;造化自我立焉。"(同上)由此,他也反对了"圣人""生而知之"的先验论。他说:"圣其果生知乎,安行乎?"(《默觚上·学篇三》)

在通过后天人为努力而获得知识的问题上,魏源又强调了直接经验的重要。他认为,从间接经验来讲,现代人的经验比之古代人的经验重要,"身教"比"言教"重要。他说:"燔十四经之编,无所触发,闻师友一言而终身服膺者,今人益于古人也;耳聒义方之灌,若罔闻知,睹一行之善而中心惕然者,身教亲于言教也。"(《默觚上·学篇二》)而间接经验与直接经验相比,则直接经验又更为重要。他说:"披五岳之图,以为知山,不如樵夫之一足;谈沧海之广,以为知海,不如估客之一瞥;疏八珍之谱,以为知味,不如庖丁之一啜。"(同上)意思是说,翻看五岳地图,自以为很了解山,其实不如樵夫亲自走过所了解的清楚;谈论沧海如何广大,自以为很了解海,其实不如商人亲自看到所了解的确实;熟读名贵菜肴的菜谱,自以为很了解菜肴的味道,其实不如厨师亲自品尝所了解的真切。所以,他得出结论说:"'及之而后知,履之而后艰',乌有不行而能知者乎?"(同上)即是说,哪有不经过亲身的接触和实行而能获得知识的呢?他还认为:"古今异宜,南北异俗,自非设身处地,乌能随盂水为方圆也。"(《默觚下·治篇一》)这里,他把人的认识比喻成"水",把客观事物比喻成"盂",认为"水"必须随"盂"的方圆为方圆,所以人的认识,必须随"古今""南北"之不同,而"设身处地"去加以考察,然后才能使认识符合于"古今""南北"的不同情况。他反对凭空虚构的理论,认为:"匡居之虚理验诸实事,其效者十不三四。"(同上)意思是说,坐在屋里谈论的空道理,拿出去用实际事物检验一下,能够行之有效的,恐怕十个中连三四个也没有。

在认识问题上,魏源还注意到了"独得之见"与"众议参同"之间的关系。他认为,"独得之见,必不如众议之参同也",即个人的见解,一定不如经过综合的许多人的见解。他断言:"合四十九人之智,智于尧、禹。"(同上)他还说:"自非众议参同,乌能闭户造车出门合辙也?"因此,他的结论是:"人非人不济。"(同上)意思是,人们的认识必须互相补充,互相切磋,互相综合。

在主观和客观的关系上,魏源强调了主观必须符合客观。他指出:"事必本夫心"(《皇朝经世文编叙》),即做事是否恰当,要靠思想的正确。但是,"善言心者,必有验于事"(同上),即思想的正确与否,必须受所做的事的检验。他把这两者之间的关系生动地比喻成秤和物的关系,指出:"无星之秤不可以程物,故轻重生衡,非权衡生轻重。"(同上)这是说,秤上如果没有标志轻重的星,就无法去秤物的轻重,然而秤上的星是根据物的轻重标志上去的,然后秤才有衡量的作用,所以说是有了物的轻重才产生秤的衡量作用,而不是秤的衡量作用产生物的轻重。这也就是说,主观思想产生于客观事物,要受到客观事物的检验。在讲到"法"与"人"的关系时,他也说:"法必本于人",即客观的法则要靠人去运用,但同样"善言人者,必有资于法",即人也必须遵照客观的法则而不能任意造作。他以造车为例说,如果只是"恃目巧,师意匠",那么即使像公输般(鲁班)这样的巧匠也"不能闭造而出合"(同上)。对于"今"与"古"的关系,"物"(别人的意见)和"我"的关系,他在讲到"今必本于古","物必本于我"的同时,也着重强调了"善言古者,必有验于今"和"善言我者,必有乘于物"的思想。而且认为,"两疑相难而易简出焉",即不同意见的互相推难才能得出正确的认识。魏源的这些思想反对了主观主义,提倡尊重客观实际,为19世纪下半期的学术界开创了一个新风气。

魏源在认识论上虽然提出了许多可贵的思想,但是他对认识论上的一个重要问题,即精神现象的本质的认识是错误的。关于精神现象的本质问题,在中国古代，南北朝时期卓越的无神论思想家范缜提出"形质神用"的观点，比较正确地说明了精神现象的本质是物质的一种机能。魏源在这个问题上却认同先秦《管子·心术》的说法。他也把人的精神现象看做是一种"精气"的集聚。他说，天地之间充满着一种"太虚之精气"，这种"精气""集于圣人，与为复明；藏于胸中为之智，启于耳目之间谓之聪明"（《默觚上·学篇十四》）。把精神现象看成是一种物质性的"气"，其结果也必然使"气"神秘化。这正如他说的："圣人之瞰天下，犹空谷之于万物也，沉寥之气（亦即'太虚之精气'）满乎中而鞺鞳之声应乎外。"（《默觚上·学篇五》）他在解释孟轲"万物皆备于我"一语时，更具体地说明了"气"是如何沟通精神与外物的。他说："是以神动则气动，气动则声动，以神召气，以母召子，不疾而速，不呼而至。"（同上）从这些观点出发，魏源就进一步片面地夸大了主观精神的作用。如他说："心为天君，神明出焉。"（《默觚上·学篇七》）又说："众人以物为君"，"圣人以心为君。"（同上）而且还认为，只要"敬除其舍（心）"，道将自来"（同上）。

魏源"敬除其舍"的主要内容是要求"外欲不入"和"内欲不出"（同上）。他十分赞叹所谓"虚空"的力量，认为"虚空之力，能持天载地"，"愈虚则力愈大"（《默觚上·学篇三》）。"心"如果"中无可欲则自虚，无可恃则自虚，虚则自灵矣"（同上）。所以，他的结论是："诚能心不受垢如目之不受尘者，于道几矣。"（《默觚上·学篇五》）至此，魏源已经背离了他自己所提倡的"及之而后知"的观点，而鼓吹什么"回光反照，则为独知独觉；彻悟心源，万物备我，则为大知大觉"（同上）的神秘主义了。他与龚自珍一样都接受了佛教的影响。应当指出，魏源当时强调"己之灵爽，天地之灵爽"，"造化自我立"等等，也具有反对宋明理学的绝对权威，要求思想解放的历史意义。

在魏源的哲学思想中，具有某些朴素辩证法思想的因素，如他说："一生变，变生化，化生无穷。"（《默觚上·学篇十一》）"气化无一息不变者也。"（《默觚下·治篇五》）又如说："天下物无独必有对"，"有对之中必一主一辅"（《默觚上·学篇十一》）等等。在个别方面，他也表露出一些"相反相成"，"物极必反"的思想。如他说："消与长聚门，祸与福同根"，"不如意之事，如意之所伏也；快意之事，忤意之所乘也。""暑极不生暑而生寒，寒极不生寒而生暑。屈之甚者信（伸）必烈，伏之久者飞必决"（《默觚上·学篇七》），等等。

但是，魏源讲的变化发展只是指事物的现象界，即"气化"，至于事物的根本原则是不变的，即"其不变者道而已"（《默觚下·治篇五》），"动根于所止也"（《默觚上·学篇十一》）。他虽然肯定事物必然相对立而存在，对立双方有主有辅，但他最后还是认为："形虽两而体则一也"，"本体一复者百复"（同上）。他的"有对之中必一主一辅"的命题，成了为"君令臣必共，父命子必宗，夫唱妇必从"(同上)的封建"三纲"之"道"永恒不变的理论根据。

此外,在魏源的哲学思想中,还有许多唯心主义的东西。如,他是一个"有神论"的鼓吹者,坚信鬼神的存在。他反对北宋张载"太虚聚为气,气散为太虚","鬼神者二气之良能也"的自然主义思想,认为圣贤死后"魄降于地",而"精气"则"发扬于上为昭明",成为神灵。他说:"五方之帝之佐,皆圣贤既没之神为之。"(《默觚上·学篇十四》)"圣人敬鬼神而远之,非辟鬼神而无之也。"(《默觚上·学篇一》)因此,他竭力提倡"阴教与王治辅焉"的"神道设教",认为"鬼神之说,其有益于人心,阴辅王教者甚大,王法显诛所不及者,惟阴教足以慑之"(同上)。又如,他是一个天赋"性善"论者。他说:"仁者,天地之心也,天生一人,即赋以此种子之仁","心之内有仁,迨仁既成而不因形气以生死矣。"(《默觚上·学篇十三》)这就是说,"仁"这种道德品质不仅是天赋的,而且是永世长存的。他认为,只要发扬这种"仁",就可以达到"众善齐归而性大成矣"(同上)。

魏源的哲学思想,反映了这一时期地主阶级进步思想家既想改变旧制度的积弊,又不能彻底与旧制度决裂;既不满意于旧思想的牢笼,又受到旧思想的严重束缚,这样一种矛盾的状况。

第二章
洪秀全

洪秀全，原名火秀，又名仁坤，生于公元1814年（清嘉庆十八年），死于公元1864年（清同治三年），广东花县人。他的著作有《原道醒世训》《原道觉世训》以及《原道救世歌》。

太平天国农民革命运动是我国近代旧民主主义革命时期第一次反帝反封建的大规模群众运动。它是在鸦片战争后帝国主义和中华民族、清王朝封建统治者和广大劳动人民之间矛盾激化的基础上发生和发展起来的。马克思在太平天国农民革命爆发后的第三年（1853）就指出："中国的连绵不断的起义已延续了十年之久，现在已经汇合成一个强大的革命，不管引起这些起义的社会原因是什么，也不管这些原因是通过宗教的、王朝的还是民族的形式表现出来，推动了这次大爆炸的毫无疑问是英国的大炮，英国用大炮强迫中国输入名叫鸦片的麻醉剂。"（《中国革命和欧洲革命》，《马克思恩格斯选集》第二卷，第1—2页）又说："鸦片没有发生催眠作用，反而起了惊醒作用。"（《中国记事》，《马克思恩格斯全集》第15卷，第545页）洪秀全正是在鸦片战争后，中国人民反帝斗争和农民革命运动的影响下走上革命道路的。他出身在一个中等农民家庭，从小读过"四书五经"，在乡村私塾当教师。他曾经参加过科举考试，但未成功。1837年，他到广州参加科举考试，目睹帝国主义侵略给中国人民带来的深重灾难和清朝官僚机构的腐朽，极为激愤。这时，他得到一部宣传基督教的小册子《劝世良言》，回家后他即托称升天见到"上帝"，命他下凡救世，并写了一首诗："手握乾坤杀伐权，斩邪留正解民悬"，表示了他的革命思想。1843年他和冯云山一起，组织了农民革命组织——"拜上帝会"，利用基督教作为发动农民、组织农民的思想武器。1851年，洪秀全领导农民革命队伍，在广西金田村正式宣布起义，建号太平天国。1853年3月，攻克南京，定都于南京，并改称天京。之后，太平天国农民军攻占了中国南部的大片地区，其势力先后达到十八个省，不仅使清王朝统治者惊恐万状，而且使外国帝国主义侵略者也万分震惊。由于中外反太平天国势力的联合镇压，以及太平天国组织内部的分裂,致使 1864 年南京失陷,洪秀全身死,太平天国农民运动遭到失败。但是,太平天国的革命精神却深入人心,鼓舞着中国人民不屈不挠、再接再厉地向帝国主义和封建的清王朝展开英勇顽强的斗争。伟大的资产阶级民主主义革命家孙中山,就自称是太平天国革命事业的继承者,由他领导的 1911 年的辛亥革命,终于推翻了清王朝的封建统治。

第一节　原始的社会主义空想

洪秀全领导的太平天国农民运动,其理想是要实现一个"共享太平"的平等社会。洪秀全继承了历代农民起义关于"均贫富、等贵贱"的思想,吸收了中国古代关于"天下为公"的"大同"理想,又搬来了西方基督教宣扬的所谓"天国"中人人"平等"的说教,以宗教的形式,发出了在地上建立一个"太平天国"的号召。

洪秀全认为,"皇上帝"主宰的世界就是中国古代传说中的"大同"社会。"大同"说是保存在古代儒家典籍《礼记·礼运》篇中关于原始社会回忆的记载。洪秀全用来解释他所理想的社会,则表达了中国农民渴望从几千年来封建剥削和压迫下求得解放的迫切要求。他认为,在这个社会中,没有国压迫国的现象,也没有人压迫人的现象;"天下多男子,尽是兄弟之辈,天下多女子,尽是姊妹之群";既没有"此疆彼界之私",也没有"尔吞我并之念"。在这个社会中,有无相恤,患难相救,"强不犯弱,众不暴寡,智不诈愚,勇不苦怯"。(《原道醒世训》)总之,在这个理想社会中,社会成员一律平等,没有贫富贵贱的差别,人人都能过太平幸福的生活。洪秀全还认为:"世道乖漓,人心浇薄,所爱所憎,一出于私。"(同上)这是说,社会的混乱、不合理,都是君主的"私"心造成的。因此,他把"天下为公"宣布为人类社会的最高理想。恩格斯在评论德国农民战争领袖闵采尔关于"天国"的理想时指出:"闵采尔所了解的天国不是别的,只不过是没有阶级差别,没有私有财产,没有高高在上和社会成员作对的国家政权的一种社会而已。"(《德国农民战争》,《马克思恩格斯全集》第 7 卷,第 414 页)洪秀全和太平天国要求建立的"天国"也有类似的情况。洪秀全在起义前写的《原道醒世训》中还充满信心地指出,人压迫人的黑暗时代即将过去,光明就要到来,只要大家齐心努力,"相与作中流之砥柱,相与挽已倒之狂澜",那么,"天下一家,共享太平"的世界一定会实现。由此可见,洪秀全领导的这次农民运动,其最初的愿望不是要重新建立一个封建王朝,而是要求实现一个没有剥削和压迫的社会。

洪秀全和太平天国关于这一理想社会的设想,后来又在《天朝田亩制度》

中得到发展,成为一个具体的实施方案。

太平军在行军过程中,曾实行军事共产制。建都南京后,把这个制度加以总结和提高,制订并宣布了中国历史上第一个农民运动的土地纲领——"天朝田亩制度"。在这个纲领中,洪秀全提出了一种原始的空想社会主义,把运动初期宣传的"大同"社会的远景进一步具体化了。这个纲领标志着太平天国农民运动思想发展的高峰。

废除封建的土地私有制是这个纲领的核心。它提出了按人口平均分配土地的政策。主张"凡分田照人口,不论男妇",每个农民都应得到一块土地,人口多则多分,人口少则少分;土地是公有的,"凡天下田,天下人同耕",此处不足,则迁彼处,彼处不足,则迁此处;"凡天下田,丰荒相通",此处荒了,则迁丰处,用来救济荒处。纲领还主张财产归公,一切生产品除供自己生活需要外,都应交给"国库"管理,"天下人人不受私物",个人不得私有。还主张按人口平均分配生活资料,"天下大家处处平均,人人饱暖",粮食由国家统一配给,婚嫁等费用由国家统一负担,丧失劳动能力和无法生活的人由国家抚养。这个纲领还提出了有关政治生活和社会生活的民主改革的方案,主张政府官吏可以由人民公举,努力从事生产的农民应该得到国家的奖赏。还提出"天下婚姻不论财",要求废除封建的买卖婚姻,禁止缠足、买卖奴婢、娼妓和纳妾,要求废除"一切旧时"的风俗和习惯。这个纲领宣布:"有田同耕,有饭同吃,有衣同穿,有钱同使,无处不均匀,无人不饱暖。"(以上见《天朝田亩制度》)这就是太平天国农民运动为实现自己最高理想的具体纲领。

这个纲领主张平分土地,废除封建剥削制度和封建的土地私人占有制,反映了农民革命的根本要求。废除封建的剥削制度是民主革命的根本目的,因此这个纲领具有反封建的民主革命的意义。列宁在评论俄国民粹派的乌托邦时指出:平分土地的要求实际上是广大农民群众的"民主主义高涨的伴侣和象征。"(《两种乌托邦》)"天下田天下人同耕",就是洪秀全的原始空想社会主义的合理内核。

可是,这个纲领的基本精神,要求在当时的历史条件下,通过平分社会财富,废除私有制度,实现一个没有阶级压迫的平等的社会,则是一种原始的空想社会主义。因为它企图在落后的小农生产方式的基础上实现没有剥削、压迫和人人都能过着饱暖生活的美好社会,这是不可能达到真正的社会主义的。

这种原始的社会主义空想的思想基础,是绝对的平均主义。它企图平分一切社会财富,包括人们的生活资料,以防止贫富的对立。平均主义并不能防止贫富对立,反而损害了劳动者的积极性,使生产遭到破坏,不能改善农民的生活。

由于各种原因,太平天国所设想的那套平均财富的方案,在当时并没有实行。

1859年洪秀全的族弟洪仁玕(1827—1864)从香港到天京参加革命。他向洪秀全提出了一系列重要的建设太平天国的建议,其中最重要的是《资政新篇》。它是继《天朝田亩制度》之后,太平天国又一个纲领性的文献。《资政新篇》的主要内容是积极倡导向西方学习,发展资本主义。它提倡机器生产,开矿、办工厂、办银行,主张迅速兴办近代交通运输业,积极采用近代科学技术,鼓励创造发明、保护和奖励私人资本等等。同时,它还提出要立法制,去酷刑,兴办学校、报馆、医院、邮政等等。从这些方面看,《资政新篇》设计了一幅在中国发展资本主义的蓝图,它在中国近代历史条件下,给农民革命指出了一条摆脱封建制度的道路。因此,虽然由于军事局势的紧张,《资政新篇》所提出的方案没有能够实行,而它的历史意义仍是重大的。它反映了当时中国社会要求打破封建主义的束缚,向着资本主义发展的历史趋向。但是,由于农民阶级并不是一种新的生产关系的代表者,他们并不能完成这一历史使命。因此,他们最终也还是只能落脚于在"皇上帝"的保佑下,而建立一个"新天新地新世界"(《资政新篇》)最终流于空想。

第二节 对封建神权和传统名教的批判

我国封建时代的神权,从古老的天命论到佛教和道教,形成了一个庞大的系统。基督教作为一个一神教具有强烈的排它性质。洪秀全利用了这个特点,塑造了一个反对本土传统宗教的"皇上帝",与封建时代的神权系统形成对立。他宣称,"皇上帝"是唯一的"真神",人们只能拜"皇上帝",不能崇拜其他任何神。他说:"开辟真神惟上帝,无分贵贱拜宜虔";"五行万物天造化,岂有别神宰其中";"勿拜邪神,须作正人"(《原道救世歌》)。据此,他把中国几千年来流行的宗教观念体系,包括佛教和道教,都宣布为以"阎罗妖"为首的邪神系统,宣布为"偶像",加以排除和打倒。他说:"阎罗妖乃老蛇妖鬼也,最作怪多变,迷惑缠捉凡间人灵魂,天下凡间我们兄弟姊妹所当共击灭之。"(《原道觉世训》)他提出,秦汉以来的道教和佛教,毒害了人们的灵魂有两千年之久,是"佛老之徒"为了骗取"财利"捏造出来的,是由秦始皇、汉武帝、梁武帝、唐宪宗等这些封建帝王的提倡而流行起来的。他把秦始皇宣布为鼓吹封建神权论的"罪魁祸首"(同上)。

洪秀全领导的农民运动,在近代史上第一次对本土鬼神系统进行了大扫荡。宗教领域中的斗争,归根到底是社会上阶级斗争的表现。洪秀全把一切封建恶势力概括为一个邪暴的凶神——"阎罗妖",把农民反抗封建统治者的力量表现为一个正直和光明的神——"皇上帝",用"皇上帝"对抗"阎罗妖"的宗教斗争的形式,号召农民向封建势力进行斗争。

封建的神权论历来是为统治阶级专政作辩护的工具。洪秀全打击封建神权的目的,在于打击封建地主阶级政权的代表——皇权,号召农民为推翻封建王朝而斗争。他认为,世界是一个以"皇上帝"为首的大家庭,在这个大家庭中,"普天之下皆兄弟","上帝视之皆赤子",人类在上帝面前是平等的,人间的皇帝不得私自称帝,也没有拜上帝的特权。他说:"他是何人,敢觊(不知羞耻)称帝?""只见其妄自尊大,自干永远地狱之灾。"(《原道觉世训》)又说:"天人一气理无二,何得君王私自专。"(《原道救世歌》)洪秀全的这些观点,是借"皇上帝"的名义,剥夺地上皇帝的特权,宣传了君民平等论。因此,他又指出,地上的皇帝如果不爱护人民,则变成了"魔鬼"或"阎罗妖",人民就应该起来把它打倒。据此,太平天国把清王朝的皇帝宣布为"阎罗妖",把大小贪官污吏、豪绅恶霸宣布为各种各样的"妖魔""鬼怪",并沉痛地控诉了封建恶势力对人民的残酷剥削和压迫。他们指出:以清王朝皇帝为首的妖魔鬼怪,制造许多"妖魔条律",钳制人民手足,使人民不能脱其网罗;水旱之年,坐视人民到处流亡,饿莩遍野,人口日益稀少;贪官污吏满天下,"剥民脂膏",男女皆哭泣道路,人民日益贫穷;有钱者可以免刑,"富儿当权,豪杰绝望",使中国之英俊抑郁而死;总之,把大好河山,变成了人间地狱。他们宣布:清王朝的罪行触怒了"皇上帝",人民只有起来造反,"创建义旗,扫除妖孽",才能"同享太平之乐"(以上见《奉天讨胡檄布四方谕》)。以洪秀全为首的农民起义领袖,借"皇上帝"名号发布的声讨清王朝的檄文,集中地表达了农民对封建主义的强烈仇恨,大大地激发了人民的革命热情。

可以看出,洪秀全所塑造的上帝,实际是农民革命意志的化身。他利用原始基督教教义中某些"平等"的观念,结合农民的革命要求,制造了一个"斩邪留正解民悬"的"革命的"上帝,打击了为封建政权作辩护的封建神权。西方传教士向中国人民所宣扬的是忍受一切苦难,对一切人都容忍的奴隶主义,而洪秀全所宣传的却是对敌人坚决斗争的革命精神。

太平天国依据基督教反对封建宗法思想的斗争,不仅指向封建神权,而且指向了"孔孟之道"。

拜上帝会成立后,洪秀全和他的朋友冯云山,便拆毁了私塾中供奉的孔子的牌位。以后,随着革命的开展,洪秀全把孔子宣布为"妖人",把儒家的典籍宣布为"妖书",认为孔子的学说"不曾发挥真理",孔子之书,"甚多差谬",把天下人都"教坏了"(见《太平天国起义记》和太平天国官修史书《太平天日》)。他们以神话的形式谴责孔子说:孔丘受了"魔鬼"的诱惑,著书立说,干了不少坏事,"皇上帝"把他捉上了高天,"罚他种菜园",并且对他进行审判;孔丘见人们都斥责他,想与"妖魔"一起逃走,又被天使捉了回来,加以"鞭挞",孔丘哀求不止,不敢再到人间去了(同上)。太平天国政权建立后,洪秀全进一步又提出了对儒家典籍"四书五经"进行删改的政策,要求把其中的妖话和邪话,"删除净尽"(见《贼情汇纂》)。

洪秀全对孔子和儒家典籍的批判,极大地冲击了几千年来的礼教传统。由于历史条件的限制,太平天国对"孔孟之道"的冲击,还不是理论上的分析和批判。因此,洪秀全为了巩固新的统治秩序,又把某些封建的政治措施和礼制保留下来。在太平天国颁布的《太平礼制》中,规定了严格的君臣、尊卑的等级制度,在《天父诗》《幼学诗》等宣传读物和教育课本中,反复宣传"生杀在天子","妻道在三从"等等,这实际上是向封建的纲常名教求助,以巩固他的绝对权威不受侵犯。为了对抗太平天国对传统纲常名教的批判。曾国藩打起保卫名教的大旗,列举了太平天国的四条"罪状":一是,上自君臣,下至兵卒,"皆以兄弟称之",把父母看成同兄弟姊妹一样,破坏了"君臣父子,上下尊卑"的秩序;二是,"农不能自耕以纳税","商不能自贾以取息",把土地和财货变成"天王"的产业,破坏了地主对农民的租佃关系;三是,知识分子"不能诵孔子之经",使"中国数千年礼仪人伦,诗书典则,一旦扫地荡尽";四是,"不敬畏神祇",上至孔庙,下至佛寺、道院,"无庙不焚,无像不灭",破坏了"神道设教"。他说:"此岂独我大清之变,乃开辟以来名教之奇变,我孔子孟子之所痛哭于九原",不仅读书人,连"鬼神"都不能容忍(《讨粤匪檄》)。

第三节 基督教神学思想的影响

洪秀全和太平天国其他领袖,利用基督教的一神教,宣布"皇上帝"为唯一"真神",以冲击中国几千年来的封建神权思想。这对当时动员人们冲破封建传统思想的束缚,组织他们起来参加反封建统治的斗争,都起了重要的作用。洪秀全最初接触到的基督教思想,是一本宣传基督教教义的通俗读本《劝世良言》。这本小册子的作者是中国第一个华人传教士梁发。他在《劝世良言》中,除了把《新旧约全书》中关于基督教神学的基本内容照搬过来外,还竭力宣扬传教士是奉天主之命,抱着"爱人如己"的"仁爱之心",来"救我国人"出"灾难"的救世主。他所谓的"劝世"的"良言",就是叫人们"上不违逆神天上帝之旨,下不干犯王章法度","遵守神天上帝之命,安贫乐业"。他认为,这样就可以"生前身心获安,死后灵魂亦享永乐"。梁发所著的《劝世良言》,与一切宗教宣传品一样,是一种麻醉剂。

洪秀全在利用基督教时,对其中的许多教义,根据农民革命的现实政治要求,进行了改造。如,他塑造了一个宣示农民要求从封建统治下解放出来的意志的"皇上帝"。他拒绝了基督教关于"忍耐""谦卑"等教义,认为"过于忍耐或谦卑,殊不适用于今时,盖将无以管镇邪恶之世也"。对于基督教所谓的"戒杀"教义,洪秀全也认为,"杀妖杀有罪,不能免也",等等。

洪秀全对基督教某些教义的改造是适应当时农民运动需要的,在反对封建主义的斗争中是起了进步作用的。但是,也应当指出,洪秀全在哲学思想上并没有冲破基督教神学唯心主义的藩篱。他笃信上帝的真实存在的,把太平天国农民运动的胜利与成功完全寄托在"皇上帝"的保佑上,这正是农民小生产者分散、落后一面在思想意识上的反映。封建社会中的农民小生产者很难摆脱神权的束缚,他们往往在反对维护封建统治者的神权的同时,也要给自己找一个超人世的保护者。洪秀全心目中的"皇上帝"就是这样一个农民利益的超人世的保护者,同时也是他在人世间进行统治的保卫者。

所以,洪秀全是把"皇上帝"作为唯一"真神"来崇拜的。他引经据典论证"皇上帝审判世人,阴骘下民",相信《旧约》中关于上帝"亲手缮写十款天条在石碑付畀摩西","亲口吩咐摩西"(《原道觉世训》)等等说教,而且制造种种上帝"下凡""附体"的神话。连一些外国传教士也认为太平天国所宣传的上帝临凡是"一种伪的启示"。洪秀全宣传上帝创世说,他说:"予想夫天下凡间,人民虽众,总为皇上帝所造所生,生于皇上帝,长亦皇上帝,一衣一食并赖皇上帝。皇上帝天下凡间大共之父也,死生祸福由其主宰,服食器用皆其造成。仰观夫天,一切日月星辰雷雨风云,莫非皇上帝之灵妙;俯察夫地,一切山原川泽飞潜动植,莫非皇上帝之功能。"(同上)在认识论问题上,洪秀全等人也是十分依赖"天启"说。洪秀全自认为其所以"知识超迈万众",是由于他得到"皇上帝"的直接启示。这些都是唯心主义有神论思想,它说明基督教神学思想在洪秀全等太平天国的领袖中有着严重的影响。这种影响到太平天国中、后期表现得尤为严重,甚至为太平天国内部宗派斗争所利用。洪秀全在后期更是迷信那套宗教信仰,他不去如实地总结经验教训,而把太平天国农民运动的成败归结为是否忠诚于宗教信仰。对于太平天国内部的矛盾,他也企图通过宗教的启示,用改换国名、官名等方法去解决。

洪秀全领导的太平天国农民运动建立的是以西方宗教为模型的神权政治体制,尽管它对中国封建制度的解体造成了巨大的冲击,但由于它不可能成为中国近代化的新生产力的代表,最终归于失败。

第三章
康有为

康有为,原名祖诒,字广厦,号长素,生于公元1858年(清咸丰八年),死于公元1927年,广东南海人。他是我国19世纪末资产阶级改良主义运动的领导者,也是当时向西方国家寻找真理的先进的中国人之一。他出身于官僚地主阶级家庭,幼年受过儒家传统教育,青年时曾热心学习从西方传入的自然科学知识和社会政治学说,在广州著书讲学。1888年,他入京应试,在中法战争失败的刺激下,以一个秀才的资格,向清朝皇帝上书,要求变法图强。从此,他积极投入了资产阶级改良主义政治运动,成了中国资产阶级改良派的首要人物。在改良主义政治运动中,他宣传了一些资产阶级的新文化。他的哲学和社会政治学说,是为改良派的政治路线服务的。他的主要著作有《新学伪经考》《孔子改制考》《戊戌奏稿》《春秋董氏学》《礼运注》《中庸注》《论语注》《孟子微》《大同书》等。

第一节 康有为与19世纪末资产阶级改良主义运动

太平天国运动失败后,外国资产阶级在中国和腐朽的封建势力进一步加强联盟,巩固半殖民地半封建的统治秩序。到了90年代,世界资本主义进入了帝国主义阶段,向中国进行了疯狂的侵略。中日甲午战争前后,形成了帝国主义列强瓜分中国的狂潮,民族危机进一步加深。中国人民为了反对列强侵略和封建压迫开展了反抗斗争。19世纪下半期,由于外国资本主义进一步侵入,刺激了中国资本主义的发展,在福州、广东、上海等地先后出现了制茶、碾米、造纸、缫丝、机器和五金等新式的民族工业。到了甲午战争后,全国各地又出现了许多民营工业,中国的民族资产阶级有了进一步的发展。他们主要是从地主、官僚和商人转化过来的,曾受到"官督商办"、"官商合办"的限制,和封建势力有着密切的联系,其势力是非常软弱的。中国资产阶级,在民族危机加深和国内革命形势发展的刺激下,在政治上展开了改良运动。他们企图利用清朝皇帝的权力进行资本主义的改革,求得国家的富强。这个运动,到了 1898 年,发展成为"戊戌政变",形成了改良主义运动的高潮。

1895 年,中日战争失败,康有为正在北京应试,他联合一千三百多应考的举人,联合给皇帝上书,反对卖国投降的条约。这就是近代史上有名的"公车上书"。之后,他自己花钱办了一个《万国公报》,又组织了学术团体"强学会",刊译外国书报,宣传新学。1897 年,德国以武力强占了胶州湾,他又赶到北京,向皇帝上了第五书,提出了"国家临亡在即"的警告。1898 年,在他的领导下,成立了"保国会",发出了"保国、保种、保教"的号召。他在向清朝皇帝六次上书中,系统地提出了实行资本主义改革的方案,跟代表封建势力的顽固派和买办势力的洋务派进行了斗争。他的改革方案是:在经济上,要求发展和保护新式民族工业,大力推行机器生产;在政治上,要求改变封建专制政体,实行资产阶级的君主立宪制,走日本明治维新的道路;在文化上,要求废除封建教育制度,主张兴学校,学习西方的自然科学和民主主义文化。1898 年,光绪皇帝载湉为了挽救王朝面临的危机,终于召见了康有为,采纳了他的意见,宣布了一些变法革新的措施。封建顽固派对这个运动进行了强烈的抵抗。最后,在以那拉氏(慈禧)为首的封建顽固势力的反攻下,一举扑灭了"新政",杀掉了六个参与机要的维新人物,康有为逃亡海外,改良主义运动遭到了失败。

由于中国资本主义的初步发展,从 19 世纪 70 年代开始,从封建统治阶级中逐渐分化出一批初步具有资产阶级观点的知识分子,追求西方的资本主义制度和文化。到了 19 世纪 90 年代,西方的自然科学和社会政治学说陆续被介绍到中国来,学习西方的资本主义文化开始成为一种风气。资产阶级改良派是向西方学习的积极分子。这些资产阶级改良派认为,要救国,只有维新,要维新,只有学外国。康有为在给皇帝上书中说:"尝考太西之所富强,不在炮械军器,而在穷理劝学。"(《上清皇帝第四书》)所谓"穷理劝学",就是指西方资产阶级的学术和文化。戊戌政变前,改良派第一次把西方资产阶级的社会政治学说介绍到中国来,同中国的封建主义思想展开了大论战,在哲学上同封建买办势力代表张之洞等主张的唯心论和形而上学形成对立,为改良主义政治运动大造舆论准备,对民主主义文化的传播起了巨大的启蒙作用。

康有为领导的资产阶级改良主义运动,反映了新兴资产阶级经济上和政治上的要求,在资产阶级革命力量还没有形成的历史条件下,具有进步的意义。但是,这个运动代表着当时从地主官僚转化过来的资产阶级上层的政治倾向,对帝国主义和封建势力抱有很大的幻想,是同广大人民群众相脱离的。他们要求维新改革,但却害怕革命,不仅不肯承认当时的农民反帝力量,而且认为变法运动有抵制农民革命的意义。康有为在给皇帝的上书中说:"乱机遍伏，即无强邻之逼，揭杆斩木，已可忧危。"(《上清皇帝第五书》)他认为，农民革命的形势一触即发，再不进行改革，人民就要效法法国大革命，把政权夺去。因此，他把改革的希望一心寄托在清朝皇帝的身上，说什么"其行之者乃在皇帝之一心"(《上清皇帝第四书》)。他还说："请皇帝勿去旧衙门，而惟增置新衙门；勿黜革旧大臣，而惟渐擢小臣。"他只希望封建统治者"发善心"，让出一点位置给新的资产阶级，根本不想触动旧的国家机器，幻想在半殖民地半封建统治秩序的基础上实行资本主义改革，结果遭到悲惨的失败。

戊戌政变后，革命运动高涨，可是，康有为仍旧宣扬改良主义，用改良来反对革命。他逃往日本后，组织保皇党，说什么"惟我皇上圣明，乃能救中国"，和孙中山领导的革命势力相对抗。辛亥革命后，他拥护复辟帝制，反对民主共和国，竭力维护旧文化，反对新文化，宣扬复古主义。他从一个先进的启蒙思想家最后变成了复古派。

第二节　托古改制和大同思想

康有为在和封建主义思想的斗争中，继承了龚自珍和魏源今文经学派的"经世致用"的传统，在戊戌政变前发表了《新学伪经考》和《孔子改制考》，提出了托古改制论，作为号召变法维新的理论武器。

在《新学伪经考》中，康有为通过自己的考证，把古文经学派所尊奉的儒家经典都宣布为"伪经"，认为这些经典是汉朝的刘歆为了迎合王莽篡政的需要伪造出来的，并不代表孔子的学说，只是新莽一朝之学，即"新学"。由此他得出结论：后汉以来的训诂考据之学即"汉学"，无非是刘歆学说余毒的产物，宋明道学即"宋学"所尊奉的典籍，又多半都是"伪经"，所以汉学和宋学都不是孔子之道，都不代表真理。他所提出的考证，许多出于主观的虚构。但他当时同古文经学派的争论，却反映了新兴资产阶级同封建传统势力的斗争。汉学和宋学，是当时学术界占统治地位的两大学派。康有为把这两大学派尊奉的经典和他们的学说宣布为"伪经"和"伪学"，在政治上严重打击了封建顽固派"恪守祖训"的守旧思想，引导人们大胆怀疑封建传统的东西，为推行变法维新的政治路线制造了舆论准备。他这部著作出版后，遭到了清王朝的禁毁。

以后，他又发表了《孔子改制考》，提出了孔子托古改制说。他宣称：六经都是孔子所手作，孔子所以作六经，是假托古代的事迹来宣传自己的改制思想。他认为，三代以上的历史已无从考察，六经中所讲的"圣人"尧舜并无其人，他们的事迹是孔子伪造的，孔子伪造的目的，是借此提倡民主政治。如《书经·尧典》中有"咨四岳"(访问四方诸侯)句，康有为解释说，这是孔子主张民主共和。其中有"宾四门"(诸侯入贡天子)句,康有为又解释说,这是孔子主张"辟四门开议院"。按《公羊传》的说法,孔子作《春秋》,"始于文王(《春秋》中第一句是'春王正月','王'指周文王),终于尧舜"(《春秋》终于鲁哀公十四年西狩获麟,《公羊传》解释说,"俟后圣君子行尧舜之道")。康有为又附会说,这表示孔子主张政治制度的演变是从君王时代走向民主时代,其目的是叫后世的君主推行民主政治。总之,他认为民主主义就是《春秋》中的"微言大义",是孔子学说的精华。据此,他抨击了封建专制主义,认为从西汉以来孔子学说的精华被湮灭了,从而使"中国之民"两千年来为"暴主、夷狄之酷政"所统治(《孔子改制考序》)。根据这种论点,他又抨击了程朱理学,认为朱熹的学说"多言义而寡言仁"("义"指等级名分,"仁"指"博爱"),只知自身反省而不去为民除害,又成了为君主专制服务的工具(同上)。由此他得出结论:只有把孔子学说的民主主义精神发扬光大,中国才能得救。

康有为在《孔子改制考》中宣布尧舜并无其人,这在当时是非常大胆的言论。至于他把儒家尊奉的典籍说成是孔子所手作,把孔子著书立说的目的说成是叫人们实行民主政治,那便十分荒谬了。但他借此以宣传资产阶级的民主主义,打击封建专制主义,在当时有进步的意义。康有为的孔子改制说,实际上是改良派借孔子的权威来宣传他们自己的托古改制论。康有为给封建时代的"圣人"穿上资产阶级改良派的衣裳,让死人替活人来说话。

因此,康有为又竭力把孔子神圣化。他搬出汉代董仲舒神化孔子的那套手法,把孔子说成是"黑帝"的儿子,说什么孔子禀受上帝的意旨为后世创建了民主制度,孔子是"神明",是"圣王",不仅是"万世师表",而且是"大地教主"(《孔子改制考序》)。他还认为,孔子预见到三千年后必有"圣人"出来发挥他的学说。他自认为,他就是孔子学说的真正继承人,他是当代的"圣人",中国历史又将由他来创造了。他的托古改制论、神权论、圣人论,无非是用来宣扬变法维新要靠清朝皇帝和他那样的大人物而已。

康有为借用《春秋公羊传》中的"三世"说,认为人类历史分为三个阶段:据乱世、升平世、太平世。同时,又附会《礼记·礼运》中关于"大同""小康"的说法,以"太平世",即"大同"社会,乃是人类最高、最理想的社会。因此,他把"三世"说中的大同阶段加以发挥,提出了一种空想的社会观,为中国和人类发展的前途设计了一个方案,作为他的改良主义的最高理想。

戊戌政变前,康有为在他的《礼运注》中宣称:人类社会发展的最高阶段是"天下为公"的大同社会,在这个社会中,没有国压迫国和人压迫人的现象,"无贵贱之分,无贫富之等,无人神之殊,无男女之异";君主制度废除了,国家成了社会成员"公共同有之器",不再是一人一家的私产;人人相亲相爱,都能把自己的财富分出一部分来作为公共财产,以抚养和教育社会上丧失劳动能力和无人养育的成员,人人都养于公产,"无所用其私";在这个社会中,人人都应从事劳动,通过风俗教化和改良人种,都能养成去私为公和舍己助人的高贵品质;总之,在这个社会中,"一切皆本公理",没有国界、家界和身界,一切压迫和歧视都消除了。他把这样的社会,称之为"人人皆公,人人皆平"的大同时代(以上见《礼运注》)。

康有为所提出的这种理想,据说也包括在他戊戌变法时期的《大同书》的初稿中。它的中心思想是废除封建等级制和君主制度,反对强国压迫弱国,按照近代的民主主义观点解释了我国古代的大同学说。康有为在《大同书》中,把人类有史以来的社会宣布为充满着各种各样痛苦的社会,认为造成人类痛苦的原因是由于世界上存在着各种界限和差别,其中包括国家的差别,种族的差别,等级的差别,男女的差别,家庭的差别,贫富的差别,甚至人和动物的差别;破除这些差别和界限,就可以实现一个没有任何痛苦的"极乐世界"——大同世界。他把"去苦求乐"看成是实现大同世界的标志。他所说的"苦",不仅包括劳动人民所遭遇的痛苦,而且包括富人、贵族甚至帝王所遭到的"痛苦";所谓破除差别,不仅破除种族压迫和阶级压迫,而且要破除一切人所受的压迫。其中要求取消贫富差别,多分财富以为公产,又带有某些空想社会主义的成分。他的大同学说,实际上反映了新兴资产阶级在帝国主义和封建势力的压迫下渴望获得自由平等的愿望,是对封建时代的传统教义一个严重的打击。同时他的大同社会,也是由于他看到了西方资本主义的剧烈矛盾,企求中国可以避免资本主义的矛盾的一种理想。但是他所理想的大同社会,并没有否认私有财产制度。他所说的"人人即多私产,并当分之于公产",所谓"公产",不是生产资料公有制,而是指公共的福利事业。他主张通过教育和改良人种的手段来实现"天下为公"的时代,主张"人人相爱",这只能是一种改良主义的幻想。

任何空想都不是凭空产生的,而是现实生活中的问题在人们头脑中的虚幻的反映。康有为的空想的社会观,是资产阶级改良派特别是在他们的政治实践遭到破产以后,对中国的出路问题所作的一种主观的设想。他们在同革命派的争论中涉及三个问题:关于帝国主义和封建主义的压迫以及中国资本主义发展的前途。康有为的《大同书》对这三个问题都作了回答,由于他从资产阶级人性论出发,结果都变成了空谈。

在这部著作中,康有为借用西方资产阶级的天赋人权论,揭露了由于封建等级制所造成的各种痛苦,批判了封建的君权和夫权,谴责了宋明以来的封建教条。可是他却认为这些封建压迫不是由于封建制度和封建阶级造成的,认为等级制度在外国有,而中国从秦汉以来,由于孔子学说的教化,早就消灭了,从而得出了"中国绝无阶级"的论点。他把封建的压迫归之于"男女不平等",又把"男女不平等"归之为由于妇女生来体质衰弱,为封建宗法制度作了辩护。这样,他所说的"去级界平民族"的"人人平等"的大同世界,也就变成了空谈。

在《大同书》中,康有为还揭露了帝国主义列强对弱小民族和殖民地人民的侵略行径,把侵略者宣布为"屠伯民贼",认为只有废除了国家,人民才能摆脱战争的痛苦,过着和平的生活。他把国家归之为地理上的概念和最高的"人民团体",把国家的出现和大国压迫小国的侵略战争归之于人类的"私心",未能了解国家的阶级实质。他还认为帝国主义的种族歧视和种族压迫是由于皮肤的颜色不同造成的,从而把帝国主义对殖民地国家的吞并看成是世界"大同之先驱"。因此,他所说的"去国界合大地"以及"去种界同人类"的大同世界,同样是一种空谈。

戊戌政变后,特别是在他同欧洲的社会主义思潮接触后,又把"合群均产之说"看成是"大同之先声"。于是在《大同书》中又提出了废除私有制("去产界公生业")的要求。他宣称:在大同时代,不仅废除了私人土地占有制,而且废除了私人的工厂和企业,使生产资料"尽归于公"。他认为,西方资本主义的大机器生产,使"富者愈富,贫者愈贫",造成了劳资斗争;欧美各国的工人运动愈来愈严重,要酿成"铁血之祸",今后的斗争,不在强弱之国而在"贫富之群"了。由此他得出结论:"工不行不同,则工党业主相争,将成国乱。"中国的资产阶级改良派,在世界已经进入了帝国主义的时代,既倾心于大机器生产造成的现代物质文明的一切成果,又想消除在阶级斗争中遭到的"痛苦",于是幻想出一个没有阶级矛盾、没有国家和战争甚至没有私有制的生产高度发达的社会,作为自己的最高理想。

康有为还以他的理念描述了社会主义和共产主义。他宣称:在大同时代,由于生产力高度发展,科学技术空前发达,人们都过着最高级的物质享乐的生活,人们唯一追求的是如何能"长生不死";由于机器日新,体力劳动废除了,人们所追求的是"知识竞争",在竞争中出现许多"聪明睿智之士",拿最高的薪金,享受最高的待遇和荣誉,在"巨金荣名"的驱使下,人人都想创新发明,人类的进化就没有止境了。这就是康有为所追求的人类未来的美好社会。他把追求个人的幸福和快乐看成是社会进化的推动力。

在《大同书》中,康有为还论述了通向大同世界的道路问题。他提出了"去家界"说,说家庭的存在是一切私有制的根源,废除婚姻制度,消灭家庭关系,"无有夫妇、父子之私",生产资料也就自然归公了。因此,他不赞同西方社会主义学说,认为社会主义者如果承认有家有国,想以此行共产之说,"犹往南而北其辙",是万万做不到的。他推崇博爱主义,认为实现大同世界的根本途径,在于靠人类的"不忍之心"。他宣称,人类所以有各种界限和痛苦,归根到底是由于人们不能相爱,人人都把自己的"仁爱"之心发扬光大,大同世界就实现了。因此,他竭力宣扬人道主义,说"孔子之仁专以爱人类为主"(《春秋董氏学》),"仁"就是"博爱之德"(《中庸注》),"人绝其不忍之爱质","人道将灭绝矣"(《大同书》)。他的博爱说明显受到儒家的"仁爱"说和佛教的"慈悲救世"主义的影响。

1913年,康有为公开发表了他的《大同书》的第一部分,要破除一切差别,企图以他的世界大同说对抗民主共和国的成立,在宣扬大同学说的掩盖下,批评辛亥革命是"暴民无政府之政,足以亡国"。他借他的大同学说,宣扬尊孔读经,主张"欲治人心,定风俗,必宜遍立孔教会,选择平世大同之义,以教国民"(以上见《中华救国论》),他的大同学说最后又成了保皇党的理论工具。

第三节 进化论思想

康有为是一个进化论的拥护者。在宣传进化论思想时,他又吸收了一些中国古代的朴素辩证法思想。

康有为在他早期宣传变法维新和介绍世界各国变法历史的著作中,十分强调"变"是自然界和人类社会的一个最普遍的法则。他说:"盖变者,天道也。天不能有昼而无夜,有寒而无暑,天以善变而能久。火山流金,沧海成田,历阳成湖,地以善变而能久。人自童幼而壮老,形体颜色气貌,无一不变,无刻不变。"(《进呈俄罗斯大彼得变政记序》)自然界是如此,人类社会政治制度同样也是在不断的变化之中。所以,"圣人之为治法也,随时而立义,时移而法亦移矣"(《日本书目志序》)。"法既积久,弊必丛生,故无百年不变之法。"(《上清帝第六书》)当时,康有为的学生梁启超概括资产阶级改良派关于"变"的思想说:"凡在天地之间者,莫不变。……故夫变者,古今之公理。"(《变法通议》)在关于"变"的理论中,康有为又着重强调了以"新"代"旧"的思想。他说:"夫物,新则壮,旧则老;新则鲜,旧则腐;新则活,旧则板;新则通,旧则滞,物之理也。"(《上清帝第六书》)根据这个道理,在社会制度方面就应当以资本主义之"新"去代封建主义之"旧"。这也就是他说的:"中国今日不变日新不可,稍变而不尽变不可,尽变而不兴农工商矿之学不可。"(《日本书目志序》)康有为的这些思想,在当时反对为封建腐朽势力辩护的"天不变,道亦不变"的思想的斗争中,是有进步意义的。

在阐发变化日新的思想中,康有为吸收了中国古代《易传》中的一些朴素辩证法思想,并且把它同当时传入的西方近代自然科学结合起来,表露了一些关于事物对立统一的思想。他说:"若就一物而言,一必有两。《易》云'太极生两仪'。孔子原本天道,知物必有两,故以阴阳括天下之物理,未有能出其外者。"(《春秋董氏学》)据此,他批评周敦颐《太极图说》中关于"太极动而生阳,动极而静,静极而生阴"的说法,认为"元与太极、太一,不可得而见也。其可见可论者,必为二矣"。所以,他又说:"孔子穷极物理以为创教之本,故系易立卦不始太极,而始乾坤、阴阳之义也。""生物之始,一形一滋,阴阳并时而著。"(同上)康有为这里肯定就每一事物来说,必定是同时具有阴阳两方面的属性。他还吸收了当时一些自然科学的知识对此加以补充说:"理皆有阴阳,则气之有冷热,力之有拒吸,质之有凝流,形之有方圆,光之有白黑,声之有清浊,体之有雌雄,神之有魂魄,以此八统物理焉。"(《自编年谱》)用"阴阳"来"括天下之物理",表述事物内部的矛盾对立,这本来是古代朴素辩证法的一个直观、笼统的概念。康有为把它与近代自然科学中关于气、力、质、形、光、声等物中的矛盾对立结合起来,表现了他高于朴素辩证法的地方。

康有为还强调在观察事物时必须注意到它的正反两个方面。他说:"大同与小康相反,太平与乱世相反,能思其反,乃为合道。……若于人事能思之,于物理能思之,于时变能思之,既思其正,而又思其反,正反既异,其道乃见。"(《论语注》)这是康有为对古代"相反相成"思想的发挥。他认为必须从"正""反"两个方面去反复思考,才能把握人事、物理、时变之"道",这应该说是一个比较深刻的思想。从"物必有两"和"既思其正,而又思其反",康有为又进一步论述了事物内部对立的统一对事物生成、发展的作用。他说:"盖太极两仪之理,物不可不定于一,有统一而后能成;物不可不对为二,有对争而后能进。"(同上)认为事物由矛盾对立的双方组成为一个统一体,统一体又必然分为两个矛盾对立的方面,而事物内部矛盾对立的斗争是事物变化的原因,这在中国一些古代思想家那里已有所论述。如王夫之就曾说过:"易者,互相推移以摩荡之谓。……纯乾纯坤未有易也,而相持以并立,则易之道在。"(《周易内传》卷一)康有为在这里进一步提出了"有对争而后能进",强调了矛盾对立的斗争才有事物的进化,这是他比古代朴素辩证法思想深刻的地方。

康有为看到事物包含着矛盾、对立,而且矛盾的双方是有斗争的,但他最终是希望调和矛盾,达到"万物并行而不相害,道并行而不相背"(语出《中庸》,见《孟子微序》)的境地。所以,他只承认循序渐进而反对革命的飞跃和突变。这种观点最充分地表现在他对历史进化的理论中和他的改良主义政治主张中。例如,在他提出的"三世"说中,他认为由"据乱世"到"升平世""太平世"只能是"循序渐进"的,而不能超越。他说:"生当乱世,道难躐等,虽默想太平,世犹未升,乱犹未拨,不能不盈科乃能,循序而行。"(《礼运注序》)又说:"进化之理,有一定之轨道,不能超度,既至其时,自当变通",否则"必生大害"(《中庸注》)。由此,他又得出结论,认为"欲骤变而未能者"(《论语注》),反对革命,而宣扬渐进的改良。他说:"变法欲逊顺而说(悦),勿强骤之。圣人之道为千万世,不以期月。"(《春秋董氏学》)所以,他竭力主张新旧调和,认为"戒守旧之愚害,而亦不可为灭古之卤莽"(《中庸注》)。

戊戌变法失败后,康有为思想渐趋保守,他认为按照"循序渐进"原则,现在只能实行"君主立宪",反对资产阶级民主派所领导的民主革命运动。

第四节 "仁爱"哲学

康有为早期曾吸收了古代一些朴素唯物主义的观点,认为"万物皆始于气","既有气然后有理",从而批判了程朱理学"理在气先"的观点,说:"朱子以理在气之前,其说非。"(《万木草堂口说》)以后,康有为在《春秋董氏学》中,又提出了"元为万物之本"的观点。他说:"元为万物之本,人与天同本于元,犹波涛与沤同起于海,人与天实同起也。"这里,他把"人"与"天"说成是"同起","同本于元",在一定意义上是对"天"的至上性和神秘性的否定。这也是他接受了当时自然科学影响的反映。"元"是什么呢?他曾引何休《春秋公羊传》注的话说:"元者,气也。无形以起,有形以分,造起天地,天地之始也。"(《春秋董氏学》)所以,他又说:"浩浩元气,造起天地"(《大同书》),"天地之本,皆运于气"(《春秋董氏学》)。"天地万物同资始于乾元,本为一气"(《论语注》)等等。从这方面看,康有为所谓的"元"与"气"等同。而"气",就他所引《列子》谓天地空中之细物"一条,和他所说的:"天地之间,若虚而实。气之渐人,若鱼之渐水,……故无往而不实也。……若自至精之物推见,则气点之联接极粗"(同上)等说法看,他所理解的"气"在一定意义上是一个物质性的概念。同时,他还把古代关于"气"的概念,同西方近代自然科学中的某些物质概念如电、元素、以太等联系起来,因而表现出某些唯物主义的因素。

但是,康有为哲学思想的整个哲学体系则是主观唯心主义的。就在他对于"元"和"气"的解释中也充满了唯心主义、神秘主义的内容。如,他把"元"形容为"无臭、无声、至精、至奥"(《春秋董氏学》),又说:"孔子发此大理,托之《春秋》第一字,故改'一'为'元'焉,此第一义也。老子所谓'道',婆罗门所谓'大梵天王',耶教所谓'耶和华'。"(《春秋笔削大义微言考》)这里,他把"元"和婆罗门教的至上神"梵天",基督教的至上神"耶和华"相提并论,也就把"万物之本"的"元"神化了。关于"气",康有为的认识是十分混乱的。他经常把"气"比喻成"电",但他并不是用这一比喻来论证"气"的物质性,相反,却论证了"气"是一种神秘的精神力量。如他说:"光电能无所不传,神气能无所不感。"(《大同书》绪言)这里"神气"指的是一种精神活动,他认为人与人、人与天地万物之间就是由这种"神气"的相感应而沟通起来的。"神气",他又称为"知气",而"知气者,灵魂也,略同电气,物皆存之"(《礼运注》)。由此可见,康有为讲的"气"是由于受到当时西方庸俗唯物主义的影响,把精神现象看成是和物质一样的东西。所以,他甚至认为,这种"知气"如果能"养之久者",更能达到"团聚不散",并"可附入他体",甚至"随附百体,频历生死,益增神灵,绝无障碍"(同上)。这就是说,精神和物质一样是可以独立存在的,而且是永恒存在的。由此,他也得出了灵魂不死的结论。

不仅如此,康有为还用"物我同气"来否定"物我"的差别。他说:"物我一体,无彼此之界;天人同气,无内外之分。水之周于全地,电之遍于长空。……物即己而己即物,天即人而人即天。"(《中庸注》)因此,在他看来,"山河大地,皆吾遍现;翠竹黄花,皆我英华"(同上)。也正是这样,他把精神看得比物质更重要、更根本。他说:"魂用事者为大人,魄用事者为小人。……故大人者,在先养其魂灵,统御其体魄而已。"(《孟子微》)又说:"魂灵"者,"清明光洁,端庄粹一","卓然立青云之上,不物于物而造物"。(同上)至此,康有为的思想,完全成了唯心主义。

康有为的唯心主义哲学思想,更表现在他"以仁为本"的"仁爱"哲学体系中。他曾说:"孔子本天,以天为仁,人受命于天,取仁于天。凡天施、天时、天数、天道、天志,皆归之于天,故尸子谓孔子贵仁。"(《春秋董氏学》)又说:"仁者,在天为生生之理,在人为博爱之德。"(《中庸注》)他的学生梁启超在概括他的哲学思想核心时说:"先生之论理,以仁字为惟一之宗旨,以世界之所以立,众生之所以生,国家之所以存,礼义之所以起,无一不本于仁,苟无爱力,则乾坤应时而灭矣。……其哲学之本,盖在于是。"(《康南海传》)所谓"仁",也就是"不忍人之心"。康有为宣称"不忍人之心"是"人人皆有之"的"爱质",它是"万化之海,为一切根,为一切源,……人道之仁爱,人道之文明,人道之进化,至于太平大同,皆从此出"(《孟子微》)。所以,如果"人绝其不忍之爱质",则"人道将灭绝矣"(《大同书》)。他把仁心说成是人类社会文明进化的根源,这是受儒家思想影响的表现。他还进一步发挥了孟轲"万物皆备于我"的理论,认为:"天下虽大,我身为本,若无我身,即无天下国家。"又说:"人之灵明,包含万有。山河大地,全显现于法身;世界微尘,皆生灭于性海。广大无量,圆融无碍,作圣作神,生天生地。"(《孟子微》)这些思想无疑也是受到佛教的影响。康有为的这些思想对谭嗣同的《仁学》有重大的影响。

康有为的"仁爱"哲学,是以"性善"论为基础的。在人性论问题上,康有为早期是赞同告子"生之谓性"的思想,而反对孟子"性善"论的。他说:"告子生之谓性,自是确论","性者,生之质也,未有善恶","凡论性之说,皆告子是而孟子非。"(《万木草堂口说》)据此,他也批评了程朱理学分"性"为"气质""义理"的说法。他说:"分性为二,有气质、有义理,……盖附会孟子。实则性全是气质,所谓义理,自气质出,不得强分也。"(《长兴学记》)康有为早期关于人性的这些论述,在当时来讲,是具有一定的反封建礼教束缚的现实意义的。然而,由于资产阶级改良派的软弱性,他们幻想"圣明的皇上"能以"慈悲"为心,实行变法维新。所以,康有为最后又赞同孟子的先验"性善"论。特别是在戊戌变法失败后,他更是竭力鼓吹"性善"论。他说:"不忍人之心,仁也,电也,以太也,人人皆有之,故谓人性皆善。"(《孟子微》)而且他还把发扬"人人皆有之"的"仁爱"之心看做是实现"大同"理想的关键,说"以其本有爱质而扩充之,因以裁成天道,辅相天宜,而止于至善,极于大同"(《大同书》)。正因为如此,他把人的"仁爱"之"性"看做是天地万物生成、变化以至社会发展的"根""源"。这也就是他"仁爱"哲学的唯心主义的理论归宿。

第四章
谭嗣同

谭嗣同,字复生,号壮飞,生于公元1865年(清同治四年),死于公元1898年(清光绪二十四年),湖南浏阳人。他是19世纪末资产阶级改良派中的急进人物。他出身封建官僚家庭,中法战争时期,在民族危机加深的影响下,激起了变法维新的要求,以后十年间,他游历全国各省,了解到各地的社会情况,并和社会下层的秘密会党发生过联系。在这个期间,他研究了张载、王夫之、黄宗羲等人的哲学著作,也研究了从西方传入的自然科学、历史、地理、政治和基督教神学等有关著作,企图从这些知识中寻找救国的道路。1895年中日甲午战争爆发,他发出了救亡图存、变法革新的号召,并且在湖南组织了学会,热心追求西方文化,积极提倡新学。1896年,他以父命到南京候差,感到十分苦恼和困辱,又跟从当时的宣扬佛教的杨文会研究佛学,受了佛教的影响。1897年,他回到湖南,和梁启超等一起办时务学堂、南学会、《湘报》等,积极开展维新运动。1898年,他到北京参加了康有为主持的新政。政变失败后,被捕下狱。被捕前,有人劝他逃走,他说:"各国变法,无不从流血而成,今日中国未闻有因变法而流血者,此国之所以不昌也。有之,请自嗣同始。"他终于在封建顽固派的迫害下牺牲了。他的著作有《谭嗣同全集》。他的哲学著作有《思篇》《报贝元征书》《仁学》《以太说》《论全体学》等。

第一节 批判封建名教,宣扬人道主义

谭嗣同是我国近代史上资产阶级阵营中向封建的纲常名教挑战的启蒙思想家。1896年,在改良主义运动的影响下,他写了著名的哲学著作——《仁学》,发出了冲决封建网罗的号召,和封建主义展开了一场大论战。

在帝国主义瓜分狂潮的刺激下,他从爱国主义立场出发,谴责了顽固保守的封建王朝。他认为,列强势力已侵入内地,要塞被霸占,权利被夺去,财源枯竭,人民穷困,中国已处于亡国灭种前夕,只有变法维新,中国才能得救。可是

清朝统治者"坚持不变",国家主权岌岌可危,人民生计日困。他说:"岂不以方将愚民,变法则民智;方将贫民,变法则民富;方将弱民,变法则民强;方将死民,变法则民生。"(《仁学》)他认为,清朝统治者一直是与人民为敌的,入关以来,以中原为牧场,看到水草肥美,尽驱使其禽兽,横来吞噬。他质问清朝统治者说:"谁食谁之毛,谁践谁之土?"据此,他又抨击了清王朝血腥镇压太平天国农民运动的罪行。他说:"洪杨之继,苦于君官,铤而走险,其情良足悯焉。"(同上)农民起来造反,是出于国家"政法之不善",如果说要服重刑,首先应从清朝皇帝开始。他向清王朝提出警告:再不进行变法,人民只有走武装起义的革命道路。他说:"志士仁人求为陈涉、杨玄感,以供圣人之驱除,死无憾焉。"(同上)谭嗣同对清王朝的抨击,在当时说来,是非常大胆的言论。他受了太平天国农民革命运动的影响,在他的政论中含有反对清王朝的倾向,使他成了改良派中的急进的思想家。

谭嗣同从批判清王朝的残酷统治出发,进一步批判了中国几千年来封建专制的独裁政体。他揭露说:封建帝王穷竭天下人民的生命膏血,供其一人之享乐;设立各种法律,叫人民俯首帖耳,坐受酷刑之苦;他们把自己说成是"天子","挟一天以压制天下",用"天命"来愚弄人民,这是世界上"至不平等"的事情。他认为,君主不善,"人人得而戮之",无所谓"叛逆","叛逆"一语是封建帝王捏造出来恫吓人民的;中国人把服从君主的统治美其名为"忠义",以相夸示,"真不知人间有羞耻事"。从而他得出结论说:君主本来是人民"共举"出来的,先有民而后有君,不是君择民,而是民择君;君主好比大家推选出来管理财务的办事员,不称职,就应该把它废掉(见《仁学》)。

谭嗣同的这些批判是依据西方近代的平等观念去批判封建时代的君权论。他按照资产阶级"民约"论的观点解释了君主制度的起源。他这种观点,在当时的历史条件下,冲击了君权神授说,抨击了君权神圣不可侵犯的封建教条,认为人民有权管理国家,对民主主义思想的传播有启蒙的意义。

从对封建专制主义君权论的批判出发,谭嗣同进一步批判了封建等级制度和维护等级制的纲常名教。他认为,名教既非"天命",又非"天理",是在上者用来压制在下者的工具。他揭露说:"君以名桎臣,官以名轭民,父以名压子,夫以名困妻,兄弟朋友各挟一名以相抗,而仁尚有少存焉者乎。"(同上)正是因为有名教,"数千年来,三纲五伦之惨祸烈毒,由是酷焉矣"(同上)。由此,他又批判了"忠、孝、节、义"等封建旧道德。指出,君主也是人民中一分子,而且比普通人低下,人民之间无相互为死之理,人民更无为君主尽忠死节的道理;父母和子女都是天的儿子。父子的关系是"平等"的,平等为上,孝是次要的;男人和女人"同为天地之菁英",夫妇关系是"平等"的,"重男轻女"

是世界上"至暴乱无礼之法"(同上)。由此,他得出结论说:所谓"三纲",是封建帝王用来奴役四万万人民的枷锁,是"独夫民贼"制定"一切刑律制度"的准则,它不仅迫害了人的身体,而且禁锢了人们的思想。他说:"三纲之慑人,足以破其胆而杀其灵魂","不惟关其口,使不敢冒言,乃并锢其心,使不敢涉想。愚黔首之术,故莫以繁其名为尚焉。"(同上)他认为,五伦之中,只有朋友一伦没有流弊,体现了平等、自由和独立自主的原则,其他四伦都应变为朋友的关系。最后,他又批判了两千多年来封建专制主义的思想体系。他认为,维护等级制度的学说始于荀子和法家,唐代的韩愈作了阐发,到了宋明道学,变本加厉,更为残酷。从而他又得出结论说:两千年来的政治都是秦政和大盗,两千年来的旧学都是荀学和乡愿,大盗和乡愿互相勾结压迫人民;中国人"但读宋明腐儒之书","自命为礼义之邦",实际上却是"人间地狱"(同上)。

谭嗣同对纲常名教的批判,虽有其偏颇之处,但打击了封建时代的君权、族权和夫权,冲击了忠君、孝父、守节等封建旧道德,谴责了为纲常名教作辩护的宋明道学,在反对封建旧文化的斗争中,有很大的进步意义。恩格斯在评论西方资产阶级启蒙思想家时说:"宗教、自然观、社会、国家制度,一切都受到了最无情的批判。""从今以后,迷信、偏私、特权和压迫,必将为永恒的真理,为永恒的正义,为基于自然的平等和不可剥夺的人权所排挤。"(《反杜林论》)谭嗣同对封建传统观念的冲击,也有这样的意义。它表达了中国新兴的资产阶级反对封建压迫的强烈愿望。谭嗣同在反对封建旧文化和旧道德的斗争中,同康有为一样,把孔子说成是资产阶级民权论的积极倡导者。认为孔子学说的精神是:"废君统,倡民主,变不平等为平等"(《仁学》),从而又提出了建立"孔教"的口号,幻想在中国出现一个马丁·路德,用孔教来拯救世人。路德是德国宗教改革和农民战争时期资产阶级改良派的代表人物,他曾抨击过中世纪天主教等级制度,后来向封建势力妥协了。谭嗣同把路德作为心目中的理想人物加以崇拜,表明中国的资产阶级改良派一心向往的仍是温和的改良的道路。他的建立孔教主张同政治上的君主立宪主张一样,是资产阶级妥协性的表现。

谭嗣同在反对封建主义的斗争中,竭力提倡自由、平等和博爱,鼓吹民主主义和人道主义,以此作为批判封建主义意识形态和推行改良主义政治路线的理论根据。他是中国近代史上宣扬资产阶级人道主义的代表人物之一。

他把自由、平等和博爱总称之为"仁",把他宣传变法维新的哲学著作称之为"仁学"。《仁学》的实质就是宣扬人道主义。

封建时代思想家也讲"仁",但传统儒家的仁学不能不受到封建等级制度和封建宗法关系的局限。谭嗣同按近代资产阶级的观点解释了"仁"。他说:

"仁以通为第一义。"(《仁学》)所谓"通",是说没有阻塞和隔阂。按照他的解释,"仁"有四个方面的含义:一是"上下通",即打破在上的和在下的界限,如君民的界限,贵贱的差别;二是"中外通",即打破中国和外国的界限,同西方国家通教,通学,通政,通商;三是"男女内外通",即打破男女的界限,宗族的界限;四是"人我通",即打破别人和自己的界限,人与人之间"相亲相爱"。他认为打破这些界限,便实现了自由和平等。他说:"通之象为平等","有等级者通之而无等级。"(同上)据此,他指出,纲常名教是和"仁"相对立的,他说:"仁之乱也,则于其名",而朋友一伦所以可贵,就是因为它体现了"仁"的精神。据此,他又把清王朝的"闭关绝市"和"重申海禁"的政策宣布为"不仁"。他说:"猥曰闭之绝之禁之,不通矣,夫惟不仁故。"(同上)他所讲的"仁",显然包含着资产阶级的"自由、平等、博爱"的要求。谭嗣同认为,"仁"出于人的"本性",是"人道"的本质,古今中外无不同,任何恶势力都不能消灭它,这就是"人性善"。因此,他又把"仁"宣布为人类最高的理想,认为按着"仁"的原则建立起来的社会是:"人人能自由",既无国界,又无战争;"彼我亡,平等出";"君主废,则贵贱平;公理明,则贫富均";"千里万里,一宗一人"(同上)。总之,在这个社会中,一切差别对立都消除了。他把这个理想的王国称之为"大同"世界。

谭嗣同的人道主义是在 19 世纪末中国的资产阶级刚刚兴起的历史条件下提出来的,它的主要锋芒在于打击封建等级制度和纲常名教以及闭关自守的思想,宣传了民主主义的平等精神,在当时有一定的进步意义。

谭嗣同曾依据人道主义抨击了封建君权,鼓吹民权。他认为,机器生产可以使人富足,可是由于"君权"的统治,财货不能流通,机器不能推广,一旦"民权兴",人们就可以"各遂其生,各均其利"了(《仁学》)。谭嗣同在提倡民权的同时,又提出了"兴绅权"的理论,认为"苟有绅权","不必有议院之名已有议院之实"(《上欧阳瓣姜师书》)。这表明谭嗣同的民权论或人权论仍然与封建势力有密切的联系。

第二节 "破对待"的相对主义理论

谭嗣同在为资产阶级改良派的变法维新运动作论证中,同样也宣传了进化论的思想。他认为,天地万物都是变动不居的,"今日之神奇,明日即以腐朽"(《上欧阳瓣姜师书》)。他还用当时天文学的知识指出:"吾身所附丽之地球,本变动不居,而凡泥不变之说者为逆天矣。"(《论今日西学与中国古学》)这就是说,变化运动是自然界的普遍规律。在这个问题上,谭嗣同发挥了王夫之"天地之化日新"的观点,反复强调天地万物只有不断更新才有生命力的思想。他认为:"天地以日新,生物无一瞬不新也。"(《上欧阳瓣薑师书》)"新也者,夫亦群教之公理也。"(《仁学》)他指出,天地万物以及人的体貌呼吸无时不在变易,无时不在更新。如果没有更新,宇宙万物也就毁灭了。他说:"天不新,何以生?地不新,何以运行?日月不新,何以光明?四时不新,何以寒暑发敛之迭更?草木不新,丰缛者歇矣;血气不新,经络者绝矣;以太不新,三界万法皆灭矣!"(《仁学》)因此,他深情地赞叹说:"新之为言也,盛美无憾之言也","言新必极之于日新,始足以为盛美而无憾,执此以言治言学,固无往不贵日新矣。"(《湘报后叙上》)

据此,他激烈地抨击了那些"断断然曰不当变法"的"守旧之鄙生"。他认为,这些人不懂得"日新"的道理,是"自断其方生之化机",而终将"成为极旧极蔽一残朽不灵之废物而已矣"(《仁学》)。他又指出,这些"守旧之鄙生"到处自诩为"好古",喋喋不休地引经据典"以争于今"。如果真是"古而可好",那"又何必为今人哉!""奚不自杀以从古人"呢!因此,他说这种人实际上是十分可悲的,他们生于今而好于古,很像庄子所说的那种"心死"之人。对这种人,给他们一个谥号,叫"至愚",那是最恰当不过的了。这是对当时守旧的封建顽固派极其辛辣的讽刺。谭嗣同的日新说,肯定了事物运动变化的永恒性,承认事物不断更新,反对了守旧不变的顽固思想,反映了资产阶级改变封建专制主义的要求。

在论述事物变化日新的思想中,谭嗣同也在一定程度上表露了一些关于对立统一的辩证思想因素。如他说:"日新乌乎本?曰:以太之动机而已矣。独不见夫雷乎?虚空洞杳,都无一物,忽有云雨相值,则含两电,两则有正有负,正负则有异有同,异则相攻,同则相取,而奔崩轰礚发焉。"(《仁学》)这里,谭嗣同通过雷是由正负相反的两种电相接触而发生,阐发了"异同攻取"的观点,接触到了矛盾对立统一的问题。他还认为,万物的产生也是由于"振微明玄,叁伍错综,而有有矣。有有之生也,其惟异同攻取乎!"(同上)这就是说,"异同攻取",对立面的统一和斗争是万物产生的原因。谭嗣同受到西方自然科学关于物质不灭理论的影响,还在一定程度上看到事物的生灭存亡都是相对的、互相联系的。他说:"比如陶埴,失手而碎之,其为器也毁矣;然陶埴,土所为也,方其为陶埴也,在陶埴曰成,在土则毁;及其碎也,还归乎土,在陶埴曰毁,在土又以成。"(同上)他称这种情况为"对待",说:"有此则有彼,无独而有偶焉,不待问而知之,辨对待之说也。"(同上)看到事物的发生和运动起于"异同攻取",看到事物之间的互相联系和"无独而有偶",这些都是谭嗣同思想中的合理的辩证法因素。

他虽然在一定程度上看到了事物内部存在着"异""同"的矛盾对立和统一，而且认为这种矛盾对立和统一会引起事物的运动变化。然而，他并不认为事物内部矛盾对立和统一是运动变化的根本原因，不认为对立面的斗争是绝对的。相反，他认为应当调和矛盾，以至取消一切对立、差别，把没有矛盾对立的状态看成是事物最高的境界。因此，谭嗣同在他的"仁学"体系中提出了"破对待"，即取消矛盾对立的观点。

谭嗣同说："对待生于彼此，彼此生于有我"，所以说"一切对待之名，一切对待之分别，涽然哄然。其瞒也，其自瞒也，不可以解矣"（《仁学》）。这是说，事物的矛盾对立，完全是由主观妄生分别而产生的，是自己给自己造成的。因此，他认为，必须了解"无彼复无此，此即彼，彼即此"的"破对待之说"。如何达到"破对待"呢？他说：只要在主观上不起对待，则对待当"自破"。而达到使主观不起对待的最好办法，是不去与纷纭繁杂的客观世界接触。他说："苟不以眼见，不以耳闻，不以鼻嗅，不以舌尝，不以身触，乃至不以心思，转业识而成智慧，然后'一多相容'，'三世一时'之真理乃日见乎前。任逝者之逝而我不逝，任我之逝而逝者卒未尝逝。真理出，斯对待不破以自破。"（同上）"一多相容""三世一时"是佛教华严宗的唯心主义相对主义理论。它通过不执著一般和个别的差别，不执著过去、现在、将来时间上的差别，否定客观世界的矛盾，否定差别的真实性。谭嗣同同样认为，一切差别都起于主观的"我见"即佛教上所说的"我执"。他说："然则但有我见，世间果无大小矣。多寡、长短、久暂，亦复如是。"因此，他认为只要得到了佛教这种神秘主义的"智慧""真理"，主观上就不会起对待，破除"我执"。这样，客观事物的一切对立矛盾，也就会自行消除。

除了用佛教主观唯心主义理论来"破对待"外，谭嗣同还夸大事物的相对性，以至根本否认事物在一定时间和空间上的质的规定性，从而否定了客观事物的差别和对立。在他看来，事物的变易归根到底是刹那生灭的过程，事物都是随生随灭，没有相对的稳定性。例如，就时间的变化说，他说："日析为时，时析为刻，刻析为分，分析为秒忽，秒忽随生而随灭，确指某秒某忽为今日，某秒某忽为今日之秒忽，不能也。"同样，人和万物都可分为无数之"质点"，而"每分之质点，又各有无数之分"，而"穷其数可由一而万万也"，所以不能确指某者是"我"，无法确定"我"的身体的存在。由此，他得出结论说：事物的变化，"旋生旋灭，即生即灭。生与灭相授之际，微之又微，至于无可微，密之又密，至于无可密。夫是以融化为一，而成乎不生不灭"。这是说，构成事物的要素，分秒都在生灭，生灭之间的差别也是微乎其微，因此，生和灭也可说没有差别，生灭也可以说是"不生不灭"。谭嗣同在这里把事物的变动绝对化，而根本否定了事物的质的规定性。

谭嗣同从否定事物的对立斗争,得出了事物只有循环、只有量变,而无质变的形而上学结论。例如,他认为,事物的差别归根到底只是由于构成该物体的质点的数量不同而已,并没有质的差别。他说:"或增某原质,减某原质,则又成一某物之性",但"就其本原言之,固然其无性。"又如,在他早期思想中是承认事物有成毁的,他曾说:"有成有毁,地与万物共之,……既成乎物而有形矣,无无毁者也。"(《石菊影庐笔识·思篇》)但是,到了《仁学》中,他运用了当时自然科学关于物质不灭的思想,和佛教"诸行无常"的观念,从而认为事物"但有回环,都无成毁","但有变易,复何存亡"。表现为相对主义倾向。

第三节 "仁学"的哲学体系

谭嗣同早年曾以古代朴素唯物主义的"气"的概念,以后又运用西方自然科学中假设的一个物质概念"以太",来解释客观世界的物质统一性。后来,由于受到佛教唯心主义的影响,谭嗣同在《仁学》中构造的哲学体系显得十分杂驳。他融中学与西学、科学与宗教、唯心与唯物于一体,宣称:"凡为仁学者,于佛书当通华严及心宗、相宗之书;于西书当通《新约》及算学、格致、社会学之书;于中国当通《易》《春秋公羊传》《论语》《礼记》《孟子》《庄子》《墨子》《史记》及陶渊明、周茂叔、张横渠、陆子、王阳明、王船山、黄梨洲之书。"(《仁学》)然而,谭嗣同"仁学"的哲学体系,实际上是以佛教唯心主义为归宿者。他明白地说过:"尝谓西学皆源于佛学,亦惟西学,而佛学可复明于世。"(同上)

在谭嗣同的早期著作中,他继承了王充、张载和王夫之的朴素唯物主义思想,同时吸取了从西方传入的天文学、物理学、化学和生物等自然科学知识,提出了一种以"元气"为基础的唯物主义自然观,而且对佛教、道学的唯心主义进行了一定的批判。

他把"元气"看成是天地万物的根本。他说:"元气絪缊,以运为化生者也。""天以其混沌磅礴之气,充塞固结而成质,质立而人物生焉。"(《石菊影庐笔识·思篇》)这是说,宇宙充满"元气","元气"凝固起来,形成各种物质元素,然后形成各种天体和人物。后来,他又把组成这些物质元素的"气",归结为"以太"。他说:"原质犹有七十三之异,至于原质之原,则一以太而已矣。"(《仁学》)又说:"任剖某质点一小分以至于无,察其为何物所凝结,曰惟以太。"(同上)他依据地质学和生物学的知识,说明生物进化的过程。他说:"考察僵石(化石),得其生物","以究天地生物之序,盖莫先螺蛤之属,

而鱼属次之,蛇龟之属又次之,鸟兽又次之,而人其最后焉者也。"(《石菊影庐笔识·思篇》)

依据这种自然观,他批判了佛教的虚无主义本体论。他说:"释氏之末流,灭裂天地,等诸声光之幻,以求所谓空寂。此不惟自绝于天地,乃并不知有声光。"(同上)这是反对佛教唯心主义以声光为"虚幻"从而把物质世界说成是虚幻的看法。他指出:"天地非幻,即声光亦至实,声光虽无体,而以所凭之气为体。"(同上)这是说,宇宙中没有真空的领域。他用气一元论,论证了物质存在的普遍性,驳斥了虚无主义。最后,他得出结论说:"古圣人正五色以养明,定六律以养聪,岂能凭虚无而创造哉?亦实有是物而不容废也。"(同上)这既肯定物质世界是真实的,又驳斥了佛教的出世主义。他指出,佛老崇拜"虚无",和"实学"相对立,是变法维新的一大障碍。因此他又提出了"毁天下寺观庙宇"的主张,要求把寺庙变为"议院学堂诸公所之用",把寺庙的财产作为筹备变法的费用(见《报贝元征书》)。依据这种自然观,谭嗣同还批判了程朱理学的唯心主义,指出,宇宙中充满"气",不能离"气"而讲"理",他说:"岂有理之所至,而气之所不至乎?"(《石菊影庐笔识·思篇》)他认为,宋明道学的错误在于把"理"和"道"看成是"虚悬无薄"的东西,同样是变法维新的一大障碍。对于程朱理学的"道"体、"器"用的唯心主义,他也曾明确表示反对。他认为:"故道,用也;器,体也。体立而用行,器存而道不亡。"(《报贝元征》)又说:"道必依于器而后有实用,果非空漠无物之中有所谓道矣。"(《上欧阳瓣蘠师书》)因此,他批评道学说:"自学者不审,误以道为体,道始迷离徜恍,若一幻物,虚悬于空漠无朕之际,而果何物也耶?于人何补,于世何济?"(《报贝元征书》)他认为,在民族危亡的关头,"不一讲求维持挽救工农商贾之道,而安坐饱食,以高谈空虚无证之文与道",只有亡国灭种(《兴算学议》)。据此,他还驳斥了道学家的"先天图""太极图"以及谶纬、卜相、占验等各种神怪迷信,认为这些东西无非是提倡"虚妄",愚弄人民(同上)。他得出结论说:"必如西人将种种虚妄一扫而空,方能臻于精实。"(同上)以上这些都是谭嗣同思想中表现出来的唯物主义因素,而且由于他依据近代自然科学给予补充、论证,从而又带有某些机械唯物论的因素。

在他的"仁学"体系中,谭嗣同把物质性的"以太"与道德观念"仁"等同起来。他受到康有为"仁爱"哲学思想的影响,认为"仁为天地万物之源"(《仁学·界说》)。他和康有为一样,借用中国古代"仁"的观念来宣扬资产阶级的自由、平等、博爱思想,这是当时政治斗争上的需要。为此,他们又都从理论上来阐明为什么"仁"体现了平等、博爱的道理。他说"仁以通为第一义"(同上)。所谓"通",包括"中外通""上下通""男女内外通""人我通"。照谭嗣同的说法:"通之象为平等",所以上述四方面的"通",也就体现了中国与外国的平等、上下的平等、男女的平等和人与人之间的平等。谭嗣同认为:"以太"是"所以通之具",也就是说,"仁"是世界的本体,而"以太"只是体现"仁"的"通"的性质的工具。因此,他有时也说:"天地间亦仁而已矣。"(《仁学》)可是,谭嗣同又认为:"遍法界、虚空界、众生界,有至大至精微,无所不胶粘、不贯洽、不管络,而充满之一物焉。……名之曰'以太'。其显于用也:孔谓之'仁',……"(同上)据此,他又把"以太"看做世界的本体,而"仁"只是"以太"体现出来的一种作用。这里,谭嗣同时而以"仁"为世界本源,时而又以"以太"为世界本源。其实,究其根源,谭嗣同是把"以太"和"仁"看做是二而一的,"仁"即"以太","以太"即"仁",所以他又说"以太","精而言之,夫亦曰'仁'而已矣"(《以太说》)。

把物质性的"以太"与精神道德观念的"仁"等同起来,这是谭嗣同走向唯心主义在理论上的一个转折点。正是由此,谭嗣同在"仁为天地万物之源,故唯心,故唯识"的命题下,明确地宣布:"以太者,亦唯识之相分,谓无以太可也。"(《仁学》)所谓"唯识之相分",是佛教唯识学对客观物质世界真实存在的一种解释,它认为,客观物质世界只是主观意识所变现出来的一种虚假的现象("相分")。正因为如此,谭嗣同才说:"谓无以太可也。"至此,谭嗣同完全否定了客观物质世界的真实存在,而导向了精神第一性的唯心主义。所以,谭嗣同得出他的哲学结论说:"惟一心是实,……虽天地之大,可以由心成之、毁之、改造之。"(《上欧阳瓣薑师书》)"一切惟心所造。"(《仁学》)

谭嗣同所谓的"心"或"心力",也就是佛教法相宗的所谓"藏识",他说:"佛之所谓藏,孔子所谓心。""藏识"亦即所谓"第八识""阿赖耶识",是佛教唯识宗所虚构的最根本的精神本体。唯识认为,阿赖耶识通过第七识末那识("执识")的联系,产生人的意识和眼、耳、鼻、舌、身等感觉,然后又产生各种"相分"——天地万物。他说:"即彼藏识,亦无生灭。佛与众生,同其不断,忽被七识所执,转为我相。执生意识,所见成相。眼耳鼻舌身,又各有见,一一成相。相实无柱受熏习,此生所造,还入藏识,为来生因。因又成果,颠倒循环,无始沦滔。沦滔不已,乃灼然谓天地万物矣。"(同上)这是说,天地万物,以至人自身及其意识都是"藏识"的产物,"藏识"是天地万物的最后根源。

在认识论上,谭嗣同也完全吸收了佛教唯识宗的理论。首先,他否认人的思维活动是物质运动的产物。他说:"夫人固号为有知矣,独是所谓知者,果何等物也?谓知出乎心,心司红血紫血之出纳,乌睹所谓知耶?则必出于大脑,割脑而察之,其色灰败,其质脂,其形洼隆不平,如核脑仁,于所谓知,又无有也。"那么,人之"知"究竟为何物所生呢?他回答说:"其动者,意识也,大脑之用也;为大脑之体者,藏识也。其使有法之动者,执识也,小脑之体也;为小脑之用者,前五识也。"又说:"吾大脑之所在,藏识之所在也。"由此可见,谭嗣同并不把形如"核桃仁"的物质的大脑看做是产生"知"的本体,而是把佛教唯识宗的"藏识""执识"看做产生人的意识的本体。其次,如上所述,"藏识"既是人的意识的"本体",又是天地万物的"根源",那么人对天地万物的认识,归根结蒂无非是"藏识"自己对自己的认识而已。所以他又声称:"吾贵知,不贵行。"为什么呢?他说:"知亦知,不知亦知。是行有限,而知无限;行有穷,而知无穷也。且行之不能及知,又无可如何之势也。"(同上)

应当指出,谭嗣同这里所"贵"的"知",指的是佛教所谓"转识成智"的"知",这种"知"既然是由"藏识"转变而来,当然是"无穷""无限"的。至于常人的"知",那他认为是不可能认识世界的。他曾明确表示,客观世界存在着人的"思力之所必不能到"的领域。由于他轻视"行"在认识过程中的主要作用,必然轻视感性认识的作用。他认为,常人的感觉器官只有"眼耳鼻舌身"五种,它们所接触的也仅只是"色声香味触"五者而已。然而"以法界虚空界生界之无量无边,其间所有,必不止五也明矣。仅凭我所有之五,以妄度无量无边,而臆断其有无,奚可哉!"(同上)不仅如此,他还认为:"且眼耳所见闻,又非真能见闻也。"为什么呢?他论证说:"眼有帘焉,形入而绘其影,由帘达脑而觉为见,影既缘绘而有是,必点点线线而缀之,枝枝节节而累之,……迨成为影,彼其形之逝也,亦已久矣;影而待脑而知,则影一已逝之影,并真影不得而见也。……眼耳之果足恃耶否耶?鼻依香之逝,舌依味之逝,身依触之逝,其不足恃,均也。"(同上)这是说,感觉不仅不能得到客观事物的真形,甚至连得到的影像也不是真实的。所以,他的结论是:"恃五以接五,犹不足以尽五,况无量无边之不止五。"(同上)总之,谭嗣同认为凭借感官去认识世界是根本不可能的,相反,如果用佛教"转识成智"的神秘的"知",又是无所不识的。

最后,谭嗣同所讲的"心""识",也就是所谓的"灵魂"。他也曾说过:"灵魂,智慧之属也。""心""识""灵魂"都是不生不灭,永恒存在的。所以,他也公开提倡"灵魂"不死和因果报应、生死轮回等宗教说教,说什么"今使灵魂之说明,虽至暗者犹知死后有莫大之事,及无穷之苦乐,必不于生前之暂苦暂乐而生贪著厌离之想。知天堂地狱,森列于心目,必不敢欺饰放纵,将日迁善以自兢惕"(同上)。谭嗣同鼓吹"灵魂"不死,从主观上来说,是想以此来警人与自励,他曾说:"知身为不死之物,虽杀之亦不死,则成仁取义,必无怛怖于其衷。且此生未及竟者,来生固可以补之,复何悼而不亹亹。"(同上)谭嗣同是笃信这一点的,他在为戊戌变法殉身时,这些思想不同程度地对他发生了自慰自励的作用。

第五章
严复

严复,原名宗光,字又陵,后改名复,字几道,生于公元1854年(清咸丰三年十二月),死于公元1921年,福建侯官(今福州)人。他也是19世纪末资产阶级改良派的代表人物,当时向西方寻找真理的先进的中国人之一,我国近代史上著名的资产阶级启蒙思想家。他十四岁时考入福州船政学堂,1877年,被清政府派往英国留学,回国后,曾任北洋水师学堂总教习。中日甲午战争后,他发表了许多鼓吹变法维新和救亡图存的论文。1897年,他在天津创办的《国闻报》,成了当时宣传资产阶级新文化的一个重要阵地。1898年,他向清朝皇帝上了万言书,提出了变法维新的具体纲领。在改良主义政治运动中,他系统地介绍了西方近代的社会政治学说,自然科学理论和哲学,在反对封建旧文化的斗争中起了重要的影响。戊戌政变后,他同康有为一样,仍旧坚持改良主义路线。"五四"运动时期,他反对新文化运动,又成了复古派的代表人物。严复也是我国近代著名的翻译家。从1896年到1908年间,他先后翻译了赫胥黎的《天演论》,亚丹·斯密的《原富》,约翰·穆勒的《群己权界论》和《名学》,斯宾塞的《群学肄言》,甄克斯的《社会通铨》,孟德斯鸠的《法意》,耶芳斯的《名学浅说》等。他的著作有《严几道文钞》和《严复集》。在他所翻译的哲学和社会政治的著作中,附有"按语",表达了他的哲学和社会政治观点。

第一节 批判封建君权,宣传民主自由

严复在戊戌变法时期对封建专制主义的君权论进行了激烈的批判,同时,宣传了西方资产阶级的民主、自由,以及天赋人权论,作为变法维新的理论根据。严复在分析西方各国的富强时提出,中国如要富强,则必须学习西方的自然科学,培养大批掌握自然科学的人才。他说:"求才、为学二者,皆必以有用为宗。而有用之效,征之富强。富强之基,本诸格致。不本格致,则无往而不荒虚,所谓蒸砂千载,成饭无期者也。"(《救亡决论》)这是说,不学习格致(即

自然科学)而求富强,就如同用砂子做饭一样,永无成功的希望。因为一个国家的工农业生产和国防军事的发达,归根到底,"则又非西学格致皆不可"。当时的洋务派看到了西方国家强大的表面现象,也承认要向西方学习,但他们想学习的仅在"汽机兵械之伦",而不知这些机器军械的先进是由于"天、算、格致之最精"。严复将学习西方自然科学提到了首要地位,在当时具有对封建主义旧学进行斗争的先进启蒙作用。

他还进一步阐述,西方国家的富强虽然有赖于自然科学,但自然科学的发达只是西方文化发达的主要表现而已。西方国家具有高度发达的文化,其根本原因是什么呢?"苟扼要而谈,不外于学术则黜伪而崇真,于刑政则屈私以为公而已"(《论世变之亟》)。严复说,学术上要求黜伪崇真和政治上要求屈私为公,中国过去虽然也有这样提倡的,但却不能真正做到这一点,而西方国家常常能做到,"则自由与不自由异耳",即西方社会的人民有自由,而中国的人民没有自由。因此,他介绍了西方作为提倡人民自由的理论基础即卢梭的天赋人权论。他说:"彼西人之言曰,唯天生民,各具赋畀,得自由者乃为全受。"(同上)这就是说,人的自由是天赋的,人有了自由,才算发挥了天给予人的禀赋和权利。人人具有自由,反对任何人侵犯个人的自由,即使帝王也不能例外。侵犯个人的自由,既遭到舆论的制裁,又要受法律的惩罚。他指出,这个天赋人权所倡导的自由,完全与中国传统的思想对立,"真中国历古圣贤之所深畏,而从未尝立以为教者也"(同上)。如果中国希望科学发达,刑政公平,就非打破中国圣贤所畏惧的禁条,以提倡个人自由不可。

他又从西方历史上说明,他们现在的人权、自由、平等这些思想深入人心,又与三百多年以来唯物主义自然观的确立密切相联。自从哥白尼建立太阳中心说以后,地球失去了作为宇宙中心的地位,基督教神学赋予天的崇高地位起了变化。天只是苍苍然自然的天,并不是高高在上主宰一切的天,因而传统的上下观念也发生变化,"无所谓上下,故向之名天者亡"(《政治讲义自序》)。这样,天生的贵贱之说也就失去了根据,王权神授的思想逐渐瓦解,"此贵贱之所以不分,而天泽之所以无取也"(同上)。在新的科学的自然观的影响下,天赋人权的学说,自由平等的思想,也就陆续产生了。

严复认为,正是由于自由与不自由的不同,中西社会产生一系列具体的差别:"则如中国最重三纲,而西人首明平等;中国亲亲,而西人尚贤;中国以孝治天下,而西人以公治天下;中国尊主,而西人隆民","其于财用也,中国重节流,而西人重开源","其于学术也,中国夸多识,而西人重新知"等等(《论世变之亟》)。严复在这里自认为只是对类型不同的中西文化进行比较,所以得出"吾实未敢遽分其优绌"的论断。但从具体内容看,严复指出了西方文化是创造的、发展的,"西之人力今以胜古",中国文化是守旧的、停滞的,"中之人好古而忽今",多少已看到文化与其所在社会性质和发展阶段的不同。

严复还具体论述了自由和民主的优越性。近代西方国家"以自由为体,以民主为用"(《原强》),打破了森严的等级制度,扫除了忌讳的思想隔阂,人人可以有言论自由,"君不甚尊,民不甚贱"(同上),上下的地位相差不过于悬殊,上下的利害易于相通,重视言行信用,因而比较容易同心协力,使国家各项事业蒸蒸日上。传统中国以纲常为主,上下的地位极为悬殊,只重亲属关系不重言行信用,结果上下隐瞒、怀诈相欺。二者的情况适成明显的对照。再则,西方实行民主,人人相互竞争和比赛,各自发挥其特长,"此既日异,彼亦月新",因而不断发展,取得显著的进步。特别在国际关系密切的形势下,国家间相互竞争极为激烈,如果人民不自由,就不可能发挥人民的才能,在国际竞争中取得国家的自由;如果人民没有权利,也就不能动员人民的力量,在国际竞争中取得国家自主生存的权利。反对自由和民主的人即使主张变法,"吾不知以无权而不自由之民,何以能孤行其道以变夫有所受之法也"(《原富》戊篇二,按语),这样的变法也就抽去了最重要的内容。实际上,压制人民的权利,结果只能使国家的权利被少数野心家、阴谋家窃取滥用,其祸害更不堪设想,所以他断言:"毁民权者,天下之至愚也。"(同上)

根据自由和民主的思想,他对中国封建专制君权论进行了批判。他说,中国自秦以来,各朝代的政治"虽有宽苛之异",但都是"以奴虏待吾民"(《原强》)。宽待人民,事实上也只是宽待奴隶;抚慰人民,事实上也只是抚慰奴隶。统治者对待人民有如奴隶,人民也常以奴隶自居,完全没有自由。但人民的自由本来是天所赋予,生来所具有的,现在却被统治的专制君主所窃据,使人民毫无独立自主的权利,这就是所谓"大盗窃国"。专制君主从人民手中窃取权利以后,又怕人民觉醒起来夺取这些权利,于是制订各种法律欺骗和压制人民,"坏民之才、散民之力、漓民之德",以达到长期骑在人民头上奴役人民的目的。本来人民是"天下之真主",但这些窃国大盗和他们的帮手,却制造什么"有命自天"的天命论或天生圣人的圣人说,来为他们窃取的政权辩护。例如,韩愈就说什么"古之时,人之害多矣。有圣人者立,然后教之以相生相养之道,为之君,为之师","如古无圣人,人之类灭久矣"(《原道》)。这就是说,圣人具有超人的才能,只有圣人进行教导,一般人才知道如何生活;只有圣人加以保护,一般人才能免于灭亡。圣人对于一般人具有如此深厚的恩德,是一般人的救世主,这样的圣人就必然也应该成为对人民发号施令的先知和君主,一般人就只能也应该做俯首听命、供养君主的盲从和奴才。严复反问说:"君民相资之事,固如是焉已矣?"(《辟韩》)

首先，严复从天赋人权和社会契约说的观点批判韩愈的这个圣人说。他说，人生来本是自由的，各人从事生产和交换等相生相养的事，但有些内部矛盾需要解决，有些欺夺侵害的事有待防卫，"于是通功易事，择其公且贤者立而为之君"（《辟韩》）。一个社会集团共同约定推举君主后，由君主设置官吏，建立法制和军队，以保卫这个集团人民的生活和生产。因此，君主是为了防卫人民被欺夺侵害不得已而产生的。如果没有欺夺侵害就不会产生君主。根据这个观点，我们应该说："君不能为民锄其强梗、防其患害则废，臣不能行其锄强梗、防患害之令则诛。"（同上）但中国自秦以来的君主，却正与这种情况相反，其本身即成为对人民"尤强梗最能欺夺之一人"。韩愈却吹捧君主是天生的圣人，只发布命令，却不为民除害，而且还说君主的存在与天地一样长久，这是完全为君主专制辩护的错误论调。其次，他从天道自然的唯物主义观点进行批判。他说："道之大原出于天"，天道自然而然，对所有的人一视同仁，并无好恶存于其间，并不区别上下贵贱。但韩愈的圣人说尊奉最强梗欺夺之一人，命令一切，指挥一切，为所欲为，令亿万人民苦其筋力，劳其神虑，供养和侍奉他，稍不如意，则加诛戮。这样的君主"怒则作威，喜则作福，所以见一国之人，生死吉凶，悉由吾意"（《法意》卷六，按语）。这是将目光只偏向一人，却看不见亿兆老百姓，"天之意固如是乎？道之原又如是乎？"（《辟韩》）最后，他指出韩愈的圣人说自相矛盾，不符合历史的实际情况。照韩愈的说法，圣人具有特殊的才能，教导人民"相生相养之道"，似乎没有圣人，人民就不知道如何生活。严复反驳说，如果有这样的圣人，或者这样的圣人及其祖先是非人的神之类，或者是具有能更高飞的羽毛、更厉害的鳞介爪牙的怪禽怪兽，才能免于天灾和禽兽的侵害，不然，其本身早已夭亡，如何保卫和教导一般人相生相养之道？况且，一般人若真是寒不知衣，饥不知食，这些人也早已夭亡，所谓圣人又怎能找到这些人作为他发号施令的对象呢？从中国的历史事实来看，中国的君主大多数都是"生于帷幄，长于阿保，其教育之法至不善，故尊为明圣，而其实则天下之最不更事人也"（《法意》卷二〇，按语）。因此，他认为尊君主为圣人完全是一种欺骗。中国的君主，"兼宪法、国家、王者三大物"，窃取人民的权利，奴役人民，供其一家享受。一代朝廷的兴亡，只是一家一姓的兴亡，与人民了不相干，人民永远受压制愚弄。所以他得出结论："此专制之制，所以百无一可者也。"（《法意》卷五，按语）

严复对圣人说进行的批判，不但动摇了自韩愈以后由宋明道学所建立的思想支柱，而且为中国即将推翻封建君主专制从理论上扫除了思想障碍，虽然他本人当时并没有得出这样革命性的政治结论。海涅曾经称赞康德，说法国的罗伯斯比尔杀死了一个国王，康德却把上帝杀死了，"在思想领域内，这位伟大的破坏者伊曼努尔·康德在恐怖主义上远远超过了罗伯斯比尔"(《德国的宗教和哲学的历史》)。海涅肯定康德这个理论上的贡献为1848年欧洲的政治革命做了前导。严复取消有所谓超人智能的圣人,在中国近代史上也具有类似的意义和影响。

在戊戌变法前后这一时期,严复提倡自由和民主,在理论上系统地介绍西方资产阶级社会政治学说,批判中国的封建君主专制,还是具有进步意义的。资产阶级民主同中世纪制度比较起来,在历史上是一个大进步。但由于中国近代史上资产阶级的软弱性,也由于严复本人没有完全摆脱君主制思想的影响,严复在介绍和阐述西方资产阶级社会政治理论方面,虽有比较系统和明确的一面,但在实际政治的主张方面,却也有比较软弱和保守的一面。即使在戊戌变法前他的思想比较激进的时期,他对君主制的态度,也没有达到他在理论上的批判所应有的结论,而是主张在改良主义的范围内,说什么"然则及今而弃吾君臣可乎?曰:是大不可。何则?其时未至,其俗未成,其民不足以自治也"(《辟韩》)。他认为,中国的民智、民力、民德当时水平很低,只有进行教育提高民智、民力、民德之后,才能取消君主专制,实行民主政治。他甚至对于建立议院、实行君主立宪制也是不积极的。他在《原强》中要求"设议院于京师,而令天下郡县各公举其守宰",但却未提出实行的期限。1897年时他还说:"论者动言中国宜减君权、兴议院。嗟乎,以今日民智未开之中国,而欲效泰西君民并主之美治,是大乱之道也。"(《中俄交谊论》)这一点,具体表明了严复的政治思想在戊戌变法的维新派阵营中也是比较保守的。

戊戌变法以后,严复专心译述,系统介绍西方资产阶级的社会政治思想著作,对于中国人民直接了解西方资本主义文化还是很有帮助的。这些翻译工作使他成为在中国近代史上介绍西学最早的主要代表人物。但是,这一时期他的政治思想却逐渐趋向保守,对某些资产阶级进步的政治理论,也由过去的赞扬转变为反对。例如前面曾谈到,他在戊戌变法前,一再引用卢梭的天赋人权论以批判中国的封建专制。这一时期他却又明确反对卢梭的这种思想,说什么"卢梭民约,其开宗明义,谓斯民生而自由,此语大为后贤所呵"(《群己权界论》译凡例)。他对资产阶级革命派所提倡的民族主义则公开加以抨击,讨厌这些人"今日言合群,明日言排外,甚或言排满",认为民族主义的思想对自强图存并无帮助,说"民族主义将遂足以强吾种乎?愚有以决其必不能者矣"(《社会通诠》)。严复这种主张出来后,当即遭到章太炎的反驳。章太炎讽刺他只图私利,已完全不敢提出任何政治改革的要求了,"故革命立宪,皆非其所措意。天下有至乐,曰营菟裘以娱老耳"(章太炎:《社会通诠商兑》)。辛亥革命后,严复在政治上变为反动,参与筹安会为袁世凯复辟帝制效劳,居然声称"以不佞私见言之,天下仍须定于专制","国事危岌……一线生机,仅存复辟"(《与熊纯如书》四十)。这时,他不但政治上反动,要求复辟专制政治,甚至对于他前期所介绍的西方资本主义文化中的进步因素也一概抹杀,完全回到了传统文化,大肆宣扬"尚是孔子之书,四书五经,固是最富矿藏"(《与熊纯如书》三九),"回观孔孟之道,真量同天地,泽被寰区"(《与熊纯如书》五九)。严复思想演变的悲剧,既表现中国近代社会变化的剧烈,也反映了中国资产阶级在新的国际形势下的软弱性。

第二节 "物竞天择"的进化论

严复在戊戌变法时期系统地介绍了达尔文的进化论思想,以反对封建顽固派"好古而忽今"的思想,为他提出的"今日不变法则必亡"的政治主张作论证。

严复热烈地赞扬了达尔文的《物种探原》,说这部研究生物学的著作,其意义远远超出一般性的科学著作之上,在整个思想界都发生极大的影响,使得西方各国的政治、教育和学术,"一时斐变"。严复认为,根据达尔文的生物进化论,生物的起源开始于少数几种简单的生物。由于自然条件的变化与不同,少数几种相同的简单生物,逐渐产生生理的变异和区别,演变成为各种复杂的类别。在这个过程中,通过物竞天择规律的作用,繁殖的世代愈久远,生物种类的区别就愈悬殊。他说:"物竞者,物争自存也;天择者,存其宜种也。"(《原强》)这是说生物在自然界进行生存竞争,种与种争,群与群争,优胜劣败,其中最能适应自然界各种条件的强者,才能生存和繁殖,不能适应的就逐渐灭亡。这种经过自然淘汰使适者生存的物竞天择规律,适用于整个生物界,"动植如此,民人亦然"(同上)。

严复主要是通过翻译赫胥黎的《天演论》介绍达尔文的进化论思想。赫胥黎曾创造性地运用了比较解剖学和古生物学等方面的材料,宣传和发展了达尔文的进化论,自称是捍卫达尔文学说的一只猛犬。赫胥黎这部著作除了能创造性地用通俗方式阐述达尔文的进化论思想外,特别强调人力的主动作用,纠正了斯宾塞的进化论中所宣扬的任天为治的观点,有利于激发人们争取"自强保种"奋发图强的精神。

但严复介绍进化论思想时,不仅认为这种思想是适用于生物界的科学理论,而且认为可以作为一种世界观,概括一切客观事物的发展规律。在这方面,赫胥黎也有类似的思想,如说:"小之极于跂行倒生,大之放乎日星天地,隐之则神思智识之所以圣狂,显之则政俗文章之所以沿革,言其要道,皆可一言以蔽之,曰天演是已"(《天演论》导言、广义)。这也是说,进化的规律,可以普遍运用于自然界和社会现象。但赫胥黎在人类社会中强调先验道德的作用,认为"天良者,保群之主"(《天演论》导言、制私),由于先验道德限制了个人利己的思想,社会的集体才能够保持。"理平之极,治功独用,而天行无权"(《天演论》群治),即社会愈进步,道德的作用就愈大,天演法则的作用就愈小。严复则认为人的合群是由于维护个人的生存,社会道德是由于合群的需要而产生的,并不是先验的。天演法则在社会发展的任何阶段都起同样主要的作用。因此,他认为赫胥黎不像斯宾塞那样将天演法则在人类的社会现象中同样贯彻始终,说"赫胥黎执其末以齐其本,此其言群理所以不若斯宾塞之密也"。(《天演论》导言、制私,按语)他经常介绍斯宾塞的观点以补赫胥黎的不足,接受和宣扬了社会达尔文主义。达尔文的进化论具有很深的哲学意义。首先,进化论用科学的事实论证了生物界的种和类不是孤立的,而是相互联系的,有机界包括人在内,不是不变的,而是向前发展的。因此在哲学领域内也就响起了旧形而上学的丧钟,为辩证法的世界观开辟了道路。其次,进化论通过必然性与偶然性的内在联系,论述了自然界各种生物有其生存和发展的规律,都不是特殊的创造物,批评了自然科学中的唯心主义目的论。但是,达尔文的生存竞争学说,也存在着片面性。因为物种的变异的原因是多方面的,如新的生活环境的变化,有机体的互相合作等,也都是生物发展的条件。至于把这个学说不加分析地搬用到人类社会,将错综复杂的人类社会历史概括在片面的公式"生存斗争"中,这就更是十足的童稚之见。因为,动物最多只能搜集生活资料,人则从事生产生活资料。"一有了生产,所谓生存斗争便不再围绕着单纯的生存资料进行,而要围绕着享受资料和发展资料进行"(《自然辩证法》),这样的斗争就包含了阶级间的斗争。因此,"把历史看做一系列的阶级斗争,比起把历史单单归结为生存斗争的差异极少的阶段,就更有内容和更深刻得多了"(同上)。社会达尔文主义把生物界的某些规律无条件地搬到人类社会中来,掩盖了人类社会的特点,抹杀了阶级斗争,是一种十分错误的理论。

　　严复结合赫胥黎和斯宾塞介绍了达尔文的进化论思想,按照当时中国社会和思想界的情况,特别强调了两个基本观点。第一,宇宙是发展进化的,社会也是发展进化的。严复指出,中国自古以来在思想界占统治地位的是"天不变,道亦不变"的形而上学世界观。根据这种世界观,在一切工作中要求"守旧不变,以古为宗",我们只要按照古代圣人遗留下来的教条和陈规,亦步亦趋,就可以万事大吉,生存下去。然而按照发展进化的世界观,一代胜过一代,现在比过去进步,将来又要比现在进步。如果要求生存和发展,就必须突破教条和陈规,顺应进化的潮流,不断有所创造、有所前进。如果因循守旧,停滞不前,就不能适应进化的趋势,最终归于淘汰。严复认为,中西世界观的不同,正是中国文化与西方文化相遇后,处处被动,以致中国处于危急存亡的根本原因。他说:"尝谓中西事理,其最不同而断乎不可合者,莫大于中之人好古而忽今,西之人力今以胜古;中之人以一治一乱、一盛一衰为天行人事之自然,西之人以日进无疆,既盛不可复衰,既治不可复乱,为学术政化之极则。"(《论世变之亟》)自从严复介绍这种发展进化的世界观以后,中国传统的"好古而忽今"的形而上学世界观遭到了致命的打击,在中国近代思想的发展上,具有重要的历史意义。

第二,在人类社会发展的过程中,优胜劣败,适者生存,其中存在着激烈的斗争。严复说:"盖生民之大要三,而强弱存亡莫不视此:一曰血气体力之强,二曰聪明智虑之强,三曰德行仁义之强。是以西洋观化言治之家,莫不以民力、民智、民德三者,断民种之高下。未有三者备而民生不优,亦未有三者备而国威不奋者也。"(《原强》)这就是说,一个民族的优劣,是由民力、民智、民德三方面的高下为标准的。三方面都比较高强的民族就是优秀的民族,在竞争中将取得胜利。但他同时又强调,这三者的高下并不是固定不变的,而是通过实际的运用可以不断进步的。宇宙间妨碍生存的因素很多,人要求生存,就必须运用其才力心思与这些因素进行斗争。结果是民力、民智、民德三方面在竞争中运用得最多、进步得最快的民族就可以适应环境,求得生存,不然就日趋衰亡。

严复在强调进化论的这些基本观点时也一再引用了斯宾塞的理论。斯宾塞是平衡论的创始者之一,认为一切运动的开始或终结都趋向于平衡。一切有机体都在生存斗争中争取与外部环境取得平衡,以求适应,其中只有适应力最好的最平衡的有机体得以生存和遗传。在人类社会中适应力最好的种族就是优秀的种族,结果是优秀的种族得以生存,低劣的种族应该趋向衰亡。这完全是把科学的达尔文主义改变成社会达尔文主义的种族主义思想。但严复在介绍和发挥进化论的思想时,并不强调优秀民族先天地优于其他民族的种族主义思想,而是强调改造和发扬本民族的民力、民智、民德,以争取自强保种、救亡图存。他认为,只要发挥主观的能动性,"强立不反,出与力争",即使其他民族具有某些方面的优点,对我进行欺压,"则彼之来,皆为吾利,吾何畏也"(《有如三保》)。严复介绍和发挥进化论思想的这一方面,在中国当时社会得到极大反响。自此以后,"物竞天择"的道理,"自强保种"的口号,在很长一段时期内成为中国进步知识分子的口头语。

严复还运用这些观点,批判了封建顽固派那种昧于世界形势、盲目自大、因循保守的思想。他认为,这些人根本不了解人类发展进化的规律和西方各国的具体情况,一味盲目"高睨大谈于夷夏轩轾之间",自夸为"冠带之民,灵秀之种,周孔所教,礼义所治"(《原强》)。甲午之战,一败涂地,则张皇失措。他指出,从当时中国的具体情况分析,即使没有甲午一战,那种政治腐败、人才寥落的情况,也已濒于衰亡的边缘。造成这种局势的根本原因还在于"民力已苶,民智已卑,民德已薄"(《原强》),这种状况并不是由于中国民族的品种低劣。而是由于中国数千年的专制政治和社会风俗,"陶钧炉锤,而成此最后之一境"(同上)。现在借外族侵略的刺激,变法图强,"则天下事,正于此乎而大可为也"(同上)。他分析说,西方国家也不是他们的民族生来比较优秀,自古如此,而是他们"力今以胜古",不断创造和变革的结果。他们的富强,"远之亦不过二百年,近之亦不过五十年已耳,则我何为而不奋发也耶?"(同上)况且西方各国虽称富强,但并不是"至治极盛",只要中国鼓民力、开民智、新民德,还可以避免西方各国贫富贵贱过于悬殊的弊病,达到所谓"刑措不用""家给人足"的盛世。

严复在进化论的基础上宣扬发展进化的世界观,反对封建专制主义复古主义的形而上学,向中国人民敲起了危亡的警钟,激发人民发愤图强的意志,他所强调的是进化论中向前发展进化的辩证法因素。达尔文在建立他的生物进化论时,也是由于他发现植物和动物的种不是固定的,而是变化的,打破了过去物种永远不变的形而上学思想的结果。马克思曾称赞"达尔文的著作非常有意义,这本书我可以用来当作历史上的阶级斗争的自然科学根据"(《马克思恩格斯全集》第30卷,第574页)。但斯宾塞却将生物学的规律机械地运用到人类社会,形成他的社会有机体说。在斯宾塞看来,社会的分工和动物体各器官之间的分工相似,社会阶级结构的发展是普遍进化后职业分工的表现。这种结构是一种有机的联系,革命和阶级斗争则破坏这种有机的联系,造成社会的退步。社会的进步只能在不破坏社会有机结构的条件下,通过一点一滴的改良才能达到。因此,斯宾塞在这里又将生物进化论的科学理论,改造成反对革命的庸俗进化论的理论。

严复在介绍进化论思想时,也极力称许斯宾塞的这种理论,赞叹什么"善夫斯宾塞尔之言曰:'民之可化,至于无穷,惟不可期之以骤'"(《原强》),声称"其进弥骤,其塗弥险"(《政治讲义自序》)。甚至得出结论说:"宇宙有至大公例,曰万物皆渐而无顿。"虽然在戊戌变法前,强调渐变尚未在严复思想中占有主导的地位;但在戊戌变法后,严复的思想在政治上倾向于保守,他这种庸俗进化论也逐渐变成主导的思想,经常被利用作为反对革命派的工具,甚至批评革命派的民主革命思想是什么"拂(违背)天演之自然"。至此,资产阶级改良派鼓吹的庸俗进化论,已完全失去了它的进步意义了。

第三节 机械的自然观

严复在自然观上,主要接受和介绍斯宾塞的学说。他像斯宾塞一样,将西方当时各种自然科学的成就综合起来,用进化论的观点加以贯通起来。他说:"斯宾塞尔之天演界说曰:'天演者,翕以聚质,辟以散力。方其用事也,物由纯而之杂,由流而之凝,由浑而之画,质力杂糅,相剂为变者也'。"(《天演论》导言、广义,按语)这里,所谓"翕以聚质",即指质点由于相互的吸力,凝结成物体。所谓"辟以散力",即指物体在凝结的过程中,发散能量,产生热、光、声和运动。"力既定质,而质亦范力",指能量表现为物质,物质亦表现为能量,二者相互的作用与变化,演变为各种现象。如太阳系的开始阶段为星云,星云的质点在运动中相互吸引,凝结成太阳和行星。任何事物的演变,都是由单纯到复杂,由流动到凝固,由混沌到分明。太阳系的演变如此,动植物由胚胎到成熟,人类社会由原始状态到文明状态,都是如此。

严复从进化论理论出发,肯定自然界天地万物乃本身自然进化发展而成的,从而肯定客观世界的物质性。他明确指出:"天地元始,造化真宰,万物本体是已。"(《天演论》佛法,按语)又说:"大宇之内,质力相推,非质无以见力,非力无以呈质。"(《译天演论自序》)这是说,整个宇宙之内只是物质和它的运动(如化合、吸引、排斥力等等),没有物质就没有运动,没有运动也体现不出物质的存在。严复也曾借用中国古代"气"的概念来说明世界物质统一性。但他对"气"的概念,用近代自然科学作了补充、解释和改造。他把"气"与"以太"联系起来,认为"中国所谓气者,非迷蒙腾吹、块然太虚之谓"(《穆勒名学》部丙夹注),而是指"如热、如电、如物质爱拒、如知觉运动、如动物劲积(指总能量)"等。所以,他认为"气"是"与理质二者鼎力对待"者。这里,他对"气"的解释,已与古代朴素唯物主义有了极大的区别,表现出鲜明的机械唯物主义的特点。

他认为,"通天地人禽兽昆虫草木以为言,以求其会通之理,始于一气,演成万物"(同上),即宇宙是由气的运动变化,演变成自然界的各种现象和人类社会的各种形态,而进化发展的原则贯穿在整个过程和各种现象与形态中。

严复从自然界都是物质所构成的,受各种科学规律的支配,既没有开始,也没有终结的理论出发,批判了真宰、上帝创造世界、支配和干涉世界的唯心主义宗教说教。他说:"日月之经天,江河之行地,寒暑之推迁,昼夜之相代,生此万物以成毁生灭于此区区一丸之中,其来若无始,其去若无终,问彼真宰,何因若是,虽有大圣,不能答也。"(《庄子评点》)这就是说,这个无限的自然界,在千变万化的形态中发展,追问这些变化发展的原因,没有人能够答复。因为自然界所以如此,就是自然而然,由自然界本身的性质决定的,"咸其自己而已,无所谓创造者也"(《天演论》导言、察变,按语)。恩格斯说:"不可知论者的自然观,完全是唯物主义的。整个自然界是受规律支配的,它绝对排除任何外来的干涉。"(《〈社会主义从空想到科学的发展〉英文版导言》)严复的自然观主张"一气之行,物自为变",正是一种排除任何外来干涉的唯物主义自然观。

严复根据唯物主义自然观,认为宇宙间各类事物的发展进化,都遵守各自的"名理公例",既不能违背因果律,也不能有任何奇迹。宗教有神论肯定宇宙和人都是上帝创造的。根据科学的自然观,特别是达尔文揭示人类只是宇宙发展到某一阶段所产生的,这种认为上帝"抟土"为人的宗教学说"必不可信",已成定论。同时,严复还运用这个理论,对中国流传的几种错误自然观进行批判。例如朱熹主张万物由理与气结合而成,可是又认为理在气先,理是最高的本体。严复说:"朱子主理居气先之说,然无气又何从见理?"(《天演论》论性,按语)理是抽象的理,若理在气先,理也就没有具体的气作为依附,又从什么地方发现和认识这抽象的理呢?所以他又说:"若自本体而言,亦不能外天而言理"(同上),这也就是说,朱熹这种唯心主义的理气说是不能成立的。又如中国自古流行的另一种错误的自然观是神秘主义的五行观。严复批判说:"五行者,言理之大诟也,所据既非道之真,以言万物之变,乌由诚乎。"(《穆勒名学》部乙、篇四,按语)这是认为五行观完全违背科学的道理,因为这种理论所根据的五行,并不是通过观察客观的事实归纳贯通而来,而是由主观的臆测所成。用五行的相生相克解释万物的变化,也不符合实际情况,结果"开口便错",无一是处。他说中国人不懂科学,"五行实为厉阶"(《名学浅说》)。严复的唯物主义自然观以当时自然科学的成就作为基础,不同于朴素的唯物主义,他对五行观的批判就表现出这个特点。从这方面说,他的唯物主义自然观与西方近代的机械唯物主义有比较接近之处。

严复的自然观虽然以当时西方自然科学的成就作为基础,但有时候,他对自然科学的了解也是粗浅和混乱的,例如他用所谓"质力杂糅"来说明人的生理和心理现象的例证,就是如此。有时候,他又将他的理论与中国古代思想相比附,例如他认为西方的"名数质力四者之学"与《易经》的乾坤等卦象相类似,显然是错误的附会。他还说:"老谓之道,周易谓之太极,佛谓之自在,西哲谓之第一因,佛又谓之不二法门,万化所由起讫而学问之归墟也。"(《评点老子》)严复在这里又将中西方古代唯心主义的最高原理,作为他所谓的宇宙的根源和一切理论的根据,也表现了他的唯心主义的倾向。

严复完全接受了笛卡儿的怀疑论观点。这种怀疑论只承认通过感觉得到的现象的实在性,而对客观物质世界是否真实存在则是持怀疑态度的,而且认为这是人类认识所不能达到的领域。严复也正是如此,他说:"窃尝谓万物本体,虽不可知而知者止于感觉。"(《穆勒名学》部甲,按语)不仅如此,他认为即使是感觉所得之映象是否与客观外物一致,也不可知。他说:"非不知必有外因,始生内果。然因同果否,必不可知。所见之影,即与本物相似可也","此庄子所以云心止于符也"(《天演论》真幻,按语)。否认客观物质世界真实存在的可知性,就给唯心主义打开了缺口。

第四节　经验主义的认识论和方法论

严复着重介绍和宣传了经验主义的认识论和科学方法论。

严复认为,西方资本主义国家取得富强的关键,是由于科学发达,而西方自然科学发达的原因,他们那一套经验主义的科学方法论起了重要作用。他指出,西方二百年来科学方面的突飞猛进,培根所提倡的归纳法"摧陷廓清之功为首"。他概括了西方这种科学的方法论有几点主要的精神。首先,他们研究问题时,明确以自然界为研究对象,而不是以书本为研究对象。他们首先强调,"第一要知读无字之书"。培根认为"凡其事其物为两间之所有者,其理即为学者之所宜穷,所以无大小,无贵贱,无秽净,知穷其理,皆资妙道"(《西学通门径功用说》)。他们并不认为对某些事物的研究是"奇技淫巧"而加以鄙视。他们认为一切书本知识都只是"第二手事",这些书本虽有参考的价值,但不是研究科学知识的对象,不能作为科学知识的最后根据。如果完全相信书本知识,即使书本知识是对的,也只能"因人做计,终当后人"。按照书本亦步亦趋的情况,不可能超过前人而有所创造和前进,何况书本知识本来就不能没有错误。他认为,这一点实在是中西学术的根本分歧点,"诸公若问中西二学之不同,即此而是"(同上)。

其次,在以自然界为对象进行研究时,要求从实际出发,发挥个人独立思考的创造性。他说,在中国明朝以前那一时期,西方的学术也与中国相似,教条主义严重,思想异常僵化。到了近代,明确以自然界作为研究对象后,打破了宗教教条的束缚,不再讲究表面的文采装饰。"先物理而后文辞,重达用而薄藻饰",开始注重实际的效果;"贵自得而贱因人,喜善疑而慎信古",提倡大胆地独立思考。正是具备了大胆创新、独立思考的精神,逻辑与数学有了进步,"致思穷理"的方法进展到了一个新阶段,物理化学的科学理论产生了,引导人们对自然界"观物察变"进入到一个新方向,形成了二百年来各科学术日新月异、大放光彩的局面。

最后,西方自然科学的方法要求以实验和实践作为标准,一切规律都必须经过实验、实践的检验。他说:"然而西学格致,则其道与是适相反。一理之明,一法之立,必验之物物事事而皆然,而后定之为不易。其所验也贵多,故博大;其收效也必恒,故悠久;其究极也,必道通为一,左右逢源,故高明。"(《救亡决论》)这是说自然科学的方法,不用"虚词饰说"的空话,不讲"盛气高言"的大话,"必勤必耐,必公必虚",探索事物的规律。任何理论和法则,都要求通过实验、实践的考验。考验的例证要多,考验的时间要长。各种事实通过检查后,加以分析综合,贯穿起来成为普遍性规律,具有"至精""至实"的基础。当这样经过实验、实践检验的规律应用到"民生日用之间"时,也就有把握"操必然之券,责未然之效"(同上)。

严复除了阐述西方科学的方法论的基本精神之外,同时也具体介绍了论述方法论的逻辑学。他说:"乃若问西人后出新理何以如此之多,亦即此而是也,而于格物穷理之用,其塗不过二端,一曰内籀,一曰外籀。"(《西学通门径功用说》)他指出,归纳法(内籀)和演绎法(外籀)是西方自然科学的两种方法论,运用了这些方法,西方的发明创造层出不穷。所谓归纳法的要点就是"察其曲而知其全者也,执其微以会其通者也"(《译天演论自序》),即考察许多特殊事例后概括出一般规律,通过许多具体现象归纳出抽象法则。演绎法的要点就是"据公理以断众事者也,设定数以逆未然者也"(同上),即根据普遍性公理以推断各种特殊事例,根据已确定的模式以推导将来的变化。他所译述的《穆勒名学》和《名学浅说》是代表了当时西方这两种方法论的逻辑学科学水平的名著和入门书,体现了他所阐述的这些要点,对中国当时进一步了解西方的科学精神是有帮助的。

他还进一步论述了演绎法的性质及其与归纳法的关系。他说,演绎法这种方法论虽然是根据公理来推断各种特殊事例,但若因为这一点就认为公理是"根于良知,不必外求于事物",这也是错误的。一门学科的公理之所以肯定其为公理,也"无往不由内籀",即是通过归纳法所得的结论。即使像数学几何的公理也是如此,"不必形数公例而独不然也"(《穆勒名学》部乙、篇六,按语)。有些学者主张像数学、几何这样学问的公理"根于人心所同然",并不需要感性认识的具体经验做基础。他认为,这是由于人们有关这些认识的经验早已存在,各人对于这类经验的获得有"显晦、早晚、多寡"的不同,因而不易为人所察觉。有些人年轻时就形成这类经验,像先天具有这些经验一样,这一点洛克早已分析清楚了。任何高明的学者,都是以已经发现的事例作为基础,归纳出公例,这样的公例才能成立。凡只凭主观成见,向壁虚造,都是所谓先验的"心成之说"。根据这种先验论,"执因言果",往往造成重大的祸害。因此他得出结论说:"于此见内外籀之相为表里,绝非二途,又以见智慧之生于一本,心体为白甘,而阅历为采和,无所谓良知者矣。"(《穆勒名学》部乙、篇六,按语)这就是说,归纳法和演绎法互相补充,其基本精神都是一致的。人心如同白纸,经验如同彩色,不论是演绎法的公理,或者是归纳法的例证,都来源于经验。除了经验之外,人的认识没有任何其他的来源。所谓人心具有先验的良知,并没有任何根据,因而是根本不存在的。在这里,表明严复的方法论完全建立在经验主义的基础上,反对唯心主义的先验论。

严复根据他的方法论思想,对中国过去的方法论思想进行分析批判。他说:"旧学之所以多无补者,其外籀非不为也,为之又未尝不如法也。第其所本者,大抵心成之说,持之似有故,言之似成理,媛妹者以古训而严之。初何尝取其公例,而一考其所推概者之诚妄乎?此学术之所以多诬,而国计民生之所以病也。"(《穆勒名学》部乙、篇四,按语)严复认为,中国并不是完全没有演绎法,也不是完全不会运用演绎法,而是在演绎法中作为出发点大前提的公理,"大抵心成之说",即多半是先验的成见。这些先验的成见,表面上似乎有根有据,言之成理,并认为是古圣先贤的遗训而不敢有所怀疑,因此根本没有对这些作为公例的古训进行考核审查,鉴定其真假对错。这样运用演绎法,在学术上则造成许多错误的结果,在国计民生上则产生许多严重的危害。换言之,演绎法的运用,若缺乏归纳法对其出发点的大前提加以检验,也不能得出正确的结论,而中国正是如此。中国过去根本缺乏归纳法,而归纳法正是研究科学的主要方法。中国如要学习西方科学,也就应该加强方法论、特别是归纳法的研究。

严复又运用他的经验主义的方法论,对中国古代的学术思想进行批判。首先,他批判中国教条主义治学方法的根本错误是弄错了学习研究的对象,"中土之学,必求古训"(《原强》),"除六经外无事理也"(《名学浅说》),完全以书本上所记载的古圣先贤的遗训而不是以"无字之书"的自然界为研究对象。这与西方中世纪的情况有相似之处,结果只能陈陈相因,窒息了人天赋的耳目心灵的作用,不可能有任何创造。他曾引赫胥黎的话说:"天下之最可哀而令人悲愤者,无过于一国之民,舍故纸所传而外,一无所知。"(严群家藏残稿抄本,转引自王栻《严复传》)他认为,赫胥黎这个批评,"无异专为吾国发也",完全击中了中国学术思想的根本要害。他批判当时标榜考据的汉学与治古文词的辞章、争碑版的书法等学问一样,"吾得一言以蔽之曰:无用"(《救亡决论》)。

其次,他也批判主张所谓修己治人之方的宋学。他描绘这些提倡宋学的人,摆几部学案,印一些语录,广说性理,自高自大,拒人千里,学院气十足。这些人同样以故纸堆为研究对象,说一些脱离实际的大话,"所托愈高,去实滋远"。特别是朝廷在科举考试中提倡的八股,也来源于宋学,"八股之义,出于集注;集注之作,实惟宋儒"(《道学外传》)。这种死教条扼杀国家可用之材,其危害更不可胜举。总之,这些义理之学的所谓宋学,"吾得一言以蔽之曰:无实"(《救亡决论》)。

最后,他还特别批判表面上不受古训束缚,但却公然提倡先验主义良知学说的陆王之学。他批判这个学派的人满足于一些主观虚构的偏见,"师心自用",根本不顾及客观的实际。他们"闭门造车",自以为可以"出门合辙",但是否真能合辙,又根本不去考察证实。这种"向壁虚造"的理论完全是"强物就我"。一般人喜欢这种理论简易径直,符合其傲慢懒惰的心理,因而群起信奉。将这种理论运用到实际中,认为中国的地广人多就是富强,而是否真正富强,根本不通过实际进行验证;认为外国就是落后于中国的夷狄,而是否真正落后,同样不通过实际进行验证。这种盲目自大的结果,"其为祸也,始于学术,终于国家"(《救亡决论》)。

严复在这里揭露宋明道学等无实、无用的危害,虽然没有超过清初颜元等人的水平,但他却是从学习西方自然科学及所根据的经验主义方法论来立论,指出这些中国唯心主义理论和学术或者"其高过于西学而无实",或者"其事繁于西学而无用",因此体现了这个时期西学与中学斗争的性质,具有更深刻的意义和时代的特点。

严复提倡全面学习西方自然科学和社会政治学说的主张,当时曾遭到封建反动派的顽强抵制。作为洋务派代表的张之洞曾提出"中学为体,西学为用""旧学为体,新学为用"的理论。他认为"四书五经、中国史事、政书地图为旧学,西政西艺西史为新学"(《劝学篇》),要求中学与西学、旧学与新学不可偏废。严复进一步批判了这种"中学为体,西学为用"的理论。他认为体和用是完全统一、不能割裂的,有牛之体即有负重之用,有马之体即有致远之用,不能以牛为体以马为用。中学与西学的不同正和牛与马的不同相似,故中学有中学的体用,西学有西学的体用,"分之则两立,合之则两亡"(《与外交报主人论教育书》)。他还指出将西方的船坚炮利看做技艺之末,而不知西方技艺的主要原理即是科学。西方各国正是运用了这种科学到社会政治方面,在处理社会政治问题时具有科学的方法论和自由思考的精神,因而产生一些优良的政治措施。西方的科学与政治是本末的关系,这种本末关系也是一致的,"是故以科学为艺,则西艺实西政之本。设谓艺非科学,则政艺二者乃并出于科学,若左右手,然未闻左右之相为本末也"(同上)。

严复完全接受穆勒的认识论,认为认识可以分为"元知"和"推知"。元知是直接得来的认识,相当于直觉的感性认识。推知是间接得来的认识,相当于推论的理性认识。他认为,"元知为智慧之本始",没有元知,"而吾人智识之事废矣"(《穆勒名学》引论)。这是以感性认识为认识唯一来源的经验主义。但他又肯定,感性认识并不是物体的本来面目。他引赫胥黎的论证说:"心物之接,由官觉相,而所觉相,是意非物,意物之际,常隔一尘。物因意果,不得径同。故此一生,纯为意境。"(《天演论》真幻,按语)这就是说,认识主体的心与认识对象的物接触时,认识主体通过感官的作用,得到感性认识的意相。但这个意相是认识主体所获得的认识内容,而并不是物体本身。被认识的物体与认识内容的意相,所处的地位不同,相互之间仍有间隔,不能混同。意相是物体在认识主体中的反映,物体是在认识主体中产生意相的原因。而认识主体所把握的永远只是意相,而不超越意相的界限达到物体本身。这也就是说,万物的本体是不可知的,可知的只是万物的现象。

严复还进一步论证感性认识所获得的经验的主观性。感性认识的意相是客观物体在人心中的反映,意相与物体是相应的,而不是等同的。他也引赫胥黎的解释说,一个物体的颜色是由于太阳的光线照射物体后,其中有些频率的光波为这物体所吸收,只有一种频率的光波由物体反射到人的眼睛中,经过眼神经的作用达到大脑,觉知为红色。在这许多条件中,如光的频率或目晶眼帘有不同时,则同一物体在人眼中就成为其他颜色。因此,他得出结论:"色从觉变,谓属物者,无有是处。"(《天演论》真幻,按语)即物体本身反射日光中某一频率的光线,在人眼中觉知为红色。红色并不属于物体本身,而是由人的感官所觉知的。如人有色盲,对同一物体所觉知的颜色与常人也不同,所以颜色是主观的。颜色如此,其他如形状、硬度等感性认识莫不如此。这也就是说,不仅感觉是主观的产物,事物的性质也都依赖于人的感觉。由此他又得出结论:人们所知的,不能超出感觉以外("不逾意识");所谓经验不过是感觉的不断重复,科学的知识只限于"意验相符"(同上)。所谓"意验相符",是说意识与经验相符合,而不是与客观事物相一致。他承认认识论的第一个前提:感觉是知识的唯一泉源。但却搞混了第二个重要的前提:客观存在反映在人的感觉中,客观实在是人的感觉的泉源。从而对经验又作了唯心主义的解释。

严复还介绍笛卡儿的怀疑论思想以申述他的唯心主义观点。笛卡儿的哲学体系虽然是二元论,但他的"我思故我在"的著名论点却有利于论证主观唯心主义。根据笛卡儿的怀疑论,认为"吾生百观,随在皆妄"。不论是理性认识的作用"藉思求理",或者感性认识的作用"即识寻真",或者考察"古训成说",都有许多虚妄错误。最后,他发现只有意识是真实的而不是虚妄的。因为你若怀疑意识不真实时,这怀疑本身就是一种意识,反而可以证实意识的存在和真实。因此可以得出结论:"惟意为实","惟意无幻"(《天演论》真幻,按语)。意识是实在的,意识的积累成为"我"。意识独立存在,所以"我"也独立存在。"非我"可以是虚妄的,"我"却不可是虚妄的,这个"我"就是真实的我。严复认为,笛卡儿这个论点与孟子"万物皆备于我"的观点一致,他说:"特嘉尔(笛卡儿)所谓积意成我,意恒住故我恒住诸语,合而思之,则知孟子所谓'万物皆备于我'一言,此为之的解。何则?我而外无物也。非无物也,虽有而无异于无也。"(《穆勒名学》部甲、篇三,按语)

严复通过关于对待之域的认识问题最后建立了他的唯心主义经验论,至于非对待的超经验领域,严复则肯定其为不可知的,因而最终成为不可知论。但严复的不可知论究竟是与休谟相似,认为这个非对待的超经验领域既不能肯定其有,又不能肯定其无呢?还是与康德相似,认为这个物自体肯定存在,但为我们的认识所不能达到呢?关于这一点,严复的论述也不太清楚。赫胥黎的思想是与休谟相接近的,他说:"所了然者,无法非幻已耳,至于幻还有真与否,则断断乎不可得而明也。"(《天演论》真幻)这里他说明了一切经验现象都是幻象,完全依靠主观意识的觉知所决定。至于这些幻象是否有一真实存在作为根源,则不得而知,所以说:"是故物之本体,既不敢言其有,亦不得遽言其无。"(同上)因此,他曾称赞贝克莱否认物质实体的存在,更称赞佛教所肯定的,"整个宇宙中没有永恒的事物,既没有永恒的精神实体,也没有永恒的物质实体"(《进化论与伦理学》)。穆勒的思想与赫胥黎有时相同,也说物质实体"其言有,非也,而其言无者亦非"(《穆勒名学》部甲、篇三)。严复有时似完全接受这个观点,认为世界本体也像佛教所描述的涅槃,就是"寂不真寂,灭不真灭","非有,非非有"(《天演论》佛法,按语)。因此他得出结论,人的知识"亦尽于对待之域而已。是域而外,固无从学,即学之,亦于人事殆无涉也"(《穆勒名学》部甲、篇三,按语),"是以人之知识止于意验相符,如是所为,已足生事,更骛高远,真无当也"(《天演论》真幻,按语)。

但严复在更多的场合还是肯定物自体的存在,认为否认这一点是很困难的。他说:"我而外无物也,非无物也,虽有而无异于无也。然知其备于我矣,乃从此而黜即物穷理之说,又不可也。盖我虽意主,而物为意因,不即因而言果,则其意必不诚。"(《穆勒名学》部甲、篇三,按语)在这里,他明确物自体的存在,这个物自体是产生意相的原因,取消这个原因,意相的真实性就失去了。他还说:"物德有本末之殊,而心知有先后之异。此如占位历时二事,物舍此无以为有,吾心舍此无以为知。"(《穆勒名学》部甲、篇三,按语)在这里,严复同样肯定万物占有时空,为真实存在。因此他也同意穆勒反对培因取消"自在"的观点,认为"然'在'实与'有'同义。既有矣,斯能为感致觉;既感既觉,斯有可言,何可废乎?"(《穆勒名学》部甲、篇五,按语)再则,严复虽也用涅槃的不可思议来形容超经验领域,但他对不可思议的具体解释,有时又认为不是"了尽空无"。他认为"不可思议"与人见奇境怪物而"不可名说"不同,也与深喜极悲而"不可言喻"不同,而是说"既不可谓谬,而理又难知"的情况。这就是"二义相灭,不可同称"的矛盾,如说有"圆形之方"(《天演论》佛法,按语)。他认为"谈理见极时,乃必至不可思议之一境",如哲学中的"天地元始、造化真宰、万物本体是已"(同上)。这与康德所说的对物自体认识时,发生二律背反的论点相近。从上述这些观点,严复的不可知论,还是与康德相近,肯定了物自体的存在,动摇于唯心主义与唯物主义之间企图加以调和。当他肯定"有外因,始生内果"(《天演论》真幻,按语),承认物自体的存在,论证自然科学规律的普遍性和必然性并来源于经验时,他是唯物主义者;当他声称"因同果否,必不可知"(同上),断言物自体不可认识,人所能认识的只是对待之域的现象时,他又是唯心主义者。

第六章
梁启超

梁启超,字卓如,号任公,1873年(同治十二年)生于广东省新会县。他父亲是个乡塾教师。梁自幼饱读诗书:十二岁中秀才,十七岁中举人。少年时已闻名乡里,久负"神童"之誉。1891年赴京参加会试,于上海购得《瀛环志略》,读后大开眼界,始知世界上尚有五大洲各国。会试落第后,经陈千秋介绍,成为康有为的及门弟子,从此在广州的万木草堂学习。1895年,与康有为共同促成了震惊全国的"公车上书"。并于同年参与建立"强学会"。1896年,梁启超赴上海与黄遵宪等筹办《时务报》,任《时务报》主编。1898年,参与"戊戌变法",事败后流亡日本。1902年,他在日本横滨创办《新民丛报》。1905年同盟会成立后,他以《新民丛报》为据点与同盟会展开论战,宣扬君主立宪。辛亥革命后,他回到国内。1915年袁世凯复辟帝制,梁启超公开表示反对,随后离京至广西,与蔡锷一起共同发动护国运动。1918年至1920年,梁启超前往欧洲各国游历,著《欧游心影录》。1925年,梁启超到清华大学主持国学院,为国学院四大导师之一。1929年,梁启超病逝于北京。梁启超一生著述甚勤,即使在晚年多病之时,仍不曾中断学术研究和写作。他的著作主要被收在《饮冰室合集》《饮冰室文集》及《饮冰室诗话》等文集之中。

第一节 心物论

梁启超在哲学方面,对于阴阳五行说、儒家哲学、老子哲学、阳明心学以及戴震的哲学思想,均有深入研究;对于西方哲学,如康德、黑格尔的哲学思想也有所涉猎。

对当时思想界流行的"唯物""唯心"的言论,梁启超不甚赞同,他说:"近来学界最时髦的话头是'唯……主义''唯……主义',……我以为人生是最复杂、最矛盾的,真理即在复杂矛盾的中间,换句话说,真理是不能用'唯'字表现的。凡讲'唯什么'的都不是真理。"又说:"'唯什么''唯什么'的名目很多,最主要者莫如'唯物论''唯心论'。其实人生之所以复杂矛盾,也不过以心物相互关系为出发点。所以我的'非唯'论,就从这唯物唯心两派'非'起。"(《非唯》)在他看来,唯物论和唯心论都是"恶执一",是两个极端,都不能正确地说明世界的问题。因此,他要"非唯",要超越唯物论和唯心论,要在二者之间找一个折中的点。

那么,他是从什么样的出发点来回答"心物相互关系"的呢?他说:"物者何?谓与心对待的环境。"(《中国历史研究法》)在有些场合,他似乎在强调心的决定作用,如说:"境者心造也。一切物境皆虚幻,唯心造之境为真实。"(《自由书·惟心》)与这一说法较为相近的,还有:"天下必先有理论然后有事实。理论者事实之母也。"(《新民议》)他又说:"文明者,有形质焉,有精神焉。求形质之文明易,求精神之文明难。精神既具,则形质自生;精神不存,则形质无附。"(《国民十大元气论》)这些议论,虽然有其不同的语境、不同的问题,但总体上看,似乎都更强调心对物的创造作用。

然而在另外一些场合,他又指出了物对心的制约作用。他说:"心的进展,时或被物的势力所堵截而折回,或为所牵率而入于其所不预期之歧途,直待渐达心物相应的境界。"(《中国历史研究法》)他显然看到了物对心的制约作用,即心不可能离开物的制约而为所欲为;心与物必须"相应",离开了物质条件许可的范围,就无法达到预期的目的。梁启超认为:心力是宇宙间最伟大的东西,是人和动物的区别所在,但要在心字头上再加一个"唯"字,他便不能不反对。他认为唯心论的主张是要将"所有物质的条件和势力一概否认,才算彻底,然而事实上哪里能做到。自然界的影响和限制且不必论,……生活条件的大部分是物质的,既生活便不能蔑视他了"(《非唯》)。心力的创造不仅受制于物质环境,而且创造动机的产生也与物质环境有关。梁启超说:"创造是不能和环境距离很远的,创造的动机,总是因为对现在的环境不满意或不安心,想另外开拓出一种新环境来,所以创造必与环境生距离,其理易明。但这种距离,是不容太远而且不会太远的。太远便引不起创造或创造不成,创造者总以他所处的环境立脚点,前走一步二步,换一句说,是在不圆满的宇宙中间,一寸二寸的向圆满理想的路上挪去。"(《什么是文化》)

梁启超态度的摇摆本身向我们表明了问题的复杂。同时,我们也看到梁启超总是力图把各种不同的哲学倾向加以综合。尽管如此,他更多地强调心的作用,其哲学的主要倾向还是唯心论。

第二节 天授与自成

梁启超在认识论上延续了他的心物论立场。在谈到人的才能时,他说:"才之为物,由于天授者半,由于自成者半。"人的认识中,有一部分是先验的,如人有"不学而能、不虑而知"的良知良能。他认为:"同一夜月",有的人"有余乐",有的人"则有余悲";"同一风雨",有的人"有余兴",有的人"则有余闷";"同一黄昏也,而一为欢愁,一为愁惨,其境绝异";"有百人于此,同受此山、此川、此春、此秋、此风、此月、此花、此鸟之感触,而其心境所现者百焉;千人同受此感触,而其心境所现者千焉;亿万人乃至无量数人同受此感触,而其心境所现者亿万焉,乃至无量数焉;然则欲言物境之果为何状,将谁氏之从乎?! 仁者见之谓之仁,智者见之谓之智,忧者见之谓之忧,乐者见之谓之乐。"他由此得出结论,"其分别不在物而在我"(《自由书·惟心》)。在梁启超看来,人的认识,不是人脑对客观事物的反映,认识的内容不是客观物质世界,而是来自人心的主观感受。"乐之、忧之、惊之、喜之,全在人心,所谓天下本无事,庸人自扰之"(《自由书·慧观》)。

因此,他在具体分析认识问题的时候,也就不可避免地要从人的主观出发去加以考察。他认为牛顿之所以能从苹果落地而提出万有引力定律,瓦特之所以能通过蒸汽冲动开水壶的盖子而发明蒸汽机等等,乃是由于他们具有特别的领"悟"和"善观"的能力。

但这样的分析并不意味着他认为人的知识是完全先验的,他也强调后天的学习。因此,他很重视办教育,建学校。他早在戊戌变法前就提出过:"智恶乎开,开于学。学恶乎立,立于教。"(《变法通议》)他认为中国过去受教育的人实在是太少了。"中国孔子之教,历数千载,受教之人,号称四百兆,未为少也。然而妇女不读书,去其半矣。农工商兵不知学,去其十之八九矣。……故号为受教育者四万万人,而究其实能有几人,则非吾之所敢言也"(同上)。因此,为了开民智,使国家由弱变强,他不仅主张要办学校,要重视办好师范学校,还要兴办女学。他批评那种"妇女无才即是德"的谬论,认为"此实祸天下之道也"(同上)。他进而将中国的衰弱看成是"由于教之未善"。

第三节 英雄与时势

梁启超的"非唯"的心物论并不只是一种单纯的哲学思考,而是与其具体的政治和生活实践以及其历史观相贯通的。他的哲学态度在他的历史观,具体地说,在他对英雄与时势的关系的思考中也得到了贯彻。

他在批评旧史学的问题时,曾经提出过现代的史学观念。他认为旧的史学家将历史写成了"帝王将相的家谱"和"墓志铭",所记述的只不过是"有权力者兴亡隆替之事",这是"知有朝廷而不知有国家","知有个人而不知有群体"(《中国史叙论》和《新史学》)。因此,他反对这种旧史学,而倡导"新史学"。这种史学观念似乎有西方近代史学的影子。

然而与此同时,他又说历史的进步是由英雄人物推动的。他说:"人群进化,阶级相嬗,譬如流水,前波后波,相续不断,故进步无止境。"在这一进化中,英雄人物起到至关重要的作用:"历史者,英雄之舞台也,……舍英雄几无历史。"(《新史学》)"世界者何?豪杰而已矣,舍豪杰则无世界。"(《自由书》)"试想中国全部历史,如失一孔子,失一秦始皇,失一汉武帝,……其局面又当何如?"(《中国历史研究法》)"吾读数千年中外之历史,不过百数十英雄之传记磅礴充塞之,使除出此百数十英雄,则历史殆黯然无色也。"(《自由书》)英雄与时势的关系就仿佛演员与舞台的关系。演员是舞台中最受关注的、被照亮的部分,但无论如何,演员始终是舞台上的演员。

他分析这一关系时,讨论了两种对立的观点:"前人总是说历史是伟大人物造成,近人总是说伟大人物是环境的胎儿。两说都有充分理由而不能完全解释历史的成因。我主张折衷两说,人物固然不能脱离环境的关系,而历史也未必不是人类自由意志所创造。"(《中国历史研究法》)这里他又一次贯彻了他的折衷论中的主张,同时也又一次陷入了难解的困境当中。

于是,他一方面将英雄分为两类:一类是先时之人物,是造时势的英雄;另一类是应时之人物,是时势所造的英雄。并认为在英雄人物中,时势所造的英雄居多,而造时势之英雄则极少。在中国历史上可以称得上造时势的英雄,只有孔夫子和康有为二人。他们"如鸡之鸣,先于群动;如长庚之出,先于群星",堪称先时之人物。这种先时之人物,才是"社会原动力"(《康南海先生传》)。

另一方面,他又将英雄看做是超越于某个个体的。他说:"使高墙如彼其高者,有无名之础石为之也;使英雄如彼其大者,有无名之英雄为之也。尔勿以英雄之事业为一人一个之事业;又岂直事业而已,即彼英雄之自身,亦非一人一个所得而成也。"他进而指出:"世有望治乎?愿勿望一、二人,而望诸千万人。……人人皆为无名之英雄,则有名之英雄,必于是出焉矣。"(《自由书》)

对于英雄与时势的问题,他并没有给出一个单纯确定的答案。他所作的思考,更多地向我们彰显了这个问题本身所具有的内在张力。梁启超的思考是要在各种合理的说法中间求得一个平衡。也许是由于这个问题与他个人的生活太过贴近,而他又几乎始终处于现实政治的旋涡中,使得他无法将这些说法糅合为一个和谐整体。而且,在应对各种各样的论战中,有时不得不单面地强调某个侧面。但总体上,他仍持一种持衡的态度。

第四节 新民论

梁启超的绝大多数著作都是针对现实中的政治和思想问题的,而很少作纯哲学性的思考。他的新民论是他流亡日本时期思想的总汇,它不是一个单纯的思想系统,而是梁启超对各种复杂的社会政治问题思考的复合体。在这一复合体中,凝结了他的许多富于洞见的思想。本书无法全面完整将新民论背后的复杂思考完整地呈现出来,而只能选取几个重要的问题加以介绍。

(一) 公德和私德

梁用"新民"一词命名他创办的杂志和连载文章是非常耐人寻味的。因为"新民"是儒家经典《大学》中的一个重要概念。在《大学》里,这一概念强调儒家经世的核心在于道德修养和对人的革新。"新民"概念也存在于流亡前梁的社会政治思想中。然而,西方的一套价值观已渗透到晚清儒家的经世观念中。而在明治日本的新的思想环境里,梁受到的这种渗透更为深刻。结果是梁在他的《新民说》中提出了一套新的人格理想和社会价值观。固然,这其中不可避免地仍伴有某些儒家思想成分,但梁对"新民"的阐释与《大学》中的"新民"概念相比,革新更为突出。并且,革新的一面是如此重要,以致需要"新的公民"这一新的概念来表达"新民"一词的含义。

梁的革新首先反映在"群"的概念处于他道德思想的核心。在流亡日本前的几年里,梁启超由西方所导引的政治思想的转变已集中在合群概念上。正如他将合群作为每一道德体系的主要功能所反映的,现在合群概念同样是他道德思想的核心。梁启超宣称,加强群体的凝聚力,促进群体利益,这是道德的本质所在。

梁启超将道德分为两个范畴,一是他所称的公德;另一是私德。公德指的是那些促进群体凝聚力的道德价值观;私德是指有助于个人道德完善的那些道德价值观。对一个群体的凝聚力来说,最必不可少的自然是公德,但私德也十分重要,因为一个群体的总体素质最终取决于该群体个别成员的素质。因此,梁启超认为私德绝非只是个人问题,它的首要价值仍在于有助于群体的集体利益。

梁启超的思想容纳了道德相对主义的内容。他指出谋群体之利益是道德的不变功能,但一个道德体系的具体内容应随时随地变化。因为群体需要的变化完全是合乎自然的。为了对这道德相对主义作形象说明,他引证了现代人类学的某些事例。他指出,在原始人中某些民族视妇女为公有,而另一些民族则认为奴隶制是全然合乎道德的。他说,现代的哲人不应轻率地指摘这种现象不道德,因为根据当时的条件,这些价值符合采纳它们的群体的利益。

与这种道德相对性的观点连在一起的是梁启超特别关注的进化道德观。各种道德价值观随着不同时期历史发展的变化而变化。但道德的发展是不平衡的,在人类历史上公德一般要比私德经受更多的变化,这是梁启超根据经验所作的观察。对梁启超来说,随着中国历史的变化和发展,公德应有更大的发展。

因此,梁启超的基本的道德观既是集体主义的,也是进化的。就他所称的道德的基本功能来说,是集体主义的;就他所称的道德的本质规律来说,则是进化的。这种集体主义和进化观支配着他的社会政治思想,又成为他道德思想的主宰。另一个问题是,伴随这样一些新的道德观念,对传统道德体系该采取什么态度呢?他对中国文化传统中道德思想发展的悠久和深厚自然十分了解,而现在他主张,传统道德思想的发展只局限在私德领域,因为就公德来说,他发现在中国传统中几乎没有发展起来。

梁启超宣称,只要将儒家的五伦与被划分为家庭、社会和国家三个伦理范畴的西方伦理学作一比较,两者之间的差异则将是十分明显的。儒家的三伦,即父子、夫妻、兄弟,实际上相应西方伦理学中的家庭伦理。儒家主张的朋友伦理可归于西方社会伦理范畴。儒家的君臣伦理属于西方国家伦理范畴。这种比较使中国伦理学的缺陷显得格外突出。首先,儒家的朋友关系在广泛的西方社会伦理学中最多只占一个附属的地位。显然,将社会关系仅仅局限在朋友之间是不可能的,即使与外界最隔绝的人也肯定会有某些其他社会关系。从西方的国家伦理学的观点来看,中国道德体系的缺陷更为明显。将公民的政治关系缩小到孤立的君臣关系,这是十分荒谬的。并且传统君臣关系的性质本身就是不合理的。

他因此宣称,根据西方道德标准的判断,传统的中国道德只在家庭伦理范围有很好的发展,在社会和国家伦理方面,传统道德被证明有严重的缺陷。为改变传统中国伦理对私德的偏重,中国最急需的是公德或民德。梁启超认为,他的任务是指出这些民德的内容,并由此为后来的中国人塑造一个新的人格理想。

(二)权利和自由

梁启超在流亡前的几年里,就已接受民权、民主、议院等这样一些西方的民主理想。但民主概念和自由主义概念之间的一个重要区别是,接受民主思想不一定意味着信仰自由主义。因为正如许多人所做的那样,人们可以从集体主义的观点拥护民主,而西方自由主义的核心首先并且最主要在于信仰个人主义和个人主义的制度化——公民的权利和自由。梁启超拥护民主理想是否意味着他信仰个人主义?

乍一看来,答案似乎是肯定的。几乎从一开始,梁启超流亡期间的文章便充斥着权利和自由这样一些自由主义的概念。这些自由主义概念在梁启超《新民说》里所倡议的公德中的确占有重要位置。但在介绍这些自由主义的价值观中,当梁启超倡议将这些自由主义价值观作为公德的一个组成部分的时候,他关注的焦点是"群"这一集体主义概念。这几乎不可避免地妨碍他对这些自由主义价值观的吸取。因此,毫无疑问,梁启超在《新民说》中最终提出的那些理想,归根到底并不是自由主义。

梁启超在流亡日本期间接触到大量关于西方自由主义理想的著作。梁启超最初的反应很热烈,但却采用一种折衷主义态度。在讨论自由主义的理想时,他引用了约翰·穆勒和卢梭的著作,而没有认识到英国的自由思想和法国的自由思想之间的重大区别。并且,梁启超的社会达尔文主义世界观倾向没有阻止他对有关自然权利和社会契约的传统的自由主义理论表示赞赏,而这一理论与达尔文主义学说是不相符合的。

在梁启超看来,西方自由主义的最有力的倡导者无疑是卢梭。卢梭的民权思想、社会契约和总体意志经常出现在梁启超流亡最初几年的文章中。与孙中山通常为抬高国家权力在卢梭思想中寻找一个正当的理由不同,梁启超认为卢梭的民主学说不仅是矫正传统专制主义、而且也是矫正中国人奴性的最有效办法。在卢梭令人振奋的学说中,梁启超似乎找到某种精神药方,认为这种精神药方将有助于中国人摆脱奴性的精神梦魇,使他们在变法失败后重新振作起来。

当梁启超对西方思想的认识随着与西方著作接触的增多而不断深化的时候,他对群体凝聚力和国家统一的关注不久便使他感觉到自然权利学说的危险性,并最终从这种自由主义的思想立场上退却下来。1901年梁启超提醒说,自然权利思想的存在,助长了无政府主义的危险后果,并因此破坏秩序和稳定。

梁启超对西方自由主义理想并没有一个统一的和一贯的看法。例如,在《新民说》里有一部分专门解释自由概念的内容。在那里,梁启超所作的阐述与他对权利概念的阐述区别很大。虽然他对这两种西方自由主义理想的理解有所不同,但都清楚地表明他对"群"问题的关注更为基本。

尽管梁启超对个人独立的自由十分淡漠,但他在《新民说》里偶尔也提到个人自由。个中缘由在梁启超有关个人自我的思想中可以找到。个人自我的思想使梁启超有可能在集体主义构架里认识到个人自由的意义。显然由于他的儒学和佛学思想背景,他相信每个人具有双重的我:肉体上的我和精神上的我。真正的我不是肉体,而是精神。他强调说,当精神的我战胜了肉体的我,才获得了自由。梁启超说:"克己谓之自胜,自胜谓之强。自胜焉,强焉,其自由何如也。"

在梁启超的社会达尔文主义的构架里,从克己意义上理解的个人自由与团体自由不仅无矛盾,而且是一个必要的补充。因为既然作为一个社会有机体的国家只不过是全体国民的总和,那么每个公民人格的改善必须有助于国家的强盛,并最终有利于国家的自由。在这种背景下,梁启超说"团体自由者,个人自由之积",也就不使人感到惊讶了。

克己概念也是梁启超的另一个理想,即"自治"的一个重要成分。在梁启超的文章中,"自治"一词有三种含义。它或指个人的克己、自主,或指民族自治。这三种含义彼此互相依赖。能够控制性格的人们也能胜任组织一个自治社团,一个由克己的人民实施自治的民族不会容忍外力的控制和干涉。因此,克己被梁启超看做是实现公民参与和民族自治的一个首要条件。对梁启超来说,克己最终也只有在集体主义的构架里才具有意义。

第五节　良知自由

梁启超的"新民说"与他的良知观有着密切的关联。他对王阳明的良知说极为推崇:"王子之学,高尚纯美,优入圣域","其一字一句皆憭然为今日吾辈说法。"(《论私德》)

在思想上,他完全接受王阳明关于良知的议论:"吾本心固有之灵明,足以烛照事理,而不为其所眩;吾本心固有之能力,足以宰制感觉,而不为其所夺,即吾先圣所谓良知良能者也。"(《申论种族革命与政治革命之得失》)这段话几乎是王阳明良知说的翻板。梁启超之所以提倡良知说,除学术思想上的认同外,亦有其现实政治的原因。此时,他正与革命民主派辩论,主张"开明专制",而反对革命排满。他认为"开明专制"论是从"良知"发出来的"真理",他说:"吾今日良知所见在此,则依吾今日良知而行。"(《申论种族革命与政治革命之得失》)

然而,他的良知观还并不止于此,他将王阳明的良知说与康德的思想结合起来。梁启超认为:康德哲学以"良知为本体",抑制了18世纪以来"快乐主义"(指法国唯物论思潮)所造成的"放纵悖戾之恶德",同王阳明的学说"若合符节",由此可见"东海西海圣人,此心同,此理同"(《论私德》)。他认为康德是"百世之师","黑暗时代之救世主"(《近世第一大哲学家康德之学说》)。在他看来,康德的认识论同"佛教唯心主义"可以"互相印证"。康德讲的人的智慧为"自然立法",就是佛教所说的"一切唯识所现"。他说:康德认为"一切之物皆随眼镜之色以为转移",和佛教所说"譬诸病目,见空中华"同一意义(同上)。

梁启超极赞赏康德的意志自由论。他说康德的意志自由论是"卓绝千古之识,有功于人道亦莫此为巨"(同上)。他认为,按照康德的说法,人的生命有两种:一是五官肉体生命,属于现象,受必然法则支配,不能自律;一是本质生命——"真我",即"良心"或"良知",超越时间和空间之外,不受任何物质条件的制约,"活泼自由"。意志所以是自由的,因为为善为恶都由我自己选择,选定以后,肉体即服从其"命令"。道德之责任就是服从"良知"的"绝对无上命令",此外别无其他目的。由此梁启超得出结论说:"自由必与服从无缘",只有服从"良心之自由",才是"真自由",而"小人无忌惮之自由,良心为人欲所制",不是自由,而是"天囚"(同上)。尽管梁启超的良知观有其政治上的目的,但更主要的还是其思想系统的一个组成部分。他对康德思想的理解尽管略嫌简单化,但其中仍不乏洞见,如他看到了康德思想与王阳明良知观之间可以相互发明,又如,他将康德的意志自由论看做是对卢梭契约论的补救,认为只有康德的学说才能防止法国大革命那样的"暴民政治"(《答某报第四号对于本报之驳论》)。

第七章
章炳麟

章炳麟,字枚叔,号太炎,又名绛,生于公元 1869 年(清同治七年),死于公元 1936 年,浙江余杭人。他是近代资产阶级革命民主派在文化思想战线上的代表人物之一,也是我国近代史上的著名学者。中日甲午战争后,他曾加入康有为组织的"强学会",在《时务报》上撰文宣传改良主义。戊戌政变后,逃亡日本,同孙中山取得了联系,开始走上了革命道路。1901 年,他发表了著名的著作《訄书》,宣传反清的革命思想,在社会上起了很大的影响。1902 年,他和蔡元培等组织了革命团体"爱国学社",1903 年因给邹容的《革命军》作序,同邹容一起被捕下狱,被禁三年。1904 年,他与蔡元培、陶成章等组织光复会。1906 年出狱后,赴日本,参加了孙中山领导的同盟会,担任《民报》的编辑,在《民报》和《国粹学报》等刊物上发表了许多鼓吹革命的文章,同康有为、梁启超等改良派在文化思想领域进行了斗争。辛亥革命失败后,他因为反对袁世凯复辟帝制,被幽禁在北京。1917 年,他又参加了孙中山领导的"护法"运动,同复辟势力进行了斗争。晚年思想趋向保守,成了文化上和政治上的保守人物。关于他的一生,鲁迅曾评论说:"七被追捕,三入牢狱,而革命之志,终不屈挠","后来却退居于宁静的学者,用自己所手造的和别人所帮造的墙,和时代隔绝了。"(《关于太炎先生二三事》,《鲁迅全集》第六卷)

章炳麟也是我国近代史上有名的哲学家。他最初是一个唯物主义者,在他的早期革命著作《訄书》中,不仅宣传了唯物主义,而且宣传了无神论,对维护封建统治的唯心主义神权论,进行了激烈的批判。1903 年被捕后,他在狱中"专修慈氏世亲之书",受了佛教唯识学的影响。1906 年出狱后,在同改良派的斗争中,在一些问题上仍保持了唯物主义的观点,但其思想体系已经走向了主观唯心主义。关于他的著作有《章氏丛书》《章太炎全集》。他的革命著作和哲学著作,除《訄书》外,有《驳康有为论革命书》《诸子学略说》《无神论》《建立宗教论》《俱分进化论》《国家论》《四惑论》《排满评议》《原名》《驳建立孔教议》和《菿汉微言》等。

第一节　资产阶级的民主革命论

章炳麟从1901年开始，便同以康有为、梁启超为代表的资产阶级改良主义政治路线进行了斗争。他对改良派的批判，在社会上发生很大的影响，起到了"辨名分，申正义，使天下易其观听，而不惑于保皇、君宪之说"的作用。（李植：《余杭章先生事略》）鲁迅曾说："我的知道中国有太炎先生，并非因为他的经学和小学，是为了他驳斥康有为和作邹容的《革命军》序"；"我爱看这《民报》，但并非为了先生的文笔古奥"，"是为了他和主张保皇的梁启超斗争"，"真是所向披靡，令人神往"（《关于太炎先生二三事》）。

在同改良派的论战中，章炳麟主张革命排满论，驳斥了康、梁所宣扬的"中国只可立宪，不能革命"的改良主义政论。他指出，由于国家政权掌握在满洲贵族手中，"汉人无民权，而满洲有民权，且有贵族之权"（《驳康有为论革命书》），因此满洲贵族集团包括光绪皇帝在内，为了巩固其统治利益，不可能推行新政，使四万万中国人有"政权自由"。他揭露说："载湉（光绪帝）小丑"，表面上同意变法，其目的是"交通外人，得其欢心"，以排斥西太后的权力，而不是为了"救民"（同上）。在革命民主派看来，光绪推行新政，是企图勾结帝国主义，巩固自己的封建统治，而不是什么"爱国主义"。章炳麟进一步指出，"立宪"绝不是什么"请求"可以得到的，各国立宪，都经过"血战"，各国的"民变"，都要依靠武装暴动，否则人民得不到"自由议政之权"，结果仍旧是"君权专制"。他说："岂有立宪而可上书奏请者。立宪可请，则革命亦可请乎？以一人之诏旨立宪，宪其所宪，非大地万国所谓宪也。"（同上）这是说，由封建皇帝颁布的宪法，只能是适合封建君主所需要的宪法，而绝不是代表民众的近代化各国的宪法。章炳麟认为，不经过武装革命，封建统治者不会自动放弃统治权，即使专制君主让出一部分权力，也是人民流血斗争的结果。他引证东西各国"民变"的历史，驳斥了改良派在民主革命问题上所散布的和平过渡的幻想。针对康梁宣扬的革命只能造成"内乱"的谬论，章炳麟又指出，民主共和观念是在革命中形成的，人民群众通过自己的实际斗争，增长了智慧，锻炼了打击敌人和整顿内治的能力，所以"事成之后，必为民主"（同上），能够建成一个民主共和的新国家。他说："公理之未明，即以革命明之；旧俗之俱在，即以革命去之。革命非天雄大黄之猛剂，而实补泻兼备之良药。"（同上）这是说，革命不仅破坏旧的思想风俗，而且能使人民树立起新思想和新风尚。这样，又驳斥了改良派所宣扬的革命只有破坏而无建设的谬论。针对康梁宣扬的革命必然引起帝国主义干涉的理论，章炳麟指出，中国革命不能不同外国打交道,既同外国打交道,就不能避免外国干涉,问题在于不能因怕外人干涉就不革命,甘心做奴隶。他认为,只要善于利用外人,而不为外人所利用,革命是可以取得胜利的。这样,又驳斥了改良派宣扬的革命只能亡国灭种的谬论。最后,章炳麟指出,改良派的"非革命论",无非是"为满洲谋其帝王万世祈天永命之计"(同上),做满洲贵族的奴仆而已。章炳麟对改良派的反击,集中到一点,就是认为只有通过革命,推翻清王朝,中国才能实现民主政治。

章炳麟的革命论具有种族革命论的倾向。他最初是一个种族复仇主义者,把"反清排满"的革命仅仅看成是"汉人"反对"满人"的斗争,把满族人通统宣布为反动派,甚至说成是"野蛮人种",鼓吹资产阶级民族主义和大汉族主义。因此在论战中,他曾把清王朝不肯变法的原因最终归之为种族的矛盾,宣称"非种不锄,良种不滋,败群不除,善群不殖"(同上)。他把资产阶级民族主义说成是"生民之良知本能",甚至宣称:"改制同族,谓之革命,驱除异族,谓之光复"(《革命军》序),认为中国当务之急是"光复"。尽管他的种族革命论在当时含有革命性的一面,但是这种错误的理论,模糊了民主革命的政治目的,并不能驳倒改良派。他的单纯的种族革命论,曾遭到孙中山的批评。后来他在同改良派的论战中,逐渐克服了这种错误倾向。他说:"排清主即排王权矣。"又说:"排满"是"排其皇室","排其官吏","排其士卒",总之,在于排斥"满人在汉之政府",而"非排一切满人",不是对满族人民进行"复仇"(《排满评议》)。他这个论点实际上认为,民主革命的对象是铲除满洲贵族手中的国家机器,从而比较正确地解决了种族革命和政治革命的关系问题。

在同改良派的论战中,章炳麟还宣传了革命民主派的"平均地权"的思想。他受了孙中山的影响,早在1900年便提出了"耕者有其田"的主张,认为"不亲耕者"不能拥有土地,"露田无得佣人"(《定版籍》,《訄书》),反对地主对农民进行封建剥削。后来在同改良派的论战中,他又指出,土地掌握在地主手中,在中国不可能有民权政治,只有"均配土田,使耕者不为佃奴"(《五无论》),才能实现民主共和政体。章炳麟的这些观点,反映了资产阶级革命的经济要求。因为只有废除了封建的土地占有制,资本主义才能得到迅速的发展。他把土地问题同民主政治联系起来,回击了梁启超等对革命民主派的"社会革命"论的歪曲,在当时有其进步的意义。

章炳麟在反对改良派的斗争中,在西欧的社会主义思潮的影响下,还对资产阶级的代议制度进行了批判。康有为和梁启超,为了推行君主立宪的改良主义,竭力主张资产阶级两院制。到了1907年,清王朝又搞起了"预备立宪"。为了戳穿保皇党和清王朝的政治图谋,章炳麟抨击了欧美资本主义国家的议会制度。他指出,所谓"代议政体",实际上是富民豪家争权夺利的工具,议员名为代表人民,实际上依附政党,议院为富人所垄断,国家则利用议院,"诱惑愚民而钳制其口",穷人根本没有参政的自由。他说:"君主之国有代议,则贵贱不相齿;民主之国有代议,则贫富不相齿"(《代议然否论》)。他认为在中国实行代议制,选举权和被选举权不是落到满洲贵族手中,便为富民豪右所独占,结果"民权不借代议制以伸,反因之扫地"(同上)。在国家体制问题上,他反对代议制,而主张实行"直接民权"的"合众共和"制。他认为,国家元首应由人民直接选举和罢免,国家法律应由通晓法律和周知民间利病的知识分子制定,由总统主管国家行政,由法官按法律处治总统和官吏的违法行为,学校不隶属于政府,官吏不能经营私人工商业,不自耕者不得有土地。他认为能够做到这几项,真正的平等便可以实现了(同上)。这就是章炳麟为未来的资产阶级共和国所设计的政治方案。

第二节 对孔教的批判及其局限性

章炳麟在反对封建势力和保皇党的斗争中,对孔子和儒家学说还进行了批判。在革命高潮到来时,康有为和梁启超大讲尊孔读经,用来反对革命思潮的传播。康有为继承了今文经学派神化孔子的学风,宣称要把孔子学说变成宗教,主张要以孔教为国教。章炳麟则打起了古文经学派的旗帜,在对待文化遗产问题上,同康有为的今文经学展开了斗争。他抨击了作为封建偶像的孔子,反对了康有为对古代历史和文化的歪曲和附会。

早在《訄书》中,章炳麟便开始批评孔子。他认为,孔子的道德和学术都不能和先秦诸子相比,更不能和荀子相比,只是因为孔子删定了六经,后来才出了名。孔子的名声所以超过了他的实际,正如王守仁、曾国藩一样,其道术本来浅薄,"微不足道",由于为封建王朝立了功又善于吹嘘自己,从而被人们吹捧为大人物或"圣人"(见《订孔》,《訄书》)。他尊荀贬孔,鄙视王守仁和曾国藩,同康梁保皇党尊孔辟荀,吹捧王守仁和曾国藩,形成了明显对比。在同康有为的论战中,他还揭露说,清王朝"尊事孔子,奉行儒术",完全是为了"便其南面之术,愚民之计"(《驳康有为论革命书》)。从政治上揭露了保皇党的尊孔论的真实用意。

1906年他发表《诸子学略说》,进一步批评了孔子和儒家学说。他说:"儒家之病,在以富贵利禄为心",孔子和他的门徒都以做官为终身志向,一心追求富贵,他们"苦心力学,约处穷身,心求得售,而后意歉"。孔子本人就是一个争名夺利的人。他还指出,儒家所讲的"中庸之道",其实是叫人做"乡愿",当两面派的伪君子;孔子以"矫言伪行"来"迷惑天下之主",不仅是"乡愿",

而且是"国愿",是全国最大的伪君子。从而他得出结论说:"用儒家之道德,故艰苦卓厉者绝无,而冒没奔竞者皆是";"用儒家之理想",立论则模棱两可,"止于函胡之地",搞调和折衷,"淆乱人之思想"(以上均见《诸子学略说》,《国粹学报》一九〇六年二十期至二十一期)。总之,他认为,"我们今日想要实行革命,提倡民权,若夹杂一点富贵利禄的心,就象微虫霉菌,可以残害全身,所以孔教是断不可用的。"(《演说录》)这也就是说,革命党人实行革命,提倡民权,必须反对孔教。

章炳麟对孔子学说的批判,虽然并不是科学的结论,但严重地打击了两千年来的尊孔读经论,在反对封建旧文化的斗争中具有革命的意义。他所以这样地攻击孔子,目的在于打击以康有为为首的保皇党。康有为自称是"当代孔子",戊戌政变后,大讲"中庸之道",把自己比做"圣之时者"。在章炳麟看来,康有为不过是为了追求富贵从事保皇的阴谋家和伪君子而已。

针对康有为竭力神化孔子的企图,章炳麟对孔子在历史上的地位作了评价。他认为,孔子并不是"神"的化身,不是什么"大教主",孔子顶多不过是一个历史学家和教育家,同司马迁、刘歆是一类的人物。他还认为,孔子一向不赞成宗教迷信,主张"敬鬼神而远之",孔子是个"泛神论"者(《答铁铮》)。据此,他指出,康有为等今文经学派,"以孔子为巫师",搬出来《公羊春秋》的神秘主义,讲什么"三统三世",把孔子奉为"神",其目的无非是借孔子的招牌为巩固清王朝的统治效忠(见《答铁铮》和《清儒》,《检论》)。章炳麟把孔子说成是一个泛神论者,是目的在于反对康有为的"建立孔教论"。辛亥革命后,康有为为了替袁世凯复辟帝制制造舆论准备,又大力宣扬起他的"建立孔教论",说中国应"以孔教为国教配天","以孔子配上帝,义之至也,礼之崇也",否则四万万中国人便要成为"逸居无教之禽兽"(《以孔教为国教配天议》)。章炳麟发表了《驳建立孔教议》,继续同康有为的尊孔论进行了斗争。他指出,康有为的这套做法,并不是什么新东西,无非是效法当年的董仲舒,"为汉制诰,以媚人主",企图用巫道鬼事乱法干政而已。章炳麟对孔教的批判,也是对保皇党反动政治路线的批判,在当时民主革命的高潮中,起到了一定的思想解放作用。

但是,章炳麟在对孔教进行批判的同时,又是当时革命阵营中"国粹"派的代表人物。他把中国古代的文化称之为"国粹",认为革命党人应该提倡"国粹",用来"激励种性,增进爱国的热肠",不应该崇拜"洋人"。他的"国粹"论,是同资产阶级的爱国主义联系在一起的,具有革命性的一面。在这种思想的指导下,他宣传了我国历史上反对民族压迫和封建压迫的进步思想,例如他第一次表扬了戴震的反理学的反抗精神。

章炳麟作为一个半封建半殖民地的资产阶级学者,他虽然谴责了孔子,也认为"提倡国粹不是要人尊信孔教"(《演说录》),但有时又说"上天以国粹付余"。他如果死了,使中国"闳硕壮美之学""绝于余手,是则余之罪也"。(见《癸卯狱中日记》)。为了宣扬国粹主义,他也还是肯定孔子在中国历史文化中的地位和作用,说"世无孔子,宪章不传,学术不振,则国沦戎狄而不复,民陷卑贱而不升"(《驳建立孔教议》)。"五四"运动后,他愈来愈保守,竟然忏悔自己早年的"诋孔"言论,说什么"中年以后""诋孔则绝口不谈"(《致柳翼谋书》)。他甚至在自编的《章氏丛书》中把他早年非孔的文章一概删除。而到了晚年,他更公开主张尊孔读经,声称读经"有千利而无一弊"。他还指责当时社会上"发展个性""打倒偶像"等解放思想的要求,认为这会造成"世乱""国危"的严重弊病,而"救亡之道,舍读经末由"(《论读经有利而无弊》)。

第三节 从宣传无神论到鼓吹"无神教"

章炳麟是我国近代史上有名的无神论者。他开始是一个唯物主义无神论者,继承了我国古代无神论的传统,结合西方的生物进化论和人种学,反对了宗教迷信和封建神权论。1906年以后,他转入了唯心主义,又从主观唯心论的观点批评了有神论。他所以反对有神论,原因之一正如他自己表白的:"唯物之说,犹近平等;惟神之说,崇奉一尊,则与平等绝远也。欲使众生平等,不得不先破神教。"(《无神论》)他的无神论的主要锋芒,是打击一神教的说教,其目之一在于宣传资产阶级的自由、平等观念,是为资产阶级革命服务的。

1899年,他先后写了《天论》《儒术真论》《视天论》《菌说》等文,阐发了荀子、王充和范缜等人的无神论思想,批判了灵魂不死、上帝创世说和目的论等唯心主义有神论。依据当时天文学的知识,他指出,所谓"天",不是像古人说的是一个积气而成的实体,因为离开地球若干尺以上,愈往上而气体愈稀薄,所以他说:"若夫天体,余尝谓苍苍之天,非有形质,亦非有大圜之气。"(《儒术真论》)那么,所谓"苍苍之天"究竟是什么东西呢?他认为,这实际上是笼罩在地球外部的大气。他说:"余尝持视天之说,以为远望苍然者,皆内蒙于空气,外蒙于阿屯(Atom 原子)以太而成是形,非果有包于各耀(星球)而成太圜之体者也。"(《视天论》)又说:"盖日与恒星,皆有地球,其阿屯以太,上薄无际,其间空气复厚,而人视之苍然,皆众日之余气,固非有天也。"(《儒术真论》)这就是说,所谓"天",实际上就是"地气"。所以他又说:"在地曰气,仰瞻则曰天,犹云与雨也,非有二质,故其所见异尔。"(《天论》)由此他得出一个结论:宇宙中除了恒星和行星以外,并没有"天"。他认为,一切恒星都是太阳,太阳都有自己的"地球"(行星),人类所居的地球是从太阳中生出来的,地球上的万物都依赖太阳而生存,所以古人崇拜"天""祭天",实际上是崇拜太阳,"假言曰帝,其真即日"(《儒术真论》)。章炳麟充分肯定荀况"明于天人之分"的唯物主义观点,认为这是"以天为不明"的光辉思想,它否定了"以日为天,以天为帝"(《天论》),以"上帝""有恩威生杀之志","有福善祸淫之说"(《儒术真论》)。这就是说,章炳麟认为,太阳是一个物质实体,并非人格神。他还说:"万物之生灭消长,皆由太阳之光热致之,而苍苍者无与焉。"(《视天论》)这是说,万物生灭与太阳的关系完全是一种物质的自然关系,而根本不存在什么神秘的"天"的意志。再则,关于日和地,日和众星之间的关系,他也根据当时天文学的知识指出,这是由于物质引力的作用,"以己力绕本轴,以摄力绕重心"(同上)。又说,"体大者必能摄小体","地球为日所摄","日球亦因摄而动","地球及诸恒星之统于天河,夫何待言矣"。(同上)据此,他认为,追寻太阳的"所自出",是"卒不可得"的,结论只能是:"日无所自出也","何必上帝"?于是,他明确宣称:"若夫天与帝,则未尝有矣。"(《天论》,《訄书》一八九九年木刻本)这是依据唯物主义的自然观有力地反对了有神论。

章炳麟进一步又依据生物进化论驳斥了"上帝造万物"的目的论。他指出,基督教的上帝创世说同汉代《淮南子》中讲的"黄帝造人"说是一类的思想,这种理论早被无神论者王充的"天道自然""万物自生"的学说驳倒了。他阐发王充的观点说,地球上的生物都是靠太阳的照射和风雨的资助生出来的,生出来以后,都因自己的"智愚尪健"的不同,互相吞食;通过竞争,大蝙蝠变成了恐龙,大蜥蜴变成了鳄鱼(同上)。人类也是从动物发展来的,人之始不过是"一尺之鳞",后来发展为猿猴,猿猴又逐渐变成了人(《原人》,《訄书》)。人类开化有早晚,在生存竞争中,有的进化为文明种族,有的成了野蛮人种。由此他得出结论说:"物苟有志强力以与天地竞,此古今万物之所以变,变至于人,遂止不变乎!"(《原变》,《訄书》)他依据生物进化的法则,断言生物的变化是生存竞争的结果,而且要无止境地变化下去,绝不是什么上帝的意志决定的。他还认为,万物生长的老根是太阳,阳光对待人类和草木的滋长并没有什么区别,太阳并非钟爱于人。因此他又得出结论说:"物生于日而其为祸福,则日勿与焉。"(《天论》)这样,又驳斥了认为老鼠生来就是为了给猫吃的目的论。章炳麟认为,生物间的互相胜负是由于智愚的差别造成的,而智力的大小又是被其形体的大小决定的。这是宣扬一种机械论的自然观。他反对目的论的斗争并没有超出机械论的水平。

章炳麟还十分推崇古代"知鬼神为无"(《儒术真论》)的无神论思想。他认为,人必须先有"官骸",然后才能有"知识""神明",因此,"及精气相离而死,则神亦无存","夫焉有精化既离,而神识能独立者乎?"(同上)他指出,史书上记载所谓人见鬼神,其实都是人们"耳目有愆","心惑若瘵"之时,即神志不清,感官有毛病时所造成的"一时假相",而"非有真形"。此外,有些所谓鬼者,实际上是把一些少见的"山精物魅"叫做鬼神,这是"与人死者有殊"(同上)。

章炳麟断言既没有"天",又没有"帝"和"鬼神",这是对古今中外神权论的严重打击,因而也从根本上否定了为封建政权作辩护的"天命"论。康有为等保皇党,在戊戌政变失败后,宣扬"天命"论,说什么光绪皇帝未死,"有天命存焉",中国他日必能立宪。章炳麟揭露说,这同汉朝王莽在灭亡前夕求救于"天命"一样可笑,神权论的说教,同样救不了保皇党的命。他说:"拨乱反正,不在天命之有无,而在人力之难易。"(《驳康有为论革命书》)他指出,改造社会,推动历史前进,不是靠"天命",只能靠革命。可以看出,章炳麟的无神论反对封建有神论的斗争,正是近代史政治斗争在哲学上的反映。

1906年,章炳麟发表了《无神论》,从逻辑上驳斥了基督教的神学理论。基督教神学曾宣称:上帝耶和华,"无始无终,全知全能,绝对无二,无所不备",所以是"众生之父",是造物主。章炳麟指出,这些说法同上帝创世说在逻辑上都是自相矛盾的。他驳斥说:基督教承认上帝七天创造了世界,又宣称世界有末日,可见世界是有始有终的;既然有始有终,创造世界的上帝之心也一定生灭无常。因为上帝是"体",世界是"用",现象不离开本体,现象有生灭,本体的性质也必有生灭,所以上帝并非无始无终。关于"全智全能",他驳斥说:如果说上帝全智全能,他就不应该创造出魔鬼来与自己对立;如果说,魔鬼不是上帝创造的,上帝就不是全智全能的了。关于"绝对无二",他驳斥说:上帝用"质料"创造了万有,如果说"质料"存在于上帝自身之中,万有则从上帝身中"自然流出",便谈不上创造;如果说"质料"存于上帝之外,与上帝并立,上帝就不是绝对无二了。关于"无所不备",他又驳斥说:如果上帝无所不备,万善具足,便不应创造人类,以增其善;如果说上帝创造人类是为了求善去恶,上帝就不是无所不备了。他还驳斥说:如果上帝是"众生之父",他一定有人格,既有人格,就要有配偶才能生殖子女,既有配偶,他就不是独一无二。如果上帝不需要配偶便能生殖,上帝便是最下等的单细胞动物。最后,他得出结论说:"若万物必有作者,则作者亦更有作者,推而极之至于无穷。"这是说,万物如果是神创造的,神又待别的东西来创造它,如此推论下去,便没有穷尽。章炳麟认为,这就犯了逻辑学上"循环论证"的错误。所以结论只能是"无神",没有造物主(以上见《无神论》)。章炳麟的这些辩论,都在于证明"上帝"的观念是人们虚构出来的,正因为它是虚构的东西,所以其论点不能自圆其说,必然是自相矛盾。章炳麟的这些辩论,揭露了基督教神学在理论上的虚构,不仅显示了逻辑的力量,而且生动有趣,富有战斗性。

章炳麟在对一神教的批判中,还称赞了西方近代唯物主义者斯宾诺莎的泛神论,认为"不立一神而以神为寓于万物","离于世界,更无他神"——这些观点都是很深刻的,美中不足的是保存了"神"的称号。他认为,既然叫做"泛神","神"的名字便可以去掉了。在对有神论的批判中,章炳麟还批评了康德的不可知论。康德认为,上帝有无问题,超出人的认识范围之外,所以既不能肯定为有,也不能断定为无。章炳麟批驳说:一个东西的存在,不外通过感觉("见量")、内心省察("自证")和推理("比量")来证明,可是关于上帝的存在,既不被感官所证实,也不为内心所觉察,而且推论起来逻辑上又自相矛盾,因此,只能是"虚撰其名",如同没有实体的影子,不妨断其为无(同上)。章炳麟认为,既然人的各种认识能力都不能证明神的存在,神就是不存在的。这是从无神论的方面批判了康德为宗教迷信保留地盘的不可知论。以上这些观点,都具有唯物主义的性质,同样是章炳麟的无神论中的积极因素。

章炳麟对西方基督教神学的批判,在一定程度上表现了革命民主派对帝国主义文化侵略的反抗精神。他指出,基督教崇拜一神,其害在"使人人思想自由一概堵塞不行"(《诸子学略说》),中国人信基督教就要"退入野蛮"时代。他说:在中国有些人信仰基督教,"不是崇拜上帝,实是崇拜西帝"(《演说录》),基督教毒害了中国人的民族意识。他还认为,基督教传入中国后,制造宗教纠纷,借传教之名,宰割中国的领土,所以中国人民对教会恨之入骨,不能不起来反抗。他断言,帝国主义企图用宗教来征服中国人的心,是根本办不到的(见《忧教》,《訄书》)。

章炳麟在反对有神论的斗争中,还分析了宗教迷信产生的根源。他认为,宗教迷信起源于人的愚昧无知。他说:由于古人对奇异的自然现象不可理解,于是以为"必有鬼神以司之",这样,祭天祀鬼、崇拜神灵等迷信便产生了。如古人所说的"河伯""海若"等神,其实都是大乌龟,因为不常见,其力胜人,所以被尊之为"神"。又如,人死以后,形体腐朽,智力消失,并没有不死的灵魂。可是由于古人对死亡无知,亲戚死后,总不忍其死去,于是摆设供品,祭祀亡灵,以为馨香的气味足以感动其魂魄来尝,这样又产生了鬼神崇拜。章炳麟指出,这些迷信早被古代的无神论者董无心和王充识破了,他称赞董无心说:"其圣足以干百王之蛊。"(《原教》下,《訄书》)他还分析了原始的怪力崇拜,把这种迷信称之为"荧惑"。他说:人生来就有欲求,对他所追求的东西总想得到满足,昼夜思念,达到狂热的程度,便产生一种幻觉,以为真有一个神怪的东西能驱使他的形体,于是向它顶礼膜拜。章炳麟把这些宗教迷信总称之为"幽灵崇拜",认为它是同野蛮人的知识未开的状况联系在一起的,进入了文明时代，这些迷信自然就消灭了。他指出，作为文明宗教的一神教，就是从"幽灵崇拜"发展来的，而且保留了原始宗教迷信的成分。最后，他得出结论说：宗教虽然有高下之分，但有共同的根源，都是人自己的"血气心智"的产物（《原教》下，《訄书》），"宗教意识"是"人类特性之一"（《原教》上，《訄书》）。

　　章炳麟对宗教迷信的分析，初步揭露了宗教产生的认识论的根源。他后来又把这种认识论上的根源概括为两点：一是来于人的"所知障"，即对自然现象的规律尚不理解，以为在自然界之上有一个实体支配自然现象的变化；一是来于人的"烦恼障"，即为饥寒苦疾所迫，感到死亡无日，以为有一神秘的东西支配自己的命运，祈求从它那里得到幸福。总之，他认为"神"是人类自己制造出来的幻想。德国近代无神论者费尔巴哈认为，上帝只是人的幻想的产物。章炳麟在反对有神论的斗争中，达到了同费尔巴哈相类似的结论，为我国无神论史增添了新的财富。但是，他的无神论，正如马克思在批判费尔巴哈时指出的："费尔巴哈把宗教的本质归结于人的本质。但是，人的本质并不是单个人所固有的抽象物。在其现实性上，它是一切社会关系的总和。"（《关于费尔巴哈的提纲》）章炳麟最后把宗教归之为人的"血气心智"的产物，把宗教的起源说成是基于人的求生欲望和无知的心理，他所理解的人，是自然的人，不是社会中的人。因此，他不能揭露出宗教产生的社会根源。相反，他认为，宗教在社会上有着增进人们道德的作用，说什么"若没有宗教，这道德必不得增进"（《演说录》）。而且，革命党人要想树立革命的道德，就要有自己的宗教。从这种立场出发，他还提出了建立一种所谓"无神教"的口号，而且把佛教说成是无神的宗教。

　　从1906年开始，他就搬出佛教唯心论，一方面用来反对一神教，一方面又用来建立他的"无神教"。他认为，佛教中唯识宗讲"万法唯识"，"万法唯心"，把一切都看成人心的产物，"一切有形的色相，无形的法尘，总是幻见幻想，并非实有"（《演说录》），就是所谓"上帝"也只是人心的产物，"此心是真，此神是幻"（《建立宗教论》），所以佛教是"无神教"。他又认为，佛教讲"一切众生都平等"，讲"舍己救人"，提倡"依自不依他"（靠自己的心而不靠外力），富有自我牺牲精神（《答铁铮》）。特别是华严宗，"要在普渡众生，头目脑髓，都可施舍与人"，所以"在道德上最为有益"（《演说录》）。从而他得出结论说：只有佛教才能使人们去掉"畏死心""拜金心"和"奴隶心"，"继起之宗教，必释教无疑"（《建立宗教论》）。

　　按照章炳麟的说法，佛教追求的是"绝对本体"，即"真如"，"涅槃"，"阿赖耶识"等，不是人格神的上帝，它不在天上，而在"众生"的心中，人们在精神上把一切差别对立的念头都破除了，就能把握住这个"绝对本体"，就可以从尘世中解脱出来,成为有高尚道德的人。他所说的"绝对本体",其实,就是佛教所宣扬的摆脱肉体束缚的灵魂。正因为如此,后来他又承认了灵魂不死和生死轮回的说教,认为人证得"阿赖耶识"本体,就可以"超脱轮回",同"佛"一样,永远脱离"器世界"(物质世界),永恒地安乐了。辛亥革命后,他更加宣扬起灵魂不死的迷信,认为人死以后,不是一切都消灭,精神现象(指感觉、思维和喜怒哀乐等心理活动)可以变坏,但精神的实体并不消灭("心体不灭")(《菿汉微言》),从而又得出结论说:古代无神论者讲无鬼神,只是说,死后幽灵尚未转生,并非人死精神消灭(同上)。这样,他又成了有神论和有鬼论的鼓吹者了。此外,他还宣扬了因果报应论和宿命论等迷信。

章炳麟作为一个无神论者,当他坚持唯物主义的世界观时,他的无神论思想就比较彻底些,当他转入唯心主义时,他的无神论就显得软弱无力了,而且终于又肯定了有神论。这是因为唯心主义和信仰主义本来就是一致的。

第四节　从唯物主义到唯心主义

章炳麟在反对有神论和康梁改良派的斗争中,又研究了人的知识和才能的来源问题。在这个认识论的问题上,他最初是一个唯物主义者,后来却陷入了佛教的主观唯心主义。他的认识论,总的说来,具有唯理论的倾向。

在《訄书》中,他曾批判了王守仁的唯心主义认识论,认为王阳明学说的根本错误在于"立义至单",即从一个最简单的抽象观念("良知")出发,处理各种复杂的事物,这种哲学是从佛教禅宗那里搬来的。他说,研究学问和处理问题,应当像古代法家指出的那样,"以法为分,以名为表,以参为验,以稽(考)为决",即用法令规定事物的名分,用名称表达事物的实际,通过检证和考核来判断是非。他认为,这就是今人所提倡的科学精神,而王守仁的学说是同这种精神相对立的。他还指出,王守仁的"致良知"的命题,在逻辑上是自相矛盾的。他揭露说,既然"良知"是先天的,就不应讲"致",如果必待后天努力才发挥出来,那就不是"良知"了(见《王学》,《訄书》)。他对王守仁学说的驳斥,表现了唯物主义的立场。

后来,他在同保皇党的论战中,进一步驳斥了王守仁的"良知"说。梁启超等保皇派把他们的"君主立宪"论说成是出于"良知",说什么"人不服从其良知,是曰非人"。章炳麟驳斥说:人们的政治观点同样不是生来就有的,婴儿并不知道什么是政治,更谈不上分辨"主义"的是非;长大了,有所见闻,加以比较,才有政治见解。他指出,保皇派把他们的政论归之为"良知",这同王守仁当年把他效忠于昏君的行为说成是"良知所信"一样,荒唐可笑(见《驳神我宪政说》)。在这里,他同样坚持了唯物主义的观点,驳斥了改良派的唯心主义的先验论。

在《訄书》中,章炳麟还谈到了关于人的智力的形成问题。他认为人的智力不是先天决定的,是在生存竞争中形成和发展起来的。他说,生物的官骸在竞争中总是"蜕其故用而成其新用",使用它的官能则进化,不使用它的官能则退化。人类的智力也是这样,在竞争中,用其智力则聪明,不用其智力则愚蠢。如果把人幽闭在深谷中,与社会隔绝,使他的官骸不能用其智力,天长日久,便退化为野蛮人,甚至同人猿相近了(见《原变》,《訄书》)。这是说,人的智力是后天获得的。

依据这种唯物主义的观点,章炳麟在同改良派的论战中,进一步驳斥了康梁宣扬的所谓中国民智未开,人民智力低下,不能行民主共和的谬论。章炳麟批驳说:"人心之智慧,自竞争而后发生。今日之民智,不必恃他事以开之,而但恃革命以开之。"(《驳康有为论革命书》)他认为,人民的革命观念和革命才智都是在实际斗争中形成的。如明末的李自成,并非生来就有救民济困的思想,而是因为被饥寒所迫,揭竿而起,后来在实际斗争中形成了革命观念。又如义和团初起时,只讲"扶清灭洋",后来在斗争中增长了智慧,从而提出了"扫清灭洋"的口号。又如今日会党,总结了过去的经验教训,在对待帝国主义问题上,已知道自己是"主体","洋人"是"客体",对外国侵略者有了戒心,不会再上外人的当。由此章炳麟得出结论说:"人心进化,孟晋不已。以名号言,以方略言,经一竞争,必有胜于前者。"(同上)这就是说,竞争出智慧,斗争长才干。最后他得出结论说:人民在革命斗争中一定会树立起民主观念,能够管理好自己的国家,民主之兴,是势所必至,不可阻挡。

在反对康梁改良派的斗争中,章炳麟还批判了康有为的先验论的治学方法。他认为:"诸学莫不始于期验,转求其原,视听所不能至,以名理刻之。"(《征信论》)可是康有为却从主观主义出发,不要"期验",不讲"明理",任意附会、曲解古代的典籍,寻找什么"微言大义",其结果只能是"微言以致诬,玄议以成惑"(同上)。他还认为,社会历史现象的变化是有规律可寻的,有其因必有其果,"因以求果,果以求因",就会弄清礼俗政教演变的趋势,绝不能像康有为那样,主观虚构一套"三统""三世"的公式,硬套在历史事件上,像算命一样,预知未来(同上)。后来,他还指出,研究学术一定要"实事求是"(《与王鹤鸣书》),研究历史,如同"写真"一样,"修短黑白,期于肖形而止",把美的说成丑的,把丑的说成美的,都是错误的(《与人论林学报书》)。这就是说,不能从实用主义出发,不能搞先验论,任意涂抹古人。章炳麟提倡的方法论,基本上是古文经学派考证古代文物典章的"朴学"作风,不是对社会历史现象进行阶级分析,揭示历史发展的客观规律。但是他要求尊重历史事实,反对主观虚构,宣传了"实事求是"的观点,打击了康有为利用古代文化典籍的研究,从事保皇宣传的学风,在当时同样有其进步的意义。

在反对改良派的斗争中,章炳麟所以能够提出许多唯物主义的见解,归根到底是由于他早期对哲学基本问题的回答,坚持了唯物主义的路线。首先,他肯定了物质的客观存在。他说:"盖凡物之初,只有阿屯,而其中万殊",肯定原子是构成万物的最基本的物质。对于当时流行的"以太"说,谭嗣同曾经作过唯心主义的解释,如把"以太"说成是"心力""唯识之相分"或"性海"等,因而是"无形质"的。章炳麟对此作了明确的批驳。他说:"或谓'性海即以太',然以太即传光气,能过玻璃实质,而其动亦因光之色而分迟速。彼其实质,即曰阿屯。""阿屯亦有形可量。以太流动虽更微于此,而既有迟速,则不得谓之无体。""原质有形,即以太亦有至微之形,固不必以邈无倪际之性海言也。"(《菌说》)这里,章炳麟根据当时自然科学的知识,坚持了物质客观存在的唯物主义观点。在《訄书》中,他又进一步阐发了客观事物不依赖于人的意识而存在的观点。他断言,事物的性质如色、声、味等是事物本身所固有的。他说:"不见其光,而不得谓之无色。见者异其光,而不得谓之无恒之色。"(《公言》,《訄书》)例如,日光本来就有七种颜色,通过分光试验才能看到,但不能因为平常看不到,便认为光无七色。他说:"以目之眚者,视火而有青炎,因是以为火之色不恒,其悖矣。"(同上)这是说,不能因为患眼病的人,见火光有青炎,因此就认为火没有正常的颜色。他还指出,经常吃咸东西的人,并不感到咸东西怎么咸,但不能因此说咸味没有自己的特性,或者把咸味归之为舌头的幻觉。由此,他得出结论说:事物的颜色,"虽缘眸子以为薮极(准的),有不缘者矣"(同上)。这是说,颜色虽然凭借眼才能看见,但颜色的存在并不依靠眼。又说:"分剂有细大,而淡咸无乱味。"(同上)这是说,人们感受咸味的程度虽有不同,淡和咸仍有客观的差别。章炳麟的这些观点,肯定了感觉是客观事物的主观映像,其内容具有客观性,不是主观自生的东西,驳斥了那种把事物的性质归之于感觉的主观唯心主义的说法。

从肯定事物的性质独立于人的意识而存在这个前提出发,章炳麟又论述了词和概念的性质。他认为,词和概念开始于感官("天官")对客观事物的反映("物各缘天官所合以为言")(同上)。如眼看到红东西的颜色,便用"红"称谓它。后来又依据事物的共同性质,给同类的事物起个名字,便产生了"共名"和"大共名"。他认为,"共名"是抽象的东西,同感官所感受的具体内容并不一样,可是它同样有客观的标准("必非无成极"),不是人们恣意拟议出来的。据此,他指出,宗教家把"神"或"上帝"作为最高的观念,认为它可以包容一切,然而"神"这个观念,却不像"大共名"那样是从不同的具体事物中抽象出来的共同属性。它并不反映客观存在,没有客观的内容,只能是主观虚构的东西。在章炳麟看来,抽象的观念有两种:一种是反映客观事物的共同性质,即类概念,又称为"公言";一种是不反映客观事物的性质,不是从特殊中概括出来的。有神论的错误,就在于抛弃特殊而空谈一般,其所谓一般,不过是主观虚构的观念。他说:"宗教之士,知其有(指一般)不知其别(指特殊),以杜塞人智虑,则进化之几自此阻。"(同上)章炳麟的这些议论,又肯定了思维内容的客观性,认为它同感觉一样,是事物的客观性质在主观意识中的反映,同样不是主观自生的东西。

1906年,他在《诸子学略说》中,进一步阐发了荀子的唯物主义的认识论。他认为,概念的形成经过五个阶段:一是"作意"(意识的兴起),二是"触"(五官同外境相接触),三是"受"(领受外境所给予的现象,形成感觉),四是"想"(取境为象,形成知觉),五是"思"(运用思维,考察事物的共同本质,形成概念)。1910年,他在《原名》中,又把词和概念的形成归为三个阶段:"名之成,始于受,中于想,终于思。"总之,他认为,人的认识过程始于感觉,完成于思维。这些都在于阐明人的知识不是先天就有的,而是后天形成的。

章炳麟还论述了感性认识和理性认识的关系问题。他认为,陆王一派的先验论,排斥外物和感觉经验,当然是错误的。可是后来的颜元,为了反对陆王的先验论,又把"格物"局限于演习礼节仪式,从事武备训练和生产活动,从而反对读书明理,又犯了另一种错误,即鄙视理论思维的错误。他评论颜元的经验论说:"滞于有形,而概念抽象之用少也。"(《颜学》,《訄书》)因此他着重论述了理性认识的重要性。他说:算术、琴谱和书本上的理论,如同符号一样,都是抽象的概念,但它却可以概括具体的器物,帮助人们掌握具体事物的规律。例如学琴,不去弹琴,终日讲读琴谱,当然是错误的,可是废弃琴谱,不研究音律,也是不对的。又如读书,不是说书没有用处,而是说坏书没有用处。不区别好书和坏书,对书本知识一概排斥,也是错误的。他还指出,不研究事物的普遍规律,不学习抽象的理论,局限于"水、火、工、虞"等具体事物的一个方面,只知道自己一方面的经验,其结果就会像中国先秦和古希腊时代的哲学家那样,把水或火说成是万物的根源,"举其树枝以为大素"(同上),把特殊的东西当成普遍的原理,学术就不会有进步。他还指出,社会历史现象尤为复杂,如果不运用理性思维加以分析和概括,"不推其终始,审其流衍",结果"维纲不举",不可能阐明历史演变的真相。由此他得出结论说:抽象的理论,如哲学道理,只要本于"实事求是"的精神,不发空论,对人事总是有好处的(同上)。章炳麟对狭隘的经验论所做的这些批评,基本上是正确的。

但是,他在批评经验论的同时,又把理性认识片面夸大了。他曾引证荀子的话说:只要内心清明,自然会了解事物的规律("清明内景")。又说,闲居静坐,屏除耳目之欲,远离蚊虻之声,也可以得到关于事物的规律性的认识(同上)。这样,走向了轻视感觉经验的道路。因此他在处理概念问题时,又认为"别名"是靠知觉得到的,"共名"是靠思维得到的,二者并没有必然的联系。他说:"凡诸别名,起于取像","凡诸共名,起于概念。"(《诸子学略说》)这样,又把一般和特殊割裂了。他这种唯理论,是唯物主义的唯理论,因为他仍然承认概念是客观事物的映像。在章炳麟看来,感性认识和理性认识,都是对客观事物的反映,都很重要,不能偏废。从这种观点出发,他既批判了先验论,又批评了经验论。但是由于他把理性认识同感性认识加以割裂,看不到感性认识是理性认识的基础,他就不能不通向唯心主义的先验论了。例如,他认为,"圣人"推论具体的事物,要靠外物("借于物而知,谓之圣人"),但这不是"圣人"的最高境界,"圣人"最高的智慧是不依靠外物和感觉经验能判断社会历史演变的趋势。他说:"圣人以上知千世,下知千世,则不借于物矣。"(《订实知》,《訄书》)据他说,这是因为"圣人"特别聪明("非圣哲莫能")。他认为他这个论点是对王充的经验论的"订正"。这样,他又承认了有"生而知之"的"圣人"。

1906年以后,章炳麟为了建立他的无神论的宗教,搬出了佛教唯心主义特别是唯识宗的理论体系。1906年年底,他发表了《建立宗教论》,1908年又发表了《四惑论》。在这两篇文章中,章炳麟宣称,整个世界都是从"阿赖耶识"中产生出来的,"舍阿赖耶识而外,更无他物"(《建立宗教论》)。他还宣称,事物的规律和关于规律的知识("概念法尘"),都不是从外界产生的,而是"由阿赖耶识原型观念而生"。因此他非常赞成康德的十二范畴说和关于时空的主观自生说,但却反对康德的"物如"(物自体)说,批评了康德的先验论的体系(同上)。基于唯识宗的看法,他不仅否认了理性认识的客观性,而且否认了感性认识的客观性,说什么"现量感觉一切唯心"(《四惑论》)。他还吸收了休谟的不可知论,把因果法则说成是由"联想而成","人心之习惯所由生"(同上)。还说休谟只承认现象,把知识归结为感觉的产物,这是"真唯物论",而"真唯物论乃即真唯心论之一部"分(同上)。他企图用这种说法来证明唯心主义是唯一的真理。他把唯物主义的经验论和唯心主义的经验论混为一谈,抹杀了经验论中的对立。由于章炳麟把因果法则看成是主观的东西,从而又得出结论说:"唯物论成则科学不得不破。"(同上)他的逻辑是,讲唯物,就不能承认主观东西的存在,但科学所依据的因果律却是主观的东西,所以唯物主义是和科学对立的。他不仅歪曲了唯物主义,而且歪曲了科学。

第八章
孙中山

第一节 革命民主主义者

孙中山,名文,字逸仙,生于公元1866年(清同治五年),死于公元1925年,广东香山(今中山县)人。他是我国近代史上伟大的革命民主主义者,资产阶级革命民主派的领导人,也是中国共产党诞生以前向西方寻找救国真理的先进思想家。

他出身于农民家庭,在香港受过西方医学教育。1885年,中法战争爆发,激起了他的爱国意识。1894年,他曾上书给李鸿章,向清王朝提出了"人尽其才,地尽其利,物尽其用,货畅其流"(《上李鸿章书》)的主张,希望清王朝改革内政,使中国走上独立富强的道路。个人上书失败后,他到檀香山,组织了兴中会,在华侨中进行救国工作。1895年,在中日甲午战争失败的刺激下,他感到"以和平手段,渐进方法",请求"朝廷"推行"新政",已经没有希望,要救国,只有倾覆清王朝(《伦敦被难记》)。他回香港后,便和当时的会党分子取得联系,组织了香港兴中会总部,在誓词中提出"驱除鞑虏,恢复中华,创立合众政府"的革命口号,确立了民族革命和民主革命的信念,并且积极准备在广东发动武装起义。

由于机密泄露,起义未及发动即遭失败。之后,他流亡到欧洲,在外国进行革命的宣传和组织工作。1900年,在义和团农民革命运动的影响下,他又联络会党分子,在惠州发动了武装起义。起义失败后,在国内外爱国运动和革命思潮兴起的影响下,他更加坚定地走上革命的道路。

这时,以康梁为首的改良派,已成了发展革命形势的重大障碍。为了把革命推向前进,于是孙中山高举起革命民主派的旗帜,同改良派展开了坚决的斗争。针对康有为的"驳革命书",他在1903年和1904年,先后发表了《敬告同乡书》和《驳保皇报》,尖锐地批判了梁启超自称"名为保皇,实则革命"的论调。指出,梁启超并非革命派,同康有为一样是"保皇会中之运动领袖",其在《新民丛报》中"忽言革命,忽言破坏",是故意"混乱是非,颠倒黑白",以此欺骗群众,破坏革命。孙中山断言:"革命与保皇,理不相容,势不两立",两条道路,如水火一样,决无调和之余地。因此,他号召一切爱国志士同改良派"划清界限",站到革命立场上来(以上见《敬告同乡书》)。

1905年,孙中山又从欧美返回日本。这时在中国建立资产阶级革命政党的时机已经成熟了。在孙中山的领导下,成立了各革命团体的联合组织——"中国同盟会",联合发表了《军政府宣言》即《同盟会宣言》,明确而又全面地发出了推翻封建政体和建立资产阶级民主共和国的号召。同盟会成立后,他为《民报》写了发刊词,明确提出了"民族""民权""民生"三大主义,对三民主义第一次作了理论上的阐发。同时,在孙中山的领导下,同盟会高举革命的大旗,同改良派在思想战线上进一步展开了斗争。在大论战中,孙中山有力地回击了改良派所鼓吹的反动路线,在理论上进一步阐发了"三民主义"的思想体系,从思想上武装了革命党人,为革命民主派进行民主革命奠定了思想基础。所以毛泽东在《纪念孙中山先生》一文中说:"纪念他在中国民主革命准备时期,以鲜明的中国革命民主派立场,同中国改良派作了尖锐的斗争。他在这一场斗争中是中国革命民主派的旗帜。"

同盟会成立后,在孙中山的领导下,革命党人进一步在会党和新军中进行宣传和组织工作。从1906年开始,同盟会员联合各地的会党和革命组织发动多次武装起义,其中包括规模较大的广州起义,严重地打击了清王朝的统治。到了1911年,人民群众的反抗斗争风起云涌,全国革命形势空前高涨,在孙中山领导的革命运动的影响下,终于爆发了武昌起义,推翻了清王朝,结束了几千年来的封建专制政体,成立了民主共和国。从此,民主共和观念深入人心,封建帝制被扫进了历史垃圾堆。

辛亥革命虽然推翻了帝制,但革命并没有取得胜利。在帝国主义的支持下,以袁世凯为首的北洋军阀,窃取了国家的政权,又在中国建立起大地主大资产阶级的独裁统治。1915年,袁世凯阴谋复辟帝制,遭到了全国人民的反对。1917年张勋又拥护溥仪复辟,企图恢复清王朝。孙中山才开始觉悟到革命并没有成功,中国"有共和之名,无共和之实"。于是他同全国人民一道,参加了反袁斗争,领导了反对北洋军阀的护法运动,又举起了革命民主派的旗帜,为保卫民主进行了斗争。由于没有发动广大人民群众,他领导的反对北洋军阀的斗争仍然遭到了失败。但是,孙中山并没有灰心,继续探索救中国的道路。1918年,他写了《孙文学说》,对革命失败的教训做了一次总结,试图从哲学上寻找重建共和国的答案。但孙中山并没有找到真正的答案,他一直处于苦闷之中。1919年,爆发了"五四"运动,1921年,中国共产党诞生了。孙中山在苦闷中,遇到了俄国十月革命和中国共产党。只有这时,孙中山才看到了中国的希望。

1922年,孙中山从广州到达上海,不顾反动势力的阻挠,接受了中国共产党提出的关于建立民主主义统一战线的建议,在共产党的帮助下改组了国民党。并且开始认识到中国革命,"非以俄为师,断无成就"。1924年,在中国共产党的帮助下,召开了国民党第一次全国代表大会,发表了《宣言》。在这个具有历史意义的文献中,孙中山重新解释了三民主义,把旧三民主义发展为新三民主义,提出了"联俄、联共、扶助农工"三大政策,有了明确的反帝反封建的资产阶级民主革命纲领,从而对中国革命作出了伟大贡献。

孙中山的一生,是革命家的战斗一生。为了救中国,他不怕艰难挫折,再接再厉地坚持斗争。他能够通过革命实践,吸收经验教训,"适乎世界之潮流,合乎人群之需要"(《孙文学说》),使自己的思想跟随着中国人民的革命斗争不断地向前发展和进步。他不愧是半殖民地的旧中国资产阶级革命阵营中伟大革命家的典范。同时,他的学说中也有不少的缺点和错误,这是和中国资产阶级的妥协性和软弱性联系在一起的。毛泽东说:"像很多站在正面指导时代潮流的伟大历史人物大都有他们的缺点一样,孙先生也有他的缺点方面。这是要从历史条件加以说明,使人理解,不可以苛求于前人的。"(《纪念孙中山先生》)

孙中山的哲学思想在"五四"运动前,在反对改良派和封建复辟势力的斗争中,宣传了进化论和具有唯物主义倾向的知行观,在局部问题上陷入了唯心主义。"五四"运动后,特别是1924年,他提出了民生史观,他的哲学体系又转向了二元论或唯心主义。本章所讲的孙中山的哲学,以旧民主主义革命时期为主。孙中山的著作,解放后出版的有《孙中山选集》,其中《孙文学说》代表了他在旧民主主义革命时期的哲学思想。

第二节 三民主义的学说

三民主义——"民族主义""民权主义"和"民生主义",是孙中山的革命民主主义的基本内容,也是当时中国资产阶级革命民主派进行革命的理论武器。在20世纪初,中国资产阶级和小资产阶级进行民主革命时,遇到三个重要问题:摆脱国内民族压迫和国际帝国主义压迫的民族独立问题,废除封建专制政体的政治民主问题,以及解除封建制度对资本主义发展束缚的社会经济问题。孙中山的三民主义,就是为解决这三个问题而提出来的。

孙中山最初把民族主义理解为"驱除鞑虏,恢复中华",即解除满族人对汉人的压迫。后来他在同资产阶级改良派的论战中,对民族主义作了新的阐发。他认为,民族主义"是从种性发出来的",但最要紧的是,"民族主义,并非遇着不同种族的人,便要排斥他,是不许那不同种族的人,来夺我民族的政权"(《三民主义与中国前途》)。在他看来,一个民族如果丧失了自己的政权,便是"亡国之民"。由此他得出结论:"民族革命的缘故,是不甘心满洲人灭我们的国,主我们的政,定要扑灭他的政府,光复我们民族的国家。"(同上)他指出,有些人把民族革命说成是"要尽灭满洲民族",是完全错误的。在实行革命时,只要满人不进行破坏,"决无寻仇之理"(同上)。孙中山把"民族主义"说成是来源于种族的"天性",仍旧是宣扬资产阶级民族主义。它以抽象的人性论掩盖了民族问题的阶级实质。但是他断言,民族主义不是种族复仇主义,民族主义的核心问题是政权问题,民族革命的目的在于推翻压迫汉族人民的清王朝。他的这个论点,扬弃了单纯的种族革命论,澄清了革命民主派内部因种族仇恨而模糊政治革命的错误思想,有力地回击了改良派对民主革命的歪曲,争取了更多的人站到革命阵营中来,在当时有很重要的意义。

关于"民权主义",孙中山解释说:"中国数千年来,都是君主专制政体,这种政体,不是自由平等的国民所堪受的。"(同上)他指出,从18世纪和19世纪以来,欧美许多国家都推翻了专制政体,建立起民主的国家,中国革命的目的,不只是光复民族的国家,更重要的是实现民主政治。他说:"我们推倒满洲政府,从驱除满人那一面说,是民族革命,从颠覆君主政体那一面说,是政治革命,并不是把来分作两次去做。"(同上)从而他得出结论说:"照现在这样的政治论起来,就算汉人为君主,也不能不革命。"(同上)他认为,法国革命和俄国革命(指1905年俄国资产阶级民主革命),没有种族问题,"纯是政治革命",中国应该向他们学习。他还总结了中国历史上革命的教训,如明太祖朱元璋推翻了蒙古贵族在中国的统治,但不懂得政治革命,建立起来的仍旧是君主专制政体,结果不能抵抗外人的侵略,被"满人"把政权夺了去。后来他还认为,太平天国革命之所以失败,同样是因为"革命后仍不免为专制",没有建立起民主共和政体。所以,他把"民权主义",也就是"民主主义",看成是"政治革命的根本"。据此,孙中山指出,改良派的政治路线所以错误,就在于企图把君主制度保存下来。他还指出,"凡为革命的人,如果存有一些皇帝思想,就会弄到亡国"(同上)。正是在这种思想的指导下,辛亥革命后,他又积极地投入了反对袁世凯阴谋复辟帝制的斗争。在反袁斗争中,孙中山断言,"帝制实不能与共和竞争"(《行之非艰,知之为艰》)。

民权主义是孙中山革命思想的核心。他认为革命的根本目的是在中国建立民主共和国，政治革命的中心问题是推翻封建专制政体，改造国家政权。他坚信民主共和是人心所向，大势所趋，任何复辟势力都必定垮台。孙中山的这种革命的民主主义思想，俄国革命领袖列宁给予了很高的评价："它充分认识到'种族'革命的不足，丝毫没有对政治表示冷淡，甚至丝毫没有忽视政治自由或容许中国专制制度与中国'社会改革'、中国立宪改革等等并存的思想。这是带有建立共和制度要求的完整的民主主义。"（《中国的民主主义和民粹主义》）。

关于"民生主义"，孙中山阐述说，自从18世纪末和19世纪初民主政体产生以来，人智大开，物质生产突飞猛进，继政治问题之后出现了经济问题，于是"民生主义跃跃然动"，"二十世纪不得不为民生主义之擅场时代"（《民报发刊词》）。他这里所说的"民生主义时代"是指当时欧洲的社会主义运动。孙中山认为，西方资本主义国家采用机器生产的结果，造成了"贫富悬殊"的"不平等的世界"，从而产生了"社会党"提倡社会主义。他觉得当时中国虽然还没有产生欧洲资本主义社会那样的社会问题，但中国学习西方"文明"的结果，总会产生同样的问题，终"不能免于第二次革命"。因此，他得出结论：中国为了避免再受一次革命的痛苦，在实行民族革命和政治革命的同时，还要实行"社会革命"。他说："吾国治民生主义者，发达最先，睹其祸害于未萌，诚可举政治革命、社会革命毕其功于一役。"（同上）所谓"毕其功于一役"，就是说，在"实行民族革命、政治革命的时候，须同时想法子改良社会经济组织，防止后来的社会革命"（《三民主义与中国前途》）。辛亥革命后，于1912年，他在比利时《人民报》上发表了《中国革命的社会意义》一文，进一步阐述民生主义说："英吉利是君主立宪政体，法兰西和美利坚以共和立国，但这些国家国内贫富问题的悬殊仍极明显，所以革命的思潮常激动着这些国家的国民。如果不进行社会革命，则大多数人依然得不到生活的快乐和幸福。……我们中国还没有发展到那种地步，故社会革命对我们来说就比较容易。我们有可能预防资本主义制度的进攻。"

可以看出，孙中山的民生主义，是在19世纪西欧的社会主义运动的影响下产生的。它反映了半殖民地的中国资产阶级革命派，在欧洲资产阶级和无产阶级展开激烈斗争的刺激下，希望在进行民主革命的同时，和平解决未来的社会问题。列宁看到了孙中山在比利时《人民报》上发表的论文后，写了《中国的民主主义和民粹主义》一文，指出："先进的中国人……从欧美吸收解放思想，但在欧美，摆在日程上的问题已经是从资产阶级下面解放出来，即实行社会主义的问题。因此必然产生中国民主派对社会主义的同情，产生他们的主观社会主义。"

如何实现"民生主义"和"社会革命"呢？孙中山认为，最好的办法是"平均地权"。关于"平均地权"，他说："当改良社会经济组织，核定天下地价。其现有之地价，仍属原主所有；其革命后社会改良进步之增价，则归于国家，为国民所共享。"（《同盟会宣言》）孙中山当时所说的"平均地权"，不是平均土地，也不是使耕者有其田。而是让地主自报地价，国家照地价收地税，地价越高，收的税越多。他认为，地价随着工业发达、社会进步而提高，按地价收税，就可以使富人不至于垄断社会财富，这样，贫富的差别就可以消除了。所以他说："中国实行了社会革命之后，私人永远不用纳税，但收地租一项，已成地球上最富的国。"（《三民主义与中国的前途》）后来他又说："若能将平均地权作到，那么，社会革命已成七八分了。"（《民生主义与社会革命》）"平均地权"是民主革命的口号。孙中山把它称为"社会革命"或"社会主义"，这是社会主义对他的影响。他主观上认为这种办法可以"预防资本主义的发展"。因此后来他又把"平均地权"看成是实行"土地国有"的一种政策，企图通过"土地国有"来废除封建的土地占有制度。

总之，孙中山的民生主义，是他从中国历史和现实思考基础上所理解的一种"社会主义"。所以辛亥革命后，他又把民生主义解释为"国家社会主义"，声称民生主义不是均贫富主义，也不是废除私有制，更不是消灭阶级，而是把铁路、矿山等大企业归为国有，"以国家之力，发达天然实利"（《提倡国家社会主义》）。

在20世纪初，孙中山所宣传的三民主义，尽管其中含有主观上企图防止资本主义发展的一面，但它在当时的历史条件下集中反映了中国人民要求解除半殖民地半封建社会地位的愿望，仍具有很大的历史意义。所以列宁对孙中山的旧三民主义仍给予了很高的评价。他说："西方资产阶级已经腐朽了，在它面前已经站着它的掘墓人——无产阶级。在亚洲却还有能够代表真诚的、战斗的、彻底的民主主义的资产阶级，他们不愧为法国十八世纪末叶的伟大宣传家和伟大活动家的同志。"（《中国的民主主义与民粹主义》）

孙中山的旧三民主义，在旧民主主义时期是革命的，但它又不可避免地带有旧民主主义革命的弱点。到1924年，孙中山认识到在反对帝国主义列强的问题上缺乏深刻认识，他说："从前有一时期，为努力推翻满清。今将开始一时期，为努力推翻帝国主义之干涉中国，扫除完成革命之历史的工作之最大障碍。"（《为商团事件对外宣言》）他的民族主义，对内也没有提出国内各民族一律平等的要求，直到1921年他还宣称"中国的民族主义，不能笼统讲五族的民族主义，应该讲汉族的民族主义"（《三民主义之具体办法》）。这种大汉族主义，到了1924年在中国共产党的帮助下才得到了克服。

孙中山的革命民主主义思想体系核心是民权主义。辛亥革命后,他曾说,"民族、民权两主义俱达到,惟有民生主义尚未着手,今后吾人所当致力的,即在此事。"(《民生主义与社会革命》)这是说,民主革命的任务已经完成,今后的任务是发展实业。结果是打倒了一个皇帝,出来了许多皇帝,"去一满洲之专制,转生出无数强盗之专制"(《孙文学说》)。直到1919年,他才开始认识到这一沉痛的教训终于提出了"推倒军阀,尤在推倒军阀所赖以生存之帝国主义"的号召。孙中山所说的"民权"思想前后有所变化。在辛亥革命前,他曾宣布:"凡为国民皆平等以有参政权。"(《同盟会宣言》)可是辛亥革命后,他又说:"我国四万万同胞,智愚不一,不能人人有参政之智能。"(《民国教育家之任务》)到了1924年,他重新解释了民权主义,指出:民权制度不是少数人所私有,而为"一般平民所共有"。孙中山的民权内容几经改变,反映了他对在中国进行民主革命认识的深化。

孙中山的民生主义,实质上是一种社会改良主义。它没有提出使中国广大农民获得土地的革命口号,并且断言民生主义不是"夺富人之田为己有"。由于它缺乏动员广大农民力量的土地革命纲领,不能号召农民起来推翻封建剥削制度,结果他领导的革命终于流产。正如毛泽东指出的:"国民革命需要一个大的农村变动。辛亥革命没有这个变动,所以失败了。"(《湖南农民运动考察报告》)到了1924年,孙中山重新解释了民生主义,明确提出了"耕者有其田"和保障工人生活的主张,他的民生主义才有了新的发展。

第三节 进化论思想

孙中山是西方资产阶级革命时期进化论的宣传者,他的三民主义就是建立在进化论的基础上的。在20世纪初,他以进化论为武器,同康有为和梁启超代表的改良主义路线进行了斗争,论证了在中国实现民主共和政体的历史必然性。

孙中山认为,人类社会的历史是不断进化的,每个民族和国家的历史,其进化的阶段虽然有先后的区别,但却有共同进化的趋势。他认为,欧美资本主义国家进化的历史,经历了三个时期:罗马灭亡以后,欧洲各国独立,是民族主义兴起的时期;后来建立起封建帝国,实行专制主义,人民不能忍受其痛苦,出现了民权主义,18世纪是民权主义大盛的时期;以后由于知识的进步和物质生产的发达,又出现了经济问题,20世纪又进入了民生主义兴起的时期。他说:"是三大主义皆基于民,递嬗变易,而欧美之人种胥治化焉。"(《民报发刊词》)这是说,经过这三个时期,西方国家愈来愈进步了。由此他得出结论:中国在几千年的专制主义的毒害之下,虽然落后了一步,但只要奋发图强,追求进步,适应世界进化的潮流,实行三民主义,就能够赶上欧美国家。孙中山依据进化论,坚信民主主义必然要代替封建专制主义,认为这是人类文明进化的必由之路,从而号召革命党人为进行民主革命而斗争,这在当时有很大的进步意义。

中国能否在较短的时期内赶上西方资本主义国家,通过什么道路才能赶上西方先进的国家?在这个问题上,孙中山同改良派展开了论争。以康有为和梁启超为首的改良派,鼓吹"循序渐进","断难躐等",认为只有经过君主立宪才能实现民主共和。针对康、梁的"循序渐进",孙中山提出了"突驾"说,他认为,中国有五千年的文明史,而欧美资本主义国家的文明史才不过几百年,中国只是后来落后了。日本的文明,以前取之于中国,后来又以西方国家为师,仅三十年,便同欧美大国并驾齐驱。中国近年来思想变迁的速度非常快,若肯努力学习西方的先进文化,大踏步地前进,经过十年或二十年,"不仅足以突驾日本",而且能够胜过欧美。孙中山所说的"突驾",就是说,以飞跃的速度超过西方国家和日本。中国所以能在较短时间内赶上和超过西方国家和日本,孙中山认为,除掉历史悠久,地大人多等条件外,从根本上说,因为它符合文明进化的法则。他说:"各国无不由旧而新。"(《中国民主革命之重要》)都是不断地以新东西代替旧东西,都争先采用最新的东西。例如机器的发明和创造,开始很粗恶,后来逐渐改进,愈来愈精致。购置机器的人,总是选择最新的品种使用,不可能按着原来的机器发明的顺序,先使用过了时的旧机器,然后再使用新改进的机器。他说:"各国发明机器者,皆积数百年始能成一物,仿而造之者,岁月之功已足。"(同上)由此他得出结论:政体的进化也是这样。当世界上已经有了先进的民主制度,落后的民族和国家,无须再经过"由野蛮而专制,由专制而君主立宪,由君主立宪而始共和"那样的次序,同样可以实行最新的民主制度。例如,菲律宾人原来是一个未开化的民族,后来受了西方先进制度的影响,抗拒了西班牙和美国的侵略,便直接建立起独立和共和的国家。据此,他驳斥康有为和梁启超的"断难躐等"说:"吾侪不可谓中国不能共和,如谓不能,是反夫进化之公理也,是不知文明之真价也。"(同上)他还指出,世界各国的立宪政治,都"必以流血得之","同一流血,何不为直截了当之共和,而为此不完不备之立宪(指君主立宪)乎?"(同上)总之,孙中山认为,中国虽然落后于西方,但是在世界进化潮流的影响下,树远大之壮志,"奋发有为,积极猛进",一定能够赶上和超过西方国家。

孙中山的突驾说,就是主张中国来一个大跃进,在不远的将来,成为一个现代化的强国。孙中山在救中国的问题上,坚决反对改良派的"循序渐进",

主张革命和飞跃,就这一点说,他的进化论含有朴素的辩证法因素。这是同新兴资产阶级的革命性联系在一起的。

辛亥革命后,孙中山在他的《孙文学说》中,较系统地宣传了进化论。他认为,"天地万物皆由进化而成"。他赞扬达尔文的进化论说:"自达尔文之书(指《物种起源》)出后,则进化之学,一旦豁然开朗,大放光明,而世界思想为之一变。从此各种学术,皆依归于进化矣。夫进化者,自然之道也。"(《孙文学说》)因此,他依据进化论和他当时接触到的自然科学知识,提出了一种包括自然界和人类社会在内的世界发展观,作为资产阶级革命民主派改造旧世界的理论根据。

孙中山认为,世界的进化分为三个时期:"其一为物质进化之时期,其二为物种进化之时期,其三为人类进化之时期。"(同上)他所说的"物质进化",是指宇宙的形成和发展。关于宇宙的形成,他说:"元始之时,太极(自注:此用以译西名以太也)动而生电子,电子凝成元素,元素合成物质,物质聚而成地球。"(同上)在这里,他把"太极"即以太(后来又解释为星云)看成是原始物质的一种形态,作为世界的始基,认为由于"以太"的运动产生了电子,电子又凝集成各种化学元素,由化学元素构成了各种物质,各种物质凝聚起来便形成了地球。从原始物质"以太"到产生各种化学元素,最后形成各种天体,孙中山认为这是一个进化的过程。

孙中山所说的"物种进化时期",是指生物进化的阶段。关于生物的进化,他说:"由生元之始生而至于人,则为第二期之进化。物种由微而显,由简而繁,本物竞天择之原则,经几许优胜劣败,生存淘汰,新陈代谢,千百万年乃成人类。"(同上)在这里,他肯定了两点:生命开始于"生元";"物竞天择"是生物进化的规律。什么是"生元"?他说:"据最近科学家所考得者,则造成人类及动物植物者,乃生物之元子为之也。生物之元子,学者多译之为细胞,而作者今特创名之曰生元,盖取生物元始之意也。"(同上)他所说的"生元",就是指作为原始生物的单细胞。"生元"是怎样来的呢?他认为是从无机界发展来的。他说:"前者之化学,有有机体与无机体之分,今则已无界限之可别,因化学之技术,已能使无机体变为有机体矣。"(同上)所以他把"生元"的出现看成是自然界进化的第二个阶段。

关于"生元"的性质,孙中山解释说:"按今日科学所能窥者,则生元之为物也,乃有知觉灵明者也,乃有动作思为者也,乃有主意计划者也。"(同上)这是说,原始细胞具有知觉和思维的能力。他认为正是因为原始细胞有这种机能,人才才聪明知觉,人体内消化器官才有新陈代谢的作用,动植物才有各种各样的形态。因此,他又说:"孟子所谓良知良能者非它,即生元之知、生元之能而已。"(同上)他把这种理论称为"生元有知"论。

孙中山的"生元有知"论,是从法国生理学家圭哇里(Carrel,又译作"卡雷尔")"细胞有知"说的生机论那里搬来的。这种生机论是19世纪以来生物学唯心主义的一个流派。他们把作为生命开端的原始细胞看成是具有知觉和思维能力的有机体,它否认了生命现象从低级到高级发展的过程。孙中山承认了"细胞有知"说,在生物进化论上倒向了生机论和目的论。

总之,孙中山在《孙文学说》中提出的自然发展观,其基本倾向是唯物主义的,具有无神论的性质,由于他不能科学地回答从无机界到有机界的过渡问题,在解释生命现象时又使他陷入了生机论。

关于人类进化,孙中山说:"人类初生之时,亦与禽兽无异。再经几许万年之进化,而始长成人性,而人类之进化,于是乎起源。"(同上)这是说,人类的进化是逐渐摆脱"兽性"而形成"人性"的过程。他认为人类和动物不同,人类进化有自己特殊的法则,人类进化的法则是"互助",不是"竞争"。他说:"物种以竞争为原则,人类则以互助为原则。社会国家者,互助之体也。道德仁义者,互助之用也。人类顺此原则则昌,不顺此原则则亡。"(同上)依据这种进化论,他认为,人类社会进化的目的,就是依据互助的原则,解除现在世界的各种痛苦,实现"天下为公"的大同世界。他认为他提倡的三民主义,特别是民生主义,就是为实现世界大同而斗争。依据这种进化论,他批判了社会达尔文主义。他说:"欲以物种之原则,而施之于人类之进化,而不知此为人类已过之阶级,而人类今日之进化,已超出物种原则之上矣。"(同上)这是说,不能把"物竞天择"的原则搬到人类社会中来。他指出,把生存竞争的学说搬到人类社会中来,在国与国、人与人之间讲"优胜劣败,弱肉强食",就是提倡"有强权无公理",鼓吹霸权主义,这是和"自由,平等,博爱"的精神相违背的,"是一种野蛮之学问"。他认为,中国是一个共和的国家,"共和之国,首重平权",不能讲"弱肉强食"的霸道哲学(《民国教育家之任务》)。

孙中山关于人类社会进化的论述,具有合理的因素。自从严复在中国宣传达尔文进化论以来,人们都把生存竞争看成是社会进化的法则。孙中山作为一个革命的民主主义者,在中国第一次批判了社会达尔文主义。孙中山批判社会达尔文主义的理论武器是互助论。互助论是俄国无政府主义者克鲁泡特金(P. A. Kropotkin,1842—1921)创立的。民国初年,由留学法国的李石曾介绍到中国来的。互助论主张进化是互助发展的历史,依此修正由进化论引起的"有强权无公理"的思想,互助论对孙中山有很大影响。

第四节 "行易知难"的知行学说

辛亥革命后在中国没有也不可能建立起资产阶级共和国。这是因为帝国主义不允许半殖民地的旧中国建立资产阶级专政的国家。而1911年的革命爆发后,有一部分人却认为革命已经成功了,今后的任务是发展实业,甚至认为革命政党和革命军队都可以解散了。他们喊出了"革命军起,革命党消","共和国立,革命军消"等口号。在这种情况下,孙中山领导的革命民主派迅速发生分裂。其中右派势力采取与反革命相妥协的方针,不赞成孙中山的革命建国的计划,认为"理想太高",不能实现,甚至要求取消革命党。他们走上了投降袁世凯的道路。同时许多革命党人脱离了革命,有的在反袁斗争中不愿同袁世凯彻底决裂。孙中山领导的反袁斗争,又遭到失败。孙中山在总结失败的教训时,研究了知和行的问题,提出了"行易知难"说,作为清算党内右派思想和号召革命派重建资产阶级共和国的理论武器。他的知行学说是为他的政治斗争服务的。

孙中山把知行问题看成是革命党人的"心理建设"的基础。他认为,革命建设所以失败,是因为革命党人在思想上受了中国几千年来的"知之非艰,行之惟艰"学说的毒害,既不求知,又不励行,视"建国方略"为"理想空谈",放弃建设之责任,于是造成了军阀专制的"假共和"局面。他说:"此说(指'知易行难'说)者,予平生之最大敌也!其威力当万倍于满清。"(《孙文学说》)他认为,在中国要实现"真共和",必须推翻"知易行难"说,提倡"行易知难"说。"知易行难"的说法,始见于《尚书·说命》。孙中山坚决反对这种说法。这是资产阶级革命派启蒙意识的一种表现。

孙中山认为,知和行比较,知是难的,行是容易的。他说:"天下事惟患不能知耳,倘能由科学之理则,以求得其知,则行之决无所难。"(同上)他举出饮食、用钱、作文、建屋、造船、筑城、开河、电学、化学、进化等十项事例,用来证明"知难行易"的道理。例如,饮食一事,是人们日常生活中最容易行的,可是要知道饮食的道理,要掌握生理学、医学、卫生学、化学、物理学等许多专门知识,这就非常不容易了。又如,建筑房屋,没有造房子的知识的人,盖房子就很困难,懂得了造房子的道理,盖起房子就容易了。他认为,人们在实际生活中做了许多事情,做起来并不难,但很难透彻了解其道理,如果对事物的道理知道透彻,做起来就更容易。这就叫做"知难行易"。据此,他不仅批判了古代的"知易行难"说,而且批判了王守仁的"知行合一"说。他指出,王守仁把知当成行,宣称"知而不行,是为不知",仍是以知为易,以行为难,同样是错误的。

孙中山认为:"中国之变法,则非先知而不肯行,及其既知也,而犹畏难而不敢行,盖误于以行之较知之为尤难故也。"(同上)由此,他得出结论说:革命建国之事,"非不能也,不行也;亦非不行,不知也;倘能知之,则建设事业,亦不过如反掌折枝耳"(同上)。总之,他认为只要革命党人树立起"行易知难"的新思想,就可以成功地建立起民主共和国。

孙中山关于知行难易问题的辩论,具有合理的因素。其目的在于提倡"不知亦能行,能知必能行",反对"不知则不欲行,知之又不敢行",强调行的重要,同时勉励人们努力探求科学知识和革命道理,劝诫革命党人在实践面前不要有惧怕困难的退缩思想,打击了资产阶级右派的投降主义路线,这在当时有一定的积极意义。但是"知难行易"说同"知易行难"说一样,在理论上是有错误的。孙中山为了论证他的"知难行易"说,又研究了知行先后的问题。他认为,人类知识进化的过程,可以分为三个时期:"第一由草昧进文明,为不知而行之时期;第二由文明再进文明,为行而后知之时期;第三自科学发明后,为知而后行之时期。"(同上)前两个时期,又为一大阶段,统称之为"先行后知"的阶段。他说"先行后知,进化之初级也;先知后行,进化之盛轨也"(《行之非艰,知之为艰》)。这两大阶段,他又称之为"以行而求知,因知以进行"(《孙文学说》)。关于第一阶段,他解释说:"古人之得其知也,初或费千百年之时间以行之,而后乃能知之;或费千万人之苦心孤诣,经历试验而后知之。"(同上)这是说,行在先,知在后,知是从行中来的。关于"行而后知",他又解释说:"夫习练也,试验也,探索也,冒险也,之四事者,乃文明之动机也。生徒之习练也,即行其所不知以达其欲能也;科学家之试验也,即行其所不知以致其所知也;探索家之探索也,即行其所不知以求其发见也;伟人杰士之冒险也,即行其所不知以建其功业也。"(同上)这是说,人们通过行,可以从不知到知。这些都是肯定人的知识和才能是在行中形成的。关于第二个阶段,他解释说:"当今科学昌明之世,凡造作事物者,必先求知而后乃敢从事于行,所以然者,盖欲免错误而防费时失事,以冀收事半功倍之效也。"(同上)这是说,在科学发达时代,先掌握科学知识,再去行动,就可以不犯和少犯错误。关于科学知识,他评论说:"夫科学者,系统之学也,条理之学也。凡真知特识,必从科学而来也,舍科学而外之所谓知识者,多非真知识也。"(同上)他认为,根据科学知识制订出计划,不论事物如何精妙,工程如何浩大,都能够顺利地制造成功。由此他得出结论说:革命建国计划,"本世界进化之潮流,循各国已行之先例,鉴其利弊得失,思之稔熟,筹之有素"(同上),总之,是按着科学知识和革命的经验制订出来的,只要按方案去做,不费多少气力,就能把中国建成民主共和的新国家。

孙中山关于知行先后问题的辩论，在我国哲学史上有其重要的意义。他所说的"知"，主要指各种科学知识以及他所提倡的革命学说和革命理论。他所说的"行"，指个人日常生活中所从事的各种活动，其中包括生产活动和革命行动。他对知行的了解，突破了封建时代哲学家把知行主要限于道德修养领域的狭隘看法，而直接予以了认识论的一般意义，并且从革命斗争的需要研究了认识论的问题，这在马克思主义以前的哲学史上是很少见到的。他把人类的认识过程分为两大阶段，断言在第一阶段中知是从行中来的，而且认为即使进入第二阶段，要获得新知识，仍旧不能离开行。他说："科学虽明，惟人类之事仍不能悉先知之而后行之也，其不知而行之事，仍较于知而后行为尤多也。"又说："且人类之进步，皆发轫于不知而行者也，此自然之理则，而不以科学之发明为之变易者也。故人类之进化，以不知而行者为必要之门径也。"（同上）这是说，行永远是获得新知识的必要途径。因此，他的知行观具有唯物主义的倾向。

孙中山以"行先知后"的观点论证"知难行易"，并据此反对"知先行后"说，是有积极意义的。宋明理学家提倡"知易行难"，是同他们在知识来源问题上主张"知先行后"的先验论联系在一起的。他们认为，知不是从行中来的，是头脑中所固有的，只要一反省，便可以得到，所以知比行容易。王守仁的"知行合一"说，就是此种观点的代表。他引证孟子的话说："夫道若大路然，岂难知哉！人病不由耳。"他认为，"良知良能"，愚夫愚妇与圣人同，所以"道之大端易于明白"，可是把"良知"发挥出来变为行动，一般人便做不到了（见《答顾东桥书》）。这是以先验论来宣扬"知易行难"。与此相对立，孙中山提出"不知亦能行"的命题，断言知是从行中来的，指出王守仁的学说以知为易，把知摆在第一位，"与真理背驰"，"不合于实践之科学"（《孙文学说》），从而抨击了康梁改良派由于借助王守仁的先验论在政治上所犯的错误。从这一方面看，孙中山知行观的唯物主义成分，同样具有反对宋明理学唯心主义先验论的性质。"行先知后"是孙中山的"知难行易"说中唯物主义的合理内核。它是近代科学知识的发达和民主革命斗争的实践在哲学上的反映，也是资产阶级革命民主派在反对改良派和保守派斗争中对认识论作出的一大贡献。

孙中山又认为，"行而后知"只有少数的天才人物才能做到，而人民群众没有知识，只是"不知而行"。因此，就认识的主体这一方面说，他把社会上的人分为三大类。他说："以人言之，则有三系焉：其一先知先觉者，为创造发明；其二后知后觉者，为仿效推行；其三不知不觉者，为竭力乐成。"（同上）又说："文明之进化，成于三系之人，其一先知先觉者即发明家也，其二后知后觉者即鼓吹家也，其三不知不觉者即实行家也。"（同上）他认为，这三种人都是不可少的,但在知行问题上各有分工,"知者不必自行,行者不必自知",特别是在科学发达时代,这种分工尤为必要。关于这三种人在知行中的地位和作用,他举例说,在上海建立一大工厂,工人就是"不知不觉"的"实行家",工程师是"先知先觉"的"理想家""计划家"或"发明家"。工程师并不亲身实行建设,可是没有工程师的设计,工厂便建不起来。由此他得出结论:"故为一国之经营建设所难得者,非实行家也,乃理想家、计划家也。"(同上)关于"后知后觉"的"鼓吹家",他认为相当于工地施工中的"工头",其责任是向工人宣传工程师的设计方案,鼓动工人按着工程师的计划去行动。他还认为"后知后觉者"只能向"先知先觉"的发明家学习,不能向"实行家"学习,如同研究化学的人,应该以大化学家巴斯德等人为榜样,不能"崇拜三家村之豆腐公"。因此,他又得出结论:过去革命所以失败,就在于"后知后觉"的鼓吹家放弃了自己的责任,"不能鼓吹舆论,倡导文明",并且以"知易行难"的说法自惑惑人。

　　孙中山自认为他的"分知分行"说,可以驳倒王守仁的"知行合一"说,实际上和王守仁一样未能正确理解知行关系。在孙中山看来,世界的进化主要靠少数专门家的发明创造。他说:"自有人类以来,必有专门名家,发明各种专门学说,然后有各种政治实业之天然进化。"(《民国教育家之任务》)少数专家所以能发明创造,他认为需要两个条件:一是"其天资极顶聪明",有"天赋"的才智;一是"受社会种种之教养",社会为他提供了生活条件。在这两个条件中,孙中山又认为"天赋"的"聪明"是主要的。由于孙中山不肯承认人民群众是认识世界和改造世界的主体,他终于倒向了天才论。在这种思想的支配下,他导出了"知行分工"说,认为知可以不依赖行,从而使他不能将知行观中的唯物主义成分贯彻到底。

　　"五四"运动后,他把这种天才论进一步夸大,在认识论上终于承认了唯心主义的先验论。他在《军人精神教育》的讲演中,把知识的来源分为三种:(一)由于天生者,(二)由于力学者,(三)由于经验者。他认为这就是古人所说的"有生而知之,学而知之,困而知之"。后来他又在《民权主义》的讲演中,竭力鼓吹人生来就有"圣、贤、才、智、平、庸、愚、劣"的差别,并且用"各人天赋的聪明才力"的不同,进一步解释了他在《孙文学说》中提出的三种人。关于"先知先觉",他说:"这种人有绝顶的聪明,凡见一件事,便能够想出许多道理,听一句话,便能够做出许多事业。"关于"不知不觉",他说:"这种人的聪明才力是更次的,凡事虽有人指教他,他也不能知,只能去行。"这是公开宣扬"圣人生知"说和"群氓无知"论了。

第五节　二元论和民生史观

"五四"运动后,我国工人运动不断高涨,马克思列宁主义在中国迅速传播开来。中国的民主革命,应该由哪个阶级来领导,是用无产阶级的世界观改造旧中国,还是用资产阶级的世界观改造旧中国? 在思想界展开了激烈的论争。孙中山作为一个进步的资产阶级革命家,虽然在政治上愿意同共产党合作,但他的世界观同共产主义者仍然是有根本区别的。他不赞成共产主义的宇宙观和科学的社会革命论,他的哲学体系最终引向了二元论或唯心主义。

1922年,孙中山在《军人精神教育》中,在回答哲学基本问题时,明确地提出了心物二元论。他说:"总括宇宙现象,要不外物质与精神二者。精神虽为物质之对,然实相辅为用。"这是说,物质和精神是对立的,但却相互制约,互相影响。关于物质和精神的区别,他说,物质是"体",精神是"用";就人说,五官百骸为"体",属于物质;言语动作为"用",是精神的产物。他认为"体"和"用"不可分离。物质和精神也不能分离。如人丧失了精神,肉体虽在,却不能言语,不能动作,便成了死物。所以一个完全的人,必须具有精神和物质两个方面。他说:"世界上仅有物质之体,而无精神之用者,必非人类。"又说,"人者有精神之用,非专恃物质之体也"。从孙中山的这些议论中可以看出,他虽然以体用关系说明物质和精神的特征,但并不认为精神是物质的产物。相反,他强调肉体依靠精神才能成为有生命的人。这就是说,物质和精神是两个独立的实体,在人这个有机体中互相依赖,精神靠物质表现自己的作用,物质又靠精神产生运动。这就是心物二元论。这种二元论以"相辅为用"的说法终归要倒向以精神为第一性的唯心主义。孙中山认为,物质和精神虽然相辅为用,但从力量方面说,精神大于物质。他说:"物质之力量小,精神之力量大。"又说:"精神胜物质。"他论证说:"武器为物质,能使用此武器者,全恃人之精神。两相比较,精神能力实居其九,物质能力仅得其一。"由此他得出结论:战争的胜负和革命的成败,全靠人的精神。孙中山的这些议论,从反对唯武器论这一点说,具有合理的因素。但因此认为"物质之不可恃",把人的主观作用片面夸大,否定了客观条件和物质力量,这就是精神决定物质的唯心主义了。

孙中山的心物二元论,在他的历史观中也有表现。在《孙文学说》中他还没有提出民生史观。直到1924年,他在《民生主义》讲演中才明确提出民生史观。民生史观是针对马克思主义的阶级斗争学说和唯物史观提出来的。毛泽东曾说:"共产主义的宇宙观是辩证唯物论和历史唯物论,三民主义的宇宙观则是所

谓民生史观,实质上是二元论或唯心论,二者是相反的。"(《新民主主义论》)

在《孙文学说》中,他曾说:"实际则物质文明与心性文明相待而后能进步。中国近代物质文明不进步,因之心性文明之进步,亦为之稽迟。"所谓"心性文明",即指精神文化。所谓"物质文明",指近代大机器生产。所谓"相待",是说互相依赖,互相影响。这是二元论的说法,不赞成社会存在决定社会意识的思想。后来他在民生史观中把这种观点进一步发展了。

什么是民生史观?他说:"民生是社会进化的重心,社会进化又是历史的重心,归结到历史的重心是民生,不是物质。"(《民生主义》)他认为"人类求生存的问题"才是"社会进化的定律","民生"是"社会一切活动中的原动力"。这就是所谓民生史观。孙中山所说的"民生",包括"国民的生计","群众的生命"以及"衣食住行"等物质生活问题在内。他承认经济生活的改变,特别是物质生产的发展,是社会历史进化的原因之一。就这一点说,他的民生史观含有唯物主义的因素,这是受了唯物史观的影响。但是,他认为,物质环境的变迁以及由于生产发展引起的"阶级战争",对人的行为和社会的进化不起决定的作用。在他看来,社会的进化还要依靠科学知识的发达以及"社会上大多数的经济利益相调和"。所谓"经济利益相调和",按照他的说法,就是政府用和平改良的办法,使各阶级中的人都能满足自己的利益。这就是说,社会的进化靠物质的(经济的)和精神的(政治和教育的)两种因素,而精神的东西又不为社会物质条件所决定。孙中山又认为,社会生产的发展决定于消费者的需要,也就是人类求生存的需要。他说:"人生不得需要,固然不能生活,就是所得的需要不满足,也不能充分生活。"因此,他把人类求生存的欲望看成是社会一切活动和社会进化的"原动力",说:"人类求生存才是社会进化的原因,阶级战争不是社会进化的原因,阶级战争是社会当进化的时候发生的一种病症。"又说:"马克思只可说是一个社会病理家,不能说是一个社会生理家。"(《民生主义》第一讲)由此可见,孙中山的民生史观不赞同阶级斗争是历史发展的动力这一主张。孙中山欢迎同中国共产党合作,把旧三民主义发展为新三民主义,在政治上他前进了一大步。但是,他始终是一个革命的民主主义者。

修订后记

本书是为哲学专业本科教学讲授"中国哲学史"课程所编写的教材用书。

本书的编写和修改始终是由北京大学哲学系中国哲学教研室集体承担的。本书的初稿，编写于70年代的初期。参加初稿编写的人员有(按姓氏笔画排列)：孔繁、邓艾民、朱伯崑、汤一介、张岱年、杜继文、邹本顺、楼宇烈等，统稿者为汤一介。初稿曾印行征求意见，并在北京大学哲学系的教学中试用，由于其封面为黄色，当时被称为"黄皮书"。

70年代后期，为了适应时代变化和教学发展的需要，对初稿进行了全面的修改和增补。参加此次修改的人员有(按姓氏笔画排列)：邓艾民、朱伯崑、许抗生、张岱年、姜法曾、楼宇烈等，统稿者为楼宇烈。修改本由中华书局于1980年正式出版，在以后的20年里，在北京大学哲学系的教学中发挥了积极的作用。

本书正式出版以来，中国的社会文化和学术研究又经历了巨大的变化和发展，到90年代末，该书已明显需要再次进行修订。由于本校的一些老专家曾先后参与本书的编写和修改，使得本书具有史料比较全面，分析比较清楚，叙述比较简洁的特点；所以我们这次修订的主要工作，是在保留这些内容和保持这些特点的同时，着力去除和改正原有教材中过时的分析框架和术语，以便使修订后的教材既能适应新的时代的教学需要，又能成为一部平实、清楚、可靠性强、适用性广的中国哲学史教科书。参加这次修订的人员有(按姓氏笔画排列)：王守常、王博、许抗生、李中华、陈来、张学智、杨立华等，统稿的工作，由李中华负责第一、二、三编，陈来负责第四、五编。

本书此次的修订本改由北京大学出版社出版，并列入北京大学哲学教材系列丛书。

北京大学哲学系中国哲学教研室
2001年2月28日

再版后记

本书在北京大学出版社出版以来,反应良好,使用者日益增多。根据过去两年在教学中发现的问题,以及学界的意见,在北京市精品教材计划的支持和推动下,我们对本书再次进行了修订。这次修订的主要工作是,调整若干篇章的次序,进一步修改原有的某些表述和提法,改正引文与行文中的错字等。应当说,本书现在的结构、面貌和叙述,较之前次的印本,更为完善了。参加这次修改和讨论的人员有(按姓氏笔画排列):王守常、王博、李中华、陈来、张学智、杨立华、胡军、魏常海。统稿的工作,李中华负责第一、二编,陈来负责第三、四编。

北京大学哲学系中国哲学教研室
2003 年 7 月

北京大学哲学教材系列

* 楼宇烈等　东方哲学概论　　　　* 张志刚等　宗教研究指要
* 赵家祥等　历史唯物主义新编　　* 陈　波　　逻辑哲学
* 赵家祥等　马克思主义哲学教程　* 叶　朗　　美学原理
* 张世英　　哲学导论　　　　　　* 邢滔滔　　数理逻辑
* 张文儒等　现代中国哲学　　　　* 胡　军　　知识论
* 赵敦华　　西方哲学简史　　　　　江　怡　　分析哲学教程
* 赵敦华　　现代西方哲学新编　　* 王海明等　美德伦理学
* 陈　来等　中国哲学史　　　　　　程　炼　　伦理学导论
* 陈嘉映　　语言哲学　　　　　　　韩水法　　政治哲学
* 王海明　　伦理学原理　　　　　　吴国盛　　科学通史教程
* 王　博　　庄子哲学　　　　　　　程　炼　　心灵哲学
* 孙尚扬　　宗教社会学

打 * 号者为已出。